정치편

일제침탈사
자료총서 17

지방제도(2)
— 1920년대 지방제도 개정과 지역사회

동북아역사재단 일제침탈사 편찬위원회 기획

김윤정·천지명 편역

발간사

　일본이 한국을 침탈한 지 100년이 지나고 한국이 일본의 지배로부터 벗어난 지 70년이 넘었건만, 식민 지배에 대한 청산은 이루어지지 못하고 있다. 일본의 독도영유권 주장은 도를 넘어섰다. 일본은 일본군'위안부', 강제동원 등 인적 수탈의 강제성도 인정하지 않고 있다. 일본군'위안부'와 강제동원의 피해를 해결하는 방안을 놓고 한·일 간의 갈등은 최고조에 이르고 있다. 역사문제를 벗어나 무역분쟁, 안보위기 등 현실문제가 위기국면을 맞고 있다.

　한·일 간의 갈등은 식민 지배의 역사를 어떻게 볼 것인가 하는 역사인식에서 기인한다. 역사는 현재와 과거의 대화이며 이를 기반으로 미래로 나아갈 수 있다. 과거 침략의 역사를 미화하면서 평화로운 미래를 말하는 것은 불가능하다. 식민 지배와 전쟁발발의 책임을 인정하지 않고 반성하지 않으면 다시 군국주의가 부활할 수 있고 전쟁이 일어날 위험성도 배제할 수 없다. 미래지향적 한일관계를 형성하고 나아가 동아시아의 평화와 번영의 기틀을 조성하기 위해 일본은 식민 지배의 책임을 인정하고 그 청산을 위해 노력해야 할 것이다.

　식민 지배의 역사를 청산하기 위해서는 식민 지배는 어떻게 이루어졌는지 그 실상을 명확하게 규명하는 일이 긴요하다. 그동안 일본제국주의에 맞서 조국의 독립을 위해 헌신한 독립운동가들의 활동을 찾아내고 역사적으로 평가하는 일에는 상당한 성과를 거두었다. 반면 일제 식민침탈의 구체적인 실상을 규명하는 일에는 충분한 노력을 기울이지 못했다. 제국주의가 식민지를 침탈했다는 것은 너무나 당연한 사실로 여겨졌기 때문에, 굳이 식민 지배에서 비롯된 수탈과 억압, 인권유린을 낱낱이 확인할 필요가 없었는지도 모른다. 그러는 사이 일본은 식민 지배가 오히려 한국에 은혜를 베푼 것이라고 미화하고, 참혹한 인권유린을 부인하는 역사부정의 인식을 보이는 데까지 이르고 있다. 일제의 통치와 침탈, 그리고 그 피해를 종합적으로 조사하고 편찬할 필요성이 여기에 있다.

　일제침탈사를 체계적으로 정리하는 일은 개인이 감당하기 어렵다. 이에 우리 재단은 한국학계의 힘을 모아 일제침탈사 편찬위원회를 꾸렸다. 편찬위원회가 중심이 되어 일제의 식민지 침탈사를 정치·경제·사회·문화 모든 방면에 걸쳐 체계적으로 집대성하기로 했다. 일제 식민침탈의 실체를 파악하기 위해 2020년부터 세 가지 방면으로 사업을 추진하고 있다. 하나는 일제침탈의 실상을 구체적이고 생생한 자료를 통해서 제공하는 일로서 〈일제침탈사 자료총서〉로 편찬한다. 다른 하나는 이들 자료들을 바탕으로 연구한 결과물을 〈일제침탈사 연구총서〉로 간행한다. 그리고 연구의 결과를 대중들이 이해하기 쉽게 〈일제침탈사 교양총서〉를 바로알기 시리즈로 간행한다. 자료총서 100권, 연구총서 50권, 교양총서 70권을 기본목표로 삼아 진행하고 있다.

〈일제침탈사 자료총서〉에서는 정치·경제·사회·문화 모든 방면에 걸쳐 침탈의 역사를 자료적 차원에서 종합했다. 침략과 수탈의 역사를 또렷하게 직시할 수 있도록 생생한 자료를 제공하는데 목표를 두었다. 그동안 관련 자료집도 여러 방면에서 편찬되었지만 원자료를 그대로 간행한 경우가 많았다. 이번에 발간되는 자료총서는 해당 주제에 대한 침탈의 실상을 체계적으로 이해할 수 있는 구성방식을 취했으며, 지배자의 언어로 기록되어 있는 자료들을 독자들이 쉽게 읽을 수 있도록 모두 번역했다. 자료총서를 통해 일제 식민 지배의 실체와 침탈의 실상을 있는 그대로 이해할 수 있게 되기를 기대한다.

2023년
동북아역사재단 이사장

편찬사

1945년 한국이 일제 지배로부터 해방된 지 78년의 세월이 지났다. 그럼에도 불구하고 일본 사회 일각에서는 여전히 일제의 한국 지배를 합리화하고 미화하는 주장이 나오고 있으며, 최근에는 한국 사회 일각에서도 일제 지배를 왜곡하고 옹호하는 주장이 나오고 있다. 이는 한국과 일본 사회, 한일 관계와 동아시아 국제관계의 미래를 위해서도 결코 바람직하지 않은 일이다.

이에 동북아역사재단은 일제의 한국 침략과 식민 지배에 대한 학계의 연구 성과를 총정리한 〈일제침탈사 연구총서〉를 발간하기로 하였다. 이에 따라 2019년 9월 학계의 전문가를 중심으로 편찬위원회를 구성하였으며, 편찬위원회는 학계의 연구 성과를 토대로 정치·경제·사회·문화 부문에서 일제의 침탈이 어떻게 이루어졌는지 정리하여 연구총서 50권을 발간하기로 하였다.

주지하듯이 1905년 일제는 러일전쟁에서 승리한 뒤, 한국에 군대를 주둔시키면서 한국의 외교권을 빼앗고 통감부를 두어 내정에 간섭하였다. 1910년 일제는 군사력으로 한국 정부를 강압하여 마침내 한국을 강제 병합하였다. 이후 35년간 한국은 일제의 식민 통치를 받았다.

일제는 한국의 영토와 주권을 침탈하였을 뿐만 아니라, 군사력과 경찰력으로 한국을 지배하면서, 정치·경제·사회·문화의 모든 부문에서 한국인의 권리와 자유, 기회와 이익을 박탈하거나 제한하였다. 정치적으로는 군사력과 경찰력, 각종 악법을 동원하여 독립운동을 탄압하고, 한국인의 정치활동을 억압하고 참정권을 박탈하였으며, 집회와 결사의 자유를 억압하였다. 경제적으로는 일본자본이 경제의 주도권을 장악하고, 일본인 위주의 경제정책을 수행했으며, 식량과 공업원료, 지하자원 등을 헐값으로 빼앗아 갔고, 농민과 노동자 등 대다수 한국인의 경제생활을 어렵게 하였다. 사회적으로는 한국인들을 차별적으로 대우하고, 한국인의 교육의 기회를 제한하고, 한국인으로서의 정체성을 박탈하여 결국은 일본의 2등 국민으로 만들고자 하였다. 문화적으로는 표현과 창작의 자유, 종교와 사상의 자유를 억압하고,

한글 대신 일본어를 주로 가르치고, 언론과 대중문화를 통제하였다. 중일전쟁, 아시아태평양전쟁을 도발한 뒤에는 인적·물적 자원을 전쟁에 강제동원하고, 많은 이들을 전장에 징집하여 생명까지 희생시켰다.

〈일제침탈사 연구총서〉는 침탈, 억압, 차별, 동화, 수탈, 통제, 동원 등의 단어로 요약되는 일제의 침략과 식민 지배의 실상과 그 기제를 명확히 밝히고자 하였다. 이를 통해 일제의 강제 병합을 정당화하거나 식민 지배를 미화하는 논리들을 비판 극복하고, 더 나아가 일제 식민 지배의 특성이 무엇이었는지, 식민 통치의 부정적 유산이 해방 이후에 어떤 영향을 미쳤는지를 밝히고자 하였다.

편찬위원회는 연구총서와 함께 침탈사와 관련된 중요한 주제들에 관하여 각종 법령과 신문·잡지 기사 등 자료들을 정리하여 〈일제침탈사 자료총서〉도 발간하기로 하였다. 아울러 일반인과 학생들이 보다 쉽게 읽을 수 있는 〈일제침탈사 교양총서〉를 바로알기 시리즈로 발간하기로 하였다.

일제의 한국 침략과 식민 지배의 역사는 광복 후 서둘러 정리해냈어야 했지만, 학계의 연구가 미흡하여 엄두를 내기 어려웠다. 이제 학계의 연구가 어느 정도 축적되어 광복 80주년을 맞기 전에 이와 같은 작업을 할 수 있게 된 것을 다행으로 생각한다. 한일 양국 국민이 과거사에 대한 올바른 역사인식을 갖고 성찰을 통해 미래를 향해 함께 나아갈 수 있기를 기대하면서 삼가 이 책들을 펴낸다.

2023년
동북아역사재단 일제침탈사 편찬위원회

차례

발간사	4
편찬사	6
편역자 서문	11

I   신문 기사

〈해제〉 14
1 지방제도 개정 23
2 선거운동과 실시 115
3 지방제도의 운용 171

II   잡지 기사

〈해제〉 188
1 지방제도 개정 195
2 선거운동과 실시 216
3 지방제도의 운용 220
4 자치 문제와 기타 241

Ⅲ 실행 계획 및 내용

    〈해제〉 ············ 248

1   지방제도 개정 ············ 261

2   지방 '자문기관' 설치와 운용 ············ 311

3   지방제도의 운용 ············ 348

4   자치제와 중앙참정제도 논의 ············ 450

Ⅳ 관련 법령

    〈해제〉 ············ 466

Ⅴ 실행 결과

    〈해제〉 ············ 524

자료목록 ············ 588

찾아보기 ············ 601

일러두기

1. 국한문 혼용 자료는 현대어로 바꾸되 최대한 원문을 훼손하지 않는 방향으로 정리하였다. 내용 이해에 큰 문제가 없을 경우 한자어를 그대로 두었고, 현재 사용하지 않는 용어의 경우 현대어로 바꾼 후 괄호 안에 한자를 써주거나 내용이 길면 주석으로 설명했다. 한문 번역에 가까운 경우, 한문 부분의 해석을 해주고 괄호로 해당 한문 문구를 넣었다. 어려운 한자어는 각주로 설명했다.
2. 모든 사료는 현대어로 번역하거나 풀어쓰는 것을 원칙으로 했다. 단 인명, 지명 등의 고유명사나 특정 한자어 등 원 상태로만 의미가 분명하게 전달되는 단어는 한자나 원어를 괄호 속에 병기하였다. 풀어 쓴 단어, 외국인명의 원음 표기 등의 경우에도 괄호로써 병기하였다.
3. 각 장과 절의 서두에 배치된 해제에서는 시대적 배경과 사료의 역사적 의미를 서술하였다.
4. 원 자료에 각주가 있는 경우 각주에 '*원저주'로 표기하였다. 편역자의 각주는 일반 각주 처리를 하였다. 원 자료에 있는 '중략'은 '중략-원문', 편역자가 중략한 경우 '중략-편역자' 등으로 기재하여 구분하였다.
5. 원문이 보이지 않는 경우에 '■■'로 입력했다. '…' 등으로 입력한 것은 원문 그대로 입력한 것이다.

편역자 서문

이 책은 일제침탈사 자료총서 『지방제도』(1)~(3) 중 제2권에 해당한다. 제1권은 통감부 시기와 1910년대를 대상으로 하여 1910년대 조선총독부 지방관 관제, 1914년 부제 실시, 1917년 면제 공포 등을 담았다. 제2권은 1920년대 부제와 면제시행규칙 등 지방제도가 개정되고 도평의회 설치, 부협의회와 면협의회 선거 실시기를 대상으로 한다. 제3권은 1930년 개정된 지방제도로 도평의회가 도회로 개정되고, 부회와 읍회가 자문기관이 아닌 의결기관이 된 1931년부터 중일전쟁 이후 사회 전반에 통제정책이 시행되고, 1943년부터 선거가 '추천 선거'라는 변형된 형태로 바뀌는 시기까지의 제도 변화를 다룬다.

『지방제도(2)-1920년대 지방제도 개정과 지역사회』는 1920년 지방제도 개정과 그 운용에 대해 일제의 계획과 대내외의 반응을 중심으로 엮었다. 일제의 '자문기관' 설치 의도가 지역사회에 끼친 영향과 그 대응, 참정권과 자치에 대한 논의, 지역에서의 지방제도 운용 양상 등을 중심으로 자료를 선별하여 소개하고자 했다.

1920년대는 3·1운동 후 일제의 지방제도 개정하에 조선 사회에서 제한된 형태로나마 선거에 대한 참여가 이루어진 시기다. 일제는 조선에 대한 유화책의 하나로 본토와 동일하게 통치한다는 취지 아래 조선의 지방제도를 개정했다. 1919년 10월 일제는 총독 주재로 도지사회의를 개최하여 각 도에서 10월 말까지 '도부군도면(道府郡島面) 자문기관' 설치에 관한 의견을 내도록 하고, 1920년 7월 이와 관계된 법령을 발포했다. 이로써 도평의회·면협의회를 설치하고, 부협의회를 선거제로 전환하며, 학교평의회 등을 설치했다. 일제는 '민의를 창달하여 일반 민중으로 하여금 제도 및 시설의 정신을 양해'하도록 하는 것이 지방제도 개정의 목적이라고 선전했다.

그러나 새로 설치된 기관들은 의결 기능이 없는 자문기관에 불과하고 여러 제약이 있어서, 총독부 당국도 이를 '지방자치'라고 부르지 못하고 다만 '완전한 지방 자치를 위한 준비 단계'라고 했다. 일제가 말한 '민의의 창달'이란 '사상 악화'하는 조선에서 민심의 동향을 주시하고 '정화'시켜 항일독립사상의 확산을 방지하자는 것에 근본적인 의도가 있었다. 또한 3·1운동으로 인해 후퇴한 친일적 인물을 재건하고 재육성하고자 하는 의도도 있었다.

총독부에서는 지방제도 개정 입안 단계부터 방식과 실행에 대해 다양한 대립이 있었으나, 결국 지방선거 시기상조론과 완전한 선거주의라는 양자를 절충하는 방식으로 제도 개정이 이루어졌다. 조선 지식인과 지역사회는 이 제도 개정이 허울뿐이라는 점을 잘 알고 있었고, 이에 대한 대응 양식은 시기와 지역에 따라 다양한 편차를 보였다.

이 책에서는 1920년대 지방선거를 둘러싼 다양한 목소리를 확인할 수 있도록 자료를 선정했다. 구성은 1. 신문기사 2. 잡지 기사 3. 실행 계획 및 내용 4. 관련 법령 5. 실행 결과 등으로 장을 나누었다. 각 장은 1. 지방제도의 운용 2. 선거운동과 실시 3. 자치제와 중앙참정제도 논의 등으로 절을 구성했으며, 각 장의 첫머리에 해제를 실어 자료에 대한 이해를 도왔다. 기본적으로 제도 변천에 초점을 맞추었으나, 운영 실태와 민의 반향을 보여주는 다양한 자료를 싣고자 했다. 제도 자체에 대해서도 식민지 당국과 조선·일본 각계각층의 의견을 다각적으로 보여주는 데 힘을 쏟았다.

편역자는 역사 연구자는 물론 역사 연구에서 한 걸음 떨어져 있는 독자와 함께 수록 자료를 공유하며 지나간 역사를 되짚어 보자는 자세로 편찬에 임했다. 역사적 사실을 설명하는 데 꼭 필요하나 편역자의 부주의와 얕은 지식으로 인해 누락된 자료도 있을 것이다. 또 선별된 자료가 가장 적합한가에 대한 판단도 편역자의 생각과 독자들의 생각이 다를 수 있다. 다만 지금까지 여러 지방제도 자료집이 법령이나 총독부 관료의 연술이 중심으로 되었던 것에서 한 걸음 나아가, 많이 활용되지 않은 자료를 풍부하게 소개함으로써 지방제도를 둘러싼 긴장과 상호 관계를 입체적으로 드러내고자 하였다. 부족하지만 이 자료집으로 일제강점기 지방제도의 변천과 흐름이 구체적이고 생동감 있게 전달되기를 기대한다. 아울러 현 지방제도의 역사적 배경과 우리가 살고 있는 지역사회의 형성과 발전을 이해하는 데 조금이라도 도움이 될 수 있다면 더 바랄 나위가 없겠다.

2023년
편역자를 대표하여 김윤정

I

신문 기사

〈해제〉

1920년 총독부는 지방제도 개정안을 발표했다. 이 개정의 요지는 도(道)·부(府)·군(郡)·도(島)·면(面)의 자문기관 설치와 조직 변경이었다. 즉 종래 부에는 부협의회[1]가 있고, 지정면에는 상담역을 두어 부와 면의 예산과 부세·면비 부담 등에 대하여 부윤과 면장의 자문에 응하게 하는 제도를 취하였다. 1920년 제도개정으로 면의 상담역을 폐지하고 부와 마찬가지로 협의회를 두며, 그때까지 지정면에 한했던 것을 보통면까지 확대했다. 또 종래는 각 부(府)·군(郡)·도(島)에 조선인 교육을 위해 공립보통학교비를 두어 그 부·군·도 내의 공립보통학교 비용을 관리하고, 도(道)에는 지방비가 있어서 지방공공사무를 처리했는데 새로 각 부·군·도에 학교비와 학교평의회를 설치하고, 각 도지방비에 도평의회를 두어 부윤·군수·도사·도지사의 자문기관으로 기능하게 했다.

총독부는 지방제도 개정의 취지가 민의를 창달하고, 지방의 행정을 조선의 실상에 적절하게 하며, 장래 지방자치제 실시의 소지를 만들고자 하는 것이라고 분식(扮飾)했으나 《동아일보》 등은 그 함의와 의도하는 바를 꿰뚫으며 일제히 비판했다. 이 장에서는 1920년대 지방제도를 바라보는 각 신문 기사를 수록하되, '1. 지방제도 개정 2. 선거운동과 실시 3. 지방제도의 운용'으로 절을 나누고, 각 절 아래에는 《동아일보》, 《매일신보》, 《조선일보》, 기타 순으로 배치하여 논조의 차이를 살펴보고자 한다.

1절 '지방제도 개정'에서 《동아일보》는 이 개정이 종래 있었던 자문기관의 명칭과 범위를 고친 데 불과하며, 의무만 있고 권리는 없는 자문기관은 종래의 중추원이나 도·부·군 참사

---

[1] 부협의회는 1914년 1월 15일 '부제시행규칙'에 따라 조선총독이 협의원을 임명하던 것을 1920년 4월 1일에 부제시행규칙 6조 1항이 개정되면서 협의원을 직접선거하고 정원, 선거 운영 등에 대한 조항을 수정하였다. 부협의원은 1920~1930년까지 부의 시정을 자문하는 역할을 맡았고, 임기는 3년이었다. 선거권은 규칙 제2조의 2에 의거하여 "제국신민으로 독립의 생계를 영하는 연령 25세 이상의 남자"로서 "1년 이래 부의 주민이 되어야"하며 "조선총독이 지정한 부세 연액 5원 이상을 납"해야 자격이 주어졌다. 부협의원의 정원은 인구의 규모에 따라 차등을 두었다.

회처럼 폐물 취급을 받을 수밖에 없다고 일갈한다. 특히 1920년 8월 24·25·26·29·30일과 9월 1·3일에 「기괴한 지방제도 입안의 본의(本意)가 나변(那邊)에 재(在)한가」라는 연재 기사에서 새 지방제도의 특징을 다음 세 가지로 정리한다. 1) 부협의원 및 지정면협의원의 선거·피선거 자격을 고의로 엄중히 제한하여, 인구 비례를 무시하고 다수인 조선인보다 소수인 일본인 측에서 오히려 다수 의원을 선출하게 만든 것, 2) 실행기관의 책임자가 자문기관의 의장이 되게 하고 막대한 권한을 가지므로 의원의 자유의사를 구속하는 것, 3) 자문기관에 부여한 권한이 극히 협소하여 지방행정에 관한 민의의 창달을 기하기 어려운 것 등이었다. 나아가 지방제도를 개정한 총독부 당국자의 진의는 조선의 문화와 진보를 진실로 조장하려는 것이 아니라 다만 밖으로 보이는 장식에 불과하고, 총독정치를 맹종하는 무리의 허영심만 만족시키며, 조선인 사이에 흐르는 불평을 완화하려는 것에 다름 아니라고 말하고 있다.

반면 《매일신보》는 새 지방제도가 '불충분하지만 환영'한다는 논조에서 벗어나지 않았다. 특히 〈지방자치의 전제(前提)되는 자문기관 해설 1~10〉(1920년 8월 7·8·11·12·13·15·16·21·22·23일 자) 연재 기사에서는 총독부가 새 제도를 발포한 논지를 그대로 소개하고, 각 조직의 내용과 각 자문기관의 지방별 정원, 선거권과 피선거권의 요건, 각국의 선거 상황과 보통선거 시기상조론, 투표 방법, 회의 방법 등을 상세히 다루었다. 그러면서 총독부 내무국 제1과장의 "완전한 지방자치 시행하기를 바라는 논자는 현실과 이상을 혼동하며 사물이 진보하는 계제를 알지 못하는 자"라는 말을 그대로 싣고, 이에 화답하듯 "조선인은 권리와 의무 운용에 이바지할 상당한 준비 운동이 필요"하다는 이각종(李覺鐘)의 글을 싣기도 했다.

또 《매일신보》 1922년 3월 12·14·15·17일 자의 사설에 총독비서관 모리야 에이후(守屋榮夫)의 〈지방자치의 이상(理想)〉이라는 제목의 글도 주목할 만하다. 이 자료집에서는 3월 17일 자 글을 실었다. 여기서 모리야는 "나아가 위대한 목적을 말하면 일본과 마찬가지로 조선에서 중의원의원을 선거하여 조선이 일본과 마찬가지의 대우를 받는 것에 이르게 함도 지방제도 운용과 심심한 관계가 있는 것"이라 말하고 있다. 모리야는 같은 해인 1922년 6월 24·25·26일에도 《매일신보》에 〈지방자치론〉을 게재한 바 있다. 즉 모리야는 조선 지방제도 개정이 조선을 일본과 같은 중의원 선거구로 만들어 의원을 선거하는 것과 깊은 관계가 있다고 생각했음을 알 수 있다.

모리야 에이후는 일본 내무성 출신 관료로서 통감부 때부터 한국에 근무한 관료들과는 조선 지방제도 개정에 대해 시각 차이가 있었다. 하라 다카시(原敬) 수상은 '내지연장방침' 아래 일본 내지의 부현제나 시정촌제 같은 것을 조선에도 시행해야 한다고 생각하고 있었다. 이는 항일민족운동에 대한 대책으로써 조선 방침과 지방제도 개정을 주장하는 조선군 참모부의 조선인에 대한 '회유·동화·융화' 방침과는 궤를 달리하는 것이었다. 하라 수상의 의사를 따른 미즈노(水野) 정무총감을 비롯하여 모리야 등 내무성 출신의 총독부 관료들은 일본과 같이 조선에 부현제·정촌제를 실시하자는 견해하에 선거에 의한 의결기관을 설치하자는 생각이었다. 그러나 통감부 이래 관료를 대표하는 오쓰카 쓰네사부로(大塚常三郎) 총독부 내무국장 등은 조선에는 조선의 역사와 문명, 관습 등이 있으므로 일본 내지의 제도를 그대로 적용하는 것은 오류를 가져올 소지가 있다며 관료에 의한 자문기관 정도를 주장했다. 결국 미즈노 총감이 '중용을 채택'하여 '점진적 선거주의'로 결정했다. 이 '중용'이란, 관선이었던 부협의회를 민선으로 바꾸고, 관선에 의한 면협의회를 설치하되 전체 조선 면의 1%인 지정면만 민선으로 하는 것이었다. 지방제도 개정 입안 단계에서부터 그 방식과 실행방법에 대해 여러 의견 차이가 있었던 것이다.[2]

　　2절 '선거운동과 실시'는 1920년대 실시된 '지방선거'를 바라보는 신문기사를 수록했다. 1920·1923·1926·1929년에 부·면협의회 선거가 실시되었다. 1920년 11월 20일 제1회 부협의회 선거는 대다수 조선인의 무관심과 반발로 큰 호응을 얻지 못하였다. 그러나 부민(府民)의 직접적 이해관계가 있는 일들이 부회에서 조선인들의 의사와 상관없이 일사천리로 진행되는 것을 본 사람들은 도저히 냉담한 태도만 지속할 수 없다고 판단했다. 제한된 '공민권'이긴 하나 그나마 사람들의 여론을 잘 반영할 수 있고, 부민의 복리 증진을 위해 논쟁할 수 있는 지식과 인격이 있는 인사를 선거하는 것이 나았다. 각 지역에서는 지역 유지와 단체 대표자들이 모여 방법을 논의하기 시작했고, 그 결과 유권자대회를 열어 공인 후보를 선출하였다. 이 절에서는 각 지역의 선거에 임하는 자세와 상황이 변화하는 모습을 엿볼 수 있다. 모든 지역과 모든 시기를 다 다룰 수는 없어 지역 선거를 다룬 신문기사 중 지방제도에

2　山中永之佑, 2021, 『帝国日本の統治法-内地と植民地朝鮮·台湾の地方制度を焦点とする』, 大阪大學出版會, 183~190쪽.

대한 비판적 견해를 볼 수 있는 것을 중심으로 하여 수록하였다.

3절 '지방제도의 운용'에서는 부협의원 제도의 불합리성과 불철저성을 지적하는 기사들과 조선인 부협의원이 부협의회 석상에서 좀 더 적극적으로 부민의 견해를 대표하길 바라는 기사, 각 자문기관을 결의기관으로 개정하기를 바라고 선거자격 확장을 요구하는 기사, 선거를 앞두고 각 방면의 조선인이 의식적·계획적으로 진출하길 바라는 기사 등을 실었다. 철저히 제한적으로 시행되는 제도와 선거였지만 그 속에서 사람들의 이해를 조금이라도 실현하기 위해 무관심을 경계하는 조선 지식인들의 논조를 볼 수 있다.

1. 지방제도 개정

1) 《동아일보》

〈자료 01〉 도부군자문기관 군참사회의 폐지(道府郡諮問機關 郡參事會議廢止)(1920.4.21, 2면 5단)
〈자료 02〉 지방 자문기관 관선민선호(地方 諮問機關 官選民選乎)(1920.5.16, 1면 1단)
〈자료 03〉 조선지방제 개정 내용(朝鮮地方制 改正 內容)(1920.7.11, 3면 2단)
〈자료 04〉 재동경 일서생(在東京 一書生), 「지방제도의 개정에 취(就)하야」(1920.8.7, 2면 7단)
〈자료 05〉 재동경 일서생(在東京 一書生), 「지방제도의 개정에 취(就)하야(속)」(1920.8.8, 2면 6단)
〈자료 06〉 횡설수설(橫說竪說)(1920.8.12, 2면 8단)
〈자료 07〉 미즈노(水野) 총감 차중담(車中談)(1920.8.17, 2면 4단)
〈자료 08〉 기괴한 지방제도 입안의 본의(本意)가 나변(那邊)에 재(在)한가(1)(1920.8.24, 2면 5단)
〈자료 09〉 기괴한 지방제도 입안의 본의(本意)가 나변(那邊)에 재(在)한가(2)(1920.8.25, 2면)
〈자료 10〉 기괴한 지방제도 입안의 본의(本意)가 나변(那邊)에 재(在)한가(3)(1920.8.26, 2면 5단)
〈자료 11〉 기괴한 지방제도 입안의 본의(本意)가 나변(那邊)에 재(在)한가(4)(1920.8.29, 2면 6단)
〈자료 12〉 기괴한 지방제도 입안의 본의(本意)가 나변(那邊)에 재(在)한가(5)(1920.8.30, 2면 6단)
〈자료 13〉 기괴한 지방제도 입안의 본의(本意)가 나변(那邊)에 재(在)한가(6)(1920.9.1, 2면 4단)
〈자료 14〉 기괴한 지방제도 입안의 본의(本意)가 나변(那邊)에 재(在)한가(7)(1920.9.3, 2면 3단)
〈자료 15〉 횡설수설(橫說竪說)(1921.3.14, 2면 9단)
〈자료 16〉 아리요시(有吉) 총감에게 지방제도의 개선을 희망(1922.8.5, 1면 1단)
〈자료 17〉 조선 12부 협의원의 결의권운동, 장래의 실현 여하(1922.8.9, 1면 1단)
〈자료 18〉 부협의회운동 결과 여하(1922.8.11, 2면 5단)
〈자료 19〉 일본 조례 인용 신지방선거법 부정선거를 철저히 취체, 11월 선거부터 실시(1929.10.4, 2면 6단)
〈자료 20〉 부의(府議) 선거규칙 벌칙(罰則) 요항 발표(1929.10.31, 2면 7단)

2) 《매일신보》

〈자료 21〉 물재(勿齋), 도참여관(道參與官) 활용과 지방제도 개신(改新)에 취(就)하여(1920.6.30, 1면 1단)
〈자료 22〉 사설: 지방제도 개정에 취(就)하여(1920.8.2, 1면 1단)
〈자료 23〉 벽하산인(碧霞山人), 지방자치의 전제(前提)가 되는 자문기관 해설(1) - 제도 유래와 기관 조직의 내용, 지방 공민(公民)이 특히 주의할 사항(1920.8.7, 1면 2단)
〈자료 24〉 지방자치의 전제(前提)되는 자문기관 해설(2) - 제도 유래와 기관 조직의 내용, 지방 공민(公民)의 특히 주의할 사항(1920.8.8, 1면 2단)
〈자료 25〉 지방제도 개정에 취(就)하여, 민지(民智)를 만사의 기준으로, 내무국 제1과장 담(談)(1920.8.8, 2면 5단)
〈자료 26〉 지방제도 개정에 취(就)하여, 사회연구소 이각종(李覺鍾) 씨 담(談)(1920.8.9, 2면 5단)
〈자료 27〉 지방자치의 전제(前提)되는 자문기관 해설 - 제도의 내용과 선거 피선(被選)의 의의(意義), 지방 공민(公民)의 특별히 주의할 사항(1920.8.11, 1면 2단)
〈자료 28〉 지방자치의 전제(前提)되는 자문기관 해설(4) - 제도의 내용과 선거 피선의 의의, 지방 공민(公民)의 특히 주의할 사항(1920.8.12, 1면 3단)
〈자료 29〉 지방자치제의 전제(前提)되는 자문기관의 해설(5) - 피선거권의 성질 요건, 지방 공민(公民)의 특히 주의할 사항(1920.8.13, 1면 2단)
〈자료 30〉 지방자치의 전제(前提)되는 자문기관 해설(6) - 선거와 피선거권의 요의(要義), 지방 공민(公民)의 주의사항(1920.8.15, 1면 1단)
〈자료 31〉 재동경(在東京) 목춘학인(木春學人), 양심(良心)이 명(命)하는 대로 - 조선의 신지방제(상)(1920.8.15, 1면 2단)
〈자료 32〉 지방자치의 전제(前提)되는 자문기관 해설(7) - 선거와 피선거권의 요의, 지방 공민(公民)의 주의사항(1920.8.16, 1면 1단)
〈자료 33〉 재동경(在東京) 목춘학인(木春學人), 양심(良心)이 명(命)하는 대로 - 조선의 신지방제(하)(1920.8.16, 1면 2단)
〈자료 34〉 지방자치제의 전제되는 자문기관의 해설(8) - 투표에 관한 각종 설명, 지방 공민의 주의 요건(1920.8.21, 1면 2단)
〈자료 35〉 지방자치제도 자문기관의 해설(9) - 회의 방법에 관한 설명, 지방 공민의 주의 요항(1920.8.22, 1면 3단)
〈자료 36〉 개정 지방제도 자문기관의 해설(10) - 회의 방법에 관한 설명, 지방 공민의 주의 요항(1920.8.23, 1면 2단)
〈자료 37〉 지방제도에 관한 지시사항(1920.9.14, 1면 4단)
〈자료 38〉 지방제도에 관한 지시사항(1920.9.15, 2면 4단)
〈자료 39〉 지방제도에 관한 지시사항 - (속)도지사회의에서(1920.9.16, 2면 5단)
〈자료 40〉 지방제도에 관한 지시사항 - (속)도지사회의에서(1920.9.18, 2면 4단)

〈자료 41〉 지방제도에 관한 지시사항 - (속)도지사회의에서(1920.9.19, 2면 5단)
〈자료 42〉 지방제도에 관한 지시사항 - (속)도지사회의에서(1920.9.20, 2면 4단)
〈자료 43〉 지방제도에 관한 지시사항 - (속)도지사회의에서(1920.9.22, 2면 5단)
〈자료 44〉 지방제도개정에 반(伴)한 선거제에 취(就)하야(1920.11.8, 2면 5단)
〈자료 45〉 사설: 유권자와 후보자에게 고(告)함(1920.11.13, 1면 1단)
〈자료 46〉 개정 지방제도에 대한 소감(所感)[춘천 임홍순(任洪淳), 1921.1.23, 4면 2단]
〈자료 47〉 잡지(雜誌)《조선(朝鮮)》의 개정 지방제도 기념호를 독(讀)함[일기자(一記者), 1921.11.12, 1면 7단]
〈자료 48〉 지방제도 및 경찰제도의 문화적 개혁(1)[경무국장 아카이케 아쓰시(赤池濃), 1922.2.25, 1면 1단]
〈자료 49〉 지방제도 및 경찰제도의 문화적 개혁(4)(1922.2.28, 1면 4단)
〈자료 50〉 지방자치의 이상(理想), 현재 시행 제도의 요지(要旨)[총독비서관 모리야 에이후(守屋榮夫), 1922.3.17, 1면 1단]
〈자료 51〉 부협의회 '결의권' 운동과 당국(1922.8.10, 2면 5단)
〈자료 52〉 제회의(諸會議) 공개(公開) 문제 시기상조론의 근거 여하(1923.1.30, 2면 4단)
〈자료 53〉 도지방비(道地方費) 개정 지방제도 운용상 극히 중대, 오쓰카(大塚) 내무국장 담(談)(1923.11.10, 2면 4단)

3) 기타

〈자료 54〉 지방제도의 법규상 대결함 폭로, 조선 지방행정상의 대문제(地方制度に對する法規上の大缺陷暴露, 朝鮮地方行政上の大問題)(『부산일보(釜山日報)』, 1926.11.26, 2면 4단)
〈자료 55〉 조선 지방자치 실현, 총독부에서 지방제도 개정의 성안을 서두르다(朝鮮の地方自治實現, 總督府で地方制度改正の成案を急ぐ)(『조선신문(朝鮮新聞)』, 1926.11.6, 8면 8단)

2. 선거운동과 실시

1) 《동아일보》
〈자료 56〉 평양시화(平壤時話)(평양지국 일기자, 1923.10.15, 4면 3단)
〈자료 57〉 인천의원 선거기(仁川議員選擧期) 절박(切迫), 인증가(人增加)(1923.10.21, 4면 5단)
〈자료 58〉 평양부의(平壤府議) 선거와 유권자대회(1923.10.26, 3면 10단)
〈자료 59〉 평양부의(平壤府議)의 선거 유권자대회(1923.10.29, 3면 6단)
〈자료 60〉 횡설수설(1923.10.29, 2면 8단)
〈자료 61〉 평양부협의원 선거에 대하여(평양지국 일기자, 1923.10.30, 4면 4단)
〈자료 62〉 원산부의(元山府議) 선거 청년 측 궐기(1923.11.2, 4면 2단)
〈자료 63〉 평양시화(平壤時話)(평양지국 일기자, 1923.11.5, 4면 3단)
〈자료 64〉 마산시화(馬山時話) - 부협의원 선거에 대하야(마산지국 일기자, 1923.11.7, 4면 3단)

〈자료 65〉 부·면 협의원의 개선(改選)(1923.11.9, 1면 1단)
〈자료 66〉 횡설수설(1923.11.14, 2면 9단)
〈자료 67〉 군산부의(郡山府議) 후보 부민대회(府民大會) 개최(1923.11.15, 4면 2단)
〈자료 68〉 부·면 협의원(府面協議員)의 선거 유권자에게 인격과 포부를 심사하라(1923.11.16, 1면 1단)
〈자료 69〉 통영만필(統營漫筆) - 면의원(面議員) 선거(選擧)에 취(就)하야(통영지국 일기자, 1923.11.16, 4면 3단)
〈자료 70〉 대구 유권자회 공인후보(公認候補) 선정(1923.11.18, 4면 3단)
〈자료 71〉 진남포만필(鎭南浦漫筆)(진남포지국 일기자, 1923.11.19, 4면 6단)
〈자료 72〉 진남포시화(鎭南浦時話)(진남포지국 일기자, 1923.11.27, 4면 4단)
〈자료 73〉 조선 지방자치제 건의안은 위원 부탁(委員附托)(1925.2.28, 1면 7단)
〈자료 74〉 경성부협의원 공인후보 운동(1926.10.12, 5면 1단)
〈자료 75〉 망중한인(忙中閑人) - 보는 대로 듯는 대로 생각나는 대로(1926.10.13, 2면 1단)
〈자료 76〉 유권자가 감소(1926.10.13, 2면 3단)
〈자료 77〉 춘천면의원(春川面議員) 유권자 수(1926.10.17, 4면 10단)
〈자료 78〉 다수 출마는 조선인에 불리, 평양부협의(平壤府協議) 후보(1926.10.17, 4면 9단)
〈자료 79〉 소위 공인후보자(1926.10.19, 4면 4단)
〈자료 80〉 망중한인(忙中閑人) - 보는 대로 듯는 대로 생각나는 대로(1926.10.20, 2면 1단)
〈자료 81〉 망중한인(忙中閑人) - 보는 대로 듯는 대로 생각나는 대로(1926.10.30, 2면 2단)
〈자료 82〉 공인후보 5인 마산부의원(馬山府議員) 선정(1926.11.2, 4면 8단)
〈자료 83〉 대구잡기(大邱雜記)(대구 일기자, 1926.11.5, 4면 5단)
〈자료 84〉 조선인은 현상 유지, 일본인은 천명 격증, 12월의 부의선거전(府議選擧戰) 압두고 3년간 유권자 변천(1929.10.4, 2면 1단)
〈자료 85〉 평양시화(平壤時話) - 부협의선거전(府協議選擧戰)(평양 일기자, 1929.10.23, 3면 6단)
〈자료 86〉 경제생활은 쇠퇴, 세금액은 점차 증가, 소위 유권자 수는 차차로 늘어, 마산 백의동포의 정경 일본인과의 비교(1929.10.28, 3면 1단)

2) 《매일신보》

〈자료 87〉 목포시화(木浦時話) - 목포부협의원선거(木浦府協議員選擧)에 대하야(목포지국 일기자, 1923. 11.14, 4면 2단)
〈자료 88〉 몰염치한 목포부협의원, 근본을 속이려고 이력서를 위조해(1924.4.24, 3면 4단)
〈자료 89〉 부의(府議) 선거운동으로 시내 요리점 대만원(1926.11.12, 3면 1단)
〈자료 90〉 논설: 부·면 협의원 선거(府面協議員選擧) 자치적 훈련의 부족(1926.11.21, 2면 1단)
〈자료 91〉 엄정(嚴正)과 과단(果斷)을 기대한다 - 선거취체규(選擧取締規)를 집행함에 당(當)하야 (1929.11.1, 1면 1단)

〈자료 92〉 진남포부(鎭南浦府): 격전을 조절(調節)코져 선전문을 배포, 마씨(馬氏)의 은퇴와 이씨(李氏)의 출마, 후보들의 보조정연(步調整然)(1929.11.10, 3면 1단)

3) 《조선일보》

〈자료 93〉 안주만필(安州漫筆): 지정면이 된 안주면의 협의회원 선거에 대하여 조선인 유권자에게 고하노라[안주(安州) 일기자(一記者), 1923.5.8, 4면 2단]
〈자료 94〉 면협의원 선거 문제(1923.5.20, 4면 3단)
〈자료 95〉 평양에 시민대회 개최. 금번 부협의회 추천으로 평양부 제일관에서 개최(1923.10.28, 3면 3단)
〈자료 96〉 마산부민의 축록관(逐鹿觀) 부협의원 선거전(1923.10.29, 4면 8단)
〈자료 97〉 겸이포 면협의원 선거에 대하여(겸이포지국 일기자, 1923.11.18, 4면 4단)
〈자료 98〉 피선자(被選者)를 지정한 면협의원 투표법, 일반은 불평과 의심 중(1923.11.19, 3면 3단)
〈자료 99〉 사설: 피선된 부협의원들에게(1923.11.23, 1면 1단)
〈자료 100〉 소성기필(邵城奇筆) - 인천부협의원 선거(인천지국 일기자, 1923.11.26, 4면 4단)
〈자료 101〉 도평의원 임명과 문제, 도(道)의 처치를 힐책하는 부협의(府協議), 최고 점수를 얻은 원덕상 씨를 관선으로 함은 틀린 일이라고(1924.4.5, 3면 1단)
〈자료 102〉 발표 기일 전에 유권자 명부 열람. 부협의 선거에 부정사건, 부청의 고원을 매수(1926.11.9, 2면 8단)
〈자료 103〉 요령부득의 변명, 경성부협의원 선거유권자명에 대한 독직(瀆職)사건(1926.11.10, 2면 1단)
〈자료 104〉 부정선거 조사코저 황주 기자회의(1926.11.11, 2면 9단)
〈자료 105〉 유권자명부로 연출된 종종(種種) 추태, 뇌물 받아먹어도 부청 측에서는 덮어놓고 눈감아, 부청(府廳)에 대한 비난성(非難聲) 점고(漸高)(1926.11.19, 2면 3단)
〈자료 106〉 부협의원 선거의 결과(1926.11.22, 1면 1단)
〈자료 107〉 체납금 대납(代納)으로 불신임 문제 야기, 청주 사는 유권자들을 이용해 양방으로 투표, 조치원면의(鳥致院面議) 부정선거(1926.11.24, 3면 7단)
〈자료 108〉 지방만필(地方漫筆) - 선거전의 종막을 보고[웅기지국(雄基支局) 일기자(一記者), 1926.11.26, 1면 11단]
〈자료 109〉 지방만필(地方漫筆) - 면협의원의 사명을 논하야 신의원(新議員) 제군(諸君)에게 고함[웅기(雄基) 일기자(一記者), 1926.11.27, 1면 11단]

4) 기타

〈자료 110〉 지방시론(地方時論): 도의선거(道議選擧)에 대하야 유권자에게 경고함[천안지국 일기자,《중외일보》, 1927.3.11 4면 1단]

3. 지방제도의 운용

1) 《동아일보》
〈자료 111〉 부협의원 선거에 제(際)하야 공정을 기하라(1926.10.15, 1면 1단)
〈자료 112〉 인천부의(仁川府議) 개선(改選)에 제(際)하야(인천 일기자, 1926.11.3, 4면 5단)
〈자료 113〉 부의(府議)를 보고(청진 일기자, 1928.3.18, 3면 3단)
〈자료 114〉 마산 토지 불하 문제(馬山土地拂下問題)(1929.1.21, 1면 1단)

2) 《매일신보》
〈자료 115〉 시세(時勢)의 진운(進運)으로 도평의회를 결의기관으로 개정, 오는 총선거기(總選擧期)부터 (1925.12.16, 1면 1단)
〈자료 116〉 도평의회의 결의기관(1925.12.19, 3면 1단)
〈자료 117〉 각 자문기관 의원의 선거자격 확장 문제 납세자격 5원을 2, 3원으로, 유권자 수는 약 3배로 증가, 구체 방침 고구(考究) 중(1926.4.16, 1면 1단)

3) 《조선일보》
〈자료 118〉 협의회관극 - 부협의원의 일당은 무엇하고 버는 돈, 알뜰한 회의에 참여하고 하루에 4원씩 또박또박 날자만 끌면 생기는 벌이[왈구생(曰口生), 1924.4.6, 3면 1단]
〈자료 119〉 물고, 차고, 뜻고, 치고, 수라장된 부협의(府協議)(1927.2.20, 3면 4단)
〈자료 120〉 점차로 확대되는 나남 부면장 문제(副面長題), 일인(日人) 임명은 조선인 의사(意思) 무시 (1927.3.27, 1면 7단)
〈자료 121〉 차별을 전제로 쌍방 의원 갈등, 조선인에게 받은 부가세로 학교조합을 살찌운다 하야, 마산 부협의회의 풍파(1928.4.3, 5면 1단)
〈자료 122〉 면의(面議) 독단선거(獨斷選擧), 강화 모면장의 실태(1929.11.10, 3면 5단)
〈자료 123〉 지방단평(地方短評)(1929.11.12, 3면 11단)
〈자료 124〉 무관심 불가(不可)한 공직자 선거 - 현실은 모두가 휴척관계(休戚關係)(1929.11.19, 1면 1단)

1. 지방제도 개정

1) 《동아일보》

〈자료 01〉 도부군자문기관 군참사회의 폐지(道府郡諮問機關 郡參事會議 廢止)(1920.4.21, 2면 5단)

이번 총독부에서는 장래에 실현될 지방자치의 계제로 우선 도청, 부·군·면에 자문기관을 설치하기 위하여 그 경비를 1920년도 예산에 이미 계입(計入)한 바이니와 그 조직에 관해서는 당국에서 지금 연구 중이므로 일단 발표하지 않으나 들건대 면에는 면협의회, 군부(郡府)에는 군부협의회를 조직케 하고, 도에는 예산 및 일반 사업에 관하여 도협의회, 교육에 관한 것을 학교협의회를 분설(分設)하여, 이 4개 협의회로 하여금 각 소속의 도·부·군·면의 예산 및 기타에 관한 자문을 행하리라는데, 그 협의원은 대개 일본의 군회 또는 정촌회 의원 선거 방법에 의해서 선출하고, 각 협의회원의 임기는 3년간으로 입안된 듯하며, 그 결과 면부제(面府制), 지방비령 및 지방관제의 일부를 개폐하는 동시에 도·군 참사회는 불필요하므로 자연 폐지되리라더라.

〈자료 02〉 지방 자문기관 관선민선호(地方 諮問機關 官選民選乎)(1920.5.16, 1면 1단)

현 총독부의 소위 '신간부(新幹部)' 부임 초, 천하에 공표한 조선 통치의 개혁 중 하나는 지방자치제도의 시행이라. 이는 시세가 일변하며 인심이 혁신하여 재래의 전제무단정치로는 도저히 정국을 수습치 못함에 원인이 있음이오, 또한 사리(事理)의 당연(當然)에서 나온 것이라. 예를 들어 이를 증명하면, 근래 외전(外電)에 의하건대 영국 하원에서 조선 문제가 토의되어 노동당의 의원 한 명은, 정식 위임을 받은 조선 민족 대표는 일본이 조선을 통치함에 대하여 국제연맹에 호소를 제기하고자 하는데, 영국 정부 당국자는 이를 원조하고자 하는 의사가 없느냐 하며 암암리에 원조를 종용하는 뜻을 포함한 질문을 한즉, 당국자의 설명이 현 조선총독부 당국자는 조선통치 개혁에 예의(銳意) 중이며, 또한 일본은 국제연맹의 일원이라 반드시 동 연맹의 원칙에 의하여 조선을 통치할 터인즉, 조선 인심의 만족을 얻을지며, 소위 수원(水原)사건에 관하여는 이미 관계 범죄 관리를 처벌하였다는 당국자의 보고가 있다 하도다. 이로 보건대 일본이 조선을 통치함에 그 선불선(善不善)과 악불악(惡不惡)은 오직 조선과 조선인의 문제뿐만 아니라 세계의 문제가 되나니, 즉 국제연맹은 세계의 평화를 위하여 건설된 기관이라. 고로 세계 평화에 긴절한 관계가 있는 이민족 통치와 노동 상태 개선에 관하여는, 특히 일정한 원칙을 작정할 뿐 아니라 특수한 기관을 상설하였으니, 하나는 식민지통치(위임통치)에 관한 감독위원회이요, 또 하나는 노동회의라. 그런즉 조선도 세계의 일부로 조선인이 전 인류의 일요소(一要素)를 구성하는바, 그 행불행(幸不幸)과 만족불만족(滿足不滿足)이며, 또 일본과의 관계 여하가 어찌 세계 평화의 문제가 아니며, 특히 세계 평화의 일대 관계가 있는 동양평화에 대하여 절대적 관계가 없다 하리오. 이는 곧 조선 문제가 영국에서도 토의가 되는 이유이며, 미국에서도 논쟁이 되는 까닭이라. 이를 민족과 민족, 국가와 국가가 쉴 새 없이 서로 죽이며 서로 먹던 재래의 국제관계와 비교하면 가히 천양지차라 이를지니, 이 시세의 일변이 아닌가. 실로 일본은 자기 양심과 조선 양심과 세계 양심에 비추어 절대로 공명정대한 정치를 행치 아니치 못하게 되었도다. 천하의 인류가 정의를 중심으로 하여 일대 단체가 되려 하니, 어찌 피하고자 한들 피할 수 있으며 은폐하고자 한들 은폐할 수 있으리오.

이것이 내가 위에 서술한 "시세가 일변하여 전제무단정치로는 도저히 정국을 수습치 못한다"하는 이유로다. 원래 국가의 근본은 인민이라. 경제와 재정으로 그 국가 생활을 유지함도 인민의 노력이요, 피와 땀으로 그 국가 생활을 경영·방위함도 인민의 생명이니, 오직 국가는 인민의 단체로다. 단체 생활에는 반드시 규율이 있어야 하며, 협화가 있어야 할지니, 이것이 법률과 협동적 사회 생활이라. 법률을 제정하며 협동적 사회생활을 촉진하는 국가의 통치권이 어찌 하늘에서 당국자에게 낙래(落來)한 것이며, 땅에서 당국자에게 용출한 것이리오. 오직 인민의 사회심(社會心)과 공동성에서 나온 것이 아니뇨. 고로 정치는 민심을 좇으며, 민의에 응하여 운행함이 당연한 이치라. 사회가 문명하고, 국가가 진보할수록 정치에 민주적 경향이 농후함은 곧 이를 사실로 웅변하며 증명함이 아닌가? 또한 민심을 따르며 민의에 응한다 할지라도 오직 감독자가 위에 있어서 소위 민정(民情)을 하찰(下察)하여 정치를 시행함은 진의(眞意)에 있어 민주정치가 아니라 인민이 자주(自主)하여 국가를 경영함은 그의 권리이어늘, 이 권리를 인정하며 보증함이 없음에 어찌 민주정치가 있다 하리오. 그는 오직 전제정치로다. 세계문명 열국이 제도상으로 민권을 '인정'하며 '보증'하는 이유는 곧 인민의 국가 자영(自營)의 원리를 체득한 까닭이라. 이에 현재 조선 인민의 정도를 관찰하건대, 물론 재래의 전제정치 사상을 전부 탈각하였다 할 수 없으나, 인민은 국가 경영에 참가할 권(權)이 있으며, 참가함이 정치 문명에 필요하다 하는 자각이 날로 심각 증대하는도다. 이것이 내가 위에 서술한 "인심이 혁신하여 전제무단정치로는 도저히 정국을 수습치 못한다"하는 이유라.

이제 총독부 당국자가 그 천하에 공표한 지방자치제도 시행을 구체화할 계획을 듣건대, 각 부(府)·도(島)·군(郡)·면(面)에 협의회를 두게 되고, 각 부와 지정면 24개처에는 선거제에 의한 협의원을 두며, 군과 기타 면에는 임명에 의한 협의원을 둔다 하며, 의장은 부윤·도사·면장이 겸한다 하는도다. 관선하는 표준은 어디에 있으며, 민선하는 권리는 무엇을 표준으로 부여하는지 나는 들은 바가 없으며, 또 부윤, 도사, 면장 등이 의장이 되는 이유는 어디에 있는지 역시 내가 알지 못하는 바라.

도에 대해서는 어떠한 협의회를 두는지 상세히 알지 못하나, 이를 두게 되면 역시 그 조직이 대동소이하리로다. 다시 그 협의회의 권한은 어떠한가 하면, 내용은 알 수 없으되 오직 자순기관이라 하는 명칭만 들었으니, 자순기관이라 함은 오직 인민의 의견을 거두어 행정자의 참고에 제공함에 불과한지라. 그 채택과 불채택, 이용과 불이용은 당국자의 전단(專斷)에 있도다.

이상에 대하여 논평을 가하기 전에 우선 내가 당국자에게 대하여 의아하게 여기지 않을 수 없는 바를 논할진대, 원래 당국자가 지방자치제도를 주장함은 민의의 창달을 기하며 국가 경영에 참가하는 민권을 승인코자 하는 민주적 정치의 제1단계로 함이니, 그렇다면 지방자치제도를 규정할 때 그 방법상 반드시 널리 민의를 거두며, 명확히 그 정서를 살피며, 또한 세계에 참고하고 공공연히 토론에 결정할 것이어늘, 이제 그렇지 아니하고 사건을 깜깜한 비밀에 속하게 하여 세인으로 하여금 규지(窺知)치 못하게 하며, 혹 질문하는 자가 있을지라도 조사 중이라는 미명 하에 음폐(陰蔽)하였을 따름이니, 이 어찌 입헌적·민주적 제도를 건설코자 하는 자의 모순되는 태도가 아니리오. 나는 그를 가석(可惜)히 생각하는 동시에 한 점 불안의 느낌을 금하지 못하노라. 대개 태도는 곧 사상을 표시함이라. 이 태도로써 위

계획을 관찰하건대 반드시 유감이 없음이 아니니, 협의회의 권한이 자순에 그치는 것은 유감이라. 극히 제한된 인도의 지방자치도 순연한 자순기관은 아니라 일정한 범위 내에 결의할 수 있으며, 결의는 행정관에게 대하여 강제의 효력이 있으되 인도인은 오히려 불만(不滿)하여 민심이 안정치 못함은 외전(外電)이 빈번하게 보도하는 바이어늘, 우리 조선인에 있어서 오직 자순에 그치는 협의회가 어찌 중추원 이상의 인민에게 정신적 권위를 가질 수 있으리오. 즉 자순에 그치면 그 결과 이와 같을 것은 지자(知者)를 대(待)하여 지(知)할 바 아니라. 그런즉 오인은 유감이라 단언하노니 대개 민의의 창달을 기하려 노력하는 그 결과가 소기와 정반대로 인민에게 조소를 받을 뿐 아니라 당국의 공언(公言)에 대한 불신을 사는 것이 어찌 당국자와 그 전진에 대하여 유감이 아니라 하리오. 그런즉 오인의 희망하는 바는, 협의회는 진의(眞意)의 지방자치단체가 되어 그 지방 사건과 운명은 그 지방인사가 자주자결(自主自決)하도록 하되, 행정관은 오직 다소 감독의 권한이 있도록 함이 가하다 하노라. 물론 철저히 생각하면 지방행정관의 감독도 불필요하다 할지나, 이는 일본 당국자가 능히 용인할 바 아니니, 다소 감독의 권한을 보류함은 부득이하다 하노라.

당국자의 의향을 추측하건대 이와 같음은 과격하며 정치상 미안한 점이 없지 않은즉 점차 훈련을 거쳐서 완성에 이르게 하리라 할지나, 훈련에는 인민의 흥미를 감발(感發)하여야 할지며, 책임을 느끼게 하여야 할지니 흥미를 감발하며 책임을 느낌에는 오직 자주자결의 결과가 필연히 형출(形出)됨이 절대로 필요한지라. 만일 자기의 결의가 자순에 그쳐서 채택·불채택이 명확치 못한 경우에 누가 그에 대하여 흥미와 책임을 느끼리오. 하물며 관선 관도(官導) 아래에서랴! 민중은 반드시 이에 대하여 냉담하리라고 나는 예언하노라. 또한 정치상으로 볼지라도 미안할 점이 없으니, 왜냐하면 지방자치제도는 그 지방의 사건을 그 지방 인사가 결정함을 전제로 해야 함이니, 그에 대하여 안심하여야 가하며, 혹시 무지하여 자기에게 해를 가할까 염려된다 할지나, 이는 실로 기우로다. 조선 인민이 또한 자리(自利)를 능히 분별하는 문명인이니라.

조직에 대하여는 철저히 민선을 주장하며, 자산만 표준하지 말고 지식을 표준하여 선거권을 부여하라 하노니, 부군(府郡)을 구별하여 관선 민선의 구별을 설(設)함과 같음은 전연 가치없고 근거없는 행동이라 하노라. 더구나 부윤 등이 의장이 될 필요가 어디 있는가. 의장은 자치단체의 정신에 기초하여 자주자선(自主自選)할 것이라.

나는 간단히 당국자에게 고하노니, 영국의 인도에 대한 자치제를 모방하지 말지어다. 스스로 창조하는 중에 가치가 있음이 아니뇨. 또한 인도는 결코 그로 만족치 아니하나니라. 동시에 자치제도 결정 방법을 민주적으로 공개하여 천하의 여론을 환기케 하는 태도를 취함을 희망하노니, 이 시세에 응하며 민심에 응하려던 본의(本意)에 부(副)하는 바이라.

〈자료 03〉 조선지방제 개정 내용(朝鮮地方制 改正 內容)(1920.7.11, 3면 2단)

조선 지방제도 개정 내용은 부 및 면 전부에 협의원을 두어 그 원(員)을 증가할 것, 각호(戶) 비례를 설(設)하여 각 면으로부터 1명씩 대표자를 내게 하고 평의회 조직 자문기관에 충(充)하게 할 것, 도에 평의회를 설(設)하여 자문기관을 둘 것 등이더라.[동경전(東京電)]

〈자료 04〉 재동경 일서생(在東京 一書生), 「지방제도의 개정에 취(就)하야」(1920.8.7, 2면 7단)

그러면 이 기관이 어떠한 기능을 가진 것인가? 대저 자문기관이라 하는 것은 그 자의(字意)와 같이 이사(理事)기관의 자문에 응하는즉, 행정상 의견을 신술(申述)하는 의무가 있는 기관을 말함이니, 이사기관은 가령 이에 대해 자문하는 것이 있다 할지라도 그 의견의 채납 여부는 전혀 이사기관의 자유에 속하는지라. 고로 자문기관은 의무는 있으나 권리는 없음이 분명하며, 따라서 활용 방법의 의(宜)를 얻지 못하면 곧 유야무야의 폐물됨을 면키 어려우니, 이는 무엇보다도 사실이 증거이라. 종래의 중추원, 도부군참사회, 보통학교 학무위원회 등이 좋은 거울이라 하겠도다. 이들 기관이 종래 폐물의 취급을 받은 원인이 무엇에 있는가. 요컨대 하등 기능이 없이 절대 필요치도 못한 의무만 부담함에 이유가 있음은 분명한 사실임에도 불구하고, 지금 그 명칭을 바꾸고 약간 자문 사무의 범위를 변경함으로써 시대적 요구에 적응한 시설이라 함은 그 정신이 어디 있는지 알기 어려워 당국자의 성의를 의심치 않을 수 없을뿐더러, 왕년에 면제 실시 때 이장 명칭을 구장이라 바꿈으로써 그 지위를 향상함이라 하여 면민의 조소를 받던 것과 흡사하도다. 사이토 총독의 언명이라 하는 것은 무엇인가? 지난 가을, 부임 초에 동 총독이 선명(宣明)한 시정 강령 중 하나로 "지방자치제도의 확립"이라는 것이 있었다. 그러므로 오인은 이를 이해하기를 일본에 있는 부현군시정촌제와 동일한 제도를 실시하려는 의미인 줄로, 적어도 어떤 사무의 범위 내에서 의결기관을 설할 것을 확신했다. 그런데 사이토 총독의 언명이 금일에 이르러 비로소 발포한바, 전술과 같이 재래 자문기관의 명칭 및 범위를 고친 데 불과하여 진실한 자치제의 정신에는 근방에도 접촉되지 아니하였으니, 이것이 어찌 오인의 최초 기대에 부합할 바이리오. [미완(未完); 원문]

〈자료 05〉 재동경 일서생(在東京 一書生), 「지방제도의 개정에 취(就)하야(속)」(1920.8.8, 2면 6단)

그러면 오인이 말하는 바 지방자치제는 무엇을 말함이며, 이의 실시로 인해 지방민은 어떠한 이익을 받으며, 이를 급속 실시함을 주창하는 이유는 무엇인가. 즉 지방자치제도라 하는 것은 국가와 인민의 중간에 개재할 인격있는 기관을 설하여 일정 범위의 국가 사무를 직접으로는 그 기관의 사무로 하여금 집행시키고, 간접으로는 이를 국가 행정의 목적에 이용하는 방법을 말한다 할지로다. 그런데 국가와 인민 간에 개재할 인격있는 기관을 만들자면 그 방법은 지방행정 구획에, 즉 도·부·군·도·면(道府郡島面)에 대하여 인격(즉 공법인)을 부여하고, 그 인격자의 사무를 처리하기 위해 이사 및 의결기관을 선거 설치함이 가하니, 즉 상세히 말하면 조선에도 새로 도군도제(道郡島制)를 실시하고, 이미 있는 부면제(府面制)도 완전히 개정하여 성년자다운 인격을 부여함이 가하다 함이로다. 그리하여 지방민으로 하여금 공공적 책임 관념을 양성하며, 공공사무에 주의(注意) 관숙(慣熟) 또는 양해케 하며, 공공사무에 직접 이해관계 있는 자로 하여금 그 사무를 자결자행(自決自行)케 하며, 관치행정의 힘이 이르지 못하고 일정한 지역 또는 일정한 범위의 사람에게 대하여 적절한 행정을 능히 하는 등 이익을 받게 함이 자치행정의 본의 및 특색이라 하노라. 만약 자치행정 없이 관치행정만 실시하면 너무도 관료만능주의에 빠져서 그 폐해가 막대함은 누구든지 부정치 못할 사실일뿐더러, 하물며 치자(治者)가 피치자(被治者)의 풍정습속(風情習俗)에 암매(暗昧)하고, 또 직접 이해관계를 동일히 하지 아니하는 자의 손에 의해 통치되는 조선에 있어서는 더한층 폐해의 다대함을 각오치 아니치 못할지로다.

종래 조선 정치는 인민으로 하여금 복(服)케 할 뿐으로 족하고, 지(知)에 미치지 못하는 순전제적인 구사상이 지배해 왔으니, 그 실례를 들면 세무, 경찰, 산업, 행정 등에 그렇지 않은 것이 없어 일일이 들 겨를이 없다. 온전히 지방행정에 직접적 이해가 있는 지방민은 도외시하고, 그들의 영업적 속리배[俗吏輩, 이기적 의식(衣食)을 구하기 위해 취업하는 데 불과함을 말함; 원문]가 피치자의 이해정상(利害情狀)은 볼 것 없이 각자 표면의 공적을 과장함에 급급하여 관료만능의 주의를 극단으로 발휘한 까닭이라 하노라. 따라서 지방민의 불만불평은 절정에 달하였으나 어떻게 할 기능이 없음에야 어찌하리오. 요컨대 지방행정의 주체는, 즉 지방민이니 따라서 지방행정은 지방민 자신의 일이라 할 수 있고, 자신의 일이 된 이상에는 그저 관치에만 일임치 말고 스스로의 손으로 자결자행함이 당연하며, 그렇게 해야 관료만능의 폐해를 타파하고 지방민의 복리를 완전히 증진할 수 있으니, 이것이 곧 지방자치제의 급설을 주창하는 이유라 하노라. 이에 대해 미즈노(水野) 정무총감은 말하였으되(『동경조일신문』 게재; 원문), 조선의 현상을 보매 최근 문화의 진보가 현저하여 도저히 구제(舊制)를 허하지 아니한다 하나 지금 곧장 완전한 지방자치를 시행할 시기에 달하지 못한 줄로 생각한다 운운하였으나, 나는 그 견지가 다르기에 한마디로 우견(愚見)을 말하고자 하노라. 현재 조선의 문화 정도가 어떠한가 하며 운운하는 것은 관찰하는 방면에 의해 그 의견이 다를지라. 따라서 이것만으로 논함은 필경 이론에 불과하기에 나는 이를 실제 문제로 하여 일본 지방자치제의 연혁을 탐구하여 조선에 실시 시기를 정함이 가장 필요한 줄로 생각하는 바이라.

그러면 일본은 언제부터 이것이 실시되었나? 시제·정촌제는 1888년에 발포되어 1889년 4월 이후 지방 상황에 응하여 점차 실시했고, 현제·군제는 1890년에 발포 실시[1878년부터 군구정촌편성법(郡區町村編成法)·구정촌회법(區町村會法) 등이 있었으나 대개 불완전한 것을 그냥 내버려둠; 원문]됨으로써 일본 지방자치제의 기초가 확립되었다.

그러면 현재 조선의 문화 정도를 일본의 지방자치제 실시 당초인 1890년, 즉 지금부터 30년 전 일본의 그것에 비교함이 어떤가. 환언하면 현재 조선의 민지(民智)가 일본보다 30년이나 낙후하다 함이 가당한 논단이라 할까? 또 몇백 보를 양보하여 30년 낙후했다고 가정할지라도 일본이 30년 전에 실시된 것이면 30년 경과한 금일에는 조선에도 이를 실시함이 온당치 아니한가. 미즈노 정무총감의 말과 같이 금일이 그 시기에 달하지 못했다 하면 이는 반드시 조선은 일본보다 30년(이상은 몇 개년이나 될 지 미즈노 씨가 아닌 나는 추정하지 못할 것; 원문) 낙후됨을 의미함이 분명하니, 나는 이에는 도저히 긍정하기 어렵도다. 또다시 생각이 필요한 것은 일본은 30년 전 실시 당초부터 제도 활용상 완전무결한 성적을 얻었는가. 물론 처음부터 만족을 얻지 못하는 것은 그들과 우리가 같으니, 당국자여 진실하게 조선인을 위하는 성의가 있거든 부질없이 형식에 얽매여 겉치레에 몰두하지 말고, 성심으로 시세에 적응한 시설을 단행할지어다. 만약 그렇지 않으면 이러한 도호적(塗糊的)[3] 시설 하에서 우리는 생활의 안정을 기하기 어려우니, 이것이 스스로의 일을 타인의 손에 일임하지 못할 이유라 하노라. [완(完); 원문]

<자료 06> 횡설수설(橫說竪說) (1920.8.12, 2면 8단)

최근 발포하여 오는 10월 1일부터 실시하게 된 소위 지방제도 개정이란 것은 자치제도 실시니 참정권의 전제니 떠들지만 그야말로 표간판에 불과한 듯하다. 어찌하여 그러하냐 하면 그 이유는 일구난설(一口難說)이지만 그중 하나를 거(擧)할지라.

협의원 선거에 대해 세율은 부세나 면비를 원칙상 연 5원 이상 납부하는 자를 유권자로 제정한 것이다. 경성이나 부산 같은 도회지에는 어떨지 모르되, 지방에 있는 각 면의 현상으로 논하면 국세를 제외하고 단지 면 부과금으로만 1년에 5원 이상 납부하는 인민이 몇 명이나 될는지? 각 부로 말하면 부세요, 지방의 면으로 말하면 호별할 같은 것이니, 대개 1년에 몇십 전에 불과한 것 아닌가. 유권자의 세액 제정이 이러니 결국 협의원 선거에 비교적 다액 납세자가 많은 일본인이 대부분을 점할 것은 정한 이치라. 지방제도를 개정하여 자치제도를 흉내라도 내게 하려거든 좀 똑똑히 내는 것이 옳지 않은가?

지방제도를 개정하여 장차 의정 단상에 서서 정치를 논할 자기네 말과 같이 참정견습생을 양성한다면서 어찌 선거·피선거에 대한 취체방법이 없으니 참 이상도 하다. 이에 대해 어떤 당국자는 말하되, 현재 각 학교조직의 의원선거법이 있으니 그대로 모방할 셈치고, 아직 제정치 아니하였다 한다. 그 대답이야말로 제반이 애매 불철저로 지나가는 조선의 관리로는 참 적당한 대답이라 하겠다.

---

3   도호(塗糊): 더러움으로 물들이고 흠을 내다.

〈자료 07〉 미즈노(水野) 총감 차중담(車中談) (1920.8.17, 2면 4단)

지난번 임시의회에 정부위원으로 출석하기 위해 동경에 체재 중이던 미즈노(水野) 정무총감은 15일 오후 7시반 남대문착 특급열차로 귀경하였는데 기자에게 말하였다.

"금번 임시의회는 별로 파란이 없이 종료되었사외다. 조선총독부에서 제출한 금년도의 조선 예산은 조선농사개량주식회사 보조금 2만 원에 관한 1건이 통과치 못할 뿐이오 그 외 전부가 무사 통과되어 실로 유쾌한 감이 있도다. 내가 지난 가을 부임 이래로 조선 통치상 제반 시정방침을 개선하여 차별 철폐, 언론 해방 등 주로 조선인 우우(優遇)에 착안하여 착착 시정을 개선함이 금일에 이르러, 오는 10월 1일부터 실시할 지방 신제도도 실은 이것이 자치제도의 훈련이요, 참정권 획득의 전제라 하겠도다. 생각건대 지방제도는 일반 인민이 이를 선(善)히 양해할는지 아니할는지는 모르겠으나 현재 일본 내지에서도 자치제도에 대해 철저히 지해(知解)한다고는 단언할 수 없는 바이니, 금번 조선에 실시하게 된 지방제도도 실시 초에는 일반이 모두 훈련시대에 있어서 시행상 다소 곤란한 점도 없지 않을 줄로 생각하나 총독부 당국에서는 될 수 있는대로 충분히 연구하여 일반에게도 자치제도의 의의를 철저히 주지하도록 하여 시행상 유감이 없기를 기하며, 한편으로는 조선 인민이 속히 훈련하여 하루라도 속히 참정권을 갖게 되기를 충심으로 기대하는 바이라." (하략-편역자)

〈자료 08〉 기괴한 지방제도 입안의 본의(本意)가 나변(那邊)에 재(在)한가 (1) (1920.8.24, 2면 5단)

지난달 말 발표된 조선지방제도의 개정 신법령은 10월 1일부터 시행하기로 결정·발표하였으므로 부군협의(府郡協議) 의원 및 학교평의원 선거제를 사용하는 지방은 연말에 선거를 종료하겠고, 기타 임명을 행하는 협의원이나 평의원도 차후에 계속 임명하여 명년 2월경에는 각 기관의 성립을 고하고, 명년도 각 해당 지방사무예산안 자문도 이에 부의하기에 되리라는데, 그 개정된 제도의 근본이 하등 지방자치의 중요한 근본에 접촉됨이 없어 자치제도의 생명되는 권한은 그 의결이 하등 구속력을 갖지 못한 자문에 응함에 불과하고, 기관의 기본되는 의원의 선임에도 극소 부분에 한하여 극히 제한이 많은 선거제를 용인하였을 뿐이오. 그 외에는 전부 그 자문을 행하는 관공서나 상급관청에서 임명을 행하게 되어 지난 가을 사이토(齋藤) 총독이 성명한 소위 지방자치제도에 대한 약간의 기대도 전연 수포로 돌아가게 하고, 내용도 공허한 제도임은 이미 소개한 바로, 총독부 당국자가 성의 있게 조선인을 지도·계발하여 문화의 진보를 진실히 조장하려는 의사가 없이, 다만 외식(外飾)을 장선(裝繕)하여 당면을 미봉하고, 현재 총독정치에 면종(面從)하는 도배(徒輩)의 허영심이나 만족케 하고, 일부 무식한 조선의 민심에 횡류(橫流)하는 불평을 완화하려 함이 이 제도를 발포하기에, 이름이 당국자의 진의라 관측할 수 있으나 내용을 검토하기에 이르러서는 상술한 두 가지 점에서 그 제도가 근본적으로 무의의(無意義)일 뿐 아니라 장식에 불과한 외형의 세미한 점까지 입법의 공평은 도외(度外)에 치(置)하고, 당국자에게 편리하도록 각종각양으로 소책(小策)을 농(弄)한 점에 이르러서는 당국자의 무성의를 책하기 전에 당국자 자신에 대한 극단의 성의에 경의를 표할 만하며, 이렇게 세쇄(細鎖)한 점까지 고심한 당국자의 노(勞)가 오히려 많다 할지라. 이에 자문제(諮問制)니, 관선제니 하는 근본 문제는 고사하고, 오히려 그 시행 절차라 할 세목 중 주요한 점에 대하여 그 법령의 내용은 아래와 같다.

자격제한(上)

민선제이나 관선제를 통해 부면협의원이나 학교평의원에 선임될 자격 또는 이들을 선거로 선임하는 지방의 선거권을 갖는 자격은 현행 일본 지방제에 준하여 번잡한 제한을 설하였으되, 대개 일본의 제도보다 가혹(苛酷)하지 않으나 납세 또는 비용 부담에 관한 부담액 제한에 대해서는 일본의 제도보다 비상한 고액으로 원칙을 삼았음은 무슨 이유인가. 현행 일본의 제도에 대한 군시정촌(郡市町村) 공민권 자격을 얻을 납세 제한과 대비하건대, 일본에는 시정촌에 연액 2원 이상을 납부하는 자는 모두 공민권을 가지며, 단 시에는 세액에 표준하여 다액 납세자로부터 비교적 다수의 의원을 선출하는 제도(조선상업회의소원의 1급·2급과 같은 것; 원문)를 인정하였을 뿐인데, 조선에서는 각종 협의원 평의원의 선거·피선거권을 갖는 납세 제한을 일본 군시정촌제보다 2배 반 되는 5원으로 정했음은 실로 기괴한 일이라. 조선은 일반의 경제가 발달되지 못하고 인민의 생활 정도가 낮아 빈자가 대부분을 점함에 따라 지방행정기관이나 교육기관에 대한 부담이 극히 빈약하여 연액 5원 이상의 면비 납부자 수가 임명할 면협의원 정수에도 부족한 면이 조선 내에 태반을 점할 것은 숫자를 보지 않아도 자명할 것이어늘, 무슨 의도로 당국자는 자감(自甘)하여 이렇게 현상과 현격(懸隔)이 태심(太甚)한 제도를 세웠는가. 당국자는 이 제도를 세운 근본 취지가 조선의 현재 민도에 적응케 하려 함이라 반복 설명하면서, 세간의 비평에 대해 오직 '조선의 민도'라는 방패로 무책임을 옹호하면서, 무슨 이유로 그 제도의 주요 안목되는 이 점에 대해서는 조선의 민도와 현격할 뿐 아니라 오히려 우활(迂濶)[4]한 규정을 만들었는가. 물론 연액 5원이라고 한 원칙은 법령이 조변석개할 바가 아닌 고로 장래를 예상하여 이에 비(備)함도 긴요한 것이며, 또 대도회(大都會)에는 이 제한으로 넉넉히 이 제도를 운용할 수 있겠으므로 이렇게 규정한 바이오. 지방의 사정에 따라 필요가 있다고 인정할 때는 조선총독의 승인을 거쳐 도지사가 그 금액을 저하할 수 있을 것이라는 별도 조건의 규정을 설하였으므로 실지(實地) 운용에는 반대로 기의(機宜)에 적응하도록 변통하는 편리가 있고 하등의 지장이 없다고 변명할지나, 당국자의 성명과 같이 새 지방제도는 단순히 조선의 현재 민도에 적응하고, 장래 자치제도에 중계(中繼)할 과도제도(過渡制度)에 불과한 것인 이상 민도의 현상과 큰 차이가 없는 정도로 원칙을 정하는 것이 당연한 것이오. 감히 요원한 장래를 예상할 바가 아니며, 이 제도를 요원한 장래까지 의연히 존치할 당국자의 내의(內意)가 있다 하면 이는 식언자(食言者)의 악행이오, 조선인에 대하여 기만할 의사가 있다 하겠고, 또 불원한 장래에 이 연액 5원제가 불편 없이 운용되기에 이를 줄 예단하였다면 이는 조선인의 부담을 부자연하게 급격히 인상하여 그 부담을 과중하게 하고자 함이니, 이 역시 민도를 무시하는 행위라 말할 것이라.

〈자료 09〉 기괴한 지방제도 입안의 본의(本意)가 나변(那邊)에 재(在)한가(2) (1920.8.25, 2면 4단)

자격제도(中)

납세액의 다과로 선거권 여탈의 표준을 정함은 세계의 대세에 역행하는 것이라. 납세금

---

4 우활(迂濶): 부주의하다.

액을 표준으로 삼지 아니하는 보통선거가 일본에서도 그 실행이 시간문제에 불과한 현재, 물론 조선에 시초하는 이 지방제도에 약간의 제한을 행함은 부득이한 것일 것이라. 국회의원의 보통선거를 행하는 나라에서도 지방의회의 선거권에 대하여 약간의 제한을 행하는 예도 있으며, 현재 일본에서도 전술한 것과 같이 부·현 의원의 선거권은 5원 이상, 그 외 지방자치기관에는 2원 이상의 납세자에게 선거권을 주는 제한이 있으므로, 자치기관과 유사하지도 못한 조선의 지방제도에 대해 선거권 및 피선거권을 정함에 납세금액을 표준하는 제한을 철폐하라 함은 본래 무리한 것이라. 그러나 경제력이 빈약하고 지방비나 교육비 부담이 극히 저액인 이 정도에 대해서 그 공민권을 얻는 납세액의 표준을 일본보다 저하하는 것이 당연하거늘, 반대로 몇 배를 높게 한다 함은 입안자에 다른 의도가 있음이 아니면 결코 허심탄회 공평한 처지로부터 입법한 것이라 해석하기는 도저히 불가능한 것이라.

현재 조선의 지방 군부(郡部)에는 연액 5원 이상의 면비나 교육비를 부담하는 자는 실로 다액 납세자라 할지니, 그런즉 소위 신제(新制)의 협의원·평의원이라 함은 전(前) 세기(世紀)의 유물에 불과하는 일본 귀족원의 다액 납세 의원과 그 외형이 비슷한 범물(凡物)의 제도라 해석함이 당연하도다. 근본부터 무성의한 시대착오의 산물인 이 제도에 그 내용의 말절(末節)에 이르기까지 시세에 역행함은 지금 다시 경해(驚駭)할 필요도 없으나, 그 역행의 정도가 태심(太甚)함에 이르러서는 반대로 당국자의 대담한 용단에 경의를 표치 아니치 못할지라. 하여간 조선의 현상으로 지방비나 교육비 연액 5원 이상으로 넉넉히 부담하는 자는 주산 계급이 아니라 자본가 계급에 들 자이라. 그런즉 이 제도 발표 당시 미즈노(水野) 정무총감의 성명과 같이 "지방 선각의 사(士)를 거(擧)하여 지방공공사무에 참여케"하는 취지에서 출(出)하여 면협의원은 "가급적 각 면 유식자의 의향을 참작하고, 민의에 기초하여, 유덕재간(有德才幹)의 사(士)를 임용케 할 방침"이며, 학교평의회원과 도평의원은 "널리 그 지방에서 학식과 명망이 있는 인물을 선임"한다 하였은즉 "지방 선각의 사(士)", "각 면 유식자", "학색과 명망이 있는 인물" 등은 자본가 계급에서 이를 구하지 않으면 달리 구할 도리가 없는가. 만약 당국자가 진정으로 조선인의 자치적 능력의 향상을 조장하려는 성의가 있다 하면 하필 극히 근소한 자본가 계급에서 모두 이 의원을 선임하려 하는 심사는 실로 양해하기 어려운 것이라. 당국자의 금회 성명과 같이 이 신제도가 자기들의 지난 가을 성명한 지방자치제가 아니오, "우선 그 계제"에 불과한 것, 즉 내용이 전혀 공허한 것이면 반대로 납세액과 같은 것에 제한을 두지 않고 널리 인사를 구하는 길을 여는 것이 가하거늘, 사이비 자치제에 선거권만 극도로 국한하여 법령의 원칙대로 시행하려면 선임할 정원 수보다 선임될 자격자가 도리어 부족한 경우가 적지 않을 것을 확실히 알면서 이를 단행함은 더욱 기괴하도다. 혹은 선거권의 확장은 그 인민의 문화 향상에 수반하는 것이 원칙이라 말하는 자가 있을지나, 납세액으로 선거·피선거권의 표준을 정함은 그 권리를 사람에게 주는 게 아니라 세금이라는 물건에 주는 것으로 현대 정치의 원리에 위배되는 바인즉, 본래 납세액의 다과로 권리를 여탈함이 불합리한 것은 다시 다언(多言)을 사(俟)치 아니할 바이오.

또 백보를 양보하여 현재 일본의 제도가 납세액으로 표준을 삼으므로 이를 모방할 필요가 있고, 또 조선의 민도는 일본보다 유치하므로 그 선거권을 일본보다도 제한할 필요가 있다 할지라도, 일반 경제력의 차이와 지방공공사업비에 대한 부담액 차이로 보면 일본과 동일한 정도로 제한함도 심히 가혹하여 오히려 권형(權衡)을 잃겠는데, 일본보다 2배 반의 차이를 붙임은 무슨 이유인가. (일기자)

〈자료 10〉 기괴한 지방제도 입안의 본의(本意)가 나변(那邊)에 재(在)한가(3) (1920.8.26, 2면 5단)

자격제한(下-1)

협의원과 평의원의 민선을 행함에 대해 그 선거권 및 피선거권을 얻는 자격과 관선을 행함에 대해서 선임됨을 얻을 자격의 제한에 공비 부담 연액 5원 이상으로 제한한 것은 조선의 민도를 무시하고 세계의 대세에 역행하는 것임은 이미 몇 가지 소개했고, 그 외에도 다시 논란이 될 점이 많으나 이는 고사하고, 방면을 전환하여 총독부 당국자가 어떠한 필요로 이러한 제도를 세워서 어떻게 운용하려 하는가 그 진의의 소재를 소개할 필요가 있다. 그 진의에 대해서는 두 가지 점이 있으니, 첫째는 도평의원과 부, 주요 면의 협의원에 일본인 협의원을 반드시 조선인보다 다수를 점하게 하여서 어떠한 경우든지 일본인 의원의 의사로 기관의 의사를 만들려 함이니, 이는 조선인 의원이 혹시 당국자의 제의에 맹종치 아니할 경우 언제든지 일본인 의원을 조종하여 이를 압과(壓過)하려는 세심(細心)에서 나온 것이라.

그러나 협의원의 정수는 그 인구의 다과를 따라 정해야 하므로 외면으로는 부득이 이 원칙에 따랐고, 일본인 의원은 조선인 의원보다 그 수를 많게 함을 요한다는 규정은 조선인 본위의 정치를 행한다는 광고판 아래에 차마 행하기 어렵고, 그 외에 적당한 방책이 없을까 하고 고심하여 안출한 것이 이 교묘한 방책이라. 원래 조선 내 각 도회지에 재류하는 일본인의 수는 조선인보다 소수일지라도 그 부력은 일반 조선인보다 우등하여 다액의 공비 부담자는 그 수가 전체로 다수인 조선인보다 다수임은 각지가 모두 그러함으로, 협의원에 대한 자격을 제한함에 그 세금액을 저하하면 조선인 유권자가 다수하게 되고, 금액을 높게 하면 일본인 유권자가 다수할 것은 자명한 이치이며, 선거를 행하는 지방에서 일본인 유권자가 일본인 후보자에게 투표하고, 조선인 유권자가 조선인 후보자에게 투표할 것은 규정된 필요조건은 아니지만 인정상 또는 사교상 면치 못할 일이라. 그런즉 그 결과는 자연히 일본인이 다수 당선되고 조선인이 소수됨이 분명한지라. 지금 일례로 신제도에 의해 거행될 부산부의 일선인의 인구 수와 유권자 수를 비교하면, 조선인 36,362명, 일본인 28,394명(이상 최근 일선인 인구수). 조선인 294명 일본인 1,871명(이상은 신제도에 의한 일선인의 유권자 수). 이 숫자를 일별하면 이 자격 제한의 결과가 과연 어떠할 것인지 명확하며, 이 자격 제한이 어떻게 일본인 의원을 다수 선출함에 적확히 유효한 것임을 상찰(詳察)할지라.

그러나 본래 이 제도의 최고 제한인 5원을 일반으로 적용할 때는 조선인과 일본인의 유권자 수가 너무 현격하여 일본인 의원이 10의 7, 8을 점하게 되어 당국의 정책이 너무 노골(露骨)하여 세평을 막기 어려우며, 또는 지방에 따라서는 일본인 유권자도 극히 소수가 되므로 이것도 작량(酌量)하여 일본인 의원이 당국의 안심할 만큼 조선인 의원보다 다수될 정도를 표준하여 도지사에게 그 납세금액의 저하를 감독부로 허가한 점에 이르러서는 더욱이 그 교묘함에 끽경(喫驚)치 아니치 못하겠도다. (일기자)

〈자료 11〉 기괴한 지방제도 입안의 본의(本意)가 나변(那邊)에 재(在)한가(4) (1920.8.29, 2면 6단)

자격제한(下-2)

요컨대 부협의원의 선거·피선거권을 부세 연액 5원 이상 부담하는 자에게 한하여 부여하고, 면협의원에 관하여 이와 동일한 원칙을 정한 총독부 당국의 본의는 기술한 바와 같이 부 및 주요한 면에는 일본인으로 하여금 협의원의 다수를 점하게 하려 함이며, 또 면협의원에 관하여는 "5원 제"를 고수할 때 실제로 일본인이 많이 당선되어 세평을 초(招)함과 사실상 유자격자가 극히 근소할 것을 우려하여 도지사에게 그 저하를 인(認)함이라. 당국자는 그 진의가 이러한 것이 아니라고 변명을 할는지 모르나 기보한 바와 같이 부산부의 실사가 이를 증명하지 아니하는가. 당국자의 이러한 정략은 금일에 시작한 바가 아니라 왕년 신상업회의소제(新商業會議所制)를 규정하여 그 의원의 선거제를 승인할 때도 그 실행을 할 때는 상업회의소 당국자로 하여금 상의 의원의 선거·피선거권을 얻을 자격을 정함에 이러한 가감을 행하게 했으며, 개성은 상업회의소를 인가할 가치가 충분히 있는 상업도시임에도 불구하고 재류일본 상인의 세력이 미약하여 어떻게든 조선인 의원 수보다 다수를 점하기 어려우므로 부(府)가 아니라는 것과 기타의 이유로 개성에는 상업회의소를 인가하지 아니할 내의(內意)를 보이고 그 설립을 불능케 한 전례도 있는 고로, 금회가 초유의 일은 아니나 어떠한 방면으로 관찰하든지 이번 신지방제에 이 정책을 철저하게 습용함은 불가해의 일이다.

이번의 소위 지방제도는 그 협의의 결의가 실행기관을 구속할 법규상 능력이 하등 없는 자문기관에 불과하므로 이런 정도까지 조선인을 불신임하며 의구(疑懼)할 필요가 없는 것이며, '자치제의 해제(楷梯)로' 하여 '점차 지방자치의 훈련을 얻게' 하는 것이 이번 제도를 세운 본래의 뜻이라 하면 조선인 중심으로 하여, 이 기관의 운용을 행해서 조선인의 자치적 능력을 함양함이 당연한 것이어늘, 그중에는 비교적 중요시할 부 및 지정면 협의회에 일본인 협의원 수를 조선인 협의원 수보다 과다하게 하여 조선인 협의원으로 하여금 그나마 하등의 능력을 발휘할 기회를 주지 아니함은 당국자가 이 제도의 설치를 시인하는 유일한 근본까지 몰각한 것이다.

이런 여러 점으로 관찰하면 부·면의 협의회제도는 왕년 일본인 거류민단회의와 비슷한 자문기관 중 약간의 조선인 의원이 가입하고, 또 그 일본인 의원은 그 기관의 전체 의사를 결정케 됨에 불과하다. 이러한 제도는 자치의 훈련 기관되는 의미로 조선인에 대하여 비익(裨益)을 줌이 핍소(乏少)한 것이며, 당국자가 극단으로 조선인을 불신임하고 의구함을 표백(表白)하였으니, 조선인을 신임하고 의구하면서 이렇게 무용의 제도를 설하기에 정략상 고심함은 헛된 노고에 불과한 것이라 단정하지 아니할 수 없으며, 다음으로 이의 반면으로 "5원 제"를 규정한 하나의 원인은 조선인 측의 자본가 계급을 보호·이용하려는 정략에 연유함이니, 현재 조선의 자본가 계급은 결코 우량한 계급이 아니라 소위 "지방 선각의 사(士)"니, "유덕재간(有德才幹)의 사"니, "학식과 명망이 있는 인물"을 진심으로 구할 성의가 있으면 무슨 이유로 협소한 자본가로 국한하지 않고 널리 인재를 택할 길을 열지 아니하는가. 대개 재산이 있는 자는 그 재산을 보호하기에 급급하여 권력자에게 복종하여 자기신상의 명리안전을 최선의 총명(聰明)으로 생각하므로 당국에 대해 반항적 기세를 보일 용기가 없음이 상례니라. 당국자는 이를 이용하여 자본가 계급으로 하여금 협의원의 허위(虛位)를 점하는 특권을 부여하였도다. (일기자)

〈자료 12〉 기괴한 지방제도 입안의 본의(本意)가 나변(那邊)에 재(在)한가(5) (1920.8.30, 2면 6단)

의장(議長) 문제

협의회와 평의회는 거의 그 성질상 당연히 대립할 도부군도면(道府郡島面)의 장(長)과 의원으로 조직되고, 협의회와 평의회의 의장은 그 장이 담당하게 되었다. 이는 어떠한 필요로부터 나온 것인지는 고사하고 많은 모순과 불합리한 점을 여기에서 발견할지라. 소위 신지방제로부터 산출할 협의회나 평의회는 비록 그 결의가 실행기관을 구속하는 권력을 부여받지 못하여 의사기관이 되는 근본적 소질을 결(缺)한 일종의 자문기관에 불과하며, 따라서 지방행정상 하등 민의의 채용을 기할 바가 아니나, 그 본래 성질로 볼지라도 실행기관은 아닌 것이 분명할 뿐 아니라 이것이 자치제의 실마리인 과도제도이다. 이로써 자치적 훈련을 행하려는 것이라는 당국자의 운위로 관찰할지라도 실행기관과 이를 혼동하여 실행기관의 압력을 이에 가함을 과연 자치적 능력의 훈련이라 할까. 물론 소위 그 의원의 대부분이 해당 실행기관의 수족되기에 적당한 자로 임명하는 관선제인즉, 장(長)이 누구이든지 별로 문제될 가치도 없지만 협의회나 평의회가 비록 그 실행기관의 종속적 부속물에 불과하여 하등의 권위도 없고 능력도 없는 것일지라도 일단 이에 자문을 행하여 그 의견을 취하는 이상은 가급적 그 자유의사를 구하는 것이 당연한 것이어늘, 실행기관의 책임자가 그 의장이 되어 광범한 직권을 행사하는 이상에는 그 의견은 약간이라도 의장의 의사에 구속될지라. 이럴진대 그 의견을 청(聽)할 필요는 무엇에 있는가. 그 장(長)의 부하되는 서기나 고원으로 자문기관을 조직함도 역시 가하도다. 지금 일본의 지방자치제를 참고할지라도 의사기관의 의장은 거개 의원 중에서 선거하며, 비록 정촌회에는 정촌장이 그 의장을 맡되 이는 최하급 자치기관으로 그 구역이 극히 협소할 뿐 아니라 그 관계가 중대하지 아니함에 인함일지나 이 역시 조선의 제도와 큰 차이가 있으니, 이는 조선의 지방행정기관의 장은 거개 관리 혹은 관의 임명한 바이나, 일본의 정촌장은 그 임명이 선거에 기초를 둔 까닭이라. 또 의장의 직권에 대해서도 민선의원 중에서 선임된 일본의 의장보다 실행기관의 장(長)되는 조선의 의장이 몇 배 우등하니, 그 현저한 일례를 들면 회의의 질서를 정리하기 위해 부여한 의장의 직권으로 일본자치제에서는 회의중 본 법 또는 회의 규칙에 위배하고, 기타 의장(議場)의 질서를 문란하는 의원이 있을 때는 의장은 이를 제지하며 또는 발언을 취소하게 하되, 명에 따르지 않는 때는 당일 회의가 종료될 때까지 발언을 금지하며, 또는 의장(議場) 밖으로 퇴거케 하며, 필요가 있는 경우에는 경찰관리의 처분을 구할 수 있다. 조선지방제에서는 필요가 있다고 인정할 때는 의장은 협의회원에 대해서 발언을 금지하고, 이를 취소케 하며, 또는 의장(議場) 밖으로 퇴거를 명할 수 있다.

이 양쪽 조문을 함께 일별하면 그 비교해 보지 않아도 차이의 정도가 분명할 것이라. 일본의 제도에는 의장에 대해 제재할 수 있는 경우를 의장의 현실 행위에 국한하였으되, 조선의 제도는 황막(荒漠)[5]히 "필요로 생각할 때" 언제든지 의장은 의원의 퇴장까지 명할 수 있으니

---

5   황막(荒漠): 거칠고도 편하게 넓음.

의장이 필요로 생각하기만 하면 의장이 실행기관의 장(長)된 자격으로 제출한 자문안에 대해서 반대 투표를 행할 듯한 자이든지 어떠한 자에든지 의장의 독단으로 횡폭을 행할 것을 면할 수 없으니, 이러한 제도를 설하여서 빈껍데기 자문기관을 설할 필요가 어디에 있는가. 우선 회의장에 들어가는 의원은 언제 어떤 경우든지 퇴장을 당할 예상이 있어야 할지니, 그 의원된 자의 면목이야 실로 가관일 것이라. 의원된 자는 반드시 의장(議場)에 들어가서는 황송 침묵하고 "가(可)"자만 쓸 결심이 견고하지 아니치 못할지라. 실로 기괴의 극이로다. 또 골계(滑稽)의 느낌이 있는 한 가지는 의사의 채결에 가부 동수인 때는 의장의 결정에 의한다 한바, 이는 의사규례의 상례이라 그 조문 일개로는 심상한 것이나 가부동수인 때에 의장의 1표는 그 의사 전체의 운명을 결정하는 중대사건이어늘, 이를 그 제안자인 동시에 의장의 결정에 오로지 의하는 것은 골계도 역시 심하도다. 오히려 "가부동수인 때는 가결로 인정함"이라 개정함이 조문으로도 간명하고 수수(手數)도 생략되는 요령을 얻는 조치가 아닐까.
(일기자)

〈자료 13〉 기괴한 지방제도 입안의 본의(本意)가 나변(那邊)에 재(在)한가(6) (1920.9.1, 2면 4단)

벌칙 문제

선거법규에는 그 선거법규의 위반자를 징벌하는 제재 조문이 있는 것이 상례이라. 의원은 선거인으로 선발된 자라는 영예가 있으므로 선거시에는 선거할 의원 수 이상의 후보자가 현출함을 따라서 이 사이에 자연 경쟁이 생기고, 경쟁에 우승하고자 다수의 투표를 득점하기 위해 부정수단을 사용하는 것은 정치도덕이 발달되지 못한 국민 간에 다수한 사실이라. 고로 선거의 부정수단을 방지하기 위해 선거법규에는 반드시 제재 조문을 설함이 통례이라. 고로 일본의 지방자치제에도 모두 그 의원 선거에 부정행위를 행한 자에게는 중의원의원 선거법 중 제재법규를 적용하여 엄중히 단속하나, 금회 조선의 지방제도에는 부와 지정면에 의원 선거가 있음에도 그 법령 중에 선거의 부정 수단을 방지할 하등의 벌칙이 없음은 심히 의심스러운 사실이라. 지금 이 이유여하를 두세 가지 방면으로 관찰하건대, 첫째는 조선의 지방제는 자치제가 아니라 "자치제의 실마리"로 "자치제의 훈련"인즉, 예컨대 군대의 연습에는 전시 군법을 적용치 아니함과 같이 연습이나 일반인 훈련제에 엄중한 제재를 설하여 엄벌 가형을 가할 필요가 없고, 현저한 부정행위는 평시법이라 할 보통법을 적용받게 하고자 함인가. 둘째, 조선의 지방자치제는 그 제도 자체가 극히 협소한 자문기관에 불과하여 그 의원도 하등의 직무상 권위가 없고, 사회상으로도 영예될 가치가 없으므로 사실상 의원에 당선되기를 희망하는 자가 전혀 없거나 혹은 근소하여 이 사이에 후보자의 경쟁에 따라서 생기는 부정행위를 행할 필요가 없을 줄로 예측하고 제재 조문을 설치 아니함인가. 셋째, 본래 당국자도 이에 대해 촉망하는 제도가 아니므로 선거를 행하는 수단방법의 부패 여부는 내버려두고 묻지 않고 당국에 대해 유유낙낙(唯唯諾諾)[6] 할 머릿수만 규칙대로 선출하면 능사라는 태도로 그러함인가. 넷째, 엄중한 제재 조문을 설할 때는 선거 등에 미숙한 조선인이 다수 그 조문에 저촉하여 형벽(刑辟)을 면하지 못할 듯하므로 조선인을 위하는 자비심으로 그러함인가.

이상 네 가지 점의 관찰은 결코 보통 상식으로도 시인하기 어려운 것이므로 그 이외에 다시 제재 조문을 설치 아니한 하등의 이유가 있을 것이라. 당국자는 종래 일본인 간에 실행해오는 학교조합 의원 선거에도 따로 벌칙을 설정치 아니하였으므로 금회의 지방제도도 대개 이에 준할 것이라는 말투인 듯하되, 이는 극히 불철저한 변해(辨解)이라. 당국자가 의원의 선거에 벌칙을 설치 아니한 내면의 진의는 극히 미묘한 것이니, 이 방법이 사실상 의원의 선거를 할 때 반대파 후보자의 당선을 암암리에 방해하고, 관파(官派) 후보자의 당선을 용이하게 하는 데 극히 유리하며, 또 그 실효가 적확할 것이라. 다시 말하면 이 벌칙의 제정이 없으므로 시민의 편의보다 그 취체 감독을 행하는 관변의 자유 범위가 자못 광대하게 되는 것이라. (일기자)

---

6 유유낙낙(唯唯諾諾): 선악(善惡)이나 시비(是非)에 상관(相關)없이 남의 의견(意見)에 조금도 거스르지 않고 따름, 곧 남의 말에 맹종함을 이르는 말.

〈자료 14〉 기괴한 지방제도 입안의 본의(本意)가 나변(那邊)에 재(在)한가(7) (1920.9.3, 2면 3단)

의견 제출

일본의 지방자치제에는 지방의회에서 그 대표적인 지방의 공익을 위해 그 실행기관이나 감독관청에 대하여 의견서를 제출하는 권한을 부여하였으나 조선의 신제에는 그중에도 관료의 전제적 색채가 가장 농후한 도평의회에 한하여 도지사에게만 의견서 제출 권한이 있고, 그 외 부·면 협의회와 학교평의회에는 의견 제출 권한도 인정치 아니하였으며, 또 자문을 행할 사건도 일본 제도에는 그 범위를 명시하지 않고 의결기관에 답신을 행할 의무가 있음만 규정하였으되 그 범위가 극히 협소하게 제한하여 자문 받을 사항이 일본 지방자치제에 있는 결의사항보다도 오히려 적다. 이 역시 급히 시설이 필요할 때는 자문하지 않을 수 있다는 규정이라. 당국의 소위 "민의의 창달"조차 행할 수 있는 조직적 시설이 없는 조선에서는 극히 불완전하나마 지방행정에 대한 자문기관이라도 설하였으면 혼란치 아니할 범위 내에서 그 의견을 널리 구하여 시설의 참고에 제공함이 당국자의 당연한 처치이어늘, 이를 태(殆)히 방지하였고, 또 자문 사항에도 필요로 인정하는 때는 그 규정에 열거한 사건 이외에도 자문을 행할 길을 여는 것이 당국자의 처지로도 편익이 적지 않겠거늘, 이 역시 인정치 아니하여 이 제도는 단순히 민의의 추향을 안다 함에도 하등의 실적을 기대치 못할 결함뿐이로다.

생명 없는 껍데기

요컨대 장차 시행될 신지방제도는 자문기관에 불과하며, 또 그 의원이 대부분 관선인 그 근본이 이미 시대착오요, 민의를 무시한 시설로 하등의 생명이 없는 빈껍데기에 불과함은 논할 것도 없거니와 그 제도의 운용상에도 많은 모순과 결함이 있음은 전술한 몇 건으로도 가히 인지할 바이라. 지금 이 제도의 운용에 관한 규정으로 기술한 바 몇 가지 점을 다시 들어보면 첫째, 부협의원 및 지정면협의원의 선거·피선거 자격을 고의로 엄중히 제한하여 인구의 비례를 무시하고 다수인 조선인측보다 소수인 일본인 측으로부터 반대로 다수한 의원을 선출하는 결과를 보게 한 것. 둘째, 실행기관의 책임자로 하여금 자문기관의 의장이 되게 하고 막대한 권한을 부여하여 의원의 자유의사를 구속케 하는 것. 셋째, 자문기관에 부여한 권한이 극히 협소하여 지방행정에 관한 하등 민의의 창달을 기하기 어려운 것이다.

그러나 그 빈껍데기에 불과한 자문기관에도 일본인 의원으로 조선인 의원을 견제하고, 관공리의 의장으로 의원을 압박할 뿐 아니라 그 자문에 관하여도 권한의 부여가 박약하며, 도평의회 이외에는 의견의 제출도 인정치 아니하여 그 내용과 실질이 종래의 부협의회 제도보다 하등의 향상 발달을 기하기 어려운 동시에, 한편으로 이 기회에 지방행정비 및 교육비에 대한 조선인의 부담은 급격히 증가함을 면치 못할지니, 행정사업의 진전, 교육기관의 확장에 따라 그 비용 부담이 증가함은 부득이한 것이나, 부담만 증가하고 당연히 이에 따를 권리의 신장은 인정치 아니하고, 하등의 실질이 없는 이 제도를 설함과 같음은 조선총독부 당국자가 조선인을 극도로 불신하고 단순히 외형상의 수식을 행하려 함에 불과하도다.[완(完)](일기자)

〈자료 15〉 횡설수설(橫說竪說)(1921.3.14, 2면 9단)

지방자치제도 연습기관이라는 도평의회와 부협의회가 계속 각지에서 개회되어 예산안의 소위 자문에 응하는 중인데 근일 각지의 통신과 총독부 당국자의 언명한 바를 들면 실로 기괴한 일종의 현상이 있다. 이는 각지의 평의회와 협의회를 통하여 조선인 의원보다 일본인 의원의 출석 성적이 극히 불량하여 일본인 전 의원 수의 반수 이상이 결석한 도평의회가 적지 않다는 것이다. 조선에 재류하는 일본인들은 의당히 조선인에 대하여 '상전 자처, 양반 자처, 선생 자처' 하며 걸핏하면 "조선인을 지도 운운" 하는 무리 중에서 소위 명망과 인격이 있다고 선택한 자의 이러한 망상(妄狀)은 무슨 이유인가. 그들은 소위 선거전에 부정한 수단과 음휼(陰譎)[7]한 술책을 농하는 악사를 조선인에게 가르치고 그 당선 후에는 직함 한 줄을 얻는 데만 만족하여 이를 사욕에나 이용하고 공책(公責)은 당연히 광폐(曠廢)[8]할 것인 줄 아는 심사로써 조선인을 소위 지도하려 함은 간과치 못할 일이다. 만약 일본인은 이미 지방

---

7 음휼(陰譎): 컴컴하고 내흉스러움.
8 광폐(曠廢): 오래도록 그만둠.

자치제를 실시하는 곳에서 생장하였으므로 자치제의 훈련기관에 의원 견습생의 필요가 없다는 이유로 일본인 의원이 결석하면 일본인 의원을 폐하고 조선인으로만 의원을 선출함이 어떠오. 소위 신지방제도는 일본인에게 허영심을 만족히 하는 일기구 이외에 무용물로 간주됨을 당하는 모습이니, 총독부 당국에게는 실로 가엾은 일이다.

〈자료 16〉 아리요시(有吉) 총감에게 지방제도의 개선을 희망 (1922.8.5, 1면 1단)

정치는 이상만이 아니오, 현실에 즉하여 이상을 전개하는 것인 줄을 지(知)하며, 더욱이 절대적 성질을 띤 것이 아니라 시기를 따라서 처소(處所)에 의하여 그 형상이 상이할 것인 줄을 지(知)하노라. 이러므로 정치를 논하는 자 이상에만 달릴 것이 아니며, 또 현실에만 고착할 것이 아닌 동시에 그 민정과 그 역사를 찰(察)하여 일면에는 민의의 창달을 기하고, 타면에는 시의(時宜)의 적응을 도(圖)할 것인 줄 지하노라. 이제 아리요시(有吉) 총감의 내임으로 이를 논하면 총독에 의연히 사이토 씨를 대(戴)하고, 내각에 전 조선 정무총감 미즈노(水野) 씨가 있는데 그 조선에 대한 통치의 정신과 행정의 방침이 종전에 비해 큰 차이가 없을 터이며, 따라서 정국의 큰 전개를 기하지 못할 것이 사실일 듯하나, 정치는 상술한 바와 같이 시(時)를 초월하여 절대적 성질을 갖는 것이 아니며, 현실을 몰각하여 이상에 고집하는 것이 아닌 유동성을 갖는 것인즉, 미즈노 씨가 내각에 있다 하여 그 정책을 반드시 답습해야 할 이유가 없으며, 더욱이 사이토 총독을 의연히 그 위에 봉한다 하여 반드시(혹은 단순히 이 이유로; 원문) 그 정책을 인습하지 아니하면 안 될 이유가 없으니, 이를 환언하면 사이토 씨가 의연히 그 지위에 재(在)한다 할지라도 시대의 유전(流轉)에 의하여 혹은 민정의 귀추에 비추어 작일의 시(是)를 금일의 비(非)라 할 수도 있으며, 더욱이 작일의 비(非)를 금일에 시(是)라 할 수도 있는 것이며, 따라서 이 "추이"에 의하여 정치의 형식 및 내용을 일상에 진보 발전할 수 있는 것이로다. 이러한 식견과 용단을 가진 후에 비로소 정치의 임(任)에 당(當)할 자격이 있으며, 또 민중에 그 복을 줄 수 있는 것이로다. 전임에 대한 예양(禮讓), 전일에 대한 체면으로 정치의 발전 유동성을 무시하는 것이 가할 것을 오인은 알지 못하노라.

아리요시(有吉) 총감의 내임을 제(際)하여 오인이 총독부에 희망할 것이 물론 한두 가지에 그칠 것이 아니나 그중 가장 중요한 정치문제의 하나를 들면 곧 지방제도의 개선이니, 목하지방제도를 간단히 논평하면 관료주의의 지방제도이며, 그 관료에 대한 고문(顧問) 자문주의의 지방제도이라. 도지사 이하 군수는 물론이오, 면장까지도 일일이 관청의 임명에 의함은 오인이 누누이 말할 필요가 없으며, 이 관료에 대한 고문과 자문 일층에 적절히 이를 말하면 "관료 전제"란 비난을 방어하기 위하여 "구실기관"으로 면에 면협의회, 부에 부협의회, 도에 도평의회가 있으되, 민의를 그대로 여실히 정치에 표현할 하등 권능이 없는 것은 역시 오인이 이제 누누이 말할 필요가 없도다. 대개 이는 천하가 공히 아는 사실이며, 관청 당국에서도 이미 그 사실을 인정하는 까닭이라.

이러한 불철저·불합리한 지방제도도 데라우치 총독 시대의 무단적 그것에 비하면 물론 일보·십보의 진보라 할지며, 더욱이 세계 대세에 순응하려 하는(비록 구실이라 할지라도; 원문) 심리가 움직인 것을 오인은 찰지(察知)할지라. 그러나 이는 과거 압제에 대한 하나의 전회(轉回)의 발단뿐이오, 그 전회한 전개는 아니며 형식적 민의 발양의 구실뿐이오, 실질적 민의 창달의 기회는 되지 못하나니, 환언하면 이는 과거에 대한 회오를 표시할 따름이오, 장래에 대한 적극적 진전을 의미함은 아니로다. 조선인은 당초 "문화정치", "민의창달주의" 선포 때 다대한 흥미와 기대로 그 지방제도 발포에 임하였도다. 그러나 그 발포를 견(見)함에 이르러서는 일종의 실망을 느꼈으며, 일종의 의아(疑訝)를 금치 못하였도다. 이것이 "지방자치제도"이며, 이것이 "민의실현기관"인가 하였도다. 면장의 의연한 임명제도는 고사하고라도 소위 자문기관인 "협의회"라는 것은 무엇을 위하는 것인가 하였도다. 귀중한 시간과 허다한 금전을 써서 "협의회"를 소집하고, 이 회에서 혹 탁자를 두드리며 손을 들어 논의를 진(盡)한들 이것이 무슨 소용인가 하였도다. 이러하므로 일반 조선 인민은 이에 대하여 냉랭하였으며, 오불관언(吾不關焉)의 태도를 취하였도다. 오인은 생각하노라. 지방 "자문기관"제도는 실패로 돌아갔다고.

그러나 혹은 생각하되 이는 조선 민도에 적(適)하고, 시의에 합(合)한 정치적 총명(聰明) 그것이라 하는 자가 있음은 물론이나, 오인은 이제 이를 추구하고자 아니하거니와 과거에 비록 시의에 적(適)하고 민도에 합한다 할지라도 그 과거로 현재를 율(律)하며 더욱이 장래를 규(規)하려는 것이 불가한 것은 물론이다. 조선의 민지(民知)가 아직 미흡하여 이에 결의권을 부여하기 어렵다 할 것 같으면 이러한 무지자에게 대하여 의견을 들을 필요가 어디에 있으며, 일종의 훈련을 시(試)하기 위해 이 자순을 시(試)한다 하면 하필 자순이라 하는가.

양능양지(良能良知)의 최선한 방법을 강구하여 진실한 의미의 정치적 권리를 허할 것이 아닌가. 대개 정치적 훈련이 고대 전제국에 부족하고 근대 입헌국에 풍부한 것은 무슨 까닭인가. 전제국에 "자문"이 없는 까닭이 아니라 인민의 정치적 권리가 없는 까닭이며, 입헌국에 자문기관이 발달한 까닭이 아니라 실로 인민의 정치적 활동의 기회가 풍성한 까닭이라.

이러하므로 오인이 이제 아리요시(有吉) 총감의 내임을 제하여 희망하는 바는 "지방자치제도" 확립이며, 이에 대한 민중정치의 철저이니, 그 안의 구체적 일단을 표시하면 면과 부에 완전한 자치단체의 성질을 인정하되 면장과 부윤과 가은 것은 민선으로 할지며, 그 결의기관은 도회와 함께 순연한 민선의 결의기관적 성질을 갖게 할지며, 학교 적어도 보통학교는 이 자치단체에서 경영해야 할 것이라.

동시에 선거권의 기초를 단순히 재산에 한할 것이 아니라 지식 계급도 이를 인정함이 가하니, 정치가 재산에 관계가 있는 것은 물론이나 지식을 무시하지 못할 것은 아니라. 오히려 그 지식을 존중하여야 할 것은 목하 열국의 사실이 증명하는 바라 이에 췌언(贅言)할 필요가 없을까 하노라.

이와 같이 하여 정치의 기초를, 우선 지방정치의 기초를 직접 민중생활에 두며, 직접 민중의지에 귀(歸)하는 것이 민중의 활동능력을 발(發)하고, 민중생활의 확충을 기하여, 진실한 의미의 "복리"와 "발달"을 도모하는 도리가 아닌가. 오인은 아리요시(有吉) 총감이 정치의 유동성에 비추어 이에 심절한 고려를 가하기를 바라노라.

〈자료 17〉 조선 12부 협의원의 결의권운동, 장래의 실현 여하 (1922.8.9, 1면 1단)

오는 10월 초순을 기하여 조선 12부의 협의원 간친회를 경성에서 개최하고, 현재 자문기관에 불과한 부협의회를 결의기관으로 변경하기 위해 대운동을 개시할 터라 함은 본보에 이미 보도한 바어니와, 그 장래의 실현 여하는 아직 의문이라 하려니와, 오인이 관찰하는 바에 의하면 이 운동은 극히 이(理)에 합당할 뿐 아니라 세(勢)의 당연한 바라 할 수 있으며, 조만간 장래에 필히 성공할 것을 확신하며, 또한 필히 실현되도록 노력할 것을 각오하나니, 이는 단(單)히 부협의원의 문제가 아니며, 부협의회 혹은 부 그 자체만의 문제가 아니라 실로 조선인의 정치적 권리의 문제이고, 그 인격 승인 여부의 문제라 할 것이라 어찌 등한시할 수 있으리오. 대개 권리에 열심(熱心)한 자는 그 권리를 획득하며 신장하고, 그렇지 않은 자는 반대인 것이 역사가 명백히 증명하는 바이니, 권리의 획득 여부와 신장 여하가 오인 일상생활에 하등 관계가 없다 할 것 같으면 이 무용한 업(業)을 위하여 오인이 시일을 낭비하고 금전과 노력을 경주할 필요가 없거니와, 권리란 것은 원래 오인의 생활을 시인하고, 조장하고, 향상하기 위해 사회가 보장하고 보호하는 도리라 하면 오인이 이를 이(離)하여 혹은 이와 몰교섭(沒交涉)으로 오인의 생활을 발달·진보하지 못할 것은 사실이라. 이러므로 권리 없는 자를 인격이라 칭할 수 없으며, 진정한 의미의 국민 혹은 시민이라 하기 어렵도다. 국가를 구성하는 국민으로서 국민의 진정한 자격을 얻지 못하며, 도시를 조직하는 시민으로서 시민의 진정한 자격을 불비한다면 이 어찌 단순히 그 개개 시민의 체면 문제만이며, 이 어찌 단순히 그 개개 시민의 생활문제만이리오. 이로 인하여 그 도시 전체의 행복이 따라 발달이 침체할지며, 그 도시 전체의 명예와 또한 광영이 타락할 것이라. 부란 무엇인가. 한두 개인의 오락을 위해 존재함인가 혹은 한두 개인의 행복과 허영을 위해 존재함인가. 아니라 그 부 인민 전체의 행복과 공동 번영을 위해 존재하는 것이로다. 고로 이를 칭하여 공동단체라 하며, 고로 이를 조직한 개개 분자는 공동단체의 일원으로서 세금을 부담하며, 규율에도 복종하는 의무를 가지는도다. 부가 이미 공동단체이라. 그러면 이 공동단체를 경영할 때 그 단체원의 의견과 희망으로 방침을 결정하고, 행정을 수행함이 이치에 당연하며, 단순히 이치에 당연히 할 뿐 아니라 그 전체의 실지 생활을 실제에 원만히 조화하며 향상하는 도리가 아닌가. 문명 열국의 목하 형태를 관찰하면 그 어떠한 국가와 민족을 물론하고, 적어도 그 국가 민족 위에 문명이라는 두 글자를 가지는 국가와 민족이면 반드시 이러한 생활과 정치를 향락하는도다. 조선의 소위 부협의회라는 것이 이 공동단체적 생활에 대하여 결정적 하등 권능을 갖지 못하는 것은 세인이 숙지하는 바이며, 관료행정에 대한 일종 참고에 불과한 것은 협의회원 그 자체가 불만으로 생각하는 바와 같으니, 이는 대개 공동단체라는 부 그 자체의 성질상으로 관찰하면 일대 모순이며, 협의회의 체면과 명예로 관찰하여도 부당한 것이라.

이 오인이 협의회원의 결의권운동을 지목하여 이치가 당연하고 시세의 당연한 바라 하는 이유이니, 부 자체의 성질에 기초하여 그 본연의 형태를 구하고 정치의 대의에 비추어 그 인민 자체의 권리를 신장함이 어찌 그 생활과 인격에 따라서 국가와 도시 전체의 행복 발달을 도모하는 근본 도리가 아니리오.

이에 오인은 동 결의권운동에 대하여 다대한 희망을 당부하며, 그 진순한 노력과 열렬한 사회의 향응을 바라노니, 이와 같이 하여 부의 공동생활권을 오인의 손 안에 쥐고, 오인의 의견에 따라 오인이 그 경영을 결행하는 경우에 비로소 오인의 생활이 오인의 희망대로 진전될 것이 아닌가. 혹은 말하되 조선인의 지식은 아직도 그 정도가 미흡하고, 그 부력이 미달한즉, 공동단체의 자치는 도저히 불가하며 또한 불능하다 하는 자 있으나, 이는 어느 시기, 어느 시대든 존재하는 "보수주의자" 일파의 상투어인 시기상조론이라. 오인은 이에 "고면(顧眄)"할 필요가 없다 하노라. 그러나 결의권운동이 역시 권리쟁투의 일종이라. 권리는 안좌(安坐)하여 인간의 자선심 발동을 기대함으로써 획득할 바가 아니니, 이에 대하여는 일반 조선인이 그 실력의 존재 여부를 "실전(實戰)"에 표시할 필요가 있도다.

〈자료 18〉 부협의회운동 결과 여하 (1922.8.11, 2면 5단)

최근 부협의회에서는 자문기관을 승격하여 결의기관으로 하고자 경성부 및 전조선협의회에서 운동 중이라 함은 기보한 바와 같거니와, 민단 시대에 결의기관이던 것이 민단 폐지와 함께 역전하게 되었는데 현행 부제·면제는 자치제도 시행의 전제라 함은 작년 당국자의 성명과 같으나 자치제 실시가 과연 어느 시기에 있을지 여부는 문제이라. 협의회의 승격은 자치제에 가깝게 되는바, 전기와 같이 자치제 시행의 시기 문제와 관련하는 이상 이 문제의 해결은 용이한 일이 아니라 또 자치제 실시에는 이 협의회의 승격으로는 사실상 이상적이 아니오, 일본의 시와 같이 시장을 관리로 하지 않고 공선으로 함이 가한즉, 이 협의회의 운동은 당국에서도 신중 조사를 거치지 아니하면 결정하기 어려운 것이라고 모 당국자는 말하더라.

〈자료 19〉 일본 조례 인용 신지방선거법 부정선거를 철저히 취체, 11월 선거부터 실시 (1929.10.4, 2면 6단)

9월 30일부 관보로 조선지방선거취체규칙을 발표하였는데 이 취체규칙이라는 것은 종래 부협의회원, 지정면의 협의회원, 부학교평의원의 선거제도와 임명제도로 되어 있는 도평의회원과 군·도(郡島) 학교평의회원에 대한 선거제도는 1920년부터 시행되었으나 그 취체법규는 제정되지 않았는데, 이는 조선이 아직 선거에 대한 운용과 소양이 없었으므로 어려운 취체규칙을 시행하여 다수의 위반자가 생기게 하면 도리어 선거제도를 싫어하게 될 염려가 있다는 까닭이라 한다. 그러나 최근에는 선거에 대한 운동과 경쟁이 심하게 되어 향응과 매수, 대리투표, 위조투표 등 부정수단이 속출하는 형세이므로 이것을 방지하기 위해 대체로 일본의 중의원 선거와 시정촌회 의원선거법의 예를 인용하여 제정한 것인데, 그 법규의 내용 중 주요한 것은 다음과 같은바, 오는 11월의 부·면 협의 때부터 실시하게 되리라더라.

제7조: 사위(詐僞)의 방법으로 선거인명부에 등록된 자나 허위를 신립하여 회장 내에 들어온 자는 50원 이하의 벌금에 처함.

씨명을 사칭하고 기타 사위의 방법으로 투표를 행한 자는 6월 이하 금고 2백 원 이하의 벌금에 처함.

제8조: 다음의 각호에 당한 행위를 한 자는 1년 이하의 징역 혹은 금고 또는 2백 원 이하의 벌금에 처함.

[기자 주: 재산상의 이해, 공사의 직무 공여, 향응 접대, 후보자 됨을 중지하거나 당선을 사(辭)한 것으로써 보수를 받은 것 혹은 향응, 접대를 한 것 등]

〈자료 20〉 부의(府議) 선거규칙 벌칙 요항 발표 (1929.10.31, 2면 7단)

선거취체규칙을 발표한 데 대해 금 30일 오후 1시경에 경기도경찰부장실에서 전중부장으로부터 다음과 같은 범칙요항을 적발하여 발표하였더라.

1. 선거 사무에 관계있는 관리 및 이원(吏員)은 그 관계 구역 내에서 선거운동을 할 것.
1. 사기의 방법으로써 선거인명부에 등록하는 것.
1. 허위를 신립하여 회장이 들어오는 것.
1. 성명을 사칭하고 기타 사기의 방법으로 투표하는 것.
1. 투표하거나 하지 못하게 할 목적으로 선거인 또는 선거운동자에게 금전, 물품, 기타 재산상의 이익 혹은 공사의 직무 공여, 그 공여의 신입 혹은 약속을 하고, 또는 향응 접대 그 신입 혹은 약속을 한 것.
1. 투표하거나 또는 하려는 것 또는 선거운동을 하거나 혹은 정지시킨 것의 보수가 될 목적으

로써 선거인 또는 선거운동자에 대해 전 항에 게시한 행위를 한 것.
1. 회원 또는 의원 후보자가 되는 것을 정지시키기 위한 목적으로 후보자에 대하여는 당선을 사(辭)케 할 목적으로, 당선인에 대하여는 전 항의 행위를 한 것.
1. 후보자가 된 것을 정지케 한 것 또는 당선을 사(辭)한 것의 보수가 될 목적으로 후보자된 자 또는 당선인 된 자에 대해 전 항의 행위를 한 것.
1. 전기 각항의 공여, 향응, 접대 등을 받거나 혹은 요구 또는 신입을 승낙한 것.
1. 선거인, 후보자 선거운동자 또는 당선인에 대해 폭행 혹은 위력을 가하거나 이를 꾀한 것.
1. 교통 혹은 집회 방해 또는 연설을 방해하거나 기타 위계(僞計), 사술(邪術) 등 부정의 방법으로 선거의 자유를 방해한 것.
1. 선거에 관하여 관리 이원 고의에 그 직무 집행을 태만히 하거나 직권을 남용하여 선거의 자유를 방해한 것.
1. 관리 이원의 자격으로 선거인에 대하여 투표하려 하거나 투표한 피선거인의 성명 표시를 구한 것.
1. 선거 사무에 관계있는 관리 이원 입회인 또는 감시자 선거인의 투표한 피선거인의 성명을 표시한 것.
1. 회장에서 정당한 사유 없이 선거인의 투표에 관섭(關涉)하거나 피선거인의 성명을 인지하는 방법을 행한 것.
1. 투표를 위조하거나 그 수를 증감하는 것.

2) 《매일신보》

〈자료 21〉 물재(勿齋), 도참여관(道參與官) 활용과 지방제도 개신(改新)에 취(就)하여 (1920. 6.30, 1면 1단)

  종래 각 도 1인, 즉 13인의 도참여관은 금일에 이르기까지 하등의 활용하는 제도가 없고, 헛되이 무위무사(無爲無事)의 한관(閒官)이 되었을 뿐이므로, 즉 말하자면 참여관은 무용의 장물이 됨에 불과하였은즉, 실로 그 존재의 의의를 알지 못하였나니, 이는 크게 착오된 일이로다. 무릇 참여관 존치의 정신은 지방 정치상 조선 고유의 인정 습속을 참작하며, 또 인민 사상의 추이를 촌탁(忖度)⁹하여 상정(上情)을 하통(下通)하며, 하의(下意)를 상달(上達)하여 즉 상하 의사의 소통을 도모함에 있은즉, 상당한 시기를 따라서 이를 활용할진대 그 효과는 이에 수반하여 상당히 발휘되었을 것이어늘, 종래 각 도가 공히 태만히 이를 무용의 직제로 하여 지방 정치에 하등 운용이 없고, 헛되이 일실(一室)에 한거(閑居)하여 무사무려(無思無慮)로 유유히 시일을 헛되이 보냈을 뿐이었도다.

그런데 지난번 총독부에서 참여관제 실시 이후 지금 10년여에 제1회로 각 도 참여관을 소집하여 회의를 열고, 지방 정치에 관하여 제반에 걸친 자문 또는 협의를 하여 실제로 의견을 토로케 하며, 또 한편으로 제반을 지시하여 예의(銳意) 지방제도 개신에 전제(筌蹄)¹⁰를 보였은즉, 금후 오인은 장래 지방 정치에 관하여 크게 괄목할 가치가 있으리라 자신하는 바이며, 또 지방 참여관회의는 금회에만 그치지 말고 매년 지방관회의가 있음과 같이 금후에도 필요한 시기에 때때로 이를 개회하여 종래 무용장물의 제도를 폐하고, 더욱 활용의 방식을 채택함을 희망하는 바이로다.

지난번 참여관회의를 경과한 이후에 중앙 당국에서든지 혹은 지방의 참여관이든지 쌍방 공히 그 소득이 반드시 있을 것인줄로 오인은 이미 상찰(想察)하여 기뻐하는 바이며, 그 회의석상에서 사이토 총독이 훈시한 일절(一節)에 "예의(銳意) 서정(庶政)을 개선하여 민중의 복리를 증진해서 문화정치 확립을 기할 것은 이미 각위의 양지하는 바이며, 다시 조만간 지방제도 개정하여 각 도·부·군·면에 걸쳐서 자문기관을 설치하고 일층 민의의 창달을 도모하고자 하노라" 운운하였는데, 이 훈시에 의거하면 조선에 있는 지방제도는 그 개정의 시기가 이미 눈앞에 박래(迫來)할 날이 멀지 않으리라고 오인은 자단(自斷)하노라.

어떠한 방국(邦國)이든지 국리민복이 다대할 것을 기도하며 희망할진대, 우선 첫째로 지방정치의 개선 여하를 기대할지오. 또 지방 정치 개선의 골수적(骨髓的) 본지(本旨)는 지방자치의 실행 여하에 연유하는지라. 더구나 구한국시대 정치의 부패가 그 극에 달하여 생민(生民)이 도탄의 고경(苦境)에 침윤한 최대 원인은 지방 정치의 악폐에서 나온 것이니, 지금

---

9   남의 마음을 미루어 헤아림.
10 길잡이, 안내.

당국에서 신정의 성과를 거두고자 할진대 먼저 첫째로 지방 정치의 개신에 중요한 점을 두는 것은 여러 말을 할 필요가 없을지로다. 사이토 총독이 신임하던 당초에 공명정대히 성언(聲言)하던 바에 의하면 지방제도 개정의 방침을 채택한다 함은 그 정언(定言)이 명백한 바인데, 금회 참여관회의를 열고, 특히 지방제도 개정을 성명함은 총독이 그 계획을 실천하고자 함인즉, 오인은 하루라도 빨리 그 실현을 기대하는 바이로다.

그리하여 이 실현에 관해서는 최근 보도함과 같이 대개 그 방침이 대략 결정한 것과 같은데 올해 가을부터 지방 자문기관으로 도에는 도평의회, 각 부·군·도·면에는 협의회를 새로 설치하여 총독의 자문에 응답케 함과 함께 민의창달에 노력하기로 계획을 세웠는데, 불원간 실시하는 날에는 지방 정치상에 일대 서광의 현출이 있을 것으로 믿어 의심치 아니하는 바이로다.

〈자료 22〉 사설: 지방제도 개정에 취(就)하여 (1920.8.2, 1면 1단)

인정세태도 시대의 변천을 따라서 같지 않고, 문물제도도 민심이 추이를 따라서 각기 특수함은 변하지 않는 이치라. 현하 조선에 시행되는 지방제도는 병합 당초에 한국의 구제를 참작하여 제정한 것으로 당시에는 시세와 민도에 적절하였음은 물론이나 이후 10년이 흐른 즉 금일에는 인심의 추이, 민도의 향상, 사회질서의 정비, 기타 만반 사물에 어느 것이나 물론하고 정신적·물질적으로 장족의 진보를 했으므로, 이에 따라서 지방 개발의 도(度)는 근래, 특히 현저한 것이 많음은 현하 가히 속이지 못할 사실이로다.

그런즉 이와 같이 최근 문화의 정도가 현저히 향상된 금일에 10년 전의 제도를 지키는 것은 교주고슬(膠柱鼓瑟)[11]로 변통을 알지 못하는 것이라 말하지 아니치 못할 것이로다. 사이토 총독이 부임한 이래로 세운의 추이를 돌아보고, 문화의 향상에 비추어 크게 서정(庶政)에 일반의 개혁과 쇄신을 가하여 이미 여러 법령 중 대부분을 개정하였는데, 즉 종래 중앙집권적 시설 방침을 고쳐서 지방분권 제도를 실시하기를 선명(宣明)하였도다.

무릇 국가의 정무는 광범위하게 걸쳐있으므로 중앙에서 각 지방의 특수한 사정에 적응하

---

11 거문고 기둥을 아교로 붙여 연주함. 즉 터무니없는 방법으로 일을 꾸려 나가려는 우둔함 또는 융통성이 없고 고지식함을 이르는 말.

도록 일일이 미세적(微細的)으로 이를 시정(施政)하기는 자못 곤란에 속한 일이므로 국가는 그 행정의 일부를 할양하여 이를 지방에 위임하고 그 지방민으로 하여금 공공사무를 담임케 해서 지방공공의 이익 증진을 도모하게 하는 제도를 채용하는 것이 지방의 자치제이니, 이는 피치자로 하여금 동시에 치자된 사무를 행하게 함에 있으므로 국민 공공적 관념이 발달하고, 상하의 의사가 서로 소통함을 얻는 이유니라.

금회 지방제도 개정의 요지는 부·군·도·면 행정에 대하여 자문기관을 설치함이 중요한 주안이니, 즉 종래 부에는 부협의회가 있고, 지정면에는 상담역을 두어 부·면 예산과 부세 및 면비 부담 등에 대하여 부윤과 면장의 자문에 응하게 하는 제도를 취하였으나, 이는 자못 협소적으로 그 구역이 일국부(一局部)에 한하였으므로 민의를 창달하는 기관으로는 철저한 공효(功效)를 모으기 어려워 자못 유감됨이 적지 않은지라. 이와 같은 관계로 금회 면 상담역을 부와 마찬가지로 협의회라는 기관을 설하는 동시에 협의회의 인원 수를 증가하며, 종래 지정면에 한했던 것을 폐하고 각 면에 걸쳐서 이를 실시하며, 또 종래 각 부·군·도에는 조선인 교육을 위하여 공립보통학교비를 두고 부윤·군수·도사의 관리하에 그 부·군·도 내의 공립보통학교 비용의 경리를 하며, 도(道)에는 지방비가 있어서 지방공공사무를 처리케 하였으나 이것들은 모두 그 근본 법령에 여러 불편이 있을 뿐 아니라 민의를 창달케 하는 방법에 자못 완전한 실적을 거두기 어려우므로 새로이 각 부·군·도에 학교비를 두고 학교평의원회를 설하고, 각 도지방비에 도평의원회를 설하여 재무 기타 중요한 사항에 도지사·부윤·군수·도사의 자문에 응하게 할 제도를 규정하였도다.

위 지방제도 개정에 대해서는 오인이 이미 최근 당국의 설명에 의하여 이것이 실시될 것임은 이미 상상하던 바이어니와 이것이 과연 금일에 실현됨을 봄에 이름은 자못 그 지방제도의 적절함을 느끼는 것이로다. 과연 중앙정부에서 아무리 선미(善美)한 정책을 운(運)한다 할지라도 지방 사정에 세세히 이를 적응케 하기는 불가능한 것이오, 상의(上意)가 하통(下通)치 못하고서는 아무리 위정에 선(善)한 것이라도 그 완벽한 공(功)을 거두기는 어려운 것에 속할지니, 그런즉 이 지방제도 개정은 시세와 민도에 적응하는 제도라 하겠도다.

〈자료 23〉 벽하산인(碧霞山人), 지방자치의 전제(前提)가 되는 자문기관 해설(1) – 제도 유래와 기관 조직의 내용, 지방 공민(公民)이 특히 주의할 사항(1920.8.7, 1면 2단)

지방자치제를 장차 조선에 시행하리라 함은 지난 가을 사이토 총독이 부임 초에 성언(聲言)한 바이라. 그런즉 이 지방자치제라 함은 어떠한 것인고, 국가의 정무는 극히 다단하니 예를 들면 육·해군을 두고 만일을 방비하여 법률을 제정하여 인민 행위의 준칙을 명시하며, 재판 형옥을 갖춰서 인민의 생명과 재산을 보호하며, 조세를 징수하여 국비를 지변함과 같은 국가 자체의 존립과 국민 전반의 생활에 관한 것도 있고, 도로, 하천 등을 수축함과 학교를 건설하여 자제를 교양함과 같은 이해(利害)가 일부 지방에 국한된 것도 있으니, 옛날 민지(民智)가 미개한 시대에는 군주가 모든 것을 총람(總攬)하고, 유사(有司)가 백도(百度)를 치리(治理)하여 모든 크고 작은 일이 관(官)이 장악한 바이오, 인민은 절대로 복종하여 치적이 양호하면 이를 구가(謳歌)하고 결과가 좋지 않으면 이를 원리(怨離)할 뿐이니, 고로 현군량리(賢君良吏)는 항상 민심으로 위심(爲心)하여 영(令)을 낼 때마다 국리민복을 증진케 하되, 암군용리(暗君庸吏)는 민정의 실태를 살피지 않고 사의(私意)를 자행(恣行)하되 항상 인민을 혼약(昏弱)케 하여, 가사유지(可使由之) 불가사지(不可使知) 하는[12] 상앙(商鞅)[13] 이사(李斯)[14]의 유법(遺法)으로 제치(制治)를 용이하게 하려 하여 반대로 국가를 위험에 인도하나니, 이는 고금동서에 전제군치의 나라가 쇠망한 이유라.

고로 현대의 국가는 모두 민지(民智)를 개발하고, 민력을 함양해서 국가 흥망성쇠의 책임을 국민과 공분(共分)해야 함이 여기에 있다. 국가가 중대한 정무를 자담(自擔)한 이외에 지방에 관한 일은 이를 지방 인민에게 분담케 하여 지방이라 하는 일종의 무형의 인격을 정하여 지방으로 하여금 선출한 자로 지방의회를 조직하여 지방인의 능력으로 지방인의 의사에 의하여 스스로 그 지방을 치리(治理)케 하는 제도를 채용하나니 이것이 지방자치제도가 나온 이유라. 사이토 총독이 부임 초에 이를 성명함은 실로 과거 조선의 무단 전제정치를 혁거(革去)하고, 민의 민권을 존중히 하는 문화정치를 펴서 우리 조선인도 속히 문명국민이 되는

---

12 민가사유지불가사지지(民可使由之不可使知之): 백성이 가야 할 길로 걸어가게 할 수 있어도, 그것을 알게 만들 수는 없다는 뜻으로, 『논어(論語)』 「태백(泰伯)」편에 나오는 말.
13 중국 전국시대 진나라의 정치가.
14 중국 진나라의 정치가. 시황제를 좇아 분서갱유를 단행시켰다.

경우에 승진케 하려는 본의에서 나온 것이니, 우리 식자가 열복(悅服)할 바라. 그러나 물(物)에는 본말(本末)이 있고, 사(事)에는 순서가 있으니, 급속한 변혁은 건전한 성공을 기하는 길이 아니라. 고로 당국자는 우선 인민으로 정치적 훈련을 거쳐서 지방자치의 계제되게 하며, 한편으로 현지 지방행정 사무를 민론에 청취하여 개량하는 편에 이바지하고자 하여 이에 지방 자문기관을 설치하는 규정 발포를 보았으니, 이는 그 규정의 정신과 미즈노 총감의 담(談)에 의하여 명백하도다. 그런즉 금회 발포된 소위 자문기관이란 것은 과연 어떠한 것인고. 그 기관의 종류를 들건대 첫째는 도평의회니, 도 내에 한한 토목, 권업, 교육, 위생, 구제, 보조 등 행정상 필요한 비용은 도지방비령에 의하여 도지사가 국세 부가세 및 각종 특별세 등 지방세와 기타 소속 수입으로 지변하고, 그 사무는 도지사가 담임 지행하나니, 도평의회는 이 사건에 참여하여 의견을 결의하는 기관이오. 둘째 부·군·도 학교평의회니, 그 부·군·도에 한한 조선인 자제의 교육에 관한 비용을 지변하기 위해 학교비령에 의하여 그 구역 내의 토지, 가옥 소유자 등에게 교비를 부과하며, 또 그 소속 수입으로 지변하고 그 사무는 부윤·군수·도사가 담임 집행하나니, 학교평의회는 이 사건에 참여하여 의견을 결의하는 기관이니, 일본인 자제는 따로 학교조합제가 있으므로 본 학교비는 조선인에만 한하는 것이오. 셋째는 부·면 협의회니, 부와 면은 종래 부제·면제에 의하여 그 부면에 한하는 토목, 권업, 위생, 구제, 보조 등 행정 능력을 가져서 이에 필요한 비용은 부비·면비로 지변하고, 그 사무는 부윤·면장이 담당 집행하나니, 부·면 협의회는 이 사건에 참여하여 의견을 결의하는 것이라. 이상의 지방비, 학교비, 부면비 등은 종전에 존재한 것을 금회 규모를 확장한 것이오, 새로 자문기관을 설한 바이며, 또 종전의 부협의회 및 지정면의 상담역회는 금회 개조된 바라. 그중 부는 지방행정의 단위되어 교육 이외의 행정사업을 경영하는 능력으로는 면과 상류(相類)하고, 교육사업을 경영하는 능력으로는 군도(郡島)와 상류하니, 고로 부에는 보통의 협의회와 학교평의회가 있고, 교육사업 능력은 아직 군·도에 그치고, 면에는 허여되지 아니한 고로, 면에는 협의회만 있고 아직 학교평의회가 없으며, 도(島)에는 교육사업 이외에 하등 사업 능력이 없으므로 학교평의회가 없느니라. (계속)

〈자료 24〉 지방자치의 전제(前提)되는 자문기관 해설(2) – 제도 유래와 기관 조직의 내용, 지방 공민(公民)의 특히 주의할 사항(1920.8.8, 1면 2단)

조직의 내용을 사고(査考)하건대 대요는 다음과 같다더라.

도평의회는 도지사가 의장이 되어 이를 소집하되 ▲의원 정수는 경기 37인, 충북 18인, 충남 24인, 경북 37인 경남 33인, 전북 24인, 전남 34인, 황해 27인, 평남 24인, 평북 30인, 강원 31인, 함남 25인, 함북 18인 ▲후보 자격은 1년 이상 그 도 내에 거주하여 독립생계를 영(營)하는 제국신민으로 연령 만 25세 이상된 남자 ▲선임 방법은 정원 3분의 1 이상은 후보 자격자 중 학식명망이 있는 자를 도지사가 수의로 임명하고, 3분의 2는 각 부·군·도에 분배하여 부에서 몇 명, 군·도에서는 각각 1명을 부·군·도·면 협의회원이 선거하나니, 즉 피선거권자는 전기 후보자격을 가진 자이오, 선거권자는 부·면 협의회원이라. ▲권능은 도지방비로 하는 행정사무 중 1. 세출·세입 예산을 정하는 것 2. 지방세, 사용료, 또는 부역 현품의 부과 징수에 관한 것 3. 기채에 관한 것 4. 세입출 예산으로 정한 것 외에 새로 의무를 부담하고, 또는 권리를 포기하는 때에 관해 도지사는 반드시 평의회에 자문함을 요하고, 회는 다수결로 의견을 결정하며, 그 의견을 따르는 여부는 원래 도지사의 권한에 속하나 본회는 충분히 의견을 표시하는 권능이 있으며, 또 전기 이외에 도의 공익에 관한 사건에 대하여 의견서를 제출할 수 있음. ▲임기는 3년, 명예직이며, 직무상 필요한 비용은 도지방비로 변상함.

부·군·도 학교평의회는 부윤·군수·도사가 의장이 되어 이를 소집하며, ▲평의원 정원은, 부는 조선인 인구 5천 명 미만은 6인, 1만 명 미만 8인, 2만 명 미만 10인, 5만 명 미만 12인, 10만 명 미만 16인, 10만 명 이상은 20인이오, 군과 도(島)는 각 그 면 수와 같으며, ▲후보 자격은 제국신민으로 독립생계를 영위하는 연령 25세 이상 조선인 남자로 1년 이상을 그 부·군·도에 거주하여 학교비 부과금 연액 5원 이상을 납부하는 자를 요하고, ▲선임 방법은 부에서는 상기 자격자가 선거권을 가져서 유자격자 중에서 선거하고, 군과 도(島)에는 면의 조선인 협의회원이 선거권을 가져서 상기 후보 자격자 중에서 선거함. ▲권능은 1. 학교비 세출입 예산을 정하는 것 2. 부과금, 사용료 또는 부역·현품의 부과 징수에 관한 사항 3. 기채에 관한 것 4. 세출입 예산 외에 새로 의무를 부담하며, 또는 권리를 포기하는 것에 관하여 부윤·군수·도사는 반드시 이 회에 자문함을 요하며, 본회는 다수결로 의견을 결정 표시할 수 있음. ▲임기는 3년, 명예직이며, 직무에 필요한 비용은 학교비로 변상함.

부협의회는 부윤이 의장이 되어 이를 소집하되, ▲의원 정원은 인구 2만 명 미만의 부는 12인, 3만 명 미만의 부는 14인, 5만 명 미만의 부는 16인, 10만 명 미만의 부는 20인, 10만 명 이상의 부는 30인, ▲피선거 자격은 제국신민으로 독립생계를 영위하는 연령 25세 이상 남자, 1년 이상 그 부에 거주하여 부비 연액 5원 이상을 납부하는 자에 한하고, 선거권자도 역시 같으며, ▲권능은 1. 부조례를 설하며, 개폐하는 일 2. 세출입 예산을 정하는 것 3. 부채에 관한 것 4. 예산 외의 의무와 권리 포기에 관한 것 5. 기본재산 및 적립금곡 등의 설치 또는 처분 6. 기타 재산의 처분에 관한 것은 반드시 부윤이 이 회에 자문함을 요하며, 이 회는 의견을 결의 표시하는 권능이 있고, 이외에 부윤이 특히 자문하는 사항에 의견을 진술할 수 있음. ▲임기는 3년, 명예직이며, 직무에 필요한 비용은 부비로 변상함. ▲협의원에 재직하는 자는 새로 협의회원이 선출되기까지 재임함. (계속)

〈자료 25〉 지방제도 개정에 취(就)하여, 민지(民智)를 만사의 기준으로, 내무국 제1과장 담(談) (1920.8.8, 2면 5단)

7월 29일에 조선에서 지방제도 개정령이 발포된 바 개정된 점은 많으나 그중 큰 안목이라 할 만한 점은 자문기관 설치라. 금번 설치된 자문기관에 관하여 한두 가지 주의할 만한 점을 설명하겠노라. 본래 지방자치제도는 피치자 인민으로 하여금 치자의 임에 당하게 하는 것이니, 교육이 일반에 보급되고 민지가 발달한 국민이 아니면 도저히 자치제를 완전케 운용치 못하나, 교육 보급의 정도와 민지 발달의 정도는 원래 자비승고(自卑昇高)하는 점진적으로 향상하는 것이니, 고로 자치제도와 같음은 이에 순응하여 최초는 유치한 제도를 펴며 민지의 개발함을 따라서 점점 완전한 제도를 시행하여야 하는 것이라. 이를 일본의 예에 비교한 즉, 오키나와현 기타 도서(島嶼)와 홋카이도와 같은 곳은 최근까지 일본의 일반 제도보다 유치한 지방제도가 실시되었다가 근래에 이르러 그 특례를 철폐하여 일본과 동일한 지방제도를 시행하게 되었으니, 그 지역은 민지의 정도가 일본보다 저열한 이유라. 또 오키나와현 기타 도서와 홋카이도가 종래 유치한 지방제도 하에 있었을뿐 아니라 일본 또한 1887년경까지는 민지의 정도가 금일보다 심히 유치한 고로, 그 당시의 지방제도인 군구정촌(郡區町村) 편성법, 부현회규칙, 지방세규칙 및 구정촌회법이라는 제도는 지금의 부현제, 군제 시제 및 정촌제라는 제도와 비교하건대 극히 유치한 것이라. 그것은 일본뿐 아니라 여러 외국의 지방제도도 다 마찬가지의 발달 과정에 의한 것이라. 우리 조선에서도 1910년 한일병합 이후로 구래의 면목을 일신하여 교육이 점점 보급하며 민지도 매우 향상한 결과로 새로 지방제도를 개정하여 지방에 자문기관을 설치하게 되는 것이라. 그러나 자문기관은 장차 우리 조선에도 일본과 같은 지방자치제도가 시행될 전조이며, 계제가 됨은 새 총독이 누차 선언한 바라.

이번 조선에 설치된 지방자문기관제도는 일본에서 1887년 전후에 시행된 군구정촌 편성법, 부현회규칙, 지방세규칙 및 구정촌회법 등과 같이 유치한 제도로되, 조선의 민지 정도로는 우선 금번 발포된 자문기관과 같은 정도의 것이 처음 시설되어 점점 완전한 자치제도로 나아가야 할 것은 당연한 순서로 믿는 바라. 혹자는 금번 자문기관의 설치를 평하여 말하길, 자치제도와 거리가 있음이 너무 심하니 오인의 희망하는 바는 그런 유치한 자문기관의 설치가 아니고 완전한 지방자치제도를 시행함에 있는 것이라 하는 자가 있도다. 그러나 그런 논자는 현실과 이상을 혼동하여 사물의 진보하는 계제를 알지 못하는 논자라 하노라. 예컨대 오인의 희망하는 바는 높은 교육에 있는 경우라도 오인은 우선 극히 유치한 보통학교의 교육부터 시작하여야 할 것과 같이, 완전한 자치제도가 시행됨을 희망하는 경우에는 항상 유치한 지방제도부터 시작하여야 하겠거니와, 만약 하루라도 급히 고상한 교육을 받고자 희망한다면 우선 보통학교 교육을 완전히 학수(學修)함이 희망을 달성할 가장 첩경이 될 것과 같이, 하루라도 속히 완전한 지방제도의 실시됨을 희망하면 금회 발포된 자문기관을 완전히 운용할 수 있는 능력이 있음을 실상대로 표시하는 것이 희망을 달성할 가장 첩경으로 생각하노라. 우리 조선 각 지방의 상황은 아직 완전한 지방자치제도를 시행할 만한 상황이 아닌 줄로 누구든지 부인치 못할 사실이라. 당국자도 장래 완전한 지방자치제도를 시행할 방침을 벌써 선명(宣明)한 바이니, 하루라도 속히 그런 시기가 오기를 희망하는 줄로 믿겠으나 현재와 같은 민지는 아직 그것까지 발달치 못하였으니, 가령 금일 발포된 각 제도에 관하여 보더라도 교육이 보급하여 민지의 정도가 다른 곳보다 높은 부 혹은 지정면에서는 협의회원의 선거에 관하여 직접 선거하는 제도를 채용하며, 부 및 지정면에 비교하여 민지의 정도가 낮은 면에서는 임명하는 제도를 채용한 것은 당국이 항상 민지 개발 정도를 따라서 만사의 기준으로 하는 일을 참작하겠거니와, 만약 지정면 이외의 면으로 민지의 정도가 부 혹은 지정면과 같은 정도이면 당국은 반드시 일반 선거제도를 채용할 것임을 확신하는 바라.

〈자료 26〉 지방제도 개정에 취(就)하여, 사회연구소 이각종(李覺鍾) 씨 담(談) (1920.8.9, 2면 5단)

금번 개정된 지방제도는 당초 총독이 성명한 바 지방자치제가 아니라 지방행정상 자문기관에 불과한즉, 현금 급진 속보(速步)코자 하는 오인의 희망에는 불만족하나 총독의 성명은 자성명(自聲明)인즉, 시기가 도래하면 반드시 완전한 지방자치제가 실현될 줄로 생각하노니, 이 자문제도는 즉 그 계제로 생각하겠으나 우리 조선인이 건전하고 질서 있는 발달을 성취하자면 불가불 한 번은 이 계제를 밟아야 하겠소. 물론 우리 조선의 신인(新人)은 고원(高遠)한 이상과 원대한 희망을 가지고 이들 과도적 사실에만 만족할 수 없으려니와 현실은 어디까지 현실이니, 박승빈(朴勝彬) 군의 담(談)과 같이 독립하든지 무엇을 하든지 여하간에 오인에게 당래(當來)한 훈련과 기회는 충분히 실천할 필요가 있지 아니한가요. 고원한 이상보다도 오히려 일선(日鮮) 관민 일반이 우선 실천할 비근(卑近) 적절한 시련(試鍊)으로는 이같이 좋은 기회가 없을 것 같소. 물론 제도 자체로 보면 아직도 관권을 중시한 비평(誹評)의 여지가 있지만, 과거 조선에 총독정치 연간에 지방에 약간의 개발이 민의 자발적임보다 태반이 관력에 인한 것임을 생각하면 이 점이 곧 지방 발달을 촉진하려는 입법자의 고심이 있는 바인가 하오. 또 선거라 하는 민본적 문명법규를 인용하면서 평의원의 선거권을 군도(郡島)의 관선한 면협의원에게 부여함과 종래 관공리의 정원에 반드시 일선인을 구별하던 것을 선거와 피선거상에 이 구별 예를 철폐함과 일본 내지의 현행 선거법 같은 엄격한 규정을 생략하고 선거 위반을 처치하는 규정도 설치하지 않은 등은 아무쪼록 조선의 특색을 보아 실상에 적합케 하려 한 연구의 발자취도 인견(認見)하겠소. 과연 이 규정이 우리 조선에 적합할는지 아니할는지는 아직 논하지 않고, 우리는 대체론(大體論)으로 대략 다음과 같은 3종의 기대로 이 제도를 환영하려 하오.

하나는 조선인의 정치사상 촉진에 하나의 전기가 될지니, 현금 반도에는 능히 현대 사조를 이해하고 민중정치의 관념이 충분한 고급 식자가 적지 않으나, 대다수의 민중은 아직 유치하여 자기 지방은 자기의 능력으로 치리(治理)된다는 관념이 결핍하니, 이 현대 사조에 접촉 여부는 실로 민족 소장(消長)의 중요한 관계라. 작금에 언론이 개방된 이래로 각 방면 식자가 필설을 다하여 조선인의 정치사상을 환기하고 현대 문화를 선전하나 효험이 박소(薄少)함은 사실이라. 그러나 개정제도가 실시되면 지방 인사는 앞으로 선거라는 문명정치의 방식을 이행하고, 자연히 통치의 실생활에 견인되어 현대 정치의 사상이 양성될지니, 이 제도의 실시는 천백(千百)의 공론(空論)보다 유효할 것이오.

둘째는 교육 발달의 편법이 될지니, 조선인 중 금일의 발달이 교육의 힘임을 실인(實認)하는 자는 누구든지 교육의 보급 향상을 열망치 아니할 리 없으니, 금회에 당국이 부·군·도에 교육사업의 능력을 부여하고, 학교비령을 제정하여 교육의 보급 증진에 이바지함은 총독정치의 개선 중 수선(首善)이라. 또 그 사업의 실시에 대하여는 평의회원의 의사를 참고로 할지니 아무리 미개한 지방 인사인들 약간 부담의 가중을 혐기(嫌忌)하여 자제의 전송(前送)을 생각하지 않을 자 있으리오. 가령 완명(頑冥)한 일부 반대가 있을지라도 당국자는 관권을 이용하여 사업을 촉진하는 것이 없지 못하리로다.

셋째는 일반 지방행정 실적의 진전이니, 과거 지방행정의 여러 시설은 민의에 기초한 것이 아니오, 다수가 압력의 표면상에 만들어진 것이라. 고로 행정의 실적이 관력의 소장(消長)에 인하여 진퇴함은 사실이며, 특히 금일 지방에 토목 및 권업 행정의 부조리한 형태는 그 이유가 여기에 있으니, 이러함은 진실한 실적을 기하는 이유가 아니라. 이제부터 자문기관을 선용하면 민의 정의(情意)가 관에 창달되고, 관의 정신이 민에 철저하게 되어 자연 위와 같은 구루(舊陋)를 혁거할지오. 부 및 지정면에 왕왕 일어나는 일선인 간의 상호적 편파 후박(偏頗厚薄)의 불평이 다소 완화되어 지방행정 사무상 일대 혁신을 보겠소.

요컨대 금후는 관민이 성실히 이의 운용에 당함이 가하니, 만약 당국이 제도 개선이라는 미명으로 일시의 미봉책으로만 생각하고 진실하게 민의를 존중할 성의가 없으며, 인민이 또한 공민의 책임을 자각하여 공론 허열(虛熱)을 배각(排却)하고 진실히 치책(治策)을 강구할 성념이 결핍하면 개정 기관은 반대로 선인의 질곡되고 말지라. 이 점에 대하여는 일반 식자가 협력하여 지도하고, 사회 언론이 독려할 필요가 있으니 관은 스스로 이 실시에 대한 준비가 있겠으며, 일본인은 다년간 선거의 훈련이 있거니와 우리 조선 인민 간에서도 일반에 자치의 정신을 환기하고 신제도의 취의를 이해하여 권리 의무의 운용에 이바지할 상당한 준비적 운동이 필요할 듯하오. 요컨대 법은 사물이고, 활용은 사람에게 있으니, 지금으로는 관민의 노력에 기다리겠소.

〈자료 27〉 지방자치의 전제(前提)되는 자문기관 해설 – 제도의 내용과 선거 피선(被選)의 의의(意義), 지방 공민(公民)의 특별히 주의할 사항 (1920.8.11, 1면 2단)

지정면협의회는 종래의 상담역 회의를 확장한 것이니, 면장이 의장이 되어 이를 소집하고, ▲협의원 정원은 인구 5천 명 미만인 면은 8인이오, 인구 5천 명 이상 1만 명 미만은 10인, 1만 명 이상 2만 명 미만은 12인이오, 인구 2만 명 이상은 14인이라. 선임 방법은 모두 민선이니, ▲선거 및 피선 자격은 모두 부협의회원과 동일하고, ▲임기 및 실비 변상 대우 역시 같음. ▲자문 사항은 1. 세출입 예산을 정하는 것 2. 사용료, 수수료, 부과금 또는 부역·현품 부과 징수에 관한 것 3. 차입금에 관한 것 4. 예산 외에 새로운 의무 부담 또는 권리 포기에 관한 것 등은 면장이 반드시 협의회에 제출하여 자문을 거치는 것을 요하고, 위 이외의 사항이라도 면장이 필요로 인정하면 이를 자문할 수 있음. 요컨대 구제의 도지사가 임명하던 상담역을 협의원으로 하여 민선으로 고치고, 원수를 증가한 것이오. 현재 상담역은 신제도 협의원이 선출되기까지 잉존(仍存)하는 것이라.

▲면부장(面副長)은 각 지정면에 1인씩을 신설하여 면장을 보좌하나니, 일본인 면장 하에 조선인 부장이나 혹은 조선인 면장 하에 일본인을 두어 서로 조화 처무케 함.

보통면협의회는 금회 신설이니 면장이 의장이 되어 이를 소집하되, ▲협의원 정원은 인구 5천 명 미만은 8인, 5천 명 이상 1만 명 미만은 10인, 1만 명 이상 2만 명 미만은 12인, 2만 명 이상은 14인이오, ▲자격은 부협의원과 같으며, ▲선임 방법은 따로 선거하지 아니하고 군수·도사가 수의로 임명하며, 임기는 3년, 명예직이며, 직무상 필요한 비용을 지급함.

이들 자문기관에 피임될 지방별(地方別) 정원(定員)은 수는 어떠한가 하면, ▲각 도별 평의원회 정원은 전술한 바와 같고 기타는 아래에 씀.

▲ 부협의회원 및 학교평의회원

부별(府別)	협의회 [일선인(日鮮人) 공동]	학교평의원 [조선인만]
경성	30인	20인
인천	16인	12인
군산	12인	8인
목포	12인	8인

대구	16인	12인
부산	20인	12인
마산	20인	10인
평양	20인	12인
진남포	14인	12인
신의주	12인	6인
원산	14인	10인
청진	12인	8인

▲ 지정면협의원 정수(일선인 공동)

수원	10인	송도	14인
영등포	10인	청주	10인
공주	10인	대전	10인
강경	10인	조치원	8인
전주	12인	익산	10인
광주	12인	김천	10인
포항	10인	진주	12인
진해	12인	통영	12인
해주	12인	의주	12인
춘천	8인	함흥	12인
나남	10인	성진	10인
회령	10인	겸이포	8인

▲ 군도(郡島) 학교평의회 정원 및 보통면협의회 정원은 매우 넓고 크므로 생략함(각 군수·도사가 원수를 고시함).

표준 인구 사정권(査定權)은 도지사에 있으니, 이상은 각 지방 최근 인구조사에 기반한 것이어니와 실지상에 현 거주 인구가 다소 같지 않을지라도 이는 도지사의 인정에 따르며, 또 1차 선거기에 임하여 사정한 표준은 선거 후 다소 변동이 있을지라도 3년간, 즉 다음회 총선거

임시까지는 이 표준 인구를 변경치 아니하며, 따라서 정원 수를 중간에 가감함이 없음.

선거라 함은 인민이 정치에 참여하는 유일한 방법이니, 의정기관을 조직할 자기의 대표자를 선임하는 수단이라. 원래 민본주의의 국가에서는 원칙적으로 참정권능은 일반 인민에게 존재함을 인정하되 다수의 사람이 의정에 참여함은 심히 호번(浩繁)하여 사실상 불가능할 바라. 고로 인민은 가장 현량한 자를 자기의 대표로 이를 선명(選命)하여 자기의 의사를 대표하여 인민의 권리를 대행케 할 수 있으며, 이렇게 하여 중(衆)의 추중(推重)이 가장 높은 인사가 의원이 되어 민의를 대표하여 국정을 논의하노니, 이것이 대의제도가 생긴 유래라. 고로 이렇게 하여 선출된 평의원·협의원은 정부 관리의 의사로 이를 임명함이 아니라 인민이 임명한 자요, 관헌의 속리(屬吏)가 아니라 지방의 대표자이며, 인민의 대리인이니라.

〈자료 28〉 지방자치의 전제(前提)되는 자문기관 해설(4) - 제도의 내용과 선거 피선의 의의, 지방 공민(公民)의 특히 주의할 사항 (1920.8.12, 1면 3단)

선거권

인민이 대의할 자를 선임하는 권리이니 원칙으로는 모든 인생(人生)이 인격을 가짐과 같이 누구든지 모두 선거권을 가지겠으나, 각국 유래의 실례를 보건대 항상 특별한 계급에 한하여 이 권리를 향유하므로 법규상 선거권을 갖는 자의 자격을 제한함이 많으니, 이 유권 자격을 제한한 것을 제한선거라 하고, 제한을 두지 않은 것을 보통선거[요의(要義)는 다음 회에 설명함]라 하니 금회 조선에 시행된 것은 일본과 대략 같은 제한선거라. 고로 선거권을 가진 자의 자격상 여러 제한을 설하였으니, 새 규정에 의한 부의 협의원 및 학교평의원, 지정면협의원의 선거권자가 되는 공통 제한을 보면 아래와 같으니라. (도평의원 및 군·도 학교평의원은 부·면 협의원이 선거하므로 따로 선거권 제한규정을 두지 않음)

▲ 선거권 요건: 선거권을 가질 자는 다음 조건을 구비함을 요함.
1. 제국신민인 것. 조선에 있는 일본인과 조선인을 총칭함이니, 즉 호적 및 민적이 있는 자라.

외국에 귀화한 자는 국법이 이를 용인치 아니하므로 역시 일본국적을 가진 자이며, 외국인으로 적법하게 일본국에 입적한 자는 마찬가지로 이에 포함됨이라.

2. 독립한 생계를 경영하는 것. 호주의 가적(家籍) 내에 있는 가족이나 독립 가적을 가질지라도 다른 집에 고용이 되어 독립 생활을 아니하거나 단신으로 다른 집에 기류(寄留)하는 자 등은 이 항에 해당치 못하나니, 일가(一家)의 생활을 자치(自治)치 못하는 자는 국정에 참여치 못할 것은 당연한 이치라.

3. 연령 25세 이상인 것. 선거인 명부를 조제할 당시 민적상 연령이 만 25세 이상임을 요하나니, 민법상 보통 행위의 능력은 20세로서 성년자로 하나 아직 사물의 경험이 박약한 고로 대략 심신 발달의 정도를 추측하여 25세로 함이라.

4. 남자된 것. 부인의 참정권을 부인한 금일의 당연한 규정이라.

5. 1년 이래(以來)로 그 부나 면의 주민이 된 것. 그 지방의 민적에 등록되며, 거주규칙에 의하여 신고 후 1년 이상 됨을 요하나니, 부협의원 및 평의원 선거권자는 그 부와 면에 지정면협의원 선거권자는 그 면 내에 만 1년 이상 거주함을 요하나니, 이는 일정한 연월을 그 지방에 거주치 아니한 자는 그 지방 사정에 통달키 어려울 뿐 아니라 역려과객(逆旅過客)과 같은 자는 그 지방의 휴척에 냉담하기 쉬운 이유라.

6. 그 부나 면에서 1년 이래로 간단없이 조선총독이 지정한 부세 또는 면비, 학교의 연액 5원 이상을 부담하는 것. 가령 부협의원 선거권자는 그 부의 부세만 연액 5원 이상을, 부학교평의원 선거권자는 그 부의 학교비만 연액 5원 이상을, 지정면협의원 선거권자는 그 면비만 연액 5원을 부담함을 요하며, 이에 부담이라 함은 선거 당시에 아직 5원 이상을 납부하지 아니하였을지라도 납세할 의무가 확정된 자, 즉 징수자로부터 세액 조정을 완료하며 또는 납입고지를 받은 자는 이에 포함되며, 또 1년 이상 부담이라 함은 가령 납세 의무자가 일시적으로 토지·가옥을 많이 소유하여 부세 5원 이상을 부담하다가 연 내에 재산이 줄어 세액이 5원 이하로 감소하고, 또 다시 재산이 증가되어 세액이 5원 이상에 달한 경우에는 중간에 단절된 고로 1년 이상 간단없이라 할 수 없으니, 이는 일본 조례를 모방한 것이라. 그러나 이러함은 사례가 극히 복잡불편하니 조선의 현상에서는 공정히 실시되기 불가능이라. 고로 당분간 선거 당시에 연액 5원 이상 부담이면 유자격자로 처리되리로다. 총독이 지정한 부세라 함은 무엇이오. 보통 부세·면비라 하면 토지, 가옥 등에 부가하는 고정적인 것도 있으나 조흥세 같은 납세 부담

자가 일정하지 않은 것과 영업세 중 납세 연액이 일정하지 않은 것도 있으니, 고로 총독은 특히 선거자격의 표준될 만한 세목을 지정할 것이라. 이 지정될 만한 것은 지세, 시가지세, 가옥세, 호세 등의 부가세, 호별할과 영업세 중 연액 납세 표준이 일정한 자에 한할 듯하나, 아직 당국의 고시가 없다. 이에 5원 이상으로 제한한 것이므로 선거유권자는 자못 소수가 될지며, 일선인의 구별을 철폐한 고로 부력 정도가 극히 낮은 조선인은 일본인보다 선거에 참가할 자의 비례가 적을지로다. 학교비·면비 같은 것은 심한즉, 5원 이상 부담자가 몇 명에 불과하거나 또는 아예 없을 수도 있으니, 이 경우에는 도지사가 지방 실정을 생각하여 5원이란 표준을 저하할 수 있게 하니라. 사람의 지혜롭고 어리석음은 재산의 다과에 있지 않으며, 더구나 조선에서는 지식 계급과 지방 세력 중견은 오히려 부자보다 무산계급에 많거늘, 이 규정이 일본의 예만 모방하여 5원 이상으로 제한함은 과연 어떠한고. 실시한 결과는 일종의 토구(討究)할 문제가 되리로다.

〈자료 29〉 지방자치제의 전제(前提)되는 자문기관의 해설(5) - 피선거권의 성질 요건, 지방 공민(公民)의 특히 주의할 사항 (1920.8.13, 1면 2단)

7. 금치산, 준금치산자 및 6년 징역 또는 금고 이상의 형에 처함이 없는 것. 민법에 의하여 금치산 또는 준금치산의 선고를 받은 자를 가리킴이니, 조선인에게는 이 규정 적용이 현재 없고, 처형된 자라 함은 형의 선고를 받아서 판결이 확정된 자를 가리킴이니, 집행유예 또는 보석 등에 인하여 6년 이상의 복형(服刑)이 없을지라도 원형(原刑)의 선고가 6년 이상인 자는 역시 처형자와 다르지 않음이라. 단 대사(大赦) 또는 특사(特赦)로 인하여 면형된 자는 선거권자 됨에 장애가 없으니 금치산, 준금치산자 등은 행위 능력이 불충분하며 형벽(刑辟)에 촉(觸)한 자는 양민으로 인정치 않는 고로 선거권을 얻을 수 없음이라.

이상은 선거권을 가지는 요건을 설명함이니, 이 각 요건을 구비한 자를 가리켜 '지방공민'이라 칭하나니라.

▲ 선거권 정지: 이상의 요건을 구비하여 선거권을 가진 자라도 다음 각항의 하나에 해당할 때는 선거권 행사를 정지케 하나니라.
   1. 부세(학교비, 면비 역시 동일) 체납처분 중에 있을 때
   2. 가자(家資) 분산 또는 파산 선고를 받아서 확정 판결 후 복권되지 못한 때
   3. 금고 이상의 형을 선고 받아서 판결 확정 전이나 형 집행 중이나 또는 형의 시효가 끝나지 않은 때

▲ 선거권 행사 불능: 선거권을 갖고 앞의 정지 원인이 없는 자라도 선거 당시에 다음 각항에 해당할 때는 선거에 참여할 수 없느니라.
   1. 육해군의 현역에 있는 때
   2. 기타 병역에 있는 자로 전시 또는 사변에 제(際)하여 소집된 때

피선거의 의의

피선거라 함은 선거권자의 선거를 받아 대의자로 선출됨을 말함이니, 전기(前記) 선거권에 여러 제한이 있음과 같이, 피선거권에도 제한이 있음이 통례라.

▲ 피선거권의 요건: 현행 제도에 의하여 부협의원, 면협의원, 부·군·도 학교평의원, 도평의원 등에 선거될 후보자 됨에는 다음 조건을 구비함을 요하나니라.
   1. 선거권을 갖는 것: 앞 회에서 기술한 선거 요건을 구비함을 요하나니, 선거권에 이 제한을 둔 이상은 피선거권에도 이 제한을 두는 것이 당연함이라. 단 도평의원 됨에는 납세 금액의 제한이 없음.
   2. 선거권의 정지 또는 행사 불능에 속하지 아니한 것. 전회에 기술함과 같음이라.

▲ 피선거 제권(除權): 상기 피선거권을 구유(具有)한 자라도 다음 각항의 하나에 해당할 때는 피선거에 제척되어 후보 됨을 불허하나니라.
   1. 그 소속 도·부 또는 군·도의 관리 및 유급 이원, 면에서는 그 면의 면장 및 유급 이원

2. 검사 및 경찰관리

3. 신직(神職), 승려 기타 여러 종교사(宗敎師)

4. 소학교 및 보통학교의 교원

이상에 관한 자는 피선거인 됨을 불허하나니, 1은 집행자와 평의자의 지위를 혼동치 아니키위함이오, 2는 집행 권력을 자기 선거에 이용할 폐단을 방지하기 위함이오, 3은 종교와 정치의 구별을 엄정히 하기 위함이오, 4는 교육가로 신성한 지위를 지키게 하고, 또 교직과 같은 인심을 좌우하는 권능을 자기 선거에 사용(私用)할 폐해를 방지하기 위함이니, 모두 일본 내지와 동례(同例)라.

선거인 명부

부·면 협의원 및 부학교평의원은 선거할 선거유권자의 명부는 부윤·면장이 민적부 및 징세부 등을 조사하여 이를 조제하되, 총선거 시행 전 50일 현재를 표준으로 하여 20일 내에 완성한 후, 선거 전 30일을 기하여 7일간 매일 오전 9시부터 오후 4시 사이에 부청 또는 면사무소에 공개하고, 이 명부를 중민(衆民)의 열람에 제공해야 하며, 선거권 유무에 대하여 이의가 있으면 관계자는 부윤·면장에게 신립할 수 있으며, 부윤·면장은 신립에 의하여 재조사하고 수정할지오, 불복할 때는 3일 내로 상급관청에 불복신립을 할 수 있느니라. 선거인명부는 선거 전 3일로 확정되고, 이에 등록되지 않은 자는 선거에 참여치 못함이라. 그러나 전기 불복신립에 대한 상급 관리의 결정서가 있는 자는 선거 당일이라도 참가할 수 있느니라.

〈자료 30〉 지방자치의 전제(前提)되는 자문기관 해설(6) – 선거와 피선거권의 요의(要義), 지방 공민(公民)의 주의사항 (1920.8.15, 1면 1단)

보통선거는 무엇인고? 제한선거와 관선으로 자문기관이 거의 현출하려 하는 조선의 금일에 이를 운위함은 자못 먼 의론이나 선거제도의 비교 연구상 현대의 가장 중대한 사실 되는 보통선거 문제를 이해함은 (중략-편역자) 고로 여기에 극히 간단히 그 경개(梗槪)를 설명하노라.

일본의 선거론은 중의원의 선거권을 미성년자, 부녀자, 범죄자 등 특수인을 제외한 이외 일반 국민에게 부여하라 함이니, 일본 중의원의원선거법에 따르면 제국 남자로 연령 25세 이상인 자, 직접 국세 3원 이상(부·현 의원은 5원 이상)을 납부하는 자라는 연령과 재산에 제한을 두었음은 불공평하니 모두 이 제한을 철폐하고 성년 '20세' 이상 남자에게 선거권을 부여하라는 요구이니, 금치산·준금치산자, 가자분산자(家資分散者), 파산자, 공권 상실자, 공권 정지자 및 관직, 공무, 종교사, 교원 등 특수 신분을 가진 자는 역시 그 전과 같이 선거권을 부여하지 않음이라. 이 요구는 신진 노동계급에 의하여 일반에서 그 목소리가 자못 높으며, 작금 의회에 제안되었으나 통과되지 못한 바라.

요구의 이유 중 주요한 것에 첫째는 각 개인은 천부인권으로 절대로 자유·평등이니, 고로 선거권도 모두 국민이 균일하게 가질 것이라 하며, 둘째는 국민의 대부분을 점하는 자는 노동자, 소작인 등 무산계급이니 고로 이 계급의 이익을 도모하고 권리를 신장하기 위하여 선거제한을 철폐함이 지당하다 하며, 셋째는 각 개인과 국가는 일종 미묘한 유기적 관계가 있으니, 즉 국가·사회는 각 개인의 연대 책임이라. 고로 개인은 적극적 의무로 자진하여 국가를 경영하고, 책임을 분담하기 위해 당연히 선거권을 가짐이 가하다 하며, 넷째로 국가는 병역 및 납세 의무를 무제한으로 누구에게든지 부담케 하는 고로 선거권도 누구에게든지 부여함이 가하다 하며, 다섯째는 총국민에게 선거권을 부여하면 국민은 스스로 공민된 자각을 환기할지오, 이 자각은 국민 각 인의 생활을 행복되게 하며, 나아가 국운의 융창을 얻을지니, 고로 무제한으로 선거권을 모든 국민에게 부여하라 하며, 여섯째는 입헌정치의 정신은 원래 다수 국민의 대표 의정에 인하여 시위(施爲)하려 함에 있는즉, 선거의 제한을 철폐하고, 널리 다수인에게 참정을 허락함이 입헌정신에 맞다 함에 있다더라.

그러나 보통선거 반대론의 요점은 첫째, 상당한 납세를 못하는 무항산자는 정치상 항심이 있을 리가 없으며, 둘째, 일반 민중은 원래 사려가 천박하므로 자칫 선동 정치가에게 이용될 뿐이라 하며, 셋째, 보통선거는 공화제에 채용하는 제도이니 국체가 특수한 일본 같은 나라에는 부적합하다 하며, 넷째, 국민 다수는 무산계급인즉 일반적으로 선거권을 가지면 무산계급의 이익만 도모하여 필경 계급투쟁을 조성하고 국가 진보를 방해하리라 하며, 다섯째, 식견이 비열하고, 인격이 유치하고, 생활이 천저(賤低)한 자를 공히 선거에 참가케 하면 반대로 선거계를 부패하게 하리라 함에 있느니라. 이상 보통선거주의론과 반대론이 각

각 상당한 이유가 있고, 결국 일본에서는 아직 시기상조라 하여 채용치 아니하였나니, 일본의 국정과 민도에 비추건대 또한 부득이한 결과로다. 구미 각국의 선거제도는 어떠한고? 다음 회에 약술하고자 하노라.

〈자료 31〉 재동경(在東京) 목춘학인(木春學人), 양심(良心)이 명(命)하는 대로 - 조선의 신지방제(상) (1920.8.15, 1면 2단)

불충분하나마 환영, 동포는 일층 향상하라

당국은 지난 29일에 조선의 현 지방제도에 대하여 일대 개선의 의미로 신법령을 제정·발포하였다. 즉 아사(我社)의 보도와 관보의 배포로 독자가 숙지하는바, 도평의원회와 부·면 협의원회와 학교평의원회 조직 등이 이것이오, 동시에 미즈노 정무총감이 그 취지와 정신을 부연하여 상세한 설명을 시(試)하였다. 이로써 추가예산의 의회 통과와 함께 지난 가을 제도개혁 이래로 당국이 누누이 성명한 바의 시설이 우선 일단락을 고하였도다. 우리는 신제도의 이해(利害) 양부(良否)에 대하여 논의하기 전에 먼저 사이토 총독과 이하 당국자 제씨가 길거여정(拮据勵精)하여 조야찬부의 의론이 분분하는 사이에서 극히 공약한바, 정책을 실현하기에 절대의 노력을 다한 그 성의를 많다 하며 그 노고를 감사하는 것이나, 제도 그 자체에 대하여는 오인은 물론 이에 대해 충분한 만족을 표하기 어려우며, 따라서 반생반숙(半生半熟)한 불철저의 감이 있음을 부정치 못하겠으며, 적어도 최초 오인의 기대하던 것과는 다대한 현격이 있음을 인(認)하겠도다.

그러나 사물에는 반드시 완급이 있으니, 그런고로 이 순서와 계정(階庭)을 무시하고 급속한 개혁을 시도하는 것은 비록 목전의 갈채를 박(博)할지나 영원을 생명으로 하는 국가로는 결코 견실한 성공을 기하는 소이(所以)가 아니오, 한편으로 피치자의 제반 능력이 완전히 구비치 않는 한에는 실제 운용상에 하등 효과가 없을 뿐 아니라 반대로 많은 차질과 폐해를 초래하는 것은 과거 역사가 보이는 바이라. 그러므로 오인은 조선 현하의 실정에 비추고 다른 진보 발전한 역사에 비추어서 비록 불충분하나마도 이것이 응급적 시설, 즉 장래의 대성을 볼 진보의 초급적 제도로 생각하고 이에 찬의를 표하는 것이다.

혹자는 "일본에 부현제, 즉 지방자치제의 규모가 선 것이 1882·1883년 전후, 지금으로부터 40년 전의 일인즉, 지금 조선인이 아무리 진보치 못하였으며 아무리 무지하다 한들 어찌 40년 전 일본인에 비하랴. 그러므로 조선에 완전한 자치제는 고사하고 조선인에게 즉시 참정권을 부여할지라도 불가할 것이 없다"라고 하며, 한편 일본의 소위 식자 계급에서는 "조선인은 정치의 운용력이 결핍한 것이오, 또 정쟁에 중독한 자인즉, 여기에 정권을 부여함은 유해 무익의 일이라" 하여 현금 불충분하다는 신제도도 조선인에게는 과분하다는 망언을 토로하는 자도 있다. 그러나 이 두 가지 주장은 모두 극단에 흘러서 결코 중용을 얻을 의론이 아니다. 가령 금일의 조선인이 40년 전 일본인은 고사하고 40년 후 현재 일본인보다 동등하거나 그 이상의 실력이 있다 할지라도 정치의 실시에 대하여 훈련이 없고 경험이 중단되었으므로 약간의 세월을 비(費)하여 상당한 훈련과 경험을 쌓지 않으면 불가할지니, 그 증거로는 헌정 실시 이래로 적지 않은 경험이 있는 일본 내지의 인민도 아직껏 운용에 많은 곤란이 있는 중이오, 보통선거를 주장하는 금일에도 의원의 품격과 인물은 점점 하락하여 개조의 목소리를 듣지 아니하는가. 그러므로 비록 사회에 소수의 식자가 있을지라도 이를 표준하여 일반을 율(律)치 못할지니, 예부터 소수의 식자가 항상 다수의 미각자(未覺者)로 인하여 당연히 향수(享受)할 권리를 획득치 못한 예가 허다하도다. 그런즉 우리는 금일 제도의 양부(良否)를 논하기보다는 오히려 얼마간이라도 민의를 존중하여 장래 좋은 제도를 세울 전제로 제정한 것이라는 당국의 성의를 참작하여 이를 찬성하는 동시에 비상한 노력으로 하루라도 속히 피안(彼岸)에 달하도록 향상과 발전을 기할 것이며, 저들 무식한 일본인 모모 무리의 조선인을 무망(誣妄)하며 모욕하는 귀담아설(鬼談蛾說)은 족히 치아(齒牙)에도 괘(掛)할 것이 아닐지로다.

〈자료 32〉 지방자치의 전제(前提)되는 자문기관 해설(7) - 선거와 피선거권의 요의, 지방공민(公民)의 주의사항(1920.8.16, 1면 1단)

각국의 선거제

현금 구미 제국은 허다한 변천을 거쳐서 모두 보통선거제를 채용하게 되었더라. 이 보통선거의 발단은 지금부터 약 60년 전 프랑스에서 수창(首唱)한 바니, 서력 1848년에 프랑스의 소위 2월혁명에 기인한지라. 종래로 제한선거에 불만을 품던 국민 유지는, 내정 개선과 인심 수습의 요(要)는 선거제한 철폐에 있다고 창도(唱道)하여 도처에 유지대회가 개최됨에, 국왕 및 기소 내각은 이로써 위험불온한 운동이라 하여 극력 압박하고 집회를 해산케 함에, 국민은 더욱 격앙하여 드디어 2월 24일에 파리에 동란이 발발됨에 내각은 와해하고, 국왕은 퇴위하여 영국에 도망가고, 이에 가정부가 성립되었더라. 이 가정부는 헌법을 제정하기 위하여 동년 3월에 임시 국민의회를 소집하여 연령 21세 이상 프랑스 남자로 5개월 이상 그 선거구에 거주한 자는 모두 선거에 참여케 하여, 동년 11월 4일로 개최한 국민의회에서 비로소 보통선거를 채용하는 헌법을 제정하였으니, 이는 실로 보통선거제의 효시라. 이로부터 이 풍조는 가까운 영국에 유입하여 노동자 및 무산계급의 운동이 매년 격심하였으나, 정부는 점진주의를 확집(確執)하여 점차로 제한을 감하고, 선거권을 확장하여 1867년의 개정 및 1885년의 개정으로 완전히 보통선거제가 실시됨에 이르며, 그다음으로 독일은 1867년, 미국은 1888년, 벨기에는 1893년, 오스트리아는 1907년에 각각 보통선거제를 채용하여 지금에는 구미 문명국의 법이 되었더라. 다음에 주요국의 현행제도 요항을 적기하노라.

▲프랑스

1. 프랑스 남자 된 자
2. 선거인명부 등록 당년 3월 31일까지 만 21세 이상(피선거인은 25세)에 달한 자
3. 그 시정촌 내에 법정 주소를 가지며, 6개월 이상 체재한 자
4. 법률에 정한 무능력자가 아닌 자

▲영국

1. 남자는 선거인 명부 작성 당시에 선거구 내의 가옥에 주거하거나 가임 연액 10파운드 이상되는 가옥을 직업을 위하여 점유하며, 6개월 이상 계속하여 그 선거구 내에 거주하거나 또는 가옥을 점유한 자
2. 여자는 연령 30세 이상이오, 그 선거구 내에 토지 또는 가옥에 관하여 그 지방단체의 선거인이 될 자격이 있거나 또는 이 자격이 있는 자의 처(妻)되는 자

▲독일

대략 영국과 유사함

▲북미합중국

각 주에서 독립된 법으로 정하므로 각 주가 다소 차이가 있음. 혹은 여자의 선거권을 인정하며, 혹은 부인하는 주가 있으나 대략 다음과 같다.

1. 연령 21세 이상 미국민 된 자(피선거인은 20세 이상)
2. 1년 이상 그 주에 정주한 자(어떤 주는 2년 혹은 3개월이며, 피선거인은 7년 이상)

▲벨기에

대략 미국과 유사하나 재산과 학식에 의하여 특별투표 수를 갖게 함(현재 개정 중)

▲오스트리아

1. 연령 만 24세 이상 남자 된 자
2. 1년 이상 그 선거구역 내에 주소를 가진 자

이상은 구미 각국의 현행 제도의 경개요, 중화민국은 일본에 의방(依倣)하여 제한선거제를 채용하니라.

〈자료 33〉 재동경(在東京) 목춘학인(木春學人), 양심(良心)이 명(命)하는 대로 - 조선의 신지 방제(하) (1920.8.16, 1면 2단)

불충분하나마 환영, 동포는 일층 향상하라

신제도 중에 가장 오인이 화룡점정의 감이 있는 것은 각종 협의회가 모두 자주의 의결권, 즉 감독권이 없고 당국의 임의에 의한바, 자문기관에 불가한 것이다. 이것은 관찰에 의하여는 지금 당국이 인민에 대한 일종의 불신임안이다. 이에 대하여는 오인이 가장 유감으로 생각하는 것이나 불신임안을 제시한 당국의 정책을 유감으로 생각하기 전에 우리는 당국자로부터 불신임안을 감수할 만한 결함이 있지 아니한가, 즉 당국자의 불신임안은 안 그 자체가 다소 제출자 쪽에 상당한 이유가 없지 아니한가 하여 재삼 반성할 필요가 있을지로다. 여하간 지금에 이르러서는 이를 추궁하며 전색(詮索)하는 것은 죽은 아이의 불알을 세는 것이 다름 아닌즉, 이보다도 어떻게 하면 불완전한 것이나마 선미(善美)히 운용할 것을 숙고치 아니치 못할 것이라 한다.

자문기관의 주체(主軆)는 의원 그 자체인데, 의원의 선출 방법은 관민의 혼합제를 채용한다. 이 의원 선출에 대하여 오인은 선거자 된 관민에게 후망(厚望)할 이유가 있다. 민(民) 측에서는 자기의 대표자 선거가 금회로써 처음인즉, 가장 공평한 견지에서 신성한 관념으로 일향일도(一鄕一道)를 위하여 민의의 소재와 민리(民利)의 소급(所及)을 충분히 당국에 피력하며, 소개할 만한 신용 식견이 구비한 사람을 양심적으로 선출할지오. 결코 정실에 좌우하며, 황백(黃白)에 현혹하여 관권을 두려워하고, 관권에 아첨하는 부패한 사람이나 무위무견(無爲無見)의 주대반통(酒袋飯桶)[15] 무리는 절대 배척할지며, 한편으로 당국자는 종래의 도·부·군 참사와 면장 임용 때 많이 보던바, 자산의 다과로써 그 사람의 전반 신용을 점치는 등의 편견을 버리며, 관헌 앞에서 유유낙락하는 무골배(無骨輩)를 등용치 말고, 진실로 뇌락(磊落)[16] 광명(光明)한 태도로 민의를 청취하는 아량으로 바른말을 하는 인사를 채용하기에 노

---

15 주대반통(酒袋飯桶): 술과 음식을 축내며 일하지 않는 사람.
16 뇌락(磊落): 마음이 활달하여 작은 일에 거리낌 없음.

력할지어다.

이야기가 옆길로 들어서나 우리는 종래 당국에서 조선인 관공리 중 군수·서기·면장·참사의 무리를 채용할 때 일일이 경관의 신원조서에 의하여 취사를 결정하는 것을 당국자 자신은 이로써 가장 좋은 방법으로 생각하는 듯하나 오인은 반대로 가장 좋지 않은 방법의 하나라고 생각하던 것이다. 당당한 국가가 국민으로부터 국가 최고의 기관인 행정관서의 관리를 등용할 때마다 관리 중 최하급, 극단적으로 말하면 인류 중 가장 말단 순사 무리의 증명이 아니면 안심치 못한다는 것이 실로 국가의 치욕이오, 또 관리 자신으로도 중대한 불신용이며, 따라서 무상(無上)의 모욕을 국가로부터 받는 것이라 해도 과언이 아니다. 우리는 결코 순사의 보고 그 자체가 전부 허위라는 것이 아니로되, 그중에는 허실상반(虛實相半)한 것과 자기의 호오(好惡)로써 사람마다 취급을 달리 하거나 저열한 자기의 심사와 비협(卑狹)한 자기의 안광(眼光)으로써 독단을 내리는 폐해가 있으며, 유위(有爲)의 인(人)과 상당(相當)한 자라도 순사에게 견증(見憎)하던 자이면 배일(排日)이란 말에 종신감가(終身坎軻)하여 결국 관헌 악화로 빠지는 것도 왕왕 있었으며, 최악의 예로는 개고기 한 점과 탁주 몇 잔으로 족히 벼슬아치의 환심을 사서 일자무식으로도 면장의 직을 얻고, 파렴치한 무리라도 참사의 영관을 획득하던 추한 발자취의 예가 있도. 이 정실에 구애되며 안면에 좌우하는 임용 방법의 추한 상황이 매관매직의 시대에 비하여 어느 점이 낫다 하리오. 그래도 관리는 오히려 임용 자격의 제한이 있으나 공리는 그 자체에 이르러서 비교적 추문과 악평이 많던 것은 사실이다. 그러므로 당국자는 신중에 신중을 가하며 공정에 공정을 극하여 털끝만치라도 외간의 의혹과 비난이 없도록 의원 선임 때 교정(矯正)을 새롭게 하여 오점을 남기지 않도록 전력할 것이다.

새로운 제도에 대하여 감상과 주문이 어찌 이에서 그치리오만 상세한 평은 후일 운용의 실적을 본 후로 넘기고, 단지 반도 관민의 협력으로 속히 완전한 지방자치의 기초를 확립하기를 바라노라.

〈자료 34〉 지방자치제의 전제되는 자문기관의 해설(8) - 투표에 관한 각종 설명, 지방 공민의 주의 요건 (1920.8.21, 1면 2단)

선거 방법: 부협의회원의 선거회를 열어서 이를 집행하나니

▲선거회는 부윤이 선거 유권자로서 조직하여 선거인 중에서 선거 입회인 2인 혹은 3, 4인을 선정하되, 선거회를 열 때 부윤은 선거 기일 전 7일간을 선거 장소, 투표 일시 및 선거할 협의원 수를 고시하고, 선거인은 이 고시에 의하여 당일 선거회장에 참집하여 투표를 행하되, 시각이 경과하면 투표에 참가치 못하나니라.

▲투표는 무기명 투표를 하니, 부윤은 일정한 양식의 투표용지를 제정하여 투표함과 함께 같은 장소에 설비하고, 선거인은 정각에 참입 순으로 입장하여 부윤 및 선거 입회인의 입회하에 자필로 피선거인 1인의 성명을 투표용지에 기재하되, 문자는 민적상 문자를 씀이 가하고, 부득이하여 언문 또는 가명이라도 그 사람을 확인할 만한 것은 무방하며, 이를 비치된 함 내에 투입하고 자기의 성명은 쓰지 않느니라.

다음과 같은 투표는 무효로 하나니.

1. 성규의 용지, 즉 부윤이 정한 것을 쓰지 않은 것
2. 현재 협의원에 재직한 자의 성명을 기재한 것(재선을 불허함)
3. 1표 중에 2인 이상의 피선거인을 기재한 것-2인 중 누구를 지정함인지 불명확한 소이(所以)라.
4. 피선거인이 누구인 줄을 확인키 어려운 것-가령 정대일(丁大一)이나 김선달(金先達)이라 함과, 기타 오자 등으로 실제 해당 인물이 누구인지 불명확한 소이라.
5. 피선거권이 없는 자의 성명을 기재한 것-원래 무자격한 소이라. 상술 피선거의 절(節)을 참조하라.
6. 피선거인 성명 외에 다른 것을 기입한 것-정당한 성명, 즉 요점을 기입한 외에 다른 기사를 쓰는 것은 투표의 성의를 결한 것으로 인정하는 소이라. 단 성명 이외에 작위, 직업, 신분, 주소 또는 경칭의 류를 기입한 것은 무방하나니라.

▲이렇게 하여 그 투표의 유효·무효는 입회인의 의견을 들어서 부윤이 이를 결정하며,

또 선거인이 선거권이 없거나 또는 부정한 행위로 인하여 참회한 자임을 발견한 때 부윤은 입회인의 의견을 들어서 이의 투표를 거절할 수 있느니라.

　▲투표를 종료한 후에 부윤은 즉시 표를 심사하여 유효 채표의 최다수를 얻은 자를 당선자로 하되, 득표가 같을 때는 연장자를 취하고, 나이가 같을 때는 부윤의 추천으로 정하며, 당선자가 결정된 때는 부윤이 즉시 당선자에게 이를 통고하고, 당선자가 이를 사퇴하고자 할 때는 통고를 받은 날부터 5일 내로 부윤에게 신청함이 가하니라.

〈자료 35〉 지방자치제도 자문기관의 해설(9) - 회의 방법에 관한 설명, 지방 공민의 주의 요항(1920.8.22, 1면 3단)

　▲당선 확정: 투표의 결과로 당선자를 결정하여 본인에게 통고한 후 5일 이내에 사퇴의 신청이 없으며, 또는 취소의 신청이 없는 때는 비로소 당선이 확정하나니, 이 사퇴 또는 취소 신청기한 경과 후 부윤은 즉시 당선자의 주소·성명을 공고하여 이에 당선이 확정되나니라.

　▲선거 및 당선 취소: 선거가 법규의 정한 바에 위반되어 선거 결과에 이동(異動)을 낳을 우려가 있는 때 도지사는 직권으로 그 선거의 전부나 또는 일부의 당선을 취소할 수 있으며, 선거인의 선거법규 위반 사실을 발견한 때는 투표 종결 후 5일 이내로 도지사에게 취소 처분을 요구할 수 있으며, 이 취소는 도지사가 고시로써 행하나니라.

　▲재선거: 선거 전부가 취소된 때 부윤은 재차 전기 방식에 의하여 선거회를 열고 투표를 행하게 하며, 협의회원이 정원에 충족한 수를 얻지 못한 때는 그 부족한 수에 대하여 재선거를 행하나니라.

　▲보결: 당선자가 사퇴하거나 당선이 취소되어 결원이 생긴 때는 재차 선거를 행하지 않고 당시의 투표 중 차점자에 대하여 부윤이 이를 보충할 것을 결정함. 이 결정에 대하여 사퇴 신청 또는 취소 처분을 행할 수 있음은 전기와 다르지 않느니라.

당선자의 실직 및 해임

일차 유효하게 당선 취직한 자가 재직 중 피선거 자격의 요건 중 결함이 생기거나 신분에 변동이 생겨서 피선거자가 되지 못할 사실이 발생한 때는 부윤의 결정에 의하여 협의회원이 되는 직을 잃으며, 다시 보결하지 아니하나니 이 실격의 요건은 전 회 피선거권에 대하여 상술한지라. 선거에 인하여 취직된 협의회원은 본 항의 이유에 인하는 이외에 결코 실직함이 없으며, 관의 의사로 이를 파면할 수 없느니라. 그러나 직무를 태만히 하며, 또는 체면을 오손할 행위가 있는 때 지방관은 상사(上司)의 인가를 받아 해임할 수 있느니라. 이상은 부협의회에 관한 설명이니 부의 학교평의회원 및 지정면협의회원의 선거도 역시 같으니라.

▲도평의회원 선거: 도지사의 고시에 의하여 부·군·도에서 행하나니, 도에서는 선거일 20일 전에 이를 공시하고, 부에서는 부윤이 부협의회를 열어서 무기명투표로 피선될 인원의 총수를 일투표(一投票)에 연명케 하나니, 부협의원의 선거는 1인 1투표 1인에 한하였으나 도평의회원의 선거에는 1인이 1투표에 몇 명, 즉 피선 예정표 전체 수대로 연서하나니, 이를 연투표(連投票)라 하며, 도평의회원 선거와 같이 일차 피선 취직된 자가 선거권을 가져서 다른 것을 선거하는 것을 복선거(複選擧)라 칭하나니라. 부윤은 이렇게 하여 투표한 결과로 후보자를 정하여 도에 보고하며, 도는 이에 대해 당선증서를 교부하고, 군·도에서는 군수·도사가 각 면장으로 하여금 면협의회를 열게 하여 각 면에 그 군·도의 선출될 후보자를 무기명투표를 행한 후에 면장은 그 투표를 군수·도사에게 송치하면, 군수·도사는 각 면 투표를 집합하여 채표한 결과로 후보자를 결정하여 도에 보고하여 도에서 당선증서를 교부하며, 기타는 모두 부협의원 선거에 관한 통칙에 준거하나니라.

〈자료 36〉 개정 지방제도 자문기관의 해설(10) - 회의 방법에 관한 설명, 지방 공민의 주의 요항 (1920.8.23, 1면 2단)

▲자문회의: 도지사·부윤·군수·도사·면장은 법이 정한 자문사항(전 회에 상술)에 관하여는 반드시 자문회의를 열어서 자문을 거친 후 처리함을 요하되, 단 회의가 불성립되거나 천재지변에 조우하여 개회치 못하거나 또는 긴급 시설을 요하여 개회할 여가가 없는 때는 자문회를 개회치 아니하고 처리할 수 있으며, 그렇지 않은 경우에는 반드시 개회 자문을 요하나니, 해당 관청에서 이 자문을 부단(不短)하고, 처리한 사항은 상사(上司)가 이의 취소를 명할 수 있느니라.

도지사·부윤·군수·면장은 전기 자문사항 이외 필요하다고 인정할 때는 수의(隨意)로 개회하고 이를 자문할 수 있음. 또 자문회는 자문사항 이외에 필요하다고 생각하는 사항은 의견을 제출할 수 있느니라.

▲개회: 자문회는 도지사·부윤·군수·도사·면장이 이를 소집하나니 회원 정수의 반수 이상의 출석이 없으면 개회할 수 없느니라. 그러나 부·면 협의회는 동일 사건에 관하여 두 번 이상 소집할 때는 과반수의 출석이 없을지라도 개회할 수 있느니라.

자문사항은 개회 3일 전에 미리 각 의원에게 통지하며, 의원은 이에 관하여 조사 연구의 자료를 요구할 수 있느니라. 그러나 긴급 개회할 때는 이 수속을 생략할 수 있느니라.

▲의장: 의장은 따로 두지 않고 자문자가 될 도지사·부윤·군수·도사·면장이 의장이 되니, 의장은 회의를 총리하며, 회의의 순서를 정하고, 그날의 회의를 개폐하고, 의장의 질서를 보지하며, 필요할 때에는 의원의 발언을 금지하거나 이를 취소케 하며, 또는 의장 밖으로 퇴거를 명할 수 있느니라.

▲의결: 출석 회원의 과반수 의견으로 전회(全會)의 의견으로 가결하며, 가부가 동수될 때는 의장이 이를 재결(裁決)하며, 가부 결정의 의견을 표시함은 거수, 기립, 구두 설명, 표기 등 의장이 지시하는 방법에 의하여 이를 표시하나니라.

▲서면회의: 부협의회에서 사건이 극히 가벼운 것은 따로 회를 소집치 아니하고 부윤은 서면으로 협의원에게 회부하여 3분의 2 이상의 동의를 얻은 때는 협의회의 가결된 의견으로 간주할 수 있느니라.

▲회의록: 의장은 회의의 전말 및 출석원의 성명, 의사, 요령 등을 기재하여 의장 및 출석의원 2인 이상의 서명을 요하나니라.

회의록을 회의 종료 시 상사에게 제출함은 요하나니, 고로 상급 관리는 이에 의하여 해당 자문자와 의원의 관계를 지실(知悉)하여 감독의 편에 제공하나니라. [완(完)]

〈자료 37〉 지방제도에 관한 지시사항 (1920.9.14, 1면 4단)

금회 지방제도 개정의 골자는 도·부·군·도·면의 자문기관 설치와 조직 변경에 있다. 그 취지는 민의를 창달하고, 지방의 행정을 조선의 실상에 적절케 함과 동시에, 장래 지방자치제 실시의 소지를 만들고자 함이다.

지방공공의 사무는 이를 지방에 분임하고, 그 자치에 맡기는 것을 이상으로 하나, 그 분임 자치 정도에 대해서는 민지(民智)의 진보, 경제 발달 상황에 따라서 의(宜)를 제(制)치 아니치 못할지라. 종래 도·부·군·도·면은 각 지방행정의 일부를 분임하였으나 지방의 실력이 미약하고, 공공의 시설이 아직 유치한 영역을 벗어나지 못하여 그 행정 운용에 대해서는 오로지 관치제도에 의하여 겨우 도·부·군 참사, 부협의회, 면 상담역과 같은 자문기관이 있으나 그 수가 적고, 또 관선이라서 민의를 창달함에 유감있음을 면치 못하였도다. 최근 조선 내에서 경제상의 진보와 민지의 발달에 비추어 지방제도에 혁신을 가할 필요가 있음을 인정하고, 도에 평의회, 부·군·도 및 학교평의회, 면에 협의회를 설하는 동시에, 부협의회 조직 변경을 행하여 부 및 지정면의 협의회원은 공선으로 하고, 기타는 관선으로 하였으니, 아무쪼록 지방민 중 여망(輿望)있는 자를 거(擧)할 방침을 채택하여 도평의회원 및 부·군·도 평의회원은 부 주민의 공선 또는 부·면 협의회원의 선거한 후보자 중에서 이를 임명하기로 하고, 지정면 이외의 면에 있는 면협의회원도 지방의 실상에 응하여 아무쪼록 지방의 관행에 따라서 인민으로 하여금 그 후보자를 추천케 하고자 하였으며, 또 도평의회에 선거에 의한 후보자로부터 임명하는 것 외, 도지사의 감식(鑑識)에 의하여 임명할 평의회원을 더하였음은 도평의회의 직책 되는 도의 휴척(休戚)에 관하는 바가 심해 이해(利害)가 미치는 바가 중대한 고로, 도 내의 명망·식량(識量)·재행(才幸) 있는 인물을 면치 않도록 함에 다름 아니고, 또 부·군·도 학교평의회원 및 부·면 협의회원의 선임에 대하여 부·지정면 협의회원의 선임에 대하여 부·지정면과 군·도(島)에 의하여 따로 다른 방법을 채택하였음은 시가지 여부에 의하며, 민도에 차이 있음에 비추어 현상에 적절하다고 생각한 제도를 선포한 것인데, 시가지에서는 타지방에 비하여 장래의 지방자치제 실시에 관하여 일보를 나아간 것이다.

금회 지방제도 개정은 장래의 지방제도 실시에 대한 소지를 만들고자 하는 것인데, 원래부터 완전한 자치제를 시행함은 아니나, 도(道)·군(郡)·도(島)·면(面) 공공사무의 범위에서 넓고 협소함의 차이가 있으나 균등하게 지방 민중의 대표자 의견을 거두어 이를 시행코자 하는 취지이므로, 개정 지방제도의 운용에 참여하는 자는 곧 자치제 운용에 대함과 같이 지방공공을 받드는 책무를 자각하고, 공정무사의 태도로 이에 임하여 한뜻으로 지방의 진보·발달에 분진(奮進)할 것은 말할 필요도 없는 바이라. 혹은 이에 의거하여 사리를 다투고, 혹은 당쟁의 시초를 인도함과 같은 일이 있든지, 민심을 두독(蠹毒)[17]하고, 공공의 이익을 해하여 지방에 발달을 저해하고, 그 폐가 미치는 바를 측량하지 못할지니, 각 위는 개정 제도의 운용에 관하여 이 점을 깊이 생각하고, 엄정공평으로써 지방행정의 진전을 기할지니라.

도 지방비에 관한 사항

1. 도평의회

(가) 도평의회 정원

부·군·도에 배당할 도평의회원 정원은 주로 각 도의 인구에 기반하여 정하였으되, 각 부·군·도에 대하여 적어도 1인씩은 이를 분배하는 필요가 있음을 인정하고, 부·군·도 수에 상당하는 인원을 최소한으로 함으로써 이 취지에 의하여 분배를 행하겠고, 또 경기, 충북, 충남, 전북, 경북, 경남, 황해 등과 같이 분배 정원이 부·군·도 수보다 많은 도에서는 주로 인구수, 경제력 등을 감고(勘考)하여 이를 증배(增配)할지니, 즉 별표에 의함을 적당타 하노라.

정원의 분배는 이를 고시할지니라.

(나) 후보자 선거

  1) 후보자 인원수

    선거케 할 후보자는 임명을 요하는 인원의 2배로 하고, 하나의 부·군·도에 2인 이하의 도평의회원을 임명할 부군에서 일선인(日鮮人) 공히 임명함을 적당타 하는 경우에는 일선인 각 반수의 후보자를 선출케 하기로 하고, 고시 가운데 이를 명시함.

  2) 투표의 효력

    도지방비령시행규칙 제4조의 도평의회원 후보자 선거에 관해서는 다음의 투표를 무효로 함.

     ① 용지의 식(式)을 정한 경우 성규(成規)의 용지를 쓰지 않은 것.

     ② 현재 도평의회원 직에 있는 자의 성명을 기재한 것.

---

17 두독(蠹毒): 남에게 해독을 끼침.

③ 기재한 사람의 수가 선거할 후보자의 인원수를 초과한 것. 선거할 후보자의 인원수를 일선인 따로 정한 경우 각 인원 선거할 후보자의 인원수보다 초과한 것 역시 동일함.

④ 피선거인이 누구인지 확인하기 어려운 것.

⑤ 피선거 자격이 없는 자의 성명을 기재한 것.

⑥ 피선거인의 성명 외 다른 것을 기재한 것. 단 작위, 직업, 신분, 주소 또는 경칭 등을 기재한 것은 이 제한에 있지 아니함.

(3) 선거의 수속

후보자 선거에 관한 부·군·도·면의 사무, 예컨대 투표용지 양식, 투표 송치방법, 선거 기록, 후보자의 경력 조사 등에 대해서는 취급 수속을 지시할 필요가 있다. 그러나 그 수속은 가급적 간단하게 하고, 사무의 번잡을 피할지니라.

〈자료 38〉 지방제도에 관한 지시사항 (1920.9.15, 2면 4단)

(다) 임명

1) 도지방비령시행규칙 제2조에 의하는 도평의회원의 임명은 선거된 후보자에서 특별한 사정 있는 경우를 제외하고 득표수가 많은 자에서 이를 채택함.

2) 도지방비령시행규칙 제4조에 의하는 도평의회원의 임명에서 도평의회는 도의 공공사무에 관하는 자문기관이오, 그 조직의 내용 여하는 도민의 이해에 관하는 바 깊고 또 큰 것이라. 특히 세운의 추이에 따라서 도지방비로 시설할 것이 더욱 복잡하고, 이 자문사항의 결정에 대해서는 각반의 지식 전문의 기술을 요하는 것이 많으므로 단순히 지방의 대표만으로 조직하기에는 조선의 현상에 있어서 자문기관의 기능을 다하기 어려운 감이 있으므로 도지방비령시행규칙 제3조에 의하여 각 부·군·도에서 선거한 후보자 이외에 도지사가 적당하다고 생각하는 도평의회원으로 임명할 수 있는 예(例)를 계(啓)한지라. 고로 본 조항에 의한 임명에 관하는 제(制)는 도 내 각지에 배당함을 요치 않고, 또 내선인을 물론 도 내의 명망가, 학식과

경험이 있는 자, 전문 기술가 등을 거(擧)하고, 각 부·군·도에서 선거한 후보자에서 임명하는 평의회원과 상사(相俟)하여 도 내의 실정을 도평의회에 반영케 함을 기하여서 도행정의 완전한 발달을 도모함.

   3) 임명의 기일이 일정하지 않으면 임기 기산일이 구구하게 됨에 따라 도지방비령시행규칙 제2조에 의하는 것과 동 제3조에 의하는 것을 불문하고 모두 동일부(同日付)로써 이를 임명함.

(라) 도평의회의 회의

도평의회의 회의 질서를 유지하고, 의사의 정리·진행을 기하기 위하여 의장이 회의규정을 정할 필요가 있다면 회의규정은 아무쪼록 간단히 하고, 규정의 자구에 얽매여 함부로 분란을 천연(遷延)케 하는 일이 없기를 기함.

도평의회는 그 인원수가 많으므로 당초에 심심(甚深)한 주의를 하지 않으면 헛된 탁상공론이 되고 또는 당쟁을 야기할 우려가 있으니, 이와 같이 하면 도의 공공시설에 영향을 주고, 그 진보발달을 저지하는 결과를 낳음에 각 위는 이 점을 깊이 유의하여 도평의회원으로 하여금 공정진지한 태도로 도행정에 참여케 하기를 기함.

(마) 도평의회에 자문할 사항

도평의회는 도지방비에 관한 사항을 자문할 수 있는 기관이나 도지사는 도지방비령 제11조에 열거한 사건 이외의 사항이라도 필요하다고 생각할 경우 이를 자문할 수 있는 것으로 함.

2. 도지방의 사업

도지방비로 시설할 사업은 세운의 진보와 함께 더욱 많아질지라도 현하의 민력에 비추어 급격한 재원 증가는 도저히 기하기 어려운 바이라 생각함에 의하여, 사업의 기획·경영에 대해서는 가장 신중한 고려를 요하고, 시설의 처음에는 오히려 확실한 사업을 선택하고, 완전한 효과를 거두고자 하는 것을 일으켜서, 기왕의 상황을 보면 왕왕 사업 계획이 확실하지 않고, 혹은 태만히 시설의 개폐를 행하는 등의 폐해가 있으니, 이와 같은 것은 소기의 실적을 거둘 수 없을 뿐 아니라 인민으로 하여금 그 시설에 대하여 의심을 낳게 함에 이르겠고, 특히 금후 도평의회에 자문함에는 이로 인하여 의론을 야기하고, 사업의 진척을 저해함에 이를 것이므로 장래 이 점을 깊이 유의하여 지방의 확실한 발달을 기할 것.

3. 지방세 기타 부과 징수

현행 각 도의 지방비부과금부과규칙은 시행규칙 부칙에 의하여 당분간 효력이 있으므로 개정을 요하는 사항이 없음에 한하여 당자(當者) 개정의 수속을 요함.

지방비부과금징수규칙, 미곡및대두검사수수료징수규칙은 9월 30일 한하여 폐지하겠은즉, 대체로 종전 규정에 준하여 도령(道令)을 정하고, 10월 1일부터 시행하도록 참작할 것.

4. 지방세 징수비

종전 지방비 부과금 징수는 국가에 위탁하는 형식이 되어 이 징수비, 즉 부·면 교부금, 용지 장부비, 은행 수당 및 송금비 등은 일단 국비에서 이를 지변하고, 지방비는 그 비용으로 국가에 일정액을 납부하는 예(例)였으되, 금후는 지방비에서 곧장 징수를 행하기로 하여 납부금 제도를 폐지함과 함께 징수비는 모두 지방비에서 직접 지출하기로 되어 이들 비용의 지변 또는 납부는 제도 실시 전날까지 당일 이후에 구분하여 정리할 것.

5. 영대차지(永代借地)에 대한 과세

종래 영대차지에 대한 지방비 부과금 부과에 관해서는 규정이 없어 과세에 의문이 있었으되, 금회 시행규칙 중 분명히 이에 관한 규정을 설한지라. 장래 차지료에서 시가지세 또는 지세 부가세 및 가옥세액에 상당하는 금액의 배당을 받을 수 없는 경우에는 그 차액의 부과를 요함.

〈자료 39〉 지방제도에 관한 지시사항 – (속)도지사회의에서 (1920.9.16, 2면 5단)

7. 도 금고(金庫)

종래 도 금고는 본 부(府)가 이를 지정하였으되 금후는 도지사가 지정함을 요함에 의하여 다음 각항에 의하여 처리할 것.

(가) 제도 실시 당일에 이를 결정하고, 또 그 은행명을 즉시 고시할 것.

(나) 위 은행 선정에 관한 인가 신청에 대해서는 미리 10월 1일부의 서면으로 본 부에 제출하도록 본 부에서는 같은 날로 지령할 것.

(다) 도지사와 은행 사이에 계약을 체결하고, 그 계약서는 다음 조항을 구비할 것.

    1) 목적(시행규칙 제45조)

    2) 계약 기간

    3) 현금의 운용에 관한 것(시행규칙 제46조)

    4) 담보를 구하는 사항

    5) 도 금고 사무 취급에 관하여는 도지사가 정하는 바에 의하는 것

    6) 은행에 수당 또는 보수를 교부하는 사항

    7) 위 외에 필요하다고 생각하는 사항

8. 회계에 관한 규정

회계규칙 및 도 금고 규정 등은 자연 소멸함으로써 각 도에서는 시행규칙 제48조에 의하여 이에 대신할 규정을 제정함을 요하고, 또 본 규정은 제도 실시의 그날부터 필요함으로 속히 조사에 착수하고, 늦어도 제도 실시 당일까지 발령함을 요함.

회계 사무에 관한 요점은 이미 시행규칙으로 규정하였음에 의하여 도는 이 세칙을 정하면 족하고, 또 시행규칙이 규정하는 바는 과오납금 불려(拂戾) 및 조체금(繰替金) 여입(戾入)에 관한 규정과 같음을 제외한 것 외에 대체로 종래의 예와 다름 없음에 의하여, 세칙 제정에 대하여는 종래의 예를 기초로 하고, 한편 국비의 예를 참작하고, 또 종래의 실험에 비추어 불비불편(不備不便)한 것을 보수하는 등 적의(適宜)히 이를 정할 것.

9. 예산

(가) 예산의 추가경정

종래 통상예산의 편성에 두찬(杜撰)[18]함으로 인하여 연도의 중도에서 누누이 예산의 추가

---

18 두찬(杜撰): 어떤 사건이나 현상에 대하여 근거도 없이 자기 마음대로 조작하여 말하거나 저술하는 행위.

경정을 행하는 폐해가 있는지라. 금후 예산은 원칙으로 도평의회에 자문함을 요하고, 단 지방세 사용료 및 수수료에 증감·변경 없는 추가경정에 대해서는 자문함을 요치 않는 지(旨)의 예외 규정을 설하였으나, 이미 도평의회에 자문하여 정한 예산을 특별한 사유 없이 경정하고, 또는 통상예산에 계상치 못하였던 것을 추가예산으로 계상하는 것과 같은 것은 온당치 않음에 의하여, 장래 통상예산 편성 때 일층 주도면밀한 조사를 마치고, 유루(遺漏) 없음을 기함과 함께 예산의 추가경정은 부득이한 경우 외에 아무쪼록 이를 피할 것.

도지방비령 제7조 제2항의 분부금(分賦金)은 형식에서 지방세가 아니라도 실질에서 지방세와 같게 볼 것이 됨에 의하여, 이에 관한 예산의 추가경정은 동 제11조 제1호 단서에 해당치 않은 것으로 처리할 것.

(나) 제도 실시에 따른 경비 예산 제도 실시에 드는 경비로 도평의회원 및 지방세 징수비 예산의 추가를 요함. 전자에 대해서는 국고보조금을 교부하겠고, 후자에 대해서는 종래의 국고 납부금 예산에 불용액이 생긴 것들에 의하여 대체로 이를 재원으로 하여 예산의 추가를 행할 것. 그 과목은 개정 예산식의 예에 의할 것.

〈자료 40〉 지방제도에 관한 지시사항 - (속)도지사회의에서 (1920.9.18, 2면 4단)

부에 관한 사항

1. 부협의회원 정원을 표준하는 인구의 인정
부제시행규칙 제2조 제2항에 의한 인구의 인정은 1919년 12월 말일 현재에 의해 이를 삼고, 1920년 10월 1일부로 이를 고시함.

2. 부협의회원 선거
(가) 선거인명부 조제

부협의회원 선거는 11월 20일에 행하기로 하고, 10월 1일 현재에 의하여 선거인명부를 조제케 할 것.

선거인 명부는 별도의 훈령·제호 양식 및 부·면 협의회원 선거인명부 조제 및 취급 순서에 의하여 조제할 선거에 관한 준비는 선거에 관한 기일 일람에 의하여 이를 행하게 하고, 선거에 대해서는 선거 사무 심득에 의거하여 유루(遺漏) 없기를 기할 것.

(나) 선거 사무비

선거에 요하는 경비는 아무쪼록 세입의 자연 증수 또는 세출의 절약 등에 의하여 이를 염출하고 속히 예산의 추가를 할 것.

선거비 예산은 세출경상부 잡지출의 앞에 다음 예에 의해 계상할 것[지출 예표(例表)는 생략함]

3. 현재의 부협의회원 임기

1920년 제령 제12호 시행 당시 부협의회원의 직에 있는 자는 동령 시행 후 그 임기의 만료 여부를 불문하고 모두 선거 전날까지 재임하여도 선거 당일에는 그 자격이 소멸하므로 현재 협의회원의 직에 있는 자라고 말할 수 없음에 의하여, 금회의 선거에 관해서는 부제시행규칙 제2조의 제1항 제2호의 규정에 해당치 않는 것으로 심득(心得)할 것.

4. 퇴임 부협의회원 표창

부협의회원 선거 전날 자격 소멸할 자에 대해서는 부비로 상당히 공로 표창의 방법을 강구해도 지장 없고, 또 그 표창은 반드시 각 인이 동일할 필요 없고, 공로의 다소 또는 재임 연수의 다소에 의하여 차등을 두는 것은 원래 무방함.

면에 관한 사항

1. 면협의회

(1) 협의회원 정원을 정할 표준 인구의 인정

1919년 말 현재의 조사 인구에 의하여 10월 1일부로 도지사가 이를 고시할 것.

(2) 지정면의 협의회원 선거

(가) 지정면협의회원의 선거권 요건 중 면부과금액의 저하

금차 지정면에 있는 협의회원의 선거권에 대해서는 1919년 및 1920년의 부과액

을 요건으로 할지나 종래 면부과금액이 적었던 결과 법정액을 납부하는 자의 수가 현저히 소수였음에 의하여 면제 개정 실행 후 1년 내 행하는 선거에 한하여 이를 저하할 수 있는 길을 열되, 선거 요건의 예외를 인정함은 부득이한 경우에 한하는 필요가 있으므로, 대체로 선거권자의 수가 협의회원의 10배에 달하지 않는 면에 한하여 이를 인정하기로 하고, 이를 저하하는 경우에는 무릇 3원쯤에 그쳐서 인가하는 방침이라. 선거 자격의 저하를 필요로 하는 면에 대해서는 10월 1일부로 미리 인가 방법을 품청(稟請)하고, 10월 1일 도령(道令)으로 이를 발표할 것.

(나) 면협의회원 선거

면협의회원 선거는 11월 20일에 행하기로 하고, 10월 1일 현재에 의하여 선거인명부를 조제하게 할 것.

선거인명부는 별도의 훈령 양식, 부·면 선거인명부 조제 및 취급 순서에 관하는 준비는 선거 기일 일람에 의하여 이를 행하게 하고, 선거에 대해서는 부·면 선거 사무 심득에 의하여 유루(遺漏) 없도록 기할 것.

(3) 지정면 이외에 관계하는 면협의회원 임명

(가) 임명 자격 요건 중 면부과금액의 저하

지정면 이외의 면에서는 발달이 유치하고 면부과금액이 적으므로 법이 정하는 자격을 가진 적임자를 얻기 어려운 형편이므로, 당분간 이를 저하하는 길을 연지라. 지방의 실정에 응하여 임명 자격 요건 중 부과금액을 저하할 필요가 있는 경우에는 적당한 정도를 정하고 인가를 받을 것.

앞 항의 인가는 각 면을 일괄하여 10월 20일까지 인가를 신청하고, 11월 1일까지 도령으로 발표할 것.

〈자료 41〉 지방제도에 관한 지시사항 – (속)도지사회의에서 (1920.9.19, 2면 5단)

(나) 협의회원 임명

지정면 이외의 면에서 면민 다수는 아직 복잡한 선거 방법 등을 행함에 부적합하므로 군수·도사가 임명하기로 하였으되, 협의회 설치는 민의의 창달을 목적으로 하는 고로 면민이 신뢰하는 유능한 인사를 뽑고자 하는 취지와 다를 바가 없으므로 각 지방의 실정에 응하여 부락 등에 추천할 후보자의 인원수를 배당하고, 적당한 방법에 의해 선정한 후보자 중에서 임명하게 할지라. 벽지나 기타 특별한 사유가 있는 지방에서 후보자를 추천케 할 필요가 없다고 생각할 경우에는 면 내 유식자의 의견을 들어 이를 임명할 것.

앞 항에 의하여 후보자의 인원수를 분배할 경우에 군수·도사로 하여금 미리 도지사의 승인을 받게 할 것.

지정면 이외에서 자문기관은 이번에 처음 시행되는 것이므로 이 임명에 대하여 신중히 고려를 다하고 온건히 하여 공공의 정신이 풍부하고 명망과 식견있는 자를 선임케 하여 만일 피임을 그릇되게 알고 협의회가 헛된 공론의 장이 되는 일이 없도록 기할 것.

(다) 임명일 및 공고

지정면 이외의 협의회원 임명은 지정면에 대한 선거 기일과 동일하게 하고, 그 임명 연월, 주소, 성명 등은 면장으로 하여금 공고케 할 것.

(4) 협의회의 회의

(가) 협의회에 자문함은 협의회원 개개의 의견을 반영함이 아니오, 협의회로 하여금 의견을 결정케 하여 면장에게 답신케 하는 취지이라.

(나) 협의회의 일은 의결기관과 같은 엄정한 의론에 의하게 하는 취지가 아니고, 면의 공공사무에 관해 신중하게 연구하게 하여 진지한 의견을 결정케 하고자 함에 다름 아니므로, 그 의사는 형식을 좇지 말고 간담적(懇談的)으로 극히 토로하게 하여 깊이 실정을 연구하게 함에 노력할 것.

2. 부장(副長) 신설

지정면의 사무는 매년 번다해져서 외부의 교섭 사무가 많음으로 인해 대개 내부 사무의 처리가 양호하지 않은 감이 있으므로 새로 부장을 두어 그 단점을 보완하고, 1면의 수뇌자이니 일선인 양자를 채용하는 길을 열어서 원활히 면 사무의 진척을 도모하게 하고자 한다. 장래 이 취지에 비추어 사무의 정리·개선에 일층의 노력을 더함과 함께 유능한 인재를 발탁하여 개정 제도의 기대에 부합케 할 것.

3. 기수(技手) 신설

이번에 새로 면에 기수를 두는 길을 연지라. 수도, 전기, 권업 등의 사무에 관해 특별히 기술원을 두고, 필요한 경우에는 해당 사무의 상태와 재력 등을 고려하여 그 요부(要否)를 헤아리게 하고, 남설(濫設)의 폐가 없도록 할 것.

4. 제도 개정에 따르는 경비

(가) 예산의 경리

선거에 쓰는 경비와 비용 변상을 위해 필요한 경비의 재원은 세입의 자연 증수 또는 세출의 절약 등에 의해 이를 염출케 하고, 아무쪼록 이로 인해 부과금의 증수를 피하며, 또 위의 비용 변상은 현 예산식 비용 변상의 과목에 선거비 과목을 새로 만들어 경리케 할 것.

(나) 협의회원의 비용 변상액

협의회원의 비용 변상은 그 출무(出務) 때만 일비를 지급하는 취지이고, 또 그 액수에 대해서는 그 지방의 사정에 따라서 적당히 정하게 할지로다. 면의 재정이 풍부하지 않으므로 아무쪼록 소액에 그치게 할 것.

5. 면협의회 성립에 이르기까지의 사무 처리

본령 시행 후 협의회에 자문할 사건으로 협의회 성립에 이르기까지의 기간에 급설(急設)을 요하는 사건은 면제 제4조의 1에 의하여 면장으로 하여금 처리케 할 것. 또 지정면의 상담역은 9월 30일부로 그 직을 잃으므로 오해가 없게 함을 요함.

6. 면조합협의회

면조합협의회의 조직은 도지사가 정하는 조합규약 중 이 규정을 설하기로 하였으며, 또 면조합협의회원의 정원에 대해서는 조합의 공동 사무와 조합을 조직하는 면 수 등을 고려하여 적당히 이를 정할지로되, 협의회원은 관계 면장 외 각 관계 면협의회원 중에서 이를 임명함이 가함.

학교비에 관한 사항

1. 학교평의회

(1) 부의 학교평의회원 정원을 정할 표준인 인구의 인정

1919년 말 현재 조사 조선인 인구에 의하여 10월 1일부로 도지사가 이를 고시할 것.

(2) 부의 학교평의회원 선거

　(가) 부의 학교평의회원 선거권 요건 중 학교비 부과금액 저하

　　　금차 부에 있는 평의회원 선거권에 대해서는 1919년 및 1920년 부과액을 요건으로 할지나, 종래 학교 부과금액이 낮은 결과 법정액을 납하는 자의 수가 현저히 소수이므로 도지사가 필요하다고 인정하는 때는 이를 저하할 수 있는 길을 열어 선거 요건의 예외를 인정하는 것이 필요가 있음. 이를 저하하는 경우에도 선거권자의 수, 평의회원의 배를 얻을 정도에서 그 제한액을 정할 것.

　　　선거 자격의 저하를 필요로 하는 부에 대해서는 10월 상순에 인가를 요청하고, 10월 중에 도령으로 이를 발포할 것.

　(나) 부의 학교평의회원 선거

　　　부의 학교평의회원 선거는 12월 20일에 행하기로 하고, 10월 31일 현재 선거인명부를 조제하게 할 것. 선거인명부는 훈령 양식 및 부·면 선거인 명부 조제·취급 순서에 준하여 조제하고, 선거에 관한 준비는 선거에 관하는 기일 일람에 의하여 이를 정하게 하고, 또 선거 집행에 대해서는 부·면 선거 사무 심득에 준하여 유루(遺漏) 없기를 기할 것.

〈자료 42〉 지방제도에 관한 지시사항 - (속)도지사회의에서 (1920.9.20, 2면 4단)

(3) 군·도(郡島)의 학교평의회원 임명
   (가) 임명 자격 요건 중 부과금액의 저하
      군·도에 있는 학교비는 과소하고, 부과금액이 적으므로 법이 정하는 자격을 가진 적임자를 얻기 어려운 것이 적지 않으므로 이를 저하하는 길을 연지라. 지방의 실정에 의하여 임명 자격 요건 중 부담금액을 저하할 필요가 있는 경우에는 적당한 정도를 정하고 인가를 받을 것.
      앞 항의 인가는 각 군·도를 일괄하여 10월 상순에 인가를 신청하고, 10월 중에 도령으로 발포할 것.
   (나) 평의회원 선거
      면협의회원으로 하여금 후보자의 인원수는 인명을 요하는 인원의 배수를 정하게 할 것.
      후보자를 선거할 조선인 면협의회원 3인 이상 되는 경우에는 속히 일정한 자격 있는 자로 하여 이를 선정케 하는 방법을 정하여 품청(稟請)할 것.
   (다) 선거의 수속
      후보자 선거에 관한 군·도 및 면의 사무, 가령 투표용지의 양식, 선거 기록, 후보자의 경력 조사 등에 관해서는 도지사 취급 수속을 정하여 지시할 것. 또 다음 투표는 이를 무효로 할 것.
      ① 용지의 양식을 정한 경우 성규의 용지를 사용치 않은 것.
      ② 이미 학교평의회원의 직에 있는 자의 성명을 기재한 것.
      ③ 기재할 인원, 선거할 후보자의 인원수를 초과한 것.
      ④ 피선거인이 누구인지 확인하기 어려운 것.
      ⑤ 피임명의 자격 없는 자의 성명을 기재한 것.
      ⑥ 피선거인의 성명 외에 다른 것을 기입한 것. 단 작위, 직업, 신분, 주소 또는 경칭의 류를 기재한 것은 이 제한에 있지 않음.

(라) 평의회원 임명

후보자 중에서 평의회원을 임명할 경우에는 특별한 사정이 있는 자 외에 득표수가 가장 많은 자로 이를 채택하나, 학교비에 관한 자문기관은 금회에 비로소 시행하는 것이므로 이 임명에 대해서는 신중히 고려하여 온건하고 공공 정신이 풍부하고 명망과 식견 있는 자를 선임할 방침을 쓰며, 만일 그 선임이 잘못되어 협의회에 헛된 공론의 장이 되게 함과 같은 일이 없도록 기할지오. 그리고 군·도의 관리도 후보자가 될 수 없느니라.

(마) 임명의 일(日) 및 고시

군·도에 관한 평의회원 임명은 부에 관한 선거 기일과 동일하게 하고, 그 임명 연월일, 주소, 성명 등을 고시할지니라.

(4) 평의회 회의

(가) 평의회에 자문함은 평의회원 개개의 의견을 듣는 것이 아니라 협의회라 하는 의견을 결정케 하여 부윤·군수·도사에 답신케 할 취지니라.

(나) 평의회의 의사는 의결기관과 같은 엄정한 의사에 의하게 할 취지가 아니라, 요는 학교비에 관하여 신중하게 연구하고 진지한 의견을 결정하고자 함에 다름 아니므로, 그 의사(意思)는 형식에 불주(不走)하고 급담적(急談的)으로 극히 각 면 의견을 토로케 하여 깊이 실정을 연구함에 노력할지니라.

(다) 평의회에 자문할 사건

평의회는 학교비에 관한 모든 사항을 자문하는 기관이므로 부윤·군수·도사는 조선학교비령 제10조에 열기한 사건 이외의 사항이라도 필요가 인정될 때 이를 자문할 수 있느니라.

2. 학교비의 사업

학교비는 보통학교 이외에 조선인 교육에 관한 사업을 처리할 수 있으나, 현재 재정으로는 보통학교 증설과 수업연한 연장에 따르는 경비 지변도 용이하지 못한 상황이므로, 당분간 보통학교 및 이에 부설한 간이실업학교의 경영을 위함이 가하고, 금차 새로 학교비를 설함은 군·도를 일체로 교육사업 경영에 임하게 하며, 주요한 지방으로부터 순차적으로 보통학교를 설치할 각 면에 모두 이를 설치케 하고자 하는 취지이니, 따라서 학교 설치 유무에 의하여 학교비 부과금 일부 또는 불균일한 부과 등은 이를 인정치 아니할 방침이니라.

3. 사용료 징수

학교비에서 징수하는 사용료는 수업료에 한하고, 또 위의 징수는 보통학교규칙에 의하여 도지사의 인가를 받는 것이므로, 학교비령으로는 이 인가를 생략하는 것으로 하나니라.

4. 학교비에 이속(移屬)한 권리 의무

학교비령 시행과 동시에 공립보통학교에 속한 권리 의무는 모두 학교비에 이속하는 것이므로 위의 인계는 명료히 하고, 또 그 명의를 학교비로 고치라 하였으나 장래 학교 경영에 대비하는 종래 군·도의 각 학교에 속한 기본 재산은 이를 구별하고 관리할지니라.

5. 예산

(가) 추가 개정

학교비 추가 개정으로 부과금 또는 사용료에 증감·변경이 없는 것은 평의회에 자문할 필요가 없다고 규정하였으나, 이미 평의회에 자문하여 정한 예산에 대하여 특별한 이유 없이 이를 개정하고, 또는 통상예산에 계상치 못하였던 것을 추가예산으로 하는 것 등은 사실 온당치 못하므로, 장래 통상예산 편성 때에는 일층 주도면밀하게 조사하여 유루 없음을 기하는 동시에, 예산의 추가 개정상 부득이한 경우 외에 가급적 이를 수(遂)할지니라.

(나) 선거비 및 회의비

평의회원 선거비(부에 한함)와 비용 변상에 대해서는 다음 과목에 의하여 경리케 할지니라.

　　세출경상부
　관(款) 선거비
　　　　항(項) 선거 제비(諸費)
　　　　　　목(目) 수용비, 잡급 잡비
　관(款) 평의회비
　　　　항(項) 비용 변상

목(目) 비용 변상

항(項) 회의 제비

목(目) 수용비, 잡비

6. 회계에 관한 세칙

본 연도에 관한 학교비의 경리는 종전의 예에 의할지나, 1920년 이후에 관한 회계 사무에 대해서 이 세칙(수지 여러 장부의 양식을 포함함)을 설할 필요가 있다라고 인정할 때는 적당히 이 규정을 삼을지니라.

예산 양식은 본 부에서 이를 정할 예정이니라.

〈자료 43〉 지방제도에 관한 지시사항 – (속)도지사회의에서 (1920.9.22, 2면 5단)

부·면 선거인명부 조제 및 취급

선거인명부는 10월 1일 현재에 의하여 이를 조제할 것이므로 미리 다음 순서에 의하여 유권자(일선인이 되는 남자에 한함)를 조사하여 두고, 10월 1일에 이르러 그 자격에 이동(異動) 없는 자는 곧장 이를 명부에 등재하는 것.

1. 1919년 부세(시가지부가세, 가옥세부가세, 호별세, 특별호별세, 영업세, 소득세), 면부과금(시가지세할, 지세할, 호별할, 영업할) 5원 이상(납부액을 저하한 경우는 그 액에 따름)을 납부한 자를 가리키는 것.

   [참조] 본 항의 납부액은 1919년 부과총액(조정액)으로 함. 상속의 경우에 피상속인의 납부액은 산입하지 아니함이 가하니, 다음 항에도 역시 동일함.

2. 위의 자 중에서 1919년 10월 1일 이후 계속 연액 5원 이상 납부 의무를 가지는 자를 가리키는 것.

   [참조] 납부액은 1년간 계속하는 것을 요함. 따라서 매 납기에 납부하는 일이 있어도 그동안 납부 의무가 일시적으로 없든지 또는 납부액이 5원 미만으로 저하하는 일이 있

을 때는 유권자가 되지 못함. 1920년 납부액은 동년을 통하여 5원 이상을 납부 자격의 구비가 족하고, 따라서 지세할과 같이 12월 이후에 납부할 것에 대하여도 그 부과할 액을 가산하는 것.

3. 위의 자 중에서 독립 생계를 영(營)하고, 1년 이래 부·면 내에 주소를 가진 자를 가리는 것.

   [참조] 호별할을 납부하는 자는 독립 생계를 영(營)하는 자에 해당함.

   1년 이래 주소를 가지는 자라는 것은 1919년 10월 10일부터 간단없이 부·면 내에 생활의 본거를 가지는 자를 말함. 따라서 시행한 기간과 같은 것은 그 연한을 중단하는 것이 없음.

4. 위의 자 중에서 연령 25년 이상의 자를 가리는 것.

   [참조] 1895년 10월 1일 이전에 출생자로 민적 또는 거주등록부에 의하여 조사하고, 그 불명한 것에 대해서는 민적법 및 숙박 및 거주규칙에 의하여 계출하게 하는 등 적당한 방법에 의하여 조사하는 것.

5. 위의 자 중에서 금치산자, 준금치산자 및 6년 이상의 징역 또는 6년 이상의 금고에 처한 자를 제외하는 것.

6. 다음에 게재하는 자는 유권자라도 선거권을 행사하거나 또는 선거에 참여시킬 수 없는 자에 대하여 명부 조제 기일 현재에서 다음의 각호에 해당하는 자 및 선거 당일까지 다음 각호의 하나에 해당함에 이른 때는 명부에 그 뜻을 부기해 두는 것.

   (1) 부세 또는 면부과금 체납처분이 된 자[차압 처분에 착수한 때부터 처분이 결료(結了)하거나 중지에 이르기까지]

   (2) 가자(家資) 분산 혹은 파산 선고를 받고, 그 확정한 때부터 복권의 결정에 아직 이르지 않은 자

   (3) 금고 이상(6년 이상 징역 또는 6년 이상 금고 형의 선고를 받고 확정한 자는 선거권이 없으며, 따라서 포함하지 않음) 형의 선고를 받은 때부터 그 집행을 끝내거나 혹은 그 집행을 받은 일 없음에 이르기까지의 자(판결 확정 전의 자, 형 집행 중인 자, 형 집행유예 중인 자, 형 시효 완료에 이르지 않은 자를 말함)

   (4) 육해군에 현역으로 복무하는 자(1910년 칙령 제381호에 의하여 재직하는 자, 현역에 해당함)

(5) 병역에 있는 자로 전시 사변 때 소집된 자(현재 소집 부대에 편입된 자)

7. 이상 각항의 순서에 의하는 조사에 대해서는 먼저 부에서 별지 양식에 부협의회원 선거자격 조서를 설하고, 면에서는 상당 보조부를 설하여 정리하고, 이에 의하여 선거인명부를 만드는 것.

8. 선거인명부는 10월 21일부터 7일간 면사무소에서 관계자의 종람에 제공하는 것.

   [참조] 명부를 종람에 제공하는 경우는 상당한 책임 있는 자의 감시하에 이를 하게 하는 것.

   명부는 자물쇠가 있는 서류함에 엄중 장치(藏置)하는 것.

9. 선거인명부의 수정을 요하는 때는 11월 16일까지 수정을 가할 것.

10. 확정 명부에 등록되어도 선거권을 갖지 않는 경우(선거권 없는 자를 잘못 등록한 경우, 부윤·면장이 그 오류를 발견해도 명부는 수정하지 못함. 적당히 부기하여 둘 것), 또는 명부에 등록 후 제6항에 해당하는 자가 생긴 때는 가령 명부에 등록하였더라도 선거권을 행사하지 않게 하는 것. 이와 반대로 명부 조제 때는 제6항에 해당하는 자로 선거 당일까지 해당치 않음에 이른 때는 선거권을 행사케 할 것.

부면 선거사무심득

1. 투표함의 작제

   투표함은 아무쪼록 1개로 하고, 그 전 투표를 투입함에 족한 용적 있는 것을 유의하고, 또 튼튼하게 만들고, 자물쇠를 설하는 것.

2. 선거회장에는 그 문호에 표찰을 게재할 것.

3. 선거회장에 있는 선거인 입구와 출구는 아무쪼록 이를 따로 설할 것.

4. 부윤(면장)이 필요하다고 인정하는 도착 번호찰을 선거인에게 교부할 것.

5. 투표 기재 장소는 선거인으로 하여금 타선거인의 투표를 엿본다든가 또는 투표의 교환, 그 부정의 수단을 쓰는 일이 불능케하기 위해 상당의 설비를 할 것.

6. 투표용지는 선거인명부와 대조하고, 아무쪼록 제1양식에 의하는 투표부에 날인을 끝낸 후 교부하는 수단을 집행할 것.

7. 선거인으로 투표 전 투표소 외에서 퇴출할 때 부윤(면장)은 투표용지를 환수할 것.
8. 선거인이 잘못하여 투표용지를 오손한 때는 그 청구에 의하여 전에 교부한 것과 서로 바꾸어 다시 교부할 것.
9. 투표 점검을 끝낸 때는 부윤(면장) 또는 선거 사무에 종사하는 자가 표마다 기재된 성명을 낭독하고, 선거 사무에 종사하는 자 2명으로 하여금 각자 따로 동일 피선거인의 득표를 제2호 양식에 의한 득점에 기입할 것.
10. 개표 때는 혼잡을 방지하기 위해 입장권을 발행하여도 무방함.
11. 투표 채점을 끝낸 때 부윤(면장)은 각 피선거인의 득표수를 낭독할 것.
12. 투표는 유효와 무효로 구분하여 이를 봉투에 넣고, 부윤(면장)은 선거 입회인과 함께 봉인할 것.
13. 당선자가 정해진 때는 곧장 제3호 양식의 당선 고지서를 당선인에게 교부할 것.

〈자료 44〉 지방제도개정에 반(伴)한 선거제에 취(就)하야 (1920.11.8, 2면 5단)

금회에 지방제도가 개정되어 부·면 협의회와 학교평의회와 도평의회가 설치되고, 따라서 종래 관선이던 부협의회원과 기타 평의회원 등이 대부분 자치제에 유사한 선거제도를 채용함에 이르렀도다. 이에 대하여 일부 인사는 완전한 자치제로 변하지 아니함을 비난하나, 이는 즉 비난하는 그 사람 일개인의 능력과 기능만 자신하고 목하 조선인 일반 상태는 조금도 고려치 못한 진(診)됨을 면하지 못하리로다. 금일 조선인 중 상식은 있으나 선거의 의의와 선거제를 채택한 본의가 어디에 있음을 알지 못하며, 혹은 교육이 전무하여 투표지에 성명을 쓰는 것도 불가능한 인물이 조선인 전체를 통하여 대부분을 점함은 숨길 수 없는 사실이라. 이러한 정도에 대하여 곧장 완전한 자치제를 실시하면 과연 능히 이를 잘 운용할는지 자못 의문에 속하는 고로, 당국자는 우리 조선인의 정도를 주찰(周察)하고, 이에 적당한 제도를 실시하고자 하여, 종래의 없던 선거제로 지방제도를 개정하여서 몇 년간 훈련하였다가 후일 지식 정도의 향상과 실력의 양성됨을 따라서 오인이 갈망하던 완전한 자치제를 실시하고자 함이니, 이것이 곧 순서이라.

전술과 같이 지방제도의 변경됨을 따라서 회의원 선거에 제1차로 착수되는 것은 부·면

협의회인데, 각 부·군에서는 이미 유권자명부를 조제하여 열람을 마치고 불원간 선거를 행하게 되었도다. 원래 협의회원을 선거하는 취지는 정부, 즉 관의 의사로만 행정하는 것보다 민간의 의사도 참작하여 아무쪼록 지방 인민 사정에 적합한 행정을 함이 적당타 함에 있는 즉, 그 선거 되는 사람은 물론 그 지방 인민의 대표로 관의 자문에 응하는 동시에, 그 지방인민의 이익을 도모할 다른 지위에 처하나니, 실로 협의회원의 책임은 중대하도다. 그렇다면 피선코자 하는 사람은 물론 자기가 장래에 능히 그 지방 인민의 안녕과 행복을 양 어깨에 짊어질 만한 능력의 유무를 신중히 고려한 후에 출마할지오, 또 선거인도 지방 발전상 가장 적당하다고 생각하는즉, 평소 신망이 후한 사람을 투표함이 가한지라. 그러나 근일 경성부협의원 조선인 측 후보자에 대한 신문 보도에 따르면 당연히 출마하여 후일 오인의 행복을 증진케 할 만한 인사는 그 자취가 끊긴 듯한 느낌이 없지 않으니, 만약 그렇다면 지방제도를 개정한 본의가 수포에 돌아갈 뿐이라. 결국은 일본인 협의회원으로 만원이 되고, 약간 피선되는 사람은 의문의 인물에만 그치는 결과를 낳아 오인의 앞길은 실로 두려워할 지위에 처하게 이르리로다. 물론 당국자가 일선인의 행복을 증진케 함에 차별이 있으리오마는, 또 한편으로 생각하면 무차별을 공언하는 당국자에게 오인의 이익될 일을 때때로 주장·제성(提醒)케 함도 그 필요가 없다고 단언키 어렵도다. 지금 전기한 오인의 행복을 증진케 할 만한 인사의 선거를 피하고자 하는 원인을 강구한즉, 작년 소요 이래 동요된 인심이 안정치 못한 금일에 협의원의 명예직을 공공연하게 요구함은 그 방면의 주목을 야기치나 아니할까 하며, 협의회원에 피선됨에는 다소간 운동을 개시하여야 하겠는데 모수자천(毛遂自薦)은 창피한 감이 없지 않고, 또 설혹 운동을 가하더라도 승리를 기하기 어려움이라.

전기한 원인이 과연 적중됨과 아니됨은 독자 제위의 판정에 일임하고, 이하에 그 원인의 오해됨을 설명하노라.

협의회원은 전술과 같이 오인의 대표적 인물로 장래 조선인의 향상·발달을 도모하는 책임을 가지는즉, 명예직을 취한다기 보다 오히려 조선인을 위함이라 하면 그 방면을 주목할 이유도 없고, 설혹 주목을 한다 해도 하등의 관계가 없도다. 또 운동의 개시를 창피하게 생각하나 이것 역시 불가하니 무슨 이유이요. 협의회원은 관리가 아니오, 하나의 명예직으로 지방 인민을 위하여 취직하는 것인즉, 누가 그 운동을 조소하며, 또 문명 제국의 각종 선거제도를 보면 무엇이든지 운동 없이 피선됨이 없음이리오. 또 운동을 가하다가 결국 실패됨을 걱정하나 지식 기능이 상당하여 평소 신망이 후하던 사람이 출마함에는 결코 실패도 없으리로다.

고로 후보자에 설 만한 인사는 이때 조금도 주저하지 말고, 큰 용력(勇力)을 가하여 공공연한 운동을 개시하여서 상당한 인수로 협의회원이 출현하도록 기하여 오인의 행복을 증진함에 노력함과 동시에 일반 인민의 소망을 떠맡는 것이 가할까 하노라.

〈자료 45〉 사설: 유권자와 후보자에게 고(告)함 (1920.11.13, 1면 1단)

지방제도에 의한 부협의원 선거는 지금 이미 목전에 박래하였는데, 오인은 가장 공정한 이상적 선거에 의한 지방제도 운용에 유감이 없는 선량(善良)의 선출이 되기를 희망하는 바이로다.

지금 실시될 지방제도는 소위 민의를 창달하여 그 지방 인민을 위해 적절한 행정이 되기 위하여 자문기관으로 설한 것이므로 자치 그 자체는 아닐지라도 이것이 실로 장래 자치에 대한 격제(隔梯) 혹은 훈련을 위하는 바의 준비에 다름 아님이오. 따라서 자치체의 구성 분자되는 국민이 어떤 정도의 자각과 훈련을 거쳐서 여론이 대체로 정당하다고 인(認)함에 이를진대, 완전한 자치제로 될 것은 다언을 요하는 바이라. 그런데 오인이 유감으로 하는 바는 이 제도가 발표되는 때에 당하여 호사가들이 쓸데없이 조선의 민도와 기타 여러 사정을 사려치 아니하고 헛되이 여러 비난 공격을 가하되, "자치제를 포(布)한다 선언함은 가장 절요(切要)하나 급기(及其) 발표함을 보면 자문기관에 불과하니, 이와 같음은 실로 무용의 제도"라고 이들 무충실한 의론이 백지와 같은 순백한 국민의 두뇌에 흑색을 도(塗)하여 그 추향을 미혹케 함에 이르렀으므로, 근래 조선인 측의 선거에 대한 상황을 본즉, 이들 선동적 의론에 자격(刺激)된 결과로 혹 자포자기적 태도에 이르거나 혹은 유권자의 다수는 자산(資産)을 가지면서도 번쇄(煩瑣)¹⁹한 사(事)■■■(원문 판독 불능: 편역자) 하는 경향이 있으므로, 사회적 봉사의 정신이 핍(乏)하고, 귀중한 선거권을 방기하는 자가 없지 않고, 혹은 불령배(不逞輩)의 악희(惡戱)를 두려워하여 주저하는 자가 있으므로, 후보자 수와 같은 것도 소수가 되리라 하며, 혹은 20명 이상에는 달하리라고 하여 여러 설이 구구하므로 아직 대세를 알

---

19 번쇄(煩瑣): 너저분하고 자질구레함.

기 어려우나 근래 착실하고 온건한 유지에 대해서는 이 천재일우의 좋은 기회를 잃는 것이 심히 어리석음이라. 더구나 제1회의 선거는 대세에 지대한 관계가 있을 것이니, 오인은 조선 민족의 행복을 위하여, 번영을 위하여 한 사람이라도 다수의 대표적 인물을 선거하여 조선인 측의 의견을 발표하여 이의 적용을 촉(促)치하리라는 의론이 점차 우세로 되는 것은 가히 기뻐할 현상이며, 기타 여러 종의 정보에 비추어 보면 이면에 있는 운동의 격렬은 사실인 듯하도다. 형세를 보는 내지인 측 후보자들은 조선 측의 선거는 자못 교묘를 극하여 입후보의 수를 적게 하여 내지인 측에 단념케 하고, 일기(一氣)로 승리를 만들고자 함에 다름 아닌 것 같으니, 오인은 다대한 흥미로써 이 선거의 결과를 관(觀)코자 하는 바이라.

이 기회에 오인은 조선인 측 유권자 제군에게 일고(一考)를 번(煩)코자 하노니, 제군은 일반 인민의 행(幸)인지 또는 불행인지 조선인 의사를 존중하게 될는지 아닌지는 제군의 선거권 행사 여부에 의하여 알 것이니, 아직 아무리 결의권은 없을지언정 한 사람이라도 다수의 의원이 의견을 진술하게 하는 이유를 생각지 아니치 못할지라. 또 자치의 정신은 그 지방의 사람들이 공공의 이익에 관한 것을 일체로 행하고자 하는 근본의 필요로부터 일어나는 것인즉, 지방제도의 운용에 관한 요점은 공공의 이익이라는 것을 주안으로 할지오, 따라서 공공의 이해에는 의견을 투(鬪)할 것이 있으나 헛되이 이익을 쟁(爭)하며, 당파쟁(黨派爭)의 도구로 됨과 같음은 이를 피치할지니, 유권자 제군이 후보자를 선거함에 있어서도 능히 이 정신이 있는 곳에 의하여 공정유위(公正有爲)의 대표적 인물을 선출하는 것에 의(意)를 주(注)함이 가하니, 유권자 제군은 귀중한 한 표를 던짐에 결코 인석(吝惜)[20]치 말지로다.

다시 오인의 후보자 제군에게 마라는 바는 공공사무를 처리하기를 일가의 사무를 집(執)함과 같이 하여 극히 사무적·정치적으로 취급함에 있어서 만일 서로 당파를 세워서 작은 무대에서 상쟁함과 같은 것은 도저히 세계 진운에 추수하기 불능할지라. 요컨대 조선이 아직 완전한 자치제를 시행할 시기에 달하지 못함은 자못 유감되는 바이나 오인은 부(府)를 자기의 자가(自家)로 생각하며, 부의 사업은 자가의 사업으로 생각하여 진실로 부에 거주하는 자는 내선인 공히 일가의 친(親)으로 공동의 사무를 처리하여 충분한 훈련을 거쳐서 하루라도 속히 완전한 자치제 운용의 역(域)에 달하기를 절망하는 바이로다.

---

20 인석(吝惜): 몹시 재물을 아낌.

〈자료 46〉 개정 지방제도에 대한 소감(所感) [춘천 임홍순(任洪淳), 1921.1.23, 4면 2단]

현 총독이 대명(大命)을 띠고 조선에 부임하여 벽두에 선언하기를, 장차 조선에 자치제를 실시하리라 하였고, 또 시대 민도에 비추어 자치제는 불가하고 불시(不施)라 하는 의사가 샘솟아 지방제도의 개정을 손꼽아 기다렸는데, 필경코 최근 면제 및 기타 몇 종의 제도가 개정됨을 보았도다. 이에 개정 제도에 대하여는 갑론을박과 혹시혹비(或是或非)의 의론이 신문에 누차 게재되어 식자의 소견을 읽은 고로 각자의 심론(心論)이 정해진 바 있으리니, 나와 같은 용부(庸夫)가 어찌 이를 바라보겠느냐만, 나는 처음에 지방제도의 개정 조항을 일독하고 비자치제 부적합 시대의 느낌이 생겨서 소망에 비하여 자못 불만하였으니, 무슨 이유인가. 조선의 자연적 자치제법이 싹을 틔운 연대는 6백여 년이니, 멀게는 저 영국·프랑스 선진국에 양보할 수 없고, 시대의 요구는 금일 이 제도에 만족한다 말하지 못하리니, 일본 시정촌제 시행의 시기에 미치지 못한 느낌이 있는 이유니라. 고대 동·리 제도를 생각하고, 금일 정도로 30여 년 전 일을 추찰하면 마땅히 자치제를 실시해도 무방할지어늘, 금일로 시작하여 장래 자치를 만들고자 함은 무슨 이유이오. 회상하건대 조선 2천만 민중의 교육이 균일하지 못하고 공공심이 결여한 연유에 다름 아니다 하나니, 유식 계급 이상에 있는 인사는 오히려 제도의 부족함을 방론(謗論)치 말고 더욱 분려할지오, 기타 무식 계급에 있는 무리는 물러가서 힘써 공부하여 균등의 지식을 배워 익히고 덕성을 함양하여서 시대의 요구에 만분의 일이라도 보답함이 사회에 일분자된 책임에 가한 사료(思料)를 하고 반생(反生)하여 이는 무슨 이유로 인하여 전후의 의견이 이렇게 모순인가 물으면, 나는 그 답에 주저치 아니하나니, 즉 개정 지방제도 실시 상황에 비추어 그렇다 하노라. 지상 보도는 막론하고 10월 1일 이래 조선 각지에서 일제히 신제도의 실시가 있어서 각자가 그 방법 수속의 여하를 친관친행(親觀親行)하였으리니, 타자의 논의를 필요치 않고 마땅히 각자의 심량(心量)이 있으리라. 이 지방제도에 대한 느낌이 과연 어떠한가. 나는 답하노니, 나 하나의 소아(小我)로 치우쳐서 생각하면 시대에 뒤떨어진 제도가 속히 완전한 자치제를 인포(引布)하라 말하겠으나 대아(大我)로 보관(普觀)하면 이렇게 단계를 밟는 것이 당연하다 하노라. 그런즉 이 제도에 대하여 개성으로 치우쳐서 논하여 함부로 동지서경(東地西境)에 비유하여 말하는 것이 사회적 관찰을 위하여 각자가 맹성분려하는 것만 못하니, 이번에 유항산자·유항심자가 되고, 또 해당 지방에서 선각자·선진자가 되어 만인을 대신하여 선출된 협(평)의회원 제씨는 우선 시대의 진보 여하를 살피고, 조선의 민도를 회고하여 성의를 다해 노력하라. 민에 대해 교육이 균일하게 되는 것도 제군의 의견에서 연유할지오, 복리의 증진도 역시 제군의 의사에 있고, 국부민강(國富民强)하여 집집마다 살림이 부족함없이 넉넉하고 개명양양(開明揚揚)함도 이 모두가 제군의 의사에 다름 아니니, 단순히 자문기관만 됨을 한탄하지 말고 그 책임의 중차대함을 각오하여 비루한 개성을 벗어나 사회적 단심(丹心)으로 충분한 의견을 비진(備陳)하여 위정자의 참고에 제공케 할지어다. 제도상으로 일견하면 제군의 의견 채택은 오로지 그 이사자의 재량에 달렸으므로 그 의견을 물리칠 듯하나 위로 감독기관이 있을 뿐 그렇지 않다. 제군이 하나되어 진술할 의견이 공명정대하고 시세에 적합할진대, 이는 반드시 위정자의 의견에 연결되리니, 민심은 곧 천심이라 민중을 대신하여 하나 된 제군의 의견을 어찌 내치리오. 생각건대 행정에 대한 정당한 의견은 유일무이하리니, 자문기관이 된 제군은 마땅히 그 충성을 다하고, 이사자 된 도·군·면은 마땅히 공평무사를 지키고, 번잡함을 버리고, 간단한 것을 취하여 서로 따라서 지방의 계발을 도모할지니라. 내 소감의 일단을 망령되게 선배 제위에게 고하노니, 꾸짖지 않고 조소를 보내지 않으면 다행이라. 도·군·면에서 제군에게 자문할 사항에 대한 주의를 잘 이해하고, 제군은 민중을 대신한 선각자·선진자이니 어찌 그 의의를 알지 못하겠는가만은, 고금과 동서를 물론하고 이론이 백출하여 하나가 아님은 모두 아는 바이어니와, 이들 의의에 대해서도 사람마다 말이 합일하지 않으리니, 우리는 그 중간을 취하여 편중되지 않는 것이 가할지라. (중략) 신제도 실시에 수반하여 새롭게 자문기관의 일원에 임한 제군은 각기 관계 법규를 충분히 연구하여 우선 그 의의를 명확히 이해한 후 의견을 진술할지어다. 여기에 항목마다 설명하여 제씨의 참고에 제공하고자 하였으나 마침 해가 끝나는 때라 할 일 없이 분망하므로 이는 후일에 양보하고 우선 제위의 각성을 촉망하노라.

〈자료 47〉 잡지(雜誌) 《조선(朝鮮)》의 개정 지방제도 기념호를 독(讀)함 [일기자(一記者), 1921.11.12, 1면 7단]

작년 가을 사이토 총독과 미즈노 정무총감이 조선 통치의 대명을 받고 새로 그 지위에 임하매, 사이토 새 총독은 조선 사회의 정세가 현저한 발전을 거두어 만반의 현상이 구태를 벗어났으므로 세운의 추이와 민도의 향상에 비추어 종래의 지방제도에 대개혁을 가할 필요를 인정하고, 장래 시기를 보아서 지방자치제도를 시행할 목적으로써 속히 이의 조사 연구를 시작할 것을 선명(宣明)한 것은 지금 역시 기억에 잔존하도다. 이 선명의 취지에 기초하여 각종의 조사 연구를 한 결과, 작년 1920년 제령 제12호부터 제15호로 지방제도의 개혁을 단행하였으니, 즉 조선 도지방비령, 부제개정, 면제개정, 조선학교비령 등이라.

이렇게 혹은 구제도를 개정하며, 혹은 신제도를 설치한 그 골자는 도·부·군·도·면의 자문기관 설치와 조직 변경에 있으며, 그 취의는 민의를 창달하여 지방의 행정을 조선의 실상에 적절하게 하는 동시에, 장래 지방자치제 실시의 소지를 만드는 데 다름 아닌 것임은 말할 필요가 없거니와 이 제도 실시 후 제1회의 시험으로 작년 11월과 12월에 전 조선 내에서 부·면 협의회원, 도평의회원, 학교평의회원의 선거를 행하였던바, 그 성적에 비추건대 선거는 각 지방이 거개 공정히 실행되며, 전 조선을 통하여 기권자가 적으며, 무효 투표가 극히 적음은 의외의 좋은 성적을 거둔 것은 물론, 유권자가 극히 개정된 본 제도의 취지를 이해하며, 그 책임의 중대함을 자각하여 진지한 태도로 선거에 임한 것을 증명하기에 족하도다. 이미 제1회의 선거 성적이 좋은 결과를 거둔 것은 금후 지방자치제 실시의 시기를 촉진케 하는 시세상 막대한 좋은 움직임을 양생한 것은 실로 반도의 지방행정상 기뻐하겠도다.

월간 잡지 《조선》은 지방제도 개정 제1주년, 즉 10월 1일을 기하여 개정 지방제도 기념호를 발간하여 조선 내 관공직에 있는 인사의 이 제1회 선거에 대한 경험과 감상, 장래의 희망 등을 격의없이 토로한 견해를 망라하여 본 호에 게재되었다. 이에 이 기념호의 목차를 일별컨대 사이토 총독이 "개정 지방제도 시행 1주년에 제(際)하여"와 미즈노 정무총감의 "지방제도와 그 운용"과 기타 총독부 각 국장의 직권에 입각하여 진술한 의견이며, 각 도지사의 지방제도 실시에 대한 실험담이며, 기타 명사의 지방제도에 대한 사견과 각 도 내에서 행한 바 선거의 이면에 은재(隱在), 미담, 미사(美事) 등과 권말 부록으로 개정 지방제도 조문에 이르기까지 조선의 지방자치제 실시를 갈앙(渴仰)하는 지방인들의 자치·자영(自營)의 요구케 하려 하는, 식자 계급은 반드시 일독할 가치가 있을 줄 믿노라.

모든 시설 경영이 과도기에 있는 조선 산하에 서식하는 우리 동포는 모든 것에 대한 고통과 경험을 맛보고, 장래의 국성(國成)을 기하고자 하는 희망에 연소되는 것은 자기의 양심을 기만치 아니하는 자면 모두 수긍할 것이라. 경험을 귀애하며 고통을 인내함은 장래의 희망을 생각하는 까닭이라. 발달의 단계에서 현행 지방제도로 하여금 일층 완성한 지역을 향도하여 적어도 일본의 그것과 동일 정도에 나아가게 함은 오인 동포의 분려 노력 여하에 있으며, 또 오인이 분투 노력코자 하면 자기의 과거 경험과 타인의 연구한 의견이 상호 같고 다름을 관찰해서 장래의 참고가 될 것은 이 기념호를 버리고는 달리 그 종류가 없을 줄 생각하노라.

〈자료 48〉 지방제도 및 경찰제도의 문화적 개혁(1) [경무국장 아카이케 아쓰시(赤池濃), 1922.2.25, 1면 1단]

1920년 7월 29일 지방제도 개정에 관한 여러 법령이 발포되어, 지방자치제도 실시의 계제로 도·부·군·면에 민선 혹은 관선의 자문기관을 설치하여 민의창달의 길을 열게 됨은 실로 조선에 있는 지방행정상 하나의 신기원을 그은 것으로써, 지금 그 실시의 1주년을 거쳐서 그 운용이 점차 원활하고, 그 효과가 더욱 볼만한 것이 있음에 이름은 기뻐할 바라.

국가 통치의 요체는 민력의 발전에 수반하며, 시세의 진운에 응하여 의(宜)를 제(制)치 아니함은 말할 필요가 없을 것이다. 조선은 병합 이래 약 10년 일시동인의 대의를 좇아서 각반의 제도를 정하여 선(善)히 반도의 안녕을 보지하며, 민중의 복리를 증진하여 그 진보·발달이 실로 볼만한 것이 있었다. 지금에 당하여 구주전쟁이 새로이 종식되어 세태의 변천이 특히 심한 것이 있도다. 현재 조선 통치는 그 첫 단계를 거쳐서 백척간두에 제반의 혁신을 요할 시기를 맞이하여, 불행히 1919년 3월 각지에 걸쳐서 소요를 보았음은 심히 유감으로 하는 바이나, 결국 동년 8월 19일 총독부 관제가 개정되는 동시에 경찰제도의 개혁이 되고, 특히 사이토 총독이 새롭게 그 임(任)에 취하여 성지(聖旨)를 받들어 문화적 정치의 확립을 선명하였다. 지방제도의 개정은 실로 이 관제개혁의 성지에 의하여 이 문화적 신정을 실현하는 것에 다름 아닌 것이며, 기타 이 취지에 기초하여 개혁된 제도 시설이 한갓 부족하다 할지라도 경찰 및 지방제도 개혁은 가장 긴요한 것에 속하고, 그 개혁의 의의에 있어서 양자 공통한 것이 매우 적지 않다. 이 지방제도 개정 실시 후 1주년에 당하여 신경찰제도의 실시도 1주년이 되어서 한마디 소회를 술할 수 있음은 독자 제군과 함께 기뻐하는 바이로다.

제도는 사물(死物)이오, 그 활용은 사람에 있다는 말은 감히 제도의 적부는 이를 돌아보지 않는 것을 의미함이 아니라 제도의 적절함을 요함은 물론이오, 다만 제도가 아무리 적절하더라도 이를 운용하는 사람을 얻지 못할 때는 그 효용을 발휘할 수 없음을 의미함에 다름 아니다. 고로 각반의 제도를 논함에 당하여는 제도 그것의 적부와 이를 운용하는 사람에 대하여 고찰하지 않으면 불가하다. 지방제도 및 경찰제도 개정에 대하여도 개정된 그것은 과연 적당한 것이 될까, 이를 활용하는 사람은 어떠한 소질을 요하는가, 함에 대하여 연구치 않으면 불가하도다.

우선 제도 그것에 대하여 보건대 지방제도 개정은 각 지방행정조직에 민선 혹은 관선의 자문기관을 설하여 민의창달의 길을 열었다. 이에 있어서 지방행정은 옛날과 같이 협소한 범위의 관리 또는 공리에 의하여만 행함이 아니오, 널리 민중의 의견을 참작하여 행하게 되었다. 즉 지방행정과 일반 민중과는 깊이 접촉하기에 이른 것이다. 이것이 신총독 취임의 초에 장래 지방자치제도를 시행할 목적으로서 지방제도를 조사·연구하겠다고 선명한 취지이다. 환언하면 장래 민중에게 널리 참정의 길을 부여하여 그 선거한 명예직으로 국정에 참여케 함에 이르는 전정(前程)으로 약언하면 지방분권제도의 전정이라. 국가 행정의 진전, 국력의 발양은 단순한 관치행정만으로써는 이를 기할 수 없다. 반드시 민중과 함께 정무에 참여할 길을 열어서 협력 일치로 일에 종사할 정신에 의하지 않으면 불가함으로써니라. 고로 지방제도의 개정은 첫째로 지방행정과 민중과의 접촉을 가져오고, 둘째로 지방분권에 유래함에 이른 것이라 하노니, 나로 논하면 경찰제도의 개정 역시 어떤 의미에 있어서 이와 마찬가지로 두 가지 결과를 가져왔음을 믿노니, 이하 약간 이에 대하여 술하려 하노라.

〈자료 49〉 지방제도 및 경찰제도의 문화적 개혁(4) (1922.2.28, 1면 4단)

이상과 같이 지방 및 경찰의 양 제도는 시세의 진운에 응하여 적실선량한 문화적 제도가 확립됨에 이르렀으나 이의 활용은 실로 사람에게 있는 것이다. 국가기관의 운용은 그 기관을 조직하는 관공리의 책임에 있음은 물론이나, 근래 문화적 정치의 제도는 정치조직에 대한 일반 민중의 철저한 이해를 기초로 한다. 국민이 이에 이해가 없을 때는 항상 암중모색의 느낌을 벗어날 수 없어서 아무리 제도는 적량하다 할지라도 그 활용을 완전히 할 수 없으니, 이것이 문화적 정치와 왕시의 정치가 다른 점이다. 따라서 이에 지방·경찰 양 제도의 운용을 논함에 당하여도 양 기관을 조직한 관공리와 일반 민중과의 자각에 대하여 말하지 아니하면 불가하다. 나는 이 점에 대하여 관공리나 일반 민중을 불문하고 책임의 관념을 자각하기를 요구하려는 것이다. 공동일치의 정신과 같은 것도 물론 필요하다 할지나, 문화적 지방 및 경찰 양 제도의 운용에 당하여 국가기관의 지위 및 일반 민중의 지위의 양자를 통하여 필요하고 불가결할 것은 특히 책임의 관념을 들지 않으면 불가하다 생각하노라.

　이를 지방제도에 대하여 보면, 책임의 관념은 직접으로는 공리 의원인 관계에 있어서 나타난다. 예컨대 면장에 임명되거나 부협의원에 선거된 때는 자진하여 공직에 당함을 환영하고, 이에 대해 열성으로 책임의 관념을 느낌을 요하며, 지방으로는 이 책임의 관념은 간접으로는 위정자와 민중과의 관계상 나타나지 않으면 불가하다. 예를 들면 면장과 같은 것은 면 내 일류의 인물로서 명성과 덕망이 있는 적재를 얻지 못하면 면 행정의 발양은 기하기 어렵다. 그러나 면장이 면 행정상에 관하여 책임을 느끼지 않고, 면장을 마치 공복과 같이 사역(使役)하며, 이에 대하여 하등 존경과 감사의 념을 느끼지 아니하면 면 내 일류의 인사는 면장됨을 불쾌하다 함에 이르리라. 특히 부협의원, 도·군·면 의원, 평의원됨에 당하여는 민의 바람에 대하여 책임을 느끼고 열심히 공공사무에 유의하여 위정자의 자문에 대하여 공평무사의 태도와 성의로써 그 정무를 수행하는 지위로 이를 바람이 아니면 원만한 지방행정의 발전을 기하기 불능하다. 함부로 당여(黨與)를 만들어 공격하거나 반대를 일삼으며, 또는 개인적 이해에 의하여 주장하는 등의 일이 없이 친절과 성의·성심으로 공무를 연구·토의할 정신으로 나가지 않으면 불가하다. 구주 제국에서는 유력자가 그 향리의 정촌장 또는 정촌회의장의 공직에 자진하여 이에 당하고, 이를 자기의 천직으로 한 실례가 적지 않다. 영국의 대정치가는 그 향리의 시장이 되고 '잠바렌'은 그 향리의 시회의원으로, 그다음에 시장이 되어 그 시정을 조리하였다. 기왕 독일의 시회의원은 우수한 기능을 가진 자 또는 시내에서 덕망있는 유수의 실업가, 법률가, 학자 등을 망라한 것이 있다. 그리하여 의원 등은 자기의 업무가 깊이 번격(繁激)하여 그 시간의 귀중함에도 태만히 회의에 결석한 것이 없이 자기의 이익을 희생하여 시를 위하여 책임을 다하였음은 지방행정상 유명한 미담이라. 이렇게 하여 국민은 공리 의원인 관계 및 공리 의원과의 관계에 있어서 시종일관 지방행정에 대해 치열한 책임 관념을 가짐에 이르러 지방제도의 운용이 비로소 원활함을 볼 것이다. (하략-편역자)

〈자료 50〉 지방자치의 이상(理想), 현재 시행 제도의 요지(要旨) [총독비서관 모리야 에이후(守屋榮夫), 1922.3.17, 1면 1단]

재작년 8월 지방제도의 개정이 있어서 종래의 지방제도가 상당히 개선되었으나 역시 일본의 지방자치제도와 비교해 보면 지연된 제도가 시행된 것이다. 현재 조선에서 인정하고 있는 지방제도는 어떠한 정도의 것인가 하면, 이는 내가 설명치 아니하여도 알 바이나, 순서로 하여 논하면 일층 민의를 창달할 필요를 생각하여 종래 존재하던 자문기관을 확대한 것이 그 하나이니, 종래 부에는 자문기관으로 협의회가 있고, 그 의원은 임명에 의하였으며, 지정면에도 역시 자문기관으로 상담역을 두었으나 그는 소수의 인원이요, 또 임명에 의하였었다. 금회는 부나 면에도 협의회란 것을 설치하였나니, 그중 민도가 높은 부와 지정면에는 선거제도에 의거하고, 기타 면은 임명제도에 의하여 의원을 정하게 되었다.

또 도에는 3명의 도참사를 두었었으나 금번은 도평의회를 두어서 그 의원은 부·면의 협의원 선거에 의하여 지사가 이를 정하게 하고, 그 이외에 총원의 3분의 1의 인원에 대해서는 지사의 임명에 의하여 결정한다는 제도가 발포되었다. 또 이외에 부·군·도에는 학교가 있어서 이의 자문기관으로 학교평의회를 두어서 그 의원은 부에 있어서는 선거, 군·도에 있어서는 면평의원의 선거한 후보자 중에서 부윤·군수·도사가 이를 임명하는 방법을 채용한 것이니, 이렇게 좌우간 종래 임명주의에 의하고, 또 소수의 인원에 그치던 자문기관을 확장한 것이오, 둘째로는 전에도 말한 바와 같이 지정면 및 부에는 종래 그 예가 없던 선거제를 채용한 것이니, 이는 매우 의미있는 개정이라. 앞에 쓴 것처럼 지방자치단체의 사무를 집행하고 또는 의결하는 기관은 우리의 의사를 대표하는 자, 즉 일반 민중으로부터 선거된 자가 이에 당하는 것이 자치체의 본지이므로 자문기관이지만 민도의 진보된 부나 지정면에는 이의 취지에 기초하여 선거제를 채용한 것이니, 이렇게 선거에 의하여 혹은 임명에 의하여 생긴 협의회 및 평의회가 일본의 지방자치체와 같이 사무라든지 사업을 의결하는 기관이 아니오, 자문기관에 그치는 것은 사정이 부득이한 이유이며, 셋째는 도의 지방비에 대하여 종래 한정되었던 부과금 외에 새로 적절한 세원을 구득하는 길을 열고 사용료의 징수, 기채능력 계속비 설비 및 사회사업 운용의 경영을 인정하며, 지방비의 이원 신분에 관한 규정을 설하여 그 대우 개선을 꾀하였고, 또 학교비령에 의하여 재원의 운용상 대략 마찬가지의 개정을 가한 것을 들지니, 요컨대 현대의 지방제도라 말하는 것은 아직 지방자치제를 선포함에는 이르나 지방의 정세를 상세히 알며, 지방 민중의 이익과 행복을 증진함에는 일층 그 의견을 존중하고, 또 이를 창달할 것을 필요로 하는 견지로부터 구성된 것이니, 이 제도의 운용에 의하여 장차 지방자치제를 선포할 기운을 촉진하려는 것에 다름 아니도다.

1개년의 회고

지방제도의 개정이 시행되어 약 1개년을 경과하였으니, 한편으로는 선거가 너무 이르다는 주장도 있고, 조선인이 선거의 경쟁 등에 의하여 반대로 폐해를 입는다는 기우도 있었지만, 그 결과에 비추어 보면 그 성적이 양호하였고, 또 회의의 상황을 보더라도 모두 선(善)히 열심히 연구·조사하며, 또 내선인 간의 융화도 이에 의하여 일층 증진되었다는 등 실로 기뻐할 것이라 하노라. 그러나 다시 회고하면 지방제도의 개정에 의하여 과연 어떠한 정도까지 지방 민중의 행복이 증진되었는지 종래에 부, 면 등의 사무 취급 상태이든지, 또는 사무 쇄신이 어떻게 실행되는가를 생각해 본즉, 이 방면은 아직 앞길이 요원하여 금후의 성적에 기대치 아니치 못할 것이라 하노라. 즉 이후의 지방제도 운용 성적 여하가 지방자치제도가 조선에 시행될지 여부를 점치는 시금석이니, 이것이 우리 조선의 행정에 관계한 자가 깊이 고려를 요할 점이라. 병합의 본지를 발양하는 방면으로 생각하더라도 지방제도는 중대시할 것이며, 민중의 행복과 이익을 증진한다는 의미로 생각해도 지방제도의 운용에 준(竣)하여야 할 것이오, 보통교육의 장려라는 방면으로 생각해도 지방에 적절한 교육의 보급은 역시 지방제도의 운용에 준치 아니치 못할 것이라. 나아가 위대한 목적을 말하면 조선을 일본과 마찬가지로 중의원 선거를 하여 의원을 선거하며, 그리하여 진실로 조선이 정치상·경제상·사회상에 있어서도 일본과 마찬가지로 대우를 받는 것에 이르게 함도 지방제도의 운용과 심심한 관계가 있는 것이라. 고로 조선 각반의 진보·발달은 실로 지방제도 운용의 여하에 있다 하여도 과언이 아닐 것이다. 어떠한 점에서 생각하면 지방행정의 임(任)에 당한 자는 특히 주도한 용의와 경건한 태도로서 이에 임치 아니하면 불가하다 생각하노라. (續)

〈자료 51〉 부협의회 '결의권' 운동과 당국 (1922.8.10, 2면 5단)

경성부협의원 다나카 한시로(田中半四郞), 예종석(芮宗錫), 시키 노부타로(志岐信太郞), 전성욱(全聖旭) 등 4명을 준비위원으로 오는 10월 전선 각 부협의회원 간친회를 경성에 개최하고, 현재 자문기관에 불과한 부협의회를 결의기관으로 하고자 운동할 터이라 하는데, 이것이 과연 그 목적을 달할는지는 자못 의문이나 일반은 다대한 흥미로 주시할 바이라. 이에 대한 당국의 방침에 대하여 도키자네(時實) 내무국장은 말하길, 이러한 운동이 일어남은 당국자가 매우 기뻐할 바이니, 재작년 지방제도를 개정할 때 자문기관을 설치한 근본정신은 장래 지방자치제를 선포하기 위함이오, 지방자치를 실시하게 되면 물론 협의회와 같은 것도 결의기관으로 하지 아니치 못할지라. 그리하여 지방자치를 시행함에 적당하도록 훈련 교도에 태만히 하지 않는 바이니, 민도가 향상되며 부력이 증가되고, 자치의 정신을 이해하여 자치제를 행함에 적당하게 됨이 하루라도 빠름은 일상 열망할 바이라. 그리하여 장래는 반드시 지방자치제의 시행을 볼 것은 명백하나 그러나 현재에는 이러한 계획이 없는 고로 금년 또는 명년 간에 부협의회를 결의기관으로 하는 것은 없을 터이라. 본 문제는 지방 발전과 통치대국에 영향됨이 적지 않으므로 신중 고려하여 결정치 아니치 못할지나 부협의회를 설치한 후 수 년에 불과하여 이를 개정하지 아니할 것은 물론이오, 만약 금일 이를 결의기관으로 고칠 것이 되면 제도 설정 당시에 이렇게 하였을 것이로다. 자문과 결의의 그 실체를 생각하매 차이가 없지 아니하나, 관찰에 의하여는 다름없다 칭할 만하니, 부에 거주하는 자가 나아가서 부정 일반의 진보·향상에 노력하여 자치제가 시행된 이상의 성적을 얻는다 하면, 협의회가 자문기관이 되거나 결의기관이 되거나 거의 문제가 되지 않는 바이라. 고로 요는 사람들의 각성에 귀착하는 바이오, 이 의미에서 지방자치를 시행함에 족하도록 충분한 각성과 완전한 훈련을 받기를 바라는 바이라.

〈자료 52〉 제회의(諸會議) 공개(公開) 문제 시기상조론의 근거 여하 (1923.1.30, 2면 4단)

조선에 대한 종래의 지방제도는 최하급의 행정청 및 그 보조기관으로는 부 및 면이 있고, 또는 따로 교육 사무를 처리하기 위하여 일본인 측에 학교조합, 조선인 측에 공립보통학교비, 수리관개의 사무를 처리하기 위하여 수리조합 등이 있으며, 또 자치를 칭하는 모습을 갖춘 것은 학교조합과 수리조합의 두 개요, 기타 하등 민의를 참작할 기관을 구비치 아니하고, 단지 부에 협의회 및 지정면에 상담역이 있어서 부윤·면장에 대한 자문기관의 용도를 삼은 것이나, 협의회원 또는 상담역은 그 인원수는 적고 정부의 임명에 관계한 것이므로 민의를 창달하는 기관으로는 결코 충분한 것은 아니었으며, 이로 인해 총독부 당국에서는 신시정 후 10년을 조사한 조선 인문의 발달과 시대 및 환경에 고찰하여 장래 지방자치제를 선포할 제1계제로 1920년 7월 지방제도의 개정을 단행함과 함께 도·부·군·도에 자문기관을 설치하는 것으로 되어 도에는 도협의회, 부에는 부협의회를 두고, 협의원을 선거하여 각각 협의회를 개최하여 시정상 필요에 응하여 자문할 것으로 된 것이라. 이상 각종의 자문기관인 도·부·군·도 협의회 개최에 당하여 제도상에는 하등의 규정은 없으나 당초는 사실상 일종의 비밀회로 하여 관계 직원 이외에는 어떤 희망자라도 방청을 엄금하였으나, 그 후 장래 자치제에 도달한다 말하면 일종의 훈련적 의미도 있는 각종의 협의회인 이상, 가령 사무소 내의 사업인 자문기관이라 할지라도 희망자에 대해서는 방청을 허함이 어떠냐는 의견이 일어나, 공개는 아니나 지난봄 개최된 도지사회의에서 회장 설비 기타 형편상 지장 없는 것은 희망자에 대하여는 방청을 허한다는 협의가 되어 부협의회 기타도 대체로 이렇게 되었으며, 따라서 공개는 아니나 사실상 일부 공개가 된 상태인바, 위에 대하여 모 당국자는 말하길, 이들 각종의 자문기관을 일본에 대한 부·현·군 시정촌회와 같이 공개하라, 금일과 같이 방청을 절대 금지함과 같음은 당국의 문화정치와 심히 모순된다고 힐난하는 사람도 있는바, 일본과 조선은 사정이 상이함을 양해하기를 바라며, 일본의 부·현·군 시정촌회의는 자치체의 기관이오, 공개하여 비로소 의의를 달성할 바인바, 조선에 대한 현재의 도·부·군·도·면 자문기관은 그 성질을 달리 하였으니, 요컨대 역소(役所) 내의 사업에 대하여 공개를 강요함은 좀 과격한 청구이라. 역소 내의 사업이라 말할지라도 희망자에 대하여는 열람을 부여하는 것이나 이 열람을 허함과 공개와는 비상한 차이가 되는도다. 공개로 하면 인민은 당연한 권리로 회의를 방청할 수 있으며, 한편으로는 방청이 가능한 회장의 설비를 하지 아니하면 아니될지라. 현재로는 특별한 사람에 한하여 희망자에는 방청을 허용하는 것이며, 조선의 현재 정세는 이 정도에 있도다.

공개라 함은 한편 자치제를 의미하는바, 지금 급히 비약하여 즉시 자치제를 시행하여 각종의 회의를 공개하는 것 등은 결국은 민도에 적합하지 못한 시설로, 반대로 민중의 행복을 증진하지 못함에 이를 것이나 당국은 결코 공개를 저지함은 아니오, 민도의 발달에 수반하여 점차 이의 실현을 기하고자 하는 바이라.

〈자료 53〉 도지방비(道地方費) 개정 지방제도 운용상 극히 중대, 오쓰카(大塚) 내무국장 담(談) (1923.11.10, 2면 4단)

금회 지방비령의 일부를 개정하게 되어, 본일 이에 관한 제령 및 부령이 발포되었는데, 이 법령의 개정은 제도상으로 보면 하나의 작은 부분의 개정에 불과하지만 그 내용은 지방제도의 운용상 중대한 의의가 포함되어 있도다. 1920년 지방제도 개정 때 민의창달의 기관으로 새로 도평의회를 설하여 이로써 장래 완전한 지방자치의 영역에 도달케 할 필요한 훈련을 거칠 계제가 되게 함은 당시 누차 성명한 바이라. 이후 이 방침하에 도에서는 지방비의 예산, 기타 중요사항은 도평의회의 자문을 거쳐서 집행하고, 이미 회를 거듭하기 3회에 다다랐고, 또 제1기의 임기가 종료에 가깝게 되었는데, 당초 1년 내에 세밀한 사건으로 누누이 회의를 소집함은 도당국으로 보든지, 또 평의원에 대해서도 실행상의 불편이 적지 않음을 예상하여 연도 중간에 생긴 예산의 추가경정 중 용이한 사항으로 조세 공과에 영향이 없는 것은 자문치 아니하고 도지사가 이를 결정할 수 있는 편법을 설하였다. 그런데 일단 도평의회의 자문을 거쳐서 정할 예산의 추가경정을 이사자에 한하여 변경하는 것은 원래 변칙으로 제도 제정 후 잠시 부득이한 것이라 하더라도 장구히 이를 계속케 함은 장래 완전한 지방자치에 도달하는 훈련을 위하는 소이(所以)가 아님을 생각하노라. 특히 지난번 도평의회원의 임기를 연장한 결과 금후 매년 11월 중에 도평의회를 열 수 있는 것이므로 연도 중간에 발생한 예산의 추가경정도 이 예회에 자문하게 하면 종래의 편법을 철폐하여도 어느 정도까지는 예산의 집행상에 지장을 제거하는 것이 가능함을 생각하며, 한편으로 이 기회에 이 변례를 폐지한 것이라.

그 위에 예산에 관한 사항은 모두 도평의회의 손을 거칠 것이라는 취지를 넓혀서 일단 도평의회의 자문을 거쳐서 정한 예산에 대한 결산 및 도평의회의 자문할 사건으로 급히 시설을 요하여 자문의 여가가 없던 것도 모두 이를 다음 회기에서 도평의회에 제시하여 사후에 보고하게 하고, 또 만일 불행히 도평의회와 이사회와 이사자 간에 의견의 간극을 가져와서 도평의회가 이사자로부터 소집 혹은 자문에 불응하며, 또는 회의를 열 수 없는 경우에는 부득이한 바이므로 그 자문할 사건은 이사자가 전행(專行)할 수 있게 되었으나, 이러한 경우는 도치상에 중대한 영향을 미쳐서 경우에 따라서는 양쪽을 이반(離反)케 하여 도행정의 진전을 저해할 우려가 있을 줄로 생각하므로, 이러한 경우에는 조선총독의 지휘를 청하는 명문을 두어서 일단 중앙에서 신중히 고려하고 공평하게 재단하여 지방의 분쟁을 해결하게 하였다. 이렇게 하여 원만한 지방행정의 진전을 서기(庶幾)할 수 있다고 믿는 바이라.

다음은 지방세를 부과·징수하는 관리 이원의 권한과 그 지휘·명령권에 관한 규정을 한 것인데, 가택 또는 영업소에 임검(臨檢)하여 장부 물건의 검사를 할 권능이 없고, 또 지방세 징수의 보조로 부·군·도에 배치한 도지방비 이원은 검열 또는 체납처분 등의 사무를 집행하기 불가능한 규정이었으나, 지방세 기타의 공과도 근래 신고에 의하여 부과하는 자가 증가되어 신고 사항의 임검 조사의 필요도 증가하는 동시에 부·군·도 재근의 지방비 이원의 수도 증가하여 종래와 같이 법규없는 임시 처분만으로는 사무의 집행상에 많은 불편이 있음에 비추어, 지방비 이원으로 하여금 개인의 가택 또는 영업소에 임검하여 장부 물건의 검사를 행하게 할 것을 가능하게 하는 동시에, 부·군·도에 배치한 도지방비 이원으로 부윤·군수·도사의 지휘·명령에 의하여 검세(檢稅) 또는 체납처분을 집행할 수 있도록 한 바이라.

개정 조문

조선 지방비령 중 다음과 같이 개정함.

제5조의 2 지방세의 부과에 관하여 필요한 경우에는 당해 관리 이원은 가택 혹은 영업소에 임검하고, 또는 장부 물건의 검사를 할 수 있음.

제8조의 2 도지사는 도지방비의 사무 일부를 부·군·도의 관리에 보조 집행케 하고, 또는 위임할 수 있음.

제11조 제1호 단서를 삭제함.

3) 기타

〈자료 54〉 지방제도의 법규상 대결함 폭로, 조선 지방행정상의 대문제(地方制度に對する法規上の大缺陷暴露, 朝鮮地方行政上の大問題)[《부산일보(釜山日報)》, 1926.11.26, 2면 4단]

금회 집행한 부산부협의원 선거에는 선거 규정에 위반한 점이 있어서 이미 문제화되어 부당국 및 도당국에서도 신중한 태도로 그 심의를 했는데, 금회의 문제가 진전되면 한편으로 조선에 있어서 선거제도의 큰 결함을 폭로함에 이를 것이라 보인다. 이 문제는 현재 사법·행정 양 방면에서 취급되어 이미 사법 관헌에서는 사인(私印) 위조 행사 및 투표 위조로서 활동을 개시하여 증거품을 압수함과 함께 범인도 검거하기에 이르렀는데, 이에 의해 추한 사실이 속속 폭로되어 당국은 크게 낭패를 가져와서 이는 단순한 부산부의 문제만이 아니라 나아가 전 조선 선거계에 큰 충동을 줄 만한 중대한 관계가 있음은 물론이다. 이 사실에서 미루어보아 금후 부산부의 선거가 어떻게 변화할지는 주목할 만한 일이라 일반에서는 크게 주의해서 보고 있다.

〈자료 55〉 조선 지방자치 실현, 총독부에서 지방제도 개정의 성안을 서두르다(朝鮮の地方自治實現, 總督府で地方制度改正の成案を急ぐ)[《조선신문(朝鮮新聞)》, 1926.11.6, 8면 8단]

총독부에서는 현재의 자문기관인 도·부·면의 협의회 및 학교비회를 현재의 학교조합회의로 약간 개정을 가하는 정도의 지방자치제를 실현하려는 의향에서 현재 이에 수반하는 지방제도 개정의 성안을 서두르고 있는데, 이는 1928년도부터 실시하려는 것으로 이에 대해 총독부 모 고관은 다음과 같이 말한다.

조선과 일본의 물질적·정신적 현격한 차이가 없게 될 때는 병역 의무도, 참정권도 당연히 부여될 수 있고, 그 시기가 하루라도 속히 되길 바라며, 산업, 교육, 기타 문화시설에 노력을 경주한 조선 통치가 행해지고 있어서 내선인 공히 이 큰 목적 실현을 향해 매진해야 한다. 그런데 그 시기는 가까운 장래일 것이라 생각함으로써 보선 시행에 의해서 일본에서의 조선인에게 참정권을 부여하는 것이 곧장 조선에서 참정권 문제가 해결되는 것은 아니다. 그러나 일본에서의 보선 결과는 조선으로서 고려를 요하는 것이다. 우선 자치 훈련의 완결을 필요로 하므로 지방자치부터 시작되는 것이라 생각한다. 조선도 산미증식계획을 시작으로 산업상 각반의 시설도 일단락을 고하고 치산·치수·항만 사업도 기초가 만들어지고 철도, 도로 등 교통기관 정비도 기할 수 있게 이르렀으니, 각인이 노력하여 경제적 발전을 기도할 수 있게 된 것이다. 각 지방마다 시설 기타 여러 사항은 자치적으로 진행해도 마땅한 시기가 되어왔다고 말할 수 있으므로 지방의 자문기관을 폐지하고 자치기관답게 하여 사회공공의 것에 진력하는 정신의 훈련이 필요하고, 큰 목적을 관철하지 않으면 안 된다. 물론 급하게 건너뛰면 안 되고 조선의 현상에 적응한 정도를 고려하고 있다.

2. 선거운동과 실시

1) 《동아일보》

〈자료 56〉 평양시화(平壤時話) (평양지국 일기자, 1923.10.15, 4면 3단)

오는 11월 20일이 부협의원 선거일인데 평양부는 10월 20일부터 동 31일까지 유권자명부를 일반에게 관람케 한다. 부협의원! 조선인된 오인에게 무슨 영예될 것이 조금도 없을 뿐 아니라 부협의원이 된다고 그 정책하에서 오인의 의견을 능히 철저히 신창(申暢)할 수 있겠는가? 그러므로 결국 권문에 아부하여 일세를 만착(瞞着)하는 무리나 일시 자기의 명리에나 악착(齷齪)하는 이기자(利己者)의 무대로 될 수밖에 없는 것이 사실이다. 선거 기일이 점차 임박함에 따라 이러한 자의 추태가 백주에 현출될 모양이니 별로 간여하고 싶지도 않지만 그러나 부협의원의 위인 여하는 당장 오인의 실생활에 다대한 관계가 있어 너무 도외시할 수도 없는 것이 현재의 사실이다. 즉 여러 종의 부세 결정에 대해, 여러 종의 부 시설에 대해 그 행정상 비위를 규탄하며 적당한 방침을 요구하는 것이 부협의원의 직능이라면, 우선 당장 오인의 "생(生)"을 보(保)하기 위해 상당한 인물을 요구치 않을 수 없는 것 같다. 부협의원 선거에 대해 평양의 일본인들은 벌써 2개월 전부터 선거운동에 착수했는데, 선거사무소를 정하고 각 단체로부터 후보자를 선출하여 결속을 공고히 하며 조선인에게까지 득표운동이 맹렬한 모양이다. 차제에 오인도 종래와 같이 선거운동을 비밀히 음모하듯이 하거나 비루한 행동을 취할 것이 아니라 공공연히 후보에 서서 정정당당하게 정견을 발표하여 공중의 동의를 구함이 가할 듯하다. 그리고 선거자도 결속하여 주의에 공명되는 자를 선출하기에 노력함이 가할지니, 만일 결속이 없으면 조선인 의원의 수효가 또한 영락(零落)하게 될지라. 그러므로 첫째, 유권자의 의사소통할 기회를 만들며, 또 선거사무소와 같은 것을 설한 후 선거에 관한 것을 일체 통일하게 함이 가할 줄 안다. 평양부 유권자는 일본인이 800~900명가량이고, 조선인이 1,200~1,300명가량 되리라 한즉, 조선인 유권자가 결속만 하고 표를 타(他)에 주지 않으면 일본인과 동수의 의원을 선출하기에 어렵지 않을 것이다. (하략-편역자)

〈자료 57〉 인천의원 선거기(仁川議員選擧期) 절박(切迫), 인증가(人增加) (1923.10.21, 4면 5단)

인천부협의원선거는 오는 11월 20일인바, 소위 유권자나 후보자들은 이때를 당하면 활기를 보이며 비약하느니 은퇴하느니 하면서 공기가 긴장하거니와, 저간 유권자명부 조사 중이던 인천부에서는 이번에 그 낙착을 고하였다는데, 금년 유권자는 조선인 317인 일본인 539인, 합계 856명이라 한다. 이를 전기 622명에 비하면 조선인 93, 일본인 137, 합계 230명이 증가하였다 하며, 그 원인은 작년 6월부터 호별세의 신설과 가옥세, 시가지세의 부가세율 인상과 1,400여 호 인구 5천여 명 증식된 것이 주원인이다. 그리고 전기 유권자 중 기권자 96명으로 약 1할 5푼에 해당한 비례에 의하여 이번 기권자를 약 2할가량이라 하면 당선권 내에 입(立)하기는 1의원 평균 42점을 필요로 할 것이라 한다. 그렇지 않아도 인천 내 전반 사(事)를 자기가 짊어진 척하면서도 그 실적이 없는 부협의원의 이번 선거전은 벌써부터 5만 부민과 1천 명 가까운 유권자와 아울러 시선을 노리는 터이다. 조선인 측으로 구의원 중에서 장석우, 주명기 등은 의연히 출마할 듯하며 심능덕, 정치국, 구창조, 주명서 등은 후보를 단념하는 모양이라 한다. 그리고 새롭게 진두에 출마하려는 자는 김봉광, 정태항, 우태정, 이동광, 하상훈 등이라는 설이 있다 하니, 과연 이번이야말로 일층 장관을 보이리라더라.

〈자료 58〉 평양부의(平壤府議) 선거와 유권자대회 (1923.10.26, 3면 10단)

평양부협의원 선거 기일은 다음달 21일인데, 일선인 간 후보자들의 피선운동은 점차 맹렬하게 되었다. 혹은 공개적으로 혹은 비밀리에서 유권자들의 투표를 얻고자 좌청우촉을 하는 모양인데, 일본인 편에서는 어떤 수단을 쓰든지 일본인 의원을 다수 선거하자는 목적으로 조선인의 표까지 점령하고자 활동을 마지않는 모양인바, 조선인 유권자 수는 1,460여 명의 다수요, 일본인은 겨우 850여 명인데, 현재 일본 편의 후보자는 조선인보다 갑절이나 많게 되어 혹은 조선인편의 의원이 소수로 선정케 될는지도 의문이며, 더욱이 표수의 다소로 의원이 되고 못되는 관계가 있고 본즉, 결국 무자격자로 부정(府政)에 참여하여 자기 명예만 도적하고, 부민의 공익을 그릇하게 할 염려도 없지 아니한 동시에 조선인 유권자 편에서는 모든 폐해를 방비하기 위하여 23일 오후 8시 평안무역회사에서 임시회의를 개최케 되었는데, 먼저 박경석(朴經錫) 씨가 의원은 어디까지나 정당하게 선정하여야만 할 것과 조선인 유권자들은 항상 자기의 권리를 버리는 일이 종종한 동시에 연립후보 옹립의 필요를 설명한 후 혹은 즉석에서 후보를 선정하자는 의견도 있었으나, 26일 오후 2시 제1관에서 유권자대회를 열고 의론하기로 하고, 실행위원으로 정세윤(鄭世胤), 이기찬(李基燦) 양 씨 외 3인을 선정하여 모든 것을 준비하도록 한 후 폐회하였는데, 이 회합은 사실 일반 시민의 공익을 위하여 매우 큰 관계가 있는 것이라더라.

〈자료 59〉 평양부의(平壤府議)의 선거유권자대회 (1923.10.29, 3면 6단)

부협의원을 선거함은 조선 사람이 결코 명예로 생각하는 것은 아니나 당장 부민에게 직접으로 이해관계 되는 일이 많으므로 도저히 냉담한 태도로만 볼 수가 없으며, 만일 그렇다 하면 상당한 사람을 추천하되 결코 비루한 태도를 가질 것이 아니라 광명정대하게 일반 부민의 여론을 좇아 후보자를 선거하자는 의미로 부협의원선거후원회 발기회를 개최하고, 다시 유권자대회를 개최함은 이미 보도한 바인데, 지난 26일 오후 2시 예정한 대로 평양 제1관에서 비상한 성황으로 개최되었다. 참집한 사람은 500여 명이오, 장내는 극히 긴장되었는데, 정세윤(鄭世胤) 씨가 실행위원을 대표하여 개회 선언, 임시의장과 서기를 추천을 진행하여 새 임시의장으로 정세윤, 서기는 양제겸(楊濟謙) 씨가 당선되고, 유권자 중에서 이덕환(李德煥), 김희경(金羲庚), 강유문(康愈文) 등이 선거 사상을 고취하는 연설이 있었으며, 의장으로부터 후보자 선거에 대해 세 가지 주의할 사항을 낭독하였는데 첫째 부민을 대표할 명망 있는 사람을 선거할 일. 둘째, 부정에 간여할 식견이 있는 사람을 선거할 일. 셋째, 직무를 감당할 성의 있는 사람을 선거할 일을 들었다.

후보자 선거는 먼저 이덕환, 김동원(金東元), 박경석 등 10명을 선거하여 후보자 될 만한 사람 30명을 추천케 했는데, 이 30명에 대해 일반 유권자가 무기명 투표를 한 결과 당선된 사람은 아래와 같으며, 밤 8시가량이나 된 후 폐회되었더라.

대회 추천 후보자

이기찬, 강병옥(康秉鈺), 한윤찬(韓允燦), 김희경, 옥동규(玉東奎), 양제겸, 백윤식(白潤植),

손수경(孫壽卿), 이춘섭(李春燮), 차주원(車周遠), 김능원(金能元), 이은용(李殷容), 정규현(鄭奎鉉).

〈자료 60〉 횡설수설 (1923.10.29, 2면 8단)

부협의원 선거기가 가까워져 오니 자천(自薦) 후보자로 일본인의 못된 것은 잘 배워다가 선거운동을 개시한 자가 불소하였다 한다. 시민은 그네들에게 먼저 물어보아라 "네가 무엇을 위하야 부협의원이 되려는가"를.

〈자료 61〉 평양부협의원 선거에 대하여 (평양지국 일기자, 1923.10.30, 4면 4단)

부협의회에 대하야 오인은 그 근본으로부터 도저히 찬의를 표하는 것은 아니지만 당장의 생활방편으로 가능한 한도 내에서 오인의 "생(生)"을 신장코자 한다는 의미하에 이상선거(理想選擧)를 함에 대하여 구태여 반대하지 않는다. 지난 26일 제일관(第一館)에서 개최되었던 평양부협의원 선거유권자대회는 근래에 처음 보는 성황이오, 또한 모두 긴장한 태도였는데 선거에 대하야 실로 그만한 각성이 있다 하면 어떤 의미로 생각하여 가하(加賀)할 현상이라 할 것이다. 그리고 그 회의 이상은 첫째, 부민을 대표할 명망이 있고 둘째, 부정(府政)에 참여할 식견이 있으며 셋째, 성의 있는 자를 부협의원으로 선거하자 하는 것이며, 그 선거방법은 일반 공중의 여론을 기초로 하고 사사로이 하지 말자는 것인즉, 이에 대하여는 누구나 반대할 수가 없을 것이다. 만일 이를 반대한다면 그는 그 심사의 바르지 못함을 증좌하는 것이 아닐까 한다.

물론 사람은 사욕이 없을 수 없으니까 공명한 것이라도 자기에게 맞지 않으면 곡리(曲理)를 붙여서라도 반대하는 것이 예사인데, 금번 평양부협의원 선거유권자대회에서도 혹 자기 마음대로 후보자가 당선되지 못하였으면 반대설도 창(唱)할 것이며, 사욕에 구사(驅使)되어 득표 운동을 계속할 것이다. 그러나 우리가 서로 경쟁함은 당자(當者)의 비루(卑陋)는 고사막론하고, 손실은 7만 우리 조선인에게 미칠 것이다. 가면을 벗고 평정히 생각하면 일반을 위하야 희생하는 것이 마땅할 것 같다. 그리고 유권자 제군도 깊이 각성하야 표를 집중케 하며, 나의 한 표는 공중의 이해휴척에 직접 관계있음을 생각하여 기어이 실패하지 않도록 함이 가할 것 같다. 즉 전번 유권자대회에서 당선된 후보자는 모두 13명인데, 오인이 그 13명 이외에 평양에도 상당한 인물이 다시 없다 함이 아니라 조선인 측에서 13명 이상의 후보자를 추천하면 반대로 실패될 것이 확연한 사실이니, 이 확연한 사실과 공중의 여론을 무시하고 단지 그 친불친(親不親)이나 혹은 사정에 의하여 투표함은 우리가 실패를 자취(自取)하는 것인 고로 불가하다 함이다.

유권자대회에서 당선된 후보자 13명은 그가 일반의 후원을 얻어 협의원에 당선된 후 실지 활동을 보지 않으면 평론을 가할 수 없거니와 현재 보는 대로 잠깐 간단히 소개하면, 이기찬 군은 변호사계에서 명성이 높고, 두뇌가 명철하기로 정평있는 인물이다. 강병옥·한윤찬·백윤식은 이미 협의원으로 재직하여 진췌(盡悴) 공헌한 바가 많다 한다. 김희경 군은 연로하겠으나 그 사상은 청년을 압두(壓頭)하며, 조선인을 위한 심정이 간절한 바가 있다. 유권자대회에서 연설한 일절(一節)로 보더라도 "우리는 할 수 있는 범위 내에서 조선인 본위의 정치를 요구하자. 그리하려면 운운." 옥동규 군은 노련한 변호사, 김능원 군은 평양 법교국(法橋局)의 주인옹(主人翁), 이춘섭 군은 교회 장로인데 모두 평양에서 근거있는 지반을 소유하였으며, 풍부한 경험과 침중(沈重)한 성격을 가졌다. 그리고 처사에는 노숙한 경륜이 있는 인물이라 한다. 양제겸 군은 올봄 명치(明治)대 법과를 졸업하고 현재 광문사 지배인이 되어 있는데, 청년 간에 신용이 돈후하고 생각이 민첩하며 행동이 돈실하다 하고, 대동의원장 손수경 군, 고물상조합장 차주원 군, 보광당 주인 이은용 군은 모두 상당히 활동할 만한 소질과 재능이 있다 한다. 그런데 그 이외 대회 때 혹 한두 표의 관계로 낙선된 이도 많은데, 모두 상당한 인물로서 섭섭한 일이라 하겠으나 장래도 있을 것이다.

〈자료 62〉 원산부의(元山府議) 선거 청년 측 궐기 (1923.11.2, 4면 2단)

원산부협의원선거에 대해 본보에 이미 약간 보도한 바어니와 종래는 입후보자의 태도가 공명치 아니하였으며, 또 그 운동방법이 가장 비밀한 결과 조선인 유권자도 일본인과 상등(相等)함에도 불구하고 일인의 선거가 많았으므로 이번에는 이에 비추어 입후보자의 정수(定數) 및 태도를 명확히 하며 운동방법을 통일하게 하고자, 청년 측은 드디어 궐기하여 지난 10월 24일 이후 수회 원산청년회관에서 각 단체 대표자 및 일반 유지가 회합하여 다음과 같이 공인후보자를 추천하는 동시에 유권자대회도 개최하기로 하였으며, 연래 부정(府政)에 많이 간여하던 최수악(崔秀嶽)·장익진(張翼軫) 양 씨는 노쇠뿐 아니라 다년사계에 종사한 동시에 가정상 적지 않은 관계가 있고, 더욱이 후진 청년을 위해 금후는 절대로 은퇴하겠으며, 이미 혹은 지인 간 출마를 권고하는 자가 없지 아니하나 장래 원산의 대문제인 도시계획과 기타 조선인 번영에 관한 모든 문제를 예상할 때는 불가불 선전용투하는 청년의원을 선출치 아니하지 못할 것인즉, 자기 등은 절대로 후보에 서지 아니할 것이며 더욱 타 후보자를 위하여 열심히 주선하겠다고 석상에서 성명한바, 이 양 씨의 태도가 이렇게 결정된 것은 금번 신진 조선인 의원 선거에 좋은 영향을 주리라고 일반이 관측하더라.

입후보자

원산객주조합 측 남충희(南忠熙)
원산청년회 측 김용호(金容浩)
원산노동회 측 박민용(朴敏龍)
포목상조합 측 김종운(金鍾運)
일반유지 측 손조봉(孫祚鳳)

〈자료 63〉 평양시화(平壤時話)(평양지국 일기자, 1923.11.5, 4면 3단)

평양부협의원 선거 기일이 점점 임박함을 따라 운동도 더욱 극렬한 모양인데, 저번 유권자대회에서 당선된 후보자들로 논하면 이미 4,00~500명이 회합한 곳에서 공천·당선되었은즉, 시민의 여망을 얻었다고도 할 수 있겠지만 그 외에 자칭 후보자도 백열(白熱)운동을 하는 것은 어떻게 평함이 가할까? 물론 자기도 자격이 있다고 자신이 있어 후보에 섰겠지만, 오인의 생각으로는 자격이 있으면 있을수록 부협의원 후보에 서는 것이 도리어 광영될 것이 조금도 없어 보인다. 그리고 만일 자기의 자격도 고량(考量)치 않고 영직(榮職)에 맹목이 되어 운동을 한다면, 이는 마치 식(食)을 쟁(爭)하는 무엇과 방불하며 부육(腐肉)을 탐하는 무엇과 다르지 않아 보인다. 어찌 지(志)가 있는 자의 타기(唾棄)할 바가 아니리오.

<자료 64> 마산시화(馬山時話) – 부협의원 선거에 대하야 (마산지국 일기자, 1923.11.7, 4면 3단)

이후 2주일을 지나면 마산부에서도 부협의원을 선거할 터이다. 선거유권자는 조선인 측에 208인이오, 일본인 측에 358인이라 하야 신구(新舊) 마산 일본인 유권자 간에는 운동이 자못 격렬한 모양이다. 그러나 조선인에서는 무슨 비밀결사나 음모행사 하는 듯이 심중에 담아두고 함호(含糊)의 상태를 취할 뿐이니, 이것이 만유여천(萬有餘千)인 우리 조선인 시민의 실생활을 보아 유감이라 아니할 수 없다. 개론하면 협의원이란 명의만 취하야 가위(假威)의 호(狐)[21]와 호전(虎前)의 창(倀)[22]이 된다면 오인은 족히 거론할 가치가 없거니와, 그렇지 아니하고 부정을 감시하야 시구정돈(市區整頓)과 부세교정(府稅矯正)이며, 부민의 실지 생활상 성쇠휴척(盛衰休戚)에 착안하야 이에 노력하며, 이에 희생해서 공헌을 가함이 협의원 된 근본 직책임을 각오할진댄 은휘(隱諱)[23]하며, 주저할 것이 무엇이랴.

그러나 협의원이란 선거 방법부터 오인은 근본적으로 호평을 가할 수 없는 것이다. 즉 마산에 조선인의 수가 1만 255인이오, 일본인의 수가 4,114인인데 협의원은 조선인 측으로 4인이오, 일본인 측으로 8인이라 하니, 총수는 조선인의 3분의 1에 해당하나 협의원 수로는 일본인이 배수이다.

소위 5원 이상의 납세자에게 선거권이 있는 이상 무엇보다 경제력이 미약한 조선인이 소수일 것은 명약관화의 사실일 터이나, 그래도 부행정에 주도면밀히 또는 공정히 처리하기 위하여 선거한다는 협의원이 양두구육에 불과하다 하면 개탄치 아니하지 못할지라. 전번 선거에도 적어도 부협의원 선거유권자란 양반이 투표지에 성명을 쓰지 못하여 옆 사람에게 의뢰하는 웃음거리를 연출하였다 한다. 그것도 5원 이상 납세자의 일이라 하야 귀엽게 볼 일인지는 모르겠으나 참으로 부의 행정을 위하야 선거하면 납세의 다과보다 식견의 유무를 선택하기에 근본적으로 개혁함이 가할 듯하다.

금번 선거에는 허보다 실을 주로 하야 비열한 명리(名利)를 꾀하며, 무실한 외관을 꾸며서, 마치 옛날의 주사 참봉 차함(借銜)[24]과 같이 간주할 뿐이오, 부의 행정상 득실과 시민의

21　가위지호(假威之狐): 위엄을 빌린 여우, 곧 권력자에게 빌붙어 날뛰는 소인을 이른다.
22　창(倀): 호랑이를 부리는 귀신.
23　은휘(隱諱): 꺼리어 감추고 숨김.
24　차함(借銜): 실제로 그 직무에 근무하지 않고 이름만 비는 벼슬. 또는 그런 벼슬자리의 명목만 가지는 일.

생활상 안위에 하등의 유익을 보급하지 못하는 인사는 제하고, 연부역강(年富力强)[25]한 소장 인사의 수완을 요한다고 한즉, 선거유권자 제군은 자기의 한 표가 만 몇천 시민의 실생활에 어떠한 관계가 있는지를 생각하여 상호 간 의사를 같이 하여 적어도 부정을 감시할 만한 식견이 있으며, 부민을 위하여 노력할 만한 열성이 있는 자가 당선되도록 주선함이 가하다 하노라.

현재 4명의 조선인 협의원 중에 노인 측으로 손덕우 씨는 마산을 위하야 다년간 노력하던 중 다소의 공헌이 없지 않았다 한다. 그러나 씨는 연로하여 책임을 감당치 못할 것을 자량(自量)함인지 금번 선거에는 소장인사의 후임에 양보한다고 하며, 변호사 이용재는 형세를 관망 중이라 한다. 그중에 가장 소장자일 뿐 아니라 두뇌가 명석하고, 처사가 주밀(周密)하야 숙달한 경험으로 부정에 참여하며, 사기(事機)를 관찰하여 시의 발전과 부민의 복리증진을 위하여 노력할 만한 마산구락부 위원장 김치수는 재기를 주저 중이라 하며, 그 중로인(中老人) 측으로 김태호는 선거전에 출전할 것을 성명하였다 한다. 이에 대하여 오인은 씨의 그 용기를 상찬하는지? 금번 재기에 대하여는 일고(一考)를 요할 수밖에 없다. 유권자 제군에게 일언하는 바는 선거 당시에 구구히 안면의 후박(厚薄)이나 정의(情誼)의 친소(親疎)에 끌려 사사로이 하지 말고, 조선인의 서식(棲息)하는 시구의 개정 또는 자제의 교육기관과 우리 일반의 생활방도를 위하여 희생할 만한 인사를 선택하여, 특히 용의(用意)함을 절망하는 바이다.

〈자료 65〉 부·면 협의원의 개선(改選) (1923.11.9, 1면 1단)

제2회 개선기를 목적에 두게 된 조선 각지의 부·면 협의원 선거운동이 점차 세인의 화두에 오르게 되었다. 이미 후보자 성명을 발표한 인사만으로도 실로 십파일속(十把一束)[26]의 다수에 달한 점이 있다. 그리고 제1회의 선거운동 당시와 다소 색채를 달리 한 것은 주목을

---

25 연부역강(年富力强): 나이가 젊고 힘이 강함.
26 십파일속(十把一束): 여러 가지 물건을 대충 한 묶음으로 취급. '십파'는 다발이 열 개라는 표현.

요할 사실이다. 즉 종래의 불관언주의(不關焉主義)[27]에서 한 걸음 나아가 적극적 태도를 취하려는 신현상이 이것이다. 평양과 같은 데서는 유권자 측의 대회가 개최되어 즉석에서 후보자의 공천까지 되었다는 것은 선거 기분의 긴장한 것을 가히 추측할 바이다. 종래의 선거운동이라면 전혀 일본인 측에 한한 현상이었고, 일반 조선인 측 유권자는 거의 간섭하지 않는 태도를 취했던 것이다. 물론 조선인 측에서도 일부 조명배류(釣名輩流)[28]의 암중비약이 전무한 것은 아니었다. 즉 이와 같은 종래의 불관언주의가 금번의 개선을 기회로 하야 다소 적극적 태도에 나서려는 것이 현저하게 되었다.

그러면 이와 같은 태도의 일변은 즉 무엇을 의미하는가. 조선인 측의 정치의식이 전에 비해 발달한 까닭도 아니오, 또 공민적 훈련이 하루아침에 숙달된 것도 아닐 것이다. 조선총독부 신시정의 표두(標頭)에 내건 각종의 자문기관이 그 근본부터 시대착오적이며 또 일시 호도적이었던 것은 여기서 군이 말할 필요가 없다. 이리하여 일반 조선인 측에서는 불설(不屑),[29] 불치(不齒),[30] 불관(不關)의 태도를 취하게 되었던 것이다. 즉 묵살의 불관이며, 불신임의 냉담이었다. 그 결과 제1기 당선의 조선인 측 부·면 협의원은 대부분 목우시위(木偶尸位)[31]의 무능을 발휘할 뿐이었다.

그뿐 아니라 각 중요 도시의 부협의원 중에서는 그 과반 대다수가 일본인 측 의원이 점령한 바 되어 소수 조선인 측 의원은 그 의사를 관철하기도 불가능하였을 것이다. 그 결과로 부정의 운용이 전혀 일본인 본위에 편의(偏倚)[32]하야 시설의 균평과 공정을 얻지 못하였다. 다시 말하면 민의의 창달과 부·면 행정의 감독을 표방한 협의기관은 소수인 일본인 거주자의 엽리(獵利)운동의 괴뢰(傀儡)로 추락했다.

이제 부·면 협의회의 자문에 붙이는 권한 사항이 어떠한가를 생각할 필요가 있다. 첫째, 부의 조례에 관한 입법사항을 위시하여 부의 세출입 예산과 부채와 기타의 부민에 대한 의무의

---

27 불관언주의(不關焉主義): 나는 알 바 아니라는 태도.
28 조명배 류(釣名輩流): 거짓으로 명예를 탐하여 구하는 무리들.
29 불설(不屑): 어떤 일을 우습게 여겨 마음에 두지 아니함.
30 불치(不齒): 불치인류(不齒人類)의 준말. 불치인류는 사람 축에 들지 못함을 말함.
31 목우시위(木偶尸位): 목우는 목각인형을 말하고, 시위는 재덕(才德)이 없으면서 함부로 관위(官位)에 오르는 일을 말함.
32 편의(偏倚): 기울어져 있음. 수치, 위치, 방향 등이 정상적인 기준으로부터 어긋남.

부담을 심사하는 재정 사항과 또 부의 존폐이합(存廢離合)의 중요 문제 등을 토의하는 것이다. 그러면 기관이 건전하고, 아니한 것은 일반 부민의 생활에 중대한 이해휴척의 관계가 있을 것은 많은 말이 필요치 않다. 이와 같은 부·면 행정의 중요사항을 거세적(去勢的) 자문기관에 익찬을 구하는 근본정신부터 시대착오적이요, 또 인심을 우롱한 것이니와, 당국자는 이 기관의 설치를 문화정치의 유력한 간패(看牌)로 선전하였다. 당국자의 면피도 여기에 이르러 너무나 후안무치한 것을 민소(悶笑)할 뿐이어니와 그들은 예에 의하여 사물 발달의 순서를 운운하며, 또 시기상조의 완충대를 설하야 자치실시의 일계단이라 호호(呼號)하였다.

우리는 협의기관의 콩팔칠팔을 가릴 필요는 없다. 다만 협의기관의 민중 생활에 대한 직접·간접의 영향이 어떠한 것을 허심탄회하게 생각할 필요가 있는 동시에 종전에 없던 새로운 경향이 암암히 추이되는 것을 일언할 뿐이다. 요컨대 신경향의 태도는 현상에 안주하여 기설 제도를 긍정 시인하는 것은 아니요, 다만 절박한 현실 생활의 필요에 의하여 적응의 길을 강구함에 불과하다.

여하간 선거운동에 대한 적극적 신경향은 나아가 취하는 순변(順變)의 결속이라 할진대 헛되이 퇴영비굴(退嬰卑屈)의 암중비약을 생각할 필요는 없다. 어디까지 정정당당한 태도로 출마하여 크게 경륜을 포(布)할 것이며, 또 일반 유권자 측에서도 의의 있는 투표의 행사를 여의(勵意)할 것이다.

〈자료 66〉 횡설수설 (1923.11.14, 2면 9단)

부협의원선거기가 절박해오니까 소위 선거운동이라는 것이 점차로 맹렬하여 덕택으로 적막하던 요리점이 약간 번창하여지며, 따라서 경성부의 조흥세 수입도 증가할 것은 확실하다. 죽으로 세운다는 후보자 중에 소위 부정(府政)에 대한 의견을 반구(半句)라도 발표하는 자는 한 사람도 없고, 흑막으로 돌아서 요리점이나 출입하면서 우물우물하는 것이 소위 선거전의 본무대인가. 부정(府政)에 대해 한마디도 없는 벙어리 후보와 후보의 선택에 아무 정견이 없이 청촉(請囑)만 긴(緊)하면 덮어놓고 한 표를 던지는 맹인 선거자를 배합해 보면, 소위 공직선거라는 것은 완연한 보통학교 생도의 '맹아(盲啞) 경주'가 아니고 무엇인가. 그것은 여하간에 가로(街路)에 나가보면 도처에 난도(亂塗)한 소위 후보자 추천 광고에는 어찌

'유지'가 그리 많은지, 경성 안의 '유지'는 절종(絶種)이 되어 부세 5원 이상이나 내는 사람 아니면 장판 도배도 곤란할 모양이다.

〈자료 67〉 군산부의(郡山府議) 후보 부민대회(府民大會) 개최 (1923.11.15, 4면 2단)

군산부협의원의 제1회 선거 당시에는 일본인에게 투표한 자도 있었으며 또한 겨우 1명의 당선을 보게 되었었다. 이에 비추어 금번에는 결속을 공고히 하여 표 수의 분산을 방지하며 유자격자 당선 취지하에 지난 11일 오후 3시 군산경신구락부 내에서 각 단체의 주최로 부민대회를 열고 좌장에는 변광호(邊光鎬), 임시서기에는 이정규(李定珪) 군을 추대한 후 의사를 진행했는데, 우선 이긍현(李兢鉉) 군의 "특수한 재산 계급이나 전래적 명예가보다 시정에 이해할 만한 지식과 우리가 신임할 만한 정직과 성의를 가진 자의 선거를 요구한다"라는 설명이 있고, 다음으로 조용관(趙容寬)·김형기(金炯基) 두 사람이 우리의 결속할 필요와 후보자의 자격에 대하여 열렬한 의견 진술이 있은 후에 다음과 같은 결의문을 낭독하여 만장일치로 가결하고, 후보자 3명을 연기명식 투표에 의하여 공선하였는데 변광호(邊光鎬)·조중환(趙重煥)·이중기(李重基) 3명이 당선되었다. 위 결의의 취지를 유권자에게 전달하며 겸하여 당선 후보자의 필선을 기하도록 사무를 집행하기 위하여 김형기(金炯基), 김응배(金應培), 박용(朴湧), 조용관(趙容寬), 박지철(朴之喆) 등을 집행위원으로 선정하고 오후 5시 폐회하였더라.

결의문

오인은 다음의 자격을 구유(具有)한 후보자의 선거를 유권자에게 요구함.

1. 부민의 신망이 있는 자
2. 부정에 간여할 만한 지식이 있는 자
3. 희생적 성의가 있는 자

<자료 68> 부·면 협의원(府面協議員)의 선거 유권자에게 인격과 포부를 심사하라(1923. 11.16, 1면 1단)

부·면 협의원 선거 기일도 이제 며칠이 아니 남았다. 특히 이때를 당하여 여러분 유권자의 책임이 중한 것을 깨닫는다. 여러분이 가지신 투표권은 불충분하나마 일종의 공민권이다. 따라서 이 한 표의 행사는 즉 공적 행위이다. 이미 공적 행위인 이상 거기에 상당한 사회적 책임이 부대하는 것이다. 이 의미에 있어 여러분 유권자 각위의 충분한 고려를 촉구하지 않을 수 없다.

여러분 유권자의 가지신 선거권으로 말하면 각 부·면에 1년 이상 거주와 부·면 세 5원 이상 납부를 완료한 자가 아니면 향유하지 못하는 특권이다. 따라서 몇백 명 또는 몇천 명의 부·면 거주자 중에서 특히 소수의 유자격자인 여러분에게 이 선거권을 맡긴 것이다.

이 점으로 보더라도 여러분의 가지신 선거권은 중대한 특권인 것을 가히 알 것이다. 그러면 어찌하여서 특히 여러분만 유자격자의 특권을 주게 되었는지를 한번 생각할 점이다. 즉 이상의 말한 바와 같이 1년 이래의 거주와 5원 이상 납세를, 특히 법령으로 제한한 근본정신이 어디에 있느냐 하면 이것은 법률상의 추정이지만 적어도 1년 이래의 거주를 계속하지 않은 자이면 부·면 행정에 대한 애착의 관념과 지식이 없는 것을 상상하기 때문이다. 또 5원 이상의 납세 조건은 납세 자격이 많으면 많은 만큼 부·면 행정에 직접의 이해가 있을 뿐 아니라 상당한 납세자이면 소위 항산(恒産) 계급에 속하는 것이므로 항산 계급인 이상 동양 고유의 유항산(有恒産)이라야 유항심(有恒心)이라는 관념하에서 항심이 있다고 가정하는 일반 항산 계급에 이 특권을 준 것이다. 그러면 그 항산의 표준이 얼마나 한 정도를 가리키느냐 하면 각개의 사회 상태와 여러 빈부 문야(文野)의 정도가 각기 다르니까 일정한 표준이 없지만 오늘날 조선 사회의 상태에서 납세 5원 이상 정도이면 가하겠다는 입법자의 가정에 따라 이렇게 제한한 것이다.

요컨대 여러분 유권자는 여러분이 거주하고 있는 각 부·면에 대하여 공공적 애착심이 있는 것과 또 실제의 부·면 행정에 통효(通曉)하는 다소의 지식이 있을뿐더러 부·면 행정에 직접의 이해를 가진 유항산·유항심의 계급이라는 것을 관부(官府)의 추정으로 공인한 것이다. 이 여러 가지 자격이 있으므로, 특히 부·면 행정의 자순에 응하는 부면협의원 선거를 여러분에게 맡겨 가장 적당하고 현명한 협의원을 뽑게 한 것이다. 그러면 여러분의 선거 행위는 전체 부·면 민을 대표하여 이 권리를 행사하는 것이므로 여러분 각자의 양심에 대한 책임은 물론이요, 일반 부·면 민에 대한 사회적 책임이 있는 것을 기억할 일이다.

그러면 장차 어떻게 선거를 해야 일반 부·면 민의 촉망을 고부(孤負)[33]치 않을 것인가. 이 점에 있어 충분한 고려를 요할 바이다. 즉 적당한 부·면 협의원의 표준은 무엇인가를 생각할 필요가 있으며, 각개 후보자의 자격을 신중히 심사할 필요가 있다. 그러면 여기에 말하는 부·면 협의원을 감당할 만한 표준은 무엇인가를 대체로 관찰하면, 인격과 포부의 두 가지 요소가 있다. 즉 그 사람의 평소 인격이 어떠한지, 또 그 사람의 부면협의원으로서 어떠어떠한 포부가 있는지 없는지를 신중히 심사한 후에 양 조건에 적합한 가감인(可堪人)을 택할 것이다. 만일 이상의 두 가지 요소를 겸비하지 못하고 다만 한 가지 요소만 가진 경우에는 어떻게 할 것인가. 이도 각개의 경우에 의하여 다를 것이나 대체로 보면 포부보다는 먼저 인격을 선위(先位)에 추중(推重)하지 않을 수 없다. 여하간 유권자 각위의 귀중한 한 표는 결코 정실이나 물질에 구속할 성질이 아닌 동시에 공권에 대한 사회적 책임을 양심에 소(訴)하여 자각할 바이다. 이리하여 제2회의 선거를 의의있게 하기를 바란다.

〈자료 69〉 통영만필(統營漫筆) – 면의원(面議員) 선거(選擧)에 취(就)하야 [통영지국 일기자, 1923.11.16, 4면 3단]

우리 통영에서도 금월 20일에 제2회 면협의원 총선거를 행한다고 일부 유권자 측에서는 선거운동이 격렬한 모양이다. 문화정치의 간판인 부·면 협의회 제도에 관해 그 근본정신부터 임시호도에 불과한지라. 우리는 이에 대해 하등의 만족을 인(認)하지 아니하였다. 원래 이 협의제도로 말하면 면 세출입 예산에 대한 면장의 자문기관에 불과한 것으로 그 인선에 관해서도 일반 민중의 의사로 선거하지 않고 재산 정도로 유권자를 제한하여 선거하는 것이라 그 행정도 온전한 민중적이 아닐 것이요, 더구나 지정면이라 하여 면장이 관선 일본인이고 협의원에도 일본인이 다수 되는 때에 조선인의 직접 의사와 간접 생활에 하등의 신기한 효과가 있으리오. 만약 조선인이 다수가 된다고 할지라도 정치의 근본부터 주종의 본위

---

33 고부(孤負): 직접·간접으로 도와줌에도 달갑게 여기지 않고 본의나 기대에 어긋나는 짓을 함.

가 판연한 동시에 위세와 능력이 박약한 조선인이라 무슨 쟁론 발의할 용기가 있으랴. 자못 명색만 탁(托)하고, 시위소찬(尸位素餐)34으로 맹종하는 자가 대부분일 것이라. 그러나 조선총독부 신시정 중 하나의 표방인 부·면 협의제도는 그래도 장래 지방자치의 초보이니, 민의창달의 시련이니 하는 이상에는 오인은 어떠한 한도 내에서 "생존을 점유하리라"라는 본의로 보아서 구태여 이에 응하지 아니할 것도 없고, 또 이상적 인물의 출마를 기대치 아니할 수도 없다. 또한 그러나 금회 선거기에는 전 회 선거기에 비하여 소위 상당하다 할 만한 인물들도 출마하기를 불긍(不肯)하는 자가 많은 모양이다. 그들은 경제의 협위로 인함인지 시세의 불여아(不與我)를 인(因)함인지 사상이 극히 침잠하여 자못 소극적 기분이 많다. 과연 이곳 호구에 비해 유권자 수를 보더라도 그 생활의 퇴축된 현상은 가히 놀랄만하다. 그들은 시운(時運)의 다난(多難)을 한탄하는 동시에 의론이 조화되지 않아 무실(無實)한 명예를 즐기지 않는 일종의 청고(淸高)한 기미로 보아 오히려 괴이하지 않다. 그러나 일면으로 적이 이상이 있다는 인물로서 "아직 우리의 심장이 고동하고 감각이 있는 동시에는 가급적 한도 내에서 우리의 생활방(生活方)을 개척해야겠다"라는 그러한 의열의 박약한 점을 보아서는 너무도 사상의 타락이 아닌가 한다.

그리고 그 반면에는 일부 조명배(釣名輩) 류가 무슨 이상(理想)이 있는지 없는지 한갓 영예로만 알고 아무 인망도 없이 사자(私自)운동으로 표수만 광점(廣占)하기에 급급하여 추태를 주출(做出)하는 일도 있는 모양이다. 물론 명예욕이란 것은 사람마다 있다고 하겠고, 또한 있어야 한다. 그러나 먼저 지덕과 사업으로써 하지 아니하고 명예 그것만 취하려 하면 명예는 오지 아니하고 치욕만 오는 것이다. 현 제도의 면협의원이 하등 완전한 지식을 요할 것은 없지만 그래도 면 행정, 즉 조선의 최급무인 교육, 산업, 위생 등 대개 상식과 기타 지방 사정에 통달할 만한 자신이 있어야 할 것이요, 또한 약자의 자처(自處)로 비굴, 아부, 맹종 등 추태를 초탈할 만한 자신이 있어야 할 것이다. 이러한 자신이 있고, "민중의 운명에 가급적이라도 이익을 끼치리라"라는 이상만 있으면 어느 정도까지 운동하는 것이 당연하다. 그러면 이것은 명예를 구하는 것이 아니요, 사회사업에 용력(用力)하는 것이다. 그러고 보면 지방 형편을 보아서 전자의 "명예를 싫어"하는 인물도 좀 더 용기를 내고 후자의 "명예를 좋

34　시위소찬(尸位素餐): 무능한 사람이 직책을 다하지 못하고 녹봉만 축냄.

아"하는 인물도 좀 더 양해하여 적당한 인물을 예선하고 적당한 표수를 분배하여 아무쪼록 조선인이 다수 당선되도록 조화하고 노력하라. 그리하여 열애(熱愛)로써 단결하고, 이상(理想)으로써 협의하여 지방의 급무와 민중의 생활에 가급적 보익(補益)을 부여하라. 사물의 정통한 인물아, 비굴·아부하지 말지어다. 덕망이 소존(素存)한 신사여, 무능·맹종하지 말지어다. 활동가여, 명예에 취하지 말아라. 이상적 청년아, 허영심을 버리고 좀 더 강의(强毅)하게, 좀 더 실지(實地)있게 하여라. 그리고 철저한 이상만 가지면 아무리 신기하지 않은 협의제이지만, 그래도 어느 틈에라도 우리의 민중생활과 통영 사회의 운명에 적지 않은 영향이 있을 줄 안다.

〈자료 70〉 대구 유권자회 공인후보(公認候補) 선정 (1923.11.18, 4면 3단)

기보한 바와 같이 부협의원 선거에 대한 대구 조선인 유권자대회는 유권자만의 회합이 아니오, 유지자도 참가한 대구 유권자 및 유지자대회였다. 예정과 같이 지난 16일 정오 경정(京町) 만경관(萬鏡館)에서 개최했는데 먼저 임시의장에 최극용(崔克鎔) 씨, 동 서기에 양규식(梁圭植) 씨를 천거하였으며, 다음에 배두용(裴斗容) 씨의 대회 개최에 대한 설명이 있고, 이어 이종면(李宗勉) 씨의 선거에 대한 공평을 기하자는 의미의 연설과 한익동(韓翼東) 씨의 조선사회의 현상론으로부터 협의원 제도론과 선거론으로써 끝을 맺은 연설과 부윤 삼정(杉井) 씨의 전제-민중 양 정치론을 비롯하여 현대의 민중정치임을 역설하고, 거기에 따라 생긴 협의제도에 대하여 과거에 경험 없는 조선인으로서 신중한 선거를 바란다는 의미의 연설 후 공인후보자 선거에 들어가 전형위원 15인을 선정하여 그들에게 14인의 후보자를 선거한 것을 다시 유권자만의 무기명투표로 8명의 공인후보자를 선정하였는바, 그 피선된 제 씨는 서기하(徐基夏), 김의균(金宜均), 양익순(梁翼淳), 정용기(鄭龍基), 서병조(徐丙朝), 서철주(徐喆柱), 서철규(徐喆圭), 서상일(徐相日) 등이었다. 그리고 이상 8명에 대한 투표의 공평에 대하여 여러 가지의 의론이 있었으며, 당일은 유권자라고는 91인밖에 출석하지 않았으므로 이날 결의로는 완전치 못하다느니, 그래도 기권하고 불참한 데야 상관이 없다느니 하여 일시적 갑론을박에 장내의 공기는 자못 긴장하였다. 그중 한익동(韓翼東) 군이 이 회는 가급성(可及性)을 띤 회(會)일 뿐이오, 5만여 명의 유권자에 91명의 유권자로서 결의하여 앞으로 절대성을 의미한 운동이라는 것은 불가하다는 등의 설이 있은 후, 동 오후 5시 폐회했는데 동 대회의 당일 결의문은 다음과 같다.

  결의문
  1923년 11월 16일 오전 12시에 경정 만경관에서 대구부협의원선거에 대해 조선인 유권자 및 유지자대회를 개최하고, 공인후보자로 다음 제씨를 선거하고, 일반 유권자는 위 공인후보에게 투표하기로 결의함.
  1923년 11월 16일 대구유권자 및 유지자대회 [공인후보자 씨명 열기(列記)](대구)

〈자료 71〉 진남포만필(鎭南浦漫筆)(진남포지국 일기자, 1923.11.19, 4면 6단)

근래 유권자대회 운운의 모임이 일종의 유행성 소동(騷動)같이 되었다. 필자가 필히 이를 초(草)하고자 하지는 않았으나 여기도 모모 유력 제씨의 처음되는 부협의 유권자대회가 별항 보도와 같이 개최되었다. 그때 그들의 의론하는 것이 무던히 열(熱)한 듯한 감이 없지 않아 이에 일언을 기(記)하는 바이다.

어디를 물론하고, 부(府)이면 부 행정이 다수의 조선인보다 소수의 일본인 본위로 실행되는 그 불평을 다시 말하면, 조선인 유권자의 투표로 조선인 협의원을 선거하여 조선인 본위의 모든 행정이 되도록 하자는 그것이 그네 유권자 제씨의 최고 요구인 듯하다. 그러므로 이곳에서는 7인을 추천하고, 이를 실현하기 위하여 실행위원 7인을 선정하여 유권자 측에 투표운동을 개시하기로 하였다. 추천된 7인이 선거되고 안 되는 것도 물론 확정 사실이 아닌 즉, 그 일(一)이 선거되고, 그 이(二)가 낙선되는 때는 조선인 유권자는 어디까지 단체 행동을 하겠는지 이것이 오인의 하나의 큰 의문점이다. 환언하면 유권자 제씨가 우리 조선인 부민을 위하여 개인으로 암약하지 않고, 단체적 행동으로 만장일치로 7인의 협의원을 추천하고 실행위원까지 선정하였다 함은 가상한 일이나, 일본인까지 합하여 14인인 그 반수를 과연 조선인이 점하게 되겠으며, 만일 그대로 되지 못하는 경우이면 어떠한 태도를 취하겠는지, 즉 용두사미나 되지 아니할까 함이다.

최근에 들은즉, 대(大)진남포를 건설하기 위하여 부 구역을 3배나 확장하고, 축항도 하며,

직접 항로도 개시하도록 운동 중이라 한다. 그런즉, 이와 같은 대진남포 건설은 그 누구를 위하는 것인지, 다행히 조선인 유권자의 뜻대로 예정 7인이 당선된다 하면 조선인 협의원으로는 크게 고려도 하려니와 필사의 힘을 다해 유권자 제씨의 대망을 헛되지 말게 함이 조선인된 의무일 것이다. 필자는 장래를 관망하여 다시 기(記)하려 한다.

〈자료 72〉 진남포시화(鎭南浦時話)(진남포지국 일기자, 1923.11.27, 4면 4단)

본월 20일 당지 부청 누상에서 부협의원 선거를 행하여 유권자대회에서 공천한 후보자 7인 중 6인만 당선되었다 한다. 7인에 대한 6이라는 수를 당선케 함에 유권자 제씨의 단결적 행동을 사(謝)하는 동시에, 실행위원 제씨의 노력도 적지 않았다 한다.

처음되는 일로 이만한 단결적 행동이 되었다 함은 오인은 남포를 위하여 세인에게 크게 말하겠으나, 그러나 이 단결적 행동에 가담하지 않은 1, 2분자에게는 용서없이 일시(一矢)를 발(發)할 터이다. 원래 단체 행동을 취한다 함은 하나의 의안이 십이면 십, 백이면 백 인이 일치하지 않아도 다수로 결정하면, 다소 자신의 이상에 합치하지 않고 사소한 사해(私害)가 있다 해도 다수인의 중의(衆意)를 존중히 하는 의미에서, 즉 사(私)를 희생하여 공(公)을 이(利)케 한다는 의미에서 일치 행동을 취하는 것이니, 이는 어떠한 백치라도 해득하는 바이리라. 그런데 투표수 발표에 의하건대 유권자대회의 공천 결의를 무시하고, 더욱 동 대회에 출석했던 자로서 득표한 자 1, 2가 있고, 조선인 투표수를 보면 11표가 타(他)에 양(讓)한 숫자가 된다. 개인 출마한 자와 표를 타에 양한 자라도 각각 변명의 자료는 가졌으리라. 그러나 5, 6만의 조선인 부민을 위해 잘되었던지 못되었든지 몇십 명이 모여 결의한 공천후보의 낙선자가 있다 함은 대회를 무시함이 너무 극하다 한다. 설혹 개인 출마가 없고, 표를 타에 양치 않았다 하더라도 공천 후보 중 1인의 낙선은 면하지 못하리라 하는 자가 있겠으나 제군아! 노하지 마라. 일본인 중에 추천 후보자 외에 개인으로 음음리(陰陰裡)에 한 표라도 얻은 자가 있는가? 또 조선인에게 표를 양한 일본인이 있었을 것인가? 이 무슨 창피한 추태인가. 제군아, 장래를 위해 잘못된 줄 알거든 회(悔)하고 개(改)하여라. 금후로는 주의가 상반되지 않고 대해(大害)가 없거든 여러 사람의 결의라 하면 일치하게 행하자. 힘써 단결하자! 끝으로 당선된 제군에게 일언을 부탁한다. 제군은 물론 일치행동을 취할 줄 안다. 협의원의 수가 일본인이 많고 조선인이 적더라도, 또 제군 중에 다소 합의되지 않는 점이 있다 하더라도 폐일언(蔽一言)하고 단결하고, 또 제군의 각기 사리(私利)를 위해 일종 이구(利器)로 사용하지 않기를 바란다. 다행히 제군이 유권자 제군의 후의와 촉망을 저버리지 않는다 하면 단연코 조선인 본위로 우리의 이익을 고려하여라. 시대에 낙오하지 말고 대세를 감찰하라. 대진남포 건설은 실로 우리의 남포가 되도록 노력하길 기대할 뿐이다.

〈자료 73〉 조선 지방자치제 건의안은 위원 부탁(委員附托) (1925.2.28, 1면 7단)

26일 중의원 본회의에서 조선·대만에 지방자치제 시행 건의안에 대하여 간다 마사오(神田正雄) 씨가 조선은 병합 이래 15년, 대만은 30년에 산업과 교육이 모두 진보되고 인민도 자치적 정신이 향상되었다고 설명하여 위원 부탁으로 되었는데, 의원의 요망에 의해 시모오카(下岡) 정무총감은 특히 등단하여 조선은 아직 완전한 자치제를 시설할 정도에 달하지 못하였으나 장래 완전한 자치를 시킬 필요가 있다고 인(認)한다 하고, 또 조선에는 무단정치를 행하는 것이 아님은 물론이라고 술한 후 기요세 이치로(淸瀨一郞) 씨가 본안은 속히 실행되기를 희망한다고 술하였다. [동경전(東京電)]

〈자료 74〉 경성부협의원 공인후보 운동 (1926.10.12, 5면 1단)

공인후보를 세우자고 의론들

앞으로 경성부협의원의 개선기를 두고 후보운동이 차차 농후하여 가는 중인데, 선인은 반수인 14명이 있으나 원래 부협의원은 29명 중 조선인 측은 14명으로 대개 관선이나 다름이 없다는 세론이 있어 아무리 무능력자라도 자산만 있고 관청과의 밀접한 관계만 있으면 선거되고, 심한 자는 옛날 참봉이나 진사나 얻어하는 것이 일신에 영광이 되듯이 생각하고, 공직자라는 명예에 탐심이 나서 금전의 힘으로 지위를 획득하는 자도 있어 부정의 향상을 바랄 수 없다 하여, 일부 유식자 중에서는 일본인 부협의원들보다 우수한 지식과 경륜을 가져 부정에 확실한 공헌이 있을 공인후보자를 선거하여 피선되게 하고자, 이에 필요한 어떠한 기관을 조직하고자 어제 오전에 시내 모처에서 협의회를 열었었는데, 발기자는 한상룡(韓相龍), 방태영(方台榮) 씨 등 수인이라더라.

〈자료 75〉 망중한인(忙中閑人) - 보는 대로 듯는 대로 생각나는 대로 (1926.10.13, 2면 1단)

부의(府議) 선거운동

경성부협의원은 오는 20일에 개선(改選)을 한다. 경성부협의원은 원래 정원 30명이다. 그런데 20만이 넘는 조선인 부민 측 협의원은 항상 반수도 못 된다. 이와 반대로 10만도 못 되는 일본인 부민 측 협의원은 어느 때든지 과반수를 점령한다.

적어지는 원인은 이러하다. 첫째, 조선인 경제계가 차차 말이 못 되는 까닭으로 상당한 세금 바치는 사람이 해마다 줄어 투표해 줄 만한 유권자가 적어지는 것. 둘째, 필연적으로 현실 문제에 등한하게 된 조선인 측에서는 그런 허자비노름 같은 일에 진심으로 관계하기를 꺼리어 유권자로도 기권하는 사람이 많은 것.

조선인 측 협의원이 과반수를 점령한다고 하더라도 별수가 있을 까닭이 없지만 절반도 못 되니까 더군다나 하잘것없는 협의원이다. 원래 별수도 없는 협의원으로 게다가 반수도 못 되는 하잘것없는 주제에 생김생김을 따져보면 기막히다 못하여 불쌍한 협의원들도 적지 않았다. 돈만 있으면 '개'도 '호랑이' 노릇하는 세상이라, 돈으로 명함 조각이나 얻어가진 협의원, 일본말로 회의하는 석상에 '가나'도 모르는 협의원, 남들은 책상을 두드리고 입술에 거품을 무는데 코 고는 협의원, 돈푼이나 얻어 쓰려고 일당(日當) 타러 다니는 협의원. 아무리 허수아비노름으로 보고 싶어도 이 같은 어중이떠중이가 날뛰어서는 참말 기막히지 않을 수 없다. 결정하는 권리는 없을망정 그래도 부민 전체의 살림살이에 대해 의론하는 이네들을 제멋대로 내버려 두기는 너무도 한심스럽다.

들으니, 이번에는 공인후보를 내세우자는 운동이 있다고 한다. 이런 일이라도 하고 안 하는 것은 원래 문제가 다르지만 이런 일이라도 할 바에는 할 만한 일이다. 자못 문제는 '공인'

이라는 그 표준과 범위가 어디 있을까? 함이다. 자, 이번에 공인으로 나설 양반들의 얼굴은 어떠한고? 뚜렷하게 보인 뒤에 기회를 보아서 한마디 더하기로 약속이나 하여 두자.

〈자료 76〉 유권자가 감소 (1926.10.13, 2면 3단)

조선인 유권자는 번번이 줄어, 경성부의(京城府議) 개선(改選)과 조선인 측 운동

조선인 경성부민의 몰락이 달마다 심하여 간다 함은 날마다 나타나는 눈앞의 현상으로 누구나 짐작하는 바이니와 경성부의 자문에 응하는 부협의원 선거일이 임박해 감을 따라 요새 경성부에서 유자격자를 조사한 결과 조선인 4,700명, 일본인 4,500명, 도합 9,200명가량으로 조선인이 일본인보다 200명가량 많으나 지난번 선거 시 유자격자과 비교하면 총수 9,302명 중 조선인은 4,941명, 일본인은 4,361명으로 조선인 유자격자가 600명가량이나 많아 불과 2, 3년 내에 5원 이상 납부하는 일본인은 260여 명 증가되고, 반대로 조선인은 240여 명 감소되었는데, 조선인 경제생활의 몰락과 도시생활에서 구축을 당하는 까닭이더라.

후보자 20명

일부 조선인 부민 유지 사이에 일본인보다 나은 조선인 부협의원을 선거하여 조선인 부민의 이익을 꾀하여 보자는 취지로 공인후보 추천운동을 한다 함은 기보한 바이니와, 재작 11일에 한성은행에서 발기인 9인이 모여 협의한 결과, 내일 14일 오후 1시부터 경성상업회의소에서 유지 전부가 집합하여 전형위원을 뽑아 전형위원으로 하여금 적당한 후보자 20명가량을 선출하여, 적어도 부협의원 정수 30명 중 15인을 피선케 하자는 결의가 있었는데, 14일 협의회 석상에서 중론에 따라 모든 사항을 결의하리라더라.

〈자료 77〉 춘천면의원(春川面議員) 유권자 수 (1926.10.17, 4면 10단)

춘천군 춘천면 면협의원 선거는 다음 달 20일로 결정되었다는바, 금월 20일부터 1주일간 동·면사무소에서 유권자명부를 종람케 할 터라는데, 유권자 수를 보면 조선인은 113명인데 일본인은 211명으로 거의 배에 달한다 하며, 3년 전과 비교하면 전기(前期)에 조선인 76명, 일본인 142명으로 증가율이 비등(比等)하여 각기 7할 7푼 강(强)에 해당하는바, 이것만으로도 춘천면에 조선인 경제생활이 파멸된 것을 짐작할 수 있다는데, 더욱 정치운동과 등진 조선인은 대개 기권이 많고, 실제 일본인 장중(掌中)에 귀(歸)케 되어 직접·간접으로 이해관계가 적지 아니한 면 행정까지 조선인의 불리한 점이 적지 않다더라. (춘천)

〈자료 78〉 다수 출마는 조선인에 불리, 평양부협의(平壤府協議) 후보 (1926.10.17, 4면 9단)

평양부협의원 일본인 후보자 중 전벌파(電閥派)가 대두한다 함은 기보했거니와 수일 전까지 후보자 출마 수를 보면 조선인 측 후보자는 박경석(朴經錫), 이기찬(李基燦), 김능수(金能秀) 씨 등 27인이라 하며, 일본인 측 후보자는 환산(丸山), 내전(內田), 송미(松尾) 씨 등 11인이라는바, 다시 평양부 선거유권자 수를 보면 조선인 1,400여 명, 일본인 900명에 달하므로 일본인 측은 출마하는 대로 거의 당선될 희망이 있는 동시에, 더욱 수일 전에 일본인 후보자들이 모처에 회합하여 단결적 행동을 취하기로 한 견고한 약속이 있는 모양일뿐더러 다수 후보자를 내세우지 않을 의향이라는데, 조선인 측 후보자는 하등의 통일적 행동이 보이지 않고 다만 다수의 출마로써 승리를 얻고자 하는 경향이 있다는바, 실지 유권자는 그 수에 제한이 있으므로 현상으로 보면 다수 출마하는 것은 도리어 소수의 당선을 볼 형편이므로, 조선인 부민의 이해에 중대한 관계가 있으리라 하며, 방금 송정(松井) 부윤과 협정 중에 있는 평양 전기 문제에도 악영향이 파급되리라 하여 일반 부민은 우려하는 동시에, 조선인 후보자들에게 대해 통일적 행동을 취하길 요망한다더라. (평양)

〈자료 79〉 소위 공인후보자 (1926.10.19, 4면 4단)

금년 부협의원 개선 시에는 재래와 같은 무능·무식배를 선출하지 말고, 상당한 지식자와 완전한 인격자를 공선하여 북부 부민의 복리증진을 위하여 최선을 다해 논쟁할 만한 인사를 선거하자는 의미에서 유지가 회합하여 공인후보자를 선발하기로 작정했다는 소문이 부 내에 전파되자 각 계급을 물론하고 쌍수를 들어 찬성하며, 금번에는 이상적 선거가 되리라고 수삼 인만 모이면 공인후보 이야기를 하리만치 선전이 되어 무한한 기대와 희망을 가지고 있었다.

그래서 우선 선거위원을 선출할 위원 7명이 협의한 결과 선거위원 21명을 선거하였다. 21명의 선거위원은 30명을 구두로 호선하여 그중에서 투표한 결과 15명의 공인후보와 2명의 예비를 내었다. 그런데 이 위원과 후보와의 면판을 대조해 보면 이상한 생각이 아니 날 수 없다. 모두가 무슨 밀접한 관계가 있는 것도 같고, 병정과 대장 관계도 같고, 아무튼지 이상하고 야릇하여 보인다. 선거위원은 가슴에 손을 얹고 양심에 물어보라. 과연 부민의 행복을 위해 선출한 것이냐, 그렇지 않으면 무슨 책동이냐 협잡이냐. 적어도 조선의 수도 경성에 재주하는 부민으로서는 이것으로 공인이라 할 수 없다. 당선이 된다 하더라도 대가리 수효 채임이나 되고, 회의 시에 아좌수(啞座睡) 노릇이나 하고도 10원이나 생긴다 하면 대강이를 싸매고 덤비지 않았던가? 구복(狗腹)을 채우기 위하여 삼십만 부민의 이해를 무시하고 광희문 밖 사석산(沙石山)을 공동묘지로 팔아먹으려는 등 협잡배들에게는 신성한 투표를 할 부민이 하나도 없을 줄 확신한다.

<자료 80> 망중한인(忙中閑人) - 보는 대로 듯는 대로 생각나는 대로 (1926.10.20, 2면 1단)

공동묘지 문제

요사이 공동묘지사건으로 경성부에는 문제 거리가 하나 생겼다. 부협의원 다수의 가결로 이미 내정된 동소문 밖 미아리에 반대운동이 일어나서 미아리파와 수철리(水鐵里)파가 서로 뜯고 할퀴어 구경거리가 자못 가관이다. 그야말로 부민 전체의 편리를 위하여 싸운다 하면 물고 차더라도 부민에게는 무해유익이겠지마는 공직자라는 허자비탈을 쓰고 만인이 주시하는 부정(府政)의 뒷골목에서 사리사복을 위하여 꾸물거린다는데 이르러서는 너무도 대담함에 놀라지 않을 수 없다.

싸움은 계속되는 중이다. 시비는 장차 알려지려니와 어떤 협의원은 가로되 "그 같은 놈들은 아주 매장하여 버린다" 하고, 경성부 당국자는 가로되, "공정무사히 결정하겠다"라고 하였다. 공동묘지 문제에 '매장'이라는 말은 좀 어폐가 있지만 앞으로 그 같은 허수아비의 준동을 경계하기 위해서는 어느 정도까지는 '매장'도 필요할 것이다.

소위 공인후보

공직자의 탈을 쓴 허수아비와 빙공영사하는 사리배들을 배척하자는 의미로 개선기(내달 20일)를 앞에 두고 부협의원 공인후보자 추천운동이 있었다. 그리하여 "각 방면의 유지" 20명이 "각 방면의 유지" 15명을 추천하여 가로되, "공인후보자"라 하여 세상에 발표하였다. 그 당시 본보가 후보자를 추천한 '유지'와 후보의 추천을 받은 '유지'의 존함들을 일일이 발표한 까닭은 "어떤 종류의 사람들이 어떤 종류의 사람들을 추천하였나?" 하는 부민의 궁금을 풀기 위하여 "이런 유지들이 이런 유지들을 추천하였답니다" 하고 분명히 알리려 한 것이었다. 추천한 유지나 추천받은 유지 중에는 새로 듣는 성명도 있었고, 거죽은 알되 속은 모르는 유지도 있었다. 추천한 유지와 추천받은 유지들끼리야 누구보다도 더 잘 알고, 더 친하고, 더 가까운 관계가 있었겠지마는 부민의 한 사람인 필자가 우선 "알 수 없는 인물"들이 많았다. 이십만 조선인 부민의 "공인"이라는 그 같은 유지의 성명도 모르고 속도 모른다 함은 물론, 필자의 문견이 넓지 못한 까닭이겠지마는 필자와 같이 모르는 부민에게는 그 후보자가 "공인"이 아니라는 말이다.

〈자료 81〉 망중한인(忙中閑人) - 보는 대로 듯는 대로 생각나는 대로 (1926.10.30, 2면 2단)

생기는 것 없이야

경성부협의원 운동은 날이 갈수록 맹렬하여 간다. "공인후보", "자진후보" 등 20명 후보가 눈이 뒤집히게 덤비는 모양이다. 이름 간판을 세우고, 광고 명함을 박히고, 추천 편지를 부치고, 호별 방문을 하시고, 무엇을 어쩌노라고 불이 일어나는 모양이다. 무엇을 어쩌고 어쩌는 바람에 적어도 천 원 돈은 없애야 한다고, 있는 돈 없는 돈을 막 털어놓을 기세를 보인다 한다. "생기는 것 없이야" 이렇게 나덤빌 이치가 없겠지?

〈자료 82〉 공인후보 5인 마산부의원(馬山府議員) 선정 (1926.11.2, 4면 8단)

마산부협의원 개선 기일이 박두하여 옴을 따라 우후죽순과 같이 함부로 축록(逐鹿)하야 입후보를 맹렬히 운동하는 이가 조선인 측에만 10여 명에 달하여, 결국 조선인 부민의 희망하는 바가 실패에 돌아갈 우려가 있어 유지 제씨가 회합·토의한 결과 공인후보자를 선정하기로 결의되어 준비위원을 선정·임하여 유지대회를 개최케 한다 함은 기보한 바어니와, 예정기일이 지난 30일 하오 2시부터 당지 수좌(壽座)에서 부협의회원 공인후보자 선거 유지대회를 개최한바, 정각 전부터 운집하는 인사는 무려 300여 명에 달하여 정각이 되매 준비위원 측 황갑주(黃甲周) 씨가 개회를 선언한 후 좌장 손덕우(孫德宇), 서기 여해(呂海), 사찰 김귀동(金貴東), 최철용(崔喆龍) 제씨를 선정하고, 이어 좌장으로부터 취지 설명이 있은 후 유지 연설에 들어가 이형재(李瀅宰), 김태호(金泰鎬), 김용환(金容煥), 여해(呂海) 제씨가 순차 등단하야 "마산부민의 복리를 증진시킬 만한 이상과 실력이 있는 자며, 우리 조선인 부민의 신임할 만한 대표적 자격이 있는 자로 공정하게 후보자를 선거하여 그들로만 피선케 함으로 개인적 명예를 위하여 야비하게 운동하는 폐습을 방지하자"라는 의미로 열렬하게 사자후를 토하고, 공인후보자 선거할 전형위원 김철두(金轍斗), 나기한(羅琪漢), 이기일(李基一), 옥기환(玉麒煥), 이형재(李瀅宰), 이상소(李相召), 김재종(金在鍾), 김태호(金泰浩), 김용환(金容煥), 이종성(李鍾晟) 제씨 10명을 선정 일임하여 후보자 5인을 속기식 투표케 한 결과, 공인후보자로 황갑주(黃甲周), 김치수(金致洙), 서광원(徐光遠), 구인욱(具麟旭), 명도석(明道奭) 5씨가 피선되고, 실행위원으로 이기일(李基一), 김한영(金漢榮), 김구현(金九炫), 김종순(金鍾順), 이형재(李瀅宰), 김태욱(金泰旭), 김성현(金性鉉), 이현각(李鉉覺), 박명극(朴明克) 제씨 10명을 선정하여 일반 유권자 투표 점수를 균일하게 분배케 하며, 기타 실행 사무를 일임한 후 동 5시에 폐회하였다는데, 마산에서 초유의 공인후보자 선거로는 대성황을 이룬 동시에 원만하고 공정하게 무사히 회무를 진행하였다더라. (마산)

〈자료 83〉 대구잡기(大邱雜記) (대구 일기자, 1926.11.5, 4면 5단)

각지에 부협의원 선거가 야단들이다. 대구도 그중 하나로 입후보니 무어이니 하는 것을 볼 수 있다. 원래 부협의원이란 그것이 오인의 이해휴척에 관계가 있느니 없느니 하는 것은 물론, 논외일 수밖에 없다. 따라서 여기에 덤비는 이들이 대개는 특수 계급에 속하는 터이니, 선거를 운위하는 마당에 누구의 적부적(適不適)을 말할 까닭이 또한 없는 것이다. 다만 그와 같은 노릇이 있을 때마다 부민의 다수를 들먹이게 되고, 하는 짓들이 온건치를 못하니, 한 말 아니할 수 없는 것이다.

경성을 비롯하여 평양, 부산, 마산 등 각지에서는 공인후보를 정하자 입후보가 어떻다 하여 평양은 부민대회까지 열고 의론들인데, 남의 것만큼 큰 도회라는 대구에서는 부민으로부터 아무 말이 없음은 당연한 일이어니와 나서려는 사람들 측에서 아직 요요히 들리는 바 없으니 어쩐 셈인가? 깨끗하게 자각성이 있어 아무도 안 나가려는 결심에서 함인가? 아니면 무슨 장한 계획이나 따로 만드는 것이 있어 그러함인가. 대관절 어쩐 일인고. 기일은 점차 다가오는데 해보려는 사람으로는 안 바쁠 수 없다.

해(害)는 있을지언정 이(利)라고는 있을 리 없는 부협의원의 하고 못하는데, 오인의 애태울 까닭이 없으니 말하자면 쓸데없는 기우라 할까? 그러나 이(利) 없는 마당이거든 해가 없게 할 사람이 나아가야 되겠기에 걱정인 것이다. 내 일찍이 경험한 바 있거니와 대구의 부협의원이 되려는 이들은 어쩐지 다른 곳 사람들과 달라서 선거 전날까지도 나는 아니한다 하면서 속으로 굼실거리며 자못 맹렬하게 운동하는 것이 거의 그들의 묘방(妙方)이라면 묘방이라 할 만한 것이었다. 이것이 자기들의 목적을 달성하는 데 있어서 외소(外騷)보다 내실이란 득책이 될는지 모르지만, 금년 또한 그 방식에서의 무문(無聞)이라 하면 그 비열한 책동을 아니 웃을 수 없는 것이다.

방식이야 각자의 맛대로 하지만 아무래도 어느 시기까지는 그런 노릇을 보아야 될 운명에 처한 우리로는 잘 생각해 볼 여지가 없지 않을까 한다. 소호(少毫)의 이(利)가 없음은 상기(上記)한 바이니, 적어도 해는 더 미치지 않도록 하란 의미에서 차라리 일인(一人)의 선거를 아니할지언정 관료의 주구살이를 도와줄 수는 물론 못될 일일 것이다. 이에 전 부민의 냉정한 고찰을 바라마지 아니한다. 이 어찌 오인의 부질없는 주작일 것이냐?

근래 대구에는 위조 학생이 출몰하여 극장이나 운동회 같은 곳에 횡행하며, 여학생을 따르는 일이 가끔 있다고 전한다. 위조하되 공립학교 학생의 위조는 없고, 사립은 만만해 그런지는 모르겠으나 하필 교남학교 생도로 위조한 것이 여러 곳에서 발견되어 동교에서는 생도를 엄밀히 단속하기 위하여 전부 학생증명을 해주어서 가지고 다니게 하였다는데, 이런 것은 경찰이 단단히 살필 일이다.

얼마 전부터 대구의 어느 거리를 걸어보든지 길가에 죽여 내버린 쥐가 발길에 안 채이는 곳이 없다. 이것은 무슨 조짐을 보이는 것인지 모르겠다는 것으로 일반에 말거리가 되어 있다. 흑사병이 쥐에서 생긴다는데 어쨌든 불쾌한 일일는지는 모르겠으나 다른 해보다 쥐가 다소 흔해서 죽여 내버린 것이 무슨 조짐될 것이야 있을 리 없을 것이다.

〈자료 84〉 조선인은 현상 유지, 일본인은 천 명 격증, 12월의 부의선거전(府議選擧戰) 압두고 3년간 유권자 변천 (1929.10.4, 2면 1단)

11월 초순에 거행할 경성부협의원 개선은 도시 자치제 실현을 보리라는 기대에 따라 일본인 입후보자 격증으로 상당히 맹렬한 경쟁이 관측된다. 벌써부터 유권자 자격 심사에 20여 명의 계원이 분망 중. 금년 유권자 총수는 약 1만 2천 명가량으로 전기, 즉 대정(大正) 15년 개선 시의 9,190명(조선인 4,640인, 일본인 4,550인)보다 약 1천 명 증가했다. 그러나 이 증가는 총수로 본 증가이고, 민족별로 구분해 보면 조선인은 수효에 변동이 없고, 1천 명의 증가라는 것은 순전히 일본인의 증가라는 놀라운 현상.

부의원(府議員) 수(數)조차 감소될 형세, 일본인이 우세를 점령할 터 조선인 쇠퇴의 일면상(一面相)

조선인은 부협의원회장에서도 그 자리가 차차 줄어갈 수밖에 없다는 것은 유권자 수효가 상반(相半)할 때도 당선된 부협의원은 정원 30명 중 일본인 18명, 조선인 12명이라는 소수에 불과했는데, 유권자 수효가 일본인 편이 조선인보다 1천 명이 증가했음에야 그 표를 분산치 않게 조합하여 매우 교묘한 이상 선거를 해도 잘 뽑혀야 10명에 불과하여 정수의 3분의 1에 불과하리라 하므로, 조선의 수부인 경성에서 구축되는 조선인의 일면상이 여실히 전개되어 가는 것이다. 투표권을 가지는 유권자의 자격은 부세 5원 이상을 납부하는 남자인데, 부세 중에는 여러 세금이 포함되어 있으나 관리의 수입을 표준한다면 150원 수입 이상이어야 되는데 일본인은 판임관 5급 이상만 되면 그 자격이 있으나 조선인은 고등관도 5~6년 이상을 다녀야 겨우 그 자격을 차지하게 된다. 인구로 보면 3배 이상의 다수를 가지고 있는 조선인 부민이 재산을 표준으로 한 자격으로는 그 3분의 1밖에 되지 않으며, 더욱이 경향은 갈수록 심해 가는 추세이므로 요 다음번 선거기의 조선인 형세는 말이 못되리라고 한다.

과거 10년간 유권자 변동사, 조선인은 연연히 줄어들어 무용한 여자만 500명

인구로는 절대다수를 가진 조선인이 자격으로는 절대 소세력을 갖게 된 원인은 일언이 폐지하면 돈 있는 사람이 줄어간다는 것이다. 이와 같이 숫자상에 나타나는 조선인의 파멸상을 과거 선거유권자 수로 고찰해 보면 1920년에는 조선인 2,626명, 일본인 2,145명, 합계 4,771명으로 조선인이 500명이나 많았으며, 그다음 기인 1923년은 조선인 4,941명, 일본인 4,361명, 합계 9,302명으로 1923년까지도 조선인의 수효가 약 600명이나 많아 1920년과 별 차이가 없었다. 그러나 그다음 기인 1926년에는 조선인 4,640명, 일본인 4,560명, 합계 9,200명으로 조선인은 그 전기보다 300명이나 감소하였음에 반해 일본인은 200명이나 격증하여 동수에까지 되었던 것이, 다시 3년 후인 오늘에는 도리어 일본인이 1천 명이나 많아졌다.

경성부 당국자가 말하는 이 원인을 종합해 보면 납세자 인원 수효로 보면 조선인이 물론 절대 다수이나 대개 1원이니 2원이니 하는 엉성한 사람들뿐이오, 소유권을 조사하여 보아도 큰 집을 전부 팔아먹고 남의 부채로 차압당할 준비로 대개 호주가 자기 성명으로 등기를 내지 않고 여자 이름으로 등기하는 사람이 많아 현재만 해도 5원 이상 여자 납세자가 500명이나 되므로 선거유권자 수효가 적어지는 한 원인이 된다고 한다. 별항 숫자에 의해 보면 금년까지는 아직 현상유지인 듯하나 실상은 현상유지도 못 된다는 것이니, 경성에 살던 사람은 생활에 몰려 백, 이백씩 자꾸 생활이 편한 지방 농촌으로 내려가고, 그 대신에 지방 부호가 상경하는 현상이므로 이것도 어떤 기한 사이에 부호가 다 집중한 후에는 다시 전철을 밟게 될 것이라더라.

투표수는 줄었는데 입후보자는 다수, 낙선자가 많을 모양이다, 상당한 혼전을 연출?

금번 선거에 출마할 부협의원 후보자는 지금까지 윤곽을 분명히 한 사람이 현임 의원으로 한만희, 김사연, 이승우, 이인용, 예종석 등 5명이오, 신진이, 홍필구, 조병상, 최한우, 이홍종, 김석진, 이규현, 이규복, 오정환 등 8명이오, 아직 태도를 선명히 표명하지 않은 사람은 송재영, 양재창 등 2명으로 이를 전부 합하여 입후보자라 하면 15명에 달한다. 이 15명이 각기 비책을 다하여 맹렬한 선거운동을 벌써부터 일으켰거니와 유권자 수효상으로 보아 전기보다 조선인 측 표수는 적어져 잘 뽑혀야 10명 당선에다 15명이 나섰으므로 적어도 5명은 낙선할 비운에 빠지리라고 한다. 그뿐더러 일본인 측은 유력한 인물이 많이 출마할 형세이므로 이번 선거전은 큰 혼전을 이루리라고 관측되더라.

〈자료 85〉 평양시화(平壤時話) - 부협의선거전(府協議選擧戰)(평양 일기자, 1929.10.23, 3면 6단)

평양부협의원 개선기인 오는 11월 20일을 앞두고 벌써부터 선거전은 격전의 기분이 농후하다. 부협의회 자신이 결의기관도 아니오, 단지 자문기관에 불과한 기관이니만큼 그 선거전에 대해 오인은 어떠한 큰 기대나 촉망을 가지고 붓을 든 것이 아니다. 오직 부의 선거유권자와 출마자의 이해를 제(提)하고자 하는 것이다.

적어도 15만 부민을 가진 부에서 부의(府議)를 출마함에 있어서 개중에는 그 실(實)의 근본 의의와 이상을 망각하고 일종의 개인적 영예, 또는 행세거리로 알고 저열한 선전과 수단·방법으로 다수의 투표를 매수하는 예가 없지 않다. 이러한 저급적 영예를 위하여 고심하는 인물로 부의로 삼고 싶지 않으며 아울러 사회가 용납지 않을 줄 안다. 무엇보다도 출마하는 이상 부정(府政)에 충분한 이해와 10만이 넘는 민중의 생활을 살펴 어떻게 하면 조금이라도 많은 사람의 이익을 주장하며 보호할 수 있을까를 심저에 깊이 두는 인물을 부의로 선출하고 싶다. 그 실(實)을 모르고 표면적 외관만을 위해 노력하는 자가 어찌 없다 하리오. 무엇보다도 출마자 자신이 그 근본 되는 민중의 복리를 위해 투쟁할 만한 재질과 용기 유무를 재삼 고려해야 할 것이다.

이번 부의 선거에 유권자는 조선인 1,553인이오, 일본인 1,178인이라 한다. 종래의 예를 보면 어떠한 수단에라든지 정실의 관계로 부정에 이해도 없고, 하등의 부의원으로서의 확고한 자격이 없는 자에게 투표하여 15만 부민의 대표자를 삼는 예도 없지 않으니, 이 역시 사회적 죄라 하지 않을 수 없다. 부민의 이익을 위해 정당한 의견과 주창을 할 만한즉, 모든 사적 관계를 떠나 공정한 안목으로 유자격한 인물에 투표하여 부의원을 삼아야 할 것이다.

이러한 편견을 떠나 투표하는 것은 유권자로 하여금 유권자의 자격을 명확히 하는 것인 동시에, 부민에게 이익을 주는 것은 재언을 불필요한 사실이라. 명예도 아닌 명예를 위해 노력할 것이 아니라 먼저 부민의 복리를 심산하여야 할 것이며, 유권자로 무용의 투표할 것이 아니라 인물 본위로 투표하여 부민에게 실익이 있도록 하기를 바라마지 않는다.

〈자료 86〉 경제생활은 쇠퇴, 세금액은 점차 증가, 소위 유권자 수는 차차로 늘어, 마산 백의동포의 정경 일본인과의 비교 (1929.10.28, 3면 1단)

마산부 내 조선인 경제계는 날로 몰락되어 가므로, 심지어 대지(垈地)가 조선인의 소유로써 불과 6분의 1인 그것도 은행 혹은 금융조합 고리대부업자에게 거의 저당되어 있다. 그런데도 불구하고 세금을 매년 5원 이상 내는 소위 유권자 수로 보아서는 그와 반비례로 조선인이 3년 전보다 2배 이상 격증되었다. 실례를 들면 3년 전에는 부협의원 유권자 수가 일본인이 364인, 조선인이 260인이던 것이 금년 10월 1일 현재 조선인이 598명, 일본인이 497명이라 하니 3년 전보다 일본인은 133명 증가할 뿐이고, 조선인은 338명이라는 많은 수가 격증됨에 따라 세금 체납자가 격증되어 부 당국에서는 최후 수속, 즉 차압까지 하기로 내정되었다 하는데, 경제가 몰락되어 가는 상황에서 세금을 많이 내는 조선인의 수가 격증된 원인이 세금령이 개정된 데 있다 하나, 큰 원인은 부협의원들이 유권자 수를 증가시키기 위해 고의로 격증시킨 것이 사실이라 하여 일반 부민은 불평을 부르짖으며, 여론이 비등하여 일부에서는 심지어 유권자대회를 개최하고 대책을 강구하기로 한다더라.

2) 《매일신보》

〈자료 87〉 목포시화(木浦時話) - 목포부협의원선거(木浦府協議員選擧)에 대하야(목포지국 일기자, 1923.11.14, 4면 2단)

목포청년회에서는 지난 7일 오후 7시 이사회를 열고 목포 유지 제씨와 서로 제휴하여 목포부협의원 적임자 선거 방법에 관한 일을 서로 협의한바, 조선인 측 유권자 152명 중에 적당한 후보자 예선 투표를 실시한 결과 김상섭(金商燮), 김봉로(金鳳魯), 김원희(金源喜), 유중길(柳重吉), 이윤원(李潤源) 5씨가 예선되었도다.

그리고 전기 5씨가 오는 20일 선거 투표 기일에 실패없이 당선되도록 선전할 방침에 대하여는 목포청년회 이사 중 임양규(林陽奎), 김동원(金東元), 김연식(金演植), 김필호(金弼鎬) 제씨를 선정하여 이 선전사무를 집행케 하였는데 선전지 5,000매에 전기 후보자 씨명을 기재하고, 또 적임자된 문사(文辭)를 기입하여 양일간에 걸쳐 목포 시민에게 산포할 터이며, 또 엽서로 전기 예선 후보자 5씨를 선거하도록 평균 투표하란 뜻을 각 유권자에게 양차로 나누어 통지서를 발포할 터이며, 또 전기 선전 사무 집행위원 제씨는 각 유권자를 방문하고 전기 예선 후보자를 선거하도록 권고할 터이며, 선거 기일에 이르러서는 선거 장소 목포공회당 앞에 유진(留陣)을 설하기로 가결하였다.

그런데 전기 예선 후보자 김상섭 씨는 변호사로 당시 호남은행 두취, 현 부협의원으로서 제1위의 유력한 지반을 점하였고 김봉로, 김원희 양 씨는 당시 목포학교평의원이오, 이윤원 씨는 목포상업회의소 평의원이오, 유중길 씨는 상업가로서 목포 청년계에 신망이 있어서 전기 5인은 부협의원으로 선거할 자격이 있다고 목포 사회의 여론이 비등하는 동시에, 오인은 부협의원 될 유권자 152인 중 그 자격 여하는 판단치 아니하나, 그러나 선거계의 전세 내막을 관찰한즉, 전기 예선 후보자 이외 6, 7인이 암중비약의 맹렬한 운동을 시작하였으나 도저히 피선될 여지가 없고, 전기 예선 후보자 5인은 철벽과 같이 당선될 내부적 논조 조직이 순조로운 상황으로 견고하였으며, 그중 앙천대소(仰天大笑)할 것은 유권자 중 떡줄 사람은 산정(山頂)에 있는데 집에서 김칫국 마시는 격으로, 투표하여 줄 유권자는 꿈에도 생각이 없는데 목포 영명관 요리에서 옥반가효(玉盤佳肴)의 연회를 설하고, 홍군(紅裙)의 청가묘무(淸歌妙舞)로 유권자 및 기타 유지에게 유인의 운동을 시작하여 선거계를 문란케 하였다 하니,

오인은 신성한 선거계를 당하여 유감하는 바이다.

그런데 전기 예선 후보자 5인은 적임자임은 물론임과 동시에 오인도 그렇다고 시인하는 바이며, 그중 유권자 제군에게 한마디 드리고자 하는 바는 혹 개인의 친분 여부의 사적인 정에 의하여 정당한 선거를 주저하지 말고, 목포 시민을 대표할 만하고, 그 권리를 신장하며, 그 의무를 이행하여 그 책임을 중대시할 만한 인격으로서 상식이 모자라지 않은 자를 선택하여 공명정대한 선거가 있기를 바란다.

〈자료 88〉 몰염치한 목포부협의원, 근본을 속이려고 이력서를 위조해 (1924.4.24, 3면 4단)

형식을 좋아하고 명예를 취함은 현금 시대의 상예라 할 수 있으나, 목포부의 협의회원 서인섭(徐寅燮) 군은 상당한 재산은 있다 하더라도 근본이 창가의 포주였으므로 아무리 인심을 수습하자 하여 교제할 길이 없어 구구한 세월을 보내던 차, 작년 협의원 선거할 때 모 참모의 꾐에 의하여 협의회원의 운동을 하였는데 의외로 협의원에 당선은 되었으나, 협의원이라 하면 적어도 목포의 4,000여 호, 20,000여 인구 100,000여의 부세를 요리할 만한 자격이 없지 못할 것이다. 그러한데 이것을 감당하고 못하는 것은 실력 문제이나, 하다못해 형식이라도 다소간 그럴듯한 점이 있어야 할 터이므로 부청과 소관 경찰서에는 공직자의 이력서를 써오라고 명하였는데, 서인섭은 엉터리로 목포보통학교와 상업보습학교 졸업이 있다고 이력서를 위조하였으므로, 일반 부민은 군의 몰염치함에 대하여 타매한다더라.

〈자료 89〉 부의(府議) 선거운동으로 시내 요리점 대만원 (1926.11.12, 3면 1단)

선거법이 없는 조선의 선거운동, 돈만 뿌리면 아무라도 될 수 있다, 선거법 미비된 결함

요새 경성 시내 각 요리집은 늦도록 매일 만원의 성황을 이루어 풍성하기 한이 없다. 이것의 내막을 엿보면 대개는 요새 맹렬한 경성부협의원 운동이니, 밤늦도록 질탕히 노는 그들 놀이의 주인공은 물론 입후보한 사람이요, 초대받은 사람들은 유권자임이 분명하니, 연래에 보지 못하던 요리정책까지 생기게 된 것이다. 부협의원이란 제도가 처음 생길 때만 해도 오히려 협의원이니 무엇이니 하는 것이 귀치 않게 생각하는 사람이 많아서 입후보하는 이가 많지 아니하더니, 차차 협의원의 이기와 이권을 알게 되어 요즘은 이같이 맹렬하여서 한 사람 앞에 평균 5,000원이나 되는 운동비를 들인다 한다. 이 5,000원이란 운동비는 전기와 같이 유권자에게 요리정책을 쓰고 혹은 여러 가지 명목으로 전차 삯까지 지불한다 하니, 만약 조선에도 선거법이 엄정히 제정되었으면 이들은 훌륭한 선거법 위반이 될 것이나, 불충분한 구행법(舊行法)으로 취체하게 되니까 취체도 극히 어렵거니와 이들도 법에 위반되지 아니하고 교묘히 운동을 하게 되는 것이라. 이로 인하여 오직 돈만 마구 뿌려서 유권자만 사놓으면 아무라도 입선이 되게 되는 것이니 어찌 한심치 않겠는가.

유권자 매수는 물론 비신사(非紳士)의 행동, 선거운동도 숙련하여진 이때이니 선거법 제정이 필요, 경성부윤 마노 세이이치(馬野精一) 씨 답

이에 대하여 직접 관계 관청인 경성부 마노 부윤은 아래와 같이 말하더라.
"조선에도 하루바삐 선거법이 제정되어야겠습니다. 처음에는 아직 조선 사람들이 선거에 대하여 이해와 단련이 적으므로 선거법 취체령을 실시하면 도리어 입후보자나 유권자들이 두려워하여 철저히 선거가 행사되지 못하겠으므로 이를 제정치 아니하였습니다. 그러나 이제 대개 선거에 대한 지식과 이해가 있고 숙련하여졌으므로 취체령을 제정하여도 좋을 줄 압니다. 그리고 무슨 명목으로든지 후보자가 유권자들에게 요리를 먹인다든지 전차값이나 인력거값을 지불하는 것은 비록 법으로 막지는 못한다 해도 물론 비신사적 행위입니다. 이런 것을 들으면 더욱 선거법이 실시될 필요를 느낍니다."

정 심하면 구형법(舊刑法) 적용, 오와다(大和田) 주임 답

별항 선거 취체에 대하여 본정서(本町署)의 오와다 고등주임은 아래와 같이 말하더라.
"조선에 선거법은 없으나 구형법 제2편 제4장 9절 제234조에 의하여 뇌물을 받아 투표하게 하든지 또는 투표하는 자는 2개월 이상 2개년 이하의 금고에 처하고, 3원 이상 30원 이하의 벌금을 받는 것이므로 이 법문에 비추어 상당한 처벌을 하겠다." 운운.

<자료 90> 논설: 부·면 협의원 선거(府面協議員選擧) 자치적 훈련의 부족 (1926.11.21, 2면 1단)

어제는 전 조선의 부와 이에 준거할 지정면의 협의회원 선거일이었다. 그리고 현행 지방제도가 시행된 후 제3회의 선거일이었다. 회고하면 지방제도가 개정된 후로부터 지금에 이르기까지 6년, 이를 준비적 제도로 하는 혹은 최종 시험이 아닌가 하고 상상하여 얻을 이유도 있고, 이 시험에 급제 여부에 의하여 부·면 민은 자치적 계단에 하나의 진전을 기대하게 될는지 아닌지의 기로에 선 셈이다. 물론 현행의 지방제도가 여러 점에 있어서 세인의 불만을 느끼게 하는 바이나, 그러나 이러한 제도로 가장 혐기(嫌忌)할 바는, 즉 조령모개(朝令暮改)이다. 일본의 지방제도 과정을 볼지라도 1877년에 처음으로 지방자치의 단서를 열게 되고, 이로부터 10년을 거쳐서 개정을 보고, 다시 1897년 이후에 이르러 점차 자치적 완비의 영역에 도달하게 된 것이다.

지금 오인이 현 지방제도에 결함이 있는 것을 느끼게 함에 이른 것은 이것이 그동안 조선의 문화적 진보가 현저함에 비춘 까닭이니, 그러면 차라리 이에 대한 불만의 목소리가 있는 것을 도리어 환희할 것이라고 믿는 바이다. 즉 인민의 다수가 선거란 것이 무엇인 것도 알지 못하고, 아직 회의의 성질까지도 능히 이해하지 못하는 상태의 아래에서 중앙집권제도에 대하여 지방분권의 시설을 시도한 것은 이것이 그 당시에 있어서 확실히 하나의 모험적이라고 볼 수 있었다. 사이토 총독의 문화정치는 어떤 의미에서 급진적 색채를 띤 것이 아님이 아니었지만, 그 후 조선의 문화적 향상, 물질적 진보는 현행 지방제도에 의하여 행하는 제3회 선거에 여러 결함을 느끼게 한 것은 원래 당연하다고 말할 것이다. 초창시대에 있는 조선에서 이같이 현행 제도의 불만을 느끼게 된 것은 이것이 확실히 조선 민도의 향상을 증명하는 것이 아닐 것이랴.

그러나 그 결함이라는 것은 반드시 부·면의 협의회가 의결기관이 아니라든가, 또는 그 선거를 행하는 사람이 소수에 한하는 데 불과하다는 점뿐이 아니오, 선거권 자격과 같은 것도 시대의 진운에 수반하지 아니하는 감이 있고, 또 선거 취체와 같은 것도 경쟁이 격심한 상태를 보면 자못 해당 법규의 불비를 느끼지 아니할 수 없다. 그리하여 이러한 불비와 결함에 대한 느낌은 이것이 2회는 제1회보다, 3회는 제2회보다 더욱 통절하게 된 것은 사실이니, 이는 오로지 부·면의 일반적 발달에 의한 것이라고 생각할 만한 것이다. 그러나 다른 면으로부터 고찰하면 현행 지방제도, 더욱이 부와 지정면의 협의회원을 선거하는 날, 후보자 및 선거민이 이 부·면에 대한 가족적 관념으로는 매우 부족한 바가 있고, 또 자치적 자각에도 충분치 못한 것이 발견된 이상, 그 선거의 결과 성립된 신협의회가 너무도 현실의 추악을 폭로한 이상, 현행 지방제도에 대하여 일층 그 진전을 가하지 아니하면 안 된다는 이유는 이것이 그 이면의 근거를 잃은 것으로 될 것이다.

위에 의하여 이를 간단히 설명하자면, 즉 자치적 훈련이 매우 불충분하고 미숙하다고 하는 결론으로 귀착할 것이다. 따라서 이 3회의 시험은 불합격으로 될 것을 면치 못할 것이다. 그중 경성과 같이 지금 7대 도시의 하나로 된 품위 및 그 실질을 갖고, 또 청사의 신축에 의하여 소위 '새 탁자에 새 책을 둔다'는 것과 같은 필요를 느끼게 된 금일에 특히 선거민의 책임은 자못 중대하다고 말하지 않을 수 없는 것이다. 그러면 선거민 된 자는 과연 한 표의 참된 가치를 알고 선거의 참된 성질을 알아서 기권 혹은 정실에 의한 선거권의 악용과 같은 폐해가 없기를 체득하여야 할 것이다. 일종의 어린이 놀이가 아닌 이상 이를 어찌 가벼이 할 수 있을 것이랴.

〈자료 91〉 엄정(嚴正)과 과단(果斷)을 기대한다 – 선거취체규(選擧取締規)를 집행함에 당(當)하야 (1929.11.1, 1면 1단)

부의 선거전이 점차 본무대로 들어가게 됨에 따라 취체 당국은 신선거취체규칙의 엄정 집행을 기하기 위하여 해당 각 관청에게 상세 사항을 지시하는 바 있었다 한다. 선거규칙이 이미 발포 시행된 이상에는 취체 관헌으로서는 반드시 상사의 지시를 기다리지 아니하여도 법에 비추어 벌할 것은 벌하고, 금할 것은 금할 바이라 하겠으나, 법문 그것은 요컨대 집법자(執法者)의 정신과 태도 여하에 의하여 그 효과 발휘에 다대한 차이가 생기게 되는 것이어서 일껏 선거의 공정을 기하기 위하여 발포된 선거취체규칙이 있다 할지라도 이를 집행하는 해당 관헌으로서 철저를 결하는 점이 있다면 그는 결국 사문에 끝나게 될 것이며, 따라서 그 집행에 관한 상세를 각 해당 관헌에게 부여함은 가장 적의를 얻을 조치라 할 것이다.

들은 바에 따르면 취체 당국은 신선거취체규칙을 가장 엄격 또 공정히 집행하여 사소한 것이라도 위법 행위가 있는 자에 대해서 조금의 가차(假借)를 대여치 않을 방침이라 한다.

우리 사회에는 재래 부·면의 선거에 관한 취체규칙이 결여했던만치 후보자와 선거인 간에 향응 접대, 차마 제공 등 각종 행위가 공공연하게 있었으며, 또 공공연하게 행위되는 그만치 후보자나 선거인은 이를 선거에 관한 일종의 필수조건과 같이 잘못 믿는 경향까지 생기게 되었던 바이다. 그러나 선거의 신성을 모독하는 절대 악습이오, 절대 죄악이다. 지방자치 훈련 시대에 있는 금일에 당하여 이들 악습의 일소를 도모치 아니하면 우리의 장래에는 실로 가공할 화근을 남기게 될 것이며, 따라서 취체 당국의 이에 대하여 엄정주의를 취한다 함에 대하여는 쌍수를 들어 찬동함을 금치 못한다 말할 바이다. 들리는 바에 따르면 일부 유권자 중에는 후보자에 대하여 주식(酒食)의 향응을 강요하는 인물도 있다 한다. 이들 무리는 비록 부조(父祖)의 유업(遺業)이나 조물주의 악희(惡戲)에 의하여 선거권은 갖게 되었다 할지나 인간으로서의 인성을 결여한 불구자이오, 부민으로서의 체면을 더럽히는 추물한(醜物漢)이다. 이러한 무리에 대하여 마땅히 300근 철봉을 내려야 할 것은 물론이어니와, 이들 무리의 발호 조장을 빚는 후보자 등의 무염치의 행동에 대하여는 일층 철저한 규탄을 가하여야 할 것인가 한다. 그는 그자가 부민의 선량이라는 가면하에 그 추행을 연(演)하는만치 사회에 해독을 끼치며 인심을 부패케 함이 막대함으로써이다.

새로운 부의가 되기 위해서는 적어도 2천 원의 선거비를 요하게 된다 함이 일반의 정론이다. 입후보자로서 조금의 선거비도 요하지 아니하려 함은 물론, 불가능한 사실이라 하겠지만 정견 발표의 언론직조차 영성(零星)한 우리 사회의 선거직에 있어서 많게는 5, 6천 원, 적게는 2, 3천 원의 선거운동비를 요한다 함은 그 운동이 어떠한 행위를 의미한 것이라는 바를 회득하게 될 것이며, 따라서 소위 자치시대에 있다는 우리 사회가 어떠한 훈련을 연(演)하는 바를 추단하게 되는 바이다. 어찌 가히 걱정할 현상이 아니며, 한심한 경향이 아니라 말할 것이랴. 중의원의원 선거에 한 사람 앞에 4, 5만 원의 운동비를 요한다 함은 실로 악현상이어서, 혹은 일본의 대의정치가 이러한 경향에 원인되어 말하기 어려울 위태를 초래하게 될는지도 모르겠다 함은 일반 식자의 심히 우려하는 바이다. 다른 것을 모방할 때 반드시 악하며 추한 점만 모방하려는 우리 사회는 너무 괴로움이 심한 바이다. 다행히 발포된 취체규칙을 엄정하게 집행함에 의하여 선거계에 이러한 악습과 모든 악현상을 일소하게 된다하면 우리 사회의 장래를 위하여 그 얼마나 축하할 바라 할 것이랴. 해당 관헌의 엄정 취체를 요망한다.

⟨자료 92⟩ 진남포부(鎭南浦府): 격전을 조절(調節)코져 선전문을 배포, 마씨(馬氏)의 은퇴와 이씨(李氏)의 출마, 후보들의 보조정연(步調整然) (1929.11.10, 3면 1단)

수일 전 유권자대회에서 부협의회원 공인후보로 조정호(趙定鎬), 윤기원(尹基元), 오중락(吳中洛), 전낙홍(全洛鴻), 양치중(楊致中), 김영(金穎), 마재곤(馬載坤), 이종섭(李鍾燮) 8씨를 예선하였다 함은 기보한 바어니와, 그 후 마재곤 씨는 윤기원 씨가 출마케 되는 관계상 양립치 못할 사정이 있어 유권자대회에서 예선은 되었으나 부득이 지난 7일에 정식으로 은퇴 성명을 하게 되는 동시에, 출마를 고사하던 이영관(李榮琯) 씨가 결국 입후보의 기치를 선명히 하였다. 그리하여 일반 부민의 기대대로 조선인 측의 입후보자 8인은 결국 이제야 정연한 보조로 축록전에 당당하게 나서게 되었고, 이에 반하여 일본인 측에서는 아직 후보자들이 혼돈 상태에 있어 기보한 바와 같이 몇몇 후보들이 기치를 선명히 한 외에는 모두 형세관망, 암중비약, 또는 인기의 향배를 살피는 상태에 있으므로 확정 출마의 수는 아직 알 수 없는 형편에 있다. 그리고 조선인 측 공인후보 추천 실행위원 장석순(張錫淳), 김형식(金瀅植), 강완용(康完用), 김영근(金永根), 조용하(趙龍夏), 이제국(李濟國), 변용건(邊鏞鍵), 김영칠(金永七) 8씨는 별항 후보자 8인에 대하여 낙선의 참경을 당하지 않게 할 방침으로 부 내 유권자들을 일일이 호별 방문하는 동시에, 기권 또는 무용의 표를 던지지 않도록 하며, 또는 백열화한 축록전을 조절키 위하여 선전문 배포, 표수 배당 등의 획책을 세워 목하 동분서주 중이다. 그 한편 다음과 같은 선전문을 인쇄하여 각 유권자들에게 배포하리라더라.

부협의회원 선거에 제(際)하야 유권자 제씨에게

당부(當府) 행정은 우리의 공동 살림이오, 따라서 부협의회원이라는 이는 우리의 살림을 대표하여 부정 자문에 응하는 사람이올세다. 그리하여 그의 일거일동(一擧一動)과 일어일묵(一語一黙)이 직접으로 우리의 이해휴척을 좌우케 됨은 이미 과거 선거제도가 반포된 이후 경험에 의하여 확연히 나타나는 것은 사실이었습니다. 하물며 이 당지(當地)는 모든 시설이 목하 발전기에 있음에 따라 날로 복잡다단해 가는 이 공동 살림인 부정(府政)에 직면한 금일에 있어서이리오. 이에 오인은 물론 우리를 위하여 우리의 의사를 거울과 같이 비치어 이해 휴척을 양어깨에 부담할 만한 인격의 대표자를 구하려 함은 우리의 당연한 권리요, 의무요, 책임입니다. 그런데 만일 이에 반하여 하등의 청탁이나 또는 정실에 끌려 무의식적으로 '어떠한 인물이 부의에 당선이 되든지 나한테 무슨 상관인가' 하는 재래의 부패한 인습을 취하게 된다 하면 이는 소위 어리석은 자가 자기 집에 불지르는 격으로 결국 우리 앞에는 말할 수 없는 불행이 있을 것만은 엄연한 사실입니다. 유권자 제씨여, 생각하시오. 비록 한 표라도 부정을 좌우할 힘이 있습니다. 고로 지난 4일에 유권자대회를 개최하고 공정히 투표한 결과 공인후보로 위에 쓴 제씨가 추천됨은 제씨도 이미 잘 아시는 바인즉, 오는 20일 오전 10시부터 오후 3시까지, 부청 앞 공회당 누상에서 정식으로 부협의회원 선거 때에는 모쪼록 제씨가 임하시어 기권 또는 무용의 표를 던지는 폐가 없게 하시는 동시에, 공인후보 제씨에게 그 귀중한 표를 주시어 부정 시설에 유감됨이 없게 하심을 성심으로 기원하는 바입니다.

1929년 11월 ○일

진남포부협의회원 공인후보추천사무소 실행위원 일동

3) 《조선일보》

〈자료 93〉 안주만필(安州漫筆): 지정면이 된 안주면의 협의회원 선거에 대하여 조선인 유권자에게 고하노라[안주(安州) 일기자(一記者), 1923.5.8, 4면 2단]

본 면은 고래로 상업 중심지로 안주의 저명한 군청 소재지요, 지리상 평남·평북도 경계에 위치하여 해륙산물의 집산지이며, 주민의 태반이 상업을 전업하는 호수 3,700여 호의 은성(殷盛)한 큰 면이라. 일층 원활한 발전을 도모하기 위하여 보통면을 지정면으로 승격하였다 함이 행정 당국의 주지이며, 금회 지정면 실시에 따른 면협의원 12명을 오는 21일에 선거한다 함도 이미 보도한 바이니와, 종래 보통면의 면협의회원은 군수가 이를 임명하였으나 지정면은 선거법에 의하여 면민 유권자가 공선하는바, 이것이 서로 다를 뿐이오, 총독정치의 전형(典型) 자문기관의 결의기관으로 변하는 것은 아니다. 그러나 보통면이 지정면으로 변하는 데는 면민의 부담금도 점점 확장될 터이오, 각 방면의 시설이 따라서 진보되면 면협의회 자체가 어느 정도까지의 중추기관이 될 것은 사실이다.

최근 들은 바에 따르면 면 내 인구 300여 명에 불과한 일본인 유권자 측에서 지정면 문제를 일층 중요시하여 협의원 당선 경쟁의 진용을 불태(不怠)한다는데 1만 5천 여 명의 면민을 배경한 조선인 유권자가 도리어 이 문제를 관망하며 마치 뜬구름에 대한 노인의 태도라 한다. 오인은 이에 대하여 선택의 자유를 갖지 못하거니와 이 어찌 통탄할 바가 아니리오. 비록 현 사회의 불합리하게 자산 정도만 표준한 유권자라 할지라도 법칙상 면민의 표현 자격을 가진 제군이 아닌가. 중대 문제를 목전에 두고 평안한 태도를 취한다 하면 그의 영향과 관계가 어떠할 것인가. 제군은 마땅히 책임적 관념으로 금번 인선 문제를 철저히 각오치 아니하여서는 안 될 일이다. 현명한 제군의 용의가 물론 국외자(局外者)와 비류(比類)할 수 없지만 만약 인선을 그르친다 하면 앞길에 고통 불안과 핍박 등 온갖 희생으로 그 불행에 눈물 흘릴 자 누구보다 면민이 될 것도 각오할지며, 지정면 실시 후에 계속 사업인 시구 개정, 시장 분포, 교육, 위생, 경비 등 시설에 관한 면민 중 특히 조선인의 이익을 옹호하려면 유권자 비례에 상당한 피선자 수를 얻어야 될 터이니, 적당한 인재의 협의원을 선출하기에 노력할 것이다.

혹은 배일적 논필이라 할는지 모르거니와 필자도 조선인 면민 중 한 사람이므로 유권자 비례 수의 상당한 조선인 면협의원의 선출을 얻지 못하면 다수의 민의 표현을 얻어 풍속이 다른 일본인 협의원에게 의뢰하자 함은 숲에 가서 물고기를 구하는 것이 아닐까 하는 이유이다. 그런즉 12명의 면협의원 중 일본인 2명, 조선인 10명의 표준으로 당선됨이 비례상으로 보아 공평한 동시에 일반 면민의 요망이다.

그리고 금번 선거 집행은 기보와 같이 9월 21일 오전 9시로부터 오후 4시까지 면장의 지도 취체하에 엄숙히 집행하되 선거인과 선거 사무에 종사하는 자 및 선거를 감시할 직권에 있는 자 외에도 신문기자의 회장 참여도 허용할 수 없다는바, 이는 후일 경과의 발표할 기회에 전하리니와 선거인 심득이 매우 복잡하여 투표 방법이 법규에 위반만 되면 모처럼 투입한 표도 무효에 돌아간다 한즉, 실격자가 나오지 않도록 유권자는 전부 출석하여 주의서를 숙람한 후 우선 선거 당일에 불미한 행위가 없기를 간절히 바라는 바이다.

<자료 94> 면협의원 선거 문제(1923.5.20, 4면 3단)

안주군 안주면 면협의원 선거 문제를 무관심한 조선인 면민 유권자의 태도를 일반이 우려한다 함은 이미 보도한 바이거니와, 협의원 인선의 적부는 면의 융성에 관련되므로 이를 신중히 고려할 필요가 간절한데 유권자 간에도 면 내에 어떤 인물을 추천해야 되는지 자못 미혹한 형편에 있는 모양이며, 종래 보통면 시대의 연령 및 재산 본위를 버리고 인격 본위를 취하지 않으면 도저히 이상적 선거를 기하지 못할 뿐 아니라, 일본인 협의원 수가 조선인 범위를 넘을 우려가 있다 하여 유권자대회나 호별 방문 후 결속의 공고를 보진함이 가하다는 일부 인사의 제창까지 있었으나 현재 사정상 도저히 불가능할 것이라 하여 자연에 임한 바이며, 일선인협의원 균형 문제도 양해하에 인물 비판의 기회를 얻은 후 일선인 간 원만한 해결을 만들었으면 무방하다는 여론이 있다더라. (안주)

<자료 95> 평양에 시민대회 개최. 금번 부협의회 추천으로 평양부 제일관에서 개최
(1923.10.28, 3면 3단)

금번 부협의원 선거에 임하여 조선인 유권자 측은 26일 오후 2시 30분 평양제일관에서 시민대회 열었는데, 임시의장 정세윤(鄭世胤) 씨가 사회하는 아래에 먼저 평양 유지 측으로부터 이덕환(李德煥) 씨가 등단하여 간단한 연설. 동 씨는 가슴에서 끌어나오는 열정에 못이기는 상태로 말하되 "여러분이시여, 금번 부협의원 선거에 임하여 과연 우리는 충실한 인격과 지식이 있는 자로서 우리 평양 사회에 적어도 십만 인민을 위해 행복의 길로 인도할 자로 잘 선택합시다. 또한 평양 사회에 아직 불완전한 모든 것을 완전히 만들어놓아 자손으로 하여금 여한이 없도록 할 자! 썩어진 명의를 구하지 않고 자기의 민족을 위해 정신적 희생을 바쳐 분투노력할 자로 특별히 잘 선택합시다" 하고 말이 끝나자, 일반 청중이 환호하는 박수소리가 장래를 매우 요란케 하였으며, 그 후 다시 유지들 중 강유문(康愈文) 씨가 등단하여 말하되 "여러분! 썩어진 부협의원의 명의를 도적질하려고 애쓰지 맙시다. 협의원을 상당한 사람으로 택하지 못함으로 인해 우리 평양으로만 보더라도 먹을 것 입을 것 없이 유리방황하는 동포가 그 수를 헤아릴 수 없습니다. 이것이 다 누구의 죄냐고 하면 이전부터 무자격한 부협의원을 선택한 결과입니다"라고 하며 분기에 못 견뎌 가슴으로부터 피가 끓어나오는 말소리로 끝 마치자 청중 1,400여 명의 박수갈채가 있은 후 이로써 연설을 마치고, 협의원 후보 추천 방법에 이르러 일반 회중의 추천으로 열세 명이 당선되었는데 그 후보 씨명은 다음과 같다. (하략-편역자)

〈자료 96〉 마산부민의 축록관(逐鹿觀) 부협의원 선거전(1923.10.29, 4면 8단)

금후 20여 일을 경과하면 마산에서도 부협의원 선거전에 격렬화할 것이다. 이 격렬화할 선거전에 누가 출마하여 영관을 쓸지는 미리 판단하기 어려우나 풍설에 따르면 현재 조선인 협의원 4인 중 노인 측으로 손덕우(孫德宇) 씨는 출마를 단념하고 부민의 복리를 증진케 할 만한 자로서 부정을 능히 감시할 만한 소장인사의 출마를 갈망하며, 김태호(金泰鎬) 씨는 당당하게 진세(陣勢)를 견고히 하고 출마하여 금번에 새로 출마하고자 하는 소장인사와 축록의 전(戰)을 결(決)할 터이라 하며, 이용재(李龍在) 씨는 표면으로 재차 출마를 불호하는 듯하나 암중재기를 시도하며 책사와 권유자가 있어 필승을 기한다 하오. 이상 3인 중 최소장연자이며, 부 행정에 대한 경험과 부 사업의 선부선(善不善)을 판명하는 김치수(金治洙) 씨는 아직 후보를 성명하지 않고 다만 형세를 관망 중이라 하나 선거전이 백열화할 때는 필연 재기를 불사할 터라. 위의 쓴 것처럼 현재 협의 중 1인의 단념과 1인의 운동, 1인의 관망에 대해 부민의 기대가 있고, 일부 인사의 후원이 있는 김형철(金炯轍) 씨는 새로 출마할 터이며, 이외 모모 인사 3, 4인은 책사를 사용하여 유권자들 사이에 왕래하여 맹렬한 운동을 시도한다. 이외에도 무명의 인사로 금력과 세력은 없으나 부민의 복리와 부의 진전 발달을 위해 출마하고자 하나 주저 중이라 한다. 일본인 측은 현재 협의원 8인 중 1, 2인의 단념자가 있을지나 다수는 재기할 터이라 하며, 이외에도 2, 3인의 야심가와 1인의 유력자가 출마할 터라 하니 금후 축록전이 점점 전개되어 장차 백열적으로 화할 것은 필연의 세인데, 현재 모 협의원이 말하는 바와 같이 전번 선거 때엔 공인후보자를 미리 선거하여 폐해가 많았은즉 금번에는 공인후보자 선거를 철폐하려 하나, 만일 소수인 조선인 유권자로서 공인후보자를 미리 선거치 않고 선거에 임하면 다수 유권자를 가져 비례상 출마자가 소수인 일본인에게 패배를 당할 것은 필연이라. 그러므로 조선인 유권자는 미리 공인후보자를 선거하여 지반을 공고히 하고, 일치한 행동을 취하여 선거에 임하면 4인의 당선은 물론 5인의 당선도 무난

할 것이라 한다. 여하간 마산부협의원은 2만 부민의 시정을 위한 중요기관이요, 부정을 감시할 자이매, 공정한 인격자로서 부민을 선도하며 부 행정에 명료한 자의 선거를 부민은 요망하며, 부정의 시비와 민복을 조장함에 아무 주장 주견이 없이 오직 황금의 세력과 헛된 명예를 취하는 자의 당선은 배척할 터라 한다. (마산)

〈자료 97〉 겸이포 면협의원 선거에 대하여(겸이포지국 일기자, 1923.11.18, 4면 4단)

거금 3년 전 조선 문화정치를 고창하는 바람에 지방행정의 자문과 민의창달을 표방한 각 부·면 협의원제가 선포되었었다. 그 명실의 부합하고 아니한 것과 그 직권의 상등하고 아니한 것은 평론할 것이 없고, 또 왕년 1회 당선의 영광을 얻어 3년 이래 지방행정의 자문에 응하며, 민의의 창달에 노력하여 우리 교육이나 산업이나 기타 만반의 희망을 얼마나 기도함이 있고 없는 것은 우리의 방관·주목하는 자보다 차라리 그 책임자 된 자기들의 중심에 비추어 넉넉히 판단할 것이다. 그러면 그 영예직이 과연 우리의 탐취(貪取)할 만한 가치가 있고 없는 것을 또한 짐작할 것이다. 그나마 이것이 또한 우리에게 처음 돌아오는 명예이며, 우리 민중을 위하는 표방인즉, 우리가 구태여 탐취하지 않을 것도 아니다. 그런데 우리 겸이포는 불과 1면의 사무를 취급하는 지방이나 그 면이 소위 지정면이며, 3천 가호에 1만여 인구가 거주하는데, 더욱이 일본인과 조선인이 복잡히 생활하는 까닭에 관공서의 제반 처리가 완연한 시가지규칙을 준행함은 일반이 다 아는 바이다. 그러므로 무슨 선거를 하든지, 무슨 회의를 하든지 설장등단(設帳登壇)이 제법 순서를 찾는다. 3년 전 협의원선거제가 처음 실시되던 당시로 말하면, 거리거리 후보자 선거 간판을 굉장하게 세워 놓고, 명리에 목두한 자들은 주야를 불구하고 동서분주하여 당선을 운동하는데 교활한 수단과 행동이 얼마나 많았던지, 선거 후 첫 인사로 피선자나 선거자를 물론하고 경찰서 유치장 살림을 며칠씩 하여 한참 동안 살풍경이었는데, 그 내용은 교제에 수단이 있는 일본인들이 요리상이나 기타 수완으로 조선인 유권자의 표권을 은밀히 샀던 사실이라 한다. 그럼 조선인은 그 선거권이나 피선거의 영예를 그리 귀하게 생각지 않아 술 한잔이나 고마운 인사 '아리가토 고자이마스' 한 마디에 팔았던지, 또는 간교한 수단에 넘어서 그렇게 했던지 그것은 자세히 알 수가 없으나, 아무러나 그 가운데 금전의 세력이나 혹은 기타 자기의 밀접한 관계로 여공불급하게 일본인에게 투표를 운동하여 주노라고 안비막개(眼鼻莫開)[35] 하는 소개자들의 행위는 참으로 볼 수가 없었다 한다. 금년은 아직까지 아무 동정이 없는 것 같아 비교적 연전보다 운동열이 감퇴된 듯하나, 기일이 멀지 않았은즉 훌륭한 월계관이 어떤 사람에게로 돌아갈는지 알 수 없으나, 정원이 10인 가운데 선거권자의 총수를 비교·계산해 보면 일본인이 8인, 조선인이 2인에 상당하다 한다. 실상을 말하면 그 10인 협의원 가운데 조선인이 8할을 점한다 할지라도 상등한 권리를 보존하기가 의문인데, 원체 총수부터 크게 서로 같지 않은 판에 예정대로 조선인협의원 2인이 몰수당선이 되더라도 중과의 관계로 매회의 상 수나 채우고 방관함에 불과할 터인데, 더군다나 투표수를 일본인에게 몇 개라도 선사하게 되면 겨우 1인의 당선이나 될는지 말는지 한 현상에 있을 것이다. 그럼 장래 형식이나마 면 행정의 협의 내용을 조선인 측으로는 어찌 듣기도 어려울 것이다. 그뿐만 아니라 조선인 사이라도 되도록 유권자의 합의로 상당한 인격을 바라서 선거하지 않으면 2인은 고사하고 몇 명이 피선되더라도 필요가 없을 것이다. 훌륭한 명예를 뒤집어쓰고 행세를 아니할 수 없어서 면의 통지를 기다려 관리 영송의 연회에나 참가할 뿐이오, 회의석상에서는 한 모퉁이에 앉아 일언의 의안을 답론하지 못하거나 그나마 출석도 하지 않아 '조선인협의원은 무책임'이라는 별명을 듣게 되면 차라리 초불생심에 가할 것이다. 여하간 필자는 불원한 기일에 선거 상황과 그 성적을 기다릴 뿐.

〈자료 98〉 피선자(被選者)를 지정한 면협의원 투표법, 일반은 불평과 의심 중(1923.11.19, 3면 3단)

경남 진주군 진주면에서는 면협의원을 금 월 20일 오전 9시부터 동 오후 4시까지 본 면사무소에서 투표한다고 유권자에게 면협의원 선거인 심득서를 면 하인으로 하여금 돌렸다. 이에 따라 각 유권자는 맹렬한 운동을 하는 중인데 이외에 각 동구장이 각 유권자의 씨명을 열명하여 가지고 다니며 '이 동네는 아무가 결정이 되었으니 그 사람을 투표하라 하옵디다'라고 함으로, 이 말을 들은 일반은 그 괴이한 내막을 알 수 없다 하며 면소에서 결정하였으면 그만이지 투표할 필요도 없을 뿐 아니라 시켜서 하는 기계적 투표는 하지 않는 것이 좋

---

35   안비막개(眼鼻莫開): 눈코 뜰 새 없이 바쁜 것.

다 하여 다대한 불평을 가지고 있는 모양인데, 구장에게 물으니 부면장 박제화(朴在華)가 시키더라 하므로 지정된 아무개들은 부면장 박재화에게 청이나 함이 아닌가 하는 의심이 있다더라.

〈자료 99〉 사설: 피선된 부협의원들에게(1923.11.23, 1면 1단)

일전에 부협의원 선거전에 새로 피선되고 혹은 재선되어 참신한 고모(高帽)는 고산(高山)이 아아(峨峨)³⁶하고, 선명한 예복은 훈풍이 습습(習習)³⁷하다. 부협의원 제씨들아. 우리가 제위와 함께 평일에 담소할 때 심상한 어차간(語次間)이라도 왕시에 중추원의관 각 부(部) 주사, 각 능참봉(陵參奉) 등속 외 차함(借銜)과 최근으로 말하여도 전위분(典衛分) 참봉(祭奉), 등속 골계극(滑稽劇)³⁸을 설도(說道)³⁹할진대 재언(再言)을 필요로 하지 않고 가로되, 이는 곧 민족의 만야몽매(蠻野矇昧)⁴⁰한 표징을 광고함이라 하지 아니하였는가. 부협의원은 일반 부민의 복리를 도모하기 위해 부 행정에 자문기관의 자격을 갖춘 자이니 옛날의 의관, 주사, 참봉, 전위 등 허명(虛名)과 동일하게 간주하지는 못할 바이나 다만 과거 경험으로 미래를 미루어 생각하건대, 협의원 제도가 성립된 지 2개년에 협의원 그들이 우리 부민을 위해서 무슨 공헌이 있었는지, 아무런 이익이 없었음은 고사하고, 어떠한 손해도 또한 없는지라. 그러면 그것의 유무가 절대로 무의미한 것인즉, 협의원의 허영이나 주사 참봉의 차함(借銜)이 피차간 우열이 별로 없다 해도 과언이 아닌 줄로 우리는 인정하노라. 그러나 조소하고 분경(奔競)⁴¹함이 과연 어떠한 견지에서 나온 수단인가. 만일 포부(抱負)한 부정(府政)의 성안이 있어서 협의원의 권리를 가차(假借)⁴²하고자 함일진대, 두뇌가 분쇄(粉碎)하도록 운동할

---

36 아아(峨峨): 산이나 큰 바위 같은 것이 아슬아슬하게 치솟은 모양. 위엄이 있고 성(盛)한 모양.
37 습습(習習): 서늘한 바람이 가볍고 부드럽게 부는 것.
38 골계극(滑稽劇): 익살스럽고 우습게 꾸민 연극.
39 설도(說道): 도리를 설명함.
40 만야몽매(蠻野矇昧): 미개하고 어리석음.
41 분경(奔競): 지지 않으려고 몹시 다투는 일.
42 가차(假借): 임시로 빌리는 것.

지라도 당연히 그러할 것이라고 승인할 터이며, 기왕에는 비록 아무 실익을 기여함이 없었지만 장래에는 그렇지 않을 것을 능히 자신할진대, 우피(牛皮)를 직모(直冒)하고 전투할지라도 우리가 그를 후원하겠노라. 어느 방면으로 고찰해도 그러할 가능성이 없거늘 애꿎은 맥주병, 과자합(菓子盒) 등의 금전 세력을 발휘하여 그 목적을 도달하면 자랑하면서 스스로 만족하고, 그 목적을 도달치 못하면 척척(戚戚)[43]이 자실(自失)함이 대체 무엇을 위함인가. 사물을 이해하는 지력이 부족하거나 또는 이해(利害)의 타산이 명료치 못하여 세인의 평론이 어떠한 것을 알지 못하는 자이면 오히려 가설(加說)이라 할 터이나, 제위로 말하면 소위 지식도 있고, 금전도 사랑하는 다지다력(多智多力)한 계급이어늘, 그 행동인즉 이와 같으니 돌돌재사(咄咄恠事)[44]가 아니라 말할 수밖에 없는 바이로다. 그러나 세인은 모두 군 등의 명리열(名利熱)을 타매(唾罵)하지만 나는 제군의 심사를 충분히 양해하노니, 먼저 그 명의를 가차(假借)하여 그 실권을 초래하고자 함이 아닌가. 그렇거든 아무쪼록 노력하여 협의원은 무용한 물(物)이라는 평판을 쾌히 소설(昭雪)[45]하여 고시대의 차함으로 더불어 일철(一轍)[46]에 귀(歸)치 말지어다.

〈자료 100〉 소성기필(邵城奇筆) - 인천부협의원 선거 (인천지국 일기자, 1923.11.26, 4면)

한참 인천 사회가 들썩하게 떠들고, 일반 부민의 시선이 모이던 인천부협의원 문제도 지난 20일 하오 4시 반 판결 언도가 되었다. 조선인 7인 후보자 중 6인이 당선되고, 일본인 11인 후보자 중 10인이 당선되었다. 물론 당선된 이상 16인으로 말하면 부민의 신뢰가 집중된 양반들인 동시에 상당한 포부와 수완을 가졌을 것이다. 여하간 일반 부민이 이상 11인에 대해 부민을 대표하여 부사업을 발전케 하며, 부민의 의사를 창달하여 달라고 선거한 것이다. 그러면 제군들은 제군들의 책임을 이행해야 한다. 또 유권자 제군이 발분망식하고 투표해 준 효력이 생길 것이다. 부협의원으로 말하면 일반 부민의 복리를 증진하며, 도모하기

---

43 척척(戚戚): 슬퍼하거나 근심하는 모습.
44 돌돌재사(咄咄恠事): 괴이하게 여겨 놀라는 일.
45 소설(昭雪): 억울한 누명이나 원통한 죄를 밝혀서 씻음.
46 일철(一轍): 한 줄의 길 같은 자국의 뜻으로, 먼저 있던 다른 경우와 동일한 길을 밟음을 이름.

위해 부 행정의 자문기관인바, 만약 제군 등이 그 자격과 책임을 이행치 못하면 일반 인사의 웃음거리가 되던 중추원 찬의나 의관, 참의, 참봉, 주사 격에 불과할 것이다. 즉 중한 책임을 책임대로 이행치 못하고, 다만 목우(木偶)와 같이 유유락락으로 유일한 권능을 삼으면 웃음거리밖에 안 될 것이니, 실로 좋기도 하고 그르기도 한 것이다.

금번 부협의원 선거 당시 일반 유권자의 투표하는 걸 보고는 과연 아직도 이렇게 각성치 못하였는가 하는 탄식을 참을 수 없었다. 그렇지 않아도 부 행정이 일본인만을 토대를 삼아 일본인에게 유익한 방편이 많아야만 그것이 성립되는 이때에 이 같은 생각이 있으면 협의원을 한 명이라도 조선인을 더 선출하여 협의 석상에서 가급적 조선인의 방편이 되도록 다수가 주장하게 해야 할 것인데(그래도 될지 말지 하지만) 16인 중 일본인이 10인이오, 조선인이 6인이니, 그 반수도 되지 못한다. 만약 조선인 유권자가 결속하여 일본인에게 한 표라도 투표하지 않았으면 조선인의 후보자 전부가 당선될 것이다. 그런데 조선인 유권자 316인 중 장석우 씨 56점, 정순택 씨 35점, 김상규 씨 28점, 정치국 씨 23점, 주명기 씨 18점, 김윤복 씨 15점 외에 이재구 씨에게 11점과 기타 무효 3점, 백지 7점을 조선인의 투표라 하여 도합 196표인바, 그 잔여 120점은 일본인에게 조선인이 던진 표수이다. 120인이란 조선인이 만약 결속하였으면 4인 이상은 조선인 협의원을 더 선출했을 것이 아닌가. 오호라 이렇게 어떤 정실(情實)과 어떤 권력하에서 이 같은 것을 강작(强作)하는 동포여! 동포는 아직도 세상 형편이 어떠함을 알지 못하여 그럼인가. 아니면 호구책에 타격을 받을까 염려해서 그럼인가? 어쨌든 가련한 조선인의 심사여! 이것이 줘도 못 찾아 먹는 유일한 원인이 됨이로다. 깨어라! 점점 깨어라! 그렇지 않으면 사사건건 오직 우리를 말려죽이는 화염이 될 뿐이다.

〈자료 101〉 도평의원 임명과 문제, 도(道)의 처치를 힐책하는 부협의(府協議), 최고 점수를 얻은 원덕상 씨를 관선으로 함은 틀린 일이라고(1924.4.5, 3면 1단)

지난 3월 22일 경성부협의원회 첫날에 경기도평의원 후보자로 조선인 측은 원덕상(元悳常) 씨, 일본인 측은 마쓰모토 마사미(松本正寬) 씨 외 각각 네 명, 총수 여덟 명의 후보자가 당선되었다 함은 이미 보도하였던 바이니와, 그 후 4월 1일에 임명된 도평의원 관선과 민선 씨명을 보면, 민선 중 경성부에는 유병필(劉秉珌), 김한규(金漢奎), 마쓰모토(松本), 후지이(藤

#) 4씨요, 관선 중에는 당시 경성부협의회에서 제일 많은 점수(25표)로 당선된 원덕상 씨가 관선이 되었으므로 이에 대하여 지난 5일의 부협의회에서 히라야마(平山) 씨 등이 주장한 바에 따르면 "도평의원을 관선하는 것은 민선 평의원 이외에 특색을 가져야 할 것인데, 원덕상 씨로 말하면 민선 중에도 최고 점수를 얻은 이로 당연히 민선으로 할 것이오. 부협의회에서 선거한 후보자 여덟 명 중에서 결국 민선은 네 명밖에 안 될 것이므로 관선은 민선을 제한 네 명 중에서 임명하는 것이 옳을 것인데, 전기와 같은 도 당국의 처치는 경성부민의 의사를 무시한 것이오. 또 경성부 내의 관선 평의원 정수 아홉 명 중에 부협의회에서 선거한 후보자 중 민선 네 명을 제하고 나머지 네 명을 관선으로 하는 것이 순서에 온당한 것인데 겨우 조선인 측의 원덕상 씨 한 사람을(그나마 민선의 최고점자를) 관선으로 임명한 것은 역시 도 당국의 처치가 무리하여 민의를 무시한 것이라고 인정하며, 이에 대하여 도 당국과 부윤 사이에 무슨 타합한 일이 있는가" 하는 질문에 대하여 부윤은 대답하길 "그와 같은 타합은 없었으나 요량컨대 당국에서 원덕상 씨는 부협의회에서 투표하기 전부터 관선으로 임명하기로 내정되었던 모양"이라고 하매, 이에 대하여 협의원 측에서는 민간에서 후보자를 투표하기 전부터 도청에서 관선할 인물을 정하여 두는 것은 그야말로 민의를 무시하는 횡포이오. 협의원회에서 피선된 후보자가 사회주의자나 기타 위험 인물이 아닌 이상에야 이와 같이 괄시하는 도청의 처치에 대하여 그대로 있을 수 없으니, 장차 위원을 선정하여 도 당국자에게는 사정 전말을 질문하기로 하였는데, 들은 바에 따르면 이번 부협의회에서 피선된 평의원 후보자 대다수는 당국에서 환영치 않는 인물이므로 전기와 같은 상황이 생겼다는 소문이 있는 중 이것이 사실이라면 이 문제는 상당히 복잡하게 되리라더라.

〈자료 102〉 발표 기일 전에 유권자 명부 열람. 부협의 선거에 부정사건, 부청의 고원을 매수(1926.11.9, 2면 8단)

시일이 절박됨을 따라 경성부협의원 선거운동은 날로 맹렬해지는 모양인데, 그중에도 조선인 측은 부협의원이 창설된 이후로 처음 보는 맹렬한 운동을 보여서 다방면으로 망라한 공인후보자까지 결정하고 운동을 계속 중에 모모의 비공인 입후보자들로 인하여 다소 말썽이 생기는 모양인데, 게다가 몇몇 부청 고원들이 그들에게 매수되어 발표 기일 전에 이미 유권자명부록을 전기 모 비공인 입후보자에게 열람시킨 결과, 그들은 즉시 그것을 인쇄하여 배부까지 하였으므로 분규는 일층 심하게 된 모양으로, 당국자인 마노(馬野) 부윤은 7일 밤 천대본(千代本)에서 나가오(長尾) 이사관을 대신하여 많은 변명이 있었으나 과연 사건은 어떻게 진전될는지 자못 주목의 여지가 있더라.

<자료 103> 요령부득의 변명, 경성부협의원 선거유권자명부에 대한 독직(瀆職)사건
(1926.11.10, 2면 1단)

경성부협의원 선거유권자명부에 대한 독직사건에 관하여는 부 당국의 변명은 요점을 잡을 수 없는 모호한 점이 있어, 공공연히 그와 같은 독직사건을 두고 변명으로만 버티는 부 당국에서는 전기와 같은 사건이 금번 처음으로 발생한 것이 아니라 선거 당시마다 명부로 인한 독직사건이 있었다는바, 금번 사건의 진상에 대하여 부 당국의 변명 중에는 명부로 생긴 독직사건을 이번에 처음으로 발견함과 같이 말하나 금번 유권자명부 등본에 대한 사례금은 21일 밤에 시내 황금정 아서원에서 연회를 열고 이것을 소비하였다는데, 명부 등본의 사례금은 30원만을 제한하는 것이 아니고 이 사례금은 등본한 이원에게 분배하는 것으로, 이 분배는 항상 계 주임이 결재하는 것은 공공연한 일이었다는바, 등본하는 시일에 관하여서도 부 당국은 명부 열람을 허가한 10월 21일 정오에 이원과 의뢰자 간에 주고받고 하였다 하나, 21일에는 이 등본을 인쇄하여 판매한 사실이 있었으니 겨우 두어 시간 동안에 1만 명이나 넘는 유권자의 명부를 인쇄하여 제보할 수 없음은 상식으로도 누구나 능히 알 수 있을 것이며, 모 일본인 후보자가 인쇄하여 판매하는 명부록의 명부 열람 허가는 약 1개월 전후부터 얻은 모양인데, 부 당국의 변명에 따르면 모리야마(森山) 계 주임이 이 사건에 전혀 관계치 않는 것 같으나 등본한 이원은 모두 모리야마 주임의 명령으로 일을 처리하는 터이므로 등본을 의뢰하려 하면 먼저 모리야마 주임의 양해를 얻지 않으면 안 될 일이며, 더욱이 기괴한 것은 이것을 의뢰할 때 사례금으로 선금을 내지 않으면 모리야마 주임의 양해를 얻을 수가 없다고 하였다는바, 이와 같이 대담한 독직 행위를 그냥 은폐코자 하는 부 당국의 태도는 부민의 반감을 사는 행동이라고 일반은 관측하는 터인데, 돌아오는 부협의회 석상에서 간부 규탄의 부르짖음이 있을 터이라더라.

〈자료 104〉 부정선거 조사코저 황주 기자회의(1926.11.11, 2면 9단)

황주군 각 면에서는 면제 제4조에 의하여 제2회 면협의회원의 임기가 만료되었으므로 금 월까지 제3회 면협의회원을 총개선하게 되었으므로 미리부터 황주군 당국에서는 각 면 면장에게 금번 선거는 장래의 완전한 자치제도 실시에 대할 법으로 선거한다 하여 제2회 면협의회원 선거까지는 면 내 1년 이상 주재하고, 호세 부과금 5원 이상을 납부하는 자라야 면협의회원 될 자격이 있고, 또는 선거할 자격이 있었는데, 금번에는 일본에서 보선법 비슷한 모양으로 면제시행규칙 제6조 3항에 관한 금치산자와 준금치산자, 6개년 이상 징역을 산 자, 금고 이상 체형을 받은 자(2개년간 금고를 당한 자를 말함), 호주도 25세 미만자와 여자로 호주 된 자 이외에는 누구를 물론하고 선거권이 있고, 피선거권은 호세 부과금을 1년에 5원 이상 납부한 자라야 피선거권이 있게 되었으니, 각기 추천자는 한 사람이라도 기권자를 생기지 않도록 하여 천거하되, 일반 면민이 모여 선거할 것이로되, 집회가 곤란하며, 더욱이 시일이 급박하여 각 면에서는 이(里)마다 10인 이상 15인까지 면장이나 구장이 간섭하지 말고 선거 대표인을 이민이 추천하여 면협의회원을 선거하도록 하라고 공문으로 지시하며 또는 면장이 군 당국에 오면 직접 말로도 지시하였는데, 이에 대하여 각 면에서는 지시대로 시행하지 아니하였다는 여론이 있으므로 황주에 있는 각 신문기자는 일반 여론을 철저히 조사하기 위하여 지난 9일 오전 12시에 황주도서관 내에서 황주군 기자회의를 개최하고, 각 면에서 군 당국에서 지시한 대로 시행 여부를 오는 15일 내로 하기로 하고 또는 앞으로 취할 방침을 토의한후 오후 2시 반에 산회하였는데, 각기 맡은 조사 구역은 아래와 같다더라. (하략-편역자)

〈자료 105〉 유권자명부로 연출된 종종(種種) 추태, 뇌물 받아먹어도 부청 측에서는 덮어 놓고 눈감아, 부청(府廳)에 대한 비난성(非難聲) 점고(漸高)(1926.11.19, 2면 3단)

부협의원과 학교조합 의원 선거 개시 이래로 명부 열람을 허가하기 전에 부청 이원들이 뇌물을 받고 유권자의 명부를 등사하였음은 금번 부협의원 선거에 다다라 본지의 보도에 의하여 비로소 사회 문제가 되어 부민의 여론을 환기하였다. 그러나 그것이 선거에 대하여 하등의 영향이 없다는 이유로 유야무야 사건을 묵살하고 말았으나 뇌물과 성질이 같은 보수를 받은 사실을 시인하면서 징계·면직 처분은 가혹하다 할지나 하등의 설유도 없이 사건을 처단하고 말 없음에 대하여 일반 부민으로 하여금 많은 의혹을 갖게 하였다. 그러한 중에도 이미 보도한 바와 같이 금번 부협의원 선거에 입후보가 된 모 일본인이 명부를 등사한 부정사건에는 조금도 문제가 없었음에 대하여 일반 입후보들의 분개하는 바이며, 또 모 일본인 후보자는 유권자명부를 열람하기 전에 그것을 인쇄하여 판매할 것을 계획하고, 금 60원의 보수금을 주어서 명문 등사를 의뢰하였다는 사실과, 그 후 본정 4정목 가토(加藤) 인쇄소에서 또다시 명부 인쇄·판매를 계획하고 부 선거계에 이르러 명부 등사를 간청한 일과, 이미 모 일본인 후보자는 명부 판매를 목적하고 그 등사를 의뢰하여 두었으니, 타협하는 것이 어떠냐 하는 주의를 받았으므로 모 일본인 입후보자를 면회하고 상의하였던바, 그는 부청에 대하여 금 60원의 보수금을 주었으니 그 권리금으로 100원을 제공하기를 요구하였던바, 전기 가등인쇄소에서는 그 태도에 너무나 괘심함을 느끼고 즉석에서 거절한 결과, 그는 또다시 모 조선인 인쇄소에 의뢰하여 인쇄한 후 판권에는 태평통 2정목 모 인쇄소 인쇄라 하고 판매하여 부정 이득을 취한 사실이 있다. 이 사실에 관하여 부 선거계원이 간접으로 가담한 기강문란의 사실을 유야무야 처치하려는 부 간부의 태도는 점차 비난의 초점이 되어 있다더라.

〈자료 106〉 부협의원 선거의 결과 (1926.11.22, 1면 1단)

조선 전체의 부협의원 선거는 그저께 2일에 거행되었는데, 그 결과를 봄에 당하여 다시 한번 조선 사람의 세력이 연약함을 깨닫게 된다. 종전에는 부협의원과 같은 문제에 대하여는 우리 조선 사람 거의 전부는 풍마우불상급(風馬雨不相及)[47]의 태도를 취해 왔지만 금번의 선거에 당하여는 부정에 관하여서도 우리의 주장을 세우고 실제적 이익이라도 역쟁(力爭)하지 않으면 안 되겠다는 것이 또한 우리 조선 사람의 의론도 되었다. 그러므로 상당한 인물을 선출해야 되겠다는 것이 또한 창도된 바였다. 그리하였으므로 각지에서 적어도 상공계

---

47 풍마우불상급(風馬雨不相及): 바람난 말과 소라 할지라도 서로 미치지 못한다는 뜻으로, 서로 멀리 떨어져 있어 전혀 무관계함을 비유하여 이르는 말.

급에 있어서는 매우 분투한 바 있었다.

 그리하였으나 그 결과는 조선 사람의 참패에 끝나고 말았다. 이미 그 결과가 발표된 경성, 인천, 군산, 부산, 목포, 평양, 신의주, 청진의 8부 중에 조선 사람 의원이 다수를 점령하기는 평양 한 곳이 있을 뿐이다. 경성부협의원 30명 중 일본인이 18인, 조선인이 12인이요, 인천부협의원 20명 중 일본인이 12인, 조선인이 8인이요, 군산부협의원 14명 중 일본인이 10인, 조선인이 4인이요, 부산부협의원 30명 중 일본인이 28인, 조선인이 2인이요, 목포부협의원 14명 중 일본인이 8인, 조선인이 6인이요, 신의주부협의원 14명 중 일본인이 9인, 조선인이 5인이요, 청진부협의원 14명 중 일본인이 10인이요 조선인이 4인이었다. 이와 같이 되어 경성, 인천, 군산, 부산, 목포, 신의주, 청진 등 7도시에서는 일본인이 절대적 우세를 점령하게 되었고, 다만 평양부에서는 조선 사람이 우세를 차지하게 되었으니, 부협의원 30명 중 조선인이 19석을 점하고 일본인이 11석을 점하게 되었다.

 이와 같은 결과를 볼 때 조선의 모든 활동의 중요 지점이 되는 여러 도시에서의 세력이 결정적으로 일본인의 수중에 있다는 것을 생각하지 아니할 수 없다. 물론 금번의 부협의원 선거의 결과로써 바로 일본인의 세력과 조선인의 세력을 여실하게 표시한 것이라고 속단하기는 어려운 것이니, 더군다나 조선 사람으로 말하면 아직도 부협의원에 대한 생각이 철저하지 못하여 그에 대한 투표 행위를 일종의 양심 문제로 주저한 이들이 많이 있었을 것을 참작하기 때문이다. 그러나 이 사실로 인하여 우리 조선 도시의 그 지배권이 전부 일본인의 수중에 들어가게 될 경향이 현저하다는 것만은 생각하지 아니할 수 없다. 우리는 항상 조선의 경제와 조선인의 경제를 구별하여 왔다. 지방단체의 지배권이 일본인의 수중에 들어가게 된 것은 조선인이 어떻게 경제적 파멸의 길로 속히 가는 것을 알 수 있는 것이니, 표면의 시가지는 정돈되고 화려하게 되어간다 하더라도 그 안의 주인이 바뀌어간다는 것을 생각하지 아니할 수 없다. 우리는 금번 선거의 결과를 보고 한층 더 그 생각을 깊게 하는 것이다. 그러면 이 형세를 만회할 방도는 어디 있는가? 우리는 모든 방면에서 적극적으로 투쟁해 나가지 아니하면 아니 될 것이라 한다.

〈자료 107〉 체납금 대납(代納)으로 불신임 문제 야기, 청주 사는 유권자들을 이용해 양방으로 투표, 조치원면의(鳥致院面議) 부정선거 (1926.11.24, 3면 7단)

충남 연기군 조치원면협의회원은 예에 의하여 지난 20일에 선거한바, 조선인이 2명, 일본인이 8명으로 당선되는 동시에 부정사건이 잠재되었다는 비평이 비등하는 반면에 선거된 협의원 전체를 부인하자는 여론이 팽창함에 따라 경찰 당국에서는 비밀리에 증거 수습에 착수하여 대부분의 단서를 얻은 모양이나, 사건이 사건이므로 확실한 증거를 얻어 보도할 수 없으나 대강 들리는 바에 따르면 조선인의 투표 접수가 24점이나 일본인에게로 간 것이 단서가 되어 원인을 조사한 결과 모 유력한 일본인으로부터 모 조선인을 이용하여 다대한 금전을 들여가며 면비 체납자에게 면비를 대납하여 준 후에 표를 매수하고, 혹은 현금으로 매수하려고 돌아다니다가 결국 실패하였던 곳이 적지 아니하였고, 혹은 물품으로 뇌물을 보낸 후에 표를 매수한 것이 이곳저곳에서 폭로케 되었으므로 일반 선거계에서는 매우 공기가 긴장하여지는 중인데, 청주에 거하는 사람으로 조치원에 유권자가 되어 오전에는 청주에서 투표하고, 오후에는 조치원으로 와서 투표한 사실이 나타나 더욱 문제가 거듭되는 모양이므로 경찰 당국에서도 주야를 불구하고 비밀리에서 조사 중인즉, 증거의 여하에 따라 문제가 확대될 것은 사실이나 과연 일반이 주장하는 선거 무효의 여론이 성립될 것인지, 일반은 매우 중대시하는 중에도 특히 당국의 태도를 주의하여 관망하는 중이라더라.

〈자료 108〉 지방만필(地方漫筆) - 선거전의 종막을 보고 [웅기지국(雄基支局) 일기자(一記者), 1926.11.26, 1면 11단]

지정면협의원은 보통면협의원들과는 달라서 아무리 결의권이 없는 일종의 자문기관에 지나지 않는다 할지라도 그 면의 조례에 관한 입법 사항을 위시하여 그 면의 세출입 예산과 면채, 기타 면민에 대한 의무의 부담을 심사하는 재정 사항과 또 그 면의 존폐이합의 중요 문제를 토의하는 것이니, 그 사명과 책임이 결코 가볍지 않다. 그러나 현금의 선거제도를 갖고서는 도저히 그 면의 대표적 인재를 선출하기는 불가능한 일이매 그 불합리함을 이에 지껄이고 싶지는 않다. 그러나 소위 유권자에게는 면민의 대표는 몰라도 유권자 중의 대표적 인물은 선출하여야 될 것이다. 이에 웅기는 저번 지정면으로 승격된 이래 허다한 면 사업이 목전에 가로놓였음에 협의원의 적임자를 갈구하는 면민의 열성은 유권자나 무권자 구별 없이 실로 전에 비할 바가 아니었다. 그런데 웅기면은 호구별로 볼 때 조선인 호수 1,748에 인구 9,531인이오, 일본인 호수 309에 인구 1,010인이니, 우리는 그들보다 약 8배 이상의 호구를 가지고 있으매, 그에 따라 협의원 선출도 그들이 1인을 선출하면 우리는 8인 이상의 비례로 선출하여야 될 것이나 이것은 보통선거의 공상을 꿈꾸는 데 불과하고, 사실에 들어가서는 이러한 이상적 선출을 불허하는 납세액의 표준에 의하여 유권자를 결정하는 제도가 가로막고 있다. 그러면 유권자별로 볼 때 조선인은 9천 인구에 겨우 94명이 있고, 일본인은 1천 인구에 51명이 있다. 그러면 유권자로 볼 때는 선거 인원을 12명으로 치고, 그들이 5인을 선출하면 우리는 7인, 즉 2인 이상을 더 선출해낼 표수가 없다. 이에는 그 유권자끼리 엄중한 단결을 요하여야 된다. 그런데 유권자명부가 한번 공개되매, 일본인 측에서는 미쓰나가(光永), 가타야마(片山), 메가다(目賀田), 야마나가(山中), 이시하라(石原), 무라카미(村上) 등 6인의 후보자를 내세우고, 조선인 측에서는 이동빈(李東彬), 박용수(朴容洙), 문병호(文秉鎬), 이국호(李國鎬), 오원근(吳元根), 김도연(金道淵), 김규오(金奎五), 김광빈(金光斌), 천재춘(千載春) 등 9인을 후보로 내정하였던바, 일본인 측에서는 전기 6명 이외에 요리조합으로 1인이 더 출마하고, 또한 조선인 측에서도 전기 9인 외에 2, 3인이 더 출마하여 암중비약을 개시하였으며, 이에서 양편의 축록전은 전개되어 날이 갈수록 맹렬하게 되었다. 일본인 측에서는 전기 6인을 당선시키는 데는 일인 유권자의 협의·단결할 필요를 느끼고 요리조합에서 출마한 후보자에게 담판을 개시하여 무조건으로 입후보를 포기하게 한 후 엄중히 결속하기에 운동위원 10여 명은 10여 일을 쉬지 않고 활동하였었다. 조선인 측에서는 웅상동에 15표가 있으매 거기에서 1인을 선출케 하고, 백학동에 18표가 있으매 그 동에서 또한 1인을 선출케 하고, 그 외의 나머지 표는 전부 웅기동에 가져다가 웅기동에서 전기 9인 중으로 재차 물색하여 6인을 선정케 한 후 조선인으로 합 8인을 선정하도록 표수를 적당히 분배하기로 하였던바, 의외에 몇 명의 후보자가 대두하여 암중비약을 시작하였으므로 그 상태를 그대로 계속하게 되면 산표가 되어 이상 제씨의 당선도 지난하겠으므로 부득이 작전계획을 변경하여 각각 표수의 획득에 활동케 하였다. 최후까지의 입후보는 박용수, 이동빈, 이국호, 오원근, 문병호, 김광빈 등 6씨였는데 그중 오원근 씨는 개인으로 맹렬한 활동을 계속하여 그 진용이 자못 견고함에도 불구하고 끝가지 활동하여 결국 11표를 얻고, 박용수 씨는 웅기에 활동하는 한편으로 세력을 다른 동까지 확장하여 결국 13표라는 최고점을 얻고, 이동빈 씨는 처음부터 출마를 거절하였으나 참모 측에서는 최적임자인 동 씨를 낙선함은 면장의 불행이라 하여 그 자신은 끝까지 거절하며 운동치 않는 것을 참모 측의 활동으로 7표를 얻어서 당선케 하고, 이국호 씨 역시 처음에는 출마 의사가 없다가 선거 기일을 앞둔 2, 3일 전에 참모들의 권유로 출마하여 산표된 시기임에도 불구하고 맹렬한 활동으로 9표를 얻어 당선되고, 웅기동에 박수항 씨는 자기 동의 표수 7점을 얻어 무난히 당선되었으며, 용수동의 송용운 씨 역시 자기 동의 표수 8점으로 당선되었는바, 김광빈 씨는 웅기와 외동까지 세력을 넓혀 그 형세가 일시는 대단하더니 불행히 무효표가 많아서 6점을 얻고 낙선된 것은 동 씨를 위하여 일대 유감인 동시에 실로 '10년 공부 나무아미타불' 격으로 전공(前功)이 가히 애석하다. 그다음 문병호 씨는 참모들의 권유로 출마 승낙하였으나 점차 산표되는 형세를 관망하고 다른 후보들의 당선에 영향이 미칠까 두려워하여 자기의 입후보를 단연 포기하는 동시에 자기의 표까지 다른 후보에게 넘겼으므로 한 표도 없는 것이다. 그러므로 일인 측은 예정과 같이 6인이 다 당선되었으나 조선인 측은 2인이 낙선되어 6인이 당선되었으므로 수효로는 피차 일반이 되나 대체로 이번 선거전은 그들이 성공하고 우리는 실패한 셈이다. 그러나 면민의 신망이 가장 많은 전기 6씨가 당선된 것만은 다행이라 할 것이다.

〈자료 109〉 지방만필(地方漫筆) – 면협의원의 사명을 논하야 신의원(新議員) 제군(諸君)에게 고함[웅기지국 일기자, 1926.11.27, 1면 11단]

전 조선을 통하여 일제히 거행된 부·면 협의원의 제3회 개선이 지난 20일 무사히 종료된 듯한데 어느 곳을 물론하고 금회 선거운동은 이전의 선거운동 당시와 다소 색채를 달리 한 것, 다시 말하면 전회보다 금회는 그 운동열이 자못 격렬하였던 것은 사실이다. 그런데 이제 면협의원이 그 무엇임을 말하는 것은 너무나 새삼스러운 듯하나 오인으로 하여금 기탄없이 말하라 하면 그 협의원제도가 근본부터 벌써 시대착오이며, 일시 호도의 정책이 아니라고는 할 수 없다. 이에 그 무엇이 시대착오이며, 어느 점이 일시 호도인가 함에는 번잡하여 일일이 진술치 못하거니와 첫째, 납부액의 표준으로 유권자를 정하는 것부터 시대착오가 아니고 무엇이며, 그 위인의 인격 여하를 불문하고 다소의 재산을 가진 자로서 비굴한 암중비약으로 선거될지라도 그에게 협의원의 명칭을 부여하는 것이 벌써 근본적으로 불철저한 일시 호도가 아니고 무엇이냐. 그러므로 전회 당선된 조선인 면협의원들은 대부분이 목각인형의 무능을 발휘하였을 뿐이었다. 그래도 당국자들은 이 제도를 조선총독부 신시정의 첫머리에 내걸고, 일종의 자문기관이라 하여 이 기관의 설치를 문화정치의 유력한 간판으로 선전하여 왔다.

그뿐 아니라 조선의 중요 도시의 부·면 협의원 중에는 그 과반 대다수가 일본인 의원이 점령하여 소수의 조선인 의원이 그 의사를 관철하려도 불가능하였으며, 그 결과는 정부의 운용이 완전히 일본인 본위에 편중되어 시설의 균평(均平)과 공정을 얻지 못하였다. 다시 말하면 민의의 창달과 면 행정의 감독을 표방한 협의기관은 소수인 일본인 거주자의 이익 획득운동의 괴뢰로 추락하고 말았다. 이러한 상태를 볼 때마다 우리는 항상 그들과 능히 대항하여 당당히 싸울 만한 인격과 수완을 가진 의원들이 선출되기를 열망하는 것이다. 적어도 자문기관에 참여하는 자로는 부·면을 물론하고, 그 조례에 관한 입법 사항을 위시하여 그 부·면의 세출입 예산과 면채, 기타 면민에 대한 의무의 부담을 심사하는 재정 사항, 또 그 면의 존폐이합의 중요 문제를 토의하는 것이니, 다시 말하면 면의 수뇌자를 능히 편달할 만한 자격을 가진 자라야 될 것이다. 그러므로 입후보도 이에 자신있는 자는 그 면을 위하는 공공심으로 정정당당히 출마하여 크게 경륜을 펼 것이오, 그렇지 않고 지난날처럼 오해하는 조명배(釣名輩) 류는 그 면을 위하여 후보에도 대두치 말아야 할 것이다.

웅기는 지정면으로 승격된 후 제1회의 선거임에도 불구하고 전회보다 자못 긴장한 중에서 조선인 6인, 일본인 6인, 합 12인의 신협의원의 선거를 무사히 완료함에 대하여는 이 면을 위하여 기보하는 바이다. 이에 오인은 당선된 신협의원 제군에게 일언을 고하여 오인의 소망을 술하는 소이(所以)이다. 우선 제군은 제군의 책임이 중차대한 것을 자각하라 함이다. 이는 오인이 지껄일 여지가 없이 제군도 이미 양해할 바어니와, 제군은 제군의 책임을 가일층 느끼라. 본 면의 소위 유권자들이 선거하여 제군을 당선케 할 때 그 유권자는 물론 일반 면민들까지 제군을 의뢰하고, 제군에 기대하는 바가 많았을 것이다. 지정면으로 승격된 웅기는 허다한 사업과 시설이 목전에 가로놓여 다사다단한 가을에 임하였다. 이렇게 허다한 면의 시설과 사업을 잘 요리하며 감시하는 임무를 가진 제군의 일신에는 면민의 무형적 희망과 기대가 포위되어 있는 것을 제군은 각오하여야 한다. 그리하여 철두철미의 성의와 노력을 다하여 면민의 기대와 열망에 부합함이 있어야 할 것이다.

그러면 면민은 제군에게 어떠한 희망과 기대를 가질 것인가? 면민이 일치로 제군에게 희망할 것은 제군으로 하여금 면의 사정을 정통할 것, 다시 말하면 면의 행정 시설과 민의의 여하를 잘 통찰하라 할 것이다. 그리하여 면의 적당한 시설을 도모하며 면민의 고통과 불평을 감(減)하게 해달라는 것이 면민의 공통적 열망일 것이다. 이러한 것을 생각할 때마다 제군의 책임은 가일층 중차대하여질 것이 아닌가.

그러나 이전의 협의원들을 보라. 그들이 재임 3년에 면에 대하여 과연 얼마나 행복과 발전을 주었는가! 오인은 그들의 책임에 대하여 의문을 마지 않는다. 전회는 대개 면 행정에 단련이 없는 사람으로서 당선된 자가 많으므로 면 사정을 잘 알지 못할 뿐 아니라 능히 면 행정을 감독할 만한 자가 적었으므로 그들의 자문기관에 참여한 효과가 적었을 것이다. 금회는 선거운동이 맹렬함과 동시에 비교적 자격을 구비한 자로 당선되었을지니 금회 당선된 신의원 제군은 전(前) 의원들과 같은 무능을 발휘치 말기를 바란다. 제군의 일동일정(一動一靜)에 면민의 고락이 있으며, 제군의 일언일묵(一言一默)이 면민에 미치는 영향이 많음을 깨달아야 한다. 그리하여 그 면의 세출입 예산과 면민의 의무 부담을 심사할 때, 면의 존폐이합의 중대 문제를 토의할 때는 항상 민의에 중점을 둘 것이며, 민의를 존중하는 의견이거든 어디까지 그 의사를 관철하기에 힘써야 한다. 여하간 오인은 제군의 재임 3년에 면정이 괄목할 만큼 쇄신되기를 기대하는 동시에 금후 제군의 활동에 대하여 주시코자 한다.

4) 기타

〈자료 110〉 지방시론(地方時論): 도의선거(道議選擧)에 대하야 유권자에게 경고함[천안지국 일기자, 《중외일보》, 1927.3.11 4면 1단]

근래 도평의원 선거에 각지의 후보자들과 유권자들 사이에 상당한 긴장을 갖고 활동하는 듯하다. 이같이 운동하는 것은 연래 희유한 일도 아니며, 또 도평의원이라는 것이 결의권을 갖지 못한 자문기관에 불과하므로 전제적인 당국에 하등의 효과는 없다 해도 민중을 대표하여 여론을 환기하는 가운데서 간접으로 적지 않은 영향이 있음 또한 명백한 사실이다. 더욱 우리 조선에서는 자문기관에 불과하나마 도평의원회라는 것이 민중의 의사를 대표하는 유일한 기관임도 시인하는 바이다. 그러므로 1군으로 논하여도 수십만 군민의 의사, 일보 더 나아가서 1도의 민중을 대표하는 자이므로 도평의원 되는 자는 마땅히 책임을 각오하여야 할 것이며, 따라서 평의원을 선거하는 유권자도 상당한 주의로 다수 민중의 이익을 대표하여 노력할 인물을 선거할 것은 물론이니, 그러므로 공(公)을 위하여 사를 버리며, 공정한 태도와 통찰을 가져야 할 것이다. 각 군에서 이미 선거전의 막이 열렸으며, 따라서 천안에서도 벌써 경남철도회사 상무취체역인 가사카와(笠川芳) 군과 현 충남도평의원이자 호서은행 지점장인 성원경 군이 출마하여 쌍방이 맹렬한 선거전이 있게 되었다. 어떻게 보면 일본인과 조선인 대립의 선거전과 같이 보이나 일선인이라는 민족적 관계를 말하는 것은 아니다. 오직 그 선거에 대하여 각 유권자는 자기의 귀중한 한 표의 행사가 어떤 정도까지 민중에게 영향이 미치는지를 알아야 한다. 일전부터 천안에서도 이 도평의원 선거운동의 현상을 보면, 후보자에 매수되어 허무맹랑한 선전으로 유권자를 농락하는 것을 볼 수 있으니, 일반 유권자가 농락을 받는다 하면 일종의 모욕이 되는 감도 없지 않다. 농촌의 유권자들은 이런 농락에 떨어지는 예도 연래에 자주 보는 바가 사실이다. 일례를 들면 일본인을 옹호하는 편은 일본인을 선거하여야 도 당국이나 총독부 교섭에 유효하다는 등 그를 소개로 자제를 취직하게 할 수도 있다는 것을 선전하는 자들도 있으니, 물론 이러한 선전에 농락받을 리는 없으나 아직 정치에 대한 상식이 없는 농촌 유권자의 귀에는 그럴듯한 감언을 농하는 바도 적지 않으므로 미리 경계하는 바이다. 일일이 매수하기 불황(不遑)한 바 말할 것도 없으며, 일본인을 선거하거나 조선인을 선거하는 것이 문제가 아니오, 또한 필자는 소관할 바 아니니 말할 필요를 느끼지 않으나, 다만 다수의 조선 민중을 위해 진력할 자를 위해 권위 있는 한 표를 행사하길 바라며, 농촌의 유권자를 농락하는 간계자들에게 경종을 울려두는 바이다.

3. 지방제도의 운용

1) 《동아일보》

〈자료 111〉 부협의원 선거에 제(際)하야 공정을 기하라 (1926.10.15, 1면 1단)

현하의 시행되는 부협의원 제도에 대해서는 근본적으로 그 불합리·불철저한 결점이 다대한 것은 다시 말할 필요가 없다. 첫째로 결의권을 박탈한 의회 조직이요, 둘째는 관선 임명의 부윤 제도이다. 이 조직과 제도가 여하히 부민의 인권을 유린 무시한 것이며, 또한 관권만능의 본색을 여실히 폭로한 것은 식자의 공인하는 바이다. 이리하여 부협의원 제도가 발포된 이래 일반 민중은 도리어 그 제도와 조직을 반감대(反感對)하는 동시에 그 추선(推選)까지도 혐오하였던 것이다. 따라서 승영구구(蠅營狗苟)[48]의 도배가 소위 부민 대표의 미명하에서 아부(阿附)·도량(跳梁)하였던 것도 과거의 사실이었다.

그러나 아무리 반신불수의 부협의원제도라 할지라도 일반 부민의 현실 생활에 대하여 직접·간접으로 밀착한 관계를 가진 이상 등한시·범연과(泛然過) 하는 것은 너무나 현실적 생활을 극단으로 경시하는 혐점(嫌點)이 있다. 예거하면 부민 자제의 교육기관 시설이라든지 수도 설비와 도로 수축 공사라든지, 공중위생 기관 완비라든지, 세납 정도의 표준이라든지 이 모든 문제가 부민의 현실 생활에 대하여 중차대한 관계를 가지고 있는 것은 다시 췌설(贅說)할 필요도 없을 것이다. 하물며 조선인 부민과 일본인 부민에 대한 모든 방면의 시설이 편중편경(偏重偏輕)한 정책이 행하고, 또한 부 행정에 대한 대부분의 납세액이 대다수 조선인 부민의 부담인 것으로 보아도 조선인 부민이 어찌 경시하거나 묵과할 수 있으랴. 이러한 의미에 있어서 일반 부민은 의당히 부 행정에 대한 각 방면의 감시와 경계를 엄중히 할 필요가 있으며, 또 부 행정에 대해 발언권을 가진 부협의원 선거에 대해서도 일반적 기권과 거절을 단행치 아니하는 이상 상당한 주의를 요하여 비교적 염직공정(廉直公正)한 인사를 추선

---

48 승영구구(蠅營狗苟): '파리처럼 날아다니고 개처럼 구차하다'라는 뜻으로, 수단을 가리지 않고 명리를 추구하는 파렴치한 사람을 비유한 것.

하는 것이 일반 부민의 현실적 권리와 이익을 옹호하며, 추잡을 방지하는 점으로 보아서 기의(機宜)의 조치라 할 것이다.

그러면 선거의 표준과 방법을 어떻게 할 것인가. 첫째는 부민의 생활에 상당한 이해와 견식이 있는 염직한 인사를 추거할 것이며, 둘째는 종래로 부권(府權)에 아부하여 추잡한 이권운동을 암행하던 소위 어용 의원을 절대적으로 배척할 것이며, 셋째는 공인후보의 의원으로 하여금 자기의 부정(府政)에 대한 의견을 공개하게 하는 동시에 그 의견의 실현을 선서케 할 것이며, 넷째는 불학무식(不學無識)한 도배로서 관권에 붙으며, 금전을 뿌려 허영과 사욕을 충족하려는 누추한 행동은 근본적으로 배척하지 아니하면 안 될 것이다. 적어도 부정을 근본적으로 혁신하여 일반 부민의 생활을 이해하는 토대 위에서 새 제도와 새 조직을 적극적으로 제창·실현할 만한 용사와 투장을 선출하는 것이 일반 부민의 기의한 방침인가 한다. 이 또한 민권의 확장이요, 발전인 의미에서 일언하노라.

〈자료 112〉 인천부의(仁川府議) 개선(改選)에 제(際)하야 (인천 일기자, 1926.11.3, 4면 5단)

금월 20일은 부협의원 개선기이므로 경성을 비롯하여 각지에 협의원 개선운동이 맹렬하다 전한다. 인천도 벌써부터 십수 인의 입후보자가 격렬한 운동을 개시하여 각기 유권자 호별 방문을 하는 등 곳곳에 그 선거 이야기로 실로 개선 기분이 전시(全市)를 풍미하게 되었다. 소위 그 협의원이라는 것이 당초부터 하등의 결의권을 갖지 못한 것이라 사실에 있어서 협의원이 된대야 무슨 별수가 있으랴마는 그래도 부민의 이해와 휴척에 관한 부정(府政)을 전연 타인이 요리하는 것은 그대로 간과할 수 없을 뿐 아니라 더욱이 그 내용이 어떻게 되는 맥락이나 알아보는 것도 전연 무익한 일이 아닐 것이며, 이러한 의미에서 부민된 우리는 그대로 불문언(不聞焉)의 태도를 가질 수도 없는 터이다. 이에 그 협의원으로 입후보한 사람 또는 일반 유권자에게 일언을 부탁치 아닐 수 없다.

첫째, 입후보 운동자에 대해 묻노니, 부정에 대한 상당한 정견이 있느냐, 절대로 조선인 부민을 위하여 기왕 그릇된 부정을 비교·논의하여 당국자의 반성을 촉구하는 동시에 공정·합리한 부정을 실현케 할 식견과 자신이 있느냐 말이다. 지금 운동자 중에는 기왕 협의원으로 있던 인사는 거의 전부가 출마한 모양이나 그 인사가 몇 명 외에는 지금까지 재직 중에

한 번도 협의원다운 직책을 하였다는 말을 듣지 못하였노라. 부정에 대한 상당한 의견이 없었음은 물론이오, 1년에 몇 번씩 개최하는 협의회에 출석조차 변변히 하지 않는 이가 태반이라 하며, 또 출석한 인사라도 한구석에서 꾸벅꾸벅 졸기나 하다가 무슨 사항을 토의한지도 모르고 필경 찬성이나 하고 돌아오는 광경 아니었던가. 이러한 과거의 추태를 허다히 나타낸 그네들이 또다시 출마한다는 것은 실로 그 진의를 추찰하기 어렵도. 그리고 결국 협의원이 된대야 약간의 운동비와 당선 후의 신문광고료 같은 것이나 손실하고 말 것인즉, 과연 이것이 영예? 치욕?

설사 이것이 영예가 된다 할지라도 자기 일개인의 영예로 말미암아 일반 부민의 이익을 그대로 희생한다면 너무도 잔인한 일이 아닐까? 스스로 양심에 비추어 작비(昨非)를 깨닫는 동시에 단연히 용퇴하는 것이 당연한 조처일 것이다. 또 신진 후보인으로 말할지라도 어떠한 역량과 포부를 가진지를 모른다. 그러나 전일 협의원과 같은 차함(借銜) 협의원 노릇을 할 터이거든 당초부터 자성할 필요가 있지 않을까? 적어도 부정 시설에 대한 정견이 있고, 또 그 위에 용맹히 건실히 당국과 싸울 각오가 있으면 몰라도 아무 정견도 포부도 없이 출마하는 것은 도리어 간접으로 상당한 입후보자로 하여금 고경(苦境)에 서게 할 뿐이다. 조선인 후보가 다수인 결과는 투표를 분산케 하며, 일본인으로 하여금 어부의 이익을 얻게 할 것은 명백한 사실이며, 직접으로 부정 일반에 중대한 결과를 초래할 것이다. 현재 부정상 직감되는 것만 들어볼지라도 부 재무 행정이 문란한 것을 개량할 필요도 있고, 보통학교 수업료도 저감할 필요도 있을 것이오, 화평리(花平里), 송현(松峴), 송림(松林), 금곡리(金谷里), 기타 조선인 거주지의 도로 개수, 위생 설비를 개량할 여지가 허다하지 아니한가.

다음에 일반 유권자에게 부탁하고 싶은 것은 투표할 사람을 특히 선택하라는 말이다. 술잔이나 사준다고 투표치 말라. 친분이 있다고 무작정 투표치 말라. 적어도 출마자의 인격과 식견을 본위로 삼아서 부민을 위해 일할 만한 사람을 선택하여 투표하라. 일반 유권자가 맹목적으로 투표하는 폐단도 있거니와 또 하나 가장 증오할 일이 있으니 그것은 조선인에게 투표치 않고 일본인에게 매수되어 일본인을 위해 투표하는 그것이다. 이야말로 정신 다 빠진 자아를 전연 잊어버린 인종이 아니고는 흉내도 못낼 일이라 하겠다. 더욱이 당국자가 일본인이며, 또 협의원 대다수가 일본인인즉, 상당한 조선 사람이 참여된다야 그만한 효과가 있을까 함이 의심되는 것은 다언을 요할 필요도 없다.

모름지기 의원이 될 사람은 이런 조건이 필요할 것이다. 첫째, 일본어를 알아야 남이 하는 말을 듣기도 하고 자기의 의사를 발표할 수 있는 것이니, 다른 자격이 똑같고 하나는 일어를 알고 하나는 일어를 모르거든 일어하는 사람을 선택하라. 또 인격과 식견이 있고 평소 열성으로 일하는 사람을 선택하라. 협의원 전부가 인격 식견이 있고 기분이 소장(小壯)하고 건실히 다투게 될 때에는 조선인 의원의 권위도 있을 뿐 아니라 불식 중에 우리에 이로운 영향이 미칠 것이다. 입후보인이 반성하고 유권자가 각성하면 어느 정도까지는 이상(理想)에 가까운 선거로 될 것을 확실히 믿는다.

〈자료 113〉 부의(府議)를 보고 (청진 일기자, 1928.3.18, 3면 3단)

7일 오후 2시부터 청진부청 회의실에서 의장 삼상(三上) 부윤 사회하에 14인 부의원의 출석으로 개회되어 약 3일간으로 종막을 고했는데, 부의회 석상에서 직감된 몇 가지를 적어 보려고 한다.

부윤이 개회를 선언하자 즉시 가사하라(笠原) 군이 감상담이라는 제하에 부윤 불신임안을 제출한 7인에게 논격한 것이나, 세토(瀨戶) 군의 반증한 것으로 보아 청진부협의회에는 마치 여당과 야당의 상반된 듯한 불안한 공기가 농후했다.

논전이 끝나자 겨우 회의의 진행을 보게 되었는데 창기세(娼妓稅) 전폐 조항이 원안대로 확정되고, 이토(伊藤) 군의 제의로 부(府)에서 협의원에게 배분한 자문 원안을 숙고하지 못했다는 이유로 연기하자 하여 2일간을 연기하기로 하고 제1일을 마쳤다. 이렇게 3일간 계속 몇 의원을 제외하고 결코 청진부를 위해 의견 진술이나 결의가 있다는 것보다도 부협의원이라는 의자만을 요구한 사람들이 아닌가 생각하는 동시에 좀 더 청진부민을 대표하였거든 숙고 노력해야 할 것이 아닌가 물어보고 싶다.

이제 조선부협의원 4인에게 권고할 바 몇 가지가 있다.

1. 묘지 화장장비 문제에서 일본인 측으로 화장장 개축 건설 수선비로 합계 3,200원이란 예산이 원안에 발표되어 있었다. 조동운(趙東雲) 군이 조선인 공동묘지 도로 수선을 제의하였을 때 부윤은 "생각해 봅시다" 하는 일언의 답이 있자, 일본인들의 묘지 및 화장장 문제로 장시

간의 협의가 있은 후 원안대로 확정됨에도 불구하고, 조선인은 협의원으로서는 무책임하기 짝이 없이 조선인의 문제는 도외시하는 답을 듣고서도 재론할 용기는 없으나마 그 안면에 불만하여 보이는 빛도 찾을 수 없었다.

2. 신암동시장 문제에 있어서 우인원(禹麟源) 군의 제의로 5천 원을 확장비로 하여 2년간으로 나누어 1년에 2,500원씩으로 시장을 확장해 달라는 청원 비슷한 말이 있자, 세토(瀨戶) 군의 후원 재론으로 겨우 원안 예산액 1천 원을 증가하여 1,500원으로 낙착되고 말았다. 신암시장 관계와 적절한 제의로써 만약 제의가 성공되지 않으면 얼마나 조선인에게 관계있다는 것을 잘 아는 부협의원이라면 그 자리에 그대로 눌러있을 수가 없었을 것이다.

3. 수도 문제 같은 것은 누구에게 묻지 않아도 궁금하게 생각하는 것이다. 수도 문제 그것이 결코 일본인의 문제가 아니고 청진의 문제라는 것을 아는 의원들이라면 그렇게도 제안이 없어서 하품을 하고 앉아 있었을까. 매우 그의 성의를 의심치 않을 수 없도다.

그리고 처음에도 말했거니와 부윤 신임·불신임 양 파가 출석해 있는 석상인 것만치 그들의 제안 결의도 파쟁적 색채를 점점 과격화하다가 5분 휴식이라는 이 시간이 둘도 없는 전쟁기라고 볼 수 있다. 가사하라(笠原), 세토(瀨戶) 양 군의 논쟁이 변하여 육박전까지 되려고 하는 것을 보고 있던 사람들은 그대로 일소에 부치고 말았으니 이렇게 무책임한 일이 어디 있을까. 더욱이 청진부민을 위해 분투한다는 그네로서 일종의 권리나 명예를 탐하는 장소로만 인증한 소치가 아닐까. 만일 현상대로 진전된다면 일반 부민의 부정(府政)을 요리한다는 부협의회로서 더욱 타락의 길을 밟지 않을까 의심하는 바로다.

〈자료 114〉 마산 토지 불하 문제(馬山土地拂下問題) (1929.1.21, 1면 1단)

마산부유 토지를 도외(度外)의 염가로 학교조합에 불하하는 문제는 부협의회 석상에서 조선의원의 맹렬한 반대가 있었음에도 불구하고 부윤은 기어이 부협의회의 원만한 의사진행을 희생하고서라도 통과를 단행케 하였으며, 뒤를 이어 조선인 유지가 거대한 부민대회를 개최하여 그 비(非)를 명(鳴)코자 하는 운동은 경찰 당국의 금지한 바 되었다. 그 형식은 어찌 되었든지 실지에 있어서 부윤 및 서장 등으로 대표된 당국 관리는 자기네 정책을 수행하기 위해 민의를 무시할 뿐 아니라 이를 압박하였다는 결과를 가져(生)왔다. 이제 그 불하 문제의 조짐이 어디 있는 것은 여기서 논란코자 하는 바가 아니다. 물론 도외(度外)의 저렴한 가격으로 이를 불하하는 데 대하여는 그간 어떠한 정실 관계가 존재하여 일반 부민의 공정한 안목으로 보아 불공평하다는 감을 주는 원인이 된 것은 은폐하기 어려운 사실일 것이나, 이제 이것은 고사하고 오직 부 당국 경찰 당국의 태도가 고압적이요, 불공평함을 지적코자 하는 바다.

부협의회가 결의기관이 아니오, 소위 부의(府議)의 '유치원'이라 하는 자문기관에 불과하다는 점으로 보면 부윤은 구태여 협의회의 결의에 얽매일 것이 없는 일이다. 그러므로 만일 부윤의 당초 의사를 끝까지 고집할 예정일진대 이를 협의회에 문의할 것도 없이 처단하여버릴 것이다. 이미 이를 협의회에 부친 이상 또는 일부 의원의 질문과 항의에 대하여 양해를 구하려 한 이상 끝까지 협의회의 의사를 집중하고, 끝까지 충분한 양해를 구하려고 노력할 것이 가하다 하겠다. 양해를 구하여 되면 다행이요, 그렇지 않으면 찬성하는 의원만 가지고 결정 인수(人數)만 차면 자기의 복안대로 강제하여 버리자 하는 부윤의 태도는 최초부터 일부 부협의원을 멸시하고 있었던 것이 분명하다. 더구나 금일 조선의 중요 도시의 시정 문제는 간단히 부협의원의 머릿수만 가지고 부민의 진정한 이해관계를 결정할 수 없는 것은 세인이 아는 사실 아니냐.

이에 비로소 부민대회 개최의 소리가 일어났다. 그것은 당국자의 고압적 태도에 대한 규정(糾正)운동이요, 부협의회의 소수 의견의 발로이니, 협의회 석상에서 철저하지 못한 의견에 대한 일반 인민의 주의가 환기될 때는 항례로 생기는 현상이다. 하등 이를 금압할 이유가 없는 것이다. 그럼에도 불구하고 마산경찰 당국은 이를 하등 충분한 이유 없이 금압하였으니, 이는 아무리 금압으로 일삼는 조선의 경관이라 하더라도 언어도단의 행동이라 아니할 수 없는 것이다. 오인은 이미 이와 같은 지방경찰의 비상식적 행동이 종종 발생되는데 대하여 누차 경무 당국의 주의를 환기한 바어니와 이 회기에 다시 그 맹성을 촉구하는 바이며, 또 지방마다 부정(府政) 당국자가 부민의 이해관계를 정당히 해득치 아니하는 것은 어떠한 편견 혹은 사리에 기인한 일이 왕왕히 있는 것을 보아 위정 당국 전체의 반성을 환기하는 동시에 당면의 부유지 문제의 최종 결정권을 가진 상급관청에서는 신중공평한 태도로 부민 전체의 이익과 의사를 참작하여 이를 처단하기 바라는 바다.

2) 《매일신보》

〈자료 115〉 시세(時勢)의 진운(進運)으로 도평의회를 결의기관으로 개정, 오는 총선거기(總選擧期)부터 (1925.12.16, 1면 1단)

1920년 개정 지방제도 실시 이래 각 법인의 자문기관인 면·부 협의회, 학교비, 도평의회는 이미 다시 한번 선임을 거쳐서 명년 10월은 제3회의 총선거 또는 총개임(總改任)을 행하게 되었다. 그동안 당국의 지도가 적절함을 얻은 것과 각 의원의 훈련이 진전하여 일반 민중은 현재 자문기관을 점차 결의기관으로 하여 민의를 창달하는 자치제 실시를 창도하게 되어 지난 여름 각 도지사 회동 때에도 자문기관 중에도 도평의회와 같은 것은 사실 의안 처리상황은 하등 결의기관과 다를 바 없는 현상인즉, 이를 결의기관으로 하여 자치제 실시의 효시를 만들라는 요망이 있어서 본부에서도 이를 내인(內認)하고 지금 그 시기 여하에 대하여 조사한 바가 있었는데, 그 결과는 의외로 훈련이 충분하고 의원의 식견도 크게 진전되었으므로 지난번 동상(東上)하였던 사이토 총독은 내무성과 절충한 결과 이의 실시를 단행하기로 결정하고 지금 구체적 조사에 들어갈 터이라는바, 의원의 훈련이나 식견으로 명견(明見)하면 부의(府議)가 도의(道議)에 비하여 더 진보되었으나, 부협의회는 비교적 어려운 문제가 많아서 함부로 의원의 결의 여하에만 방임할 수 없는 현상이므로 훈련과 식견에는 다소 양보할 점이 있더라도 제반 시설상에 어려운 문제가 적은 도지방비로 하여금 우선 자치의 진로를 시작함이 가하다는 견지하에서 제 일착으로 도평의회를 결의기관으로 개정한 소이(所以)라는데 이의 실시기는 오는 총선거기, 즉 명년 10월부터라더라.

〈자료 116〉 도평의회의 결의기관 (1925.12.19, 3면 1단)

종래 도평의회는 하나의 자문기관으로 되었음에 불과하였었는데 시대의 진운에 수반하여 금회 사이토 총독은 이를 결의기관으로 변경하려는 의견을 가진 듯하다. 회고하면 1920년 8월에 처음으로 지방제도가 개정되어 동년 10월에 이의 실시를 보고 이후 5개년의 세월을 경과하여 금일에 이르렀다. 당시 이 지방제도가 개정되었을 때에 일부의 인사는 오직 그 자문기관에 그칠 뿐으로는 심히 불철저하다는 비난이 없지 아니하였지만, 금일로써

5개년 전을 회고하면 그때에 곧장 결의권을 부여함과 같음은 시기상조의 감이 있었던 까닭이다. 옛사람의 말에 "높이 오르려면 반드시 낮은 곳부터 하며, 멀리 가려면 반드시 가까운 것부터 한다"라고 하였으니, 이와 같이 세간의 만사는 일정한 순서가 있어서 한 걸음 두 걸음 점진주의를 취하는 것이 당연한 원칙일 것이다.

그러면 지금으로부터 5년 전 지방제도를 개정 실시할 당시로 말하면 먼저 자문기관을 설치하는 것이 시대를 순응하는 적의(適宜)의 조치일 뿐 아니라 일정한 순서를 밟는 경로로 된 것이다. 이것이 즉 "높이 오르려면 반드시 낮은 곳부터 하며, 멀리 가려면 반드시 가까운 것부터 한다"라는 원칙으로 된 것이니, 그 당시에 곧장 결의기관을 설하였다라고 하면 이는 일정한 순서를 밟는 것으로 되지 못할 것이다. 그러나 금일에 이르러서는 지방제도를 실시한 후 이미 5개년을 경과하였으므로 인민의 정도는 점차로 자활적 훈련을 얻게 된 것이다. 그러면 당국에서 이 자문기관을 결의기관으로 변경케 하려는 심산을 가진 것은 또한 시의에 적합한 것이오, 또는 당연한 성행이라고 관측할 수 있는 것이다. 현행 지방제도는 전연 자치적 훈련이 없는 일반 인민에 대하여 장래 지방자치를 선포하는 전제로 하며 혹은 계제로 하여, 이를 시행함에 다름 아님은 오인이 이미 잘 아는 바이다.

원래 현행 지방제도의 형식은 약간 불완전하다고 생각할 수 있지만 인민의 선각자를 거(擧)하여 지방공공의 사무에 참여케 하여 이로 하여금 공사(公事)를 담당케 하는 정신을 함양케 하여 이후 지방분권적 정치를 행함에 이르게 한 준비적 제도로는 통치상에 획기적 의의가 있는 것이다. 일본에서 현행 지방자치제도의 실시를 보기에 이르기까지는 역시 유신 이후 30년의 시일을 요한 것이오, 금일 지방자치제도 이전에는 부현회·시정촌회가 단순한 자문기관으로 됨에 불과하였었다. 그런즉 조선의 민도 또는 문화의 과정으로부터 볼지라도 일시에 고도의 지방자치제도를 선포함과 같음은 도리어 행정상 여러 폐해를 낳게 될 것인즉 실시 후 금일까지 자문기관을 변경치 않은 것은 완전히 이 때문이다. 그러나 현행 지방제도도 이미 충분한 좋은 성적을 보이고, 특히 도평의회 같은 것은 형식상으로는 자문기관이지만 실제로는 결의기관이라고도 할 만한 내용을 가진 것이다.

현상이 이와 같은즉, 이때에 먼저 이를 결의기관으로 하는 것은 특수의 사정에 응하여 적절한 시설을 행할 지방행정의 요의로부터 보아서 극히 당연한 것이라고 볼 수 있는 것이다. 무릇 물(物)에는 종시(終始)가 있는 것이며, 사(事)에는 본말이 있는 것이다. 만일 선후 본말이 전도한다면 이는 조금의 이익도 없을 뿐 아니라 폐해가 있을 뿐이니, 더욱이 위정하는 자들은 신중치 아니치 못할 것이다. 그러면 금회 도평의회로 하여금 결의기관을 만들게 한 것은 이것이 그 본말 종시의 당연한 노정을 거쳐서 점진적으로 개선을 가한 것이니, 이 어찌 적의한 조치가 아닐 것이랴.

〈자료 117〉 각 자문기관 의원의 선거자격 확장 문제 납세자격 5원을 2, 3원으로, 유권자 수는 약 3배로 증가, 구체 방침 고구(考究) 중 (1926.4.16, 1면 1단)

특권계급사상으로부터 기회균등주의에, 이것이 보통선거를 절규한 근본적 의의였다. 사람은 모두 선천적으로 독특한 사명을 가지고 출생하였다. 아무리 빈핍한 노동자라 할지라도 또는 아무리 가련한 불구자라 할지라도 그 사람이 아니면 수행할 수 없는 각각 독특한 사명을 가지고 나왔다. 그러므로 그들에게 각각 그 생존의 참 의의로 생각하는 바를 철저하게 수행케 함에는 거기 상당한 기회를 균등하게 부여할 필요가 있다. 이것이 보선운동을 부르짖는 금성철벽같은 이유였다. 이러한 정치적 사상은 우리 조선인 사이에도 크게 발달되어 지방자문제도를 실시한 지 불과 7년에 지금은 각 자문기관을 결의기관으로 개정하기를 절규하는 동시에 선거자격 확장을 요망하게 되었다. 최근 평양과 같은 곳은 학교평의원 선거를 보선으로 하기로 건의하고 만장일치로 결의하였음에 대하여 이 운동은 더욱 명백하게 되었다. 그런데 본사의 탐문에 따르면 당국에서도 시세의 진운에 수반하여 구체적 안을 정하고 목하 조사 중이라는바, 본사는 최근 도평의원의 결의권 문제를 보도하고 이제 다시 선거자격 확장 문제를 보도하게 됨을 기뻐한다.

1920년 10월 조선 지방제도에 근본적 개혁으로 면협의회, 부협의회, 학교비평의회 및 도평의회의 자문기관을 설치해서 민의창달의 도모하는 지방자치의 계제를 만든 이래 개선(改選)을 거치기 2회요, 오는 1월은 정히 제3회 총개선거에 해당한다. 각 자문기관을 구성하는 의원의 지식과 훈련은 해가 감에 따라 장족의 진보 향상을 보여서 지금은 의원 자신의 요망도 단순한 자문기관으로는 불만을 품게 되어 부협의회원의 결의권 부여운동까지 일어났던 것은 당시 보도한 바이며, 또 총독부 당국에서도 제1착으로 도평의회에 결의권 부여를 계획하여 오는 선거기까지는 하등의 형식으로 실현되리라 함에 대하여도 본지가 솔선하여 상보한 바가 있거니와, 이에 관련하여 기타 자문기관인 학교비평의회, 부협의회 및 면협의회의 내용에도 대개선을 가하여서 참된 민의창달의 열매를 거두려 하는 복안이 있다는데 그 상세 내용에 대해서는 지금 언명을 절대로 피하나 총독부 당국이 조선 지방자치제의 실현을 급시(急施)하는 취지와 또는 사계의 소식에 정통한 모 씨의 담에 따르면 각 자문기관의 선임 또는 피선임의 자격 중 납세자격을 금 5원으로 2, 3원 정도에 저하하여서 종래 유권자 인정 표준을 자산 유무에서 구하던 것을 지금부터 자산 정도에 인물 본위를 가하려 함이라. 현재 각 자문기관의 의원 수는 도평의원 362인, 학교비평의회원 2,650인, 부협의회원 196인, 지정면협의회원 266인, 보통면협의회원 23,836인으로 합계 27,310인이오, 다음으로 현재 납세 자격(금 5원)의 유권자 수는 지정면 10,929인, 보통면 250,400인, 부 19,435인, 학교비 9,841인으로 총유권자 수는 290,605인, 즉 약 30만 명인바, 이를 2원으로 저하하는 때는 약 3배, 즉 90만 명으로, 또 이를 3원으로 저하할 때는 약 2배, 즉 60만 명으로 증가될 터인데, 납세액을 2원으로 저하할지 또는 3원에서 그칠지 그 구체적 방침은 목하 연구 중이라더라.

3) 《조선일보》

〈자료 118〉 협의회관극 - 부협의원의 일당은 무엇하고 버는 돈, 알뜰한 회의에 참여하고 하루에 4원씩 또박또박 날자만 끌면 생기는 벌이[왈구생(日口生), 1924.4.6, 3면 1단]

경성부협의원회는 지난달 22일에 개회해 지난 4일까지 열흘 동안(나흘 동안은 노는 날이므로 제하고)에 날마다 오후 2시나 혹은 3시부터 5시 혹은 6시까지 대략 세 시간 동안 30만 경성부민의 대표인 체하고, 애꿎은 차나 마시고 담배나 피우면서 한 일은 무엇인가?

경성부 예산 '276만 4,526원'이라는 큼직한 예산안을 앞에 놓고 횡설수설 열흘 동안이나 지껄였다는 것이 돈 한 푼 감한 것도 없고 더한 것도 없고, 예정한 사업 중에 하나 변경된 것도 없이 장님 눈뜨나 마나 하게 되었으니, 대체 그들이 모여서 마치 '장님도가' 모양으로 떠들기나 하면 30만 부민의 대표가 저절로 될까.

그러나 협의원 작자들이 모여 떠드는 것이 소용없다는 것도 협의원 이외 사람의 말이지 협의원 자신은 결코 손해는 나지 않을 만하여 오기만 하면 '일당'인지 일급(日給)인지 하루에 4원씩 또박또박 먹게 되어 이에 관한 것만 1년에 '2천 원'의 예산! 지난 4일에는 협의원의 책상 위에 못 보던 '봉투' 한 개씩 놓였다. 이것은 별것이 아니라 협의원들의 열흘 치 일급 40원씩 넣은 봉투이다. 그것만 가졌으면 저녁에 한잔 톡톡히 먹을거리는 되렷다.

무슨 소리를 지껄이든지 날짜만 끌면 하루에 4원씩은 더 받게 되니까 협의원들은 오전에는 은행이나 회사 사무 보고 오후에 느직하게 협의회로 모여드니까 별 손해 없겠지만, 제일 딱한 것은 협의회가 처음 열릴 때부터 하루도 빼놓지 않고 매일 참석하여 이때나 저때나 하고 급한 마음을 억지로 참아가는 이촌동 급수동맹 대표자들은 죽고 사는 문제에 대하여 진정하여 놓고 무슨 신통한 소식이나 있을까 하고 기다리나, 꽁지 느린 협의원 양반들은 천하태평으로 "오늘부터는 '커피'차라도 한잔씩 내오! 회의하기에 피곤한데" 이따위 소리나 하고, '40원' 봉투는 '포켓트' 속으로 살짝! 그것도 협의원 운동하느라고 운동비도 썼으니까 개의치 않겠지만 학교조합회의에서는 2원씩 주는 일당을 안 받겠다고 사양 타 못하여 "받기는 받아도 상당히 처치하겠다"라고 하였다는데, 협의원들의 '봉투' 받을 때에 아무 소리도 없는 것을 보면 '돈' 맛 아는 데는 협의원 편이 훨씬 똑똑하겠다.

〈자료 119〉 물고, 차고, 뜯고, 치고, 수라장된 부협의(府協議)(1927.2.20, 3면 4단)

대구부협의회에서 조선 의원과 일본 의원이 의견 충돌로 대격투, 즉석에서 구두 고소

지난 18일 오후 1시경 대구부협의회는 도서관 누상에서 개회되어 의사를 진행하던 중 회생병원 문제에 들어가 조선인 협의원이 말하기를 조선인 환자가 일본인보다 수배됨에도 불구하고 언어가 불통되는 일본인 고가(高價) 의사를 초빙하여 둠은 대구부에서 조선인 환자를 염려함이 조금도 없다는 문제를 일으키매, 일본인 의원이 조선인과 일본인을 구별할 필요가 없이 적임자면 그만이라는 설명이 끝나자 정도균(鄭道均) 의원이 의장을 불러 언권을 구할 때에 의장이 정 의원에게 무엇을 말하려고 할 즈음에 하타모토(畑本) 의원이 의장에게 말하기를 그런 놈을 상대하여 말하지 말라고 의장에게 말을 전하매, 정 의원은 분기를 참지 못하여 바로 하타모토 의원의 자리까지 가서 너는 왜 건방지게 남의 일을 간섭하느냐고 힐문한즉, 하타모토 의원이 정 의원을 밀며 서로 손질이 시작되어 치거니 맞거니 하며 발로 차기까지 하니 정 의원은 하타모토 의원의 뺨을 물어서 약 열흘 동안 치료할 상처를 내어 의장(議場)은 자못 소란하여 일시 추태가 연출되어 기이한 대활극을 상연하였는바, 방청석 기타 의원석은 자못 대혼잡을 이루어 일시 매우 소란하였는데, 하타모토 의원은 회생당(回生堂) 일본인 의사를 불러 즉석에서 진단하며 즉시 방청석에 있던 경관에게 구두로 폭행·상해·기물 파훼로 고소를 제출하며 말하길 감옥 맛을 보이겠다고 떠들며 돌아다니고, 한편으로 일본인 의원들은 말하기를 여하한 경우가 있더라도 용서하지 말라고 의론이 분분하였는바, 소위 대구부를 지배하는 협의회 석상에서 이같이 상서롭지 못한 일이 연출됨으로 인하여 대구부민 일반은 장차 어떻게 해결이 될지 자못 흥미를 가지고 주목하는 모양이라더라.

〈자료 120〉 점차로 확대되는 나남 부면장 문제(副面長問題), 일인(日人) 임명은 조선인 의사(意思) 무시 (1927.3.27, 1면 7단)

함북 경성군 나남면에는 종래부터 면장·부면장이 모두 일인으로 주민의 반수 이상을 점하여 조선인의 의사를 무시함이 심하므로 수년 전부터 부면장은 조선인으로 임명하려는 운동이 맹렬하여 지난번 부면장 기무라(木村) 씨가 해임한 후 그 후임은 조선인을 임명할 줄만 알고 주민은 속히 발표되기만 기다리고 있던 중 당국자의 태도가 돌변하여 지난 17일 동면 기수로 재근하는 일인 모리 센지(森尙治)를 부면장으로 임명하였는데, 그 이면에는 무슨 중대한 이유가 잠재한 듯하다더라.

〈자료 121〉 차별을 전제로 쌍방 의원 갈등, 조선인에게 받은 부가세로 학교조합을 살찌운다 하야, 마산부협의회의 풍파 (1928.4.3, 5면 1단)

지난 31일 오전 10시 40분부터 마산부청 누상 회의실에서 열린 마산부협의회 석상에서는 조선인과 일본인의 부협의원들이 각기 한편이 되어 일선인 차별을 전제로 하여 일대 살풍경을 연출하였는데, 이제 그 내용을 들어보면 부산법원 마산지청 앞에 있는 약 2천여 평의 토지는 본래 조선인의 소유로 약 20년 전 마산선 철도가 부설될 때 철도용지로 편입이 되었던바, 그 후 다시 마산부에 불하가 되어 당당한 마산부의 소유로 되어 있는 터인데 목하 마산부에서는 일본인 학교조합에 대부하고 매 평에 대한 소작료로 10전 9리라는 헐가의 요금을 받고 있으므로, 작년 봄 어느 때도 이것이 부협의회 석상에서 문젯거리가 되었으나 마침내 의장으로부터의 추가 예산에 편입하여 그 문제를 철회하고 말았던바, 금번의 협의회에서 또한 이 문제가 상정되었으므로 조선인 측의 협의원 중 구인욱(具麟旭) 씨로부터 이것을 1만 7천여 원의 돈을 들여서 불하를 한 것으로 일부 일본인학교조합에 얼마 안 되는 소작료를 받고 대부해 준 것은 조선인의 부리를 돌아보지 않는 부정(府政)이라 할 수 있으며, 불하에 대한 대상이 되는 돈의 이자에도 영업세와 부가세로 충당하게 되는 터인즉, 그 영향을 받는 것은 조선인뿐이라는 것을 설명하고 그 토지는 입찰에 부쳐 매각하는 것이 가장 정당하다는 것을 말하자, 일본인 의원 중에 야마우치(山內)라는 사람이 고압적인 태도로 신사의 회합에서 일선 차별을 운운 말하는 것은 불온하다 하여 구 의원의 말을 꺾으려 함에 이어 조선인 협의원 측의 황갑주(黃甲周) 씨가 일어서서 부 행정에 대한 근본방침의 착오를 통론하는 동시에 야마우치의 오만무례함을 반박함에 그로부터 두 편이 서로 갈라져 형세가 자못 험악하여질 즈음에 의장으로부터 휴회를 선언하여 양편을 진정케 했다는데, 이 문제는 장차 어떻게 전개될는지 일반은 자못 주목 중이라더라.

〈자료 122〉 면의(面議) 독단선거(獨斷選擧), 강화 모면장의 실태 (1929.11.10, 3면 5단)

강화군 강화면에서는 종래 면협의원의 자격을 면 부가금으로 1년에 5원 이상 납세자에게 한하여 협의원 자격을 주어 면 지정으로 이를 선택하여, 중요한 이(里)에는 두 명 내지 세 명, 그 외에는 한 명씩 협의원을 두어 필요할 때마다 면 행정에 대한 협의회를 열고 그 회에서 결의한대로 모든 것을 처리해 왔으나, 이 제도를 고쳐서 금년부터는 면으로서 피선거 자격자를 열기하여 그중에서 지정 인원을 민선으로 하기로 된 것은 일반이 잘 알고 있는 바임에도 불구하고, 면장은 자기의 사사로이 친분있는 모모를 선발하여 면 서기로 하여금 일반 주민을 심방하고 강제적 수단을 취하여 모모를 선거하라고 권유하므로, 일반은 면장의 직권남용으로 이와 같이 면민을 무시함은 도저히 용인할 수 없다 하여 비난이 자자하다 하며, 감독관청에서도 이 소문을 듣고 전기 모 면장의 행동을 주목 중이라더라.

〈자료 123〉 지방단평(地方短評)(1929.11.12, 3면 11단)

　대구부협의원이라는 것은 공직이요, 공직이라는 것은 공익을 일삼는 것이니, 금번의 대구부협의원 조선인 후보 출마 상황을 보면 대구에는 공익심 많은 분이 많은 줄 비로소 알겠다. 어쨌든지간에 의원 수는 7인밖에 안 되는데 후보가 18명이나 출마하였으니 결국은 어떻게 하자는 말인지, 개개의 참모하시는 분도 걱정거리어니와 무권자(無權者)가 보아도 걱정이라 한다. 장군(場軍)보다도 풍악쟁이가 많으니 걸불병행(乞不竝行)[49]의 추리를 알고 호양적(互讓的) 지반할거(地盤割據)라는 간판으로 참모자가 서로 눈치보는 회를 열었으나, 끝이 나지 않아 또다시 입후보자와 연립대회를 열고 얼고 녹고 하여 보았다는데, 각기의 역량과 참모를 믿고 있는 후보자가 별실에 모여서 참모와 유지대회의 지휘에 복종하겠노라고 보기 좋은 태도로 나왔으나, 먹은 소금을 토할 수도 자기가 참모하던 후보에게 은퇴도 권고할 수 없어서 또다시 원상으로 회복하여 자유 경쟁 하자고 결의가 일치. 일이 이렇게 된지라 참모를 영리(榮利)로 하는 참모 몇 분에게 단념을 구하는 것은 무리일지 모르겠으니 후보자 중에서 자진사퇴하는 공익자는 나오지 않을지 모르겠다. 모르겠다고 의문만 가질 것도 아니겠음에 한 가지 권고코자 하노니, 부협의원으로 선거되면 그 명예도 대단하겠지마는 당선된 미몽만 꾸지 말고 낙선된 망신몽도 상상해 봄이 어떨고.

　금번의 조선인 후보는 대개 자신있는 양반이겠으나 개중에는 여태까지 공석(公席)이라고는 행차를 해본 일이 없고, 책상머리에서 어금니 세공을 일삼던 분도 있으니, 송충이가 갈잎을 먹으면 죽는 일도 알면 어떨고. 후보로 나온 것만도 명예이니 그만두고 지금까지 획득한 명예나 보존 등기할 도리를 함이 좋지 않을까. 돈은 있어도 일에는 신(神)인 분이 출마하는 것은 돈자랑이겠지만, 그것도 저것도 아니고 달려드는 것은 일종의 골계(滑稽)다. 한강에 잉어가 뛴다고 주막방의 목침도 뛴다는 법은 없다.

49　걸불병행(乞不竝行): 남에게 무엇을 얻으러 갈 때에, 여럿이 함께 가면 아무래도 제게 돌아오는 몫이 적어지므로 혼자 다녀야 실속이 있음을 이르는 말.

〈자료 124〉 무관심 불가(不可)한 공직자 선거 – 현실은 모두가 휴척관계(休戚關係)(1929. 11.19, 1면 1단)

지금 조선에는 상업회의소 평의원과 부협의원 및 면협의원 선거로 인해 각 도시를 중심으로 적이 분답(紛沓)한 현상을 나타내고 있다. 인민이 현실 정치에 대해 간여가 없는 조선인의 일이므로 한편에서는 소위 운연과안(雲煙過眼)[50]으로 보고 있고, 또 한편에서는 그것도 입신의 기회로 알은 양 정원이 초과하도록 너도나도 나서서 혼전 격전 상태를 이루고 있다. 두 가지가 아울러 불가하니 현실에서 움직이는 온갖 사상(事象)이 모두 오인의 정치적·사회적 휴척과 크거나 적거나의 관계를 갖고 있으므로 무관심이 결코 불가한 것이오, 온갖 지위·영예·권력의 기회로부터 밀쳐 떨어져 있는 조선인이기로서니 한갓 이름 하는 직함쯤을 얻어 진퇴의 밑천으로 삼고, 혹은 병견(竝肩)의 영(榮)에 만족하려는 천박한 청운의 뜻에 나온 바 있다 할진대, 그는 스스로 조소의 대상이 되고, 시대의 우물(尤物) 노릇할 분이지, 아무 사회적 의의를 갖지 못하게 되는 것인 까닭이다.

상공업의 대부분이 일본인의 손안에 들어가 있고, 또 왕왕히 대지주가 그 사이에 주거하게 되매, 대도시를 본위로 한 공직자 선거에는 일본인이 거의 절대다수를 차지하여 상의(商議)와 부협, 면협 등에 뻗쳐 많은 데는 8, 9할을 차지하고, 적어서 간신히 호각(互角)할 쯤의 비율로 되어 있으니 정원 19인 중 조선인 평의원 6인을 가져서 오히려 다소의 진출임을 생각게 되는 것은 대구상의의 예이오, 30인의 정원 중 10인 미만의 조선인 의원을 두었던 것에 필경 분규를 일으켜 목하 일본인 17, 조선인 13의 안(案)으로 서로 길항하고 있는 것 같은 것은 평양상의의 예가 고소(苦笑)할 현상으로서 "조선인의 배를 길러서는 아니 된다"라는 포만무례(暴慢無禮)한 일본인 모 군의 담화를 들을 쯤이어니와 온갖 점에서 항쟁이 단념보다 낫고 진출은 퇴영(退嬰)을 이기는 것이니, 현하에 있어서 동지(同地) 상공협회가 결속분기하여 조선인의 이름으로 역쟁하고 있는 것은 그와 동일한 분야에서 자못 유례가 드문 동작인 것을 추칭(推稱)할 것이다.

각층, 각 방면의 조선인이 우선 자기 방면에서 최선, 또 최강한 동작 진출을 하는 것은 매

---

50 운연과안(雲煙過眼): 구름이나 연기가 순식간에 눈앞을 스쳐가고 오래 머무르지 않는다는 뜻으로, 한때의 쾌락을 오래 마음에 두지 않음을 이르는 말.

우 간절한 현하의 요구이다. 그는 그 층, 그 방면에서도 최악, 최연약한 경향에 빠지는 자에 비하여 당연히 과정적인 가치있는 직임(職任)을 할 수 있는 것을 인식하여야 함에 의함이다. 그러므로 이제 공직자 선거의 즈음에 있어 그 층, 그 방면의 인사들이 각각 자기들의 일정한 의식 및 계획을 가지고 조선인으로서의 통제적인 진출을 실현하는 것이 매우 필요하다. 재작년 통영 사건과 이번 봄의 경남도평의원 사건 같은 것은 각각 배치되는 의미로써 일반에게 심상치 아니한 기억을 남겨 둔 바이어니와, 조선인이 현명·면밀한 정치적 행동을 하려면 결코 이 공직자 선거에 무관심할 수 없다.

적어도 다음의 제 조건이 필요하다고 보인다. ① 자기의 층에서 자기의 처지로 나아가서 조선인의 이름으로 조선인의 이해를 위하여 역쟁하는 것이 최선한 직임이라고 의식하고 결심한 사람을 내보내도록 할 일, ② 그러므로 그 의식과 견식, 언론이 그중에서 최량(最良)한 자를 선택 지지할 일, ③ 따라서 최악 최연약한 도배(徒輩)로 진출할 기회를 얻지 못하게 할 일, ④ 조선인 측은 되도록 최대한 수를 내보도록 필요한 협조를 행할 일 등이다. 그뿐만 아니라 강경, 성실, 예민한 선구자, 식자 그리고 그 주위에 있는 대중이 항상 이러한 방면의 인사들의 행동에 대하여 결코 무관심하지 아니하고 그 선악을 방임하지 않는다는 것을 알게 되어야 할 것이다. 무릇 선전(善戰)의 땅은 백도공진(百道功進)의 책(策)을 결코 등한히 보는 것이 아니다.

II

잡지 기사

〈해제〉

이 장은 1920년대 지방제도와 관련된 잡지 기사를 '1. 지방제도 개정 2. 선거운동과 실시 3. 지방제도의 운용 4. 자치 문제와 기타'로 절을 나누어 수록하였다.

'1. 지방제도 개정'에 수록한 《유도(儒道)》는 1920년대 일제가 식민지 통치정책과 함께 종교정책 노선을 변경하면서 나오게 된 잡지이다. 일제는 무단통치 당시 적극적인 포섭대상으로 삼지 않았던 유림들을 식민통치에 활용하고자 하였다. 1910년대에는 중앙 단위의 경학원(經學院)밖에 인정되지 않았으나, 3·1운동 이후 문화정치를 표방하면서 지방 하부까지 포섭 대상을 확장하기 위해 조선총독부는 새로운 유교 단체의 결성을 적극 지원하였다. 《유도》는 그러한 흐름에서 나온 유도진흥회의 기관지다.

유도진흥회는 1920년 1월 김영한(金榮漢), 민철훈(閔哲勳) 등이 유도의 진흥을 명목으로 조직[1]했고, 기관지인 《유도》의 창간호는 이듬해 2월 발간되었다. 유도진흥회는 향교(鄕校)를 중심으로 도(道)·군(郡)을 단위로 지부를 계속 확장해 나갔다. 창간호의 〈유도진흥회지회창립인가(儒道振興會支會剏立認可)〉에 따르면 1920년 말 기준, 1920년 2월 20일 충남 서산지회(회장 박용섭)를 필두로 경상남도지회, 경상북도지회, 양주지회, 예산지회 등 30개 지회가 설립되었음을 확인할 수 있다.

《유도》는 전국 단위 유림단체의 기관지이나, 유교와 관련된 내용 외에도 회원의 기고 형식으로 당시 조선의 정치, 경제, 사회, 문화 등과 관련된 내용을 수록하고 있다. 일제의 지방 단위 종교조직 설립 정책 의도에 부응하여 종교적인 내용 외 정책 관련 내용도 수록하여 지방 민간에 그들의 정책을 전달·설명하는 역할을 했다. 창간호와 제2호에 수록되어 있는 〈개정 지방제도(改正地方制度)와 그 운용에 대하여: 부(附) 지방제도 개정에 관한 미즈노(水野) 정무총감(政務總監) 담화(談話) 대요(大要)〉는 그 같은 의도에 잘 부합하는 기사라

---

1 朝鮮總督府警務局, 1930.7, 『(極祕)朝鮮高等警察關係年表』.

할 수 있어 수록하였다. 내용은 1920년 제도 개정에 대한 설명과 제도 및 여론에 대한 의견이다.

제1호에서는 개정에 대한 민간의 찬반 여론을 간단하게 소개하고, 주로 1920년대 지방제도 개정의 대요를 정무총감 미즈노 렌타로(水野鍊太郎)의 담화를 통해 설명하고 있다. 미즈노는 민도 때문에 조선에서 아직은 완전한 지방자치제의 시행은 어렵지만, 일본과 같은 지방자치제로 가기 위한 훈련의 기간으로 우선 자문기관을 두는 것이고, 보통면을 제외한 부협의회, 면협의회의 선거 등을 통해 선각자를 발탁하여 훈련시킴으로써 완전한 지방자치제로 갈 수 있다고 설명한다. 총독이 자치제를 실시하겠다고 하고서는 이러한 의결권을 갖지 않은 자문기관을 앞세워 눈속임을 한다는 여론에 대해서는 이상론(理想論)에 불과한 것으로 일본도 30여 년간 진보 과정을 거쳐 지방자치제에 이르게 되었고, 국민이 진보해야 자치가 가능하다면서 현재 조선인의 민도를 현단계 자치제를 실시하는 가장 큰 원인으로 언급하였다.

제2호의 전호 계속 기사 〈개정 지방제도와 그 운용에 대하여[전호속(前號續)]〉에서는 《유도》측의 1920년대 지방제도 개정에 대한 의견을 확인할 수 있다. 이 기사는 당시 일본 당국이 인정한 불완전한 자치제도의 한계를 보여주는 자문기관의 사례로 1910년대 부협의회를 들었다. 자문이 존중될 것이라는 것, 완전한 자치제도가 시행되기 위해서는 민도의 향상이 있어야 된다는 것에 대해 적당한 시기를 계속해서 인정하지 않을 수 있다는 것은 기우에 불과하다면서, 당국이 관리 대우의 차별 철폐, 인재 등용의 문호 개방, 교육기관의 확장과 개선 등 민도 향상을 위해 정책상 노력하고 있는 만큼 우리의 노력 여하에 따라 실현 시기가 올 것이라고 주장하였다. 또한 선거와 관련하여 부(府)와 일본인이 많이 거주하는 지정면(指定面)에 대해서만 협의회원의 선거제를 채택한 것, 납세 능력을 선거권 부여의 기준으로 하여 조선인과 일본인 간의 불공평에 문제 제기를 한 것에 대해서도 조선 각지의 선거 결과를 볼 때 꼭 일본인에게 유리했던 것은 아니라고 설명하였다.

그러나 1920년 11월 당시 실제 부·면 협의회 선거 결과를 보면 부(12부)의 경우는 경성, 인천, 대구, 평양 등 몇몇 도시를 제외하고는 부협의회원 정원 중 일본인이 과반수 이상 선출되었다. 지정면(24면)의 경우 수원, 송도(松都), 익산(益山), 진주(晉州), 통영(統營), 함흥(咸興), 성진(城津) 등지에서는 조선인이 더 많이 선출되었지만, 그 외는 같거나 일본인들이 더 많이 선출되었다.[2] 다만 면의 경우 일제의 의도와 달리 지역에 따라 조선인이 더 많이 선출된 곳도 있었던 것이 사실이지만, 그렇다고《유도》에서 이야기하는 것과 같이 '내선인'의 불평등이 해소되었다고 보기는 어렵다. 이와 같이 본 자료는 일반 여론의 1920년대 지방개정에 대한 비판 내용에 대해 반론적으로 설명하고 있다. 당시 지방제도 개정에 대한 비판 내용을 확인하고, 그 진의를 생각해 볼 수 있는 자료로서 의미가 있다.

그리고 1920년대 조선 지방자치제에 대한 비판 내용을 담고 있는《별건곤(別乾坤)》의 '금일(今日)의 문제(問題), 지방자치제(地方自治制) 이야기'(《별건곤》 40, 1931.5.1)를 수록하였다. 《별건곤》은《개벽(開闢)》폐간 후 이를 대신하여 1926년 11월 개벽사에서 발행한 잡지이다. 개벽사는 조선인은 조선을 알아야 한다는 취지하에 각종 잡지, 서적 등을 간행하였고, 전문적이고 시대 비판적인 내용을 많이 담고 있다. 본 자료는 김세성(金世成)이 1930년대 신지방제도 개정의 시점에서 1920년대 지방자치제를 비판적 시각으로 평가한 내용을 담고 있다. 신제도와 구제도의 차이점을 민간 차원에서 어떻게 인식하고 있었는지를 확인할 수 있는 자료로서 흥미롭다. 징역형을 받은 사람에 대한 피선거권 박탈에 대해 비판하고, 세금을 통한 제한선거로 일반인들은 지방자치제라는 것에 거리를 둘 수밖에 없는 상황을 비판하고 있다. 본 자료는 원문상 탈락시키고 있는 글자들이 확인되어, 일제강점기 검열상을 확인할 수 있는 자료이기도 하다.

'2. 선거운동과 실시'에는 경기도 광주군 퇴촌면 도마리 박예양의 〈면협의원 선거 방법에 대하야〉를 실었다. 여기서는 면협의회의 운영 상황을 엿볼 수 있는데, 박예양은 협의회원 피선거 자격을 면부과금(面賦課金) 5원 이상 납부자로 한한 것에 대해 비판한다. 돈은 있으되 지식이 천박하여 명확히 변론을 할 수 없는 자들이 회의에 출석하여 의장의 자문사항에 제대로 답변하지 못하고 졸고 있는 모습을 소개하며, 일정한 재산이 없더라도 선비만이 할 수 있는 능력을 이용할 수 있도록 제도 개선을 주문하고 있다.

다음으로 오가와 지로(小川二郎)의 〈추태를 극한 조선의 선거운동〉(『호외』 1권 3호, 1927.9)은 1926년 경성부협의회 선거의 매표 행위 등 유권자 쟁탈전을 소개하고 있다. 유권자의 체납 세금을 후보자가 대신 납부하면서 매수하는 것은 경성뿐 아니라 당시 조선 전역에서 빈

---

2   본서 5장 조선총독부 중추원, 1933,『중추원(中樞院) 관제(官制) 개정(改正)에 관한 참고 자료』참조.

번하게 시행된 것으로 이후 총독부가 선거취체규칙을 시행하는 원인의 하나가 되었다.

'3. 지방제도의 운용'에는 1920년대 개정된 지방제도를 각 지역지에서 어떻게 운용하고 있는지 보여주는 자료들을 수록하였다. 《조선지방행정(朝鮮地方行政)》은 1922년 5월 일본 도쿄에서 창간되었다. 일본의 각종 법령, 지방자치, 행정과 관련된 자료를 발간하던 제국지방행정학회(帝國地方行政學會)는 조선 유일의 자치행정 연구지를 표방하며 《조선지방행정》을 발간하였다. 제국지방행정학회는 제국지방행정학회 조선본부(朝鮮本部)를 설치하여 1923년부터는 《조선지방행정》을 경성에서 발행하기 시작하였는데,[3] 1924년 2월부터는 제국지방행정학회 조선본부 편집국을 설치하여 편찬까지 조선 측으로 넘겼다.[4] 이때 제국지방행정학회 조선본부는 《조선지방행정》의 편집 방향을 이전의 고관(高官) 중심의 글들에서 벗어나 지방행정의 제1선에서 실제 활동하는 인물들의 글을 중심으로 편찬하겠다고 밝혔다. 즉 이 편집 방침은 고관들의 글을 통해 정책 방향을 제시하는 것에서 머물지 않고, 일제의 지방 관련 식민정책이 현장에서 어떻게 운용되고, 운영되어야 할지를 제시하는 방향으로 나아가겠다는 것을 시사한다. 《조선지방행정》은 일제의 조선 지방행정 정책의 전반을 확인할 수 있는 자료로서 일제강점기 지방행정, 제도 연구 등에 크게 도움이 되는 자료라고 할 수 있다.

이 절에는 지방제도의 운용과 관련하여 《조선지방행정》 제3권·제4권·제5권의 지방제도 및 행정 관련 기사를 수록하였다. 먼저 개정 지방제도의 현지 운용 방향을 살펴볼 수 있는 자료로 당시 경상남도 산청(山淸) 군수였던 임홍순(任洪淳)이 연재한 〈면 및 면 직원(面及面職員)〉 1~5(《조선지방행정》 제3권 제10호~제12호, 제4권 제1호~제2호)를 수록하였다.

임홍순은 강원도 영월(寧越)에서 군서기(郡書記)를 시작으로 강원도 도서기(道書記), 도속(道屬), 총독관방(總督官房) 속(屬) 등을 거쳐 군수에 임용된 행정 일선 현장에서 성장한 인물이었다.[5] 일제가 지방지배정책의 목표로 세웠던 말단 행정조직 장악을 위해서는 제도적 측면과 함께 실제 그 제도를 통해 행정조직이 어떻게 운영되는가가 중요했다. 그런 측면에서

---

3 〈신간소개(新刊紹介)〉, 《조선시보(朝鮮時報)》, 1923.7.20.
4 〈행정학회(行政學會)의 확장〉, 《경성일보(京城日報)》, 1924.4.19; 〈조선지방행정(朝鮮地方行政), 본부(本部)를 경성(京城)으로〉, 《조선신문(朝鮮新聞)》, 1924.5.20.
5 『조선총독부직원록(朝鮮總督府職員錄)』(1912~1928) 참조.

임홍순의 글은 면의 사무 방향, 면 직원의 업무와 면민의 관계 등을 설명하여 당시 일선 면 및 면 직원의 사무와 일제의 면민에 대한 지방 개량 방침 등을 확인할 수 있는 자료로 의미가 있다.

또한 지방제도 개정 이후 일선의 지방제도 개선 요구 방향을 확인하기 위해 임홍순의 〈지방행정혁신론(地方行政革新論)〉(《조선지방행정》제5권 제9호)을 수록하였다. 앞서 '면 및 면 직원'에서 면 및 면 직원, 그리고 면민까지 지방 개량에 앞장서야 될 것을 강조하였던 임홍순은 1926년 일제의 지방정책이 성공을 거두기 위한 개정 사항으로 면 및 면 직원, 군수의 업무 등에 대한 개선을 요구하였다. 이 자료는 당시 말단 행정조직 운영의 한계상을 확인할 수 있는 자료로서 확인할 만한 내용들을 담고 있다.

'4. 자치 문제와 기타'에서는 고마쓰 미도리(小松綠)의 〈일시동인의 성지를 명심하여 조선을 특별자치체로 하라〉(《식민(植民)》5권 1호, 1926)를 실었다. 고마쓰는 류쿠(琉球)를 오키나와현으로 한 것처럼 일본의 부현제와 같은 제도를 펴고 중의원의원선거법, 징병령 등을 선포하는 것이 조선통치의 종국적 목적이나, 그 이상에 도달하기까지의 도정으로 조선을 특별자치체로 하여 지방행정, 조세 부과 등을 대중의 의론에 묻는 기관을 만들고, 조선인으로 하여금 스스로 다스리는 실험을 하게 하자고 주장한다. 고마쓰는 통감부 시기 일본 외무성에서 전출되어 이토 히로부미 통감의 측근으로 있었고, 1910년대 전반에는 외사국장, 중추원 서기관장 등을 역임한 인물로 잘 알려져 있다.

다음으로 〈조선·대만 자치제 건의안 제출의 이유에 관하여(朝鮮臺灣自治制建議案提出の理由について)〉(《해외(海外)》1928.6)는 중의원의원 간다 마사오(神田正雄)·기요세 이치로(淸瀨一郞)가 제55회 제국의회에 제출한 '조선 및 대만에 지방자치제 시행에 관한 건의안'이다. 간다 마사오(神田正雄)는 1925년 제50회 제국의회에서도 이 건의안을 제출한 바 있다(본서 3장 4절 참조). 즉 조선이나 대만이 일본제국의 '하나의 지방'이라는 관점에서 일정한 범위에서 '자치권'을 인정하고, 자치제를 실시하게 하자는 내용이다.

1. 지방제도 개정

〈자료 125〉 개정 지방제도(改正地方制度)와 그 운용에 대하여: 부(附) 지방제도 개정에 관한 미즈노(水野) 정무총감(政務總監) 담화(談話) 대요(大要)[연구생(研究生), 《유도(儒道)》제1호(창간호), 1921.2]

〈자료 126〉 개정 지방제도와 그 운용에 대하여[전호속(前號續)][연구생(研究生), 《유도》제2호, 1921.5]

〈자료 127〉 최근 20년간 조선 지방제도의 추이와 장래(最近二十年間に於ける朝鮮地方制度の推移と將來)[내무국장 이쿠타 교사부로(生田淸三郞), 《조선급만주(朝鮮及滿洲)》제233호, 1927.4]

〈자료 128〉 개성의 이 얼골·저 얼골 - 개성(開城) 부제(府制) 실시(實施)에 대(對)하야[선죽교인(善竹橋人), 《별건곤》 34, 1930.11.1]

〈자료 129〉 금일(今日)의 문제(問題), 지방자치제 이야기[김세성(金世成), 《별건곤》 40, 1931.5.1]

2. 선거운동과 실시

〈자료 130〉 면협의회원 선거 방법에 대하야[경기도 광주군(廣州郡) 퇴촌면(退村面) 도마리(道馬里) 서정(書庭) 박예양(朴芸陽), 《조선지방행정(朝鮮地方行政)》제4권 제1호, 1925.1]

〈자료 131〉 추태를 극한 조선의 선거운동(醜態を極める朝鮮の選擧運動)[오가와 지로(小川二郞), 《호외(号外)》제1권 제3호, 1927.9, 도쿄기자연맹]

3. 지방제도의 운용

〈자료 132〉 면 및 면 직원(面及面職員)(1)[경상남도 산청군수(山淸郡守) 임홍순(任洪淳), 《조선지방행정》제3권 제10호, 1924.10]

〈자료 133〉 면 및 면 직원(面及面職員)(2)[경상남도 산청군수(山淸郡守) 임홍순(任洪淳), 《조선지방행정》제3권 제11호, 1924.11]

〈자료 134〉 면 및 면 직원(面及面職員)(3)[경상남도 산청군수(山淸郡守) 임홍순(任洪淳), 《조선지방행정》제3권 제12호, 1924.12]

〈자료 135〉 면 및 면 직원(面及面職員)(4)[임홍순, 《조선지방행정》제4권 제1호, 1925.1]

〈자료 136〉 면 및 면 직원(面及面職員)(5)[임홍순, 《조선지방행정》제4권 제2호, 1925.2]

〈자료 137〉 면제의 개선 문제[평북 위원(渭源) 김예현(金禮顯), 《조선지방행정》제4권 제2호, 1925.2]

〈자료 138〉 지방제도의 연혁과 사회사업의 현황(地方制度の沿革と社會事業の現狀)[일기자(一記者), 《조선급만주》제214호, 1925.9]

〈자료 139〉 지방행정혁신론(地方行政革新論)[임홍순, 《조선지방행정》제5권 제9호, 1926.9]

〈자료 140〉 면리원(面吏員) 양성기관을 설치하라[양덕군(陽德郡) 화촌면 서기(化村面書記) 한순영(韓淳榮), 《조선문조선》제116호, 1927.6]

4. 자치 문제와 기타

〈자료 141〉 일시동인의 성지를 명심하여 조선을 특별자치체로 하라(一視同仁の聖旨者を體し朝鮮を特別自治體とせよ) [고마쓰 미도리(小松綠),《식민(植民)》5권 1호, 1926, 일본식민통신사]

〈자료 142〉 조선·대만 자치제 건의안 제출 이유에 관하여(朝鮮臺灣自治制建議案提出の理由について)[간다 마사오(神田正雄)·기요세 이치로(清瀨一郞),《해외(海外)》, 1928.6, 해외사]

1. 지방제도 개정

〈자료 125〉 개정 지방제도(改正地方制度)와 그 운용에 대하여: 부(附) 지방제도 개정에 관한 미즈노(水野) 정무총감(政務總監) 담화(談話) 대요(大要)[연구생(硏究生)], 《유도(儒道)》 제1호(창간호), 1921.2]

현재 총독 부임과 동시에 성명한 조선 통치 개선의 일대(一大) 요항(要項)된 지방제도는 작년 10월 1일로 시행이 되었고, 신제도(新制度)에 의한 각 기관은 지금 이미 각각 임명 또는 선거를 마쳐 신춘(新春)의 장치로 제1회 예산 편성에 임(臨)코져 하고, 그 시금석(試金石)은 장래(將來)하야 눈앞에 재(在)하는 금일에 위하야 본 제도의 유래를 논(論)하고, 그 운용에 대하야 일언(一言)함은 결코 무용(無用)의 업(業)이 아닌 줄로 신(信)하노라.

당초 본 제도가 발포되자 갑론을박(甲論乙駁)의 의론(議論)이 백출(百出)하야 세인(世人)으로 하여금 그 소향(所向)에 미혹(迷惑)케 하였고, 우리의 장래에 지대한 의의(意義)를 유(有)한 본 제도에 대하야 냉정(冷情)하고 진지(眞摯)한 태도를 흠(欠)하고, 혹은 심한 연구와 주의를 태(怠)하며, 혹은 그 진상(眞相)은 따지지 아니(不究)하여서 정당한 판단을 못하고, 식자 또한 이에 대한 정론(正論) 시도하야서 세상의 오해를 품에 애쓰지 아니한 우려가 유(有)한지라. 그 운용에 관하야 우리로 하여금 심히 우려케 한 자(者) 없지 아니하였더니, 우리 동포 다수의 이성(理性)이 미망(未亡)하여 불온(不穩) 순조(順調) 속에 실시의 막(幕)으로 들어갔음은 우리 조선 장래의 지방자치를 위하여 이로 경하(慶賀) 견딜 수 없는 바이로다. 그러나 저반 선거에 대하여도 자못 냉담하고 자기(自棄)한 태도로 출(出)하여 긴장은 부족한 자(者) 적지 아니하였고, 혹은 또 지금 감정에 주(走)하며, 또는 이상론(理想論)을 부르짖어서 그 불철저(不徹底)를 부르짖고, 혹은 도리어 망상에 탐하여서 반대코져 하여서 일반 세인으로 하여금 오해케 하며, 이어서 본 제도에 대한 관념을 희박케 하여서 부여된 기능도 그것을 버리면서 돌아보지 아니하는 자를 발생케 함에 이르렀나니, 가장 유감으로 하는 바이니라. 그러나 이미 지나간 일은 어쩔 수 없도다. [기왕(旣往)을 불가구(不可咎)] 우리는 급히 장래에 향(向)하야 혼신의 노력을 떨쳐서 그 실책을 보완함과 동시에, 그 운용을 익히 완전케 하고, 우리의 진가 능력을 발휘하여 하루라도 속히 이상에 도달하고서 우리의 복지(福祉) 증진을 기도(期圖)[6]할지니, 우리가 이제 진호(進號)하고 자치의 성질, 연혁, 운용의 기능을 논구(論究)하여 가장 냉정하고 공평히 본 제도의 유래 적부(適否)를 밝게 하여서 세인의 오해를 품과 동시에 당하는 자에게 대하여 참고로 비용코져 하는 소이(所以)니라.

대저 당국은 여하한 취지하에 본 제도를 시행하였는지 우리는 우선 그 뜻의 소재를 연구하지 않으면 안 될 것이라. 이제 본 제도 개정 요지에 대한 미즈노(水野) 정무총감(政務總監)의 담화(談話) 대요(大要)를 아래에 놓았다

지방제도 개정 요지에 관한 미즈노 정무총감 담화 대요

이번 조선의 지방제도에 관한 여러 법령이 발포된바, 종전 지방제도는 주로 병합 당초에 한국의 구제(舊制)를 참작하여 제정된 것인데, 당시의 시세(時世)와 민도(民度)에 비추어 적절한 것이었음은 물론이어니와 그러나 이후 10년을 경과하고 사회질서의 정비, 산업·교통의 발달, 교육의 보급, 기타 만반의 진보에 수반하여 지방 개발의 정도는 근년(近年)에 특히 현저한 것이 있고, 지방행정 운용상에도 그 제도에 종종 불비(不備)·결점이 있음을 발견함에 이르렀느니라.

현 총독이 취임의 초(初)에 이러한 세운(世運)의 추이(推移)를 살펴 크게 제정(諸政)에 쇄신을 가하기로 하고, 종래 중앙집권적(中央集權的) 시설 방침을 고쳐 지방 분권(分權)의 실현에 노력하며, 우선 장래에 지방자치의 제도를 확립하리라고 선명(宣明)하신바, 대개 국가의 정무(政務)는 극히 광범에 걸치니, 중아에서 각 지방의 특수한 사정 곤란으로 하는 바인 고로, 국가는 그 행정의 일부를 할애하여 이를 지방에 위임하고, 지방민으로 하여금 공공사무를 담임케 하여 그 부담으로 지방공공의 이익의 증진을 원만케 하는 제도를 채용하게 이른 것이 소위 지방자치제(地方自治制)란 것이니, 즉 연하여 민도에 부적(不適)한 제도의 실시는 도리어 분쟁을 양성하여 행정을 분규케 할 뿐이니 도리어 지방민의 이익을 해할 결과가 될 뿐인즉, 그 실시에 대하여는 시세 민도를 따라 그 시세 민도에 적응하는 법제(法制)를 세우고 점차 쫓아서 제도의 완전으로 나아가야 될 것이니라. 시도로 이를 우리 내지(內地)의 실

---

6 기도(期圖): 원문에는 국(國)으로 되어 있으나 도(圖)의 오기로 보임.

례에 비추어도 유신(維新) 이래 10년에 비로서 군구정촌편성법(郡區町村編成法), 부현회규칙(府縣會規則), 지방세규칙(地方稅規則) 및 구정촌회법(區町村會法) 등의 법제를 순차로 제정하여 의지하여서 지방자치의 단서를 열었고, 그 후 약 10년을 거쳐 시제(市制), 정촌제(町村制), 군제(郡制), 부제(府制) 등을 발포하기에 이르렀는바, 이들 법제는 다시 1897년(明治 30) 이후에 개정된 바가 되어서 금일의 제도를 보기에 이른 것이니라. 바꾸어 우리 조선의 현상을 보건대 최근에 문화의 진보가 현저하여서 도저히 구제(舊制) 묵수(墨守)함을 허락하지 아니한 사정이 되었다 할지나, 그러나 즉시에 완전한 지방자치제를 시행함을 가능하게 하는 시기에 달하였다고는 잠시 말하기 어려운즉, 금일의 민도로는 우선 그 계제(階梯)로 하여 지방 선각의 사(士)를 들어서 지방공공사무(公共事務)에 참여케 하고, 그 성실한 노력을 의하여 점차로 지방자치의 훈련을 쌓게 함이 필요로 인정한지라. 이러한즉 이번 지방제도를 개정하고 도·부·군·도·면(道府郡島面) 행정에 대하여 자문기관을 설치함에 이른 주안(主眼)이로다.

즉 종래로 부(府)에는 부협의회(府協議會)가 있고, 지정면(指定面)에는 상담역(相談役)이 있어 부·면(府面) 예산, 부세(府稅), 면비(面費) 부담 등에 대하여 부윤(府尹)·면장(面長)의 자문에 응하게 하는 제도인바, 구역이 일부로 국한됨과 그 협의원된 자는 모두 정부가 임명하는 자인즉, 민의(民意)를 창달할 기관으로는 유감의 점이 자못 많았으니 이번 면 상담역(面相談役)을 부와 같이 협의회로 하고, 또 부·면 협의회원 수를 증가함과 동시에 종래 지정면에 한정된 자문기관의 설치를 각 면에 보급케 하기로 한 것이니라. 그러나 부 및 지정면은 대체로 문화의 도(度)가 높은즉, 그 협의회원은 부·면 중으로부터 선거하는 채용하였거니와 기타 각 면은 도저히 부 및 지정면과 동일으로 율(律)하기 어려운 상태를 면하지 아니한즉, 그 협의회원은 군수(郡守) 또는 도사(島司)로 하여금 임명하기로 하였으되, 그 임명에 대하여 군수·도사는 한정이 있는대로 널리 각 면 유식자(有識者)의 의향을 참작하고, 민의에 기초한 유덕(有德) 재간(才幹)의 사(士)를 임용케 할 방침이로다.

그러나 또 각 부·군·도(府郡島)에는 종래 조선인을 교육하여 공립보통학교를 설치하고 부윤·군수·도사의 관할(管轄)[7]하에 그 부·군·도 내의 공립보통학교 비용의 경리를 하고, 또 도(道)에는 지방비(地方費)가 있고, 지방공공사무를 처리해 왔던바, 이들은 모두 그 근본

---

7 관할(管轄): 원문에는 관현(官縣)으로 기재됨.

법령에 종종 불편이 있을 뿐만 아니라 민의를 창달케 하는 방법에 유감의 점이 자못 있는 고로 새로 각 부·군·도에 학교비를 설치하여 이에 학교평의회(學校評議會)를 설치하고, 또 각 도 지방비에 도평의회(道評議會)를 설치하여 재무(財務) 및 기타 중요한 사항에 대하여 부윤, 군수, 도사 또는 도지사(道知事)의 자문(諮問)에 응하게 하기로 한바, 부의 학교평의회원은 이를 그 부 내(內) 조선인으로 하여금 선거케 하였거니와 군·도(郡島)의 학교평의회원 및 도평의회원은 널리 그 지방 전반에 대하여 학식(學識)과 명망(名望)이 있는 인물을 선임하고 가능한 한 각 지방에 균등한 기회를 부여하여야 할지니, 군·도(郡島) 학교평의회원은 각 면(面) 1인씩, 도평의회원은 대체로 각 부·군·도 1인이요. 특히 인구 다수한 부·군·도로부터는 2인 내지 4인쯤을 내기로 하고, 각 부·군·도 내의 부·면 협의회원으로 하여금 각각 그 후보자를 선거케 할 방법을 채용하였으되, 도지방비에 대하여는 그 소관하는 범위가 광범하고, 지방 인민의 복리에 영향할 바가 다대(多大)하는 고로, 유식의 사(士)를 이에 더함으로 인정하여 별도로 도협의회원 정원의 1/3은 도지사로 하여금 도 내에 거주하는 학식과 명망이 있는 자 중에서 자유로 임명할 방도를 연 소이니라. 앞서 부·면 협의회원, 학교평의회원 및 도평의회원은 각각 그 임기를 3년으로 하고, 3년마다 총선거 또는 총개임(總改任)을 행하기로 하여서 이들 기관의 갱신을 기약하였는바, 오히려 이외에 학교비(學校費)에 있어서는 금후 그 재력을 응하여 공립보통학교 이외의 교육비도 지변함을 얻을 방도를 열고, 또 그 기채(起債) 능력도 인지하기로 하며, 도지방비에 있어서는 그 사업 능력을 확장하여 기채능력을 인정하며, 또 지방비 이원의 신분에 관한 규정을 설치하여서 그 대우 개선을 도모하기로 하였느니라. 이를 요약컨대 이번 개정은 주로 민의를 창달하고, 민정(民情)에 적응한 정치를 행하여 서민(庶民)의 행복을 증진하기를 기약한 소이에 불외(不外)한즉, 일반 지방 인사는 극히 그 취지를 양해하고 공연히 공론(空論)을 희롱하여 공무(公務)의 진척을 방해할 폐단에 빠지지 않고 사정(私情)을 버려 공정(公正)으로 당사(當事)[8]하며, 화충(和衷)[9] 협동하여서 내선인(內鮮人)이 일체가 되어 지방 개발을 도모하기를 간절히 바라노라.

이에 연유하여 이를 보건대 당국은 장래 우리 조선에 완전한 지방자치를 설포코져 할 의

8　당사(當事): 일에 직접 관여함.
9　화충(和衷): 진심으로 화목함.

(意)를 가짐은 명료하되, 다만 금일의 민도에 곧 지방자치제도를 시행함은 도리어 폐해를 수반하는 우려가 있으므로 조선 민중의 영구 복지를 념(念)으로 하고, 우선 이에 도달할 계제(階梯)로 하여 자문기관을 설치하여서 그 훈련을 시킴과 동시에 시세에 비추어 온건한 민의를 창달할 기회를 부여하고, 점차 완전한 자치에 향하여 나아가게 하고자 하는 것이라.

이하에 이에 대하여 우리로 하여금 좀 논구(論究)하는 바가 있게 할지어다. 혹자 논하여 말하기를, 총독은 부임 당시에 사람에게 자치를 부여하겠노라고 성명함에 불구하고 발포된 지방제도란 것을 보건대 전연히 자문기관됨에 불과하되 지방자치에 자아가는 계제로 그 훈련의 기관으로 하노라고 칭하여 우리를 속이고져 하는지라. 이러한 기관은 차라리 없는 것 같은 것(不如無)이로다. 총독은 당연히 식언(食言)한 자이라 하노라.

그러하도다. 본 제도는 전연히 자문기관됨에 불과함은 논자의 말과 같으니, 우리도 조선인의 일원(一員)으로 완전한 지방자치를 통절히 바란즉, 감히 본 제도에 만족코져 하는 자가 아니나 또 바꾸어 우리 민도를 살피컨대, 그 교육의 정도는 물론 그 경제력 장차 또 그 공공적 관념의 소양으로 보아 기타 단체원으로의 경험 훈련으로 볼지라도 과연 완전한 자치에 마땅한(當堪) 실력이 있을는지 심히 의문으로 하지 아니치 못할지라도 물론하고, 일부에 있어서는 그 식견(識見) 실력이 모두 넉넉히 열강 문명 군민에 비하여 손색이 없고, 자치단체원으로 하여 그 임무를 수행함에 충분한 능력을 갖는 자가 있나니, 우리로 하여금 의(意)를 자강(自强)케 할 자가 있음도 또한 사실이나, 그러나 다대수(多大數)의 지방민에 이르러서는 혹 자치라는 것의 의의만도 이해치 못하는 자라 할지니, 이와 같이 우리 사회는 빈부(貧富)와 지식의 차가 자못 심하고, 사회의 중견(中堅)될 소위 중류 계급이란 자를 결핍하여, 따라서 상하신구(上下新舊)가 상호 이해치 못하고, 일부에 문명적 이상론(理想論)이 있음에 불구하고 일부에는 또 이 황당무계의 유언비어에 대하여 그 진위만도 판단할 능력을 결핍하는 자가 있으며, 혹은 감정의 냉열이 무상하고 당쟁의 유풍(遺風)이 또 지금 엄존하여 상호 제배(擠排)[10]하면서 항복하지 않으며, 공공심(公共心)이 부족하여서 희생적 정신이 결핍하고, 혹은 공동적 생활의 경험 소양이 없으며, 혹은 가끔 왕성히 부화뇌동(附和雷同)이 행하는 현상이 있음을 좀 냉정과 공평히 관찰하는 때에 결코 부인치 못할 사실로 우리의 뇌리에 비춤

---

10 제배(擠排): 밀어서 물리침.

을 깨닫지 못하나니, 누가 단연하여 이를 부인함을 얻으리요. 소요(騷擾) 이래로 우리 상하(上下)의 사회에 나타난 현상은 하나일지라도 우리를 비관케 하지 아니한 자가 없지 아니한가. 대저 자치를 행함에는 대체로 여론에 정론(正論)이 행치 못하여서 부화뇌동이 행하는 시대에 있어서는 결코 자치는 원만한 공과(功果)를 재래(齎來)[11]할가 아니로다. 또 대저 정치의 목적은 국민의 행복을 증진함에 있은즉, 그를 위하여서는 호양(互讓)[12] 희생의 정신을 발휘하고, 나를 버리고(捨私) 공을 앞세워(先公) 민중 전체의 영구한 행복을 념(念)으로 하여야 할 것임으로, 이를 판단할 만한 자각과 이상과 지식을 결핍하는 시대에 있어서 자치는 결코 완전한 행복을 재래(齎來)할 자가 아닌고로, 여하한 경우에도 필시 자치(自治)가 아니면 불가(不可)라 함은 그 목적을 몰각(沒却)한 자이로다. 그 양부(良否)를 헤아림에는 반드시 항상 사회의 상태를 궁구하고, 그 시세(時世) 민도(民度)를 살펴야 할지니, 고석(古昔)[13]에 국민의 지식이 진보치 아니한 시대에 있어서는 국민의 행복이 여하할가를 판단함에는 명군(明君)[14] 현상(賢相)[15] 기타 소수인의 판단이 가장 적당하였으니, 나라가 또한 이에 열복(悅服)[16]한 일은 역사가 증명하는 바이나, 그러나 국민의 지식이 개발되고 사회의 상태가 진보하여서 익히 복잡하게 되자, 그간에 이해의 충돌이 점점 더 생기는(愈生) 까닭으로 전 국민의 행복이 여하할가를 판단함은 극히 곤란한 문제가 되어서 단순히 소인(少人)의 수(數), 판단으로는 적절을 결핍하고, 특히 지방마다 그 사정을 의하여, 따라서 이들은 각각 그 지방 인민으로 하여금 자유로 판단케 하고, 자유로 처리케 함을 가장 적당하며, 가장 이익인 줄로 인정케 되어 비로소 자치란 제도가 기래(起來)한 소이요. 즉 국민 전체가 이 영역에 나아가서 비로소 자치의 가치가 발생하는 것인즉, 국민 중 다만 일부 인사만 지식이 진보하였다 할지라도 그 전체가 이에 수반하지 못하면 자치는 결코 양과(良果)를 득거(得擧)한 것이 아니라 고로, 감정을 버리고 냉정히 허심탄회로써 우리의 전도(前途)를 생각하는 때에 우리는 열루(熱淚)가 방타(滂沱)[17]

---

11 재래(齎來): 어떠한 결과를 가져옴.
12 호양(互讓): 서로 양보함.
13 고석(古昔): 오랜 옛날.
14 명군(明君): 총명한 임금.
15 현상(賢相): 현명한 재상.
16 열복(悅服): 기쁜 마음으로 순종함.
17 방타(滂沱): 눈물이 끊임없이 흘러내림.

함을 깨닫지 못하나, 그러나 이제 곧 완전한 지방자치를 시행함이 우리 동포 전체의 행복이라 단언치 못하는 바이로다. 지금에 각국 자치의 연혁은 고사하고 단순히 내지의 실례에 대하여 이에 비추어도 유신 후 약 10년, 즉 1878년(明治 11)에 이르러 겨우 군구정촌편성법(郡區町村編成法)을 제정하여서 군구정촌 자치의 준비에 착수하였고, 1888년(明治 21)에 이르러 비로소 시제(市制)와 정촌제(町村制)를 발포하여 그다음 해, 즉 1889년(明治 22)으로부터 이후 10년간에 점차로 각 지방에 시행하였고, 부·현·군(府縣郡)의 자치에 관하는 1890년(明治 23)에 이르러 비로써 부현제(府縣制) 및 군제(郡制)를 제정하였으되, 시정촌제(市町村制)와 같이 각지(各地) 동시에 이를 시행할 것이 아니라 토지의 상황, 민도를 의하여 5년 이후 10년간, 즉 1900년(明治 33)까지의 간에 점차 이를 각지에 시행한바, 또 1899년(明治 32)에 그 전부를 개정하여서 겨우 금일의 지방제도를 보기에 이른 것이니, 즉 내지 지방자치는 유신 후 30여 년간 준비, 훈련, 경험을 거쳐서 시행되었으나 또 지금 그 민도가 다른 오키나와현(沖繩縣)에 대하여는 1909년(明治 42)에 이르러 비로소 변칙(變則)의 지방자치를 시행하였고, 홋카이도(北海道)에 대하여는 1902년(明治 34)에 이르러 북해도회법(北海道會法) 및 북해도지방비법(北海道地方費法)을 제정하여 우리 조선에 있는 지방비와 유사한 제도를 시행하였고, 하급단체로 하여는 1897년(明治 30) 북해도구제(北海道區制) 및 북해도일급정촌제(北海道一級町村制)를 시행하였고, 1902년(明治 35)에 이르러 북해도이급정촌제(北海道二級町村制)를 시행하였으나 지금 또 구래의 군구정촌편성법이 지배케 하는 정촌도 있어 이제 전부에 완전한 지방자치를 시행함에 이르렀나리라. 기타 각국이 완전한 지방자치를 허락함에는 기다(幾多) 연월(年月)과 훈련 경험을 거쳤음은 지금에 다시 논의할 바가 없도다. 요컨대 거개(擧皆)[18] 기다(幾多) 곡절(曲切)을 거쳐서 비로소 그 목적에 도달하였음은 그 민도와 민정(民情)은 살피고, 국민의 행복 여하를 고려·연구한 결과이니 당연한 경로로다.

우리는 당국(當局)이 우리 조선 현하의 민정을 생각하고, 완전한 지방자치에 도달할 계제로 하고, 장차 또 훈련기관으로 하는 동시에 시세에 비추어 크게 그 민의를 존중코져 하는 제도를 설포하였음에 대하여, 우리는 우리의 실정·실력에 비추어 유감하나마 부득이한 시설로 이를 헤아릴 수밖에 없도다. 금일의 급무는 상하 협심하여 분려(奮勵) 노력하며, 극기절제

---

18 거개(擧皆): 대부분.

(克己節制)하여서 일반 민도를 높게 하고, 하루 바삐 금일의 상황으로 탈출하여 그 운용에 견딜만한 실력을 보임에 있는바, 우리의 각성과 노력 여하가 우리의 획득코져 하는 이상의 지방자치 실시 시기에 대관계가 있음을 생각하면 일각이라도 소홀히 해서는 안 된다 말하지 말지어다. 당국은 식언한 것이라고 신총독은 부임 이래로 1년 반 사이에 경찰제도 변경, 교육기관의 확장 및 그 제도의 개선, 조선인 관리의 대우 개선, 내선 차별 철폐 등의 사실은 점진하여 실현 중이 아닌가. 대저 이들의 시설이야 경비가 이에 수반하니 결코 급속히 실시할 것이 아니즉, 우리는 상당한 연월을 빌릴 수밖에 없도다. 우리는 금일까지의 실적을 돌아보고 상당한 시기에 도달하면 그 성명을 실현할 것인줄로 믿음도 가능하도다. 그 시기와 같음은 다만 우리의 노력 여하에 의하여 결정할 따름이라. 만일 그 정당한 시기에 이르러 또 식언의 사실이 있으면 우리는 그때야 마땅히 명고(鳴鼓)[19]하고 사실을 들어서 이를 꾸짖을지니, 사전(事前)에 이를 의심하며 그 실제를 보지 아니 하여서 기우(杞憂)·비관하고, 나아가는 데에 나아가지 아니하며, 향함에 향하지 아니하며, 또 취함에 취하지 아니함과 같음은 헛되이 세인을 유감케 함에 불과하니, 우리가 결코 불여(不與)할 바이니라. 이상(以上), 차호(次號).

〈자료 126〉 개정 지방제도와 그 운용에 대하여[전호속(前號續)][연구생(研究生), 《유도》 제2호, 1921.5]

혹자는 또 논하여 말하기를 자문기관은 관청의 자문을 응함에 불과하고, 의결(議決)의 권능이 없음으로써 의견을 채용치 아니하면 어찌할 수 없을지니, 이는 우리가 반대하는 소이 될 뿐 아니라 당국은 적당한 시기에 달하면 완전한 지방자치를 허락할 터인즉, 이는 이에 이르는 일(一) 계단이라 성명하나, 그 소위 적당한 시기의 인정은 단순히 당국의 의사에 의하여 결정할 것임으로써 어느 때까지라도 적당의 시기가 도래하지 아니하였다면 우리는 영구히 이 불완전한 기관에 만족치 아니치 못하게 되는지도 모르겠다고 그러하도다. 자문기관이라 함은 논자의 말과 같이 자문에 응하는 기관으로 의결기관이 아닌 것은 명백하며, 따라서 이론상으로 말하면 그 의견의 채부(採否)는 관청의 임의(任意)라 이름을 얻겠지만 지방

---

19 명고(鳴鼓): 북을 쳐서 알림.

비령(地方費令), 부제(府制), 학교비령(學校費令) 및 면제(面制)에 명백히 자문할 사항을 열기(列記)하여 반드시 자문에 부쳐야 할 일로 규정되였으니, 그 관청에서 자문할 사항을 임의로 변경치 못할 것은 물론이오, 이를 자문한 이상에는 그 의견을 존중할 것은 또한 당연한 일로 법의 정신은 이를 법문(法文) 중에 명기할 것도 없이 정치·도덕으로든지 여하한 점으로 하여도 명료한 일이라. 종래 실행하던 부협의회의 예를 보더라도 이를 증명함을 얻을 뿐 아니라 현재 2월 이래 각지에서 개회된 각 자문회를 실제는 가장 가까운 실례를 우리에게 보인 것으로써 우리는 추호도 이를 의심할 여지가 없도다. 만일 그 의견이 부당할지면 이에 삼사재고(三思再考)[20]를 종용하고 또는 이를 취소케 하든지, 어떠한 경우에 의하여는 이를 채용치 아니할 것도 있겠지만은 이는 완전한 자치단체에서도 그 사무가 국가 정무의 일부된 이상에는 국가의 존립을 위태케 하든지, 국민의 복리를 저해하든지, 치안의 유지를 방해함과 같은 의견은 단연코 이를 불허할 것으로써 비록 의결되였더라도 국가는 당연 이를 채용치 아니할 터이니, 자문기관에서도 이러한 종류의 의견에 대하여는 당연 이를 배퇴(排退)할 것은 다시 논하는 것을 불사(不竢)할지오. 그렇지 아니함에 한하여는 비록 자문기관일지라도 적당히 이를 이용함에는 혹은 의결기관의 단소(短所)[21]되는 바를 보완하여 다대한 효과를 보는 것, 국가 정무 중에 그 실례가 끊이지 아니하는 바오. 또 후단(後段)의 적당 시기 인정 운운(云云)의 비난에 대하여는, 우리는 일종의 기우에 불과하는 것으로 믿노니, 우리가 그 제도의 운용을 성실·원활케 하여 일반의 민도를 향상하고, 충분히 그 능력을 실제에 표시함에 이르면 당국은 당연히 그 성명을 실행할지라. 여하히 이를 믿고 의심하지 아니(信而不疑)하느냐 하면, 당국 향자(向者)[22]의 성명은 일보일보(一步一步) 그 실행을 차제(次第) 시현(示現)하여 관리 대우의 차별 철폐, 인재등용의 문호 개방, 교육기관의 확장, 개선 등 모두 우리로 하여금 수긍케 하는 것 적지 아니할 뿐 아니라 한일(韓日)의 병합은 한일 양 민족 공존공영(共存共榮)의 필요로 타산하여 결행된 것으로써 하루라도 우리에 불만족·불평의 감을 품게 함은 병합의 대정신에 반대하여 조선에 영구한 화근(禍根)을 배태하는 소이로 일본 제국의 득책이 아닌즉, 당국은 아무쪼록 하루라도 속히 이를 해결하여 공존공영의 실(實)을

---

20 삼사재고(三思再考): 재고삼사(再考三思), 다시 헤아리고 여러 번 거듭 생각함.
21 단소(短所): 단점.
22 향자(向者): 지난번.

거둠에 급급한 열성으로 나아갈 것은 또한 자명의 이치가 아닌가. 현재에 참정권(參政權) 부여에 관한 청원은 의회(議會)에서 이를 채택하여 조선에도 동일한 헌법을 시행할 의(意)가 있음을 명시(明示)치 아니하였는가. 이로 말미암아 이를 보면 완전한 지방자치를 실현함도 또한 불원(不遠)에 있음을 믿는 소이라 하노라. 그러나 대개 그 시기의 지연(遲延)은 전혀 우리의 노력 여하에 있음을 또한 잠각(暫刻)이라도 망각치 못할지면, 만일 우리의 노력과 능력의 실(實)을 보는 날에도 오직 또 그 실행을 주저함과 같은 일이 있을지면, 그때야말로 우리는 일제히 분기하여 당국의 불성실(不誠實)·부덕의(不德義)함을 성책(聲責)함이 가능할 터인데, 겨우 그 단서를 염에 불과한 금일에 있어서 시의(猜義)적 논평으로 민중의 흉금을 교란(攪亂)케 함과 같은 것은 결코 허여치 못하는 바오. 우리는 다만 시일(時日)로써 임시함이 금일 우리의 취할 적당한 방책이라 하노라.

또 혹은 논하여 말하기를 우리는 자문기관됨은 오히려 인내한다 할지라도, 다만 겨우 부(府) 및 지정면에만 선거제를 취하고 기타는 전부 관선(官選)을 원칙으로 하여 학교평의회원과 도평의회원은 후보자를 선거케 하였으나 그 선거권자가 즉 관선한 면협의회원이오, 또 도평의회원의 1/3은 순연한 관선으로 하였으니 소위 민의를 존주(尊主)한다는 실(實)이 어디에 있는고. 이 소위 양두(羊頭)를 들어올리고 구육(狗肉)을 팔고자 하는 자로서 당국은 이에 적명(籍名)하고 도리어 관료의 수족(手足)을 증가하여서 반대자에 대비코자 하는 것이라.

그러하도다. 솔이(率爾)[23]히 우리도 동감(同感)이라는 일언(一言)을 아끼지 않을 것이나, 그러나 전호(前號)에도 계속 서술함과 같이 조선의 현상은 유감되지만은 아직 완전한 선거제를 시행할 만한 정도에 미진(未進)함에 어찌하오. 만약 선거제를 설포하는 게 적당하다 할지면 차라리 일보를 갱진(更進)하여 당초부터 완전한 자치제를 허락함만 같지 아니하다 하겠는데, 자치제를 설포함이 또 이르다 하면서 선거제를 불가불(不可不) 시행함은 과연 모순되는 의론이며, 또는 당국이 조만간 선거제를 완전 실시할 정견(定見)이 있음은 비교적 진보된 부(府) 및 지정면에는 곧 이를 허락함도 가능하다 하여 이미 선거제를 시행한 것을 보더라도 실로 명백한 일이 아닌가 생각건대, 현 제도가 우리 조선 현상에 비추어 가장 적의(適宜)하여 부득이의 시설이라 할 수밖에 없으리로다. 또는 관선이라 할지라도 각종의 구관

---

23 솔이(率爾): 갑작스러움.

(舊慣)과 기타의 방법으로 충분히 민의를 향하여 그 선정을 신중케 하고자 노력한 성의가 있음은 제1왈(日) 임명에 취하여 우리는 충분히 이를 인정할 수 있을 지오. 관료의 수족을 증설할 뿐이라 운운(云云)함에 이르러서는 모욕(侮辱)도 태심(太甚)한 망언(妄言)으로써 이 말을 감위(敢爲)하는 것은 아마 정부를 적시(敵視)할 전제로 하는 일종 망상자(妄想者)류 일지니, 구태여 이를 변박(辯駁)할 가치도 없도다. 진실로 국가가 된 이상에는 관민이 협력일치함이 아니면 국민의 행복을 증진함에 이유가 없음(無由)인데, 고의로 관민의 반목(反目)을 강유(強誘)함과 같음은 국민의 쇠멸을 기망(冀望)하는 것이라. 동포의 적이라 이를 지오. 하늘을 향해 얼굴에 침을 뱉으면(向天面唾) 그 얼굴을 더럽힐 뿐이로다.

또 말하기를 현재 세계의 풍조는 민주주의에 경도하여 보통선거의 소리가 날로 성하는 금일을 당하여 제한선거를 행함과 같음은 시대의 낙오자로서 그 요점은 이에 의하여 내지인 의원을 다수 선출케 하여 조선인을 압박하기 위함이라고. 자치에 대하여 다대의 경험을 갖는 열강에서도 아직 보통선거가 전부 실행됨에 이르지 못하여 기다의 반대론이 있고, 일본 내지에서도 시기상조라 하여 아직 채용되지 못하고 의연 제한선거를 계속하는 상황인데, 조선에서 이를 일약(一躍)하여 일반 다수에 선거권을 부여할지면 도로히 혼돈·분란만 야기하고 하등 실효가 없을 것은 명료한 것이라. 물론 최종의 이상은 보통선거에 있겠지만 이상은 망상에 흐르기 쉬운데 순서를 따르며 시기를 따라야 그 실력에 응한 시설을 하지 아니하면 필경 그 민(民)을 그릇됨에 이르게 하리니, 어찌 신중치 아니함을 득(得)하리오. 고로 우리는 제한선거가 현상에 가장 적절함을 느끼는 바라. 제한선거로 한 이상은 그 표준을 납세 능력에 둠이 가장 적당하다 함은 의론의 여지도 없이 세계 열강의 동일 채용하는 바오. 혹은 내지에 3원(圓)을 한도로 함에도 불구하고 조선에서 5원으로 함은 불공평하며, 그 제한을 크게 함은 이로써 유자격자를 감소코자 하는 의(意)에 나옴이라고 말하는 자가 있음과 같으나, 내지의 3원이라 함은 국세(國稅)를 이름인데, 시정촌민은 국세 이외에 기다의 부담이 있어 공공단체에 대한 부담이 오히려 국세에 수배(數倍)가 되니 논자는 이를 생각하지 아니하고 단순히 내지에서 3원의 금액만을 포착하여 이를 조선에 비교코자 하나 조선에서 5원은 결코 내지보다 큰 제한이 아니오. 또 제한은 크게 하여 내지인의 선출에 편(便)케 하고자 함이라는 설(說)과 같음은 전연 시의(猜疑)에 나온 것으로써 일고(一顧)의 가치가 없으니, 부산부(釜山府)와 같은 곳은 내지인의 거주자가 다수를 점하여 여하한 점이던지 조선인의 비교가 아닌고로, 당연 내지인의 수가 우세를 점한 것은 물론이지만은 이로써 일반의 예로 함은 큰 오관(誤觀)이라. 조선 각지 선거의 결과는 과연 여하한가. 전체를 통하여 여하한 비례를 보이는가. 이들의 의론은 기우에 불과하는 우론(愚論)이거나 그렇지 아니하면 특히 반대하여 보기 위하여 반대하는 자의 의론이리로다. 각지의 사실이 이를 증명함에 족함이 있지 아니한가.

요컨대 오히려 기다의 의론이 있으나 하나도 그 정곡을 얻는 것 없고, 다수는 여하케던지 영감적 태도를 득코자 하는 의론인즉, 이에 일일 논명(論明)할 필요도 없지만은 세인 혹은 이들의 의론에 미혹하여 그 선거권을 포기하여 스스로 기쁘다 생각하고, 혹은 이를 경시하여 이에 대한 진지한 태도를 가지지 아니하며, 혹은 고의로 이 중책(重責)을 말하고, 혹은 불령자(不逞者)의 협박을 두려워하며 세인의 의혹을 염려하여 고의로 반대의 태도를 가지는 자가 있다 들음에 이르러서는 우리의 전도(前途)를 위하여 비관치 아니함을 부득(不得)하는 바이로다. 전에 이미 누차 서술한 바와 같이 가장 성실하고 가장 유효하게 이를 이용하면 직접 다대한 이익이 있을 뿐 아니라 본 제도는 장차 당국의 성명과 같이 지방자치제의 전제 계단으로 그 운용 여하에 의하여 지방자치제 시행의 시기에 대관계가 있고, 이에 더해 우리 능력 여하의 시금석으로써 그 태도 여하에 의하여 곧 우리의 경중을 묻게 될터인즉, 우리는 선거권이 있는 자는 자기 민중의 대표자를 선출할 소이에 생각이 이르고, 대표자를 매개하여 자기의 경륜(輕綸)을 수행할 도(途)를 강구하며, 선출된 자는 그 민중의 대표로 직무를 행하는 자로서 그 영예가 있고 중책이 있음에 비추어 가장 신충·성실로 장차 헌신적 정신으로 그 직분을 완전히 하고, 관민 상호 제휴하여 우리의 전도(前途)를 개척하고, 함께 행복을 증진케 할 것을 간절히 바라노라.

〈자료 127〉 최근 20년간 조선 지방제도의 추이와 장래(最近二十年間に於ける朝鮮地方制度の推移と將來)[내무국장 이쿠타 교사부로(生田淸三郎), 《조선급만주》 제233호, 1927.4]

지방제도의 급속한 진전과 외지(外紙)의 비평(批評)

구한국 정부 말기는 다시 기술할 것도 없이 나라 전체가 피폐·곤태(困憊)가 극에 달하고 있었으므로, 산업은 위축되어 흔들리고 백관유사(百官有司)는 헛되이 당쟁하고, 혹은 직책을 이용하여 주구(誅求)를 오로지 하는 모양이었으므로, 민중은 전전긍긍하며 불안정하고 상하(上下) 모두 혼돈과 모호 속에서 헤매는 상태였다. 그로부터 통감부 시대의 과도기를 거쳐 결국 병합이 되고 총독부의 시정이 되었던 것인데, 처음에는 오로지 지방의 실정을 고려하여 구시대의 제도와 관습에 이르기까지, 적어도 채택해야 하는 것은 모두 이를 채택하고, 이로써 지방제도를 정했다. 이후에도 민도(民度)의 향상과 시세의 추이에 따라서 변천과 개혁 실행에 노력한 결과, 아직 완벽하다고는 말할 수 없지만, 여하간 금일의 상태에까지 정리·통일하는 것이 가능했던 것이다.

이와 같이 비교적 단기간에 자치의 서광을 인정할 수 있게 되었고 누구라도 그 발달의 신속함과 확실함을 수긍할 것이라 생각한다. 일찍이 《재팬·메일(ジャパン·メール)》은 그 사설에서 '조선의 개혁과 진보'라는 제목하에 "일본의 통치적 수완에 놀라움을 금할 수 없다. 일본은 보통이라면 2세기를 요구하는 사업을 조선에서 겨우 십수년의 단기일에 성취했다"라고 칭찬하고 있다. 그와 전후하여 발행된 《향항주보(香港週報)》도 마찬가지로 "조선에서 일본의 경이로운 성공은 조선 문제에 주목하는 자들이 모두 인식하는 바로, 병합 이후 금일에 이르기까지 반도(半島) 문물의 현저한 개선은 일본이 조선인을 좋게 대우한 사실과 문화의 이입이 신속한 점에서 위정자의 방침을 숙지하는 사람이라면 누구도 의심할 수 없는 것이다"라 평하였다.

위와 같은 외국 신문의 비평으로 보아도 조선이 일본의 보호하에서 병합에 이른 후에 제반의 제도, 시설, 경영 등이 얼마나 신속하고 뚜렷하게 시행되었는가는 결코 상상하기에 어렵지 않다. 아울러 이 사이의 변천을 상세하게 고찰하면, 진실로 세계에서 유례를 찾아볼 수 없이 놀라운 「조선민중발달사(朝鮮民衆發達史)」가 분명하게 우리의 눈앞에 전개될 것이다. 이는 물론 조선의 개발을 사명으로 하고, 신부(新附)[24] 동포의 행복 증진을 주안으로 했던 역대 총독의 시설 방침의 정당한 하사품일 것이다. 또 이를 이해하여 지방의 개발에 힘을 다했던 조선 인사의 노력의 결정이기도 하다. 이 점은 특히 지방 개발을 사명으로 하고 지방행정의 요충에 있는 나의 입장에서 제일 먼저 감사하지 않을 수 없는 것이다.

---

24 신부(新附): 새로이 종속됨.

한일병합(韓日倂合) 후의 행정기관(行政機關) 정리(整理)

　병합 당시의 지방 사정과 그 제도는 매우 복잡하고 혼돈스러웠다. 먼저 도·부·군·면 외에 이와 대립했던 경찰 및 재무(財務)의 양 기관이 있고, 또 내지인(內地人)의 행정 사무만을 주관하는 이사청(理事廳)이 있었다. 기타 각국 거류민(居留民)의 공공사무를 처리하기 위해서 거류민단(居留民團), 거류지회(居留地會), 전관거류지(專管居留地), 한성위생회(漢城衛生會), 학교조합(學校組合) 등 열거하자면 끝이 없을 정도로 여러 종류의 기관이 있어서 각각 다른 특수의 행정을 하고 있었다. 극히 복잡했기 때문에 그동안의 착종(錯綜)했던 관계, 불통일(不統一), 불편 등이 매우 심했다. 게다가 당시는 초창(草創)의 시대였고, 또 이를 해결하기에는 국제상의 관계도 고려할 필요가 있어서 갑자기 획일적으로 정리하는 것이 불가능했다.

　따라서 총독부 설치 때, 먼저 재래의 이사청 및 재무기관을 폐지하고, 이를 도(道)로 통일한 후 지방행정기관으로 13도(道) 아래에 12부(府), 317군(郡)을 두고, 부·군 아래에 4,322면(面)을 설치하여, 각각 관청 사무의 원활을 기했다. 그러나 당시의 행정구역은 대체적으로 구정부 시대의 것을 그대로 습용(襲用)했던 것에 지나지 않았던 것이므로 지역, 호구(戶口), 자력(資力) 등 모두에 심한 차이가 있어서 적절하지 않았다. 그래서 이후 다시 조사를 진행하여, 부 아래에 있던 면을 폐지하면서 그 구역을 축소하고, 군(郡)도 그 면적 약 40방리(方里), 인구 약 1만, 면에 대해서는 대체의 호수를 800호, 면적을 약 5방리 기준으로 하여, 전체 조선에 걸쳐서 일제히 폐합(廢合)을 시행했다. 그 결과 부(府)는 종전과 같이 12부(府)로 하고, 군(郡)은 220개로 감소하고, 면(面)은 2,504면(面)으로 현재는 2,503면이 되었고, 시정상 편의와 경비 긴축을 도모하고 힘써서 부담의 균형을 기했다.

　그로부터 시기가 지나 1914년(大正 3) 4월에 이르러 현행의 부제(府制), 학교조합령(學校組合令)이 실시되면서, 비로소 각국 거류지회, 거류민단, 전관거류지 등의 제도는 점차 그 존재를 잃기에 이르렀다. 이로써 병합 직후 초기의 제도 개정·정리를 일단락짓고 무사히 과도적 통일이 되었다.

　그 후 1915년(大正 4) 5월에 이르러서 제주·울릉의 2군에 도제(島制)를 실시하는 것으로 개정하여, 재래의 군을 218군(郡) 2도(島)로 했다. 다시 1917년(大正 6)에 이르러 현행의 면제

(面制)를 공포하면서, 종래는 단순히 군수(郡守)의 사무를 보조하고 겨우 관행에 의해서 공공 사무를 처리하는 것에 지나지 않았던 면이 사업경영과 재산권의 주체로서 활동할 수 있는 최하급의 지방단체로 그 형태를 갖추기에 이르렀다.

1919년(大正 8) 지방제도 혁신

1919년 3월, 전체 조선에 걸친 소요의 발발이 있고, 이어 관제(官制)를 개혁하고, 사이토 총독이 취임하고서, 새로운 시정방침이 선명(宣明)되고, 얼마 지나지 않아 헌병제도가 철폐되어 종래 헌병을 주뇌(主腦)로 했던 경찰 및 위생 사무를 도지사의 직권으로 옮기고, 각반에 걸쳐서 문화정치를 주의(主義)로 했다. 과도기의 필연적 결과로서 중앙집권으로 기울어졌었던 여러 제도를 개혁·쇄신하여서 점차 지방장관의 권한을 확대하고, 힘써 지방분권의 방침을 내어서 행정의 부활을 기약하고, 한편으로 민중의 편익을 증진시키고자 했던 것이다. 또 새 시정방침 수립 당시의 성명에 비추어서 1920년(大正 9) 8월에 이르러 지방제도에 일대 개정을 가했다.

원래, 조선의 지방단체는 도·부·면의 3개로 그 행정은 거의 관헌(官憲)이 맡았으며, 지사(知事), 부윤(府尹), 면장(面長) 등은 거의 임명했고, 도참사(道參事), 군참사, 부협의회원(府協議會員), 지정면(指定面)의 상담역(相談役) 등도 모두 임명했다. 처음에 제도를 정할 때는 사정상 어쩔 수 없었던 것은 물론인데, 시세(時勢)의 추이에 수반하여 이와 같은 상황을 묵수함을 허락하지 않는 사정도 있고, 특히 정치의 요체(要諦)는 나아가 민의(民意)를 청취할 필요가 있으므로 그 정신에 기초하여서 현행의 지방비령(地方費令)·학교비령(學校費令) 발포와 함께 도에는 도평의회, 군에는 학교평의회, 부·면에는 협의회를 설치하여, 점차 지방 민중에게 자치의 본지(本旨)를 양해시키고, 운용에 숙달시키기로 했다. 따라서 이는 그 취지에서 보자면 민의를 증진하고, 지방행정을 한층 지방의 실상에 적절하게 하려 했던 것이다. 그 정신에서 보면 지방자치제도의 계제로서 일보전진한 것이라 말할 수 있으며, 지방제도에 일대 서광을 부여했던 것이다. 또 이 지방제도 개정에 수반해서 지방 직원의 대우 개선, 지방 관리의 훈련 등에 관해 꽤 많은 새로운 시설 경영을 했다. 이들은 모두 지방제도의 변혁과 통치의 근간이라 할 지방행정사에서 확실히 새로운 국면을 연 것이라 생각한다.

지방제도의 장래와 그에 대한 희망

　지방 민중의 복리를 증진하고, 지방의 개발을 촉진해야 할 지방행정은 국가의 정무 중에서도 가장 중요한 것의 하나로 조선의 통치에 직접적으로 중대한 관계가 있다. 그리고 지방행정의 이상은, 지방의 경영을 지방에 위임하고, 지방민 스스로 지방의 공공사무를 처리하는, 소위 지방자치제도의 확립에 있다. 지방자치는 지방의 민중이 동심일체(同心一體)가 되고, 각자 그 거주하는 부·면을 자기의 일가(一家)와 같이 간주하여 이를 위해서 헌신 노력함으로써 비로소 실현된다. 말할 것도 없이 현행의 제도는 아직 심히 유치하고 불완전하다. 따라서 내지와 같이 자치를 끌어올리기 위해 우리는 크게 노력해야 한다. 그러나 급격하게 지나친 개정은 도리어 국리민복을 저해할 우려가 있으므로 여기에는 충분·신중한 고려를 요한다.

　생각건대 지방제도 개정의 요체는 첫째로 시세와 민도에 적응함에 있다. 고로 만약 부여하지 말아야 할 때에 그것을 부여하고, 행하지 말아야 할 때에 그것을 행하면 정무(政務)는 도리어 더디어지고 부패를 초래하는 등 모든 방면에서 화근(禍根)을 발생시킨다. 왜냐하면 조선은 원래 지방행정상에 어떠한 민의(民意)를 자문할 만한 기관이 없었으므로, 민중도 또한 회의라든가 선거에 어떠한 경험도 갖지 않았던 것이다. 또 자치적 훈련이 없는 민도인 조선에 대해서 바로 완전한 자치제도를 바랄 수는 없다. 무릇 일에는 순서가 있고 단계가 있어서 내지에서도 외국에서도 금일의 제도에 도달하기까지는 꽤 많은 변천을 거쳐 왔던 것이다.

　지방자치를 행하기 위해서는 첫째로 지방 민중의 공민적(公民的) 훈련을 요한다. 즉 자치를 운용할 수 있는 능력이 있는 것이 전제이다. 둘째는 민중의 부담력(負擔力)이 충분하지 않으면 안 된다. 말할 것도 없이 자치체(自治體)는 그것을 구성하는 사람들이 필요한 경비를 제공하고 자기가 선정한 방침에 의해서 공동의 이익을 증진할 각반의 공공사업을 수행하는 것이므로 단체에 소속하는 자가 그것을 선정하고 또 수행할 만한 능력을 가져야 한다. 요컨대 물질적 능력과 정신적 능력을 구비한 자에 의해서만 자치는 행해지는 것이므로 그 영역에 도달하지 않는 사이에 경거망동함은 삼가하지 않으면 안 된다.

　우리는 조선 내의 문물제도가 진보하여 완전한 자치가 속히 시행되길 희망하지만, 금일의 실정에서는 아직 그 실시기(實施期)에는 이르지 못했다. 시기가 도래하면 의원은 모두 민선(民選)이 되고, 평의회(評議會) 기타를 결의기관(決議機關)으로 하고, 나아가서 부윤·면장까지 선거제도로 할 것임은 당연하다. 그리고 현재의 학교조합, 학교비 등도 부·면에 의해서 사무와 비용을 통일하게 할 것이다. 이와 같이 내지의 시정촌과 마찬가지의 지방제가 되는 것은 조선을 위해서 가까운 장래의 목표로 하지 않으면 안 된다.

〈자료 128〉 개성의 이 얼골·저 얼골 – 개성(開城) 부제(府制) 실시(實施)에 대(對)하야 [선죽교인(善竹橋人), 《별건곤》 34, 1930.11.1]

개성(開城)은 당국자의 유지식적(有志識的) 계획에 의하여 날로 발전된다. 40만 2천 원의 거액을 던져서 시내의 하천을 전부 정리하여 먼저 도시의 면목을 세우고, 다시 55만 원의 예산으로 상수도 부설계획을 세웠다. 그리고 또 박연폭포를 직행하는 자동차 도로와 성균관, 채작동, 만월대 등지를 연락하는 유람 도로 작성과 시구개정(市區改正), 도시계획 문제 등은 소위 개성의 백년대계를 세우는 첫 초석이라 하고, 실현을 촉진시키기에 여념이 없는 모양이다. 그리하여 이같이 발전하여 가는 외형의 조화를 위하여서는 마침내 부제(府制) 실시를 보게 된 것이다.

그러나 개성에 부제가 실시된다면 우리에게 어떠한 이해가 있을 것인가? 관등(官等)이 높아지고 새로운 시설이 자꾸 생기는 대로 우리의 부담은 점점 격증하여 나갈 것이니, 물론 발전하여 가는 개성의 외형에 따라서 우리 생활의 실질도 점점 향상된다면 모르지만, 만일 그렇지 못하고 조선은 발전하는 반면에 우리의 생활은 전체로 보아 향상 진보는 고사하고 그와 정반대로 연년히 감축되어 파멸의 정도를 향하야 달음박질하는 것이 현하 조선의 현실이니, 개성도 조선을 떠나서 존재를 할 수가 없는 이상 조선이 당하는 다 같은 운명을 무엇으로 능히 초연할 수가 있을 것인가?

주인이 모두 바뀐 조선의 도시 가운데서 아무리 개성만은 아직도 조선적 그 무엇을 발견할 수가 있다 하여, 경제적으로 보아 그 실력을 자타가 인정하며 일반의 경제에 대한 각성과 투쟁력이 어느 도시보다도 비교적 발달되었다. 하지만 조선의 객관적 정세로 보아 우리는 오늘의 생활 전선에 서서도 능히 개성만은 우리 세력의 중심지라 하는 지위를 보존할 만한 자신과 역량이 있을런지 이 문제야말로 개성의 부제 실시와 동시에 일어나는 큰 기우이다.

〈자료 129〉 금일(今日)의 문제(問題), 지방자치제 이야기 [김세성(金世成),《별건곤》 40, 1931.5.1]

1. 식민지와 자치제

식민지란 어떤 것인가? 현대식 국가는 반드시 식민지를 요구한다. 그 이유는 식민지에서 석탄, 석유, 쇠 그 밖의 온갖 공업의 원료품을 염가로 구하고, 그 원료품으로 생산하는 각종의 생산품은 다시 식민지에 갖다가 팔아먹는 데 있다. 그러므로 식민지는 그런 자연물(自然物)이 풍부하고, 공업이나 상업이 발달되지 못하고, 어리석은 민족일수록 식민지로 가장 적당한 것이다. 인도가 영국의 식민지가 된 후 영국이 상업이나 공업으로 세계의 1등국이 되고 부자나라가 되었나니, 인도는 부원(富源)의 나라이요, 3억이나 되는 인구가 있어 식민지로는 가장 좋은 곳인 것이다.

이를 간단히 말하면 식민지는 그 정복국에 공업 원료품을 제공하고, 그 생산하는 물품의 판매시장인 것이다. 영국은 정복국이니 생산자이요, 인도는 식민지이니 소비자이다. 인도와 영국을 예로 들었다 하여 오늘의 세상에서 남의 식민지는 인도뿐이고, 정복군은 영국뿐만인 것은 아니다. 남의 식민지는 인도 이외에도 얼마든지 있고, 정복국도 영국 이외에 또한 여러 나라가 있다. 식민지와 정복국과의 관계는 자본가와 노동자의 관계나 마찬가지이니 자본가는 노동자의 이익으로 자본이 늘고 배의 기름이 두터워지는 것이니, 자본가의 이익이 클수록 노동자의 피와 기름이 마른다. 식민지를 가진 자본주의 국가는 날로 강성하고 있으나 그 반비례로 식민지는 쇠퇴하고 있는 것이다. [차간(此間) 10행략(行略)-원문]

2. 조선의 지방자치제는 어떤 것

벌써 10여 년 전이었다. 기미(己未)운동이 있던 바로 후에 사이토 총독이 문화정치라는 새 간판을 붙이고 조선에 부임하면서 조선 실정에 가장 부합하는 지방자치제도를 입안(立案)하였다. 그리하여 행정에 당한 자로 하여금 그에 대한 조사를 명령하게 되었든바, 그 결과는 2천만의 조선 민중은 아직 구습을 타파할 수 없는 형편이고 민지(民智)의 진보, 경제의 발달, 공공적(公共的) 정신의 훈련 등으로 지금 곧 지방자치제의 실시는 가능치 못한 일이니, 먼저 훗날에 실시할 지방자치제의 과도적 계단으로 1920년(大正 9) 7월에 공포하여 그해 10월에 실시케 된 것이 지금까지의 과도적 제도인 그 자치제였던 것이다. 그가 이제 다시 한 걸음 범위를 확대하였다는 것이 개정된 지방자치제란 것이니, 그것은 과연 어떤 것일까. 먼저 그 전의 제도를 보면 ① 부(府)와 면(面)의 자문기관인 부·면 협의회를 둔 것, ② 도지방비의 자문기관인 도평의원회를 둔 것, ③ 조선인의 보통교육을 위하여 부·군·도(島)에 학교비(學校費) 제도를 두고, 그 외 자문기관으로 학교비평의회(學校費評議會)를 두었으며, 일본인 교육비를 위한 기관으로 학교조합평의회(學校組合評議會)를 둔 것이다. 그 회원을 선임(選任)하는 규정은 각각 다른 바가 있으니, 부와 지정면의 협의원은 공선(公選)이고, 보통면의 협의원은 추천에 지나지 못했으며, 학교평의회원도 부의 학교평의원은 공선이고, 군이나 도(島)의 학교평의원은 그 군이나 도내의 각 면협의원으로부터 배수의 후보자 중에서 관선하였고, 도평의회원은 그 정원의 3분지 1은 관선, 나머지의 3분의 2는 그 도내의 부·군·도(島)의 협의원으로부터 선거한 배수의 후보자 중에서 관선키로 되었던 것이다.

이제 새로이 개정되어 지난 4월부터 실시하는 새 제도란 어떤 것이냐 하면, 첫째는 부의 지정면 의결기관으로 부에 읍회(邑會)를 두고 면에는 면협의회를 둔다는 것, 둘째는 도에는 의결기관으로 도회(道會)를 둔다는 것이다. 그 선임규정은 부·읍·면협의원은 민선(民選)이며 도회의원은 3분의 1은 관선(官選)이고, 나머지의 3분의 2는 각 선거구에서 부·읍·면 협의원이 선거케 되었다.

그러나 그 신구(新舊)의 차이란 무엇인가 하면 부·면·도의 자문기관이던 것이 의결기관이 되었고, 지정면을 읍회라 하여 새로운 제도를 선포한 것이며, 그 선임방법에 있어 관선을 제하고는 민선(民選)이 되었다는 것이다. 그리고 의원의 임기가 3년이던 것이 4년이 되었다.

3. 선거권·피선거권 자격

부·읍·면이나 도에 의원될 사람은 어떤 사람이라야 될 것인가. 누구나 원한다고 선거되는 것이 아니요, 너도 선거할 수 있고, 나도 선거할 수 있는 것은 아니다. 가령 내 생각으로는 김가라는 사람을 가장 적당하다고 인정하나 나는 그 사람을 선거할 수 없고, 또 그 사람이 아무리 그에 가장 적당한 자격이 있다고 할지라도 피선(被選)될 수 없는 것이다. 어떤 까닭일까?

유권자의 자격을 제정하되 "제국신민인 연령 25세 이상의 남자로 독립하여 생계하고, 1년 이상을 그 부나 면에 살고, 조선총독의 지정한 부면세 5원 이상을 바치는 자라야 회의원의 선거권을 가진다"라고 했다. 부세 5원 이상을 바칠 수 있는 정도의 재산가가 얼마나 될 것인가. 일본인은 그가 10이면 8, 9이되, 조선인은 일본인보다 인구는 많으나 그 5원 이상의 부세를 낼 수 있는 재산가는 실수(實數)에 있어서 일본인보다 훨씬 적다는 것이다. 그러니 선거할 자격자도 적고, 선거를 받을 자격자도 적다. 그리고 감옥에 가서 징역한 자는 그 자격이 없다. 지금 조선인의 형세로는 감옥에 가보지 못한 사람은 거의 병신 같은 사람들이다. 이일저일에 감옥에 가지 않고는 견디지 못할 일이 많았다. 이 두 가지의 사정은 오늘의 조선 사람으로 하여금 지방자치제에 간여할 자격을 상실시켰다.

지금까지 그에 관계한 사람들은 지주, 면장, 대서인(代書人), 퇴직 관리, 변호사, 도시의 자본가, 일본인 농장의 농감(農監) 등으로 그네는 정치도 모르고 사회도 모르는 자들이었다. 그네가 당선된 것은 토지가 많은 지주이니 그의 소작인이 투표한 까닭이다. 도시의 자본가는 채무 관계로 그에 억눌린 소시민·소상인들에게서 투표를 받은 것이고, 대서인이란 그 대부분이 협잡꾼이어서 그로 돈을 모은 자들로 그 후보에 나서는 것이고, 도시의 자본가도 마찬가지의 경우이고, 일본인의 농감도 지주나 마찬가지 이유로 투표를 받게 되는 것이다. 면장, 퇴직 관리 등은 지방에는 봉건적 사상이 그대로 농후하여 조건 없이 그들을 지지한다. 그렇게 당선된 그들은 면 행정을 모른다.

정치란 어떤 것이고, 더욱이 민중과의 관계는 전연히 모른다. 그것이 입신양명으로 알고, 군수나 도지사, 내무부장에게 아첨하는 것을 영광으로 알 뿐이다. 그러니 민중의 욕구를 살피여 그를 통치자에게 제시하여 민중의 행복을 증진시키지 못함은 물론이고, 그중에도 일본인 농장의 농감으로 있어 다소의 세상물정을 안다는 자는 이권운동에 눈이 어두워 있다.

4. 결어(結語)

이상에서 우리는 지방자치제란 어떤 것임을 알았고, 그것은 지주, 자본가, 소수의 중산 계급을 어루만지고 농민과 노동자를 더욱 고립시키는 것임을 알았다. 따라서 농민과 노동자에게 해는 될지언정 유익은 없는 것임을 알았다. 그리고 이미 경제적으로 파멸을 고하여 빈궁

화한 우리에게는 아무 인연이 없는 것이다. 그러나 지주, 자본가, 중산 계급에 소속한 우리로 정치적 좌익 전선에는 감히 나서지 못하고, 그러면서도 아직껏 다소의(이하 8자 생략-원문) 그 행동을 근신하고 있던 무리 중에서 점차로 그리 진출케 될 것도 명백한 사실이겠다.

2. 선거운동과 실시

〈자료 130〉 면협의회원 선거 방법에 대하야[경기도 광주군(廣州郡) 퇴촌면(退村面) 도마리(道馬里) 서정(書庭) 박예양(朴芸陽),《조선지방행정》제4권 제1호, 1925.1]

나는 산곡(山谷)에 엎드려 있어 일출(日出) 동방(東方)하면 산포(山圃)로 씨름하고, 월출(月出) 동령(東嶺)하면 우돌(牛突)을 등에 지니, 행정상 왈가왈부를 어찌 감히 논하리오마는 지방자치를 시행코자 하는 첫 기관인 면협의회원 선거 방법에 대하야 잠깐 말하노라. 면협의회원이라 하는 것은 1면 내 인민의 대표로서, 일반의 제반 정도와 상태를 원만히 강구한 후 이를 철저히 진달하야 주는 자인즉, 이 책임이 무엇보다 중차대한 것은 다시 말을 불요할 바라. 협의회원 피선거 자격을 유항산(有恒産)이면 유항심(有恒心)이라 하야 면부과금 연액 5원 이상[4원 혹은 3원으로 저하, 면도 있음] 납부자로만 한하얏스니, 이 점이 좀 불철저한 듯하도다. 도회지 면으로 말하면 재산가 중 상당히 만흘터이나 향곡면(鄕谷面)으로 말하면 협의회원이 될만큼 납입하는 자 불과 7, 8인이며, 그 학식을 보면 자기의 성명도 쓰지 못하며, 자기 주택의 번지도 부지하는 이상인즉, 구법(舊法)을 폐치 말고 신법(新法)을 내지 마는 것이 좋다는 완고의 성질이 유(有)하야 일반의 개량 발전과 복리의 증진은 고사하고, 자기 일신상의 이해도 잘 판단치 못하며, 장래에는 여하한 행복이 도라오던지 눈앞의 작은 손해만 있으면 이것만 헤아리는 생원들로써 협의회 날을 맞아 출석한 후 지옥에 들어간 거나 다름없이 생각하야 고개도 잘들지 못하고 앉았다가 의장으로부터 여하한 자문이 유(有)하든지 덮어놓고 얼른 냉큼 반대한다. 그러나 이 반대도 시종이 하나 같지 못하고 두어 마디 말하다가 슬슬 부는 바람에 졸아 버리고 만다. 그러하면 의장은 자의(自意)로 처결할 수밖에 없다. 자치의 주인공인 생원들은 놀나 깨여 집으로 돌아가 하는 말이 오늘 우리 말을 하나하나 듣나다 저희끼리 하지. 그러나 주용(酒用)은 주니까 다행스러워하는 회원이 거반(居半)이다. 대저 소송(訴訟)을 제기하고 변호사에게 위임하는 것은 그 무엇을 위함인가. 자기의 지식이 천박하야 명확히 변론을 할 수 없음을 인연함이 아닌가. 그러한즉, 소송의 승부가 변호사 자격 충분과 불충분에도 있다 할 수 있는 거와 같이 일면(一面)의 개량·발전과 복리의 증진되는 것이 협의회원 유자격·무자격의 대관계가 있을지라. 이렇게 개량·발전하는 이 국면의 일정한 재산이 없더라도 한결같은 마음을 갖을 수 있는 것은 생각컨대 선비만이 가능한 것을 좀 이용하였으면 어떠할는지.

〈자료 131〉 추태를 극한 조선의 선거운동(醜態を極める朝鮮の選擧運動)[오가와 지로(小川二郎), 《호외(号外)》제1권 제3호, 1927.9, 도쿄기자연맹]

조선에는 일본의 현회의원·시회의원 혹은 촌회의원과 같은 의원제가 도평의원·부협의원·면협의원으로 있는데, 이들 의원은 정부의 자문기관일 뿐 결의권을 부여받지 않고 완전히 구속된 것이다. 특히 도평의회는 관선과 민선의 양 의원으로, 더구나 그 민선의원인 자도 민간에서 선출한 후보자 중에서 정부가 지명 결정을 부여하는 모양새로 완전히 민중의 자유권은 박탈되어 있다. 이러한 상태이므로 조선의 부의원이나 면의원인 자는 실로 하찮은 것인데, 그래도 이 의원이 된 자가 대단히 많다. 원래 조선의 의원 선거에는 정당적 색채가 없으므로 피를 흘리는 것같은 참극은 연출되지 않지만, 은행단(銀行團)이라든가 동업조합이라든가 혹은 회사단(會社團)이라든가 현회 등을 배경으로 해서 꽤 격렬한 유권자 쟁탈전이 행해진다.

이전에는 이 의원의 정수를 조선인 몇 명, 일본인 몇 명으로 한정하여 내선인 의원의 머릿수를 정하고 구별했지만, 작년 의원 개선기부터 내선인 구별을 폐하고, 전 의원의 총 정원 몇 명으로 정했으므로 지금까지 일본인 동지 혹은 조선인 동지의 경쟁이었지만 이번에는 내선인 양자 간의 다툼이 되었으므로 일층 선거운동은 극히 맹렬해지게 된 것이다.

깨끗한 한 표 금 20원의 진극(珍劇)

황금과 노인이 존중받는 식민지에서 선거운동의 이면에는 한 표가 얼마냐고 질문하는 추한 사실이 어느 곳에서나 행해지고 있다. 작년 부협의원 선거에는 특히 투표 매매가 실로 왕성히 행해졌다. 일본인 후보자 중에는 이 격전을 탈출하는 방책으로 운동원에게 투표 한 표에 20원으로 매점시키는 것을 명한 자가 있다. 그런데 유권자 중에는 투표를 매매하면서도 다른 후보자에게 투표한 자가 있어서 큰 말썽을 야기했다는 익살스런 이야기가 있다. 심하게는 그 매수비를 운동원이 착복하고 모르는 척하므로 후보자 쪽에서는 그런 것은 알지 못하고 유권자에게 뇌물이 건네진 것이라 믿고 있었다. 그런데 결국 개표해 보면 자신의 득표와 매수한 투표 수가 맞지 않으므로 큰 문제가 되었다는 촌극도 연출되었다.

작년 경성부협의원 선거에서는 투표 매수금이 한 표에 50원부터 100원이라는 시세를 냈다. 물론 공공연히 행해진 것은 아니지만, 한때는 한 표에 200원으로 매수한다는 소문도 전해졌다. 그러나 사실에 있어서는 50원부터 100원의 시세가 최고 기록인 듯하다.

체납 세금과 투표의 교환

위 사실은 내선인 모두 행해지고 있는 것인데, 조선인 측의 맹렬한 운동을 한 한 후보자가 인천항에서 있었던 사실인데, 부청에 가서 유권자 중 세금 체납자를 조사하여 그 체납 유권자로부터 투표 매수를 조건으로 해서 체납 세금 전부를 후보자 측에서 지불한다는 계약을 맺은 사실이 있었다. 그것은 조선의 유권자 매수 방책으로는 새로운 수단이다.

일부 조선인은 정치적으로 각성하여 자치제를 선포하라! 참정권을 부여하라! 부르짖고 있는데, 아직 선거가 뭔지 판단조차 못하는 사람들도 꽤 많아서 이들 무리는 거의 매수되고 있다. 그중에는 몇 사람의 후보자에게 표를 팔고, 마지막에 기권해버리는 대단한 사람도 있다. 선거 당일 여성들을 활약시킨다든가, 공공연히 유권자를 사냥하고 운동원의 백병전을 가두에서 연출하는 추한 사실도 있지만 부여된 지면이 얼마 없으니 생략하겠다.

전 조선적으로 확장한 유령투표사건

작년 경성부협의원 선거에서 차점으로 낙선한 사람은 조선인이었는데, 그 차점자가 당선자 중에 부정투표가 있었다고 지적하여, 선거 무효의 소원(訴願)을 했다. 조선에는 아직 선거 무효소송 규정이 없어서 감독관청인 경기도지사에게 소원했는데, 이 때문에 경성부 당국은 상당히 낭패였다. 그러나 관리 만능의 조선에서는 이 소원은 유야무야로 묻히고, 건백서는 묵살되어 버렸다.

이 사건에 자극되어 부산, 평양, 인천, 기타 두세 도시에서도 부정투표사건으로 시끄러웠다. 당국에서는 사실을 부인하고 결국 민간 측은 단념했지만, 선거 때마다 유령투표가 있는 것은 사실이다. 그러나 선거 종료 후 유령투표를 발견하는 것은 자못 곤란한 것이기 때문에 그것을 다행히 당국이 어떻게든 속여온 것, 조선이라면 그럴 만도 하다.

선거 간섭은 도회지보다 지방이 심하다

조선에서는 선거 간섭이 대단히 격심하다고 전해지는데, 선거운동에 관한 정부의 간섭은 그렇게 크지는 않다. 물론 이는 도회지의 상황으로 지방에 들어가면 꽤 심한 간섭이 있다. 면의원 선거 등에서 면장 등이 자신의 처지에 이로운 의원을 당선시키기 위해 대단히 무리한 일을 한다. 심하게는 투표 등을 가감해서 속여버리는 면장이 있다.

작년 경성의 인접지인 영등포면의원 선거 때 면장이 극도의 선거 간섭을 행한 결과, 면민의 반감을 사서 끝내 부정투표 사실을 폭로했다. 그래도 선거를 다시 하지 않고 당선자 한 명을 무효로 하고 차점자를 당선자로 하는 정도로 마무리되었다. 정말로 그 부정투표가 무효로 된 당선의원의 것이었는지 어떤지도 판명되지 않는다. 이런 일로 면장의 실책 폭로를 방지하기 위해 희생자로서 실격한 의원이야말로 곤란한 것이다. 이것이 일본이라면 큰 문제가 될 만한 것이지만, 관청이 절대 권리를 갖고 있는 조선에서는 관리의 실책을 명확히 하지 않는 선에서 끝나버렸다. 이렇게 추한 사실을 들면 그 수가 너무 많으니 이만 줄인다.

3. 지방제도의 운용

⟨자료 132⟩ 면 및 면 직원(面及面職員)(1) [경상남도 산청군수(山淸郡守) 임홍순(任洪淳),《조선지방행정》제3권 제10호, 1924.10]

제1장 면(面)과 면민(面民)

 면 행정은 지방행정의 일부이라. 지방행정이라 함은 지방적 행정으로, 즉 하급 지방단체인 면의 조직원 복리를 증진코자 하는 행위수단을 칭하는 것이라. 여사히 면 행정은 면을 단위로 하는 행위로 타면(他面)에 부여함이 무(無)함은 물론, 국가적 행정에도 관여함이 무(無)하도다. 그러나 면(面)은 고립 독존(獨存)의 단체가 아니오, 국가의 부분인즉 국가의 명에 따라 그 행정을 행함은 물론 국가의 목적에 반하는 행위 수단을 하기 불능한지라. 또한 동격(同格)의 타면에 대하여도 항상 이를 존중하여 서로 질시함이 무하고 공동 일치하여 각기 목적을 달치 아니치 못할지라. 면은 자기 단체원의 발달 향상을 도모하야 면 자체를 견고케 함을 유일의 목적으로 함으로써 진실로 공공적 사무는 모두 면 행정으로 함을 득(得)하나 목하의 상태에서는 모든 공공사무를 면 사무로 함은 재정이 허하지 아니할 뿐만 아니라 면민의 지력도 이에 이르지 못함이라. 따라서 면 사무는 일정의 범위를 한정하여 그 이외의 사무를 처리함에는 조선총독부의 인가를 받게 되였다. 그런즉 건전한 발달을 이르게 함에 직유(職由)함이라.

제2절 면민(面民)과 면 행정(面行政)

 면민은 지방단체인 면을 조직하는 유일한 요소인데, 면 내에 주소 또는 거소(居所)를 갖는 자를 총칭하는 것이라. 그러나 면 내 현존하는 민중을 모두 면민이라 칭하기 불능한지라. 모름지기 면민이라는 것은 동일의 목적으로 동일 지배권 내에 속자(屬者)임을 운(云)함이라. 고로 면을 통과하는 여인(旅人) 및 요건으로 일시 체재하는 자는 면민이라 칭함을 부득(不得)한다. 면민고과 같이 이를 준수치 아니치 못할지라. 또 면의 질서, 아니 사회의 질서를 지키게함에 불외(不外)함이라. 면민이란 것은 여사히 일정한 지역에 동일의 목적으로 혹 지배권에 복종하는 바의 사람을 종합하여 칭하는 것인즉, 면과 면민과는 서로 분리하지 못할 깊은 관계를 유(有)함은 이(玆)에 췌언(贅言)[25]을 불요(不要)한다. 따라서 면 행정의 집행자인 이사자(理事者)는 면민을 애(愛)하고, 오로지 그 향상 발달을 도모할지며, 면민은 면을 아가(我家)와 같이, 면 직원을 나(我)의 형제와 같이 생각하여 상하 사방(四方) 상화(相和)하고, 일치 협력하여 평화로운 향촌을 조성해야 할지라.

면 행정은 면민을 전제로 행하는 것인즉 면민의 이익에 반하는 시행, 조치(施措)를 할 것이 아니라. 그러나 면민 개개의 이익과 합치케 함도 아니라. 무슨 연유(何故)오 하면 대량(大量) 민의 이익이 되는 것은, 소수를 희생해 제공함도 감히 불가함이 아닐지라. 그리하여 면민은 면 행정에 의하여 비로소 그 복리를 증진할 수 있겠으며, 그 거처에 편안함으로 소(小)를 버리고 대(大)에 나아가 의용(義勇)으로 그 개성을 도야(陶冶)하여 대아(大我)를 이상화(理想化)케 함에 공동 육력(戮力)[26]치 아니치 못할지라. (하략-편역자)

〈자료 133〉 면 및 면 직원(面及面職員)(2)(경상남도 산청군수 임홍순,《조선지방행정》제3권 제11호, 1924.11)

(상략-편역자)

제4절 민심선도(民心善導)와 지방 개량

민심은 유수(流水)와 같아 그 성(性)에 의하여 이를 인도(引導)하는 때는 소천(小川)이 대해(大海)에 달함과 같으며, 그 선화(善化)를 적달(的達)하게 얻을 것이며, 만약 역성(逆成)하면 난(亂)할 것이요. 만약 오도(誤途)하면 산(散)할 것이니, 특히 그 시대 사조를 관찰하며 항상 이를 선도함에는 각오하여야 하며, 수하(水下)에 임하여서는 그 성(性)된 것과 대우(大雨), 폭풍(暴風) 등은 그 성(性)을 곡득(曲得)케 함과 같으며 민심은 또한 악염(惡染), 마비(痲痹)할 우려가 있으며, 따라서 이들에 외매(猥魅)됨이 없게 하며, 위정자는 불절 주목하여야 할 것

---

25 췌언(贅言): 쓸데없는 말.
26 육력(戮力): 서로 힘을 모음.

이며, 이에 지도의 숙어(熟語)를 피하며, 특히 선도라고 운(云)함은 비타(非他)라. 지도는 우자(優者)보다 열자(劣者)에 대한 말로 어떻게 하면 면민(面民)을 항상 열자로 보며, 고로 오해를 초치하기 용이할 뿐 아니라 면 당국자로 반드시 우자된 자라고 인정하기 불능한 상황이므로 호상(互相)히 그 수양을 하고, 보단취장(補短取長)[27]의 방법으로 면의 평화와 원만한 발달을 수(遂)함으로써 제일 양위(良爲)하다고 인정함이나, 특히 근래에는 일반의 사상계에 기묘(奇妙)할 영향을 급(及)하게 하니 이를 심상 치지(置之)하는 때는 민인의 안녕을 실(失)하며, 비운(悲運)에 이름으로써 그 청년과 노년을 물론하고 무수한 계급에 통하며, 건전한 사상을 주입함으로써 그 생활을 안정하게 노력하여야 할 것이며, 이는 면 당국자가 상당히 노력할 일대 임무이다. 여사(如斯)함에는 내(內)에서는 면 직원이 공동 일치로 그 충실을 다할 것이오. 외에서는 면민과 호상 기맥을 통하며 동기(同氣)와 같이 일점의 간극이 없이 기하는 동시에 자못 행정 수단으로 그 국(局)에 부당하게 인민과 같이 협력하는 방법을 강구하여야 할 것이며, 지방 개량의 시설을 필요라고 하는 소이는 이에 존(存)함.

지방 개량이라는 것은 장구(長久) 보편의 대생명을 가진 면을 이상화하게 하는 것이며, 면은 수천 인의 적심(赤心)을 마제(磨除)[28]하며, 실력을 구비하며, 호상 일환(一丸)된 단체로서 영원불멸의 대생명을 갖고 그 면민의 복리를 증진하며, 그 실력을 충실케 하기 때문에 선량한 풍속을 조장하며, 악풍폐속을 교정함과 같이 거면일치의 실을 거상(擧上)하며, 민심의 통일을 도모할 것이오. 공덕(公德)·공동심(公同心)에 부(富)하고, 풍유한 생활을 경영 방법을 궁구하여야 할 것이니, 그 방법 2, 3에 부지(不止)함도 제일 제반 법령에 통효(通曉)하여 면의 본질을 이해케 하며, 열심히 그 요구하는 것을 달득(達得)하게 하여야 할 것이며, 제2에는 면 당국자는 내(內)에 있어서 사무를 정리하고, 외에 대하여는 기다에 공공사무를 시설하여 면민의 복리를 증진케 하며, 그 실력을 향상케 하며, 민심의 통일을 도모할 것이오, 제3에는 면민의 자각을 최촉하며, 호상 화합하여 공동의 이익을 원만히 발성케 하는 수단과 방책을 취(取)치 아니치 못할지니, 이는 일일이 면 직원에 분노(奮努)와 면민 간에 연결이 있는데 유(有)하니라. (하략-편역자)

27　취장보단(取長補短): 장점을 취하고 단점을 보완.
28　마제(磨除): 절단마제(切端磨除).

〈자료 134〉 면 및 면 직원(面及面職員)(3)(경상남도 산청군수 임홍순,《조선지방행정》제3권 제12호, 1924.12)

제2장 면 사무(面事務)와 면 직원(面職員)

제1절 면 사무 처리

면은 전 장에서 진술(陳述)한 것과 같이 면민을 위하여 혹은 면자체를 위하야 행할 만한 행정 다단(多端)으로 내부(內部)에서는 민의 행위 수단에 기초인 각종 사무가 있다. 외부에서는 그 목적을 달성하려고 하는 사업이 있어 내외가 공동 번망하게 추호도 한가함이 없으며, 그리고 그 사무 및 사업은 언제든지 면민을 위하여 분투하면 그 처리를 신속히 하여 적확(適確)할지 아니할지는 면민에게 영향이 불소(不少)하다. 고로 면에서 사무를 처리함에는 일정한 준승(準繩)이 있고, 그에 의한 규정(規程)을 명확히 하며, 면 당국자에게 항상 규정을 염두에 두게(置케) 하여 그날의 일은 그날 처리케 하되 정확히 처분하는 방법을 강론(講論)하여야 한다. 면에 도착하는 문서는 그 경중에 구별이 없이 면 행정의 발동과 동기되는 자료이면 그 취급을 신중히 할 것은 물론이고, 면에서 실황을 조사하고 검열함에 그 취급이 심히 경솔하여 공사(公私) 혼동하는 일이 한두 번이 아니다.

제2절 면 사무 개선

면 사무 개선이라 칭함은 지금까지 처리하여 온 것은 불선(不善)하다는 의미와 상반하나 결코 그러한데는 있지 아니하다. 면 사무는 해마다 격증하여 그 양과 질이 현저히 변화하는 것도 면 직원은 오(五)에 비례하여 증원되지 아니하므로 종래 하등에 변처(變處) 없는 집무 방법으로는 도저히 이를 합리적으로 처리하기 불능하며, 사무 간첩(簡捷)을 도모하며, 번문욕례(繁文褥禮)[29]를 억제(制)하고, 그 중요한 취급을 피함이 가능하다. (하략-편역자)

29　번문욕례(繁文褥禮): 번거로운 관청 절차.

〈자료 135〉 면 및 면 직원(面及面職員)(4)(임홍순,《조선지방행정》제4권 제1호, 1925.1)

(상략-편역자)

면 사무에 대한 이해 및 연구

이 절은 이를 특설치 아니하여도 전 절에서 이미 그 설명을 다하였다. 그러나 면 직원에 대하여 특히 이 소위(所爲)에 결점(缺點)이 많은 고로 다시 설명을 가하야 각자의 분발심을 환기코자 한다.

면 행정 처리의 임무에 담당하는 자는 제일 먼저 이를 이해하고 자신으로써 그 국(局)에 나아가지 않으면 불가할 것이다. 스스로 이해치 못하고 남을 지도하는 불가능은 물론, 이해 없이 처리한 사무는 적절을 결여하는 때가 많다. 심하면 군·면의 행정 그것에 대하여 불만을 가지고 불유쾌히 처리하는 자까지 있다. 그 불만은 많이 무이해함에 기인하였다 하나 그 중에는 사적 이해에 기초하는 자 있다. 면 당사자 스스로 이해의 점을 분별하지 못하고, 개인적 이해만을 생각할 때는 여하히 하야 면민의 지도자가 될 것인가. 이 점을 충분히 양해하고 스스로 면 행정을 이해한 이상에 면민으로 하여금 이를 이해시키지 않으면 불가할 것이다. (하략-편역자)

〈자료 136〉 면 및 면 직원(面及面職員)(5)(임홍순,《조선지방행정》제4권 제2호, 1925.2)

(상략-편역자)

면 직원이 면민의 의표가 되어야 면민이 이를 신뢰하며, 면 직원도 또한 친절 정녕(叮嚀)으로써 면민에게 접(接)하여 양자의 관계가 형제와 흡사한 때에는 면 행정은 면민에게 자문하여 행하며, 면민은 인사(人事) 내지 치산(治産) 사업을 면 직원에게 물어서 그 지휘하에 경영하게 될 것이다. 예컨대 권리의 분쟁으로 말하더라도 바로 재판 소송을 수속하지 말고, 우선 면 직원과 상담하여 그 중재 또는 지휘를 받게 되면, 관혼상제(冠婚喪祭) 의식, 혼담 등도 면 직원과 상담하여 결정하게 될 것이다. 혹은 면에서는 이와 같은 사사(私事)에까지 관여할 여력이 없으며, 또 이런 상의(相議)에 참여할 성질의 것이 아니라지만, 면민이 자진하여 이 상의를 면 직원에게 의뢰할 때에는 면 행정이 원만히 진행함으로 여력이 없을 이유가 없을 것이다. 그 사건의 성질을 법규상으로 논할 때는 혹은 면 직원이 간섭할 바가 아니라 하겠지만 면을 일가(一家)와 같이 면민을 가족과 같이 생각할 때는 그렇게 한다고 조금도 불가할 것이 없을 터이다. 차라리 그렇게 되기를 희망한다. 현재와 같이 면 직원으로서 면민의 사정에 통효(通曉)치 못하고, 다만 법규상의 사무의 어느 부분을 처리함으로써 능사며, 마침(畢)이라고 사유하는 것은 실노 유감되는 바이다. 면 직원은 모름지기 면민으로 하여금 자립자영(自立自營)케 함과 같이 다른 면에 있어서는 면민의 상담역이 될 양으로, 항상 자기를 반성하며 추호도 부끄럼이 없도록 수신(修身)하여야 한다.

〈자료 137〉 면제의 개선 문제[평북 위원(渭源) 김예현(金禮顯), 《조선지방행정》 제4권 제2호, 1925.2]

면장의 임기와 부장(副長)의 증치(增置)를 인정하라. 동시에 부장의 명칭을 개정하였으면 한다. 조선의 면은 흡사 내지의 정촌에 상당한다. 그런데 그 사업 능력은 전자는 거의 무제한이나 후자는 한정되어 있다. 왜 양자 간에 이러한 차이를 인정했던 것인가. 그것은 요컨대 민도(民度)에 좌우되었던 것에 다름 아니다. 고로 조선의 민도도 장래 내지와 마찬가지로 되면 금일의 면제 또한 정촌제와 동일한 정도로 개조될 것이다. 따라서 그 이원(吏員)도 장래는 실질적으로 서로 같은 것을 두지 않으면 안 된다. 즉 금일의 면장은 관이 임명하는 일종의 관리인데, 장래는 내지의 정촌장과 같이 일정(4년) 임기를 갖는 민선의 순연한 공리(公吏)로 개조하고, 또 내지의 조역(助役)에 상당하는 현재의 지정면에 한해서 인정되고 있는 부장(副長)도 존치해야 할 것이다. 그러나 가령 조선의 민도가 내지와 마찬가지로 되어도 무엇이든 반드시 내지의 예를 본받을 필요는 없으므로 조선은 조선의 실정에 적합하게 진행되어야 할 것이다. 그렇다면 금일의 면장 임기의 방법은 조선의 현상에 비추어서 어떠한가. 나는 그 관선인 것은 감히 이의가 없지만, 단지 그 임기를 인정하고 있지 않은 점은 금일의 형세로 볼 때 하나의 결함이 아닌가 생각한다. 이미 이곳저곳에 가끔 나타나는 면장의 비행사건을 보면, 그 다수는 대개 5년 이상 10년간 근속했던 자의 소행이다. 그리고 그 주요한 원인을 들으면, 모두 근무 연수가 오래됨에 동반하여 혹 좋은 점도 있는 대신에 점차 긴장을 결여하면서 한편으로 교묘한 비행을 저지르기에 이른 것이다. 그리하여 보면 이와 같은 비행까지도 연출할 정도이므로 겉으로 나타나지 않는 사무의 미비점도 적지 않을 것이다. 이에 면장도 정촌장과 마찬가지의 임기를 인정한다면 앞서 서술한 백폐(百弊)를 한 번에 제거하고, 나아가 지방행정의 운용상 일대혁신을 기할 수 있을 것이다.

다음은 부장(副長)의 문제인데 금일의 제도에서는 소위 지정면에 한정해서 부장을 인정하고 있다. 무엇보다도 그 존치의 취지는 내지인이 비교적 많이 거주하는 지정면 같은 곳에서는 면 직원의 수뇌로 내선인을 함께 거용하고자 함에 있으나 일본에서의 조역(助役)과는 다소 그 취지가 다른 점도 있다. 그러나 나는 먼저 군청 소재지의 면과 같이 지정면에 준하는 면부터 시작하여 점차 일반 면에도 전부 부장을 존속할 필요를 느낀다. 그 이유는 조역 또는 현재의 부장을 존치하는 취지 외에, 면리원(面吏員)으로도 상당 유능한 인사를 등용시킨다는 점에서 한층 그 필요를 느낀다. 즉 시대의 추이에 수반하여 이제 조선인 중에도 지방행정에 상당한 식견과 경험이 있는 관리 퇴직자가 점차 많아진다. 특히 전례의 행정정리 때문에 한층 다수의 퇴직자를 내었던 터이다. 이들 중에는 면 직원으로 나아가고자 하는 자도 상당히 많지만 사회적 대우의 관념상 적어도 부장급 이상이 아니면 취직을 수긍하지 않는 실상이다. 물론 이들을 면장으로 임명할 수는 없지만, 다시 부장을 신설하여 이것이라도 맡게 하면 면 사무의 향상을 도모하는데 있어서 사회정책상 가장 시의적절한 정책일 것이라 믿는다. 그리고 그 경비는 면 서기 감원에 의해 경리한다. 그렇다면 어떠한 부담의 증가도 필요하지 않다. 또 부장의 명칭 문제인데 지금의 명칭은 어쨌든 부면장의 의미에서 나왔던 것이므로 실질상 특별히 부적당한 것은 아니나 조선에서는 병합 전부터 습관상 사회에서 보통 존경하는 의미로 부르는 관명(官名)이 있다. 그것은 곧 '주사(主事)'이다. 그러므로 '부장'을 '주사'로 고친다면 가장 마땅할 것이라 생각한다. 만약 어디까지나 부면장의 의미를 나타내고자 한다면 오히려 확실하게 '부면장(副面長)'이라고 하는 쪽이 낫다고 생각한다. 이상 비견(卑見)으로써 감히 세상의 여론에 호소하고자 한다.

〈자료 138〉 지방제도의 연혁과 사회사업의 현황(地方制度の沿革と社會事業の現狀)[일기자(一記者), 《조선급만주》 제214호, 1925.9]

지방제도의 연혁과 공공단체 시설

　조선의 지방제도는 병합 때 주로 구제(舊制)를 답습하여 제정했던 것으로, 그 후 다소의 변혁은 있었지만, 대체로 전 조선을 13도(道)로 구분하고, 도(道)에는 도장관(道長官)을 설치하고, 도 아래에 12부(府)·218군(郡)·2도(島)가 있어서 부윤·군수·도사(島司)가 이를 관할하고, 또 지방경찰의 권한에는 각 도(道)에 경찰부(警察部)가 있어서 헌병대(憲兵隊)의 장(長)인 군인이 이를 관장하고, 중앙 경무총감부(警務總監部)에서 이를 통할하는 제도였는데, 1919년(大正 8) 관제 개혁의 결과, 도장관을 도지사(道知事)라 개명하고, 경무총감부와 각 도 경찰부를 폐지하여 지방경찰의 권한을 도지사로 옮기고, 일반 행정에 대해서도 또한 도지사의 권한을 확장하여 지방 분임주의(分任主義)의 실현에 힘쓰고, 더욱이 지방단체의 제도에 대개혁을 가해서 장래 지방자치제도를 실시할 준비로서 각 단체에 민의(民意)에 기초한 자문기관 설치를 보기에 이르렀다. 즉 각 도의 지방비(地方費)에 관해서는 도평의회를 설치하고, 그 회원은 각 도의 상황에 따라 18명 내지 37명을 정원으로 하고, 그 1/3은 관선(官選)으로 하고, 2/3는 부·면 협의회원을 선거인으로 하는 간접 선거식에 의해서 임명하고, 부(府) 및 면(面)에는 협의회를 설치하고, 각 부·면 인구의 다과(多寡)에 의해서 8인 내지 30인을 정원으로 하고, 부 및 총독이 지정한 소위 지정면은 이를 민선(民選)으로 하고, 기타의 면은 관에서 임명하는 제도이다.

　또 조선은 내지(內地)[30]와 달라서, 내지인과 조선인의 보통교육은 국어 등의 관계에 의해서 그 제도를 동일하게 할 수 없는 상황이므로 보통교육을 실시하는 학교의 경비는 일반 행정비를 분리하여 각 개별로 단체를 설치하고 있다. 즉 조선인 쪽은 각 부·군·도(島)에 학교비(學校費)라 하는 명칭 하에 주로 보통교육에 관한 사무를 관장하고, 부윤·도사(島司)가 이를 관리하고 있다. 여기에는 학교평의회(學校評議會)라는 자문기관을 설치하고, 각 부의 학

30　내지(內地): 일본.

교평의회원은 조선인의 인구수에 따라 6인 내지 20인을, 군(郡)·도(島)의 학교평의회원은 군·도 내의 면 수와 동수(同數)를 정원으로 하고, 전자는 민선, 후자는 면협의회원을 선거인으로 하는 간접 선거법에 의해서 임명하고 있다. 또 조선에 있는 내지인 쪽은 신청에 의해서 허가받아야 하는 학교조합을 설치하고 있는데, 이는 순연한 자치적 제도로 용인되고 있다.

이들 단체의 재정은 1910년(明治 43)에는 도지방비 74만 6,306원, 부(府) 110만 2,993원, 학교조합비 20만 1,469원, 합계 205만 768원에 지나지 않았다. 다음으로 1912년(大正 元年)에는 도지방비 233만 8,128원, 부 197만 5,982원, 면 301만 7,208원, 학교비 93만 5,863원, 학교조합비 40만 2,892원, 합계 867만 73원이 되어, 겨우 2년간에 4배 반의 팽창을 보였다. 이후 해마다 증진하여, 작년 1924년(大正 13)에는 도지방비 1,992만 3,441원, 부 846만 5,467원, 면 1,947만, 1,850원, 학교비 1,401만 2,988원, 학교조합비 544만 9,527원, 합계 6,732만 3,273원에 달하고, 병합 당초의 연도에 비교하여 실로 33배 반 팽창하였다. 그러나 한 단체 평균 경비를 보면 도(道) 약 150원, 부 약 60원, 면 6,600원, 학교비 1만 4,000원으로 이를 내지의 부·현 각 평균액 약 600원, 군(郡) 6만 5,000원, 시구(市區) 약 400만 원, 정촌(町村) 약 3만 원과 비교하면 매우 낮다. 이는 필경 민력(民力)의 정도가 내지보다도 열악한 결과이다. 지방 개발을 위해서 장래 해야 할 시설은 많은데 그에 의해서 점차 민력을 함양하고, 이에 수반한 여러 시설을 확장하고 충실히 해야 한다. 현재 조선에서 공과(公課)의 부담은 1호(戶) 평균 21원 남짓인데, 내지는 1호당 부담이 115원으로 비교되지 않을 정도의 우열(優劣)이다.

조선은 종래 관개 설비가 완전 없었던 것은 아니다. 현존의 유지(溜地)는 6,200여, 보(洑)는 2만 여를 헤아리고 있는데 관개 면적은 겨우 30만 정보로 수전(水田) 총면적의 2할에 지나지 않는다. 그 후 여러 해의 비정(秕政)에 의해서 유지와 보가 황폐하게 되어서 기능을 상실하고 있는 것도 많다. 구한국 시대의 수리사업(水利事業)은 대체로 정부의 직접시설 또는 개인 경영이고, 이해 관계자 다수의 공동 경영에 속하는 것은 거의 없었다. 병합 이후 1918년(大正 7)까지 매년 국고를 보조하여 방죽(堰堤) 및 기타 복구공사를 하고, 1919년(大正 8) 이후는 지방비로 복구사업을 하였다.

다음으로 수리조합(水利組合)의 연혁을 약술하면, 1904년, 1905년 전쟁 이후 내지인 영농자가 증가한 결과 대규모 수리사업을 기획하기 시작하고, 1906년(明治 39) 수리조합조례 발포와 함께 정부의 감독하에 이해관계자의 공동경영을 인정했다. 이후 각소(各所)에 수리조합의 설립 계획자가 속출하여 운용상의 지장을 초래하는 것이 적지 않았으므로 1917년(大正 6) 7월 조선수리조합령을 발포하고, 조합 제도를 확립하여 수리사업의 발달에 밑거름이 되도록 하였다. 이리하여 매년 조합 수를 증식하여 본년[31] 8월 현재에는 조합 설립 수 65, 그 몽리(蒙利)[32] 면적 8만 정보로 투자사업비 약 4,560만 원을 헤아리고 있다.

사회교화의 현상

앞서 서술한 공공단체 시설 외에 지방에는 임시 은사금으로 사업을 한다. 병합 때 성지(聖旨)에 의해서 은사 공채 3천만 원을 하사하고, 귀족, 공로자 및 그 유족, 관리, 반족(班族), 유생(儒生)의 기로(耆老), 효자, 절부(節婦), 향당(鄕黨)의 모범자, 홀아비와 과부, 고독(孤獨) 등에 대해서 각각 혜휼(惠恤)되었는데, 그중 1,739만 8,000원은 이를 전 도(道)의 부·군으로 분여하여, 이 기금에서 발생한 이자로 사족(士族)의 수산(授産),[33] 교육 및 흉겸(凶歉)[34] 구제의 사업을 행하고 있는데, 그 이자는 매년 약 90만 원 정도를 헤아리고, 각 도의 지방비로 편입하여 수산, 교육, 흉겸, 구제 등 사회사업에 활용하고 있다.

다음으로 조선의 사회사업 현상을 보면, 아직 극히 유치한 시대에 머물러 있다. 사회사업은 현대 사회의 결함에서 생기는 여러 문제에 대한 대책이다. 조선은 대체로 농본위(農本位)이고 호수(戶數)의 8할은 농민으로, 게다가 이 농민의 8할 5푼은 소작농인 상태이다. 소수의 대지주는 고래의 관습에 의해서 소작인에 대해서 거의 절대적인 위력을 가지고 있다. 소작료도 대개 타조법(打租法)[35]이라 하여 수확의 반액을 지주에게 납부하는 관습이 있을 뿐만 아니라, 대지주는 일일이 각지의 소작인과 직접 교섭하지 않고 사음(舍音)이라 하는 제도를

---

31 본년: 1925년.
32 몽리(蒙利): 저수지.
33 수산(授産): 무직(無職)이나 가난한 사람들에게 살 도리(道理)를 마련해 주기 위하여 일자리를 내어줌.
34 흉겸(凶歉): 흉황. 농사가 잘못됨.
35 타조법(打租法): 소작료의 액수를 미리 정하지 않고 분배율만 정했다가 생산물을 그 비율에 따라 분배하던 소작 관행의 한 형태.

설치하고, 이것이 지주를 대신해서 소작지 관리를 담당했다. 이 사음이 사실상 큰 위력을 휘두르고, 그중에는 부정 행위를 하는 자가 있었으므로 왕왕 지주 대 소작인의 격쟁(擊錚) 문제를 야기한다. 따라서 소작제도의 근본적 개정이 필요하나, 수백 년간 길들여졌던 소작 관습을 하루아침에 개혁하는 것은 쉽지 않으므로 응급의 구제책으로는 지주와 소작인에 대해 강습회 또는 내지의 시찰 등을 시켜서 지주개량, 지력(地力)[36] 함양의 지식을 부여하든지, 소작인에 대해서는 부업(副業) 아울러 잉여 노력의 이용방법을 지도·장려하든지, 혹은 또 일반 농업자금의 융통을 도모하고, 기타 모든 수단과 방법을 강구하여 이의 결함을 완화하는 것이 필요하다.

조선의 공업은 아직 미미하여 공업에 관한 사회 문제는 사실상 아직 문제시하는 정도에 이르지 않았는데, 근래 선인 노동자가 내지로 이동하여 내지의 공업에 종사하는 것이 점차 증가하여 최근의 조사에 의하면 그 실수(實數) 78만 인에 달하고 있는 것 같다. 이들에 대해서는 내지 관청에서도 상당의 보호와 지도를 부여하고 있다. 부산에서도 도항 전에 직업 소개 사무 취급이라든가 노동자 숙박소를 설치하고, 기타 두세 개의 기관이 상당히 활동하고 알선에 힘쓰고 있지만 장래에는 한층 이 같은 기관이라든가 시설 확충에 노력할 필요가 있다. 상업 또한 아직 부진한 상황이다. 일상에 필요한 공품(工品)은 대부분 내지에서 수입하고 있는데 이때 다수의 상인 손을 거치면서 대체로 시가(市價)는 부당하게 올려지는 경향이 있다. 이에 대해서는 지방단체에서 공설시장을 설치하고 그 조절을 도모하고 있는데, 아직 이용자의 자각이 미흡한 점이 많은 것 같다.

보통교육이 부담력 관계상 아직 충분하게 보급되지 못하여 취학하지 못한 자가 적지 않은데, 이들에 대해서는 혹은 학교를 중심으로 하는 사회교육을 하거나 부·군의 향교(鄕校) 재산의 수입에 의해서 양반 유생 등의 교화사업을 운영하고 있는데, 장래 사회교화에 대해 가장 주의를 요해야 하는 것은 청년의 지도일 것이다. 최근 조사에 의하면 전체 조선에서 청년단(靑年團)의 수는 700여, 단원(團員)은 12, 13만 인을 헤아리고 있다. 금후 우선 단체원 증가를 증려함과 동시에 온건·착실한 사상을 함양하는 것이 중요하다. 또 위생상의 방면에서 본 사회적 결함은 심히 많으므로 근래 지방단체 등에서 의료 보급, 실비(實費) 진료소 설치,

---

36　지력(地力): 토지의 생산성.

공설욕장(公設浴場), 공설세탁소, 공설이발소 등의 시설을 행하고 있는데 이 또한 더 노력할 필요가 있다. 빈민 구조에 대해서는 병합 때 하사되었던 은사금 중 50만 원으로 고아의 교양, 아맹자(啞盲者)37 교육, 정신병자 구료(救療) 기금 등에 충당하고, 이에 의해서 총독부 제생원(濟生院)을 설립하여 양육부 및 맹아부를 두어서 고아의 교양과 맹아자를 교육하고, 정신병자의 구료는 총독부 의원에서 행하고 있다. 또 은사금 중 185만여 원을 일반 빈민의 구료기금으로 하고, 20여만 원을 행로병자 구료기금으로 충당하여 전자는 각 도 자혜의원(慈惠醫院)에서 구료 비용으로 제공하고, 후자는 각 도 지방단체에서 행로병자 구호의 보조에 충당하고 있다. 또 재작년은 원산(元山) 송정리(松汀里)에 감화원(感化院)을 설치하여 전체 조선의 불량소녀를 수용하고 있다. 기타 일반 풍속·관습상의 결점을 교정하기 위해서는 순회 강연, 순회 활동사진 등의 방법에 의해, 기타 흥풍회(興風會), 진흥회(振興會) 등의 단체가 조직되어서 사치·태타(怠惰)38를 경계하고, 저축의 정신을 양성하고, 착실한 민풍(民風) 작흥에 힘쓰고 있는데, 이러한 시설의 경비가 빈약하므로 모든 시설이 소규모임을 면할 수 없는 것은 실로 유감이다.

마지막으로 조선의 사회사업의 하나인 재외 선인의 보호 무육(撫育)은 특필(特筆)할 가치가 있는 것이다. 현재 만주, 시베리아, 몽고 등에 이주한 조선인은 무려 1백만 인이라 추측되고 있는데, 이들 지역에서는 국가의 권력이 충분히 행해지지 않고, 사회의 질서가 정리되지 않으므로 왕왕 비적(匪賊)이나 마적(馬賊)의 설침에 위협을 받고, 생활이 안정될 수 없는 가련한 생활을 하고 있으므로 가능한 한 보호가 필요하다. 이뿐만 아니라 이들 조선인은 오래 고국을 떠나 있어 조선 내의 현상을 알지 못하고, 불령선인의 계속된 선전에 미혹되어 오해를 품을 우려가 있으므로 저들에게 그 실정을 이해시키는 것이 급무이다. 총독부에서는 이 관점에서 1921년(大正 10) 이래 보통학교를 설치하고, 의료기관을 세우고, 또 금융기관을 특설하여 저들에게 안도의 염(念)을 부여하거나 혹은 순회 강연을 행하거나 시찰단을 조직하여서 조선 내의 실정을 알게 하여 보호 무육을 진전시키고 있다. 이를 위해서 매년 50만 원 내지 80만 원의 국탕(國帑)을 지출하고, 사무를 처리하기 위해서 안동(安東), 간도(間島), 봉

---

37 아맹자(啞盲者): 벙어리, 맹인.
38 태타(怠惰): 게으르고 태만함.

천(奉天), 길림(吉林), 하얼빈, 블라디보스톡 등에 총독부의 관리를 파견하고 있는데, 해를 거듭함에 따라 효과를 올리고 있는 것은 경하할 만한 일이다.

〈자료 139〉 지방행정혁신론(地方行政革新論)(임홍순,《조선지방행정》제5권 제9호, 1926.9)

시정 이래 지방행정은 발빠르게 진보하여, 지금 예전의 그림자도 볼 수 없게 된 것은 우리나라를 위해 경하할 만하다. 이번 가을에 백척간두(百尺竿頭) 일보를 나아가 그 제도를 시세와 민도에 적응하도록 개혁하고, 그 운영을 아주 편리하게 함으로써 민복국리(民福과國利)를 도모함은 최상의 선정(善政)이라 할 만하다. 항상 과거를 지탄하고 장래를 잘못 내다보는 것은 그 정치를 침체시키는 기초다. 정치는 현실을 무시할 수 없으나, 함부로 표면의 미(美)만 장식하고 그 기초를 돌아보지 않으면 큰 계획을 훼손하는 고식적인 조치를 면할 수 없다. 위정자는 항상 정세를 철저히 살펴 표리일치의 시정방침을 수립해야 한다. 그리고 모든 정치는 현재만이 아니라 장래를 내다보고 어느 정도 진보적 방책을 채택하여, 현재 상황이 진척될 수 있도록 노력해야 한다. 또 다소 곤란하더라도 큰 것을 위해 작은 것을 희생하는 데 주저하지 않는 것이 정치의 요체다. 무릇 용단(勇斷)에는 곤란이 따르고, 영단(英斷)에는 큰 곤란이 있고, 국민은 큰 곤란을 돌파하면서 진취적인 기상을 기른다. 용단을 내려 매진해야 한다. 여기에서는 지방행정 혁신에 대한 비견(卑見)의 일단을 개진하여 선배 유지의 질책을 받고자 한다.

1. 면을 분합·정리하는 것

현행 면의 구역은 1909년 법률 제20호에 의해 정해졌고 그 후 시세가 변천함에 따라 다소 변경되었다. 그러나 방식이 일정하지 않고 경계가 적당하지 않아 면치상 곤란한 점이 많고 인민의 부담 역시 과중할 염려가 있었다. 그래서 1914년 대개혁을 단행하여 종래의 불편을 교정했다. 그러나 당시의 폐합은 도면(圖面)으로 본 면의 병합에 불과했다. 더욱이 그 후 면적은 4방리, 호수는 800호의 표준으로써 정리해 왔으나, 그 표준대로 정리하지 않고 그 경계를 다 정리하지 않았으며 면의 재정을 고려하지도 않았다고 생각된다. 따라서 현재 면에서 행정에 불편이 심하고 재정에 크게 곤란을 느끼고 있다. 당국의 방침은 반드시 이런 불편과 곤란을 제거해야 하지만, 위의 4방리 800호라는 표준이 과연 조선의 실정에 적합한지는 의심스럽다.

면(面)은 오랜 역사를 갖고 있다. 인정(人情)과 풍속(風俗)을 함께하고 서로 분리할 수 없는 깊은 관계가 있는 결합체이다. 경솔하게 이를 분합(分合)하면 인심을 동요할 우려가 있다. 또 단순히 교통 불편이나 재정의 곤궁만으로써 오랜 기간의 결합체를 분할하거나 병합하면 그 주민의 이해관계를 생각하지 않은 조치이다. 그러나 면(面)은 영리적 재산의 집합체가 아니라서 그 분합에 의해 주민의 이해가 서로 반대되는 경우는 거의 없을 것이다. 또 그 주민은 주소지인 면이 바뀐다고 인정 풍속이 달라지지는 않으므로, 이것들은 기우이다. 면의 분합에 반대하는 것은 지자(智者)의 달견이라 볼 수 없다. 주민의 불편과 단체의 재정난은 그 면의 발달을 저지하는 원인이며 이웃 면의 부진은 인접한 다른 면의 피폐를 가져오는 경로이다. 따라서 우리는 면의 발달을 기하고 이웃의 공존공영(共存共榮)을 도모하는 것이 최상의 선정(善政)이라고 생각한다. 이 선정의 방도를 생각하지 않고서 종래의 인습(因襲)만 운위(云爲)해서는 안 된다.

면 행정에 이상적인 지역은 넓지도 좁지도 않고 주민이 가급적으로 집단 거주하며 자활력이 있고 그 수도 적당한 것이 좋은데, 가급적 공고한 결합과 활동이 필요하다. 그런데 조선에서 각 면의 지세, 민도, 부락 분포 상황은 상술한 이상적인 면을 구성할 수 없는 상황이다. 그러므로 특별한 사정이 있는 면을 제외하고 면의 넓이는 남선(南鮮) 7도(道)는 평균 4방리, 서북선(西北鮮) 6도는 평균 9방리, 그 인구는 평균 6,000명에서 8,000명 정도로 분합을 단행하여 면 행정의 진흥을 도모하길 요망한다. 이하에 도별 면과, 면적 인구 비교를 참고로 제시한다. (중략-편역자)

2. 면장(面長) 및 면리원(面吏員)을 우대할 것

현재 면 행정에서 가장 부족한 것은 인물이다. 면장과 면리원의 자리는 모두 있으나 그 인물은 항상 결핍되어 있다. 이런 상황에서 면치를 진흥할 수 있을지 정말 우려스럽다. 조선의 상황에서는 어쩔 수 없는 현상이기는 하나, 적당히 길을 찾으면 그 인물을 데려오는 것은 별로 어려운 일이 아니라고 생각한다. 헛된 명예직이니 명실공히 명예직의 의의를 다해야 한다거나, 지방을 위해 희생을 치러야 한다고 말하는 것 등은 피상적인 관점에 불과한 공론(空論)이다.

좋은 면 직원을 불러오는 길은 정신적으로 영예를 높이고, 물질적으로는 생활을 풍부하게 하는 데 있다. 면 경비의 6할 이상이 면 직원 급여에 충당되는 현재, 물질적으로 더 좋은 대우를 논하는 것은 시세에 맞지 않는다는 주장도 있다. 그러나 조선에서 지방의 부담이 1인당 1원 85전에 불과함에 비추어, 민력에 여유가 있다고 생각되어 감히 면 직원의 물질적 대우개선을 주장하는 것이다. 만일 민력이 이를 감당하지 못한다고 생각되면 민력의 향상을 도모하면서 면 행정의 진흥 방책을 강구해야 한다. 지금 각 도에서 면 직원 정원과 급여액을 조사하면 다음 표와 같이 면장 1인 평균 약 462원, 면 이원 1인 평균 연액 337원에 불과하다. 지정면과 보통면을 구분했을 때 보통면의 액수가 매우 적은 것은 실로 동정할 만하다. 이것으로 과연 면치에 만전을 도모할 수 있을지 생각해 보아야 한다.

(중략-편역자)

옛말에 닭을 자르는데 왜 소칼을 쓰냐는 말도 있으나, 면(面)의 닭을 자르려면 소칼이 있는 사람이 필요하다고 생각한다. 현재 면은 면 직원의 양보다 질을 우선시해야 한다. 1면당 면 서기 수 5명은 결코 많지 않으나, 능률을 올리지 못하는 자의 수를 늘리기보다는 소수라도 능력있는 사람을 얻어 치적을 거두는 방법을 강구해야 한다. 유능한 사람을 불러오는 길을 참고로 소개하고자 한다.

(1) 봉급의 제정

부(府)의 이원(吏員)처럼 면장은 고등관(高等官), 면리원은 판임관(判任官)의 봉급액에 준하여 봉급 제도를 정하고 적당한 인물을 불러올 수 있는 방법을 열어야 한다. 혹자는 말하길 일본의 정촌 이원은 조선처럼 박봉이라고 한다. 면 직원 급여를 높일 필요가 있냐고 말하는 맹목론자가 있다. 그러나 일본도 정촌장의 보수는 현재 연 600원 이상, 기타 이원의 봉급은 연액 400원 이상을 지급하고 있다. 특히 오사카부(大阪府)에 있는 천왕사촌(天王寺村)의 총장은 연봉 4,500원을 받고 있다. 조선도 속히 대우를 후하게 하여 지방 발달을 촉진할 필요가 있다.

(2) 은급제의 확립

면장과 면리원은 노후(老後)의 보증이 없으므로 근속(勤續) 연한(年限)이 짧기 때문에 경질이 빈번하여 면치가 정돈되지 못하고 있다. 봉급을 후하게 주고 적당한 인물을 채용한다해도 노후 생활이 불안하면 열심히 일하지 않는 게 당연하다. 이에 대해 은급제를 확립하여 우선 직원의 안정, 또 면치의 향상을 도모하는 것이 필요하다. 그리고 재원은 면 자체의 부담을 원칙으로 하나, 현재 재정 상태로서는 도저히 불가능하면 국고에서 지변하든가 아니면 그 반 이상을 보조하는 게 적당하다. 면장과 면리원은 나라의 업무를 분장하고 있는데도 이에 대한 은급을 국가에서 완전히 도외시하는 것은 가혹하다. 본건에 대해서는 관리들이 마땅히 생각해 볼 가치가 있다.

(3) 면장 및 면리원의 임면제도(任免制度) 개정

면장은 주임관(奏任官) 또는 판임관(判任官)으로 대우하여 관청이 임면(任免)하고, 면리원 또한 관청이 임명하는 것은, 조선 상황에서 어쩔 수 없는 사정이나, 원래 이들은 면의 기관에 해당하는 자라서 관청이 직접 임면하는 것이 맞는 제도라고 생각되지는 않는다. 그중 면장에 대한 주임관(50명에 한함) 또는 판임관 대우는, 그 인물을 얻는 데 방해가 되는 제도라고 생각한다. 이들 대우를 폐지하고 순연한 공리(公吏)로 하면 쉽게 고등관(高等官) 이상의 자격을 맞이하여 면의 수장(首長)이라고 할 수 있을 것이다. 현 제도를 고쳐 면장은 면협의회에서 선임하고, 기타 이원은 면장이 관청의 인가를 얻어 임명하는 게 옳다고 생각한다.

(4) 위훈(位勳)의 승서(昇叙)

주임관 대우 면장은 어느 정도 연한에 도달하여 그 성적이 우량하다고 인정될 때는 서위하는 길이 있으나, 판임관 대우 면장 및 면리원에게는 쌓인 공로에 보답하는 위훈의 승서가 없어서 유감이다. 위훈 승서를 난잡하게 실시하면 원래 안 되지만, 면정을 중시하여 그 발달을 기하려면 이들 방법을 강구하는 것이 결코 헛된 일이 아니라고 믿는다.

(5) 공립보통학교의 경영을 면사업으로 하는 것

현재 학교비는 과도기의 제도이고 1면(面) 1교(校)가 되면 당연히 면 사무에 통일해야 한다고 보지만, 조선의 보통학교도 이미 2면당 1교 정도이므로 몇 년 지나면 1면마다 보통학교를 볼 수 있으리라 믿는다. 보통학교 경영에 군(郡)을 단일화하는 것은 아직 1면 1교에 도달하지 못해서겠지만, 면 경영으로 옮기고 2면 이상에 1교의 비율로 하는 경우 면 조합을 조직하여 이를 경영시키면 그 관리에 조금도 우려할 필요가 없다. 이렇게 하면 경영비 절약은 물론 교육에 대한 관청의 감독이 철저해지고 그 개선을 도모하기에 좋은 상황이 될 것이다. 이하에 학교 분포 및 그 경영 상태를 게재하여 참고로서 제공한다. (중략-편역자)

조선의 보통학교는 지금 점차 2면(面) 1교(校)의 할당으로 그 취학생도는 겨우 39만 2,257인에 불과하다. 학령 아동을 조선인 총 인구의 1할이라 가정하면 176만 2,000명의 아동이 있다. 그 9할의 취학을 장려하려면 1학급 60인을 수용하여 2만 6,430학급이 필요하다. 이를 1교당(校當) 12학급제로 한다면 약 2,370교를 설립해야 한다. 그런데 지금 1,187교밖에 설립되지 않았다. 그 배 이상을 신설하지 않으면 보통교육의 보급을 도모할 수 없다. 조선에서 보통교육의 보급이 아직 충분하지 않은 이유를 민력이 모자라서라고 말하지만, 학교 분포가 불완전한 것이 주된 원인이다. 국민 다수가 무지(無智)의 유산자(有産者)보다는 유지(有智)의 자활자(自活者)여야 한다. 산업제일주의로써 산업 장려와 동시에, 교육 시설도 이에 수반해야 한다. 그러기 위해서는 속히 보통학교 면영(面營)을 단행해야 한다고 생각하여 감히 우론(愚論)을 천하에 공표하는 것이다. 조선인의 부력(富力)에 비추어 지금 갑자기 학교를 증설하는 것은 불가능한 상황이지만, 1학급당 경비를 1,300원 이내로 경리한다면 현재의 부담을 배가하면 족할 것이라 생각한다. 그래서 현재 학교비 부과금 과율을 배증해도 민력이 현저히 피폐해지지는 않을 것이니, 몇 년을 기해 그 계획을 하는 것이 결코 어려운 일은 아니라고 생각한다.

3. 재무기관(財務機關)을 확립하고 부동산(不動産) 등기사무(登記事務) 등 특별 행정의 일부를 군수(郡守)가 담당하는 것

재무기관 독립에 관해서는 이미 당국이 논의를 정리해서 가까운 장래에 실현되리라 믿는다. 그 분리를 바라는 것은 군수의 직무인 조장(助長) 행정과 병행하는 데 불편·불합리한 점이 있기 때문이지, 결코 어떤 논자처럼 세입 증수 또는 재무행정에 대한 군수의 몰이해 때문에 그 필요를 주장하는 것이 아니다. 국가 세입을 증가시켜야 하는 필요가 있을 때는 현 제도 하에서도 그 증수를 도모해야 하고, 군수의 다수가 재무 계통의 출신이 아니라서 그 사무에 대한 경험이 없을 때는 다른 직원의 힘을 빌리면 되니 앞의 두 가지 이유는 옳지 않다. 결국 적극적 행정을 정극적(情極的) 행정의 충돌에 의한 국가의 손해와 인민의 불편을 구제해야 하므로 속히 그 실현을 요망하는 것이다.

군수(郡守)의 직원은 특수행정을 제외하고 보통행정 전부가 포용되어 있으므로 그 범위가 넓고 책임이 중대하여 실로 1군의 장(長)으로서 손색이 없다. 그러나 행정 재정 정리를 창도하는 현재, 더구나 조선 지방행정 실정에 비추어 군수 직무는 현 제도만으로 충분하다고 말할 수 없다. 오히려 다른 특수기관에 속하는 행정 사무를 군수 직무에 통일하는 게 시세에 적합하다고 생각한다. 이하에 두세 가지 예를 들어 비견을 서술하겠다.

(1) 부동산 등기 사무를 군수의 직무로 해야 한다.

등기 사무를 사법기관(司法機關)의 직무로 한 것은, 행정관청은 법률 관념이 희박하기 때문에 착오, 폐해가 백출하고, 국가의 권위를 손상하여 인민의 불이익을 초래한다는 데 기인했다. 조선의 제도는 일본의 관례를 모방한 제도지만 지금은 행정 관청 기관도 법률 사상 발달이 사법 관리에 비해 열등하지 않음은 물론, 사사로운 관계에 끌리는 등의 일은 그림자도 볼 수 없게 되었다. 이 사무를 군수 직무에 통일해도 조금도 불편하거나 불합리하지 않다. 이렇게 하면 지가(地價)의 인정을 정확하게 하고 등록세(登錄稅)의 탈루를 방지하며 또 지방 사정에 밝아 부정하고 불공평한 일을 쉽게 방지할 수 있다. 따라서 국가와 인민의 편익이 많음은 물론, 국가 기관 통일에 의해 감독의 편리해지고 사무는 간결, 민첩해지며, 경비 절약 또한 적지 않을 것이다.

(2) 위생(衛生)과 행정(行政), 보안(保安), 경찰(警察) 사무를 군수의 권한으로 해야 한다.

위생과 경찰 사무는 대개 경찰서장의 권한에 속하나, 사법경찰 이외의 경찰서장 권한의 대부분은 보육행정을 수반하고 그 공동의 목적을 달성할 필요가 있다. 그런데 그 집행기관이 달라서 목적 달성에 지장을 초래한 사실을 우리는 왕왕 듣고 있다. 같은 국가기관이라면 그런 일이 벌어질 일이 없다. 물론 이를 하나의 기관의 직무로 하면 사사로운 정에 빠지기 쉽기 때문에 국가의 위신을 실추시키고 인민의 불이익과 불편을 가져올 것이라고 걱정하는 논자도 있으나, 걱정을 위한 걱정일 뿐 결코 깊이 생각할 문제가 아니라고 본다. 이미 대만에서 이런 제도를 취했으나 아직 불편이 있다고는 듣지 못했다. 대만 제도를 일본이나 조선에 인용할 수 없을지도 모르지만, 대만 제도가 반드시 대만인만을 목적으로 하는 것이 아니라면, 그 지역 정세에 비추어 적당한 제도를 시행하면 반드시 좋은 효과를 거두리라고 믿는다. 옛 조선에서는 군수 직무가 광범해서 폐해가 있었으나, 현재는 그 직무 범위가 광범하다 해도 폐해 없이, 국운의 진전을 쉽게 도모할 수 있으리라고 확신한다. 오히려 경찰서장 직무에 변화를 주어, 주로 검사의 감독 하에 사법경찰 사무를 관장하고, 즉결, 민사 조정, 병사(兵事), 고등경찰 등 특수한 경찰 사무만 취급하는 게 오히려 그 직무의 진척과 공공 안녕의 유지를 도모하는 데 도움이 되리라고 생각한다.

〈자료 140〉 면리원(面吏員) 양성기관을 설치하라 [양덕군(陽德郡) 화촌면 서기(化村面書記) 한순영(韓淳榮), 《조선문조선》 제116호, 1927.6]

조선의 지방 개발을 기하고자 하면 먼저 면의 발전과 면 행정의 쇄신을 기대해야 할 것이다. 그러나 면 행정의 쇄신을 도모할 원동력은 실로 면 직원에 있다. 그러므로 면 직원 소질의 향상을 기함은 면 행정 개선의 근본인 것을 잊어서는 안 되겠다. 나는 지금 면 직원인 서기에 대하여 비견(卑見)을 말하여 강호제현의 참고에 제공코자 하노라.

면 서기는 면제실시규칙 제2조의 2에 의하여, 군수·도사가 임명권을 보유하는데, 면 서기의 피임명 자격요건은 따로 규정이 없다. 채용할 때 인물 성행(性行), 수완 능력 등을 충분히 조사하여 임명함이 필요함은 다언을 요하지 않으나, 지방의 실정을 비추어 보면 혹은 면장의 내신(內申)에 따라서, 군에서는 하등의 조사도 없이 그대로 임명하며, 혹은 공문 독해의 능력이 없는 자라도 지방 유력자의 청탁에 피치 못하여 임명하는 수가 있다. 심한 경우는 한 면의 면 서기가 완전히 면장과 친척 관계가 있는 데도 있다. 이러한 정실 채용의 결과는 직원간의 의합이 불량해지며, 면 사무가 지체되는 수가 많다. 이렇게 해서는 어떻게 면 직원의 소질 개선을 도모하며, 면 행정의 쇄신을 기하랴. 매년 면 사무는 격증한다. 지방자치 문제가 왕성하게 부르짖어지는 현재, 면리원 소질의 개선은 실로 시급한 문제다. 즉 권위 있는 면리원 교양기관 설치를 요망하는 이유로다.

대저 관리는 법령에 각각 일정한 자격요건을 규정하여 있으나, 아직 각 관청의 요구하는 특질의 학식을 충족치 못하므로 각 관청에 대하여 본즉, 그의 요구하는 인물 양성에 독특한 기관을 설치하며, 또는 이들 인물의 등용 시험제도에 의하여 임명의 계통으로 하고 있는 것이 아닌가. 행정관청에 대하여 보니 최고 고등시험이 있고, 다음으로 문관보통시험이 있으며, 경찰관 강습소가 있어 경찰관을 교련하며, 교육기관인 학교 직원에는 사범학교가 있어서 이에 적재의 훈육에 결함이 없다. 이미 이러한 이상에 감히 다른 관공서에 대비(對比)할 필요는 없고, 또 대비가 불가능하다 할지라도 지방행정의 제일선에 있는 면리원 채용을 가볍고 소홀하게 하지 말 것은 물론, 교양기관을 설치하여 충분히 교양·훈련함은 지방 개발에 미치는 바 극히 클 것이다. 현재 당국에서는 면 직원의 소질 개선에 상당히 노력하는 줄 규지(窺知)하노라. 혹은 면 서기를 일본의 우량한 정촌에 파견하여 일정한 기간 내에 정촌 사무를 견습케 하며, 혹은 면 직원으로서 도시 정촌 사무를 시찰시키며, 혹은 면 직원 강습회를 개최하는 등의 일이 있어 모두 그것이 상당한 효과는 있을지나, 일본 정촌 사무의 견습에 대하여는 정촌과 면의 제도상 차이가 있을 뿐 아니라 습관상 상이한 점에 대하여 고려를 요할 것이고, 면 직원 일본 시찰은 대부분은 위로와 유람에 지나지 않는 감이 있다. 실무에는 하등의 효과도 없다 해도 과언이 아닐 듯하다. 또 도 주최 면 직원 강습회는 대개 단기간이므로 충분히 교양하기 불능한 감이 있다. 각 군에서 개최하는 면 직원 강습회도 사무타합회와 동공이곡(同工異曲)[39]인 듯하다. 그러므로 나는 다음의 요항을 게재하여, 면리원 양성기관을 각 도에 설치하여 매년 정기적으로 교양케 하기를 절실히 바라노라.

1. 입소 인원은 각 군·도(郡島) 2명 이상으로 하여 보통학교 졸업자 또는 이와 동등 이상의 학력을 갖고, 연령 20세 이상의 자에 대하여 군수·도사가 추천한 자(현재 면 서기직에 종사하는 자도 가능함).
2. 1인에 대하여 매월 20원 외의 학자금을 지급할 것(단 현재 면 서기직에 있는 자는 이에 해당

---

39 동공이곡(同工異曲): 같은 악공끼리라도 곡조를 달리한다는 뜻으로, 동등한 재주를 가졌지만 표현하는 내용이나 느낌이 다름을 이르는 말.

하지 않음).

3. 기한은 6개월 내외로 할 것.
4. 학자금을 받은 자는 졸업 후 반드시 면 서기로 1년 이상 근무하는 의무를 질 것.
5. 강사는 도 직원 혹은 전문 강사로 할 것.

이렇게 해서 심신(心神)의 발랄한 희망이 불타는 듯한 청년 면 서기의 두뇌에 자치의 정신을 주입하여 현행 조선 지방행정, 주로 면 행정 기타의 각반 면 사무에 대하여 충분히 교양·훈련함은 실로 면리원 소질 개선상 가장 적절한 방법인 줄로 믿으며, 진부한 우고(愚考)를 술하는 바이다.

4. 자치 문제와 기타

⟨자료 141⟩ 일시동인의 성지를 명심하여 조선을 특별자치체로 하라(一視同仁の聖旨者を體し 朝鮮を特別自治體とせよ) [고마쓰 미도리(小松綠), 《식민》 5권 1호, 1926, 일본식민통신사]

1. 조선병합과 그 취지

조선병합의 취지는 말할 것도 없이 조선 2천만 민중을 완전히 제국신민으로 간주하고 소위 일시동인의 성지에 의해 그 사이에 절대적 무차별의 취급을 함에 있음은 말할 것도 없는 바이다. 이 견지에서 일시 선전된 내지연장주의에 의해 완전히 조선을 일본과 같은 위치로 두어야 한다. 그 결과로 조선에 징병령, 중의원의원선거법 등을 선포하고, 기타 모든 법령을 적용하는 것으로 하지 않으면 안 된다. 한마디로 말하면 조선을 부현정촌제(府縣町村制)로 하는 것이다. 이것이 조선 통치의 본 뜻이고, 또 그 종국의 목적이 되지 않으면 안 된다.

그러나 무엇이나 본말과 순서가 있어야 하고, 문화의 정도, 풍속·습관의 같음과 다름, 특히 정치사상에서 현격한 차이가 있는 양 민족이 합동한 경우, 이에 대해 철두철미하게 동일한 대우를 부여하는 것은 공평하다고 보여도 실은 자못 불공평한 조치라 말하지 않을 수 없다. 조선인 중에는 어디까지나 일본인과 같은 대우를 희망하는 자도 없는 것은 아니지만, 대부분 조선 인민은 오히려 조선에 있어서 특수한 제도와 대우를 만드는 것을 희망하고 있다.

2. 조선의 독립은 불가능

그리고 3천 년 조선의 역사에서 조선은 어느 때나 대국에 종속하는 일관된 사실을 보이고 있다. 고대부터 상황을 조사해 보면, 대체로 조선을 둘로 나누어, 대동강과 한강을 중심으로 해서 남북으로 나눌 수 있다. 북조선은 소위 단군·기자·위만의 세 조선 및 고구려를 북부조선이라 칭한다. 그동안 단절과 연속은 있었지만 중국 세력하에 복종하고 있었던 것이다. 가령 위시(爲始) 조선 같은 것은 한 문제에 정복되었던 시대가 있다. 남부 조선은 초기에 마한·진한·변한이라 하고, 후에 신라·백제·고려로 변화했는데, 항상 일본 세력하에 있었다.

이를 요약하면 항상 조선의 위치는 마치 아래위에 끼어 있었던 괴로운 처지에 있고, 때로는 중국에, 또 어떤 때는 일본이 국내를 통제하는 것이 일관된 역사이다. 이조시대에는 표면적으로 자치체를 만들었음에도 불구하고 매양 중국의 통제에 복종하면서 그 정책을 이용함은 물론, 자국은 왕 전하라 칭하고 중국에 대해서는 황제폐하라 존칭하고 있었던 것이다. 이러한 역사적 사실이 부지부식 중에 조선인의 사상 중에 스며들어서, 금일에서조차 역시 이를 완전히 벗어날 수 없는 것이다. 따라서 순연한 독립을 유지할 수 있는 능력이 결핍되어 있다는 것은 누구나 알고 있는 바일 것이다. 그것이 결국 일본의 당초 독립 옹호라는 취지에서 병합을 실행한 사실이고, 이들 고래로부터의 역사적 견지에서 보아도 조선이 순연한 독립을 자력으로 유지해 가는 것은 상당히 곤란한 것이며 국가의 위치, 민족성 등에서 생각해도 이 점은 수긍이 가능할 것이다.

그러나 일시동인(一視同仁)의 성지에 의해 현재 조선인의 지위를 향상시키는 것을 피하는 것은 아니다. 하루라도 빨리 그들의 지위를 문명국민으로 끌어올리는 것이 오인의 임무인 것은 말할 것도 없다. 따라서 자치를 할 수 있는 소양을 길러가지 않으면 안 된다. 이 조선의 자치라는 것은 반드시 불가능한 것은 아니지만 그 정도를 어떻게 할까는 신중하게 고려를 요하는 점이다. 일본의 부현과 같이 자치에 의할지, 혹은 자치령 정도로 할지는 크게 연구가 필요한 숙제이다.

그리고 조선이 일본과 조금도 다르지 않을 정도까지 진보하면, 류쿠(琉球)를 오키나와현으로 한 것처럼, 여기에 일본의 부현제와 같은 제도를 펴고 중의원의원선거법, 징병령, 기타 여러 법령 등을 선포하는 것이 가능할 것이지만, 이는 종국의 목적인 조선 통치의 이상이고, 그 앞길은 자못 요원하다. 이 큰 이상에 도달하는 도정으로 어느 정도까지 자치를 허하고, 조선을 특별자치체로 인정하는 방침을 쓰는 것이 일본 및 조선을 위함이 아닐까.

3. 조선인의 실력 함양 급무

조선에 대해 사려 깊은 식자가 조선 민중에 대해서는 특별한 제도로 대우하는 것을 희망하고 있는 이유를 들으니 다음과 같은 여러 가지가 있다. 즉 이를 실제 문제에서 보면 크게는 조선인을 의원으로서 병사로 하는 경우에 조선인은 대단한 고통을 느낀다는 것이다. 병사가 되는 경우는 그렇게까지는 아니지만, 의원이 되는 경우는 소수의 조선인 의원은 다수의 일본인 의원을 위해 매양 압박받는 결과가 되어, 그 주장은 하나도 관철되지 못하는 것에서 일본인과 조선인 대표자 간에 충돌을 불러오고, 혹은 원한이 끊이지 않는 결과를 낳는 데 다름이 아니라는 것이다. 그리고 작게는 모든 설비, 가령 교육기관 등을 일본과 마찬가지로 하는 경우에는 조선인의 부담은 이에 상응하여 비상한 증가를 보게 되고, 지금도 그 무거움에 고통받고 있는데 한층 궁지에 빠지는 것은 의심할 수 없다는 것이다.

그러나 권리만 동등하게 하고 의무는 차별을 두는 것도 불가능하므로 일본과 조선이 평등하다고 한다면 철두철미하게 무차별로 하지 않을 수 없다. 이는 모든 것을 획일적으로 하는 것을 주안점으로 삼는 정치제도에서 말하면 진실로 간단하고 바라는 바이겠지만, 이를 조선인 측에서 보면 심하게 괴로운 것이다. 이는 가끔 조선인 유권자로부터 내가 들은 바인데, 상식으로 판단해도 평등 대우의 이론을 현재의 조선인에게 적용하는 것은 부당하고, 또 실행상 곤란하다고 생각되는 것이다.

그렇다면 병합의 본뜻인 일시동인의 취지는 실행될 수 없는 것인가 하면, 이 본뜻은 어디까지나 우리 정부, 국민 공히 마음에 새기고 잊어서는 안 된다. 단 이 목적에 도달하는 도정에 있어서 잠시 차별 가운데에 평등이 있고, 평등 가운데에 차별이 있다는 원칙에 의해야 한다. 이를 가령 철도 여행자에 대해 등급을 매기지만, 그 때문에 국민의 권리 의무에 2등, 3등의 차별을 두는 것이라 보아서는 안 되는 것처럼, 그 경우에 따라 또 희망에 의해 대우상 상당한 여유를 두는 것은 평등 대우의 취지를 추호도 저버리는 것이 아닌 것이다. 즉 빈곤한 아래에서 무리하게 2등 승차를 강제하면 안 되는 것처럼, 조선인 현재의 지식 정도로 곧장 일본인과 마찬가지의 시설을 하는 것은 재정상 고통을 주는 것이다. 그래서 후일 빈곤한 자가 부를 얻은 경우 3등보다 2등, 혹은 1등 열차에 승차하는 것을 방해하지 않는 것처럼, 조선인이 머지않아 부와 지능이 향상한 때에는 하등 동등한 대우를 주는 것을 방해하는 것은 없는 것이다. 고로 조선인은 한편으로 그 학식이나 기량에 따라 일본의 고관, 즉 지사가 되고, 대신이 되고, 총리대신도 될 수 있는 권능을 부여받음과 함께(현재 이미 조선인은 이런 권능을 갖고 있다) 다른 한편으로 조선의 빈곤한 민중에 대해서는 특별한 은전을 베푸는 것이 적당할 것이다.

4. 조선을 특별자치체로 하라

조선에 특별자치체를 선포하고, 외교 사무 이외의 지방행정 사무, 즉 조세 부과 및 경비 안배 등을 대중의 의론에 묻는 기관을 만들고, 이로써 잠시 조선인으로 하여금 스스로 다스리는 관념과 실험을 하게 하여 정치적 시련을 기르게 하고, 이 지식의 정도 및 부의 정도에서 완전히 일본인과 동등한 정도에 도달하는 것을 기다리고, 이로써 일본과 조선의 구별을 철회하고, 완전히 합쳐진 국민으로 통일된 제도하에 놓이는 것을 현재의 상태에 적합한 조치라 생각한다.

이는 영국의 네덜란드에 대한 것과 같이 수백 년간 본국은 통일적인 정책을 하고, 네덜란드는 어디까지나 자치제를 희망하는 사정에 비추어 보아도 통일제도가 갑자기 실행되어서는 안 된다는 점을 명확히 알 수 있다. 조선 통치에서도 이 점은 크게 고려해야 한다고 생각한다. 결국 조선 통치의 목적은 일본과 조선을 통일하여 평등한 대우에 놓고, 이 목적을 달성하기 위해 잠시 편법으로 조선에 자치를 허용하는 것이 이 수단이라고 믿는다.

〈자료 142〉 조선·대만 자치제 건의안 제출 이유에 관하여(朝鮮臺灣自治制建議案提出の理由について)[간다 마사오(神田正雄)·기요세 이치로(淸瀨一郞),《해외(海外)》, 1928.6, 해외사]

최근 식민지의 자치 문제가 논의되어 조선인이나 대만인들도 열렬히 참정권 획득 운동을 하기에 이르렀다. 이는 시세에 따르는 것으로 당연한 욕구라 말하지 않을 수 없다. 이 운동을 살펴보면, 이것이야말로 일본의 식민지 통치 정책상에 씩씩한 문제를 야기시키는 것이다. 그런데 이를 선도하여 식민지 토착민의 정당한 요구를 실현시킬 제55의회에 '조선 및 대만에 지방자치제 시행에 관한 건의안'이 제출되었다. 그 이유를 다음에 게재하여 다수 인사의 이해를 촉구하고자 한다.

조선 및 대만에 지방자치제 시행에 관한 건의안 이유서

조선은 1910년 8월 한일병합조약에 의해 아국의 일부가 되고 나서 18년, 대만은 1895년 4월 시모노세키조약에 의해 아국의 판도에 속하여 33년을 거쳤다. 그동안 아국의 조선 및 대만에 대한 시설은 물질적 방면에 중점을 두고 정신적 대우에 대해서는 등한시한 경향이 있다. 현재 조선 및 대만의 선각자 중에는 지방자치를 요구하는 자가 많다. 그러나 아직 그 희망은 충족되지 못하고 있다. 돌아보건대 아국이 이들 신부(新附)의 신민에 대해 일시동인의 견지에서 시정하려고 함은 누구도 이의가 없는 바이다. 그런데 종래는 그들 지역의 문화가 보급되지 않았다는 이유하에 자치제 시행상 걱정이 있었다. 그러나 근래에는 오히려 자치제 시행이 그들의 문화를 진전시키고, 또 기꺼이 우리 제국민으로서 의무를 다하게 할 이유가 명료하게 되었다. 또 아국이 동아시아의 선진국으로서 해야 할 임무는 이것이라 믿는다. 입헌정치의 혜택을 다수의 민인(民人)이 입게 하는 것을 생각할 때, 우선 우리 신부의 신민에게 그 덕을 미치게 하여 그들의 희망을 만족시키는 것은 메이지 선제(先帝) 폐하의 통치 계획에 부합하는 것이라 확신한다. 제50회 제국의회는 위 취지서에 기초하여 조선 및 대만에 지방자치제 시행안을 가결하고 정부에 제출했다. 그 후 3년을 거쳐 이들 지방에 하등 새로운 시행을 보지 못함은 자못 유감이다. 현재 시대의 진운은 단순히 물질상의 개선만으로 신부의 신민에 대비하는 것에 있지 않다. 마땅히 그들의 합리적인 요망을 듣고, 속히 완전한 지방자치제를 시행하기를 간절히 원한다. 이것이 본안을 제출한 이유이다.

위 제출자

간다 마사오(神田正雄)·기요세 이치로(淸瀨一郞)

찬성자 다카기 마스타로(高木益太郞) 외 31명

III

실행 계획 및 내용

〈해제〉

이 장은 총독부가 1920년대 지방제도를 입안하고 실행하는 과정에 대해 '1. 지방제도 개정 2. 지방 '자문기관' 설치와 운용 3. 지방제도 운용 4. 자치제와 중앙 참정제도 논의' 등으로 절을 나누어 자료를 수록하였다.

1. '지방제도 개정'에는 1920년대 지방제도 개정 내용 및 실시 현황을 확인할 수 있는 자료들을 수록하였다. 먼저 지방제도 개정의 필요성과 내용을 확인할 수 있는 자료로 「신제도와 지방행정(新制度と地方行政)」(『조선총독부 지방행정강습회 강연집(朝鮮總督府地方行政講習會講演集) 제9회』, 1921.10), 〈지방제도에 관한 지시사항(地方制度に關する指示事項)〉《조선》 제79호, 1921.9) 등을 수록하였다.

「신제도와 지방행정」은 지방행정 담당기관인 내무국의 제1과장 와타나베 도요히코(度邊豊日子)가 조선총독부 지방행정강습회에서 새로운 제도와 지방행정의 관계에 대해 강연한 내용을 담고 있다. 일제는 병탄 이후 부군서기지방행정사무강습회를 실시하였다.[1] 조선총독부에서는 일선 관리들의 지방행정 사무 강습을 위해 도·부·군·도의 이원을 소집하여 지방행정, 산업(散業), 교육, 토목, 위생, 민족, 구제(救濟) 등에 대한 강습회를 실시하였다.[2] 조선총독부 지방행정강습회 제9회는 1921년 1월 31일부터 2월 14일까지 15일간에 걸쳐 개최되었다. 『조선총독부 지방행정강습회 강연집 제9회』는 위 지방행정강습회 제9회의 강습 내용 전체를 수록하고 있어 당시 지방 관리들의 행정 강습 내용 전반을 확인할 수 있는 자료로서 의미가 있다.[3] 원래 지방행정강습회는 정무총감의 훈시와 주도로 실시되나, 제9회는 정무총감을 대리하여 내무국장 대리 총독부사무관 와타나베 내무국 제1과장이 인사하고 주

---

1 〈지방행정강습회(地方行政講習會)의 개회(開會)〉,《매일신보(每日申報)》, 1912.5.11.
2 〈지방행정강습회(地方行政講習會)〉,《매일신보》, 1921.12.14.
3 『조선총독부 지방행정강습회 강연집(朝鮮總督府地方行政講習會講演集) 제9회』(1921.10)

도하였다. 인사의 주요 내용을 보면 "일시동인의 성지(聖旨)를 봉체(奉體)하여 문화적 정치의 실현을 기한 것이 이미 1년 유여, 본부(本府) 신시정(新施政)의 방침은 기회가 있을 때마다 관민에게 선명(宣明)하는 바이므로 그 취지는 여러분이 이미 알고 있으리라고 믿지만 이의 유종의 미를 거두기 위해서는 민중과 직접 대면하는 지방 관리가 노력을 기울이지 않으면 안 된다"라고 강습회의 취지를 밝히고 있다. 와타나베는 해당 강습회에서 1년여가 경과한 개정 지방제도와 지방행정을 주제로 강연하였는데, 본 자료에서는 개정의 상세한 내용보다는 일제 당국의 제도 개정의 목적을 볼 수 있다. 위기에 동원하기 위한 민으로서의 국민 개념이 강조되고, 세계 조류상 민본주의 사조에 따라 개정을 한 것이지만, 병합 당시부터 자치제를 요구하는 일본인들의 반발도 크게 작용하였다는 것을 확인할 수 있다.

〈지방제도에 관한 지시사항(地方制度に關する指示事項)〉(《조선》제79호, 1921.9)는 개정 이전 지방제도의 내용과 개정 내용을 비교할 수 있는 자료로서 수록하였다. 개정 지방제도의 내용에 대하여 교과서적인 내용을 담고 있을 뿐만 아니라 향후 개선되어야 할 사항까지 전달하고 있다. 지방제도와 관련된 지시사항인 만큼 지방제도 관련 법령에 대한 해석을 담고 있어서 개정 지방제도의 내용을 심도 있게 알 수 있는 자료로서 의의가 있다.

다음으로 지방제도 개정 1주년을 기념하여 특집호 성격으로 발행했던 《조선》 제80호(1921년 10월)에 수록된 지방제도 개정 관련 주요 기사들을 수록하였다. 〈개정 지방제도 시행 1주년에 즈음하여(改正地方制度施行一週年に際して)〉, 〈머지않아 완전한 지방자치를 볼 것이다(不遠完全なる地方自治を見るであろう)〉, 〈개정 지방제도의 효과(改正地方制度の效果)〉, 〈지방행정상 긴요한 두 문제(地方行政上緊要なる二問題)〉, 〈개정 지방제도 실시 1주년을 맞이하여(改正地方制度實施1周年を迎へて)〉, 〈지방제도 개정과 단체의 사업(地方制度改正と團體の事業)〉, 〈지방제도 및 경찰제도의 문화적 개혁(地方制度及警察制度の文化的改革)〉, 〈지방제도 개정 비판(地方制度改正批判)〉 등이다.

먼저 〈개정 지방제도 시행 1주년에 즈음하여〉는 사이토 마코토 조선총독이 직접 개정 지방제도에 대하여 운용 1년 후 평가한 내용을 담고 있는 자료로 당국의 지방제도 개정 방침을 이해하는 기본자료라 할 수 있다. 〈머지않아 완전한 지방자치를 볼 것이다〉와 〈개정 지방제도의 효과〉는 각각 박영효와 이완용의 개정 지방제도에 대한 평가이다. 두 자료 모두 현 지방제도가 완전한 지방자치제도가 아님을 인정하면서도 박영효와 이완용이 그 실효적인 측면에서 다소 다른 견해를 보이는 것은 주목할 만하다. 송병준의 〈개정 지방제도 실시 1주년을 맞이하여〉는 현 단계의 불완전한 지방자치제에 대한 찬성 측 견해를 확인할 수 있는 자료이다. 본 자료는 조선의 전통적 지방제도에 대한 연혁적 비판과 현 단계의 지방자치를 찬성해야 하는 이유를 담고 있어 개정 지방제도의 내용과 조선인 측의 긍정적 평가를 확인할 수 있다. 〈지방행정상 긴요한 두 문제〉와 〈지방제도 개정과 단체의 사업〉은 각각 일본인 경제 인사들의, 일제가 지방제도 개정의 중요한 축으로 생각하는 지방재정에 대한 견해를 담고 있는 자료이다. 경성일일신문사장(京城日日新聞社長) 아리마 준키치(有馬純吉)의 〈지방제도 개정 비판〉은 개정 지방제도 자체에 대한 비판이 아니라 현 단계상 조선의 지방자치가 개정 지방제도에 따라가지 못하고 있는 것을 비판하고 있으며, 이와 관련한 개선사항들을 언급하고 있다. 1920년 지방제도 개정의 가장 핵심적인 부분은 일제가 자신들의 지배정책에 협력하는 인물을 포섭, 양성하기 위해 1910년대 부에만 있었던 자문기관을 도·면까지 확대하고, 관선이었던 협의회원을 부와 지정면의 경우 선거를 통해 선발하였다는 것이다.

2. '지방 '자문기관' 설치와 운용'에서는 1920년 지방제도 개정의 핵심인 지방 '자문기관' 설치와 그 운용에 대하여 관 및 실제 현장에서 이를 관리하거나 참여하였던 의원들의 견해를 확인할 수 있는 자료를 수록하였다. 관측 견해로는 『조선 지방제도 강의(朝鮮地方制度講義)』(제국지방행정학회 조선본부, 1926), 〈지방 자문기관 설치는 통치의 한 경계선이다(地方諮問機關の設置は統治の一界線である)〉(《조선》 제100호, 1923.8)를 수록하였으며, 실제 현장에서 이를 관리하거나 참여했던 의원들의 견해로는 〈도평의회가 가져온 효과(道評議會が齎らせる效果)〉(《조선》 제80호, 1921.10), 〈면협의회원 회의석상에서(面協議會員會議席上에서)〉(《조선문조선》 제79호, 1924.4), 〈도평의회원의 재임 사령을 배수하고(道評議會員의 再任辭令을 拜受하고)〉(《조선문조선》 제80호, 1924.5) 등을 수록하였다.

『조선 지방제도 강의』는 조선총독부 내무국 시보(試補), 전라남도 도이사관(道理事官), 전라남도 내무부 지방과장, 심사과장, 조선총독부 내무국 지방과 사무관, 충청북도 이사관[4] 등을 역임하고 1920년 당시 직접 지방제도 개정의 입안에 참여하였던 후루쇼 이쓰오(古庄逸夫)가 작성한 책으로, 저자가 6~7년간 체득한 경험을 통해 행정강습소에서 강의한 초안을

---

4 『조선총독부직원록』(1920~1925) 참조.

편찬한 것이다. 저자는 서문에서 조선 행정 전반에 대한 교과서가 될 만한 저술이 없어, 지방 관공리의 훈련에 어려움이 있어 본서를 출간한다고 하였다.[5] 저자가 조선 지방제도와 관련하여 교과서적으로 활용하기 위해 이를 서술한 것이라고 밝힌 만큼 본 자료는 조선 지방제도의 연혁과 조직, 운용 방침 등에 대해 비교적 간이하고, 조선총독부의 주의와 방침을 충실하게 전달하는 것을 목적으로 서술되어 있어 발간 당시까지의 조선 지방제도에 대해 개괄적으로 확인할 수 있는 기본 자료라 할 수 있다. 또한 서문에 저자 역시 입안 관계자이기도 하지만 1920년 당시 실제 입안자였던 내무국장 오쓰카 쓰네사부로(大塚常三郞)가 본서 입안을 기초하였다고 밝히고 있어 본서를 1920년대까지의 일제강점기 지방제도를 이해하는 기본서로 보아도 크게 무리는 없을 것으로 생각된다.

이 절에는 본 자료의 부록인 「지방 자문기관 운용에 대하여」를 수록하였는데, 여기에서는 자문기관 설치 취지 및 도평의회, 부면협의회 및 학교평의회 등 각종 기관의 운영 경과, 현장 상황 등을 확인할 수 있다. 또한 지방제도 입안의 향후 자문기관 운용상의 개선사항을 확인할 수 있는 자료로도 주목된다.

〈도평의회가 가져온 효과〉와 〈면협의회원 회의석상에서〉는 각각 현장에서 도평의회와 면협의회를 주관하는 책임자로서 도지사와 면장의 해당 기관에 대한 견해를 살펴볼 수 있는 자료들이다. 자문기관을 운용하면서 이들이 현장에서 실제 경험한 내용들을 확인할 수 있어 운용적 측면에서 가장 실질적인 내용을 확인할 수 있는 자료라고 할 수 있다. 경상남도지사 사사키 후지타로(佐佐木藤太郞)는 도평의회가 지방행정상 여러 중대한 효과를 가져왔는데, 민의 정치적 참여 욕구를 해소한 것, 지방 사업에 대한 이해를 얻은 것, 내선인 융화에 상당히 효과를 가져왔다고 평가하였다.

〈면협의회원 회의석상에서〉는 보통면인 평산군(平山郡) 상월면(上月面) 면협의회 석상에서의 면장 곽춘식(郭春植)의 인사말에 해당하는 자료로, 면 현황과 보통면 입장에서 1920년대 지방제도를 어떻게 바라보고 있는가를 엿볼 수 있는 자료라 할 수 있다.

〈도평의회원의 재임 사령을 배수하고〉는 함경남도 도평의원 한준석이 도평의원에 재임하면서 소회를 밝힌 글이다. 짧은 글이지만 자문기관 참가자가 생각하는 자문기관 및 참가

---

[5] 「서(序)」, 『조선 지방제도 강의(朝鮮地方制度講義)』(제국지방행정학회조선본부, 1926), 1925.7.15.

자의 역할을 확인할 수 있는 자료라 수록하였다.

한편 지역에서 현행 지방제도와 자문기관에 대한 개정을 요구하는 내용을 확인할 수 있는 자료로 「면협의회원선거제도를 개정하라(面協議會員選擧制度を改めよ)」, 「도평의회에 의결권을 부여하라」, 「지방제도를 개정하라」(이상 『조선지방행정공론(朝鮮地方行政公論)』, 1928) 등을 수록하였다. 『조선지방행정공론』은 《조선지방행정》을 발간한 제국지방행정학회 조선본부가 편찬한 저서로 《조선지방행정》에 〈행정논단(行政論壇)〉으로 게재된 것들을 묶어서 간행한 자료이다. 《조선지방행정》의 〈행정논단〉은 지방의 관공리들이 지방제도나 행정과 관련하여 본인들의 의견을 개진하면, 관련자나 이에 대한 비판 의견을 가진 상급 관리가 비판 의견을 내어 해당 내용을 반박하는 방식을 취하였다. 편역자에 따르면 이러한 방식이 《조선지방행정》의 독자층에게 인기를 얻어 『조선지방행정공론』을 간행하게 되었다고 한다.[6]

3. '지방제도 운용'은 (1) 지방행정과 지방재정 (2) 지방제도 운용에 대한 견해 등으로 항을 나누었다. '(1) 지방행정과 지방재정'에서는 지방제도의 운용과 관련하여 현직 일선 관료들의 지방행정과 지방재정에 대한 의견을 수록하였다. 지방행정과 지방재정은 지방단체를 운용하는 데 있어서 가장 중요하며 지방제도의 핵심사항이라 할 수 있다.

지방행정에 대한 의견으로는 『도지사 제출 의견(道知事提出意見)』(1920.9), 『1919~1921년 도지사회의 제출 의견에 대한 처리 개요(自大正八年至同十年 道知事會議提出意見ニ對スル處理槪要)』(1921.10), 「공공단체의 운용(公共團體の運用)」, 「면 행정에 관한 최근의 문제에 대하여(面行政に關する近時の問題に就て)」(『지방개량강습회 강연집(地方改良講習會講演集)』 제1집, 1922) 등을 수록하였다. 『도지사 제출 의견』은 각 도의 도지사들이 지방행정과 관련하여 조선총독부에 개선을 바라는 사항에 대해 제출한 의견들을 모아 놓은 자료이다. 자료상 조선총독부 측의 발간 의도 등은 확인되지 않고, 경기도, 충청북도, 충청남도, 전라북도, 전라남도, 경상북도, 경상남도, 황해도, 평안남도, 평안북도, 강원도, 함경남도, 함경북도의 순으로 도지사의 제출 의견을 수록하고 있다. 각 도별로 도지사가 개정 요청 사항을 제시하고, 그 이유를 첨부하는 형식으로 구성되어 있다. 각 도별 지방행정상 문제점을 확인할 수 있는 자료로 주목할 만하다.

---

6 「서(序)」, 『조선지방행정공론(朝鮮地方行政公論)』, 1928.11.

『1919~1921년 도지사회의 제출 의견에 대한 처리 개요』는 도지사들의 제출 의견이 어떻게 처리되었는지를 수록하고 있는 자료이다. 비서(祕書), 서무(庶務), 토목, 철도, 내무, 재무, 식산, 학무, 경무, 체신 등으로 분류하여 의견을 수록하고 있는데, 이 절에는 지방제도 및 그 운영과 관련된 지방행정에 대한 사항인 내무의 부분만 발췌 수록하였다. 앞의 『도지사 제출 의견』과는 달리 제출 의견에 대한 이유는 제시하지 않고, 제출 의견 제시 후 이를 요청한 도(道)와 요청 연도, 해당 의견을 향후 어떻게 처리할지를 제시하는 형식을 취하고 있다. 이 책은 1919~1921년까지의 도지사 의견을 내용에 따라 함께 수록하고 있는데, 개별 제출 의견 이유가 확인되지 않는 만큼 의견 제출 이유가 확인되는 『도지사 제출 의견』과 함께 사안을 확인해야 각 도별 당시 지방행정상의 문제점과 그 문제 개선의 향방을 좀 더 종합적으로 이해할 수 있을 것이라 생각된다. 『도지사 제출 의견』은 1920년분만 확인되나 중복되는 의견이 많은 만큼 제출 의견에 대한 이유를 확인하는 데에는 크게 무리가 없다.

「공공단체의 운용(公共團體の運用)」과「면 행정에 관한 최근의 문제에 대하여」는 『지방개량강습회 강연집』 제1집(1922)에 수록되어 있는 자료이다. 지방개량강습회는 원래 일본 내무성(內務省)에서 주최하는 행사였다. 1920년 5월 이전에는 조선 관리들은 출석하지 못하였다가 조선총독부의 교섭으로 동년부터 출석할 수 있게 되었고, 여기서는 지방 당국자의 심득(心得), 지방행정, 사회문제, 농촌문제, 노자(勞資) 협조, 민자(民資) 증식 등을 다루었다.[7]

『지방개량강습회 강연집(地方改良講習會講演集)』은 조선에서 개최되기 시작한 지방개량강습회의 강연 내용을 담은 자료이다. 1921년 6월 14일부터 14일간 제1회 지방개량강습회를 개최하였는데, 지방행정강습회와 달리 각 도 이사관 및 군수급을 상대로 한 강연회였다. 사상, 경제, 재무, 토목, 사회사업, 교육, 지방행정, 공공단체 등에 대하여 조선총독부 관료들의 강연이 있었다.[8] 「공공단체의 운용(公共團體の運用)」은 1920년 지방제도 개정 당시의 입안자인 내무국장 오쓰카 쓰네사브로(大塚常三郎)의 강연 내용으로 공공단체를 어떻게 운용해야 할 것인가에 대한 의견을 담고 있다. 개정 지방제도의 실제 입안자가 말하는 지방제도 개정의 연혁과 필요성, 개정 지방제도에 대한 평가 및 비판에 대한 반비판, 제도의 운용 방

---

7 〈지방개량강습회(地方改良講習會)〉,《매일신보(每日申報)》, 1920.5.7.
8 「조선총독부 제1회 지방개량강습회 상황」,『지방개량강습회 강연집(地方改良講習會講演集)』제1집, 1922.

안과 그 역할, 향후 개선 방침 등을 확인할 수 있는 자료로 의의가 있다. 세금으로 선거권을 제한한 제한선거가 일본인의 우위를 예상했던 것이며, 선거 결과 역시 본인들이 예상했던 대로라고 이야기하는 사실은 상당히 흥미롭다. 또한 자치제의 핵심은 공공단체가 자신의 사업을 자신의 재정으로 해나가는 것이라며, 이의 수행을 위해 국가에 봉사할 수 있는 공공심의 함양을 강조하고 있는 것 등을 통해 일제의 지방제도 개정의 의도를 살펴볼 수 있는 자료로도 의미가 있다.

와타나베 도요히코(渡邊豊日子) 내무부 제1과장의 「면 행정에 관한 최근의 문제에 대하여」는 개정 지방제도 실시 후 면과 관련된 각종 문제 상황을 다루고 있다. 와타나베는 세금으로 제한한 선거권과 피선거권의 자격으로 인해 연장자들이 주로 선출되거나 추천되는 것에 대해 문제를 제기하고, 향후 시대 흐름을 잘 파악하는 연소자가 선출되어야 한다고 주장하였다. 와타나베는 연장자들이 자신의 고집을 강요하여 소통이 되지 않는다고 그 이유를 설명하는데, 이는 사실상 일제가 연장자로 표현되는 지역의 유지 세력보다는 본인들이 쉽게 다룰 수 있는 신진 세력을 포섭하고자 한 것이었다. 이 자료에서는 이외에도 일제가 어떠한 세력을 포섭하고자 하였는지에 대한 내용 등이 잘 확인된다.

한편 와타나베는 면 재정과 관련하여 인건비 축소를 특히 강조하고 있다. 개정 지방제도에 따라 부장(副長)을 설치할 수 있게 된 만큼 이를 잘 활용하여 각 지방에서 주장하는 이원의 증원을 허락하지 않아야 한다고 보고 있는데, 이는 면 예산이 확대되는 상황에서 조선총독부 당국의 지방 예산 운용의 방향성을 확인할 수 있는 자료로 의미가 있다.

지방재정에 대한 의견으로는 〈지방재정에 대하여(地方財政に就いて)〉, 〈지방재정의 견지에서(地方財政の見地より)〉(이상《조선》제80호, 1921.10)를 수록하였다. 위 자료들은 지방제도 개정 1주년 기념호 성격의《조선》제80호에 수록된 것들이다.

〈지방재정에 대하여〉는 조선총독부 재무국장 고우치야마 라쿠조(河內山樂三)가 공공단체의 지방재정과 관련된 유의사항을 언급한 자료로 사무 소비의 긴축, 국가 사업과 지방단체 사업의 구분, 지방재정의 확보 등을 이야기하고 있다.

〈지방재정의 견지에서〉는 내무국 제1과 사무관 도미나가 후미카즈(富永文一)의 글로 지방공공단체의 재정 독립에 대해 언급한 것이 주 내용이다. 도미나가는 개정 지방제도의 핵심인 자문기관의 중요한 업무는 공공단체의 재정 운용에 있으므로 이를 잘 이해하는 사람을 선발해야 하며, 지방재정이 팽창하는 만큼 지방단체가 점차 독립해야 한다고 말한다. 이를 위해서 공공단체가 기본재산을 조성하고, 지방조세체계를 확립하여 조세 증징을 해야 한다고 보았다. 조선총독부의 재무 담당자와 지역 행정 담당자 모두 지방공공단체의 재정적 자립과 이에 대한 지방민의 협조를 강조하고 있다. 완전한 자치제를 실시하지 않으면서도 재정적인 측면에서는 완전한 자치제에 해당하는 협조를 원했던 조선총독부의 지방지배정책의 한 단면을 엿볼 수 있다.

'(2) 지방제도 운용에 대한 견해'에서는 1920년대 개정된 지방제도 운용에 대한 당시 민관(民官)의 견해를 확인할 수 있는 자료를 수록하였다. 주로 《조선문조선(朝鮮文朝鮮)》에 수록된 자료들을 선별하여 수록하였다. 〈지방제도의 현재와 과거와 장래에 대한 희망(地方制度의 今昔과 將來에 對한 希望)〉[《조선문조선(朝鮮文朝鮮)》 제97호, 1925.11], 〈면장의 주임 대우 임명 발표와 그 씨명(面長의 奏任待遇任命發表와 其氏名)〉《조선문조선》 제66호, 1923.3), 〈면제 발포 이래의 감상과 장래에 대한 희망의 요지(面制發布以來의 感想과 將來에 對한 希望의 要旨)〉《조선문조선》 제72호, 1923.9), 〈면치 개선은 면리원 우우(優遇)의 길을 여는 것이 필요(面治改善은 面吏員優遇의 途를 開함이 必要)〉《조선문조선》 제75호, 1923.12), 〈면의 연혁에 대하여(面의 沿革에 就하야)〉《조선문조선》 제99호, 1926.1), 〈농촌 노인의 행정관(農村父老의 行政觀)〉《조선문조선》 제102호, 1926.4), 〈호적사무 취급상 소감(戶籍事務取扱上所感)〉《조선문조선》 제116호, 1927.6) 등이다.

《조선문조선(朝鮮文朝鮮)》은 《조선(朝鮮)》과 함께 조선총독부가 정책을 선전하기 위해 발간한 월간 잡지로 《조선》과 이름이 같아 《조선》의 번역본이라고 생각하기 쉬우나, 기념호를 제외하면 《조선》과는 완전히 다른 기사들을 수록하고 있어 내용과 체계를 달리하고 있는 잡지이다. 《조선문조선》은 조선총독부에서 발간한 기관지 성격을 갖는 것은 사실이지만, 지방제도와 관련된 관민의 견해를 함께 확인할 수 있는 자료로 의미가 있다. 《조선문조선》은 관공리의 집필 외에 일반의 기고도 가능하였다.[9] 일제가 지방제도 개정을 통해 핵심적인 말단 지방행정조직으로 삼고자 했던 면에서 실무를 실질적으로 담당하는 면 서기들의 견해로, 〈면치 개선은 면리원 우우(優遇)의 길을 여는 것이 필요〉, 〈호적사무 취급상 소감〉 등을 수록

---

9 〈기고환영(寄稿歡迎)〉, 《조선문조선》 제64호, 1923.1.

하였다. 면 서기들이 행정 일선에 있으면서 현장에서 체험한 내용들을 이야기하고 있어, 지방제도 운영의 실체를 확인할 수 있는 자료로 상당히 의미가 있다. 철원군(鐵原郡) 갈말면(葛末面) 서기 임백영(任百永)이 작성한 〈면치 개선은 면리원 우우(優遇)의 길을 여는 것이 필요〉에 따르면, 면의 자치라는 것은 전혀 없고 지방 관서의 명령에 따를 뿐인데 이는 면리원의 대우를 제대로 하지 않기 때문이라는 것이다. 면치를 제대로 하려면 면리원의 대우가 우선되어야 한다고 주장하고 있다. 함흥군(咸興郡) 상조양면 서기(上朝陽面書記) 박선균(朴選均)이 작성한 〈호적사무 취급상 소감〉을 보면 신분을 취급하는 중요 업무인데 인원 부족으로 업무에 충실할 수 없음을 호소하고 있다. 당국은 지방재정상 인건비, 사무소비 등의 축소를 통해 사업비를 확보하려 하였고, 일선 사무 담당자는 실제적인 업무상 어려움을 호소하는 상황이었던 것이다.

이와 함께 민간의 실질적인 지방제도 운영에 대한 견해를 살펴볼 수 있는 자료로는 〈면제 발포 이래의 감상과 장래에 대한 희망의 요지〉와 〈농촌 노인의 행정관(農村父老의 行政觀)〉 등을 수록하였다. 〈면제 발포 이래의 감상과 장래에 대한 희망의 요지〉는 해남(海南) 김정태(金正台)라는 인물이 작성한 당시 면 운용에 대한 견해를 담은 자료로 면제의 연혁부터 필자가 면제도의 운영과 관련하여 개선을 바라는 사항을 일목요연하게 담고 있다. 김정태가 지적하는 사항은 개정 지방제도의 한계와 연결되어 있으므로 당시 지방제도의 맹점을 간략하게 이해하는 데 도움이 되는 자료이다. 각종당(覺踵堂)이라는 호로 자신을 농촌에서 자랐다고 한 인물이 작성한 〈농촌 노인의 행정관〉은 조선시대 각종 직책 명칭의 가상 인물들을 등장시켜 대화체로 지방행정상의 실질적인 문제들을 언급·평가하고 있는데, 당시 지역의 지방행정상 현안과 사회상을 확인할 수 있는 자료이다.

4. '자치제와 중앙 참정제도 논의'에서는 1925년 제50회 중의원에 제출된 「조선 및 대만에 지방자치제 시행에 관한 건의안」과 관련한 논의 내용을 실었다. 간다 마사오(神田正雄) 의원 등이 조선과 대만을 실질적인 자치주의로 전환하자고 요구하고, 시모오카(下岡忠治) 총독부 정무총감 등은 이미 아래로부터 자치 훈련을 쌓고 있지만 아직 완전한 자치제를 시설할 정도에 도달하지 못했다고 답하고 있다.

다음으로 실은 자료는 「조선 재주자의 국정과 지방행정 참여에 관한 의견(朝鮮在住者의 國政竝地方行政參與에 關한 意見)」, 『사이토 마코토 문서(齋藤實文書)』2인데 작성자와 작성

연월이 명확하지 않다. 다만 1927년 2월에 당시 총독부 관방문서과장 겸 심의실 사무관인 나카무라 도라노스케(中村寅之助)가 사이토 총독의 지시를 받아 작성한 것으로 추정되고 있다. 여기서는 조선에서 일본제국의회의 귀족원 및 중의원의원을 선출하는 제도 설치와 '조선지방의회' 설치에 대한 일반인의 찬성 이유와 반대 이유를 각각 소개하고, 반대 의견에 대한 작성자의 반론, 중의원·귀족원 선거와 '조선지방의회' 설치 방법, 도지방비 이하 각종 지방자치단체의 자치 등에 대해 말하고 있다. 1925년 조선공산당 창당 등 사회주의 세력의 약진과 1927년 신간회 결성 등 조선인의 운동이 약진하는 상황에서, 총독부가 안정된 지배를 확보하기 위해 동화주의에 입각한 조선 선출 의원의 제국의회 참가와 더불어 자치주의 지배체제로의 전환인 '조선의회' 설치도 함께 검토하고 있음을 보여주는 자료다.[10]

1. 지방제도 개정

〈자료 143〉 신제도와 지방행정(新制度と地方行政)[내무국 제1과장 와타나베 도요히코(度邊豊日子), 『조선총독부지방행정강습회강연집(朝鮮總督府地方行政講習會講演集) 제9회(第9回)』, 1921]

〈자료 144〉 지방제도에 관한 지시사항(地方制度に關する指示事項)[《조선》 제79호, 1921.9]

〈자료 145〉 개정 지방제도 시행 1주년에 즈음하여(改正地方制度施行一週年に際して)[조선총독(朝鮮總督) 남작(男爵) 사이토 마코토(齋藤實), 《조선》 제80호, 1921.10]

〈자료 146〉 머지않아 완전한 지방자치를 볼 것이다(不遠完全なる地方自治を見るであらう)[후작(侯爵) 박영효(朴泳孝), 《조선》 제80호, 1921.10]

〈자료 147〉 개정 지방제도의 효과(改正地方制度の效果)[후작 이완용(李完用), 《조선》 제80호, 1921.10]

〈자료 148〉 지방행정상 긴요한 두 문제(地方行政上緊要なる二問題)[조선은행 총재 미노베 도시키치(美濃部俊吉), 《조선》 제80호, 1921.10]

〈자료 149〉 개정 지방제도 실시 1주년을 맞이하여(改正地方制度實施1周年を迎へて)[백작 송병준(宋秉畯), 《조선》 제80호, 1921.10]

〈자료 150〉 지방제도 개정과 단체의 사업(地方制度改正と團體の事業)[조선식산은행 두취(頭取) 아리가 미쓰토요(有賀光豐), 《조선》 제80호, 1921.10]

〈자료 151〉 지방제도 및 경찰제도의 문화적 개혁(地方制度及警察制度の文化的改革)[조선총독부 경무국장 아카이케 아쓰시(赤池濃), 《조선》 제80호, 1921.10]

---

10 김동명, 2006, 『지배와 저항, 그리고 협력-식민지 조선에서의 일본제국주의와 조선인의 정치운동』, 경인문화사, 362~375쪽.

〈자료 152〉 개정 지방제도의 실시 개황(改正地方制度の實施槪況)[평안남도 내무부장 히라이 미쓰오(平井三男),《조선》제80호, 1921.10]

〈자료 153〉 지방제도(地方制度) 개정(改正) 비판(批判)[경성일일신문사장(京城日日新聞社長) 아리마 준키치(有馬純吉),《조선》제80호, 1921.10]

〈자료 154〉 지정면의 추가 실시와 그 증설된 면 이름(指定面의 追加實施와 其增設된 面名)[《조선문조선》제66호, 1923.3]

〈자료 155〉 지방제도의 대요(地方制度の大要)[노세타니 간료(野世溪閑了) 강원도 지방과장,『제8회지방개량강습회강연록(第八回地方改良講習會講演錄)』, 1927.8]

2. 지방 '자문기관' 설치와 운용

〈자료 156〉 지방 자문기관 운용에 대하여(地方諮問機關ノ運用ニ就テ)[후루쇼 이쓰오(古庄逸夫),『조선지방제도강의(朝鮮地方制度講義)』, 제국지방행정학회조선본부(帝國地方行政學會朝鮮本部), 1926]

〈자료 157〉 도평의회가 가져온 효과(道評議會가 齎らせる效果)[경상남도지사 사사키 후지타로(佐佐木藤太郎),《조선》제80호, 1921.10]

〈자료 158〉 지방 자문기관 설치는 통치의 한 경계선이다(地方諮問機關の設置は統治の一界線である)[하기타니 가즈오(萩谷籌夫) 21,《조선》제100호, 1923.8]

〈자료 159〉 도평의회 회원 선거에 대하여(道評議會會員選擧에 對하야)[전라북도 참여관 박영철(朴榮喆),《조선문조선》제78호, 1924.3]

〈자료 160〉 면협의회원 회의석상에서(面協議會員會議席上에셔)[평산군(平山郡) 상월면장(上月面長) 곽춘식(郭春植),《조선문조선》제79호, 1924.4]

〈자료 161〉 도평의회원의 재임 사령을 배수하고(道評議會員의 再任辭令을 拜受하고)[함경남도평의원 한준석(韓準錫),《조선문조선》제80호, 1924.5]

〈자료 162〉 면협의회원 선거제도를 개정하라(面協議會員選擧制度를 改めよ)[평남 순천군(順川郡) 봉명면(鳳鳴面) 봉면리(鳳面里) 정상전(鄭尙銓),『조선지방행정공론(朝鮮地方行政公論)』, 제국지방행정학회조선본부(帝國地方行政學會朝鮮本部), 1928]

〈자료 163〉 도평의회에 의결권을 부여하라[강원도 회양(淮陽) 구연철(具然哲),『조선지방행정공론』, 1928]

〈자료 164〉 지방제도를 개정하라[경북(慶北) 경주군(慶州郡) 서면(西面) 아화리(阿火里) 하승필(河勝弼),『조선지방행정공론』, 1928]

〈자료 165〉 국민 참정의 계제로서의 조선 지방자치(國民參政의 階梯としての朝鮮地方自治)[마쓰오카 슈타로(松岡修太郎) 저・이종식(李種植) 편(編),『조선통치문제논문집(朝鮮統治問題論文集)』제1집(第1集), 1929]

〈자료 166〉 조선지방선거취체규칙해설(朝鮮地方選擧取締規則解說)(조선총독부 편, 조선총독부, 1929)

〈자료 167〉 조선지방선거취체규칙 발포에 대하야(朝鮮地方選擧取締規則發布에 對하야)[이쿠타 교사부로(生田淸三郎),《조선문조선》제145호, 1929.11]

3. 지방제도 운용

1) 지방행정과 지방재정

〈자료 168〉 도지사 제출의견(道知事提出意見)[조선총독부, 1920.9]

〈자료 169〉 1919~1921년 도지사회 제출 의견에 대한 처리 개요(自大正八年至同十年 道知事會議提出意見ニ對スル處理概要)[조선총독부관방서무과(朝鮮總督府官房庶務課), 1921.10]

〈자료 170〉 지방재정에 대하여(地方財政に就いて)[조선총독부 재무국장 고치야마 라쿠조(河內山樂三),《조선》제80호, 1921.10]

〈자료 171〉 지방제도 개정과 교육시설에 대해서(地方制度の改正と教育施設に付て)[조선총독부 학무국장 시바다 젠사부로(柴田善三郞),《조선》제80호, 1921.10]

〈자료 172〉 지방재정의 견지에서(地方財政の見地より)[조선총독부 사무관 도미나가 후미카즈(富永文一),《조선》제80호, 1921.10]

〈자료 173〉 공공단체의 운용(公共團體の運用)[내무국장 오쓰카 쓰네사브로(大塚常三郞),『지방개량강습회강연집』제1집, 1922]

〈자료 174〉 면 행정에 관한 최근의 문제에 대하여(面行政に關する近時の問題に就て)[조선총독부 사무관 와타나베 도요히코(渡邊豊日子),『지방개량강습회강연집』제1집, 1922]

〈자료 175〉 조선의 지방제도 사회사업과 교육의 현상(朝鮮의 地方制度社會事業竝教育의 現狀)[조선총독부 내무국장 오쓰카 쓰네사브로(大塚常三郞),《조선문조선》제69호, 1923.6]

2) 지방제도 운용에 대한 견해

〈자료 176〉 면 행정 쇄신에 대하여(面行政ノ刷新ニ就テ)[후루쇼 이쓰오(古庄逸夫),『조선지방제도 강의(朝鮮地方制度講義)』, 제국지방행정학회 조선본부, 1926]

〈자료 177〉 지방제도와 토목사업의 발달(地方制度及土木事業의 發達)[조선총독부 내무국장 이쿠타 교사부로(生田淸三郞),《조선》제173호, 1929.10]

〈자료 178〉 면장의 주임 대우 임명 발표와 그 씨명(面長의 奏任待遇任命發表와 其氏名)《조선문조선》제66호, 1923.3)

〈자료 179〉 면제 발포 이래의 감상과 장래에 대한 희망의 요지(面制發布以來의 感想과 將來에 對한 希望의 要旨)[해남(海南) 김정태(金正台),《조선문조선》제72호, 1923.9]

〈자료 180〉 면치 개선은 면리원 우우(優遇)의 길을 여는 것이 필요(面治改善은 面吏員優遇의 途를 開함이 必要)[철원군(鐵原郡) 갈말면(葛末面) 서기 임백영(任百永),《조선문조선》제75호, 1923.12]

〈자료 181〉 면의 연혁에 대하여(面의 沿革에 就하야)[김종락(金鍾洛),《조선문조선》제99호, 1926.1]

〈자료 182〉 면치 쇄신은 민지 발달에 있음(面治刷新은 民智發達에 在함)[이완규(李完珪),《조선문조선》제100호, 1926.2]

〈자료 183〉 농촌 노인의 행정관(農村父老의 行政觀)[각종당(覺踪堂),《조선문조선》제102호, 1926.4]

〈자료 184〉 호적사무 취급상 소감(戶籍事務取扱上所感)[함흥군(咸興郡) 상조양면 서기(上朝陽面書記) 박선균(朴選均),《조선문조선》제116호, 1927.6]

〈자료 185〉 지방제도에 대한 요망(地方制度に就ての要望)[경상남도 상주군(尙州郡) 서면(西面) 종평리(宗坪里) 정송남(鄭松南),『조선지방행정공론』, 제국지방행정학회조선본부, 1928]

4. 자치제와 중앙참정제도 논의

〈자료 186〉 조선 및 대만에 지방자치제 시행에 관한 건의안(朝鮮及臺灣に地方自治制施行に關する建議案)(1925.3.6), [『제50회 제국의회 중의원 청국 및 조선재류 제국신민 취체법 폐지 법률안(淸國及朝鮮國在留帝國臣民取締法廢止法律案)[가시와다 다다카즈(柏田忠一) 외 1명 제출] 위원회의록』제3호 1925.3.8]

〈자료 187〉 조선재주자의 국정과 지방행정 참여에 관한 의견(朝鮮在住者の國政竝地方行政參與に關する意見)(조선총독부 편, 1999,『齋藤實文書』2, 고려서림)

1. 지방제도 개정

〈자료 143〉 신제도와 지방행정(新制度と地方行政)[내무국 제1과장 와타나베 도요히코(度邊豊日子), 1921, 『조선총독부지방행정강습회강연집(朝鮮總督府地方行政講習會講演集) 제9회(第9回)』]

제1장 세계적 사조(思潮)의 변화

현대는 바야흐로 민본주의(民本主義)가 전성하는 시대입니다. 무슨 이유로 최근 이렇게나 민본주의가 세계적 사조의 근저가 되기에 이르렀는가를 생각하면 대체로 다음의 이유가 있는 것 같습니다.

1. 교육의 보급 및 발달

개인은 교육이 보급되고 발달함에 따라서 점차 자신을 자각하게 됩니다. 그리고 자각에 따른 그 당연한 결과로 국가 사회의 생활에 있어서 사리 분별을 할 수 있게 됩니다. 복종해도 충분히 그 이유를 이해하고 복종하고, 협동할 때도 반드시 충분히 그 이유를 이해하지 못하면 협동을 옳게 여기지 않습니다. 그뿐만 아니라 국가와 사회조직의 원리, 아울러 개인의 생존 가치를 자각하게 되면서 어떠한 인간이라도 인간인 이상 공평한 대우를 요구하고, 국가 사회의 생활에서 하나의 개인으로서 당연히 향유해야 할 몫을 요구하게 되는 것입니다. 교육이 보급된 결과 국가 사회적으로 자각하게 된 개인이 권리와 의무에 대해 각각 당연한 몫을 요구하려고 하는 것으로 귀결되었습니다. 이미 상당한 교육을 받은 이상 국가 사회 문제에 대해서 흥미를 자각함과 동시에 자신 개개인의 권리를 주장하게 되고 이를 옹호하지는 않게 되는 것입니다. 교육이 보급되면 그 보급한 만큼 위와 같은 자각하에서 개인적 권리를 주장하는 자가 증가하고, 이 개인적 요구가 모여서 일종의 여론이 되고, 개인을 공평하게 대우하자는 부르짖음이 소위 현재 민본주의의 가장 중요한 원인의 하나라고 생각합니다. 이와 같다면 민(民)이 권력에 의지해야 하고 여러 가지를 알면 안 된다는 종래의 전제적 정치는 결국 그 존재를 잃어버리게 되는 것입니다. 교육의 보급과 발달에 따라 이러한 결과에 이른 것은 당연한 귀추이므로, 한편으로는 교육의 보급과 발달을 허락하면서 한편으로는 민본적 사조를 배척하려고 하는 것은 실로 자가당착의 의론이 됩니다. 이미 교육 진흥을 계획하여 상당히 개인적으로 자각한 사람들이 증가한 시대에는, 민에게 알릴 것은 알려야 할 뿐만 아니라 민이 말하는 그 소리를 듣고 여론을 존중하는 정치의 형식을 채용하지 않으면 안 됩니다.

근세 문명의 진보에 수반하여 전 세계에서 진행된 교육의 보급은 그 이전과 비교하면 실로 놀라운 것입니다. 이러한 교육 보급의 결과가 민본사상을 잉태하기에 이른 것은 위에서 말한 대로입니다.

2. 국민적 총동원

최근 민본주의의 사조가 세계적으로 번성하면서 흡사 요원(燎原)의 불길과 같이 번져 무엇이나 불태워버릴 듯한 기세입니다. 두 번째 원인은 지난 세계대전 때 국민적 총동원의 결과입니다. 장구한 세계 역사를 살피면 한 나라 안에서 국민의 권리는 항상 그 사람이 국가의 생존 발달에 공헌한 정도에 따릅니다. 즉 국가를 중요시하고 국가의 생존과 발달에 직접 관계가 있는 사람들은 반드시 다른 사람들보다 일종의 특별한 권리, 즉 사회상의 지위나 정치에 간여할 특별한 권리를 향유해 왔습니다. 그중 전쟁이라는 비상시에 생명을 걸고 국가를 방호(防護)했던 소위 사(士), 무사(武士) 계급은 어느 나라에서나 사회적·정치적으로 특별한 권리를 향유해 왔습니다. 또 근세(近世)에 들어와 선거권의 연혁을 보아도, 국가에 일정한 납세를 하고, 국가의 생존에 기여한 자가 정치에 간여하는 권리를 인정받아 왔습니다. 그런데 이번의 구주대전쟁(歐洲大戰爭)은 그 전쟁이 커서 그만큼 각국에서 거의 모든 국민을 일으켜서 전쟁에 임하게 했습니다. 전선에 선 병사의 수가 세계 역사가 있었던 이래 가장 많은 수였을 뿐만 아니라, 군수품과 식량을 만들어내기 위해 비전투원인 노약자나 부녀자에 이르기까지 모두 전력을 다하여서 국난에 임했습니다. 또 전 국민은 재산 전부를 걸고 전쟁 비용에 충당했습니다. 그 결과 그들은 각자의 국가에 대한 밀접한 관계를 자각함과 함께, 그 전력을 기울인 국가 봉사(奉仕)에 대해 국민이 모두 정치상·사회상 공평한 대우를 받고자 요구하기에 이르렀습니다. 또 전쟁 때 인민의 전력(全力)을 요구한 국가도 그들의 국가에 대한 위대한 공적에 대해 합당한 이유가 있는 대우를 해주지 않을 수 없게 되었습니다. 이것이

다수 국민을 민본적으로 자각시킨 두 번째 원인임과 동시에, 전쟁 후 특히 민본사상이 왕성해진 직접적 원인이라고 말할 수 있습니다.

3. 영국·미국·프랑스의 승리

19세기 초반의 프랑스대혁명 영향을 받은 이래 영국과 미국 두 나라는 프랑스와 함께 가장 민권이 발달한 국가로 알려져 왔습니다. 이와 반대로 전쟁 전 이상한 발달을 거둔 독일제국, 그리고 북유럽의 거인으로서 한 때 세계적으로 경외의 대상이 된 러시아제국은 관료정치 국가입니다. 그중 독일의 최근 발달은 매우 놀랄만하고, 그 대단한 영국제국조차 나중에 모순에 빠지는 경향이 있었는데, 당시 영국·미국·프랑스의 민본주의와 독일·러시아 특히 독일의 관료 전제주의는 세계 정치사상계에서 양대 큰 난관으로 보는 관점이 있었을 뿐 아니라, 전쟁 전 신진 독일제국 세력이 일시적으로 영국을 능가하려는 경향이 있었기 때문에, 세계의 정치평론가 중 독일 쪽 관료정치를 구가하는 자가 적지 않았습니다. 그런데 서구의 대전장(大戰場)에서도 위력을 드러낸 독일군이 전선(戰線) 뒤에 있던 국민이 일치된 모습을 보이지 못해 결국 연합군 앞에 맥없이 갑옷을 벗지 않을 수 없게 되었습니다. 그러자 세상 사람들은 이를 가리켜 독일의 군국주의 관료전제주의가 영·미·불의 민본주의에 패배한 것으로 보았습니다. 독일류의 관료전제주의를 찬양했던 학자나 정치평론가는 갑자기 자취를 감추고, 세상은 전부 영국·미국·프랑스류의 민본주의 세상이 되기에 이르렀습니다.

이상의 세 가지 큰 원인은 민본주의가 세계적 사조의 근저가 된 중요한 원인이고, 이후 민본주의만이 맹위를 떨치게 되었습니다. 근래 정치, 사회, 경제문제에 이 사상의 파동이 미치지 않은 곳이 없습니다. 우리 일본제국은 멀리 동양의 한 귀퉁이에 있어서 유럽 전쟁의 장으로부터 멀리 떨어져 있기 때문에 유럽 제국에 비해 전쟁의 영향을 크게 받지는 않지만, 이들의 사상은 전쟁 당시부터 점차 수입되어 전쟁 전과 비교하면 우리나라에서도 사회의 각 방면에 걸쳐 실로 놀랄 만한 변천을 보기에 이르렀습니다. 민본주의가 왕성해짐에 따라 단지 개인적 지위의 옹호만이 아니라 더 나아가 개인을 확대한 민족을 중심으로 민족적으로 일치단결하여, 개인과 아울러 그 개인이 속한 민족의 행복·이익을 도모하고자 하는 사상이 약소민족 사이에 번성하게 되어, 마침내 미국에서 약소국회의를 열어 민족자결의 소리를 앙양하기에 이르렀던 것입니다. 민족자결이란 모든 민족이 어떠한 다른 철주(掣肘)[11] 속박(束縛)을 받는 것 없이 그 민족이 어떠한 국가를 형성하는가, 즉 다른 강대국(强大國)의 일부로 존재하는지 또는 스스로 일 소국(小國)을 건설하는지가 모두 그 민족 자신의 자유로운 쾌락에 맡겨지고, 감히 다른 강대국이 그것을 정복하거나 강압을 가해서 무리하게 자국(自國)의 일부로 삼는 것을 저지하고자 하는 목소리입니다.

세계대전 후 세계 사조의 대세는 이상 서술한 것과 같은데, 조선에서는 병합 후에 교육의 보급과 발달은 병합 전에 비해서 천지 차이가 있습니다. 신교육(新敎育)을 받아서 점점 자각한 조선인, 특히 청년들은 민본적 사상의 영향을 받아 내지인과 동일한 대우, 공평한 대우를 받기를 주장할 수밖에 없습니다. 그뿐만 아니라 일부의 귀먹은 자들은 결국 민족 자결의 목소리를 동경하여 독립운동에 열중하기에 이르렀습니다.

제2장 국가는 개인 생존에 가장 주요한 것

아무리 개인의 권리를 주장해도 금일의 시세(時勢)에서는 국가 없이 개인의 존재는 완전할 수 없습니다. 원래 개인은 그 자신이 단독으로 하나의 개인임과 동시에 사회의 구성 분자라는 성격도 갖고 있으므로 이 두 방면이 완전하게 보증되어야 비로소 행복한 생활을 향유할 수 있습니다. 어떠한 개인이라도 사회와의 교섭이 없이 의식주만으로는 완전해질 수 없는 것은, 무인도에 상륙한 한 표류자가 아사할 수밖에 없는 것과 마찬가지입니다. 하물며 고등한 문명적 생활을 할 때는 어떻겠습니까. 그리고 현재 인문 발달의 정도에 있어서 국가라는 제도는 가장 개인의 사회생활에 적합하고 완전합니다. 완전한 국가의 구성 분자인 개인은 가장 완전하게 개인의 생존 목적을 달성할 수 있지만, 불완전한 국가의 구성 분자인 개인은 극히 불완전하게 생존 목적을 달성할 수밖에 없습니다. 즉 세계의 강국(强國)의 국민은 개인적으로도 꽤 행복한 데 반해, 빈약한 국가의 구성 분자인 개인은 국내에서 완전하게 생명과 재산을 보증받을 수도 없고, 문명의 혜택을 받는 것은 몽상으로도 가능하지 않습니다. 국제관계에 있어서 강한 나라의 국민은 빈약한 나라의 국민보다 더 나은 대우를 받을 수

---

11 철주(掣肘): 간섭하여 마음대로 하지 못하게 함.

있습니다. 따라서 완전한 개인의 권리를 향유하고, 완전한 자기의 생존 목적을 달성하기 위해서는 완전한 국가를 구성하는 것보다 더 나은 길이 없습니다. 또 국민 전체가 쓸데없이 개인의 권리만 주장하며 국가의 구성 분자임을 망각하기에 이른다면, 그 국가는 결코 완전하게 강고한 국가가 될 수 없습니다. 따라서 그 개인도 결국 완전한 생존 목적을 향유할 수 없게 됩니다. 이와 같은 관계는 단지 국가에서 뿐만 아니라 각종 사회단체를 보아도 마찬가지입니다. 강고한 사회단체의 구성 분자는 완전한 문명의 혜택을 입지만, 강고하지 않은 사회의 구성 분자인 개인은 그만큼 불이익을 입게 됩니다. 따라서 완전한 이익을 향유하려면 스스로 나아가 완전한 사회단체를 만드는 것 외에는 없습니다. 이것이 바로 학자들이 개인은 한편으로 자기 권리를 신장함과 함께, 한편으로는 사회 연대 관계에서 사회 봉사의 책임을 다해야 한다고 말하는 이유입니다. 그렇다면 아무리 지금 민본주의의 사상이 세계적으로 왕성해도 개인이 국가 사회 그 자체를 알지 못한다면 결국에는 국가 사회의 쇠멸을 가져와서 자기의 완전한 존재조차도 지킬 수 없게 됩니다.

  이상의 서술에 의해 민본주의도 그 자신이 절대적인 것이 아니고, 항상 국가 사회와의 상대적 관계에서만 시인된다는 점이 이해되리라 생각합니다. 이것이 국가는 개인 생존의 가장 주요한 것이라고 말하는 이유이며, 국가를 무시한 민본주의는 이미 그 의의를 잃는 것입니다. 개인의 존재만 알고 국가의 존재를 알지 못하는 무정부주의나, 혹은 개인의 현명함과 어리석음, 개인의 능력 유무는 돌아보지 않고 절대적으로 평등한 대우를 요구하는 사상이 얼마나 잔혹하게 국가를 망하게 하고 개인의 생존을 위협했는가는 멀지 않은 이웃 러시아의 상황을 봐도 명백합니다. 원래 개인의 현명함과 어리석음, 능력의 유무는 그 사람의 천성이고, 이는 도무지 어찌할 수가 없는 것입니다. 만약 이를 무시하고 모두 동일한 대우를 받으려고 한다면 인간의 천성인 소유욕·명예욕을 배척하게 되고, 각 개인의 향상심을 좌절시켜 국가의 쇠망을 초래합니다. 따라서 이 잘못된 평등을 타파하려고 혁명을 야기함에 이른다면 이는 마치 잘못된 전제정치하에서 현명함과 능력의 유무에 상당하는 대우를 받지 못한 채 어리석은 자는 때를 만나고 현명한 사람은 달가와하지 않아 결국 사회적 혁명을 야기하는 것과 동일한 결과에 이를 것이라 생각합니다. 민본주의라는 이름에 열중하여 사회질서를 어지럽히고 국가를 쇠망에 빠지게 한다든가 잘못된 평등의 실현을 꾀하는 것은 실로 어리석은 일이라 하지 않을 수 없습니다.

이상과 같이 민본주의도 그 자체가 절대적인 것이 아니므로 우선 첫째로 각 개인은 국가 조직의 일원이라는 점을 자각하고, 그에 따른 여러 의무를 수행하는 데 게을리하지 않으면서 국가에 대한 봉사의 책무를 다해야 합니다. 둘째로는 그 국권 보호하에서 자기의 현명함과 능력의 유무에 대한 공평한 대우를 받도록 요구해야 합니다. 그렇다면 국민은 국가에 대한 책무를 다하는 데 힘쓰고, 위정자는 항상 민의를 듣고 공평한 정치를 행하고자 노력하는 것이 가장 필요합니다. 이것이 현대에 가장 적합한 국가적 생활이라 할 수 있습니다.

제3장 한일병합의 유래

(중략-편역자)

제4장 세계에서 일본제국의 지위

(중략-편역자)

제5장 조선 문제의 해결

 나는 이상에서 조선 문제 해결의 열쇠라고도 할 만한 대전제에 대해 그 요지를 말했습니다. 이 대전제에 대해 충분히 이해가 가능하다면 스스로 조선 문제를 해결할 수 있을 것이라 생각합니다. 즉 조선이 그 독립의 능력이 결핍하여서 동양화란(東洋禍亂)의 중심인 것은 10년 전이나 지금이나 변화가 없을 뿐만 아니라, 제국의 안전을 위태하게 할 우려가 있다고 현재 가장 통절히 느끼고 있습니다. 고로 우리 제국으로서는 결코 금일 조선의 독립을 시인할 수 없습니다. 하물며 해마다 증가에 증가를 더하고 있는 우리 인구 문제와 경제적 발전을 생각하면 동양, 특히 만주·중국·남양(南洋) 방면이 다른 방면에 비교해서는 지리상의 관계와 기타에서 가장 유리합니다. 현재 만몽(滿蒙) 방면에는 이미 우리 세력이 많습니다. 그리고 조선은 그 문호(門戶)입니다. 이 문호를 지키지 못하면 우리 민족의 대륙 발전을 저지하는 것입니다. 조선은 그 자신의 제국과의 밀접한 관계보다는 대륙 발전의 관계에 있어서 더욱 그 밀접함을 통절하게 느끼는 것입니다. 과연 그렇다면 조선의 엄유(奄有)[12] 여하는 제국에 대해서는 실로 소장(消長) 여하의 문제로서 제국은 여하한 곤란을 배척하더라도 확실하게 조선을 다 차지하지 않으면 안 됩니다.

과연 그렇다면 제국이 조선에 임하는 태도, 즉 통치의 방침이 다음의 문제입니다. 조선에 대한 통치의 대방침은 한일병합(韓日倂合) 조서(詔書)와 작년 관제 개혁에 맞춰 하사한 조서에 명백합니다. 즉 일시동인(一視同仁)으로 제국의 신민(臣民)이 됨은 내선(內鮮) 간 추호도 차이가 없는 것입니다. 그리고 세계적 사조의 대세는 민본주의로 우리 내지와 같이 이 사상에 기초하여 국가 사회 각반의 방면에서 큰 변혁을 하고 또는 해나가고 있습니다. 그리고 이 민본주의는 교육의 보급과 발달에 수반하여 인류 자각의 소리임과 동시에 정의를 가르치는 바입니다. 조선 민족도 병합 이래 10년간 제국의 교육을 받고 그 인격을 자각한 무리가 적지 않습니다. 내지에서도 크게 민의를 듣고 여론을 존중하는 정치의 색채가 날로 농후해지고 있는 시세(時世)이므로 조선에서도 민중의 의향을 관찰하여 정치를 행해야 하는 것은 당연합니다. 민의창달을 도모한다는 새 총독의 방침은 오로지 여기에 존재하는 것입니다. 저번부터 지방제도가 실시된 이유도 또한 이곳에 존재하는 것입니다. 또 일시동인인 이상 내지인 상호의 인격도 존중함과 함께 선인의 인격을 존중하고, 제국의 신민으로서 그간 추호도 차이 없는 것처럼 하는 것은 당연합니다. 이 점에 관한 내지인의 태도는 병합 당시 데라우치(寺內) 총독부터 자못 명백하게 공정한 훈시(訓示)임에 불구하고 종래는 크게 유감의 점이 적지 않았던 것같이 생각됩니다. 이는 우리가 크게 반성하지 않으면 안 되는 점입니다. 원래 제국(帝國)은 동양의 한편에 편재하고 있었던 하나의 도제국(島帝國)이었습니다. 관계상 종래 이민족에 대한 태도가 편협한 경향이 있습니다. 이 때문에 금일 비상한 불이익을 당하고 있는 것은 앞에서 이미 이야기했던 대로입니다. 세계의 대세상 백색 인종 외의 인종의 지도자이고, 옹호자이고, 또 기독교국 국민 이외의 국민에게 맹주여야 하는 우리 국민이, 백색 인종의 국(國), 기독교의 국(國)은 물론 그 이외의 지방에서도 요즘 큰 배척을 받고 있는 것은 제국의 급속한 발달에 대한 각 국민의 질투도 있었던 것 같습니다. 그러나 우리 국민이

---

12 엄유(奄有): 남기지 아니하고 전부 차지함.

이들 여러 외국의 국민, 특히 약소국의 국민에 대해서 관인대도(寬仁大度)[13]의 아량이 결핍했던 것도 확실히 그 유력한 원인이라 생각합니다. 과거는 어떻든 이후 세계 5대 강국의 하나로서 동양 민족의 지도자이고 옹호자이니 자성의 필요가 크다고 느낍니다. 특히 이 조선 민족의 통치가 우리나라에 있어서는 이민족 통치의 최초 경험입니다. 이에 실패해서는 도저히 기타 동양 민족의 신뢰를 받는 것은 요원한 일입니다. 조선 민족을 이상적으로 통치하여서 조선 민족이 우리 통치하에 훌륭한 발달을 이루고, 우리 통치하에 있는 것을 기뻐하게 되면 조선 민족 이외의 동양 민족이 우리 제국을 신뢰하는 정도가 과연 어떻게 될 것인가, 여러 번 이야기했던 대로 우리 제국도 이미 옛날의 제국이어서는 안 됩니다. 모두에게 인정받아야 합니다. 세계 5대 강국의 하나입니다. 국민이 그것을 크게 자각하지 않으면 안 됩니다. 그리고 우리 국민 중에는 현재 약 35만이 조선에 와서 조선 민족과 가까이 있는데, 이들의 태도가 가장 중요합니다. 제군은 지방에서 밤낮으로 일본인과 만나고 있으니 스스로 모범을 보이고, 우선 종래 여하간의 비난이 있었던 우리 친애하는 내지인의 일부를 각성시키는 데 노력하길 희망합니다. 은혜가 크고 깊은 조서(詔書)를 삼가 받들고 총독의 간독(懇篤) 친절한 훈시를 받아서 결국 이것이 공문(空文)으로 끝나지 않도록 해야 합니다.

　이상과 같으므로 조선 민족에 대한 정치와 같은 것도 크게 친절하게 하지 않으면 안 됩니다. 이는 지방행정의 시행에서 특히 그렇다고 믿습니다. 그런데 종래의 행정은 정신적으로는 크게 조선인에게 친절했던 것은 확실한데, 조선인이 느낀 바는 그렇지 않았던 것으로 듣고 있습니다. 법령이 여러 가지가 잡다하고, 또 그 집행을 담당하는 행정관은 법령 시행에는 자못 열심이어서 그로 인해 조선 민족은 큰 이익을 얻었지만, 다만 그 방식이 그다지 상냥하지 못했던 것은 아닌가 하는 생각이 듭니다. 선인 간 서로 집무하고 있는 경우는 저들의 길흉화복에 대해서도 이에 마음에서부터 동정하고 축의도 표하는 정도의 여유가 있기를 바랍니다. 애정이 있는 친절한 행정을 기대합니다. 사람은 이성을 갖는 것과 동시에 감정적이므로 이치만으로는 움직이지 않습니다. 오히려 감정으로 다가올 때 진실로 공명(共鳴)하는 것입니다. 우리는 서로 내지인 동지 간에도 마찬가지인데, 특히 이조 5백 년간 폭정하에서 학대받아 다소 움츠리고 있는 조선 민족에 대해서는 특히 그 필요를 느끼는 것입니다. 이 점에

13　관인대도(寬仁大度): 마음이 너그럽고, 어질며, 도량이 넓음. 또는 그러한 사람.

관해서는 조선에 있는 외국 선교사의 태도에 크게 배울 점이 있다고 생각합니다. 나는 평북(平北) 선천(宣川)에서 선교사가 선인에게 친절하게 응대하는 것을 보고, 또 함북(咸北) 온성군(穩城郡)에서 외인 선교사가 불령배(不逞輩)에게 납치된, 기독교도가 아닌 구장(區長)에 대해 자못 동정을 표하고 그 가족을 위문했던 것에 대해 내지인의 관리가 매우 냉담하였던 것을 듣고 느낀 바가 많았습니다. 어느 철인(哲人)이 말했던 "국가는 최고의 도덕이다"라 하는 것은 여전히 진리입니다. 아무리 민본주의 전성의 세상이라도, 또 아무리 개인의 권리를 존중해야 한다고 정의가 가르치는 시대라도, 국가의 생존이 개인 존재의 제1의입니다. 시대의 요구, 정의가 가르치는 바에 따라 신부(新附) 인민의 인격을 존중하고, 그 여론에 귀를 기울여야 한다고 해도, 국가의 존재를 부인하고자 하는 개인에 대해서는 추호도 가차없이 규탄하지 않으면 안 됩니다. 또 집회·결사·출판의 자유를 인정한다 해도 국가의 존재를 용인하지 않는 집회·결사·출판은 가장 준엄하게 취체(取締)하지 않으면 안 됩니다. 소위 문화정치란 것은 결코 문약정치(文弱政治)를 의미하는 것은 아닙니다. 시대 사조의 추이를 살피고, 정의가 가르치는 바에 따라서 일시동인으로 신부 인민의 인격을 존중함과 동시에 국가의 존재, 통치의 방침을 문란하게 하는 것 같은 자에 대해서는 추상열일(秋霜烈日)[14]의 위엄으로 임하지 않으면 안 됩니다. 다만 그 규탄 취체가 공명정대하여서 정의의 관념과 합치하지 않으면 안 되는 것은 물론 말할 것도 없습니다. 요컨대 금일의 정치는 공명정대하고 또 위력이 있는 정치이지 않으면 안 됩니다. 작년 조선 내에 일어났던 학생의 문화운동청년회 설립과 같은 것도 이상의 방침으로 이에 임해야 하는 것입니다. 문화운동이 진정한 의미의 문화운동으로 국가의 존재와 양립하는 것이라면 우리는 크게 그것을 조장해야 할 것입니다. 이에 반해서 표면의 이유는 여하간 이면에서 은어 혹은 반어를 사용하고, 또는 예를 타국에서 취하여 불령사상을 고취하고 제국이 조선에 대한 정치의 대방침에 반하는 것이라면 단호하게 그것을 규탄하지 않으면 안 됩니다. 다만 규탄의 방식이 어디까지나 공명정대하고 문명적이지 않으면 안 되는 것은 물론입니다. 또 청년회와 같은 것도 그 선량한 것은 크게 그것을 조장해야 할 것인데, 그 표면의 취지가 지육(智育), 덕육(德育), 체육의 향상·발전이라도, 그 이면에서 음밀(陰密)하게 독립을 고취하고 불령운동을 기도하는 것이 있다면 이 또한 단

---

14 추상열일(秋霜烈日): 형벌(刑罰)이 엄(嚴)하고, 권위(權威)가 있음.

호하게 해산을 명하고, 수모자를 검거하는 등 추호도 가차없이 대처해야 합니다.

다음으로 문화운동의 하나인 교육의 보급운동에 대해서도 교육이 절대의 목적으로써 교육을 받는 인격자를 만드는 것이 개인의 완성일 뿐만 아니라 국가 사회를 위한 것이므로 개인만 목적으로 하고 국가의 존재를 경시하거나 또는 그것을 부인하는 교육운동은 인정할 수 없습니다. 즉 교육의 보급과 발달은 금일의 시세에 있어서는 필요한 것인데 그와 동시에 우리는 무엇을 위해서 교육의 보급과 발달을 도모하는가를 항상 망각해서는 안 됩니다. 조선 교육은 교육에 관한 칙어(勅語)의 취지에 기초하여 충량한 국민을 육성하는 것을 본의(本義)로 해야 한다고 가르치고 있습니다. 선인 교육의 본지(本旨)는 충량한 국민 육성을 그 목적으로 하는 이상, 우리는 교육의 보급과 발달을 도모하는 경우에 있어서 우선 학교를 새로 일으키고 확장하는 것에 의해서 과연 충량한 국민을 육성할 수 있는 확실한 희망이 있는지를 충분하게 고구(考究)하여 상정하지 않으면 안 됩니다. 아무리 교육에 대한 요구가 절실하더라도 충량한 국민을 육성하기에 확실한 희망이 없을 때는 학교의 신설 확장은 크게 고량(考量)을 요하는 것입니다. 만약 충량한 국민을 육성할 수 있는 확실한 자신이 없거나, 교육기관 확장 요구가 일시적 유행에 불과하고 재정적으로도 무모하다면 신중하게 생각해야 합니다. 그 요구가 가장 절실하고 또 상당한 자력(資力)을 가진 곳에 학교를 설치해야 합니다. 저들이 요구하지도 않는 곳에 자신없이 확장하거나, 지방의 자력에 수반하지 않은 학교의 증설을 기획해서 인민의 생활 안정을 결여하고, 얼마 안 가 개설한 학교가 폐쇄되는 것 등은 크게 고량해야 할 중대한 문제라고 생각합니다. 나는 이 점에 관해 지방 당국자의 주의를 환기하는 것이 현재 가장 중요하다고 생각합니다. 헛되이 교육 진흥의 소리에 갇혀서 그 장래에 초래할 두려운 결과를 생각하지 않는다면 그 열매를 거둘 수 없습니다. 또 일단 교육기관 확장을 실시한 이상 직접 종사하는 학교 교직원은 물론 감독을 담당하는 자는 과거의 성적을 돌아보고 크게 생각을 돌릴 필요가 있습니다.

청년회에 대한 지도와 같은 것도 마찬가지입니다. 우리는 단순히 청년회란 명목을 같이 하기 위해서 바로 금일 조선의 청년회에 내지와 마찬가지의 방침으로 임하려는 사람이 있다면, 그 무모함에 놀라지 않을 수 없는 것입니다. 청년회 설립을 장려하고 그 지도를 도모하고자 할 때 그것이 진실로 수양의 단체로 장래 국가 사회에 공헌할 수 있는 희망이 확립하지 않은 이상 혼란하게 착수해서는 안 됩니다. 개인의 권리를 존중하고 언론·집회·출판의 자유는 가능한 한 이를 인정하는 것이 현금의 시세이므로 청년회를 설립하는 기획이 순량한 동기에서 나온 경우에는 무조건 이를 거부해야 하는 것은 아닌데, 적극적으로 크게 감독을 엄중하게 할 필요가 있다고 생각합니다.

    이상 서술한 바는 현재의 시세에서 우리가 교육운동 또는 청년회에 임하는 태도입니다. 그러면 다시 장래의 일을 생각하면 금일의 민본주의 경향은 점차 다시 융성할 것이라 생각합니다. 또 이미 계획한 교육기관을 완성하면, 그 개인적인 인격을 자각한 많은 청년을 갖게 되는 것입니다. 이들 청년이 학교의 문을 나간 후에 잘 지도하지 않으면 어떤 방면으로 치우칠지 자못 걱정하지 않을 수 없는 것입니다. 단지 청년의 무리에 대해서 뿐만 아니라 민중의 운동이 무게를 갖는 시세에 있어서는 청년 이외의 일반 민중에 대해서도 크게 정치에 대한 이해를 구할 필요가 있습니다. 이상과 같으므로 우리는 금일의 행정을 생각하는 것과 함께 장래에 대해서도 생각할 필요가 있습니다. 일반 민중의 사상 선도가 필요하다고 스스로 느껴야 합니다. 종래의 행정에서는 물질적 방면의 지도를 완비해 왔던 것에 반해 정신적 방면에서 선도가 크게 모자랐다고 생각합니다. 금후 행정은 이 점에 관한 유의가 가장 간절한 것이라 생각합니다. 그리고 이는 단지 학교 교육자나 당국자에게만 담임시켜서 안심할 수 있는 것이 아닙니다. 우리는 과거의 성적에 비추어서 학교 당국자의 큰 각오를 요구하고, 지방 행정의 일부를 담당하는 우리가 이 점에 크게 유의하고 노력해야 합니다. 이 민심의 선도라 하는 것은 천천히 연구하여 확실한 방책을 세워 착착 실행해야 합니다. 그동안 제국의 조선에 대한 통치방침이 여하간 일반 민중에게 철저하지 않고, 여러 오해가 적지 않았으므로 총독부도 이 점에 크게 유의해서 정보위원회를 설치하고, 지방청과 서로 제휴하여 크게 시정의 선전에 힘쓰고 있습니다. 한편으로는 민정시찰(民情視察)의 사무관도 두었으니, 이들 기관과 연계하여, 제국의 통치, 총독의 시정방침에 대한 일반 민중의 이해를 구하는 데 힘쓰길 바랍니다.

〈자료 144〉 지방제도에 관한 지시사항(地方制度に關する指示事項)[《조선》제79호, 1921.9]

개정 지방제도의 취지 및 방침

　이번 지방제도 개정의 골자는 도·부·군·도·면(道府郡島面)의 자문기관 설치 및 조직 변경에 있다. 그 취지로 민의를 창달하여 지방의 행정을 조선의 실상에 적절하게 함과 동시에 장래 지방자치제도 실시의 소지(素地)를 만들고자 한다.

　지방공공(地方公共)의 사무는 이를 지방에 분임하여 그 자치에 맡기는 것을 이상으로 하나, 그 분임과 자치의 정도에 있어서는 민지(民智)의 진보, 경제 발달의 상황에 맞게 마땅함을 만들어 내지 않으면 안 된다. 종래의 도·부·군·도·면은 각 지방행정의 일부를 분임하였으나 지방의 실력이 미약하여 공공의 시설이 아직 유치한 영역을 벗어나지 못하였다. 그 행정 운영은 오로지 관치(官治)의 제도에 의해서 겨우 도·부·군(道府郡) 참사(參事), 부협의회(府協議會), 면 상담역(面相談役) 등과 같은 자문기관이 있으나 그 원수(員數)가 적고, 더욱이 관선이므로 민의를 창달하는 데에는 유감이 있으므로, 근래 조선 내 경제상의 진보와 민지의 발달에 비추어 지방제도에 혁신을 가할 필요가 있음을 인정하여 도(道)에 평의회(評議會), 군·도(郡島)에 학교평의회(學校評議會), 면(面)에 협의회(協議會)를 설치함과 동시에 부협의회의 조직 변경을 행하여 부(府) 및 지정면(指定面)의 협의회원은 공선(公選)으로 하고, 나머지는 관선으로 하는 것으로 힘써 지방민 중 명망이 있는 자를 선택할 방침을 채택하였다. 도평의회원 및 부·군·도 학교평의회원은 부주민(府住民)의 공선 또는 부·면 협의회원이 선거한 후보자 중에서 이를 임명하는 것으로 하고, 지정면 이외의 면의 면협의회원도 지방의 실상에 호응하여 가능한 한 지방의 관행에 따라 인민으로서 그 후보자를 추천하는 것으로 하였다. 그리고 도평의회의 선거에 의한 후보자로 임명된 자 외에 도지사의 감별력에 따라 임명할 수 있는 평의회원을 추가했다. 왜냐하면 도평의회의 직책이 도의 휴척(休戚)에 관여하는 것이 심하고, 이해가 미치는 바가 중대하므로 도 내의 명망(名望)·식량(識量)·재간(才幹) 있는 인물을 잃어서는 안 되기 때문이다. 또 부·군·도 학교평의회원 및 부·면 협의회원의 선임에 대해 부·지정면과 군·도(郡島) 간에 다르게 구분하는 방법을 선택한 것은 시가지(市街地)인가 아닌가에 의해 민도(民度)에 차이가 있음에 비추어 현상에 적절한 제도를 선포한 것이다. 시가지에는 다른 지방에 비해 장래의 지방자치제 실시에 관해 일보 나아 갔던 것이다.

이번 지방제도 개정은 장래의 지방제도 실시에 대한 소지를 만들고자 하는 것으로 완전한 자치제를 시행하는 것은 아니지만 도·부·군·도·면 공공사무의 범위에서 광협(廣狹)의 차이가 있더라도 고르게 지방 민중의 대표자 의견에 비추어 이를 시행하고자 하는 취지이다. 개정 지방제도의 운영에 참여하는 자는 흡사 자치제 운용에 대한 것과 같이 지방공공을 받드는 책무를 자각하여 공정무사(公正無私)의 태도로 이에 임하고, 한뜻으로 지방의 진보·발달에 분진(奮進)해야 한다. 혹 이에 의거하여 사리를 다투고, 혹은 당쟁(黨爭)의 단서를 여는 것은 민심을 좀먹어서 공공의 이익을 해하고, 지방의 발달을 저해하여 그 폐해가 미치는 바를 헤아릴 수 없다. 여러분은 개정 제도의 운용에 관해서는 깊이 이 점을 생각하여 엄정·공평으로 지방행정의 진전을 기약해야 한다.

도지방비(道地方費)에 관한 사항

도평의회(道評議會)

(1) 도평의회원의 정원(定員)

부·군·도(府郡島)에 배당해야 할 정원은 주로 각 도(道)의 인구를 기초로 하여서 정하였으나 각 부·군·도에 대해 적어도 1인씩은 이를 배당할 필요가 있음을 인정하여, 부·군·도 수에 상당하는 인원을 최소한으로 하는 취지에 의해 배당을 행하였다. 그리고 경기, 충북, 충남, 전북, 경북, 경남, 황해 등지와 같이 배당해야 할 정원이 부·군·도의 수보다 많은 도(道)에 있어서는 주로 인구수, 경제력 등을 깊이 생각하여 이를 늘려 배치해야 한다.

정원의 배당은 이를 고시해야 한다.

(2) 후보자 선거

1) 후보자 원수(員數)

선거해야 할 후보자는 임명을 요구하는 인원의 2배로 한다. 한 부·군·도에 2인 이상의 도평의회원을 임명해야 하는 부·군에서 내선인을 함께 임명하는 것이 적당할 경우에는 내선인 각 반수의 후보자를 선출시키는 것으로 하고 고시에 이를 명시해야 한다.

2) 투표의 효력

도지방비령시행규칙(道地方費令施行規則) 제4조의 도평의회원 후보자의 선거에 대해서는 다음의 투표는 무효로 한다.

① 용지의 양식을 정한 경우에 성문화된 규칙의 용지를 사용하지 않은 것
② 현재 도평의회원의 직책에 있는 자의 씨명을 기재한 것
③ 기재한 인원이 선거해야 할 후보자의 인원수를 초과한 것. 선거해야 할 후보자의 인원수를 일본인·조선인 별로 정한 경우에 각 인원이 선거해야 할 후보자의 원수를 초과한 것 또한 마찬가지임
④ 피선거인이 누구인가를 확인하기 어려운 것
⑤ 피선거 자격이 없는 자의 씨명을 기재한 것
⑥ 피선거인의 씨명의 외 기타 사항을 기입한 것. 단 작위, 직업, 신분, 주소 또는 경칭류 등을 기재한 것은 이에 한정하지 않는다.

3) 선거의 수속

후보자 선거에 관한 부·군·도·면의 사무, 예를 들면 투표용지의 양식, 투표의 송치(送致) 방법, 선거 기록, 후보자의 경력 조사 등에 대해서는 취급 수속을 정하여 지시할 필요가 있다. 그렇지만 그 수속은 가능한 한 간단하게 하여 사무의 번잡함을 피해야 한다.

(3) 임명

1) 도지방비령시행규칙 제2조에 의한 도평의회원 임명

선출된 후보자 중에서 임명해야 하는 부분은 특별한 사정이 있는 경우를 제외하고 득표 수가 많은 자부터 이를 채택해야 한다.

2) 도지방비령시행규칙 제3조에 의한 도평회의원 임명

도평의회는 도(道)의 공공사무에 관한 자문기관으로 그 조직의 내용 여하는 도민(道民)의 이해에 관계하는 바가 깊고 또 큰 것이다. 특히 세운(世運)의 추이에 수반하여 도지방비로 시설해야 하는 것이 날로 복잡해졌다. 이 자문 사항의 결정을 담당하는 것은 여러 지식과 전문의 기술을 요구하는 것이 많다. 단순히 지방의 대표만으로 조직하는 것은 조선의 현재에 있어서는 기관의 기능이 불완전해질 우려가 있으므로 도지방비령시행규칙 제3조에 의해 각 부·군·도에서 선거한 후보자 이외에 도지사가 적당하다고 인정하는 도평의회원을 임명할 수 있는 길을 열어두었다. 고로 본조(本條)에 의한 임명에 대해서는 반드시 도 내 각지에 배당할 필요는 없다. 또 일본인이나 조선인을 논하지 않고 도 내의 명망가, 학식, 경험이 있는 자, 전문의 기술가 등을 뽑아서 각 부·군·도에서 선거한 후보자 중에서 임명한 도평의회원과 더불어 도 내의 실정을 도평의회에 반영시킬 것을 기약함으로써 도 행정의 완전한 발달을 도모해야 한다. 전항의 임명에 대해서는 미리 총독의 승인을 받아야 한다.

3) 임명 기일(期日)

임명 기일을 일정하게 하지 않으면 임기 기산일(起算日)이 가지각색이 되므로 도지방비령시행규칙 제2조와 동 제3조에 의해 모두 같은 날에 이를 임명해야 한다.

(4) 도평의회의 회의(會議)

도평의회에 관해서는 회(會)의 질서를 유지하고, 의사(議事)의 정리·진행을 기약하기 위해 의장이 회의 규정을 정할 필요가 있지만 회의 규정은 힘써 이를 간이하게 하여 자구에 얽매여 도리어 의사를 분란 또는 천연(遷延)시키는 것이 없도록 해야 한다.

도평의회는 그 인원수가 많으므로 당초에 깊은 주의를 기울이지 않으면 자칫 헛된 논의, 헛된 회의로 빠지게 된다. 또는 당쟁을 야기할 우려가 없지 않다. 이와 같다면 도의 공공시설에 영향하여 그 진보·발달을 저지하는 결과를 초래할 것이므로 모두 깊이 이 점에 유의하여 도평의회원으로서 공정하고 진실된 태도로 도 행정에 참여하도록 힘써야 한다.

(5) 도평의회에 자문해야 할 사항

도평의회는 도지방비에 관한 사항을 자문할 수 있는 기관이므로 도지사는 도지방비령 제11조에 열거된 사건 이외의 사항이라도 필요가 인정된 경우에는 이를 자문할 수 있는 것으로 한다.

1) 도지방비 사업

도지방비로 시설해야 할 사업은 세운(世運)의 진보와 함께 배로 많아졌으나 현하의 민력에 비추어 급격한 재원 증가는 도저히 기약하기 어렵다. 그러므로 사업의 기획·경영에 대해서는 가장 신중하게 고려를 다하여서 시설의 복잡함보다 오히려 확실한 사업을 선택하여 완전한 효과를 거둘 수 있도록 해야 할 것이다. 만약 사업의 계획이 확실하지 않거나 혹은 늦어지면 시설을 고치거나 폐지해야 하는 등의 폐단이 있다. 이와 같다면 소기의 실효를 거두는 것이 가능하지 않을 뿐만 아니라 인민에게 그 시설에 대한 근심을 초래할 수 있다. 특히 금후 도평의회의 자문으로 인해 의론을 야기하여 사업의 진보를 저해하기에 이를 수 있으므로 장래 깊이 이 점에 유의하여 지방의 확실한 발달을 기약해야 한다.

2) 지방세 기타의 부과 징수

현행 각 도의 지방비부과금부과규칙은 시행규칙 부칙에 의해 당분간 효력을 갖고 개정을 필요로 하는 사항이 없는 한 우선 개정의 수속을 취할 필요는 없다.

지방비부과금징수규칙, 미곡 및 대두검사수수료징수규칙은 9월 30일에 폐지할 예정이므로 대체로 종전 규정에 준하여 도령을 정하고, 10월 1일부터 시행하도록 처리한다.

3) 지방세 징수비(徵收費)

종래 지방비 부과금 징수는 나라에 위탁하는 형식이었으므로 이것의 징수비, 즉, 부·면 교부금, 용지(用紙) 장부비(帳簿費), 은행 수당 및 송금비 등은 일단 국비에서 이를 지불하고 지방비는 그 비용으로 나라에 일정액을 납부해 왔으나, 이후는 지방비에서 바로 징수하게 되었다. 납부금 제도를 폐지하고 징수비는 모두 지방비에서 직접 지출하게 됨에 따라 이들 비용의 지불 또는 납부에 대해서는 제도 실시 전일까지와 당일 이후를 구분하여 정리해야 한다.

4) 영대차지(永代借地)에 대한 과세

종래 영대차지에 대한 지방비 부과금 부과 규정이 없어서 과세상 의문을 발생시켰으나 이번 시행규칙 중 명확하게 이에 관한 규정을 설치하였다. 장래 차지료(借地料)에서 시가지세(市街地稅) 또는 지세부가세(地稅附加稅) 및 가옥세(家屋稅) 액에 상당하는 금액의 배당을 받지 못할 경우에는 그 차액의 부과를 필요로 한다.

5) 기채(起債)

새로 도지방비에 기채능력을 인정하였지만 일시의 부담을 피하여 함부로 기채하는 것은 후년 부담의 증가를 야기하고 재정 문란의 단서를 발생시킬 우려가 있으므로 사업의 성질에 비추어 어쩔 수 없는 경우 외에 이를 인가하지 않을 방침임에 따라 기채에 의해 사업을 기획하는 것은 가능한 피하기를 요구한다.

6) 도금고(道金庫)

종래 도금고는 본부(本府)가 이를 지정하였으나 금후는 도지사가 지정하므로 다음 각항에 따라 처리해야 한다.

① 제도 실시의 당일 이를 결정하고 또 바로 그 은행명을 고시할 것
② 위 은행 선정에 관한 인가 신청에 대해서는 미리 10월 1일 자 서면을 본부(本府)에 제출해야 한다. 본부에서는 동 일자로 지령하는 것으로 처리해야 한다. 단 계속 식산은행에서 취급하는 것은 인가의 수속을 생략해도 지장 없다.
③ 도지사는 은행과의 사이에 계약을 체결하고 그 계약서는 다음의 조항을 구비해야 한다.
- 목적(시행규칙 제45조)
- 계약 기간
- 현금 운용에 관한 것(시행규칙 제46조)
  - 담보가 요구될 때는 그 사항
  - 도금고 사무 취급에 관해서는 도지사가 정하는 바에 의할 것
  - 은행에 수당 또는 보수(報酬)를 교부할 때는 그 사항

- 이외 필요하다고 인정되는 사항

7) 회계(會計)에 관한 규정

　종래의 지방비회계규칙, 지방비물품회계규칙 및 도금고규정 등은 자연 소멸함으로써 각 도에서는 시행규칙 제48조에 의해 이를 대신할 규정을 제정해야 한다. 그런데 본 규정은 제도 실시 당일부터 필요하므로 속히 조사에 착수하여 늦어도 제도 실시 당일까지 발령해야 한다.

　회계사무에 관한 요점은 이미 시행규칙이 있으니 도는 이 세칙을 정하는 것으로 충분하다. 또 시행규칙이 규정하는 바는 과오납금 환불 및 조체금(繰替金) 복구에 관한 규정 등을 제외하고 종래와 다르지 않으니 세칙 제정에 대해서는 종래의 예를 기초로 하고, 한편 국비의 예를 참작하고, 또 종래의 실험에 비추어 미비하거나 불편한 점을 보수하는 등 적절하게 이를 정해야 한다.

8) 예산

① 예산의 추가경정

　종래 통상 예산의 편성이 자칫 오류가 많아 연도의 중도(中途)에 누차 예산의 추가경정을 행하는 폐단이 있다. 금후 예산은 원칙적으로 도평의회에 자문해야 한다. 다만 지방세 사용료 및 수수료에 증감이나 변경이 없는 추가경정은 자문이 필요없다는 예외 규정을 두더라도 이미 도평의회에 자문하여 정한 예산을 이유없이 경정하거나 통상 예산에 계상(計上)된 것을 추가예산으로 계상하는 것은 온당하지 않음에 따라 장래 통상예산을 편성할 때 한층 주도면밀한 조사를 거쳐서 빈틈이 없도록 하고 예산의 추가경정은 어쩔 수 없는 경우 외에 가능한 한 이를 피해야 한다.

　도지방비령 제7조 제2항의 분부금(分賦金)은 형식적으로 지방세가 아니나 실질적으로는 지방세와 동일시되는 것임에 따라 이에 관한 예산의 추가경정은 동(同) 제11조 제1호 단서에 해당하지 않는 것으로 처리한다.

② 제도 실시에 수반한 경비 예산

　제도 실시에 수반한 경비로 도평의회비 및 지방세 징수 예산의 추가가 필요하다. 전자에 대해서는 국고보조금을 교부받는 것으로 하고, 후자에 대해서는 종래의 국고 납부금 예산에 불용액(不用額)이 발생함에 따라 이를 재원(財源)으로 예산을 추가한다. 그 과목(科目)은 개정 예산식(豫算式)의 예에 따른다.

부(府)에 관한 사항

(1) 부협의회원 정원의 표준인 인구(人口)의 인정(認定)

부제시행규칙 제2조 제2항에 의한 인구의 인정은 1919년 12월 말일 현재로 하고, 1920년 10월 1일 자로 이를 고시(告示)해야 한다.

(2) 부협의회원의 선거

1) 선거인 명부(名簿)의 조제(調製)

부협의회원의 선거는 11월 20일에 이를 행하는 것으로 하고, 10월 1일 현재에 의해 선거인명부를 조제하게 한다. 선거인 명부는 별도 훈령(訓令) 제호 양식 및 부면협의회원, 선거인명부 조제 및 취급 순서에 따라 조제하고, 선거에 관한 준비는 선거에 관한 기일 일람에 의해 이를 행하며, 선거에 대해서는 선거사무심득(選擧事務心得)에 의거하여 실수가 없도록 해야 한다.

2) 선거사무비

선거에 필요한 경비는 가능한 세입(歲入)의 자연 증수(增收) 또는 세출(歲出)의 절약 등에 의해 이를 변통하여 속히 예산을 추가하게 한다. (중략-편역자)

3) 현재의 부협의회원의 임기

1920년 제령 제12호 시행 때 현재 부협의회원의 직책에 있는 자는 동 영(令) 시행 후 그 임기 만료를 불문하고 모두 선거 전일까지 재임하나, 선거 당일에는 그 자격이 소멸하므로 현재 협의회원의 직책에 있는 자라 할 수 없다. 따라서 이번 선거에 관해서는 부제시행규칙 제2호의 9, 제1항 제2호의 규칙에 해당되지 않는 것을 명심해야 한다.

4) 현임(現任) 부협의회원 표창

부협의회원 선거 전일로 자격이 소멸하는 자에 대해서는 부비(府費)로 공로 표창의 방법을 강구해도 지장이 없다. 그런데 그 표창은 반드시 각 사람이 동일할 필요는 없다. 공로의 다소(多少) 또는 재임 연수의 다과(多寡)에 의해 차등을 두는 것은 물론 지장없다.

면에 관한 사항

(1) 면협의회

1) 협의회원의 정원을 정하는 표준인 인구의 인정

1919년 말 현재의 조사 인구에 의해 10월 1일 자로 도지사가 이를 고시한다.

2) 지정면 협의회원 선거

① 지정면 협의회원 선거권의 요건 중 면부과금액 저하

이번 지정면 협의회원 선거권에 대해서는 1919년 및 1920년의 부과금을 요건으로 해야 하는데, 종래 면부과금액이 적어서 법정액을 납부하는 자의 수가 현저하게 소수이므로, 면제(面制) 개정 실행 후 1년 내에 행하는 선거에 한해서 이를 저하(低下)하는 방도를 열어두었으나 선거 요건의 예외를 인정하는 것은 어쩔 수 없는 경우에 한정할 필요가 있으므로 선거권자의 수가 협의회원의 10배에 달하지 않는 면에 한해 이를 인정한다. 이를 저하하는 경우에도 대체로 3원 정도에서 인가할 방침이다.

선거자격의 저하를 필요로 하는 면에 대해서는 10월 1일 자로 미리 인가 방법을 품청(稟請)하여 10월 1일 도령(道令)으로 이를 발포한다.

② 면협의회원 선거

면협의회원 선거는 11월 20일 행하는 것으로 하여 10월 1일 현재로 선거인명부를 조제하게 한다. 선거인 명부는 별도 훈령의 양식, 부·면 선거인명부 조제 및 취급 순서에 따라 조제하고, 거행에 관한 준비는 선거 기일 일람에 따라 이를 행하며, 선거에 대해서는 부·면 선거사무 심득(心得)에 따라 실수가 없도록 해야 한다.

3) 지정면 이외의 면협의회원 임명

① 임명 자격요건 중 면부과금액의 저하

지정면 이외의 면은 발달이 유치하여서 면부과금액이 적으므로 법정 자격을 갖는 적임자를 얻을 수 없을 가능성이 있으므로 당분간 이를 저하하는 방도를 열었다. 지방의 실정에 따라 임명 자격요건 중 부과금액을 저하할 필요가 있는 경우에는 적당한 정도를 정해서 인가를 받아야 한다.

전항의 인가는 각 면에서 일괄하여 10월 20일까지 인가를 신청하여 11월 1일까지 도령(道令)으로 발포해야 한다.

② 협의회원 임명

지정면 이외의 면에서는 면민의 다수는 아직 복잡한 선거 방법 등을 행하는데 적합하지 않아서 군수·도사가 임명하는 것으로 하였으나 협의회 설치는 민의의 창달이 목적이니 면민이 신뢰하는 유능한 인사를 거용(擧用)하고자 하는 취지에는 다를 바 없다. 각 지방의 실정에 따라 부락 등에 추천할 후보자의 인원수를 배당하여 적당한 방법에 의해 선정된 후보자 중에서 임명을 해야 한다. 가장 벽촌의 땅, 기타 특별한 사유가 있는 지방에서 후보자를 추천할 필요가 없다고 인정된 경우에는 면 내 유식자의 의견을 구하여 이를 임명해야 한다.

전항에 의해 후보자의 인원수를 배당할 때에는 군수·도사가 미리 도지사의 승인을 받아야 한다.

지정면 이외의 면 자문기관은 이번에 처음 시행되므로 이 임명에 대해서는 신중한 고려를 다하여 온건하여 공공의 정신이 풍부한 명망과 식견이 있는 자를 선임하여서 만일 선임을 잘못하여 공론(空論) 도의(徒議)의 장이 되지 않도록 기약해야 한다.

③ 임명일 및 공고

지정면 이외의 협의회원 임명은 지정면 선거 기일과 동일하게 하며, 그 임명 연월일, 주소, 씨명 등은 면장이 이를 공고한다.

4) 협의회 회의(會議)

① 협의회에 자문한다는 것은 협의회원 개개의 의견을 구하는 것이 아니다. 협의회가 의견을 결정하여 면장에게 답신한다는 취지이다.

② 협의회의 의사는 의결기관과 같이 엄정한 의사에 의한다는 취지가 아니다. 요점은 면의 공공사무에 관해 신중한 연구를 다하여 진실된 의견을 결정하는 데 있다. 그 의사는 형식을 넘어서지 않고 간담(懇談)적으로 극히 각 원(員)의 의견을 토로시켜서 깊이 실정을 연구하는데 힘써야 한다.

(2) 부장(副長) 신설

지정면 사무는 매년 복잡함을 더하여 면장은 외부와의 교류 사무에 매우 분주하므로 대개 내무 사무의 정리가 양호하지 않은 감이 있어 이에 새로 부장을 두어서 그 부족함을 보충하고, 각 면의 수뇌자에 대해 일본인, 조선인 양자를 채용할 방도를 열어서 원활하게 면무(面務)의 진척을 기약하고자 하며, 장래 이의 취지에 비추어 사무의 정리·개선에 대해 한층의 노력을 함과 함께 유능한 인재를 뽑아서 개정 제도의 기대에 도움이 되도록 한다.

(3) 기수(技手) 신설

이번에 새로 면에 기수를 둘 수 있는 방도를 열었다. 수도, 전기, 권업(勸業) 등의 사무에 관해서 특히 기술원(技術員)을 둘 필요가 있는 경우에는 그 면의 해당 사무 상태 및 그 재력 등을 고려하고, 중요 여부를 감안하여 남용하여 설치하는 폐단이 없도록 해야 할 것이다.

(4) 제도 개정에 수반한 경비

1) 예산의 경리(經理)

선거에 필요한 경비 및 비용변상을 위해 필요한 경비의 재원은 세입의 자연 증수 또는 세출의 절약 등으로 충당하고 가능한 한 이를 위한 부과금 증수를 피해야 한다. 현 예산식의 비용변상의 과목에 선거비는 새로 선거비 제비(諸費)의 과목을 두어서 경리시킨다.

2) 협의회원의 비용변상액

협의회원의 비용변상은 그 직무수행을 위해 나왔을 때만 일당을 지급한다는 취지이다. 그 액수는 각 지방의 사정에 따라서 적당하게 이를 정할 수 있으나 면 재정이 풍부하지 않으므로 가능한 소액으로 해야 한다.

(5) 면협의회 성립에 이르기까지의 사무 처리

본령 시행 후 협의회에 자문해야 할 사항으로 협의회 전에 급히 요구되는 것은 면제 제4조의 2에 의해 면장이 마땅하게 처리해야 한다. 또 지정면의 상담역은 9월 30일을 기한으로 그 직책을 잃으니 오해없도록 해야 한다.

(6) 면조합협의회(面組合協議會)

면조합협의회의 조직은 도지사가 정하는 조합규약 중에 이 규정을 설치하는 것으로 한다. 그리고 면조합협의회 정원에 대해서는 조합의 공동사무 및 조합을 조직하는 면수(面數) 등을 고려하여 마땅히 이를 정해야 하나 협의회원은 관계 면장 외 각 관계 면협의회원 중에서 이를 임명할 수 있는 것으로 한다.

학교비에 관한 사항

(1) 학교평의회(學校評議會)

1) 부(府)의 학교평의회원 정원을 정하는 표준 인구 인정

1919년 말 현재 조사 조선인 인구에 의해 10월 1일 자로 도지사가 이를 고시한다.

2) 부의 학교평의회원 선거

① 부의 학교평의회원 선거권 요건 중 학교비부과금액 저하(低下)

이번 부의 평의회원 선거권에 대해서는 1919년 및 1920년 부과액을 요건으로 하는데, 종래 학교부과금액이 적어서 법정액을 납부하는 자의 수가 현저하게 소수일 수밖에 없으므로 도지사가 필요하다고 인정할 때는 이를 저하할 수 있는 방도를 열어두었으나 선거 요건의 예외를 인정하는 것은 어쩔 수 없는 경우에 한해 이를 저하하는 경우에도 선거권자의 수가 평의회원 정원의 10배인 정도에서 그 제한액을 정해야 한다.

② 부의 학교평의회원 선거

부의 학교평의회원 선거는 12월 20일에 실시하고 12월 31일을 현재로 선거인명부를 조제하게 한다. 선거인 명부는 훈령, 제호, 양식 및 부·면 선거인명부 조제 및 취급 순서에 준하여 조제하고, 선거에 관한 준비는 선거에 관한 기일 일람에 의해 이를 행하며, 또 선거의 집행에 대해서는 부면 선거사무 심득(心得)에 준하여 빠지는 것 없이 해야 할 것이다.

3) 군·도(郡島)의 학교평의회원 임명

① 임명 자격요건 중 부과금액 저하

군·도의 학교비는 아주 적고 부과금액이 적으므로 법정 자격을 갖는 적임자를 얻지 못할 수 있으니 이를 저하할 수 있는 방도를 열어둔다. 지방의 실정에 따라 임명 자격요건 중 부담금액을 저하할 필요가 있는 경우에는 적당한 정도를 정해 인가를 받는다. 전항의 인가는 각 군·도를 일괄하여 10월 상순 인가를 신청하고, 10월 중에 도령(道令)으로 발표한다.

② 평의회원 선거

면협의회원이 선거한 후보자 인원 수는 임명이 필요한 인원의 배수(倍數)를 정해야 한다. 후보자를 선거할 조선인 면협의회원이 3인 이하일 경우에는 속히 일정 자격이 있는 자로 이를 선정시킬 방법을 정해 품청(稟請)한다.

③ 선거 수속

후보자 선거에 관한 군·도·면의 투표용지 양식, 선거 기록, 후보자 경력 조사 등에 관해서는 도지사 취급 수속을 정해 지시하고, 다음 투표는 이를 무효로 한다. (중략-편역자)

④ 평의회원 임명

후보자 중에서 평의회원을 임명하는 경우는 특별한 사정이 있는 자 외에 득표수 최다의 자부터 이를 채택하는 것으로 하나 학교비 자문기관은 이번에 처음 시행되어지는 바이므로 이 임명에 대해서는 신중한 고려를 다하여 온건하고 공공의 정신이 풍부한 명망·식견이 있는 자를 선임할 방침을 채택한다. 만일 그 선임을 잘못하여 평의회가 공론도의(空論徒議)의 장이 되지 않도록 해야 한다. 또 군·도의 관리도 후보자가 될 수 없다.

⑤ 임명일 및 고시

군·도의 평의회원 임명은 부의 선거 기일과 같은 날로 하며, 그 임명 연월일, 주소, 씨명 등을 고시한다.

4) 평의회 회의(會議)

① 평의회에 자문하는 것은 평의회원 개개의 의견을 구하는 것이 아니라 협의회에게 의견을 결정시켜 부윤·군수·도사(島司)에게 답신하게 하는 취지이다.

② 평의회의 선거는 의결기관과 같은 엄정한 의사(議事)에 의하게 한다는 취지가 아니다. 요점은 학교비에 관해 신중한 연구를 다하여 진실된 의견을 결정하는 데 있다. 그 의사는 형식을 넘어서지 않고 간담(懇談)적으로 극히 각 원(員)의 의견을 토로시켜서 깊이 실정을 연구하는 데 힘써야 한다.

③평의회에 자문할 사건

평의회는 학교비에 관한 사항을 모두 자문하는 기관이므로 부윤·군수·도사는 조선학교비령 제10조에 열기한 사건 이외의 사항이라도 필요하다고 인정될 때는 이를 자문할 수 있는 것으로 한다.

(2) 학교비 사업

학교비는 보통학교 이외에 조선인 교육에 관한 사업을 처리할 수 있는 것이나 현재 재정은 보통학교 증설 및 수업연한 연장에 수반한 경비의 지불조차 쉽지 않은 상황이므로 당분간 보통학교 및 이에 부설한 간이실업학교만 경영하도록 한다.

이번에 새로 학교비를 설치한 것은 군·도를 하나로 하여 교육사업 경영을 맡기고, 지방 수요지(須要地)부터 순차로 보통학교를 설치하고, 장래 각 면에 널리 이를 설치하고자 하는 취지이다. 따라서 학교 설치 유무에 의해 학교비 부과금의 일부 또는 불균일 부과를 하는 것은 이를 인정하지 않을 방침이다.

(3) 사용료 징수

학교비에서 징수하는 사용료는 수업료에 한하고, 더욱이 위 징수는 보통학교규칙에 의해 도지사의 인가를 받는 것이므로 학교비령에서는 이의 인가를 생략하는 것으로 한다.

(4) 학교비로 이속한 권리·의무

학교비령 시행과 동시에 공립보통학교에 속하는 권리·의무는 모두 학교비로 이속하는 것이 되므로 위 인계를 명료하게 하고, 또 그 명의(名義)를 학교비로 개정해야 하나, 장래의 학교 경영에 대비하기 위해 종래 군·도의 각 학교에 속한 기본재산은 이를 구별하여 관리한다.

(5) 예산

1) 추가경정(追加更正)

학교비의 추가경정으로 부과금 또는 사용료에 증감·변경이 없는 것은 평의회에 자문하는 것을 필요로 하지 않는다는 규정이 있으나 이미 평의회에 자문하여서 정한 예산에 대해 각별한 이유없이 이를 경정하고 또는 통상 예산에 계상하지 않고서 추가 예산으로 하는 것은 사실 온당하지 않으므로 장래 통상 예산 편성에서는 한층 주도면밀한 조사를 마쳐서 빠뜨리는 것이 없도록 해야 함과 함께 예산의 추가경정은 어쩔 수 없는 경우 외에 가능한 한 이를 하지 않아야 한다.

2) 선거비 및 회의비

평의회원 선거비[부(府)에 한함] 및 비용변상에 대해서는 다음 과목으로 경리(經理)시킨다.

    세출경상부(歲出經常部)
    관(款)   선거비
    항(項)   선거 제비(諸費)
    목(目)   수용비(需用費) 잡급(雜給) 잡비(雜費)
    관 평의회비
    항 비용변상
    목 비용변상
    항 회의 제비
    목 수용비 잡비

(6) 회계에 관한 세칙(細則)

본년도의 학교비 경리는 종전에 예에 의하나 1920년 이후의 회계사무에 대해 이 세칙[수지(收支) 여러 장부(帳簿)의 양식을 포함함]을 설치하는 것이 필요하다고 인정되는 방향에 있어서는 상당 이 규정을 해야 한다. 예산 양식은 본부에서 이를 정할 예정이다. (하략-편역자)

〈자료 145〉 개정 지방제도 시행 1주년에 즈음하여(改正地方制度施行一週年に際して)[조선총독(朝鮮總督) 남작(男爵) 사이토 마코토(齋藤實),《조선》제80호, 1921.10]

작년 7월 29일에 지방제도를 개정하여 동년 10월 1일부터 이를 시행하고, 이후 세월이 빠르게 지나가 1주년에 이르렀습니다. 애초에 조선의 종래 지방제도는 본부(本府) 시정의 당초부터 한국의 제도를 참작하여 제정되고, 그 후 다소의 변혁이 있었으나 원래부터 당시 민도에 적합하게 했던 것임은 말할 것도 없습니다. 그렇지만 이미 10여 년이 지나서 사회의 정세도 현저하게 진전하고, 만반의 상태가 변천을 거침으로써 세운의 추이와 민도의 향상에 비추어 지방행정의 운용상 개선해야 할 필요를 느끼기에 이르렀습니다. 이에 나는 취임 초부터 장래 시기를 보아서 지방자치제도를 시행하려는 목적으로 속히 이것의 조사·연구에 착수할 것을 선명(宣明)하고, 이에 기초한 여러 조사·연구를 마쳐, 작년 1920년 제령 제12호~제15호를 발포하여 지방제도의 개혁을 단행하였던 것입니다.

위 제도 개정의 취지는 시대의 요구에 순응하고, 지방행정의 원만한 운용을 기약하기 위해 민의를 참작하여 지방의 정세에 적절한 시행 조치를 하는 것을 목적으로 하고, 장래 지방자치제도를 펼치는 전제로서 일반 지방민에게 자치적 훈련을 행하고자 하는 데 있습니다. 형식상으로 보면 대체로 종래의 지방제도에 자문기관을 설정했던 것에 그치고 있지만, 반면 그 정신에서 이를 살펴보면 장래 공공단체의 자치에 의해 지방을 개발하려는 취지로 통치상 중대한 의의를 갖고, 실로 조선 지방행정사(地方行政史)에 하나의 경계선을 그었던 것이라 하지 않을 수 없습니다.

조선 자치기관의 설정은 일의 바탕이자 초창기에 속하므로 운용에 대해서 자못 우려하는 바가 없지 않으나, 이 시행 이래 만 1개년간의 실적에 비추어 보면 다행히 지방관은 극히 본 제도 제정의 취지를 체득하여서 운용에 그르침이 없고, 민중 또한 지방관과 협조를 유지하고, 평의회원 혹은 협의회원의 선임에서 회의 상황에 이르기까지 각 지방이 기대 이상의 성적을 거두고 있어서 기뻐하는 바입니다.

현행 제도는 원래 지방자치제도의 첫걸음입니다. 관민은 마땅히 조화롭게 협동의 미적(美績)을 거두어 하루라도 속히 자치제도 시행의 이상을 실현하기 위해 힘써야 합니다. 특히 지방단체 공동의 이익을 증진하고, 단체 존립의 목적을 달성하려면 사회 일반의 공공적 관념 발달이 필요합니다. 예부터 이웃끼리 서로 돕고, 향당(鄕黨)이 서로 친한 것은 동양 도덕의 미풍으로 사회생활의 규범입니다. 그리고 이 정신의 발양은 소위 공공적 관념에 다름 아닙니다. 모름지기 고래의 순박한 풍속을 이용하여 지방 발달의 자산으로 제공해야 합니다.

역사를 돌아보면 내지에 있어서도 자치제도의 형태가 오래되었고, 조선에서 보아도 예부터 지방에 향청(鄕廳)이 있고, 혹은 향약이라는 것이 있어서 자문기관의 시발점과 자치제도의 발아는 이미 존재합니다. 지방 관민은 극히 이 근저 연원을 돌아보아서 지방제도의 활용에 힘써 자치의 묘용(妙用)을 발휘하고, 이로써 지방행정의 쇄신에 힘쓸길 바랍니다.

〈자료 146〉 머지않아 완전한 지방자치를 볼 것이다(不遠完全なる地方自治を見るであらう)[후작(侯爵) 박영효(朴泳孝),《조선》제80호, 1921.10]

지방 정치를 그 지방의 민의(民意)를 기초로 하여 그 지방 인사가 직접 행하는 것은 지방의 원만한 발달을 도모하기 위해 가장 필요하다. 현대 정치라고 말하는 지방자치제는 실로 이 사상에서 나왔다. 많은 문명국(文明國)에서 현재 이를 실시하고 있고, 우리 조선에서도 향촌(鄕村) 자치의 역사는 예부터 존재하고 있었다. 필경 지방의 발달을 위한 당연한 요구일 것이다.

조선의 총독정치는 문화정치다. 산업을 발달시키고, 교육을 진전시키고, 조선인의 문화의 향상을 기하는 것이 문화정치의 목적이라면, 그 활용에 있어서는 반드시 조선인의 인격을 존중하고 민의를 수용해야 한다. 적어도 지방 정치 정도는 지방인으로부터 듣는다는 생각으로 해야 한다. 작년 사이토(齋藤) 총독이 장래 지방자치제를 실시하겠다고 성명한 것은 이 의미에서 우리의 뜻을 들었다고 생각했다. 일에는 순서가 있다. 먼저 그 준비로서 작년 지방제도가 개정된 것은 당연한 귀결이고, 이후 지장 없이 실시를 마쳐서 다행이다.

실시한 지 이미 1년, 관민(官民) 모두 적지 않은 경험을 얻었으니 지난 1년의 연습을 쌓아 간다면 머지않아 완전한 지방자치의 실시를 볼 것이다. 문화정치의 첫 단계에 기념으로 하기에 매우 족하다.

정치는 이상이 아니라 실제이다. 시정(施政)의 기념은 무엇보다도 사실상의 공적에 있어야 한다. 환언하면 개정제도가 지방행정에 이러이러한 개선을 가하여 지방 인민에게 이러이러한 효과를 주었다는, 조선인이 잊을래야 잊을 수 없는 사실이 되길 바랐는데, 내가 과문하여 이러한 사실을 말할 만한 자료가 없다. 요컨대 법(法)은 사물(死物)이고 운용은 사람이 하는 것이므로 금후 당로자(當路者)가 한층 힘쓰기를 바란다.

〈자료 147〉 개정 지방제도의 효과(改正地方制度の效果)[후작 이완용(李完用), 《조선》 제80호, 1921.10]

돌아보면 작년 10월 1일부터 개정 지방제도가 실시되어 1주년을 경과하였다. 본 제도가 개정한 점은 많이 있지만, 그중 가장 중요한 것은 자문기관의 설치라고 한다. 이 제도가 공포되어지자 당시의 세평(世評)은 각각 달라서, 결의기관이 아니라고 비난하기도 하고, 현재의 민도(民度)에 비추어 적절하다고 찬성하기도 하고, 이와 같은 제도 시행은 시기상조라고 우려하기도 했다. 각각 보는 바가 다르고 무엇이 맞는지 나로서는 판단하기 힘들다. 그러나 가만히 생각해 보면 이 제도의 실시에 의해 적어도 일반 인사는 총독정치의 방침을 이해하고 여러 시설의 내용을 잘 알 수 있게 된다. 당국자는 민의의 방향과 민도를 살필 수 있고 시정에 필요한 자료를 얻는 이익이 있으리라고 기대할 것이다. 사실 시행 후의 상황을 보면 각 의원은 모두 공공적 정신의 발로에 의해 조화롭게 협동함으로써 신중 심의하고, 이사자(理事者)인 당국 또한 친절하고 성실하게 의안(議案)을 설명하고 민의를 존중하여, 지방행정에 크게 공헌함으로써 총독정치에 기여하는 바가 적지 않다. 이렇게 본 제도 시행의 실익을 유감없이 거두고 있어 진실로 경하해마지 않는다. 이후 이 기관에 참가하는 사람들이 점차 수련을 쌓아서, 자치제도의 운용에 뛰어난 능력이 있음을 사실로 입증하면, 우리 조선에 완전한 지방자치제도의 시행을 보는 것이 멀지 않으리라 믿는다. 이것이 내가 여러 식자들의 분발을 촉구하는 이유다. 이렇게 소감을 서술하여 개정 지방제도 시행 1주년을 축하한다.

〈자료 148〉 지방행정상 긴요한 두 문제(地方行政上緊要なる二問題) [조선은행 총재 미노베 도시키치(美濃部俊吉), 《조선》 제80호, 1921.10]

동양에서 일본의 입장은, 동양의 각국을 경제적·정신적으로 지도하고 원조를 부여하지 않으면 안 된다. 하물며 일본에 병합했던 조선민족에 대해서는 더욱 그러하다. 조선의 경제와 문화 진보에 노력해야 할 천직이 있다고 말할 수밖에 없다. 이 조선을 어떻게 통치할 것인가에 대해서는 하루아침에 논의를 끝낼 수는 없다. 요컨대 이 점에서 생각해도 조선의 경제를 한층 향상시키고 또 조선의 문화를 개발하는 것은 꼭 필요하다. 일본 내지의 경제생활과 문화 정도가, 조선의 그것과 점차 비슷해지지 않으면, 진짜 융화는 시작되기 어렵다고 생각한다. 조선 민족의 고유한 성질을 열등시할 필요는 없다고 생각한다. 역사가의 말에 의하면 어떤 시대에는 중국 문명을 받아서 동양 각국에 비해 열등하지 않은 문화를 가진 적도 있다. 따라서 이 성질을 적당히 이끌어 낸다면 상당한 문화 정도에까지 나아갈 수 있을 것이다. 그러나 수백년간의 정치적 결함 때문에 문화가 지체되어 있다. 조선인은 다양한 풍속을 시행하긴 했지만 역사에서 수백년간 현재 정도의 정치적으로 안정을 얻은 시대는 없다고 해도 좋다. 이 안정 아래에 경제와 문화를 진보시키는 것은 조선 민족에게 가장 적당한 시기이다. 수백년만에 비로소 조우한 적당한 시기이다. 조선 민족도 이 시기를 놓치지 말고 분발해야 한다. 또 일본인은 이를 충분히 영도하고 그 방침을 놓치지 말아야 한다. 총독부도 대체적인 방침으로서 그 목적을 달하기 위해 노력하고 있는 것은 매우 훌륭하다. 그러나 여기에는 다액의 비용이 필요하며, 또 사물에는 순서가 있어서, 갑자기 비약할 수는 없다. 일본에서도 현재와 같은 교육 수준은 하루아침에 이루어지지 않았다. 내가 받은 보통교육과 현재 사람들이 받는 그것을 비교해 보면 거의 격세지감이 있다. 나는 극히 불완전한 보통교육을 받아왔다. 그 점을 조선 사람들도 양해해야 한다. 헛되이 향학심을 불태워서 급격히 일을 시작하면 오히려 사물을 역행시키게 된다. 또 항상 재정 문제를 생각해야 한다. 이상은 높이 두고, 실행할 때는 완급 조절을 해야 한다. 이렇게 서서히 진행하는 방침을 써야 한다. 우선 일본과 같은 교육 설비를 정비하려면 적어도 10년이나 20년 세월이 필요하다는 각오를 해야 한다. 단 그 사이에 극히 우수한 사람이 있어서 조선에서의 교육 설비에 만족하지 못하고 외국이나 일본에 가서 고등 교육을 받고 싶다고 하면, 일본에 가서 교육받는 것이 가장 좋다고 생각한다. 그런 학생과는 자주 연락해서, 앞길을 그르치지 않도록 하는 것이 가장 필요하다. 이 점은 최근 많이 개량되어 일본 학교와 연락하고 있다. 한층 더 조선 교육기관과 일본 교육기관이 연락을 취하도록 고려가 필요하다.

또 하나 특히 조선인이 생각해야 하는 점은 앞에 말한 것처럼 여하튼 조선 경제를 한층 진척시켜 상당한 부력을 확보하지 못하면 아무리 좋은 생각이 있어도 실행할 수 없다는 점이다. 교육기관을 정돈할 때도 그런 사고가 필요하다. 부를 증진시키는 데 한층 더 노력해 주길 조선인에게 바란다. 조선의 옛 문란한 정치 시대에 경제적 향상심이 대단히 줄어들었다. 이것이 조선의 큰 결점이라고 생각한다. 근래 실업에 뜻을 둔 사람이 많지만 아직 그 정도로는 불충분하다. 거의 모든 힘을 여기에 집중하지 않으면 아무것도 결국 진행시킬 수 없다고 생각한다. 자주 이야기하는 것이 있는데, 독일은 패전국이 되어 버렸지만 그때까지의 교육 진보는 놀랄 만한 것이었다. 큰 전쟁을 그 정도까지 지탱한 힘이 대단했는데, 그 힘이 언제 길러졌냐 하면 보불전쟁 후 50~60년간이다. 노력을 하느냐 안 하느냐는 큰 차이를 나타낸다는 점을 이 실례가 명확히 증명한다. 그동안 독일인의 노력은 실로 경이로운 것이다. 다양한 과학적 연구와 기술의 진보는 물론이고, 이로써 나온 상품을 세계에 퍼지게 하는 데에도 상당한 노력을 했다. 1900년 전후 독일의 상업 교육을 받은 청년은 해마다 런던에 가서 상관(商館)에 취직하여, 런던은 어디에서나 독일어를 듣게 되었다. 여기서 문제가 있었다. 독일 젊은이들이 영국 상관에 고용되어 죄다 단골손님을 만들었다가 자기 나라에 돌아가 버리면 그 단골손님을 잃는다. 이러한 일이 있어서 영국 경제는 황폐해진다. 이런 이야기가 있음에도 불구하고 고용되는 사람이 많다. 왜냐하면 봉급은 낮고 교육 정도는 높고 특히 어학에 통달하여 영어 등은 자유롭게 사용하니 편리하므로, 고용인이 전혀 줄어들지 않는다는 기사가 당시 신문에 보인다. 또 회사원조합이란 것이 있다. 이는 학교를 졸업한 젊은 회사원들의 조합이다. 매우 크고 본부는 함부르크에 있으며 전 세계에서 온 상인이 그 조합원이 된다. 상업학교를 나온 젊은이는 모두 이 조합에 들어가서 해보고 싶은 것을 신청하면 조합에서 소개해 준다. 이렇게 자기가 희망하는 상거래를 견습하고 돌아온다. 그래서 이 회사원조합이 상업에 뜻있는 젊은이들에게 크게 편리를 부여했다. 이것이 독일이 세계 시장을 개발하는 데 대단히 유력한 기관이라고 들은 적이 있다. 이렇게 모든 점에서 노력을 기울였다.

조선에 있는 사람은 틈만 나면 공상에 빠지는 경향을 억제하여 경제 방면에 한층 힘을 기울이고, 또 교육면에서도 조선인에게 경제 방면의 교육을 시켜야 한다. 조선인도 일본에 가서 고용되고, 목전의 대우 등에 대해 이래저래 불복을 부르짖지 말고, 좀 차별 대우를 받아도 이해하고 장래에 크게 발달할 것을 기약하여 작은 것은 참고 실제 훈련을 받는 것이 필요하다. 이렇게 20~30년간 최선을 다해 노력하면 조선의 면목(面目)은 일신(一新)할 것이라 믿는다. 이러한 깨달음이 없다면 역시 교육도 충분히 실행될 수 없다. 양쪽이 서로 비슷하게 나아가야 한다고 확신한다.

〈자료 149〉 개정 지방제도 실시 1주년을 맞이하여(改正地方制度實施1周年を迎へて)[백작 송병준(宋秉畯),《조선》제80호, 1921.10]

개정 지방제도 실시 후 이에 1주년을 맞이하였다. 돌아보면 1919년 8월 12일, 사이토(齋藤) 남작이 새로 총독의 임무를 띠고, 미즈노(水野) 박사가 정무총감의 직책을 맡아 서로 협력하여 다스리기 위해 경성으로 부임하여, 먼저 부하 직원에게 그 시정 방침을 훈시했다. 그 1절에 "지금 병합이 행해져서 이미 약 10년을 경과하여, 그 당시에 적절하고 유효한 제도와 시설이라서 왕왕 시세의 진운과 조선 실정에 적합하지 않은 것이 있다"라고 하면서 혁신의 필요성을 전제하고, "시대의 진운과 민심의 귀추에 비추어, 행정, 사법, 사무 등 제반에 걸쳐 개선을 가한다"라고 하여 그 포부를 성명했다. 병합 후 통치 방법이 기대한 바와 달라 번민했던 조선인은, 모두 신총독의 제도와 시설 개선 방법과 그 범위가 과연 어떨지를 학수고대했다. 그런데 사이토 남작은 부임한 지 얼마 되지 않아 아직 조선 실정을 살피지 못했음에도, 일시동인의 실현, 형식주의의 쇄신, 민의 창달, 교육 쇄신, 산업 개발, 관습과 문화의 존중 등에 관한 신시설을 착착 실행했다. 특히 지방제도 개정은 경찰제도 개혁과 함께 가장 중요한 항목이다. 조선에서의 지방제도는 예부터 관치행정 제도뿐이고 소위 지방자치적 제도는 거의 볼 수 없었다. 지방에 따라 존위(尊位), 집강(執綱), 풍헌(風憲), 면장(面長) 혹은 동리장(洞里長), 공전영수원(公錢領收員) 등의 기관이 있어서, 국가행정 사무 집행을 보조하고 주민의 협정이나 관습에 의해 공공사무를 처리한 사례가 없지는 않지만, 아무 법적 근거도 권력도 없는 극히 미온적 제도였다. 1909년에 비로소 지방비법(地方費法)이 제정되어 각 도(道)의 교육, 권업(勸業), 토목(土木) 사업을 경영하는 지방공공단체가 성립했지만, 도민(道民)은 그 비용을 부담할 뿐 여기에 참여하는 권한이 없고, 하나의 관치행정의 별동대(別隊)

에 불과했다. 그런데 그 후 한일병합이 되고, 1913년 10월에는 부제(府制), 1917년 6월에는 면제(面制)가 공포되어 비로소 부(府)는 법인(法人)으로서 지방공공의 사무를 처리할 수 있게 되고 부민의 대표자인 협의회원(協議會員)은 부 사무에 참여하게 되었다. 면(面)은 법령에 의해 면에 속하게 한 사무를 처리하고, 특히 지정(指定)한 면에는 면민의 총대(總代)라 할 수 있는 상담역이 면 사무를 협의하게 되면서 조선의 지방행정상 한 신기원(新紀元)을 열었다. 그러나 이 역시 과도기의 편법에 지나지 않았다. 시운의 추이와 문물의 진보는 이와 같은 기형적 제도를 오래 감당할 수 없었다. 그래서 사이토 총독은 서정(庶政) 갱신(更新)을 계획하여 먼저 제반 행정의 기초인 지방제도의 개선을 꾀했다. 1920년 7월 지방비법을 고쳐 새로 지방비령(地方費令)을 제정하고, 부(府)·면제(面制)를 개정하여 모두 완전한 지방단체로서 공공사무를 처리하고 단체원인 도(道)·부·면의 주민은 자신의 의지로 선거한 의원으로 하여금 단체 사무를 평의(評議)시키게 되었다. 이로써 비로소 명실상부한 법정(法定)의 지방자치적 제도가 실시되었다. 이 제도가 공포되자, 일부 인사는 평(협)의회가 결의기관이 아니라고 비난하거나, 사무의 범위가 협소하다고 논하기도 했다. 나 또한 다소의 의견이 없지는 않으나 대체로 수긍한다. 현재의 민도와 경험의 결핍에 비추어, 운용상 다소 걱정이 없지는 않다. 그런데 그 후 상황은, 각지에서 모두 상당한 성적을 거두어, 우리의 걱정이 하나의 기우(杞憂)에 불과했다는 점은 국가를 위해서 경하(慶賀)할 만한 일이다. 동시에 더한층 진보한 제도를 간절히 바란다. 그러나 일에는 순서가 있고 본말(本末)이 있다. 지방자치제란 것은 국민이 피치자(被治者)임과 동시에 치자(治者)의 사무를 하는 것이다. 국민의 공공적 관념을 발달하고 공사(公事)를 맡는 데 필요한 훈련을 거치지 않으면 그 운용은 매우 어려울 뿐만 아니라, 민도에 적합하지 않은 제도는 도리어 행정의 지연과 폐단을 불러올 우려가 있다. 정치는 시세와 민도를 살펴 이에 적응하는 제도에 의해야 한다. 그런데 우리 조선의 현재 민도, 즉 산업 교육 등 정세는 아직 곧장 완전한 지방자치제를 시행할 수 있는 행복을 가질 시기에 도달하지 못했다. 따라서 일을 직접 담당하는 사람은 물론 일반 인사는 여러 사정을 양찰하여, 지방자치의 계제인 현행 제도를 잘 운용하여 각자의 훈련을 쌓고, 온건 성실하게 지방공공 사무에 참여하여, 하루라도 빨리 완전하고 진보적인 제도 실현에 노력해야 한다. 이것이 나의 충심에서 바라는 것이다.

⟨자료 150⟩ 지방제도 개정과 단체의 사업(地方制度改正と團體の事業)[조선식산은행 두취(頭取) 아리가 미쓰토요(有賀光豊), 《조선》 제80호, 1921.10]

작년 지방제도가 개정된 후 실시에 아무런 지장이 없이 1주년을 맞이하게 된 것을 매우 축하한다.

지방제도 개정의 가장 중요한 점은 자문기관(諮問機關) 창설이다. (어떤 단체는 이미 자문기관제도가 있지만, 조직 변경 등의 점에서 이 개정이 창설이라고 보아도 문제없다고 생각한다) 자문기관 창설은 공공단체(公共團體)의 사업 실시에 깊은 의미를 더하는 것이다. 현재 상황에서 민중의 의사를 도외시하는 행정이 힘을 가질 수 없음은 당연하다. 이와 동시에 자문기관의 양해를 얻은 사업은 이 기관을 통해서 민중의 이해를 얻는다. 실행하는 데 큰 힘을 얻는 것이다.

조선의 현황을 보면, 앞으로 공공시설이 필요한 사업이 아주 많다. 그러나 정부 재정은 한계가 있고, 모든 시설을 정부의 힘에만 기댈 수는 없다. 공공단체에서 실행해야 할 범위는 상당히 넓다. 현재 각지에서 주택이 없다는 소리가 끊이지 않는다. 이것을 봐도 이미 조선이 도시 집중의 추세란 것을 간취할 수 있다. 도시 집중의 결과는 도시 계획의 필요가 되고, 교육, 위생, 교통, 사회사업 등 공공단체가 할 일이 점점 증가하게 된다. 그리고 이들 시설을 하려면 보통 기채에 의한다. 단체의 영구적인 이익이 될 만한 사업을 위해 기채를 하는 것은, 한편으로 그 주민에게 장래의 부담을 짊어지게 하는 것이다. 그러므로 자문기관이 없으면 기채에 의한 사업을 행하는 것은 주민의 희망에 반하는 것이다. 자문기관을 잘 활용하고 이를 통해 민중의 이해를 얻으면 사업 실행은 쉽다. 이 의미에서 자문기관은 단체사업 실행상 없어서는 안될 배경이다. 이렇게 공공단체의 각종 시설을 일으킬 수밖에 없다.

지금 공공단체의 기채 상황을 보면 해마다 증가하는 추세다. 식산은행(殖産銀行)만 보아도, 1918년도 말 6만 5,000원, 1919년도 말 88만 원, 1920년도 말 144만 원, 1921년도 8월 20일 현재 164만 원에 달하고, 특히 본년도의 기채 예정액은 2백여만 원이다. 과거에 비해 큰 증가다. 이러한 경향은 이후 공공단체 사업 증가와 함께 자연스러운 형세이고 어쩔 수 없다. 그러나 공공단체의 기채는 저리(低利)로 하는 것이 필요하다. 나는 조선의 도부(道府)와 같은 큰 단체는 일본의 시부현(市府縣)과 같이 직접 금융 시장에서 공채(公債)를 발행하는 시기가 오기를 희망한다. 이는 당분간 곤란하니, 자연히 특수 금융기관의 원조를 기대하지 않으면 안 된다. 우리 조선식산은행에서도 그 수요를 대하는 데 최선의 노력을 아끼지 않고 신제도의 운용에 순응하고자 한다. 단 기채를 하는 사업만이 능사는 아니다. 민도(民度)를 헤아리는 것이 필요하다. 그러지 않으면 민중의 의사에 반하는 것이다. 원하건대 차츰 민력(民力)을 함양하여 거액의 기채를 감당할 만한 경제력을 얻고 싶다. 바로 이것이 지방제도 개정 목적의 달성이다.

〈자료 151〉 지방제도 및 경찰제도의 문화적 개혁(地方制度及警察制度の文化的改革)(地方制度及警察制度の文化的改革)[조선총독부 경무국장 아카이케 아쓰시(赤池濃), 《조선》 제80호, 1921.10]

작년 7월 29일, 지방제도 개정에 관한 여러 법령이 발포되어, 지방자치제도 실시의 계제(階梯)로서 새로 도부군면(道府郡面) 등에 민선(民選) 혹은 관선(官選)의 자문기관을 설치하고 민의창달(民意暢達)의 길을 열었다. 실로 조선의 지방행정상 한 신기원을 연 것이다. 이제 실시 1주년을 거쳐 그 운용이 점차 원활하고 점점 효과를 보게 되어 경축하지 않을 수 없다. 무릇 국가 통치의 요체(要諦)는 민력(民力)의 발전과 시세(時勢)의 진운에 따를 때 적절하다는 점은 말할 필요도 없다. 조선은 병합 이후 약 10년, 일시동인의 대의를 좇아 여러 제도를 정하고, 반도의 안녕을 지키며 민중 복리를 증진하여 그 진보와 발달이 놀랄 만하다. 지금 구주(歐洲)의 대전(大戰)이 종식하여 세태의 변천이 특히 심하다. 조선 통치는 그 시작 단계를 거쳐 여러 혁신이 필요한 시기를 만났다. 불행히도 작년 3월 각지에서 소요가 일어난 것은 매우 유감이나, 작년 8월 19일 총독부관제 개정과 경찰제도 개혁을 하고 특히 사이토 총독이 새로 부임하여 성지(聖旨)를 받들어 문화적 정치의 확립을 천명했다. 지방제도 개정은 실로 이 관제개혁의 성지(聖旨)에 의해 문화적 신정을 실현하는 것에 다름 아니다. 이 취지에 기초하여 개혁된 제도 시설 하나로 충분하지는 않지만, 경찰 및 지방제도 개혁은 가장 긴요하고 더구나 그 개혁 의의에서 양자가 통하는 바가 적지 않다. 지방제도 개정 1주년 기념호 발간을 맞이하여 새로운 경찰제도 실시도 역시 2주년을 맞이했고, 양(兩) 제도의 문화적 개혁의 의의에 관해서 한마디 소회(所懷)를 기술하게 되어 독자 제군과 함께 기뻐하지 않을 수 없다.

제도의 활용은 사람에게 있다는 고언(古諺)은, 제도의 적합·부적합을 돌아보지 않는다는 의미가 아니다. 제도가 적당해야 하는 것은 물론이고, 제도가 좋아도 운용하는 사람을 얻지 못하면 효용을 발휘할 수 없다는 의미이다. 그러므로 여러 제도를 논할 때는 제도 그 자체의 적합성과 운용하는 사람을 고찰해야 한다. 지방제도 및 경찰제도 개정도, 개정된 제도 그 자체는 적당하지만, 활용하는 사람이 어떤 소질이 필요한가에 대해 연구해야 한다.

우선 제도 그 자체에 대해 보면, 지방제도 개정은 각 지방행정 조직에 민선이나 관선의 자문기관을 설치하여 민의창달의 길을 연 것이다. 이 지방행정은 옛날처럼 협소한 범위의 관리 또는 공리만이 시행하는 게 아니라, 널리 민중의 의견을 참작해서 시행하게 된다. 즉 지방행정과 일반민중이 긴밀히 접촉하게 되었다. 신총독 취임 초, 장래 지방자치제도를 시행할 목적으로 지방제도를 조사 연구하겠다고 천명한 취지에 기반하는 것이다. 실로 지방자치 실시 훈련 시대의 제도라고 볼 수 있다. 환언하면, 장래 민중에게 널리 참정의 길을 부여하고 선거한 명예직이 국정에 참여하는 전 단계이다. 즉 지방분권제도의 전 단계이다. 국가행정의 진전과 국력 발양은 단순한 관치(官治)행정만으로는 기할 수 없다. 반드시 민중이 함께 정무(政務)에 참여하는 길을 열고, 협력·일치하는 정신에 의해야 한다. 따라서 지방제도 개정은 첫째, 지방행정과 민중의 접촉을 가져오고, 둘째, 지방분권을 가져올 것이다. 나는 경찰제도 개정도 역시 어떤 의미에서는 이와 같은 두 가지 결과를 가져오리라 믿는다. 이하에서는 이에 대해서 서술하고자 한다.

경찰제도의 개정의 가장 중요한 점은 헌병 본위에 의한 종래 제도를 폐지하고 보통경찰로 한 데에 있다. 이를 유럽 여러 나라 제도와 비교하면, 유럽대륙 여러 나라는 군대교육으로써 최상의 경찰 관리를 공급한다는 사상에 기초하여, 경찰을 조직할 때 군대 또는 군대 출신자로 하는 일이 적지 않다. 독일과 프랑스에서는 촌락과 중앙도시에 소수의 헌병을 두고, 이탈리아에서는 널리 각지에 걸쳐 헌병을 두어 경찰 사무를 처리하며, 국가의 보통경찰 및 지방자치단체를 감독하는 자치경찰에 속하는 순사는, 거의 예외없이 직접 육군 군인에서 채용하거나 적어도 여기에 우선권을 부여한다. 그러나 그 임용은 만전을 기하여, 통상 반드시 일정한 정도의 계급에 도달한 자를 채용하고, 독일과 헝가리는 하사관, 즉 영국의 오장(伍長)급에 상당하는 자를 채용할 뿐 아니라 일정 기간 이상 군대에 근무시킨다. 그 기간은 지방마다 다르다. 베를린은 9년, 드레스덴은 6년, 슈투트가르트는 5년, 부다페스트는 3년이다. 오스트리아 빈과 프랑스 파리의 지방경찰대 순사는 군대 경험이 필요조건은 아니나, 하사

관에게 우선권을 주고, 다른 데서 보충하는 일은 거의 없다. (중략-편역자)

개정경찰제도가 개정지방제도처럼 지방분권적 결과를 가져올 수 있을까 없을까. 경찰의 지방분권은 경찰권 감독을 지방자치체가 하는 것을 의미한다. 사실 경찰권 감독은 국가기관이 행사한다. 경찰비(警察費)가 어디에 속하는지는 관계없다. 또 경찰이 지방장관에 위임된다 해도 경찰은 모두 국가경찰이니, 엄밀한 의미에서 소위 경찰의 지방분권이라는 것은 존재하지 않는다.

유럽 각국에는 지방자치체가 관할하는 지방경찰이 있고, 그중 가장 발달한 것은 지방자치가 발전한 영국이다. 1835년 영국 시제(市制)는, 각 시의 시회가 독립된 경찰을 갖고 그 경비는 시회의 의결을 거치는 것으로 정했다. 경찰에 대한 감독은 시회가 임명하는 경무위원이 한다. 프랑스에서는 촌락에서의 헌병 경찰과 파리, 마르세유, 리옹 등 3대 도시를 제외하면, 다수의 도시는 각자 자치경찰을 갖는다. 독일 및 이탈리아도 소도시에 자치경찰이 있다. 그러나 자치경찰은 정치상의 운동이나 당파적 감정에 지배되고, 심하게는 개인적 이해에 좌우될 폐단이 있다. 그래서 각국 모두 이에 대해서 국가적 감독을 엄중히 하는 제도를 만들었다. 경우에 따라서는 그 권한을 정지하고 국가경찰 손에 넘기는 제도를 만들기도 한다. 특히 독일과 이탈리아에서는 지방경찰이 부적당하다고 생각하여 오로지 국가경찰이 집권적 통일조직을 갖고 있다. 경찰은 민중과 접촉하여 그 이해와 동정을 필요로 하나, 경찰의 능력을 발휘하기 위해서는 경찰 그 자체는 전제적(專制的)이어야 한다. 이것이 각국에서 지방제도로서 자치조직의 점점 발달하는 데 반해 경찰제도에서는 자치경찰의 발달이 매우 유치한 이유이다. 지방자치 관념이 가장 발달하고 민주적 사상이 왕성한 영국에서조차, 런던 경찰은 경찰 관구(管區)의 중심 1방리의 지역에 독립된 단체로서 런던시경찰이라는 자치경찰을 가진 외에 따로 런던 수도경찰이라는 국가경찰을 구비하여 시경찰(市警察) 구역을 제외하고 채링크로스(Charing Cross)를 중심으로 한 7백 방리의 지역을 관할한다. 그 장관인 경시총감은 국왕이 임명하고, 그 경찰정책은 내무대신이 결정한다. 정치 사회 경제가 발달하고 이해가 복잡해지면 경찰 문제는 더욱 혼돈스러워진다. 지방자치체의 이원(吏員)의 권한으로는 이를 해결할 수 없는 것이 늘어난다. 그래서 런던 경찰을 민선단체의 사무로 위임하자는 논의도 있었으나, 요즘 이러한 종류의 운동은 세력을 잃었고 또 장래 세력을 얻지도 못할 것이다.

지방자치제도가 아직 확립되지 않은 조선에 자치경찰이란 것이 존재할 수 없는 것은 당연하다. 또 가령 지방자치제도가 인정되어도 이러한 제도가 조선에 적용될 수 없음은 당연하며, 조선 경찰의 지방분권은 존재할 수 없음이 명확하다. 그러나 경찰제도 개정은 구 조선 헌병조례(朝鮮憲兵條例)에 의해 헌병이 직권을 가진 치안유지에 관한 경찰권을 헌병의 권한에서 빼앗고, 이를 보통경찰에 통일하여, 이로써 경찰 집권(集權)의 제도를 확립한 것이다. 또 지방에서는 각 도 내의 경찰 사무를 완전히 도지사(道知事)의 직권에 속하게 하여, 이로써 지방의 경찰 사무를 분배한 것이다. 이러한 의미에서는 지방제도의 개정과 마찬가지로 지방분권을 가져왔다고도 말할 수 있다.

이상과 같이 지방제도와 경찰제도는 시세의 진운에 응하여 적실(適實)하고 선량한 문화적 제도가 확립되었으나 그 활용은 사실 사람에게 있다. 국가기관 운용은 그 기관을 조직하는 관공리(官公吏)의 책임이지만 최근 문화정치 제도는 정치조직에 대한 일반 민중의 철저한 이해를 기초로 한다. 국민에게 이러한 이해가 없을 때는 항상 암중모색의 감(感)을 벗어날 수 없다. 아무리 제도가 적량(適良)하더라도, 그 활용을 완전하게 할 수 없는 것이다. 이것이 예전의 정치와 다른 주요한 점이다. 따라서 지방 및 경찰 양 제도의 운용을 설명할 때도, 양 기관을 조직하는 관공리와 일반 민중의 자각에 대해서 서술해야 한다. 나는 이 점에 대해서 관공리와 일반 민중을 불문하고 책임 관념을 자각하길 요구한다. 공동 일치의 정신도 필요하지만, 지방 및 경찰 양 제도의 문화적 운용을 위해 국가기관과 일반 민중 둘 다 반드시 필요한 것이 책임 관념이라고 생각한다.

지방제도에서 책임 관념은 직접적으로는 공리(公吏) 의원(議員)인 관계에서 나타난다. 예를 들면 면장(面長)에 임명되고 부협의원(府協議員)에 선거된 때는, 공직(公職)을 맡을 때 열성적으로 책임 관념을 느끼는 것이 필요하다. 다른 편으로는 이 책임 관념은 간접적으로 위정자와 민중과의 관계에 나타나야 한다. 예를 들면 면장으로 면내(面內) 일류의 인물로서 명성, 덕망이 있는 인재를 얻을 수 없다면 면 행정이 발양될 수 없다. 그런데 면민(面民)이 면 행정에 관해서 책임을 느끼지 않고, 면장을 흡사 공복(公僕)과 같이 사역하고, 이에 대해서 어떠한 존경과 감사의 마음을 갖지 않으면, 면내 일류의 인사는 면장 자리를 떳떳하게 여기지 않게 될 것이다. 특히 부협의원, 도군면(道郡面)의 의원, 평의원(評議員)들은, 주민의 열망에 대해 책임감을 느끼고 열심히 공공 사무에 힘쓰고, 위정자의 자문에 대해 공평무사(公平

無私)한 태도와 성의(誠意)로써 대해야 원만한 지방행정의 발전을 기할 수 있다. 함부로 당파를 만들어 공격과 반대를 일삼거나 개인적 이해를 주장하지 말고, 성의있게 공무를 연구하고 토의하는 정신을 가져야 한다. 유럽 여러 나라에서는 유력자가 그 향리(鄕里)의 정촌장(町村長) 또는 정촌회의원 등의 공직을 스스로 맡고 이를 자기의 천직으로 했던 실례가 매우 적지 않다. (중략-편역자)

경찰에 대한 사회민중의 이해는, 경찰관으로 하여금 일반 사회에 대해서 책임을 자각하고 희생의 정신으로써 그 직책을 담당하고, 방종한 태도를 삼가게 한다. 특히 방종한 행위에 대해서는 세상 사람들은 결코 무관심할 수 없다. 경찰의 부패를 교정하고, 경찰제도의 운영이 원활하도록 하면 사회 민중은 실로 그 엄정한 국민적 비평을 할 것이다. 그러나 그 비평은 이해에 기초한 동정이 필요하고, 경찰의 목적 수행이라는 입장에서 해야 한다. 이 점은 조선에서도 일본에서도 잘못된 사상이 있어서 매우 유감이다. 즉 관헌에 반대하는 것을 자신의 일종의 쾌락으로 생각하는 사상이다. 특히 조선에서 자치의 발달은 점차 이 지방제도 개혁에 의해 발아시키려고 하는 현상이라서, 행정에 대한 책임 관념은 일반 민중에게 존재하지 않는다. 예부터 일반 민중이 정치에 대해 불만을 갖게 된 원인이 또한 여기에 있다. 그러나 이제 민의창달의 길이 열리고, 문화적 제도가 그 실마리를 연 상황에서, 세인이 오직 반대를 위한 반대를 한다면 문화적 제도가 있어도 문화정치가 없는 것이나 마찬가지다. 문화적 경찰제도 운용은 일반 사회 민중의 실행과 사상 태도 여하에 달려 있다. (중략-편역자)

결국 지방제도와 경찰제도는 신정(新政)의 결과 문화적 개혁이 되어, 제도는 찬연하게 구비되고 지방 행정 및 경찰은 민중과 점점 접촉하게 되었다. 그 문화적 이상을 발양하고 그 운용을 완전히 하려면 당국이 책임을 다하지 않으면 안 되나, 사회 민중도 이에 대해 정당한 이해와 깊은 동정으로써 서로 함께 그 책임 관념을 통감하고 관민 협력공조(協力共助), 일치 융화(一致融和)하여 제도의 유종의 미를 거두어야 한다고 생각한다.

〈자료 152〉 개정 지방제도의 실시 개황(改正地方制度の實施槪況)[평안남도 내무부장 히라이 미쓰오(平井三男), 《조선》 제80호, 1921.10]

1. 우리 조선문화사(朝鮮文化史)상의 일대 정화(精華)이다

사이토(齋藤) 총독 각하는 시정 방침의 선명(宣明)과 함께 착착 그 실행에 힘써 이미 작년 9월 장래 자치제도를 시행할 것을 전제로 하고 또 그 훈련으로서 개정 지방제도를 시행했다. 확실히 역사상의 일대 광휘이며 큰 진보임을 경축하지 않을 수 없다.

구한국시대의 당시를 제1기, 신정(新政) 제도 실시 전까지를 제2기, 그리고 그 이후를 제3기로 하여 비교 고찰하면, 세계에 유례가 없는 놀랄 만한 조선 민중의 발달사가 눈앞에 펼쳐질 것이다.

2. 신제도는 조선의 시세(時勢), 민도(民度)에 극히 적합한 제도이다

구주대전란(歐洲大戰亂)의 영향은 물질적·정신적으로 모든 방면에서 전 세계를 교란하고, 음으로 양으로 각 지방에 변화를 부여하고 그 모습을 변화시켰다. 이제는 재래적인 것이라 할 만한 것도 적은데, 우리 조선도 또한 이러한 상태라고 할 수 있다. 원래 조선은 극히 민도가 낮아서 이런 것들에 대한 준비도 여의치 않았다.

특히 구미 선진국의 자주 독립, 자유 자치 등의 관념은 한때 조선 인민(人民)을 크게 심취시켰는데, 이에 대해 바르게 이해한 사람은 매우 적었다. 이들은 자유를 부르짖고, 자치를 허락하라고 갈망하는 것은 많았지만, 자유라 하는 것은 어떤 것인지, 또 자치에 대한 관념 등은 극히 천박하여서 진실로 이런 것을 이해하고 있는 자는 그리 많지 않았다. 이러한 상태에서 이들의 사상은 다분히 공리공상(空理空想)에 치닫고, 엉뚱한 유언비어가 성행하고 또 믿어졌다.

사이토 총독 각하는 천황의 의향을 통찰하여, 이로써 자치제(自治制)의 훈련기가 생겼다. 사실 시세 민도에 적합한 시설이고, 일에는 순서와 질서가 필요한데 실로 자애로운 부친이 자식의 행복을 기원하여 교육 연령에 도달하길 기다려 소학교에 입학시키는 것과 마찬가지로, 깊은 자애를 느끼지 않을 수 없는 것이다.

3. 신제도 시행의 시기는 실로 적절했다

때마침 1919년에는 독립 소요라는 불상사가 발발했다. 이후 민심의 동요와 불안정은 실로 우려되는 것이었다. 우리 평안남도는 특히 근거지가 되어 실로 한심한 사건이 계속 빈발했다. 본도는 그 진무(鎭撫)와 민심의 안정을 도모하기 위해 지방개량 선전대(宣傳隊) 등을 조직하여 열심히 활동했다. 이 때문에 민심은 현저하게 평정으로 돌아갔다. 그런데 종래의 시설 효과가 파괴되어 제반의 시설을 계속 진행시켜 강행해야 했으므로 부하직원을 독려한 시기였다.

4. 신제도는 민심 안정상 가장 유효하고 또 바다 등명대(燈明臺) 같은 느낌이 있다.

앞서 말한 것처럼 민심은 엉뚱한 유언비어(流言蜚語)에 미혹되어 경거망동을 감행하고, 이 기회를 이용하여 불령(不逞) 무리배는 갖은 방법으로 유언을 퍼뜨리고, 마침내는 폭탄을 투하하여 민심을 교란하여 독립 사상을 고취했다. 민심은 그 후 평정되었지만 안정되지는 않아 그 향방을 알 수 없게 되었고 관청과 인민은 분리된 감이 있었다. 민심의 불안은 당시를 회고하면 상상하기 어려울 정도였다. 개정지방제도 천명은 동정과 정의로써 그들의 두뇌를 선도한 것이었고 우리 선전대는 이때 크게 힘썼던 것이다.

5. 본도의 개정 지방제도 실시 개황

(1) 선거 정황
① 지방개량 선전대는 선거 취지 선전에 극력 힘썼다. 특히 유권자에 대해서는 부군(府郡) 및 학교 직원이 분담하여 호별(戶別) 방문했다.
② 한편 부군(府郡) 당국을 소집하여 상세한 사무를 협의하고, 크게 용왕매진하도록 격려했다.
③ 어느 지방에서는 선거 운동도 왕성했다.
④ 면협의회원 중에는 인망이 높은 일본인을 조선인이 선거해서 임명된 미거(美擧)도

있었다.
⑤ 선거의 정황은 극히 양호했다.

(2) 회의 상황
① 각 의원은 모두 지방의 덕망가, 명망가, 유력자이고 그 태도와 동작은 당당하다.
② 내선인이 잘 협조하여 협력 일치의 미풍(美風)이 인정되었다.
③ 질문, 의론, 의견 등이 참고가 되고 경청할 사항도 많았다.

6. 신제도 실시 이후 1개년의 반향(反響)에 대해서

지방제도 실시 후 민심이 현저히 안정된 것은 앞서 서술했는데, 본도에서는 다음의 점으로 그 현저함을 인정할 수 있다.
① 관청과 인민의 밀접한 관계를 조성하고, 친밀도가 늘어나고 있다.
② 국가행정에 그들의 흥미가 늘어났다.
③ 인민은 일반적으로 자중자존심(自重自尊心)을 환기하고 있다.
④ 정부를 신뢰하는 마음이 증가하고 있다.
⑤ 사회 봉사 관념이 점차 양성되고 있다.
⑥ 납세에 관한 지식과 의무 관념이 양성되고 있다.

7. 도내 인민의 개정 지방제도에 대한 감상

① 신제도는 민을 근본으로 하여 민의를 존중하는 것이다.
② 자문기관은 민의 상달(上達)의 기관이며 각 의원의 향상을 바라고 우리는 크게 이를 환영해야 한다.
③ 우리는 이 제도를 칭송하고 크게 공헌해야 한다.
④ 우리는 하루라도 빨리 자치제도가 시행되길 희망한다.

8. 결론

행복은 실력에 수반하고 실력은 자각과 노력에 의해서 양성된다. 이제 신시정 방침을 선명하고 착착 공명정대한 문명적 정치가 시행되고 있다. 그 목적은 조선 민생 복지를 증진하는 것 외에 다른 뜻은 없다. 일시동인(一視同仁)의 천황의 마음을 받들어 이 행복을 향수할 수 있는 정도는 민중의 자각 정도에 따라 차이가 있다고 생각한다.

자치제도의 근원은 국민적 성격의 도야와 시세를 기초로 하여 온건 공평한 식견 양성에 노력하는 데 있다. 그러하지 못하면 국민이 행복과 이익을 누리고 그 운용의 묘를 얻기 힘들 것이다. 가장 먼저 자각해야 하는 것은 이 점에 있다고 생각한다. 내선인이 협력 일치하여 조선의 문물 발달 향상을 도모하고, 충분한 수양과 준비를 해서 장차 다가올 자치제도의 열매를 거둘 수 있도록 현 제도에 충분한 노력을 다해야 한다고 생각한다.

〈자료 153〉 지방제도(地方制度) 개정(改正) 비판(批判) [경성일일신문사장(京城日日新聞社長) 아리마 준키치(有馬純吉), 《조선》 제80호, 1921.10]

총독부가 지난 가을 지방제도개정의 목적으로써 부협의회 및 도협의회를 설정, 관민 내선인이 의원을 선거하고 도평의회, 부협의회를 개회하여 지방자치제도의 운용 훈련에 들어간 것은 오인(吾人)이 크게 만족하는 바이다.

이것들은 모두 일종의 자문기관이므로 법리상에서 보면 가령 어떠한 협의·결의를 했다고 곧장 집행력을 갖는 권위가 있는 것은 아니지만, 관민 내선 유력자가 모두 모여 시정상의 의견을 토로하고 실제 정치에 이바지하는 것은, 종래와 같이 관헌 만능의 나쁜 관습을 타파하고 민의 존중을 명료히 하며, 관민의 협력과 합의가 없으면 정치를 이해할 수 없다는 정신을 배양하고, 또 '데모크라틱'의 본의에 부합하는 것이다. 따라서 그 효과는 다방면에 파급력이 가질 것이라고 확신하며, 이것이 장래에 어떻게 능력을 발휘할지에 대해 큰 흥미를 느낀다.

사이토 신총독 취임 이후 최근 교육제도의 근본방침을 수립하는 참고자료로 할 목적으로 교육조사위원회라는 기관을 특설했다. 그 위원에는 내선 관민 유식자를 임명하여, 이미 2회에 걸쳐 회의를 열고 다대한 효과를 거두었다. 이번에 또 조선 산업 진흥에 이바지하도록 임시산업조사위원회를 신설하고, 9월 15일부터 첫 회의를 열어서 상당한 효과를 거둔 듯하다. 이렇게 여러 기관을 만들어 민중의 의견을 듣고 선정을 편다는 취지는 아주 좋은 것이므로 이들 위원 또는 의원은 갖고 있는 경륜과 포부를 기탄없이 피력 개진해야 할 것이다.

　부협의회 신설 이후 약 1년밖에 지나지 않아 아직 일천한 상태이므로 충분히 능력을 발휘할 수는 없겠지만, 이는 수련의 계제로서 과도기의 불가피한 도정이다. 그러므로 현재 상태를 보고 절망하며 한탄하는 것은 시기상조다. 나는 그 앞길의 발달을 기대하며 바라고 있는 한 사람으로서, 현상적으로는 능률 발휘에 다소의 유감이 있지만, 이를 비난하고자 하는 것은 아니다. 그러나 선의(善意)에서 충고하고 싶은 것은 두세 가지 있다. 그중 특히 반성을 촉구하고 싶은 것은, 이들 부(府)라든가 도(道)라든가 협의회에 부의하고 있는 문제 중, 조세 징수 방법을 개선해야 한다는 점이다. 조세를 징수하기 위해 부과율의 기준으로 할 재산을 조사해야 하는데, 재산은 사람에 따라서는 비밀에 속하는 것이 있다. 협의회원들이라면 이에 대해서는 비밀을 엄수해야 할 당연한 의무가 있음은 물론이다. 일본에서는 소득세, 영업세 등의 부과를 정할 때 특정한 조사 기관을 만들어, 관계 당국자 외에는 누구에게도 알리지 않는 방법을 취하고, 또 관계 당국도 절대로 타인에게 입밖에 낼 수 없도록 되어 있다. 그런데 조선에서는 개인의 소득을 신문에 공표하는 것은 실로 기괴하지 않은가. 개인의 소득 같은 것은 가령 많게 발표되어도 적게 발표되어도 어느 것이나 미혹(迷惑)의 느낌이 있는 경우가 많아서, 사람의 신용에 해를 끼치는 비행이라 판단할 만하다. 당국자도 협의원도 특별히 악의를 갖고 있지 않은 것은 물론이지만, 조세의 비밀에 대한 관념이 희박하고 주의를 기울이고 있지 않다는 비난을 회피하기 어려울 것이다. 또 도와 부의 각 협의회 및 산업조사위원회, 교육조사위원회 같은 것은, 특히 공개하지 못할 협의 이외에는 누구에게나 방청을 자유롭게 허가해야 한다. 민의 존중의 정신에 입각하려면 당연히 이렇게 귀결되어야 한다고 믿는다.

〈자료 154〉 지정면의 추가 실시와 그 증설된 면 이름(指定面의 追加實施와 其增設된 面名) [《조선문조선》 제66호, 1923.3]

　현재 조선 전도(全道)에 있는 2,507면 중 지난 1920년 조선 지방제도 개정 당시에 면제시행규칙이 개정되어 부에 준할 시가지 중, 특히 상공업 발달이 현저하며, 내선인이 다수 집단 거주하고, 또 면민의 경제 상태가 비교적 다른 일반 면에 비해 정도가 약간 높은, 경기도 개성군 송도면 외 23개 면을 지정면으로 지정하여 다른 일반면과 구별해서 사업 능력, 면 직원의 조직, 면협의원 선출 방법 등에 대하여 그 제도를 따로 달리해 오는 터이더니, 이후 3, 4년 성상을 경과하매 시세의 진운과 경제 상황의 발전에 의하여 현재 지정면 이외의 주요 시가지 면 중에 민도의 향상과 경제력 증가에 따라서 금일 여러 가지 공공적 시설을 요할 것이 적지 않으므로, 이들 사업을 시행하기에 필요한 다액의 경비를 일시에 면민에게 부담케 함과 같은 것은 타당치 아니한 고로, 기채능력을 인정한 지정면을 추가 지정할 필요를 인정하고, 작년 이후 내무국에서 지정면 전고표(詮考標)에 의하여 전 조선 13도에 걸쳐서 주요한 면의 상공업 발달 상황, 집단 호구의 상태, 면협의원 선거 정도, 면민의 부담 능력과 문화의 정도 등을 신중히 조사하여 지정면 후보지를 선택 중이더니, 드디어 충청북도 충주 외 17개소의 면을 지정하여, 지난 2월 15일부로 총독부 관보로 발표하여 오는 4월 1일부터 지정면제로 실시하게 되었다. 금회 이 지정면 증설은 조선의 경제 발전 및 시가지 발전으로 인하여 도래하는 필연적 결과로, 즉 조선에 있어서 문화의 발전을 말하는 것이라 칭할 만한 것이니, 이 의미에서 오인은 크게 국가의 장래를 위하여 기뻐할 바이라. 금회 17개 지정면 증가로 인하여 종래의 24면과 합하여 전 조선에 지정면이 41개가 되었는데 이 지정면은 면제 운용상 이를 실시할 때 주의할 점은 지정면협의원은 모두 선거에 의하여 공선되는 터이므로, 새로 추가된 17개 면은 오는 4월 1일 지정면제 실시와 동시에, 종래의 군수가 임명했던 면협의원은 자연히 실직되고, 이에 따라서 새 협의원 선거에는 4월 1일 현재의 선거 유자격자 명부를 조제하여 5월 21일로 선거를 시행케 할 방침이라. 이 기회를 맞아 신설된 지정면 주민은 협의원 민선의 취지를 잘 양해하여 부여된 공권을 잘 행사하여 지방자치의 목표에 일보를 나아가도록 할 것이오, 또 지정면은 일반면과 달리 호별할의 제한율도 고율이므로 다소 면민의 부담이 증가할 터이지만, 따라서 면의 시설 및 경영상 면민의 행복을 증진하며 문화를 향상케 하는 제반에 편리를 주는 결과, 금후 해당 지방의 개발상 공헌함이 적지 않을 것이라. 또 금회의 증가된 지정면은 일본인이 다수 거주하지 않는 면도 있으므로 그 면장도 종래와 같이 의례적으로 일본인만 임명할 것이 아니라, 내선인을 불문하고 인격과 수완이 탁월한 자를 임용할 터이라. 그런즉 금후 이 점진적 추세에 있는 지방자치체 완성에 대하여 관민을 물론하고 일층 공공을 위하여 헌신적 노력을 행할 것이오, 특히 해당 지방 주민은 관공청 당국과 협력 일치하여 면의 발달과 진전에 진력할 것이로다. 금회 새롭게 추가 증설된 지정면을 도별로 보면 충북 1, 충남 1, 전북 1, 전남 1, 경북 3, 경남 2, 황해 1, 평남 1, 평북 3, 강원 2, 함남 1이오, 경기 및 함북은 없다. 또 그 면명을 군별로 보이면 충북-충주, 충남-천안, 전북-정읍, 전남-여수, 경북-경주·안동·상주, 경남-동래·밀양, 황해-사리원, 평남-안주, 평북-정주(定州)·선천·강계, 강원-철원·강릉, 함남-북청 등이다.

〈자료 155〉 지방제도의 대요(地方制度の大要) [노세타니 간료(野世溪閑了) 강원도 지방과장, 『제8회지방개량강습회강연록(第八回地方改良講習會講演錄)』, 1927.8]

지방제도의 연혁(沿革)

혼돈의 상태였던 구한국정부의 말기부터 통감부시대의 과도기를 거쳐서 한일병합(韓日倂合)이 되고 총독부가 시설되었으나, 당시는 오로지 지방의 실상을 고려하여 구시대의 제도, 관습 중 적어도 채택할 만한 것은 모두 이를 채택함으로써 지방제도를 정했습니다.

병합 당시의 지방 상황과 그 제도는 상당히 복잡다기해서, 다종다양한 기관 아래에 각각 다른 특수한 행정을 했기 때문에 통일되지 않고 불편이 심했습니다.

따라서 총독부 설치 후 먼저 재래의 이사청(理事廳)과 재무기관을 폐지하고 이를 도(道)에 통일한 후, 지방행정기관으로서 전 조선 13도 아래에 12부·317군을 두고, 부와 군 아래에 4,322개 면을 두어, 관청 사무의 원활을 기했습니다. 그러나 당시 행정구역은 대체로 옛 정부시대의 것을 그대로 습용했기 때문에, 지역, 호구, 자력(資力) 등이 균등하지 않았으므로, 다시 전 조선에 걸쳐 조사하여 일제히 군면을 폐합하고 그 후 제주·울릉의 2군에 도제(島制)를 시행했습니다. 현재는 군(郡) 218개, 면(面) 2,503개, 부(府)는 처음대로 12개입니다. 그리고 1914년 4월 현행의 부제(府制)와 학교조합령(學校組合令)을 실시하여 거류민단(居留民團)은 그 존재를 잃었고 이로써 병합 직후 초기의 제도 개정 정리는 일단락되었습니다.

그 후 1917년에 이르러 현행의 면제(面制)가 공포되어, 단순히 군수의 보조기관에 지나지 않았던 면에 사업 경영 능력과 재산권의 주체로서의 활동을 인정했습니다.

1919년 관제 개혁이 행해져 사이토(齋藤) 총독이 취임하고 소위 신시정(新施政)으로서 문화정치를 주의로 하여 정치의 개혁과 쇄신을 보았습니다.

원래 조선의 지방단체는 도·부·면 등 3개이고 그 행정은 거의 관헌의 관장하여 소위 민의 창달을 할 적당한 기관이 결여되었는데, 새로운 시정에서는 현행 도지방비령·학교비령의 발포와 함께 도에는 도평의회, 군에는 학교평의회, 면에는 면협의회를 설치하고 점차 지방 민중이 자치의 본뜻을 이해하고 그 운용에 습숙(習熟)할 길을 개척하기에 이르렀습니다.

지방단체

도지방비(道地方費)

원래 도지방비는 구 한국정부 시대 당시 지방관이 토목, 권업, 교육 등에 관한 지방공공사무를 처리하기 위해서 설치한 것을 병합 후에도 그대로 답습했던 것에서 유래하였기 때문에 그 사무 범위는 협소했습니다.

도지방비 사무는 도지사(道知事)의 관장에 속하고 그 지변에 의해서 처리할 수 있는 비목(費目)은 토목비(土木費), 권업비(勸業費), 교육비(敎育費), 위생비(衛生費), 구제비(救濟費)입니다. 각 비목마다 사업의 개요는 다음과 같습니다. (생략-원문)

위 외에 구휼사업, 사회사업, 측후소(測候所) 경영 등 상당히 광범하게 걸쳐 있습니다. 그리고 도지사가 제반 사무를 집행할 때 도평의회에 자문하여 지방의 실정(實情)에 따라서 민의에 입각하여 만전을 기하게 되었습니다.

부(府)

부 제도는 대체로 일본의 시(市)에 해당하는데 조선의 도시가 실제는 아직 자치를 생각할 정도는 아니고 재정 주체의 발달과 부 주민의 복리를 증진하는 시설을 경영하기 위해 자문기관으로서 부협의회를 설치하고 모든 부 사무는 나라의 관리인 부윤(府尹)이 처리합니다. 부협의회원은 민선(民選)이고, 이름은 자문기관이나 그 실제는 의결기관과 같이 의결권은 존중되고 있습니다.

부에서 하는 공공사무는 광범위한데 그 중요한 것을 들면, 도로의 유지수선, 시구개정(市

區改正), 보통병원(普通病院), 전염병원, 묘지, 화장장, 공원, 시장 등의 경영, 소방비 부담, 행로병인, 유기아(遺棄兒)의 구호, 빈민 구조, 전염병 예방 등을 비롯하여 상수도 시설 경영, 하수(下水)의 정비, 오물 소제의 집행, 사회사업 시설인 욕장(浴場), 숙박소, 운동장, 세탁소, 인사상담역, 아동상담역, 직업소개소, 간이식당, 주택 경영, 기타 도서관, 해수욕장 설비 또는 살수사업, 시보, 우피건조장, 하양장(荷揚場), 도선(渡船) 시설 등 대개 부민의 일상에 관한 제반 사항에 손대지 않는 것이 없습니다. 최근에는 전차, 전등, 전력 공급 사업을 개시하는 경향도 있고 도시의 발달과 함께 사업의 범위도 넓어졌다고 생각합니다. 그리고 부의 재정은 1926년도 예산 총액 각 부(府) 통계 1,912만 원여, 각종 부세(府稅) 1호당(戶當) 부담액 12원 19전입니다.

면(面)

면은 한국정부 시대부터 존재했던 행정구역으로 이조(李朝) 초기에는 소위 '오가작통(五家作統)' 제도를 시행하여, 권농관(勸農官)을 파견하고 농잠(農蠶) 사무를 관장했습니다. 이 권농관 배치의 방면이 금일 면(面)의 유래가 된 것입니다. 그 후 이조 중엽에 권농관 배치의 방면에 그치지 않고 하나의 행정구획을 형성하기에 이르러, '서울은 약 500호로써 방(坊)이라 하고 서울 외는 이를 향(鄕)으로 하며' 향에 향정(鄕正)을 두고 향정은 주로 농잠을 관장하는 것 외에 향내의 수세(收稅), 전유(傳諭), 기한독납(期限督納) 등 사무를 관장했습니다. 그러나 당시의 지방행정은 수령(守令)이 있어서 국왕의 대관(代官)으로서 전권을 장악하고 향은 수령과 리(里)(지금의 동리(洞里)-원문)의 연락기관에 불과하여 현재와 같은 행정구획 단위를 이룬 것은 아니었습니다.

1910년 8월 일한병합이 되고 동 9월 발포한 지방관관제에서 '각 군도에 면을 두고 면에는 면장을 두어 판임관 대우로 하고 군수의 지휘 감독을 받아 면내의 행정사무를 보조 집행한다'고 규정하고, 다음으로 면에 관한 규정 발포에 의해, 면은 종래의 면과 본질적으로 크게 변경되어 행정구역 단위가 되었습니다. 그러나 아직 지방단체로서 법령상 인정되지 않았다가, 시세의 진운과 함께 오래도록 구태(舊態)를 묵수(墨守)하는 것은 적합하지 않으므로 1917년 현행 면제가 발포되었습니다. 면이 여러 공공사업을 경영하여 지방민의 행복을 증진하고, 면에 사업경영 능력을 인정하고 나아가 자문기관을 설치하여 현재는 마치 일본의 정촌에 해당하는 지위가 되었습니다. 그러나 면의 대부분은 농촌이고 재력이 대개 변변치 않으므로 갑자기 각종 사무 경영의 능력을 인정하면 경비 부담이 가중되어 곤란하므로, 사업 능력의 범위를 제한하고 그 범위를 초과하는 경우는 총독의 인가를 필요로 하게 했습니다. 그 결과 현행 면제의 상에서 면이 관리할 수 있는 사무의 범위는

1. 도로, 교량, 하천, 제방, 관개, 배수
2. 시장, 조림(造林), 농사, 양잠, 축산 기타의 산업의 개량보급, 해조충(害鳥蟲) 구제
3. 묘지, 화장장, 도장(屠場), 상수, 하수, 전염병예방, 오물의 처치
4. 소방, 수방(水防)
5. 제증명(諸證明), 공부(公簿) 도면(圖面)의 열람

등에 그치고 있습니다. 그러나 면 중에는 시가지를 형성하여 그 상태가 부(府)에 가까운 것도 있고 이들 면은 다른 촌락과 달리 경영이 필요한 사업도 많으므로 특별히 일부 면을 지정하여 면협의회원의 공선(公選)과 기채능력을 인정했습니다. 지정면(指定面)이라 칭하는 것이 그것으로 현재 43개소를 헤아리기에 이르렀습니다. 보통면과의 차이는 앞서 서술한 것 외에 부장(副長)을 둘 수 있는 것, 접대비를 설치할 수 있는 것, 부과금 제한이 다른 것 등입니다. 그리고 면의 재정은 재산 수입, 사용료와 수수료 수입, 부과금으로써 필요한 비용 지불에 충당합니다.

학교조합(學校組合), 학교비(學校費)

부와 면은 일본과 달리 보통교육 사무를 취급하지 않으므로 특별히 일본인 교육을 위해서 학교조합, 조선인 교육을 위해서 각 부, 군, 도(島)를 단위로 한 학교비라는 특수 단체가 설치되었습니다.

학교비는 부(府), 군도(郡島)의 행정구역에 따른 조선인 교육비 지불 단체로서 부윤, 군수, 도사(島司)의 관리하에 두고, 학교조합은 전연 취지를 달리하여 일본인의 호구, 생도 수, 집단의 상황 등에 의해서 마땅한 구역을 정해서 설치를 인정했던 것입니다. 학교비의 구역이 전 조선적이었던 것에 반해 학교조합의 구역은 전 조선적이지는 않습니다.

현행의 학교비령은 1920년 발표한 것으로 그 재정은 부과금, 사용료, 보조금, 재정 수입 등에 의해 유지되고 있고 자문기관으로서는 학교평의회가 있어 부는 민선이고, 군·도는 군수·도사가 임명합니다.

현행 학교조합령은 1913년 발포했고 법인격을 구비하여 조합 비용은 재산 수입, 기타 조합에서 생기는 수입으로 지불하고 그 부족액은 조합비 부과에 의하는데 조합의 부담액은 상당히 높아 1호 평균 25원 가깝습니다. 조합을 대표하여 모든 사무를 담당하는 조합 관리자가 있지만, 조합에 관한 사건을 의논하는 조합회가 있고 그 의원을 선거로 뽑으므로 조합의 중요 사항은 대개 이 기관의 의결을 거쳐야 합니다.

현재 학교조합 수는 조선 전체에 431개, 경영학교 수는 소학교 454개, 중학교 1개, 고녀(高女) 22개, 상업(商業) 2개, 상공보습학교 6개, 유치원 5개, 계 490개입니다.

학교비 경영의 보통학교는 조선 전체에 1,308개, 약 2면(面) 1교(校)의 비율로 이를 1918년 말의 418교에 비교하면 현저한 증가입니다.

이상은 지방제도의 연혁과 제도의 대강을 간단히 적은 것에 불과합니다. 시간이 허락하는 한 이야기하고자 생각합니다. 또 면제의 세목(細目)과 면 재산에 관해서는 다른 강사의 가르침을 받게 되어 있으므로 상세하게 청강하시길 바랍니다.

2. 지방 '자문기관' 설치와 운용

〈자료 156〉 지방 자문기관 운용에 대하여(地方諮問機關ノ運用ニ就テ) [후루쇼 이쓰오(古庄逸夫), 『조선지방제도강의(朝鮮地方制度講義)』, 제국지방행정학회조선본부(帝國地方行政學會朝鮮本部), 1926]

1. 자문기관 설치 취지

1919년 8월 사이토 총독이 조선 통치의 대명을 받아 9월 시정의 대강을 훈시하시어 그 1절에 "지방에서 민력의 함양과 민풍 작흥은 지방단체의 힘에 기대야 하므로 장래 시기를 보아 지방자치제도를 시행할 목적으로 속히 조사연구에 착수한다"라고 언명했다. 이 방침에 기초하여 약 1년에 걸쳐 신중한 심의를 거쳐, 다음 해 1920년 7월 29일부로 지방제도 개정에 관한 법령을 발포하고, 동년 10월 1일부터 시행하기로 하여, 도·부·군·도·면에 걸쳐 자문기관을 설치하는 것으로 했다. 자문기관 신설 취지가 시세의 진운에 순응하고 지방행정의 원활한 운용을 기하기 위해 민의를 참작하고, 지방 정세에 적절한 여러 시설을 강구하며, 이로써 민의창달과 지방분임의 열매를 거두는 데 있음은 당연하다.

회고하면 본 제도 시행 후 이미 만 3년이 경과하고, 각 자문기관의 제1차 평(협)의회원 임기도 지난 가을 11월 또는 올해 3월로 끝나고(도평의회원, 학교평의회원의 임기는 1923년 10월 제령 제13호에 의해 1924년 3월 말일까지로 연장되었다), 실로 자문기관 운용의 제1기, 말하자면 창설 시대를 경과한 것이라 생각된다. 금년 가을을 맞아 기왕의 실적을 돌아보고 장래 희망을 개진하고자 한다.

2. 평(협)의회원 선임의 상황

제1회 부 및 면(지정면만) 협의회원은 1920년 11월 20일 12부 24개 면에 일제히 행했는데 대체로 하등의 장해도 없이 극히 평온무사하게 끝냈다. 부에서는 유권자 총수 1만 964명

(내지인 6,251명, 조선인 4,713명)이고, 투표 총수는 8,608명(내지인 5,486명, 조선인 3,122명)에 달하고 그 투표율은 내지인 8할 8푼, 조선인 6할 6푼을 보이고, 당선자는 내지인 133명, 조선인 57명이다. 그리고 위 투표 중 무효표는 104표이고, 투표 총수의 80분의 1에도 미치지 못함은 의외의 호성적이었다. 면에서는 유권자 총수 3,032명(내지인 1,399명, 조선인 1,633명)이고, 투표 총수 2,422명(내지인 1,224명, 조선인 1,190명)에 달하여 그 투표율은 내지인 8할 8푼, 조선인 7할 3푼의 호성적을 보이고 당선자는 내지인 130명, 조선인 126명이며 무효표는 겨우 45표에 불과했다. 이 선거에서 특필할 것은 내선인이 서로 양보의 미덕을 발휘한 것이다. 즉 부산부나 대전면 같은 데는 조선인 당선이 없을 형세였기 때문에 내지인 간에 협정하여 서로 양보에 의해 입후보자 수를 제한하고, 조선인으로 하여금 당선시키는 등의 사례가 적지 않다. 12월 10일에 도평의회원 후보자 선거와 군·도의 학교평의회원 후보자 선거, 20일에는 부의 학교평의회원 선거를 행하고, 역시 양호한 성적을 보이고, 모든 지방의 유력자를 선임할 수 있었다. 특히 각 도의 도평의회원은 다수가 각 도 내의 일류 인물을 선임할 수 있었던 것은 실로 다행이었다고 믿는다.

3. 도평의회의 경과

1921년 2, 3월 제1회 도평의회 개회한 이후 올해 1월까지 각 도에서 4회의 회의를 개최했는데 회의 경과를 살펴보면 의사 훈련, 의장 정리, 의안 편성, 의안에 대한 질문·응답, 수정 의견 진술 등 이사자 측에서도 평의회원 측에서도 매년 한 걸음씩 진보하고 있다. 제4회 도평의회와 제1회를 비교하면 실로 현저한 차이가 있어 실로 장족의 발전을 거두었다. 그 추이의 궤적을 살펴보면 대개 다음과 같다.

(1) 평의회원은 맹목적 태도를 버리고 점차 비평적 태도를 갖게 된 것

제1회 평의회는 당국의 설명이 충분히 철저하지 않았던 것과 같이 평의회원은 시정에 관한 희망 의견을 진술하는 것 외에 당국이 제출한 예산안을 구체적으로 상세 조사한 후 이에 대해 수정 의견을 제출하는 등은 극히 드물었고, 대개 당국의 시설을 신뢰하고 이에 찬동한다는 느낌이었지만, 점차 이를 버리고 나아가 평소 도 당국의 시설을 주목하고 그 시설 계획에 대해 비평을 가하여 의안을 수정하길 희망하고, 만약 당국이 수정 의견을 채택할 때는 이로써 자기의 직책을 다할 수 있었다고 생각하여 크게 이를 기뻐하는 분위기가 점차 현저해졌다.

(2) 평의회원의 언론은 추상적에서 점차 구체적으로 변화한 것

처음에는 자칫하면 문제 외의 시정방침의 비평 또는 당국의 공격 등 추상적 언사를 시도하는 것도 있었으나 점차 예산에 관한 구체적 계획 숫자상의 설명을 구하는 분위기가 생겨 도지방비의 여러 시설에 대해 상세한 연구 후 극히 미세한 경비에도 조금이라도 낭비라고 생각될 때는 이를 개정하려는 분위기가 생겼다.

(3) 개별적 행동에서 점차 단체적 행동으로 이동한 것

제1회 도평의회 때는 각 평의회원 개개의 의견을 진술하고, 개개의 희망을 진술하고, 의안에 대한 찬부의 의견에 관해서도 각자 개개의 판단에 의해 태도를 결정하는 상황이었으나 점차 단결의 필요를 느끼기에 이르러 평의회원 중 유력자는 동지를 규합하여 결속 일치하여 의안에 대해 시비의 태도를 같이 하는 분위기가 생겨 왔다.

(4) 지방적 이해를 중요시하는 분위기가 생긴 것

평의회원 정원의 3분의 2는 선거에 의하는 관계상 각각 선출된 지방의 발전을 기도하여 그 관철을 기하려고 충분한 노력을 한다. 따라서 도지방비 예산을 가급적 자기 출신 지방을 위해 지출시키기 위해 분투하는 분위기가 생겼다. 지방적 이해관계에 따라 의안에 대한 찬부의 태도를 달리하는 상황을 노정하기에 이르렀다. 특히 도로 개수, 학교 설립 위치 등은 내부에서는 상당히 격렬한 경쟁이 생겨 이 때문에 평의회에서 소란을 일으키고 예산 부결된 지방도 있었다.

(5) 평의회의 권위를 확대하려고 노력하는 분위기가 생긴 것

민의의 존중이 평의회 설치의 중대 사명이므로 평의회원의 의견은 가급적 당국에서 이를 존중하길 요구하고 당국에서 만약 자문기관이니 이를 경시한다는 분위기가 있으면 극력 이를 공격하고, 사실상 의결기관으로 차별 없이 취급해 달라고 요구하고, 평의회의 권위를 매년 공고히 하려고 노력하는 경향이 생겨 왔다. 이를 요구함에 도평의회는 매년 그 권위를 증대시키고 도 당국의 비판자로서 행동하고, 지방행정의 운용상 더욱 유력한 지위를 점하는 경향이 현저해졌다.

4. 부·면 협의회 및 학교평의회의 경과

부 및 지정면 협의회원은 지식 계급이 선출되는 자가 많고, 특히 내지인 측 의원은 거류민단, 학교조합 등의 의원으로서 자치적 훈련을 가진 자가 적지 않다. 이 제안을 양해하고 회의 때 적절하게 당국자의 참고가 될 만한 탁견이 적지 않다. 내선인 사이의 협조는 잘 지켜져서 건전한 발달을 거두고 있다. 특히 부·면 행정에 관한 협의회원의 실세력의 신장은 시로 위대하여, 점차 그들의 단체 행정의 실권을 장악하려는 경향이 생겨가고 있다고 생각된다. 이에 반해 지정면 이외의 협의회에서는 거의 자문기관의 조직 권한을 이해하지 않고 예산안 내용을 독해하기도 불가능한 곳도 있고, 이런 곳의 회의도 전연 회의의 체면을 갖지 못하고 면장이 설명하면 협의회원은 이해하지 못한 채로 이를 받아들이는 상황이 적지 않다. 이런 상황이라서 협의회원의 출석은 양호하지 않고 유회하는 것이 적지 않다. 또 지방의 학교평의회에서도 대략 비슷한 상황이다. 단 보통학교의 급격한 증설을 요망한다.

5. 지방자문기관 운용상의 희망

전술한 바와 같이 지방 자문기관 설치는 그 창설 시대인 3년의 경험에 비추어 장족의 발전을 하고 있다고 생각된다. 도지방비 이하 지방단체의 행정은 자문기관과 충분한 의사 소통을 도모하고 원만하게 협조 제휴하여 비로소 그 원활한 운용을 기할 수 있는 식으로 되었다. 자문기관은 더욱 그 기능을 발휘하고, 권한을 확대해 가지 않으면 안 된다. 도지방비 예산·부예산 같은 것은 인가 허가 수속을 폐지하고, 대체로 지방단체의 의사에 일임하는 식으로 개정함으로써 도지방비 및 부의 단체 행정 같은 것은 자문기관과 도지사 혹은 부윤의 의사에 따라서 어떠한 식으로라도 이를 운용하는 것이 가능한 식으로 되었다. 지방단체의 발전은 지방 당국자의 고려 획책에 기대는 것이라 해도 과언이 아니다. 특히 작년 11월 새로 선임된 부·면 협의회원 및 본년 4월 개임 될 도 및 학교평의회원의 책임은 더욱 중차대한 것이다. 나는 지금 중대한 도평의회원 및 학교평의회원, 총개선의 시기를 맞이하여 자문기관 장래의 운용상 지방 당국이 고려할 몇 가지를 말하고 싶다.

(1) 민력의 휴양을 목표로 하고 사업의 남설을 피할 것

지방에서 향학심의 발흥에 따라 보통학교 증설을 도모함은 사정상 어쩔 수 없는 것이나 그중에는 임시비의 거의 전부를 기부금에 바라고, 그 기부액이 1년 2, 3만 원에 달하는 곳이 적지 않다. 더구나 그중에는 실제 예정한 기부금을 수납하는 것이 불가능하기 때문에 학교 증설까지 큰 지장이 생기는 곳도 있다. 또 함부로 급하지 않은 사업을 계획하고 완전히 실패로 돌아간 사례도 적지 않다. 특히 경제계의 부진 상황에 비추어 현재는 가장 민력의 휴양을 도모할 필요가 있는 시기이므로, 가령 자문기관의 요청이 있어도 민력에 상응하지 않은 불급한 사업을 남설하는 것은 가급적 피해야 한다.

(2) 자문기관으로 하여금 단체의 사업계획을 충분히 양해시킬 것

민의의 창달은 당국의 시설에 대한 충분한 진정한 양해를 얻지 않으면 안 된다. 당국이 제안한 예산안 등은 신중히 고려하여 이를 편성하고 자문기관에 제안함은 물론, 일단 제안한 후는 충분히 간절하게 그 사업계획 내용을 설명하고, 당국의 시설을 양해시켜 이에 신뢰를 주어야 한다. 이사자 측의 성실과 주도면밀함은 자문기관 측의 공평과 온건과 서로 맞아 비로소 지방행정의 원만한 운용을 기할 수 있다.

(3) 온건 착실한 유식 계급의 선임에 노력할 것

자문기관 효과의 여부는 첫째로 평(협)의회원의 인물 기량의 여하에 있다. 함부로 사기를 논한다든가 시무에 이익됨이 없이 공론을 일삼거나 혹은 지위를 남용하여 사리를 농단하는 자는 가능한 선임하지 않아야 한다. 특히 자문기관의 언동에서 내선융화를 저해하는 것이 있다면 실로 중대한 일이다. 지방 당국자는 특히 이 점을 생각하고 인격 식견을 겸비한 인물을 평(협)의회원에 거용하는 데 주의해야 한다.

결국 자문기관 운용 적부는 장래 완전한 지방자치제도를 시행할 관건이다. 만약 자문기관 운용을 그르치고 폐해가 속출하는 정황이면 언제까지나 조선에 지방자치제도 실시를 보는 것은 불가능할 것이다. 우리는 협력일치 자문기관 운용을 적정하게 하고, 지방 민력의 작흥과 민풍의 작흥을 기도해야 한다. 과거 3개년의 자문기관 창설 시대는 생각 외의 성공을 거두며 장족의 진보를 했고, 건전한 발달을 거두었다. 관민이 협력하고 일치하여 금후 더욱 그 운용을 온건 타당하게 하고 이로써 지방 발전에 이바지하며 조선 통치의 성공에 공헌해야 한다. 이것이 실로 지방행정의 국면을 맞이한 우리의 중대한 책무이다. (1924년 3월 씀)

〈자료 157〉 도평의회가 가져온 효과(道評議會が齎らせる效果) [경상남도지사 사사키 후지타로(佐佐木藤太郎), 《조선》 제80호, 1921.10]

개정 지방제도의 결과로 발생한 도평의회(道評議會), 학교평의회(學校評議會) 및 부·면 평협의회(評協議會) 중 부협의회(府協議會)를 제외하면 조선에서는 미증유의 실례에 속하는 것으로, 이들 기관 활용의 직접 책임자인 지방관으로서는 이 제도의 취지를 달성하여 그 완전한 기능을 발휘할 것이냐 아니냐에 대해서는 다소 기우(杞憂)를 품은 자도 없지 않아서, 나도 제1회 본 도(道) 도평의회 개최에 대해서는 이로써 극히 유의미하게 하는 것에 관해 상당한 노력을 기울였다. 다행히 평의회원 선출도 그 마땅함을 얻었으므로 그 실적은 진실로 기대 이상의 효과를 이루어서 평의회의 앞날을 축복할 수 있게 함은 내심 흔쾌함을 견딜 수 없는 바이다.

도평의회가 지방행정에 가져온 효과로 들 수 있는 사항은 여러 가지로 다양한데, 가장 중대한 효과로는 다음의 여러 항(項)을 들고자 한다.

(1) 정치적 욕망에 대해 만족을 부여했던 것으로 도 행정에 대한 참여 기관인 명예와 책무(責務)를 담당하여 당당히 평의회에 임하고, 혹은 지방행정에 관해 질의하고, 혹은 그 품은 의견 또는 희망을 피력하는 기회를 얻었던 것은 정치적 욕망에 대한 만족을 부여할 수 있는 것으로 완전한 자치기관이 아니나, 그 실질은 특별히 다르지 않은 것이라 느꼈던 것이다.

(2) 지방비 사업에 대해 양해를 부여할 수 있는 것, 이에 대한 실제적인 민간의 의견 또는

희망을 들을 수 있었던 것으로 지방비 사업의 각종 시설에 대해 설명의 기회를 얻고, 이들 사업의 연혁, 실질 및 그 효과에 대해 양해를 부여하는 것도 가능했다고 믿을 뿐만 아니라 그와 동시에 각종 시설의 완급, 혹은 이것의 실시의 방법, 수단의 적부(適否) 등에 관한 평의회원 제군의 의견은 교육 또는 권업의 장래의 시설상에 관한 유익한 참고자료로 얻을 수 있는 것이 심히 적지 않은 것이다.

(3) 지방비 부담은 조선 개발상 어쩔 수 없는 것이라는 자각을 부여했던 것이다. 본도의 지방비는 1920년에 비해 22만 이상의 증징이 있었는데 만장일치로 이를 승인했을 뿐만 아니라 1922년의 세출도 산업, 교육 내지 교통상 또 결함이 많은 것의 인정되어서 금후 유효한 시설을 위해서는 이후의 증세(增稅)도 또한 어쩔 수 없는 것이라는 의견을 발표한 평의원도 있었을 정도이다.

(4) 내선인(內鮮人) 융화(融和)에 적당한 기회였던 것이다. 도(道) 내(內) 30여 명의 내선유력자가 수일(數日)간 한 곳에 모이고, 공동의 이해를 갖고 동일 문제에 대해 논의, 연구하였던 것뿐만 아니라 내지인 의원으로 조선말을 이해하고, 조선인 의원으로 일본어를 이해하는 사람이 많아지고, 혹은 여관(旅館)을 같이하고, 혹은 간친의 회합을 거듭함에 따라 상호의 이해와 협조·융화를 향상시켰던 것이 심히 큰 것이었다라 믿는 것이다.

요컨대 평의회의 개설은 신시정의 표어라고도 칭할 수 있는 양해(諒解), 철저주의(徹底主義)에 대해서 백척간두(百尺竿頭)[15]의 일보를 나아갔던 것이라 단언하는 것이다. 장래 이에 의해서 관민동치(官民同治)의 실효를 점차로 높이기에 이를 것은 추호도 의심의 여지가 없는 것이다. 본래 시설의 요체는 사회생활에 절실한 수요를 적당한 방법, 수단에 의해서 유감없이 충족시키는 것에 있는 것은 말할 것도 없는데, 행정 당국자의 노력은 실로 이 실생활의 절실한 수요는 무엇인가, 그리고 이러한 수요를 충족시킬 적법한 수단, 정당한 방법은, 어떻게 이를 준비, 혹 어떻게 이를 시행할 것인가에 그 전력을 다하지 않으면 안 되는 것이다. 그러나 또 한편으로는 실생활의 수요를 충족시킬 적당한 수단과 방법의 공급자는 반드시 수요자(需要者) 그 자신이 아니어서 오히려 공평한 제3자인 경우도 많은 것이다. 관치행정과

---

15 백척간두(百尺竿頭): 백 자나 되는 높은 장대 위에 올라섰다는 뜻으로, 몹시 어렵고 위태로운 지경을 이르는 말.

자치행정은 병행하여 이 점에서 조화의 아름다움을 얻을 것이다. 개정 지방제도에 의한 각종 회의는 대개 이 취지에 따라 설치된 것으로 형식상 자문기관이지만 소위 자치제 시행의 첫걸음으로써 그 맡겨진 직능을 발휘하고, 주의해야 함은 물론, 평의회원 각 위의 도치(道治)에 대한 열성한 노력을 기대하여 마지않는 것이다.

〈자료 158〉 지방 자문기관 설치는 통치의 한 경계선이다(地方諮問機關の設置は統治の一界線である)[하기타니 가즈오(萩谷籌夫),[16] 《조선》 제100호, 1923.8]

잡지 《조선》이 발간의 해를 거듭하여 현재의 발전을 거둔 것을 생각해 보면 조선의 문물이 진보하고 개선되었다고 느낀다. 표면적으로 나타나는 큰 것만 헤아려도 매우 많다. 농업에서는 수리사업과 간척사업의 발흥, 교육에서는 보통학교 증가, 전문학교 설치 등이다. 또 경무기관 개혁, 항만 수축, 철도 보급, 조선 학교조합 및 부면협의회, 도평의원회 신설 등 일일이 열거할 수도 없다. 이외에 사업 진보와 개선, 신설은 글과 말로 다할 수 없고, 병합 당시에 비교해도 격세지감이 있다. 하물며 구한국 시대와 비교하면 더 그렇다. 사실 이 중에는 당연히 스스로 진보 발달할 것이 시대에 따라 촉진되기도 해서 모든 것을 총독정치의 공에만 돌릴 수는 없을지도 모른다. 그러나 부면협의회, 도평의원회는 뽑는 방식이 달라졌는데, 그것은 발안한 사람에게 공이 있는 것이다. 총독부 수뇌자의 생각인 것이다. 말하자면 이를 시행해도 되고 시행하지 않아도 되는 것이다. 발령 전후 그 실행과 효과에 대해서 혹자는 시기상조라 하고 혹자는 임기응변주의라 하면서 갑론을박하며 시끄러웠는데, 다수는 조소적·비관적 경향으로 논의했다. 그런데도 이를 배제하고 단호히 발령한 것은 당국자의 식견과 용기 때문이고, 그 효과는 오로지 당국이 거두어들이는 것이다. 이 신시정은 총독정치에 하나의 기원을 그은 것이고, 중국식으로 말하자면 조선에 예전에 없던 성사(盛事)이며, 앞 사람들이 걸어가지 않은 길을 시도한 것이다. 3년간의 성적을 보면, 확실히 조선인의 심성과 시세에 적합한 시설임을 입증할 수 있다. 즉 의원을 통해 일반 사회에 총독정치의 진면목(眞面目)을 선포하고, 의원은 또한 논의에 책임이 따르는 점을 자각하여 점차 빗나간 논의의 폐해를 교정해 왔

---

16 조선정보위원회 위원.

다. 논의하면서 지식을 교환하고 의사를 소통하여 자연적으로 융합을 초래한 것이다.

이 기관은 겨우 제1기를 마치고 계속 훈련 중에 있으므로 장래는 예단하기 어렵지만, 지금까지에 비추어 생각하면 위의 효과는 널리 퍼질 것이라고 생각된다. 본지(本誌)가 100호를 거듭한 것처럼, 이 자문기관은 일보를 나아가서 결의기관이 되고, 총독 정치와 본지 둘 다 한층 진전하여 큰 결실을 거두길 희망한다.

〈자료 159〉 도평의회 회원 선거에 대하여(道評議會會員選擧에 對하야) [전라북도 참여관 박영철(朴榮喆), 《조선문조선》 제78호, 1924.3]

오는 4월 1일은 도평의원 제2회 선거일이라, 각자 유권자는 과거의 경험에 의하여 숙고할 필요가 있을 줄로 생각하노라. 3년간 도평의회 성적이 계속 양호함은 주지의 사실인바, 여러 말을 할 필요가 없으나, 제1회에는 초행이 되어 이상에 달(達)하지 못한 느낌이 있음은 물론이오, 피선자도 충분히 요령을 얻지 못한 점도 없지 않았으나, 3년간 다대한 경험을 얻어 금후는 상당한 효과가 있을 줄로 확신하는 동시에, 약간의 소견을 말하고자 한다.

첫째, 선거유권자는 공평한 안목으로 유식하고 온건한 인물을 본위로 하여 선거하기를 희망하는 바이다. 금력에 아부하거나, 사사로운 정을 끼워넣거나, 유혹에 의하여 자기의 진의가 아닌 투표를 하는 등의 정폐(情弊)를 타파하고, 귀중한 한 표를 자기의 가장 경앙(敬仰)하는 인물을 위하여 투표하여서 이 기관으로 유효히 활동케 하여 오인의 행복을 증진케 할 것이로다. 선량한 제도라도 선용치 아니하면 유명무실이오, 직접·간접으로 받는 불이익의 영향이 적지 않으니 깊이 생각할 것이로다. 인물이라 함은 무엇을 칭함인가. 즉 빈부귀천을 물론하고, 인격이 고상하고, 지방행정을 해득할 지식이 있어서 우리 생활상 필요한 교육, 산업, 토목, 위생 등의 여러 사업의 시설이 현상에 적당할 만한 정도를 해득하며, 이에 대한 인민의 부담이 과히 가중치 아니할 정도를 심득(心得)할 자신이 있을 만한 자이라. 이러한 인물을 선출하여 회의 석상에 질문과 의견을 충분히 개진케 할지어다. 제국의회 대의사 선거에도 지방에 의하여 이상적 정치가를 선출하여 해당 지방의 보물을 삼고, 혹은 금력 대의사를 선출하여 조소를 받는 지방도 있으니, 이들의 악례는 결코 취할 바 아니라 여하간 우수한 인물을 선출함은 그 지방의 명예로 생각하면 만전무위(萬全無違)라 생각하노라.

둘째, 피선자에게 대하여 특별히 일언하고자 하노니, 재능있는 인사가 이들 공직에 대하여 사피(辭避)하는 자가 없지 않으니, 이는 불가한 줄로 생각하노라. 우리의 공동생활에는 상당한 기관이 필요하므로 이들 제도가 출생함이라, 국가도 전제시대로부터 입헌으로 변하여 민의를 존중하여 대의제를 채용하게 되니, 우리도 이를 연구하고 이를 연습하여 장래 지방자치의 성(城)에 도달치 아니하면 불가하다. 조선인 중에 혹자는 관공직에 부조(不操) 또는 불만으로 하여 자포자기하는 자가 있으나 이는 과연 오해로 생각하노라. 자기 생활에 행복을 증진하기 위하여 노력함이어늘, 관직에 나아가지 않고 부조(不操)와 불만은 무엇을 말함이뇨, 포기하면 손해이고 잃는 것이니, 재능있는 인사는 분기헌신할지어다. 혹자는 입후보를 자천(自薦)이라 하여 혐의(嫌疑)하나, 자기를 선거함에 대하여 사퇴치 아니하는 의사를 표시함에 불과하니, 자신이 있는 인사는 입후보를 성언(聲言)하고 정당히 출마할지라. 유권자를 매수하거나 경쟁 중상(中傷)하는 등 추태가 없게 하여서 우리 사회 발전을 위하여 믿음과 의(義)로 공명정대히 노력하기를 희망하노라.

〈자료 160〉 면협의회원 회의석상에서(面協議會員會議席上에서) [평산군(平山郡) 상월면장(上月面長) 곽춘식(郭春植), 《조선문조선》 제79호, 1924.4]

지난번 본 면에서 면협의회원의 총 개임을 행한 결과, 그 후보자 73인 중 여러분이 특히 당선의 영광을 본 것은 여러분의 명예를 위하여 축하하오며, 또는 장래 면 행정에 있어서 여러분의 다대한 고로(苦勞)를 기대할 것을 심히 감사하옵나이다. 그런데 금일은 군(郡) 서무과의 면 행정 주임인 김(金) 군속(郡屬) 입회하에서, 본회의를 개최하게 됨은 더욱 만행(萬幸)이올시다.

이번 협의회의 목적은 여러분이 아시는 바와 같이, 1924년 본 면 세입·세출 예산 편성 및 면 부과 호수 등급 사정안에 대한 자문인데, 본회의에 들어가기 전에 우선 개정 지방제도에 대하여 몇 마디로 여러분의 참고에 제공함은 무익한 공담(空談)이 아니라 할뿐더러, 오인은 평소 잘 안다 하는 것에서 매양 연구가 잘 되지 못하는 관행이 있습니다. 더욱이 오는 3월 23일은 학교평의회원과 도평의회원의 총선거라는 중임을 맡을 여러분이온즉, 어디까지든지 본 제도의 취지를 잘 양해하여 우리 지방의 발전과 민의의 창달을 도모하는 성심에서 유출하지 아니하면 안 되겠습니다. 면은 하나의 단체가 되어, 마치 하나의 가족과 같은즉, 그 가족 된 본 면은 공통의 이해(利害)를 갖고 이 4,570명의 주민, 저도 그 주민의 한 사람으로 상월면(上月面)의 행정에 대하여 아픔을 공감하므로 일가(一家)의 번영을 도모함에, 가족 전부가 서로 제휴하여야 하는 것과 같이, 여러분께서 금후 면의 예산을 심의하든지, 부과 호수의 등급을 사정(査定)하든지, 기타 어떠한 협의에 응하는 때에 생각하기를 이는 갑리(甲里)의 이익 또는 을인(乙人)의 이익이라고 구별하지 말고, 상월면민이라는 입지에서, 이 단체의 이해(利害)는 우리 주민 공통이라는 생각으로 충분히 심사·연구하여, 면 행정 당국자의 자문에 응하는 것이, 즉 면협의회를 설치한 본의라. 그런즉 이 취지에 의하여 이하 본 제도의 정신을 규지(窺知)할 수 있사오니, 아무쪼록 열청(熱聽)하여 주심을 바랍니다.

1. 장래 조선에 시행될 지방자치제도

국가의 정무는 극히 다단하여, 혹은 국민 전체에 관한 것도 있고, 혹은 지방 일부에 한한 것도 있으니, 옛날 민지(民智)가 미개한 시대에는 대소사를 물론하고 군주가 모든 것을 총집(總執)하였지만, 현대의 국가는 모두 민지를 개발하며, 민력을 함양하여 국가 흥망 성회의 책임을 국민과 공분(共分)하며, 국가기관에서는 중대한 정무를 담당하고, 일이 지방에만 관련한 것은 이를 지방 인민에게 위임하여, 지방으로 하여금 선출한 자로 지방의회를 조직하여 지방인의 의사와 능력대로 각기 지방 정무를 치리(治理)하게 하는 것이, 즉 소위 지방자치제라. 현 총독 각하 부임하던 당초에 이 지방자치제를 점차 조선에 시행하겠다고 성명하였은즉, 우리는 하루라도 속히 완전한 자치의 기초를 확립하도록 전심전력할지로다.

2. 지방자치의 준비적 연습으로 개정된 현행 지방제도

조선의 지방자치제는 시기상조다. 왜냐하면 지방자치제란 것은 다수한 인민 중에서 소수의 대표적 인물을 선출하여 그 대표적 인사가 온전히 지방의 정치를 관리하되, 자기의 이익을 돌아보지 않고 지방 일반의 이익을 위하여 활동하며, 기타 다수한 인민은 위 대표적 인물을 신뢰하고, 국가의 정치 방침을 따라서 협동진력하는 것이니, 따라서 이 자치제를 행함에는 대표적 인물을 선출할 만한 지식이 없으면 불가하고, 또 피선된 의원은 사리를 잘 이해하며 도덕을 존중하여 국가의 정치 방침대로 그 지방을 관장할 만한 재능으로써 지방의 공공에 헌신할 인물이 아니면 도저히 자치제를 시행하기 불능하므로, 자치제와 근사(近似)한 현행 지방제도가 개정되었으니, 즉 지방의 정치를 그 지방 인민에게 위임하여 그 지방 인민의 의견을 듣고 참작하여 관(官)의 정치를 행하는 것이니, 이는 인민으로 하여금 정치적 훈련을 거쳐서 장래 지방자치의 계제가 되게 하며, 한편으로 지방의 행정사무를 민의에 의하여 개량하여 이바지하고자 하였도다. 그런즉 이 제도에 주체되는 의원 여러분은 가장 공평·신성한 관념으로 면·군·도를 위하여 민의의 소재와 민리(民利)의 소급(所及)을 충분히 당국에 전달하며 소개할 만한 신용과 식견이 구비할 것이오. 결코 정실에 좌우하거나, 돈에 유혹되거나, 혹은 사리사욕에 매몰되거나, 관위관권(官威官權)에 아첨한다든가 하는 것은 절대 배척할지로다.

3. 개정 제도에 설치된 3종의 자문기관

개정 제도에 의하여 지방 인민의 의견을 들을 목적으로 설치된 회의, 즉 자문기관의 종류를 들면 하나는 도평의회니, 도 내에 있는 토목, 권업, 교육, 위생, 구제, 보조 등 필요한 비용은 도지방비령에 의하여 국세 부가세, 각종 특별세, 지방세 수입으로 지변하는데, 그 사무는 도지사가 담임 집행하나니, 도평의회는 이 사건에 참여하여 의견을 심의하는 기관이오, 둘째는 부·군·도(島), 학교평의회니, 그 부·군·도 내에 있는 조선인 자제의 교육에 관한 비용은 학교비령에 의하여 그 구역 내의 지세 및 호세 부가의 수입으로 지변하는데, 그 사무는 부윤·군수·도사가 담임 집행하나니, 학교평의회는 이 사건에 참여하여 의견을 심의하는 기관이오. 셋째는 부·면 협의회니, 부와 면은 부제와 면제에 의하여 그 부·면 내에 있는 토목, 권업, 위생, 구제, 보조 기타 필요한 비용은 부비·면비로 지변하는데, 그 사무는 부윤·면장이 담임 집행하나니, 부·면 협의회는 이 사건에 참여하여 의견을 심의하는 기관이라.

4. 의원 선임 방법

부협의회원 선거에 대하여는 부윤이 선거인명부에 의하여 선거회를 조직하되, 선거인 중에서 두 명 혹은 세 명의 선거입회인을 선정하고, 선거회를 열 때는 부윤은 선거기일 전 7일간을 선거 장소와 투표 일시와 선거할 협의원 수를 고시하나니, 선거인은 이 고시에 의하여 당일 선거회장에 참집하여 투표를 행할지니, 정해진 시각이 경과하면 투표에 참가하지 못함. 투표는 부윤이 일정한 용지를 제정하여 투표함과 함께 동 장소에 설비하고, 선거인은 정각에 선착순으로 입장하여 부윤 및 선거 입회인의 간시(看視) 하에서 투표용지에 자필로 피선거인 1인의 씨명을 기재하되, 문자는 호적상의 문자를 쓰며, 부득이 언문 혹 가명이라도 그 사람을 인정할 만한 것은 무방하니, 이를 이미 비치한 함 내에 투입하고 자기의 씨명은 쓰지 않느니라. 그런데 투표 중에 성규(成規)의 용지를 쓰지 않은 것, 현재 협의회원의 직에 있는 사람을 기재한 것, 두 사람 이상의 기재가 있는 것, 누구인지 확인하기 어려운 것, 피선거권이 없는 사람을 기재한 것, 씨명 외에 다른 것을 기재한 것(단 작위, 직업, 신분, 주소, 경칭 등은 무방)은 모두 무효투표로 하나니, 이렇게 투표의 유효·무효는 선거입회인의 의견을 들어서 부윤이 이를 결정하며, 투표를 종료한 후 부윤은 곧 투표를 심사하여 유효투표의 가장 다수를 얻은 자를 당선자로 정하되, 표수가 같을 때는 연장자를 취하고, 같은 나이인 경우는 부윤이 추첨으로 정하고, 당선자가 결정된 때는 부윤이 당선자에게 그 지(旨)를 통고하며, 당선자가 사퇴코자 하는 때는 통고를 받은 날부터 5일 이내에 부윤에게 신립(申立)할지니, 따라서 이 기간 경과 후는 부윤은 즉시 당선자의 주소와 씨명을 공고하여 이에 당선이 확정되나니라. (지정면도 역시 같음)

보통면의 협의회원은 어떠한 방법으로 선임하느냐 하면, 이들 보통면은 면민의 정도가 아직 선거라는 복잡한 제도를 시행하기 어려우므로 군수·도사가 이를 임명키로 되었으나, 원래 협의회를 설치한 본의가 인민의 의견을 듣고자 함인즉, 그 협의회원은 다수 인민의 의사에 의하여 채용할 방침이므로 그 추천방법은 지방의 사정과 관습에 인하여 다소의 차이가 있을지나, 본 군(郡)에서는 선거제도를 참작하여 가장 간이(簡易)한 호선(互選)방법을 채용하였으므로 이후 실황을 보면 대단히 양호한 성적을 거두었나니라.

학교평의회원의 선거는 부 및 지정면에서는 선거에 의하고, 보통면에서는 부에서 도평의회원 선거하는 방법과 대략 비슷하옵기에 이는 생략함. (단 조선인에 한함)

도평의회원의 선거는 도지사의 고시에 의하여 부·군·도에서 이를 행하나니, 도에서는 선거기일 20일 전에 이를 고시하고, 부에서는 부윤이 부협의회를 열고 무기명 투표로 피선될 인원의 총수를 연명케 하여 이렇게 투표한 결과 후보자를 정하여 도에 보고하면 도에서는 당선증서를 교부하며, 군(郡)·도(島)에서는 군수·도사가 각 면장으로 면협의회를 열게 하고, 무기명 투표를 행한 후 면장은 그 투표를 집합하여 채택한 결과 후보자를 정하여 도에 보고하면 도에서는 당선증서를 교부하나니라.

5. 자문회의의 순서

도지사·부윤·군수·도사·면장은 법이 정한 자문사항에 관하여는 반드시 자문회의를 거친 후에 처리함을 요(要)하나니(단 회의가 불성립되거나 재변으로 인하여 개회치 못하거나, 또는 긴급하여 개회할 여가가 없을 때는 이 제한에 있지 않음), 해당 관청에서 이 자문을 거치지 않고 처리한 사항은 상사(上司)에서 그 취소를 명하는 것도 있는지라. 그리고 도지사·부윤·군수·도사·면장은 결정 자문사항 이외에도 필요한 경우에는 수의(隨意)로 개회하며, 또 자문회를 자문사항 이외에 필요하다고 생각한 것은 의견을 제출할 수 있느니라. 자문회는 도지사·부윤·군수·도사·면장이 이를 소집하나니, 회원의 반수 이상 출석이 아니면 개회할 수 없으나, 단 부·면 협의회에서 동일 사건으로 두 번 이상 소집할 때는 과반수의 출석이 없을지라도 개회할 수 있으며, 자문사항은 개회 3일 전에 미리 각 의원에게 통지하면 의원은 이에 관하여 조사 연구를 행할지며, 의장은 자문자인 도지사·부윤·군수·도사·면장이 이를 맡는다. 의장은 회의를 총리하며, 회의의 순서를 정하며, 회의를 개폐하며, 의장(議場)의 순서를 보지(保持)하며, 필요가 있을 때는 의원의 발언을 금지 혹 취소하며, 또는 의장(議場) 외에 퇴거를 명할 수 있느니라. 의결은 출석원의 과반수 의견으로 전회(全會)의 의견을 가결하며, 가부동수일 때는 의장이 이를 재결(裁決)하며, 또 가부 결정의 의견을 표시함에는 거수, 기립, 구두 설명 등 의장이 지시하는 방법에 의해 표시하며, 서면회의는 부·면에서 사건이 극히 경이(輕易)한 것은 회의를 소집하지 않고 서면으로써 협의원에게 회부하여 3분의 2 이상의 동의를 얻을 때는 협의회의 가결된 의견으로 간주하며, 회의록은 의장이 회의의 전말과 출석원의 씨명과 의사 요령을 기재하고, 의장 및 출석원 2인 이상의 서명·날인을 요하며, 회의를 종료한 때는 이를 상사(上司)에 제출하므로 상사에서는 이에 의하여 해당 자문자와 의원과의 관계를 알고 감독의 편(便)에 공(供)하나니라.

6. 의원의 신분

세간에서 협의회와 평의회라는 명칭과 협의회원이나 평의회원이라는 직명이 고래의 명칭이 아니므로 그다지 명예로운 칭호가 아니라고 지방에서 여러 가지 의론을 들었으나 이는 심한 오해라. 원래 본 제도는 신설한 제도이므로 명칭도 신부(新附)한 것이며, 또 이들 공직은 지방의 물망을 대표하여 정무에 참여하는 중대한 직무이니, 능히 그 직무를 다할진대 자연 세인의 존경을 받을지로다. 그런데 의원의 임기는 3년으로 하여 선임 후 만 3년이면 전부 개선하며, 이 의원은 명예직이므로 봉급은 없으나 공무로 인해 비용이 생길 때는 그 변상을 받으며, 의원의 재직중 피선거 자격 중 결함이 생기거나 신분의 변동이 있어서 피선거자가 되지 못할 사실이 생길 때는 의원직을 잃게 되니, 위 이유 이외는 결코 관의 의사로 파면할 수 없는지라, 그러나 그 직무를 태만하거나 체면을 오손하는 일이 있을 때는 상사의 인가를 받아 사임케 할 수 있음.

〈자료 161〉 도평의회원의 재임 사령을 배수하고(道評議會員의 再任辭令을 拜受하고) [함경남도 평의원 한준석(韓準錫), 《조선문조선》 제80호, 1924.5]

나는 금회 도평의회원에 재선됨은 실로 천만의외의 일이며, 또 과분한 영광으로 생각하노라. 어젯밤에 모 지우(知友)가 이 소식을 전하는 당시는 아주 희담(戱談)으로 사료하였더니 하여간 지금은 사실인즉, 나는 또 벌써 피치 못할 책무를 지게 되었노라. 그러나 나 자신의 능력을 생각하고 책임의 중요성을 생각하니 얼마나 두려움이 생기는지 형언할 수 없도다. 그러므로 혹자는 다소 비난함이 없지 않을 듯하나 나는 성심성의로 진행하면 무사히 경과할 줄로 생각하노라. 대개 도평의회원의 직책은 다름이 아니라 관민 간에 개재하여 일반 민의를 모집하였다가 도 당국자에게 전달하고, 도 당국자의 의견을 수합하였다가 민간에 포고하고자 하는 것이라고 나는 생각하노라. 그러나 이 상통하달을 철저케 하려면 물론 도평의회원의 책임도 중대하려니와 민간 각 위도 가급적 세소(細小)한 사정까지라도 유감없이 우리에게 토로하여 주기를 절망하노라. 겸하여 오등 도평의회원된 자 사이에도 모쪼록 추호의 격의가 없이 협동하여 지난번 개정한 지방제의 근본적 정신에 반하지 않도록 함이 각자의 직책일 줄로 생각하노라.

⟨자료 162⟩ 면협의회원 선거제도를 개정하라(面協議會員選擧制度を改めよ)[평남 순천군(順川郡) 봉명면(鳳鳴面) 봉면리(鳳面里) 정상전(鄭尙銓),『조선지방행정공론(朝鮮地方行政公論)』, 제국지방행정학회조선본부(帝國地方行政學會朝鮮本部), 1928]

면협의회원은 면의 중직자(重職者)임에도 불구하고 현재 면협의회원은 그 면에서 상당한 재산가이지 않으면 안 된다. 그 재산가는 대개 50, 60세 이상의 옛날 얼굴을 가진 오래된 인물이다. 이와 같은 인물을 모아서 면협의회 등을 열어서 면장이 이것저것 말하는 것은 무의미하다. 금만가(金滿家)보다 인격자(人格者)를 선거하도록 제도를 개정할 것을 간절히 바란다.

[비판(批判)]

본론의 요지는 면협의회원이 될 수 있는 납세자격을 철폐하고, 널리 인격자를 거용(擧用)해야 한다는 의견인 것 같다. 물론 중의원(衆議院) 의원의 선거에 보선(普選)을 행하는 금일 납세자격으로 제한하는 것은 시대착오(時代錯誤)의 감이 없지 않으나 현재 자치적 기능을 결핍하고 민도(民度)에 있어서는 또한 어쩔 수 없는 바인 것 같다. 무엇보다 금만가(金滿家)의 대체가 모두 인격자이지 않는 한 협의회원으로서 적임자를 얻기 어려운 경우는 필요에 응하여 납세자격을 저하할 수 있는 방도도 있고, 굳이 부호(富豪)만을 등용하는 정신이 아니다. 요컨대 항산(恒産)이 없는 자는 아무리 영리하다 해도 지방에서 덕망을 얻기 어렵고, 사실 향당(鄕黨)을 이끄는 권위와 신뢰를 결여한 바가 많음에 비추어 상당의 항산자가 아니라면 결국 지방의 중심이자 공공(公共)에 정성을 다할 인격자를 얻을 수 없다. 따라서 금만가로서 인격 있는 자를 거용(擧用)하는 것이 소위 본 기관의 온건한 발달을 이루는 방도라고 믿는다. [충청남도 연기군수 와타누키 마사하루(綿貫正治)]

〈자료 163〉 도평의회에 의결권을 부여하라[강원도 회양(淮陽) 구연철(具然哲), 『조선지방행정공론』, 1928]

선정(善政)은 민의(民意)를 존중하는 것이고, 도평의회(道評議會)는 흡사 내지(內地)의 부현회(府縣會)란 것에 접근하게 하는 정신에서 나왔다고 생각한다. 물론 자문기관이므로 도지사(道知事)의 권한에 속하는 사무에 대해 단순히 그 의사결정을 참고하게 함에 지나지 않는다. 그러나 도민(道民)의 대표자인 이상 온건하고 성실하여 결점이 없는 한, 도지사는 이를 배척할 수 없다. 지금 제3회 개선(改選) 의원도 크게 훈련되어, 도민 또한 도평의회를 중시하기에 이르렀고, 특히 신진(新進) 청년 등이 임명되어 기쁘다. 고로 바로 의결권을 부여하라고 말하지는 않는데, 오랜 세월 전제(專制)에 시달렸던 조선인의 뜻을 헤아리고, 여론의 귀추를 살펴서 의결권을 부여하길 바란다.

[비판(批判)]

자치제(自治制) 시행을 희망하는 소리는 요즘 각 방면에서 일어나고 있는데, 그 실시를 위해서는 근본적 문제로서 민도(民度)의 향상과 이를 운용할 사람들의 훈련이 무엇보다 필요하다. 평의회(評議會)도 해를 거듭하여 훈련해 왔지만 제반의 시설과 함께 나아가지 않으면 안 된다. 자문에 응하는 답신(答申)도 시설 후에 행해지는 상태이므로 의결권 부여도 점진적으로 해결해야 한다고 생각한다. [경기도 고양군수 주영환(朱榮煥)]

〈자료 164〉 지방제도를 개정하라[경북(慶北) 경주군(慶州郡) 서면(西面) 아화리(阿火里) 하승필(河勝弼), 『조선지방행정공론』, 1928]

도평의회에 의결권을 부여하라

1. 현행의 자문기관(諮問機關)인 도평의회(道評議會), 부면협의회((府面協議會), 학교비평의회(學校費評議會)를 의결기관으로 개정하여 완전한 지방자치제를 실시해야 한다. 이는 이

미 당국과 민중 사이에 공약했던 것이라면 곧 실행해야 할 사항이므로, 따로 이유를 서술할 필요도 없다. 다만 나는 심기일전(心機一轉)해야 할 조선의 상황에 비추어, 지금이 실시할 좋은 시기라고 생각한다.

  2. 농회(農會), 수산회(水産會), 산림조합(山林組合), 축산조합(畜産組合) 등 잡다한 산업단체를 철폐하고 그 사업과 부담은 학교비와 함께 군비(郡費)를 신설하여 이를 통일해야 한다. 현재의 농회 등 각종 단체 제도는 대개 일본에 있는 형식을 모방함에 불과하다. 민도의 실정(實情)에 부적당할 뿐만 아니라 사실상 당업자(當業者)의 자치기관으로서는 아직 그 의식도 없고, 완전히 도(道)·군(郡) 관리가 업무를 집행하는 상황이다. 단체 명의는 다만 비용을 부담하기 위한 방편에 불과하다. 사무의 대부분은 부담금 징수이고, 그 수입도 대부분 징수비에 충용되고 있다. 특히 그 사무는 대개 지방행정 사무여야 하며, 군면 행정기관은 자체적 사무보다 이들 단체 사무에 몰두하고 있는 상태다. 따라서 이들 각종 단체의 2중 형식 아래에서 복잡한 수속과 막대한 용비(冗費) 및 불철저한 활동으로 종료하기보다는, 오히려 군제를 실시하여 지방비와 같은 군비를 설정하고, 각 계급의 대표 의원의 결의를 거쳐 이를 지변하는 것이 지방 발전에 유효한 것이다. 그뿐만 아니라 행정 기능도 간단해질 것이라 생각한다. 물론 보통학교비는 조만간 면비에 양도되겠지만, 그 양도 전까지, 또 실업학교 등은 이를 군비에서 경영하는 것이 지당하다. 아울러 위생 토목 등에 대해서도 군비에서 처리하는 게 유효한 일이 많다고 생각한다. 혹자는 단체 행정을 원활히 진행할 수 없는 민도인데 지방자치를 주장하면 모순이 아니냐고 하나, 현재 단체 행정은 그 설립 당초부터 당무자의 자유의사에 의하지 않은 것이므로, 결국은 관치행정에 귀착되는 것에 다름 아니다.

[비판(批判)]

  1. 현행의 자문기관인 도평의회, 부협의회, 학교평의회를 결의기관으로 개정하고 완전한 자치기관으로 해야 한다는 의론은 현재의 공직자(公職者) 등이 창도되어, 조선의 민론(民論)은 대체로 이에 경도되고 있는 것처럼 보인다. 이를 여론으로 간주하여 제도 개정을 논한다면 민의를 존중해야 할 국가행정의 대국적 견지에서 보아, 가장 민의가 향하는 바에 따라서 결의기관을 개정하는 것은 지당하다. 그러나 이들 기관의 실제를 관찰하면, 제도 개정 당시

에 비해 상당히 훈련을 거친 것은 물론이지만, 각 지방 각 기관이 모두 획일적으로 제도 개정 실시 시기에 도달했다고 말할 수 있을지는 크게 고려할 여지가 있다고 생각한다.

자문기관이므로 대의회(代議會)라 하여 아무 권위도 없고 그 결의나 실행의 힘이 없어서 민의를 수행할 수 없다는 의미에서 자문기관에 자리를 갖는 것에 불만을 느끼는 것은 일단 맞다. 그러나 자문기관이라도 그 결의를 충분히 존중하고 있으므로 폐해가 현저하다고 인정할 만한 것이 없는 것은 확실하다. 반면 결의기관으로 할 경우 이에 따르는 폐해가 적지 않을 것으로 예상된다. 또 민도의 실정을 통찰하여, 대다수의 조선인 민중의 뜻의 존재하는 바를 생각해 보면, 곧장 양성할 수는 없다. 요컨대 제도개정은 시기 문제이고 곧장 획일적으로 단행하면 조선에서는 형식에 따른 결실을 거두기 곤란하다. 이로써 지방행정의 업적을 거두리라 믿을 수는 없다. 실시 시기와 단체 종별(種別) 등까지 언급하며 구체적인 비판을 가하는 것은 하지 않겠다.

2. 농회, 수산회, 산림조합 등 잡다한 단체를 철폐하고 그 사업과 부담은 학교비와 함께 군비(郡費)를 신설하여 이를 통일시켜야 한다는 의론에 대해서는 대체적으로 찬성한다.

종래 조선의 군치행정(郡治行政)은 군의 사업 능력을 인정하지 않아서, 각종 단체는 지방산업의 발달 조장(助長)을 위해 필요에 응해서 설치되었다. 그중에는 형식 정치의 폐해로서 무리하게 산출된 것도 있다. 따라서 힘이 따르지 않고 군(郡) 관리의 극단적인 지도를 받아 형체를 유지하고 있는 상태이다. (지방에 따라서는 상당한 실적을 거두고 있는 것도 있다.) 그리고 이들 단체의 조직 형태는 대개 일본의 것을 모방했으므로 그중에는 민도와 상당히 거리가 있거나 실제에 적합하지 않은 것이 있으므로, 군제(郡制)를 시행하여 이들의 사업을 통제시키는 것은 아주 좋은 방법이다. 일본의 군제가 처음 실시될 때 다소 비난은 있었지만, 그래도 각종 산업의 발달에는 상당의 효과를 거두었다. 단지 정당 정치의 지방 침윤에 의해서 폐해를 양성했지만, 조선의 행정제도에서는 이러한 폐해를 우려할 필요는 없다. 다만 군비(郡費) 통일을 해도, 지방 발달에 따라 자치적으로 자연스럽게 만들어진 산업단체를 금지하는 것은 불가능하므로, 이들에 대해서는 조장의 방도를 강구하고 종래와 같은 획일주의(劃一主義), 형식주의(形式主義)에 빠지지 않게 개정하는 것이 긴요하다. [함경북도 청진부윤 미카미 아라타(三上新)]

〈자료 165〉 국민 참정의 계제로서의 조선 지방자치(國民參政の階梯としての朝鮮地方自治),
[마쓰오카 슈타로(松岡修太郎) 저·이종식(李種植) 편(編), 『조선 통치문제논문집(朝鮮統治問題論文集)』 제1집(第1集), 1929]

근래 "조선 재주자에게도 국정 참여권을 주자"는 외침이 점차 높아지고 있다. 우리의 관점으로 보면 당연히 일어날 만한 일이 일어난 것이다. 원래 우리 정부의 조선에 대한 통치 방침은 동화정책을 그 신조로 하며, 내지연장주의를 그 이상으로 한다. 이에 대해 많은 학자는 자치정책에 의한(식민지주의) 특별지역주의를 주장한다. 내지연장주의에 의하면 제국의회에 대의사를 보내는 것에 의해, 식민지주의에 의하면 소위 조선 자치의회를 설립하는 것에 의해 국민 참정의 문제를 해결하는 것이다. 어느 것을 채택하는가는 매우 신중한 연구가 필요한 문제이다. 채택할 제도는 그 무엇이나 일본의 일부로 입헌정치의 핵심인 국민자치, 즉 국민이 국정에 참여하는 제도를 조선에도 미치게 할 필요는 분명 가까운 장래에 일어날 것이다. 오직 시기의 문제이고, 그 시기는 곧 박두해 올 것이다. 나는 국민으로서 합리적인 통제하에 우리 생활이 행복해지길 바라며, 결함 있는 여러 제도 개량을 항상 열망한다. 그러나 나는 급박히 필요한 경우의 다른 급격한 개혁을 바라지 않는다. 항상 점진적으로 시세에 응해서 개량을 시도해 가는 것을 희망한다. 점진적 개량이 항상 적당히 행해지면 급격한 개혁이 일어날 수 없다. 지금 만약 급히 현재 조선에서 대의사를 선출한다든가, 조선 자치의회를 설립하면 그것은 급격한 개혁이다. 아국에 입헌정치가 선포된 것은 가히 급격한 개혁이었다. 그러나 그 역사를 돌이켜보면 결코 하루아침에 이루어진 것은 아니다.

1878년(明治 11)에 부현회규칙이 발포되기 시작하여 민선 지방의회 설립이 인정된 이래, 동 13년에 구정촌회법이 발포되고, 22년에 헌법 발포가 있고, 다음 해 23년에 이르러 점차 제1제국의회가 소집되었다. 이로써 보면 우리 의회제도 확립에 이르기까지는 그 준비 조사 시대가 꽤 길고, 오히려 점진적으로 한걸음씩 확실히 밟으면서 완성된 것이라 볼 수 있다. 우리 조선에 국민자치제도가 시행되려면 신중한 태도가 필요한 것은 오히려 그 이상일 것이다. 그 필요는 필연적으로 일어나는 것이므로 급격한 개혁을 피하기 위해서는 그 준비로써 여러 제도의 점진적 개량이 필요하다. 그런데 이를 위해서는 지방자치제도 확립이 가장 중요하게 효과있는 것이라 믿는다. 국민으로 하여금 작은 자치를 먼저 훈련시키고, 그 후 큰 자치를 행하게 하는 것은 전술한 우리나라의 예뿐만 아니라, 선진국이 채택한 바이다. 조선에서도 국민 참정의 계제로써 우선 지방자치제도 확립을 기하는 것이 순서이다. 공공단체는 그 기능에 의해 다음 3종류로 분류할 수 있다.

1. 주동적 단체

이것은 단체 기능을 단체 소속 중에서 구성 또는 단체에서 스스로 선임한 권리를 가진 것을 말한다. 즉 단체의 의사는 단체의 내부에서 발(發)하고, 그 고유한 기능에 의해 스스로 그 의사를 구성하는 권능이 주어지는 것이다. 일본의 시정촌은 이에 속하며 결의기관, 집행기관 모두 단체 소속원 또는 단체에 의해 선정된다.

2. 수동적 단체

이것은 단체의 기능이 단체 밖에서 주어지고, 단체는 스스로 이를 선임하는 권리 없이 단체 소속원은 스스로 단체의 의사를 구성하는 권리가 없고, 그 의사는 밖에서 주어지는 기관이다. 부·면은 이에 속한다. 부에서는 부윤은 국가 관리이고, 부 의회는 부민이 공선하나 의결기관이 아니고 부윤의 자문기관에 그친다. 자문기관은 법리상 의사결정을 하거나 이에 참여하는 것은 없고, 의사 구성은 관리인 부윤이 하는 것으로 볼 수 있다. 면에서 면장은 도지사가 선임하는 대우관이고, 협의회도 지정면에서는 공선에 의하나 다른 면에서는 공선에 의하지 않는 자문기관에 불과하다. 부와 면에서는 사무를 스스로 처리하는 기능은 없다고 해도 좋다. 특히 면에서는 법령에 의해 면에 속하게 할 사무를 처리하는 데 그치고, 단체에 속한 고유의 공공사무를 처리하는 권능은 주어져 있지 않다.

3. 반(半) 수동적 단체

이것은 앞 두 가지의 중간에 있는데, 단체의 기관이 일부분은 단체에 의해 만들어지고 일부분은 외부에서 주어지는 것이다. 홋카이도 부·현과 같은 것은 이에 속한다. 즉 의결기관은 공선에 의하나 집행기관은 관리인 도장관과 부·군 지사이다. 만약 부·면 협의회가 의결기관이 되면 이 종류의 단체에 속하는 것이 된다.

이상은 주로 부·면이 자치단체로서 어떠한 지위에 있는가를 설명한 것이지만, 이 자치단체의 권능은 극히 약해서 학문상 이를 자치단체의 범주에 넣을 수 있을까 의심된다. 기타 도 지방비, 공공조합인 학교비 등은 여기 말할 것도 없이 자치 권능은 약하다. 조선에서 의결기관을 가진 자치체 공공조합으로는 오직 학교조합만을 들 수 있는 상태이다. 이러한 상태에 있는 조선의 자치제를 완전한 것으로 하려 함에는 반드시 모든 범위에 걸쳐 일시에 이를 할 필요는 없다. 소위 민도에 적합한 지방단체부터 점차 그 자치의 권능을 확장해야 한다. 이 점에서 보면 제도 개정은 우선 부제에 착안해야 할 것이다. 그런데 그 채용할 제도는 반드시 일본과 같을 필요는 없다. 조선의 사정은 일본과 아직 완전히 같지 않고, 다른 사정하에서 다른 제도를 채용하는 것도 그 지방이 도모할 까닭이기 때문이다. 동화가 완성되지 않았음에도 섣불리 일본의 제도를 모방하려 하는 것은 일본인이 조선인과 분리되어 단결함을 목적으로 하지 않는 한 써야 할 방책은 아니다.

조선 자치단체의 자치권 확장의 구체안은 경험자의 신중한 심의의 결과를 기대해야겠지만, 내 생각으로는 다음 몇 가지를 고려해야 할 것이다.

(1) 자문기관을 의결기관으로 하고, 이 기관을 공선으로 하는 것. 선거법 규정을 현행법보다도 상세하게 하고, 특히 선거취체규정을 만들고, 또 선거 및 당선 소송제도를 확립하는 것이 필요하다. 선거자격에 대해서는 곧장 보통선거를 실행하는 것은 시기상조인 느낌이 있다. 당분간은 납세 정주의 제한을 둘 수밖에 없을 것이다.
(2) 집행기관을 결의기관에 의해 선거하되, 단 국가의 동의를 조건으로 하면 지장 없다.
(3) 국가의 자치 감독규정을 고려할 것. 자치는 국가하에서 자치이다. 고로 만약 국가의 목적에 반하거나 자치체 그 자신의 부패·추락의 경우 국가는 감독권으로 이를 억압해야 한다. 자치권 확장에 관해서는 다양한 난점이 있다. 첫 번째는 일본인 대 조선인 문제이다. 어떤 논자는 경성이나 부산처럼 일본인이 세력 있는 지방에는 일본과 동일한 자치를 인정할 수 있으나, 평양과 같은 조선인이 우세한 지방에는 인정하기 어렵다고 한다. 만약 인구 비율에 의해 일본인이 압도된다고 하는 단순한 이유에 의한다면 그것은 소위 인종적 편견이 아닐까. 일본인이 모든 경우 우세하고 모든 조선인이 모든 경우에서 열악할 까닭은 없다. 표준은 공평히 구해야지 인종에 의해 구해서는 안 된

다. 예를 들면 인구 10만 이상인 부의 자치권을 확장한다고 하면 조선인이 많건 일본인이 많건 10만 이상의 부는 동등하게 자치권을 확장하는 것이 공평하다.

또 선거자격의 표준을 정한다 해도 납세액이나 교육 정도 등으로 하는 것은 어쩔 수 없지만, 자격 있는 자에 대해 내선인의 구별이 없어야 한다. 특히 지방단체는 그 지방 주민의 단체이고, 재주 일본인만의 단체가 아니다. 처리하는 사무도 일본인에 관한 것만이 아니라 오히려 다수의 조선인에 관한 것이다. 또 일본인 다수의 지방단체에 자치를 허하고, 그 단체에서만 대의사를 선출하는 것은 과연 그것을 조선 민중의 대표라 할 수 있을지 의문이다.

난점의 두 번째는, 재선 일본인 정주자가 비교적 적다는 것이다. 소위 정주자 중에서도 비교적 길게 체재를 지속하는 것에 불과한 자가 많다. 따라서 조선에 대한 향토애가 결핍되고, 이익 관계가 박약한 자가 많은 모습이다. 지방자치라는 것은 참으로 그 향토에 열애를 가질 수 있는 자에 의해서만 능히 효력을 거둘 수 있다. 이 점에서 보아 일본인의 자치열이 소극적으로 되지 않을까 우려된다.

난점의 세 번째는 단체의 재정 부담 능력이다. 자치는 스스로 부담으로 스스로 사무를 처치해 가지 않으면 안 된다. 따라서 자치체에는 주민이 일반적으로 비교적 높은 물질적 문화를 갖고 있어야 한다. 소수자만의 부담으로 큰 세대의 재정을 행하는 것은 곤란을 수반한다. 난점은 이것들만이 아니지만 이들 점에 관해 충분히 고려하고, 설명을 다해 자치제의 완성을 기한다면 우리가 가장 찬성하는 바이다. 우리가 조선 문제를 생각할 때는 내선인의 이익을 각기 따로 생각하기보다도 우선 공동 이익을 생각해야 한다. 또 통치책으로도 조선인에 대해 어디까지나 은혜만 주어서 생활과 자유를 보증해서는 안 된다. 권리를 주고 의무를 지우는 것에 의해 국가 아래에 의의 있는 생활을 영위시킬 수 있다.

<자료 166> 조선지방선거취체규칙해설(朝鮮地方選擧取締規則解說)(조선총독부 편, 1929, 조선총독부)

1. 규칙을 만든 이유

　지방제도에서 선거제도를 채용함에도 불구하고 종래 이에 대한 취체법규를 만들지 않아서 조선에서는 지방에 공선(公選)을 인식하는 연혁이 없었다. 제도 시행 당시에는 일반에 대한 지식이 비교적 유치했다. 당초부터 선거에 관한 엄중한 취체법규를 만들면 쓸데없이 많은 위반자를 낳아서 지방민이 본 제도에 대해 익숙해지지 않을 우려가 있었다. 잠깐 제도 운용의 실적을 보면 필요에 따라 이를 제정한 것이나 본 제도 시행 이후 시일이 흘러 10년이며, 지금은 제도 운용에 대한 훈련을 쌓아 일반에 그 지식의 향상을 봄과 동시에, 선거 경쟁이 점차 심해져서 그동안 여러 폐해를 낳기에 이르렀다. 이대로 방치하면 그 폐해가 더욱 심해져서 결국 선거의 공정을 기할 수 없게 될 우려가 있으므로 본 규칙을 제정하게 된 것이다.

2. 규칙의 형식 및 형법 기타 법규와의 관계

　본 규칙은 부령(府令)으로 발포되었으나 이는 부제, 면제, 학교비령, 학교조합령 및 도지방비령에서 각각 그 위임규정에 기초한 것이므로, 본 규칙은 제령과 동일한 효력을 갖는다. 그리고 본 규칙은 형법 기타 일반법에 대한 특별법이므로 본 규칙에 규정한 사항에 대해서는 다른 법규의 적용을 배제하는 동시에, 선거에 관한 사항에서 본 규칙으로 규정하지 않아도 다른 법규로 규정하는 것에 대해서는 그 법규의 적용을 받는 것은 물론이다.
　종래 선거에 관한 벌칙으로 구(舊)형법이 그 효력을 갖는지 아닌지에 대해 해석상 다소 논의가 있다. 유효하다는 설은 조선형사령에 의해 형법 및 형법시행법을 조선에 시행한 결과 형법시행법에 의해 당분간 효력을 존치하며, 구형법 제2편 제4장 제9절의 공선 투표를 위조하는 죄에 관한 규정도 자연히 조선에 시행되는 것이라 한다. 무효하다는 설은 구형법은 형법시행법에 의해 그 효력을 가지나 원래 구형법은 조선에 시행되지 않고 법률로써 조선에서는 효력을 갖지 않는다고 한다. 해석상 불분명한 점이 있으나 본 규칙 시행 때는 가령

위 유효설을 채택해도 구형법을 적용할 필요가 없으므로 위 해석 문제도 자연히 소멸한다.

3. 규칙 내용

규칙 내용은 대체로 중의원의원선거법 및 시정촌회의원 선거의 예에 의했으나, 조선의 실정에 맞춰 취체 사항 및 취체의 정도에 대해서도 취사 참작을 가했다. 따라서 일본의 선거에서 취체 사항 중 예를 들면 후보자의 계출, 운동원 자격 및 인원 제한과 그 신고, 운동비 제한, 호별방문 금지, 선거사무소의 수 및 위치 제한, 휴게소 설치 금지, 운동을 위해 반포 또는 게시하는 문서나 그림 제한과 같은 것은 본 규칙에서는 모두 제외한다. 또 처벌 정도도 대체로 일본 예의 3분의 1 내지 4분의 1 정도에 그쳤다. 그러나 원래 본 규칙 제정의 취지는 선거의 자유와 공정을 기하는 데 있으므로 이를 해하거나 문란케 하는 행위는 취체하고, 범칙자에게는 제재를 가할 필요가 있다. 따라서 제재 규정은 어쩔 수 없이 상당히 세밀하므로 장래 선거 관계자들로 하여금 특히 이 점에 유의시켜 종래의 습관에 빠져 부주의하게 규칙에 저촉되지 않는 것이 필요하다.

4. 조항 설명

각 조에 대해 요지를 설명하면 다음과 같다.

"제1조: 본령은 부협의회원, 면협의회원, 학교평의회원 및 학교조합회의원의 선거(이하 간단히 선거라 칭함)에 대해 이를 적용한다."

본 조항에는 단순히 면협의회원 또는 학교평의회원이라고 되어 있으나 이는 원래 선거제도가 있는 지정면의 협의회원 및 부의 학교평의회원을 지칭하는 것으로, 보통면의 협의회원 및 군(郡)·도(島)의 학교평의회원을 의미하지 않음은 물론이다. 단 군·도 학교평의회원 후보자 선거에 대해서는 제18조 규정에 의해 필요한 조항을 준용하는 것으로 한다.

학교조합은 크고 작은 차이가 현저하고, 그 선거인 수가 겨우 10명 내지 십몇 명에 불과한 조합에서는 대개 선거 경쟁이 없다. 그중에는 오히려 의원이 되는 것을 피하려는 분위기가 있는 조합도 적지 않다. 이들 조합의 선거에 대해서는 취체를 행할 필요가 없으니, 학교조합은 그 규모에 따라 구별이 두어 작은 조합에는 규칙을 적용하지 않아도 될 것 같지만, 작은 조합이라 하더라도 장래 그 선거에 경쟁이 생길 경우 부정(不正)하고 부당한 행위가 있을 때는 조합의 대소를 막론하고 동등하게 제재를 가할 필요가 있다. 따라서 모든 조합에 이를 적용하는 것으로 한다.

"제2조: 선거를 관리하는 부윤, 면장 또는 학교조합 관리자(이하 간단히 선거관리자라 총칭함)는 선거회장[이하 간단히 회장(會場)이라 칭함]의 취체를 위해 필요하다고 인정할 때는 경찰관리의 처분을 청구할 수 있다."

부제시행규칙 제2조의 7, 면제시행규칙 제6조의 8, 학교조합령시행규칙 제13조 및 조선학교비령시행규칙 제4조의 규정에 의해 선거관리자는 선거회장의 취체에 임해야 하나, 본 조항은 그 취체상 필요한 경우 경찰관리에게 처분을 청구할 수 있다고 규정하고, 회장의 질서 유지상 강제력을 쓰는 것이 필요한 경우에는 경찰관리에게 그 처분을 청구해야 하는 것으로 한다.

회장의 취체에 대해서는 책임자로서 선거관리자가 있다. 특히 선거인으로 하여금 자유롭게 또 엄중하게 그 권리를 행사시키기 위해서는 누구라도 간섭받는 행동은 피할 필요가 있으므로 경찰관리는 어쩔 수 없는 경우 외에 적극적으로 경찰권을 행사하는 것은 신중해야 하고 그 행사에 대해서는 선거관리자의 청구를 기다려 행하는 것이 온당하다.

"제3조: 선거인이 아닌 자는 회장에 들어올 수 없다. 단 회장의 사무에 종사하는 자, 회장을 감시하는 직권을 가진 자, 경찰관리 또는 선거관리자가 필요하다고 인정한 자는 이 제한을 받지 않는다."

본 조항 중 '선거관리자가 필요하다고 인정하는 자'란 관리자의 허가에 의해 입장할 수 있는 자를 지칭한다. 입장 허가는 관리자의 자유 재량으로 결정할 수 있으나 그 '필요하다고 인정한 자'란 회장의 용무상 필요한 자여야 한다. 회장의 용무에 직접 필요 없는 용무를 위해서는 입장을 허가하지 않는다. 예를 들면 회장 내 설비의 임시 보수가 필요하여 그 때문에 대공(大工) 또는 인부를 들이는 것이나, 회장의 사무에 필요한 서류, 기구 또는 관리자 이하 종사원의 식사용 도시락, 탕차(湯茶) 등을 옮기기 위해 급사(給仕)나 소사(小使)를 들이는 것 등은 본 조항에 해당하나 신문기자 또는 사진반이 회장에 들어와 기사 자료를 얻거나 상황을 촬영하려고 하는 경우 등은 위에 해당하지 않는 것으로 한다.

"제4조: 회장에서 연설·토론을 하거나 소란을 일으키거나, 투표에 관해 협의 또는 권유하거나, 기타 회장의 질서를 문란케 하는 자가 있을 때 선거관리자는 그가 이를 제지하는 명에 따르지 않을 때 회장 밖으로 퇴출시킬 수 있다. 앞 항의 규정에 의해 회장 밖으로 퇴출된 자는 마지막에 투표할 수 있다. 단 선거관리자는 회장의 질서를 문란케 할 우려가 없다고 인정하는 경우 투표하는 것을 막지 않는다."

본 조항에 의해 회장 밖으로 퇴출되는 것에 대해서는 이를 강제할 수 있음은 물론, 이러한 경우는 제2조의 규정에 의해 경찰관리의 처분을 청구하는 경우의 적당한 예일 것이다.

"제5조: 선거사무에 관계하는 관리 및 이원은 그 관계 구역 내에서 선거운동을 할 수 없다."

선거사무에 관계하는 관리 및 이원이란 선거에 관한 사무에 직접 관계를 갖는 관리 및 이원을 지칭하는 것으로 간접적 관계가 있는 자, 예를 들면 감독관청의 관리 및 이원 등은 포함하지 않는다. 또 선거사무란 선거의 실질적 사무를 지칭하는 것으로 선거의 취체사무 등은 이에 포함되지 않는다. 관계가 있는 관리 및 이원의 범위는 그 사무를 처리할 직책을 가진 자, 이를 보조하는 직무에 있는 자 및 특별히 명을 받아 실제로 그 사무에 종사하는 자를 말한다.

법문 중에 '관계 구역 내에 있어서의'라고 되어 있고, '관계 구역 내에서'가 아닌 점에 주의를 요한다. '관계 구역 내에서'라고 할 때는 관계 관리 및 이원이 해당 구역 내에서 하는 운동만 의미하고, 그 관계 구역 외에서, 혹은 전화나 문서로, 혹은 사람을 파견해서 구역 내에 대한 선거운동을 하는 경우는 포함하지 않는다. 그러므로 이를 '구역 내에 있어서의'라고 한다. 관계 관리 및 이원이 해당 구역 안과 밖에 상관없이 그 구역 내에서 효과를 낳는 운동을 하는 것은 모두 금지하는 것으로 한다.

'선거운동'이란 말의 의의는 판례로 예를 들면 "선거운동이란 당선을 알선하는 모든 행위를 지칭한다" 또 "선거운동의 방법, 순서 등에 대해 협의하는 행위도 역시 선거운동의 실행 행위의 단서이므로 이를 선거운동이라 해도 무방하다"로 되어 있다. 즉 이에 의해 선거운동이란 어떠한 행위를 지칭하는가를 알 수 있다. 판례에 소위 당선을 알선하는 행위란 타인을 당선시키기 위해 하는 행위를 지칭하는 것이나 자기 스스로 당선되기 위해 하는 모든 행위도 역시 운동 행위임은 말할 필요도 없다. 그리고 그 행위의 동기 여하는 당연하게도 이에 해당하는 행위인 이상 이를 선거운동이라 보아야 한다.

"제6조: 선거운동을 하는 자는 선거운동을 위해 필요한 음식물, 배, 차마(車馬) 등의 공급 또는 그 실비의 변상을 받을 수 있다."

선거운동을 하는 자는 음식물, 배, 차마 등의 실물의 공급 또는 그 실비의 변상을 받을 수 있는데 실물의 공급이므로 어느 정도의 것이라도 가능하다. 또 현재 지불한 실비이므로 금액과 상관없이 그 변상을 받을 수 있다는 취지이다. 받게 될 실물 또는 실비는 선거운동을 할 때 필요한 정도 또는 금액을 요한다. 따라서 그 필요한 정도를 넘을 때는 본 조항이 인정하는 실물의 공급 또는 실비의 변상이 아니고 이익의 공여를 받은 것이니, 제8조의 규정을 위반하는 것이 될 것이다. 실물 및 실비의 정도에 관해 다음과 같은 판례가 있다.

○ 통상적인 식사의 정도를 넘은 음식물을 제공하면 그 명의의 도시락인지 아닌지를 불문하고 분명히 선거운동자에 대한 사례의 의미가 있고 그 환심을 얻고자 하는 것이며, 선거법 제87조에 소위 다른 사람을 향응 접대하는 것에 해당하는 것으로 한다. 그리고 그 통상적인 식사의 정도 여하는 당사자의 지위, 신분, 그 지역의 물가의 고저 등 제반 상황에 의해 판단한다. 그러나 현재 일반 생활 상태에 비추어 보았을 때는 1회 50전, 즉 1일 1원 50전의 식사는 다른 특수한 사정이 없는 한 통상적인 식사의 정도를 넘지 않는다고 추정할 만하다는 것은 이미 당원(當院) 판례로 알 수 있는 바이다. 운운.
(1915년 대심원 판결)

○ 선거운동자에 대해 적당한 음식물 또는 그에 상당하는 대금을 공여하는 것은 선거법 위반으로 하지 않는 것은 이미 당원이 판시하는 바이다. 혹 음식물 또는 요금이 통상적인 식사 또는 그 대금으로 적당한지 아닌지는 운동자 각자 고유의 지위와 경우에만 착안하여 이를 결정해야 하는 데 다름 아니다. 특별한 사정이 없는 이상 그 지방에 있어서 보통 일반인의 적정한 정도라 할 만한 음식물 또는 대금인지 아닌지에 의해서 이

를 결정하는 것으로 한다. 적당한 정도 이하의 식사를 상용하는 자는 운동자라 해도 역시 보통 사람의 적당한 정도 이하인 음식을 달게 받아들이지 않을 이유가 없다. 그리고 1일, 즉 3식에 겨우 금 35전에 상당하는 식사는 보통 일반인의 적당한 정도 이상의 음식이라 할 수 없음은 사실이다. 그러므로 가끔 어떤 운동자가 이보다 싼 식사를 상용한 사실이 있더라도 35전과 그 식사 대금과의 차액은 곧 소위 적당한 정도를 초과한 것이라 할 수 없다. (1915년 대심원 판결)

부언: 위 판결 당시, 즉 1915년과 현재는 일반 물가에 차이가 있다. 음식물 가격 정도의 표준도 차이가 있을 것이다.

근래 일본의 선거에서는 그 도시마다 검사정 및 지방장관 협의 때 음식물과 기타 가격 정도를 정하고, 이를 관계자에게 고시하여 주의를 주고 있는데, 조선에서도 선거 때 당국에서 미리 표준을 보여 주의를 준다면 취체상 편의가 있을 것이다.

"제7조: 사기적인 방법으로 선거인명부에 등록한 자 또는 허위로 신고하여 회장에 들어간 자는 50원 이하의 벌금에 처한다. 씨명을 사칭하고, 기타 사기적인 방법으로 투표를 한 자는 6개월 이하의 금고 또는 100원 이하의 벌금에 처한다."

사기적인 방법으로 선거인명부에 등록한 자란, 명부 작성 때 호적이나 거주 신고를 게을리한 자의 자격 결정을 위해 연령, 거주기간 또는 성별 등의 조사를 요하나, 이를 본인을 통해 조사하는 경우 고의로 허위 신고하여 명부에 등록한 자, 또는 명부에 등록되는 것을 기하는 목적으로 미리 생년월일 등을 속이고 거주를 신고하여 명부에 등록한 자, 또는 허위의 증명으로 명부 탈루를 신고하여 명부 등록 결정을 받은 자 등을 지칭한다. 연령, 성별 등이 공부(公簿)에 불명확한 경우는 본인의 본적지에 조회·조사하는 것을 원칙으로 하고, 이를 본인을 통해 조사하는 것은 기일이 절박하여 본적지에 조회할 겨를이 없는 경우에 있어서 편법이다.

허위로 신고하여 회장에 들어온 자란, 회장에 들어올 수 없는 자, 즉 제3조 규정에 해당하지 않는 자가 이에 해당하는 자처럼 그 자격 또는 신분 등을 거짓으로 하여 회장에 들어간 자를 말한다.

씨명을 사칭하고, 기타 허위의 방법으로 투표를 한 자란, 선거인인 다른 사람의 씨명을 사칭하여 투표하거나 전술한 바와 같이 허위의 방법으로 명부에 등록을 받고, 이에 기초하여 투표를 한 자 등을 말한다. 피선거인의 씨명을 스스로 쓰기 어려운 자가 몰래 투표의 대필을 받아 이를 스스로 쓴 것처럼 위장하여 투표한 경우 등도 허위의 방법으로 투표한 자에 해당한다.

선거권 없는 자가 착오로 명부에 등록되어 그 자가 투표를 한 경우는 투표할 수 없는 자가 투표를 행한 것이므로 위법이다. 그러나 그 행위는 씨명 사칭 또는 허위의 방법에 의한 것이 아니므로 본 조항에 해당하지 않는다. 이 경우 선거권이 없는 자라는 것을 의식하면서 감히 이를 행한 것일 때에는 부정행위로 처벌해야 한다. 그러나 그 처벌규정을 두지 않은 것은 그 다수가 무의식적으로 우연히 의식적 행위를 한 것이고, 원래 당국자의 과오에 기인한 것이므로 구태여 이를 벌하지 않는 것이 적당하다고 생각하는 데 연유한다.

"제8조 다음 각호에 게재한 행위를 한 자는 1년 이하의 징역 또는 금고 혹은 2백 원 이하의 벌금에 처한다.

1. 표를 얻거나 얻게 하거나 얻지 않게 할 목적으로 선거인이나 선거운동자에 대해 금전, 물품, 기타 재산상의 이익 또는 공사 직무의 공여, 그 공여의 신청 또는 약속하거나 향응 접대와 그 신청 또는 약속을 했을 때
2. 투표하거나 하지 않는 것, 선거운동을 하거나 그치게 하는 것에 대한 보수를 주는 목적으로 선거인이나 선거운동자에 대해 앞 호에 게재한 행위를 했을 때
3. 회원 또는 의원 후보자(이하 간단히 후보자라 칭함)를 그만두게 할 목적으로 후보자에 대해 또는 당선을 사퇴시킬 목적으로 당선인에 대해 제1호에 게재한 행위를 했을 때
4. 후보자를 그만두게 하거나 당선을 사퇴하는 데 대한 보수의 목적으로 후보자 또는 선거인인 자에 대해 제1호에 게재한 행위를 한 때
5. 앞 각호의 공여, 향응 접대를 받거나 또는 요구하거나 그 신청을 승낙했을 때"

앞 항의 경우에서 거둔 이익을 몰수한다.

제1호는 선거인 또는 운동자에 대한 사전 매수행위를, 제2호는 선거인 또는 운동자에 대한 사후 보수 공여 행위를, 제3호는 후보자 또는 당선인에 대한 사전 매수행위를, 제4호는 후보자 또는 당선인에 대한 사후 보수공여행위를 벌하고, 제5호는 그 상대방인 선거인, 운동자, 후보자 또는 당선인의 그 매수에 응해 또는 보수공여를 받은 행위를 벌하는 규정이다. 그리고 매수공여행위를 분류하면 금전, 물품, 기타 재산상 이익을 공여하는 것, 공사의 직무를 공여하는 것, 향응 접대를 하는 것, 이상의 공여 또는 향응 접대를 신청하고 또는 그 약속을 하는 것, 상대방이 그 공여 또는 향응 접대를 받거나 나아가 이를 요구하고 또는 그 신청을 승낙하는 것 등에 의해 죄로 하는 것으로 한다.

재산상 이익의 공여 및 향응, 접대 등의 의미에 관해서는 다음과 같은 대심원의 판례가 있다.

- 회뢰(賄賂)의 목적물은 유형·무형을 불문하고 널리 사람의 수요 또는 욕망을 만족시킬 만한 생활 이익을 지칭하므로 금전의 증여를 받지 않아도 그 소비 대차(貸借)로 인해 수요를 만족시킨 이상은 재산상 이익을 받은 것이라 할 수 있다. (1914년)
- 상인이 그 영업 범위 내에서 거래 신청을 받는 것은 그 욕구를 만족시키기 위함이며, 고객은 상인이 보았을 때 일종의 이익의 원천이다. 이를 가리켜 재산적 이익이라 칭해도 조금도 불가한 점이 없다. (1914년)
- '기타 이익'이란 동 조항 중 특별히 명시한 것을 제외한 것 외에 일반적으로 사람의 수요 또는 욕망을 충족시키기에 족할 만한 모든 사물을 지칭하는 것으로, 재산상의 가치가 있는 사물에 한정한다는 취지가 아니다. (1917년)
- 소위 향응이란, 선거에 관해 보수·사의(謝儀)의 취지로 타인에게 주식(酒食)을 향응하고 그를 환대한다는 뜻으로, 선물의 풍성함 여부나 가치의 많고 적음 등은 반드시 중요한 것은 아니다. (1917년)
- 소위 향응이란, 선거 전후를 불문하고 그 방법, 명의의 여하와 상관없이 선거인이나 선거운동자에 대하는 것과 기타 인물에 대한 것을 구별하지 않고, 물질의 풍성함 여부와 가치의 많고 적음을 나누지 않고, 선거 사항에 관해 보수·사의(謝儀)의 취지에서 주식(酒食)이나 기타 환대할 만한 자료를 다른 사람에게 공여하는 것을 지칭한다. (1918년)
- 선거운동 위로와 자기의 당선 축하를 겸해 주연(酒宴)을 베풀어 주식(酒食)의 향응을

하고 그 향응을 받는 것은 타인을 향응하거나 또 그 향응을 받는 것에 다름 아니다. (1913년)

○ 선거 후 당선자가 축하의 뜻을 표하기 위해 선거인 선거운동자가 아닌 선거에 관계없는 친족·친구를 초대하여 축하연을 벌이는 것 등은 선거에 관한 사람을 향응하는 것이 아니며, 범죄 성립이 되지 않는다. (1913년)

○ 보수 또는 사례의 의미를 갖지 않고 단순히 일반 사교상 예의(禮儀)에 따라 통상적인 식사에 상당하는 음식물을 공급하는 것 등은 가령 그 피공급자가 선거운동자인 경우라도 죄가 되지 않는다. (1915년)

위 판례에 의하면 '재산상의 이익'이란 말의 의미는 자못 광범위하게 해석되고, 또 '향응 접대'의 의미도 적어도 그것이 사실이라면 정도 여하는 묻지 않는 것이 되나, 향응 접대에 대해서는 일면 또 선거관계자에 대한 경우에도 보수 사례의 의미를 갖지 않고 단순히 사교상 의례에 의해 통상적인 식사에 상당하는 음식물을 공급하는 것은 지장없다는 것을 알 수 있다.

본 조항은 선거운동자에 대한 향응 접대도 이를 금지하는 것이지만 선거운동자가 선거운동을 할 때 필요한 음식물 등의 공급 또는 그 실비의 변상을 받는 것은 제6조 규정에 의해 인정되는 것임에 의해 본 조항의 금지는 그 필요 정도를 넘는 경우를 의미하는 것임은 말할 필요도 없다.

여기서 주의할 점은 종래 각지의 선거에서 왕왕 거의 공공연하게 행해진, 예를 들면 입후보 발표 때 사람을 향응하는 것, 운동자에 대해 그 운동 중 뇌물로써 필요의 도를 넘어 주식을 공급하는 것, 선거 당일 선거인에 대해 자동차 또는 인력거를 제공하는 것, 선거인으로 하여금 투표를 행하게 하기 위해 그 체납세를 대납하는 것, 선거 당일 회장 부근에 설치한 휴게소에 술을 준비하여 선거인을 환대하는 것, 선거 당일 밤 당선 통지 또는 선거 결과의 보고가 오기까지 후보자의 자택이나 요릿집에서 운동자 등에 대해 주연을 개최하는 것, 혹은 또 선거 후 위로, 축하 또는 사례의 의미로 선거 관계자를 향응하는 행위 등은 모두 본 조항 위반이다. 그러므로 종래 관례에 젖어 부주의하게 위반 행위를 하는 일이 없도록 당사자, 취체 당국 모두 특별히 유의를 요한다. 단 선거 당일 밤 후보자 자택에서 당선 통지 또는 선거 결과 보고가 오는 것을 기다리는 동안 저녁식사 때 적당한 식사를 제공하거나 야식을 공급하는 것 등은 이를 운동자에 대해 필요한 음식물 공급 또는 일반 사교상의 예의(禮儀) 행위라고 보아 지장 없다 할 것이다.

본 조항 제2항에 "받은 이익은 이를 몰수한다"라고 한 것은 그 이익이 현존하는 경우 이를 몰수한다는 취지로, 현존하지 않는 경우 이를 가격으로 환산하여 추징하는 것은 규칙으로 인정되지 않는 바이다. 따라서 예를 들면 받은 이익이 금전인 경우 그 금전이 그대로 있는 경우는 몰수되나, 이미 소비한 경우는 몰수할 길이 없는 것으로 한다.

"제9조: 선거에 관해 다음 각호에 게재한 행위를 한 자는 1년 이하의 징역 또는 금고 또는 2백 원 이하의 벌금에 처한다.
1. 선거인, 후보자, 선거운동자 또는 당선인에 대해 폭행 또는 위력을 가하거나 이를 괴인(拐引)했을 때
2. 교통 또는 집회의 편의를 방해하거나 연설을 방해하고 기타 허위로 부정한 방법으로 선거의 자유를 방해했을 때"

제1호의 행위는 선거인, 후보자, 운동자 또는 당선인 4자에 대한 경우에 한해 가령 선거에 관한 목적이라도 위 4자에 해당하는 자 이외 그 가족이나 사용인, 또는 그 재산 등에 대해 한 행위는 포함하지 않는다. 단 이 경우 일반 형법에 해당하며 그 제재를 받는 것은 별문제로 한다.

소위 '괴인(拐引)'이라고 거짓말하여 유인한 경우는 물론, 협박의 정도에 달하지 않는 위세를 보이거나 기타 제반 방법으로 타인을 속여 그 현재 있는 곳에서부터 다른 곳으로 유인하는 행위를 말한다.

제2호의 교통 혹은 집회의 편의를 방해한다는 것은 도로, 도선, 궤도 등에 고장을 일으키게 하거나 집회장 설비 등에 장해를 가하는 등의 행위는 물론, 상당하는 사유 없이 자동차, 인력거 또는 집회장을 빌어 타인의 이용을 방해하는 등의 경우도 해당한다.

연설 방해란, 소란, 폭행, 야유 등의 방법에 의해 연설을 청취 불가능하게 하거나 연설을 계속할 수 없게 하는 등의 경우를 말한다. 다소의 소란, 야유 행위가 있어도 연설을 계속할 수 있는 정도일 때는 죄가 되지 않는 것이 일반적인 해석이다.

교통 집회의 편의를 방해하거나 연설을 방해하는 죄는 적어도 그 사실이 있는 이상 그 결

과가 선거의 자유를 방해 유무와 상관없이 성립하나, 말단의 "기타 허위로 부정한 방법"에 의한 죄는 선거의 자유를 방해하는 결과를 낳는 경우에 한해 성립하는 것으로 한다.

"제10조: 선거에 관해 관리 또는 이원이 고의로 직무 집행을 태만히 하거나 또는 직권을 남용하여 선거의 자유를 방해했을 때는 6개월 이하의 징역 또는 금고에 처한다. 관리 또는 이원은 그 자격에서 선거인에 대해 투표를 시키거나 또는 투표한 피선거인의 씨명의 표시를 구했을 때 2개월 이하 금고 또는 50원 이하의 벌금에 처한다."

제2항에서 '관리 또는 이원 그 자격에서 운운'이란 관리 또는 이원이 상대방으로 하여금 관리 또는 이원의 자격으로서 하는 것이라 의식시키는 상태에서 하는 경우를 말한다. 원래 투표의 비밀은 선거제도의 가장 중요한 바이며, 선거인이 누구를 투표하려고 하는지 또 누구를 투표시킬지는 어떠한 경우라도 이를 발표해서는 안 된다. 이와 함께 누구라도 그 발표를 구해서는 안 된다. 따라서 이를 발표시키려는 행위 등은 엄히 금지하는 것이 필요하다. 그러나 개인 간에서 하등의 목적 없이 좌담적으로 누구를 투표했느냐고 묻거나 누구를 투표했다고 답하는 것 등은 별로 폐해가 없으므로 구태여 이에 제재를 가할 필요가 없으나, 관리 또는 이원과 같이 그 지위 신분에서 일반인에 대해 무형의 권력을 갖는 자가 상대방이 그 신분이나 자격을 의식하는 상태에서 이를 표시하라고 구할 때는 상대방은 여지없이 이에 응할 우려가 있으므로 이런 경우는 이를 벌하는 것으로 한다. 예를 들면 정복을 입은 경찰관리가 회장에서 또는 본인의 주소지 등에서 이를 질문하는 경우, 또는 선거관리자, 선거사무 종사 이원 또는 회장 감시관리가 회장에서 이렇게 하는 경우는 여기에 해당한다.

"제11조: 선거사무에 관계하는 관리, 이원, 입회인 또는 감시자가 선거인으로서 투표한 피선거인의 씨명을 표시한 때는 6개월 이하의 금고 또는 100원 이하의 벌금에 처한다. 그 표시한 사실이 허위일 때도 동일하다."

선거사무에 관계하는 관리, 이원, 입회인 또는 감시자가 선거인이 투표한 피선거인의 씨명을 표시할 때는 가령 그 표시가 허위인 경우라도 사람들로 하여금 이를 믿게 하고 투표의 비밀을 문란하게 하는 것이므로 그 표시가 사실이든 허위이든 이를 벌하는 것으로 한다.

"제12조: 회장에서 정당한 사유 없이 선거인의 투표에 간섭하거나 피선거인의 씨명을 인지하는 방법을 행한 자는 3개월 이하의 금고 또는 50원 이하의 벌금에 처한다. 함부로 투표 용기를 열거나 또는 투표 용기 속의 투표를 꺼내는 자는 6개월 이하의 징역 혹은 금고, 또는 100원 이하의 벌금에 처한다."

본 조항의 죄는 선거사무에 관계하는 관리·이원이나 일반인이나 상관없이 적어도 그 행위를 할 때는 이를 벌하는 것으로 한다.

'정당한 사유 없이 운운'이란, 그 정당한 사유가 있는 경우는 투표에 간섭하거나 피선거인의 씨명을 인지하는 방법을 행해도 죄가 되지 않지만, 그 정당한 사유가 있다고 인정되는 경우란 예를 들면 관리자가 회장의 질서 유지 또는 사무 집행의 직책상 회장 내에서 선거인의 행동 또는 그 투표 방식에 관해 경고 또는 주의를 주는 것, 혹은 선거인이 투표용지가 훼손된 것 등의 이유로 그 교체를 요구할 때 과연 훼손인지 아닌지를 검사하기 위해 이따금 여기에 기재하는 피선거인의 씨명을 인지하는 것 등을 지칭하는 것이다.

"제13조: 투표를 위조하거나 그 수를 증감한 자는 1년 이하의 징역 또는 금고, 또는 200원 이하의 벌금에 처한다."

선거사무에 관계하는 관리·이원은 물론 기타 누구라도 본 조항의 규정에 위반할 때는 벌하는 것으로 한다.

"제14조: 제5조의 규정에 위반한 자는 100원 이하의 벌금에 처한다."

"제15조: 당선인이 그 선거에 관해 죄를 범하여 형에 처해졌을 때는 그 당선을 무효로 한다."

'당선인이 그 선거에 관해'라 함은, 당선인이 그 당선한 선거에 관해서라는 의미로 다른 선거에 관해 형에 처해진 경우를 포함하지 않는다. 그리고 또 그 선거에 관한 것일 때는 일반 형법 또는 기타 법령에 의해 형에 처해진 경우도 이를 포함하는 것으로 한다. 형에는 벌금형도 포함하는 것은 물론이다. '형에 처해졌을 때'란, 그 판결 확정의 때를 말한다. 형 집행 유예를 받았을 경우에도 당선은 무효로 한다.

"제16조: 본령에 게재한 죄의 시효는 1년을 경과함에 따라 완성한다."

본 조항은 형사소송법에 정한 일반 시효에 대한 특별규정으로 형사소송법에서 일반 시효인 5년 미만의 징역, 금고 및 벌금형의 시효 3년을 1년으로 단축한 것이다.

〈자료 167〉 조선지방선거취체규칙 발포에 대하여(朝鮮地方選擧取締規則發布에 對하야)[이쿠타 교사부로(生田淸三郞),《조선문조선》제145호, 1929.11]

조선에서는 1920년에 지방제도를 개정하고 부협의회원, 지정면의 협의회원, 부학평의원 등에 대하여 선거제도를 설치하고, 또 임명제도로 된 도평의회원 및 군(郡)·도(島) 학교평의회원에 대하여서도 그 후보자에 대하여 선거를 행하게 되고, 또 학교조합 회의원에 대하여는 그 이전부터 선거제도를 채용하였음에도 불구하고 취체 법규가 제정된 것이 없었다. 이는 조선에는 소위 공선제도를 시행한 연혁이 없고 일반이 이 제도를 운용할 소양이 없었으므로 선거 제도를 시행하는 동시에 즉시 엄중한 취체 법규를 설치하여 이에 임하며 공연히 다수 위반자 속출하여 인민의 복리증진을 위하여 설치한 제도가 도리어 다수 희생자를 낳게 하고 이어 인민으로 하여금 선거제도를 압기(壓忌)케 할 우려가 있다. 원래 1920년에 제도를 개정할 때 선거제도를 단행한 것은 이를 장래 지방자치제 시행의 계제로 하고, 이에 의하여 제도 운용의 실제 훈련을 쌓게 하고자 함이었고, 당초부터 엄중한 취체를 가하는 것은 기본 취지가 아니므로 이에 대한 취체 법규는 잠시 운용 실적을 관찰한 후에 서서히 필요에 응하여 제정하여도 늦지 않다고 생각한 까닭이다.

선거제도 시행 이후 과거 10년간 선거 횟수가 이미 3회, 기왕의 실적을 되돌아보면 초기에는 선거에 대하여 냉정하여 하등 심한 운동 경쟁 등을 볼 수 없었으나 근래 일반이 선거에 관한 지식이 향상하는 동시에 지방에 따라서는 상당히 격렬한 경쟁이 있어 그동안에 향응, 차마 공여, 체납세 대납 등의 폐해를 낳고 심지어 대리 투표, 대서 투표, 위조 투표 등 부정 수단까지도 감행하는 정세를 보게 되었다. 지방에 따라서는 선거의 공정을 기할 목적으로 협정에 의하여 이들 폐해를 구제(驅除)하려는 운동을 낳게 되어 만일 이를 간과하는 경우에는 장래의 경쟁이 더욱 심해져서 종래의 악습을 거듭하여 결국 선거의 공정을 기하기 어려운 결과를 초래할 우려가 있으므로 어느 정도까지 취체 법규를 설정할 필요를 인정하고 금회 조선지방선거취체규칙을 발포하게 되었다.

취체규칙의 내용은 대체로 중의원의원선거 및 시정촌회 의원선거의 예를 참조한 것인데 이들 선거 취체 사항은 극히 세밀하여 벌칙은 지나치게 엄중하여 이를 그대로 채용하여 조선 지방선거에 적용하는 것은 실정에 맞지 않고, 그 취체 내용 및 정도에 대하여는 참작을 가할 필요가 있으므로 다소 이를 완화할 방침을 가지고 이를 취사(取捨)하였다. 그러나 규칙의 목적은 선거의 자유와 공정을 확보하려는 데 있으므로 적어도 선거의 자유와 공정을 해하고 이를 문란케 하는 행위, 특히 금력 등에 의하여 선거인의 자유의사를 좌우하는 행위 및 투표의 비밀을 해하는 행위 등은 엄중히 이를 금지하고, 범하는 자에게는 제재를 가하기로 하였다. 장래 입후보할 자, 운동할 자, 운동을 받는 자 및 선거사무에 관계할 자 등은 마땅히 이 점에 유의하여 종래 규칙이 없던 시대에 행하던 예습(例習)에 사로잡혀 부주의의 결과로 규칙에 저촉되는 일이 없이 규칙의 취지 철저하여 장래 한층 자유롭고 공정한 선거가 실행되기를 절실히 바라는 바이다.

3. 지방제도의 운용

1) 지방행정과 지방재정

〈자료 168〉 도지사 의견(道知事提出意見) [조선총독부, 1920.9]

경기도

1. 도 및 군 직원의 정원 증가를 바람

이유: 도 및 군 직원의 정원 증가에 대해서는 1918년 도장관 회의 때 의견 제출한 바 있으나 금회 지방제도 개정 실시에 의해 지방비, 학교비 및 부·면 행정사무 감독 등 도와 군의 사무에 격증을 가져왔다. 또 군의 회계사무는 실무할 관리를 고용하고, 또 보통학교의 증설 등에 의해 경리가 일층 복잡해져서 더욱 긴요하다고 생각되므로 속히 적합한 논의가 이루어지길 바람.

2. 부에 임시 또는 상설 위원을 두어 그 비용변상 및 보수 지급을 인정하길 바람

이유: 현행 부제는 부청에 근무하는 직원 이외에 부의 행정을 보조하는 기관을 전연 인정하고 있지 않아서 행정상 불편이 적지 않은 상황에 비추어 필요한 조치라고 생각함.

3. 징세기관을 지방행정청에서 분리하는 건

이유: 세무 행정이 점차 복잡해짐에 따라 이를 보통 행정과 동일한 관청에서 시행할 때 자칫하면 인민의 오해를 낳아 두 가지 행정을 완전히 시행하기 어렵다는 불만이 없지 않으므로 이를 분리하여 일본의 제도와 같이 세무기관을 독립시키는 것은 가장 좋은 방책이라 생각함. 본 건은 특별히 다수의 증원을 요하지 않고도 실시할 수 있다고 생각함.

4. 지세령 제7조 단서의 연액 1원 이하를 5원 이하로 고치길 바람

이유: 지세령 제7조 단서에서 지세 연액 1원 이하를 제1기에 징수한다는 규정을 둔 것은 결국 분납에 의한 경제상 이익과 납부상의 수수(手數)에 의한 손실을 비교하여 소액 납세자는 오히려 1기에 이를 납부하는 게 관민 서로의 이익이라고 생각하여 제정된 것이다. 그러나 그 실시 이후 고통스러운 목소리를 듣지 않을 뿐 아니라 1원 이상의 납세자도 1기 징수를 희망하며 면에 보관을 신청하는 자가 자못 많다. 이러한 현상이 나타난 것은 필경 지세 납세 자금 조달이 거의 가을 수확물에 의해 지변되면서, 최근 세금 부담력은 현저히 증진했으나 시간의 가치를 자각한 결과는 소액 납부 때문에 누차 면사무소에 출두하는 번잡스러움을 꺼리기 때문이다. 따라서 시세의 추이에 맞추어 소액납세자의 단위도 적당히 이를 향상시키는 것이 필요할 것이다. 이 제도 때문에 면의 수납사무는 대단히 복잡해지고 그 정리가 매우 심하게 번잡하다.

5. 금융조합 예금 및 대부금 이자 또는 어음 할인 비율에 관한 건

이유: 금융조합업무감독규정 제10조로 금융조합 예금 및 대부금 이자 비율 또는 어음 할인 비율 제정이나 변경에 관한 인가권을 지방장관에게 속하게 한 취지는 결국 불공평한 취급을 방지하고 조합 및 조합원의 이익을 보호함과 함께 지방장관으로 하여금 각 지방에 맞는 이자 비율을 정하게 함으로써 원활한 업무 경영을 하는 데 있다고 생각된다. 그런데 이자 비율 인가에 관해 특별히 재무국장의 통첩으로 만든 인가 표준은 왕왕 실제 상황에 적응하지 않은 것이 있다. 또 사유를 갖춰 그 변경을 품신해도 쉽게 인가되지 않는 사례가 있다. 자연히 조합 업무 경영상 원활함이 결여되고, 조합 및 조합원의 이익을 침해할 우려가 있으므로 본 건과 같이 지방장관의 권한에 속하는 사항에 대해 구속을 가하지 않도록 상당한 개정을 바람. (중략-편역자)

충청북도

(중략-편역자)

제17 군에 내지인(內地人) 사무관(事務官) 설치 건

이유: 현재 군에는 군수(郡守) 아래 서무(庶務), 재무(財務)의 양계(兩係)를 설치하여 각 내

지인 서기를 주임(主任)으로 사무의 원활한 연락 시행을 기했으나, 각종 자문기관이 신설된 후 한층 더 필요성을 느낀다. 여러 군사무에 걸쳐서 꼼꼼한 주의를 기울이지 않을 우려가 있을 뿐만 아니라 양계 주임 서기도 모두 각자의 담당 사무에 제어되어 항상 충분한 연락을 취한다고 할 수 없다. 특히 선인(鮮人) 군수 밑에서는 사무 통일에 가끔 유감스러운 점이 있다. 특히 상당 학력을 갖는 기술원(技術員)을 군에 배치하는 것이 점차 많아짐으로써 그들을 거느리는 데 고려할 점이 있다. 또 현재 판임관(判任官)의 진로가 많지 않아서 향상을 시킬 방도가 결핍하므로 군에서는 사무에 숙달하고 경험있는 자를 발탁하여 군수 아래 군사무관을 설치하고, 소위 부군수(副郡守)적인 위치를 부여하여 사무의 연락과 통일을 완전하게 함과 함께 판임관의 진로를 많아지게 하는 것은 군치(郡治)상 중요한 일이라 믿는다. (중략-편역자)

충청남도

(중략-편역자)

제4 면제시행규칙 제46조 개정의 건

이유: 일찍이 면부과금을 확장시킨 결과 내년도 이후는 보통면에서는 제한 내의 부과로 유지될 수 있으나, 지정면은 또 특별부과금 부과를 필요로 함으로써 이의 신설, 변경 및 사용료, 수수료 신설, 변경의 인가 등은 사무 간첩(簡捷)의 취지에 의해 도지사의 권한으로 개정되어질 것을 바란다. (중략-편역자)

전라북도

(중략-편역자)

제5 지방비(地方費) 이원(吏員)의 대우 개선에 관한 건

산업기술원(産業技術員)에 대해 주임(奏任) 또는 판임관 대우의 자격을 부여하고, 또 판임 대우자 중 적당한 자를 선발하여 판임관으로 할 방도를 열어둘 것.

이유: 지방비 산업기술원은 현재 고원(雇員)과 동일하게 대우하나 중요한 직책을 맡은 고급자에 대해서는 주임관(奏任官) 대우를 부여하고, 기사(技師) 등의 명칭을 부여하여 그 직

무를 편안하게 할 필요가 있다. 또 그렇지 않더라도 마찬가지로 판임관 대우를 부여하여 그 기능 우수한 자는 이를 뽑아서 판임관으로 할 수 있는 진로를 열어서 불평불만의 기분을 일소(一掃)함은 생각건대 현재의 급무로, 또 산업 개발상 이익이 클 것이라 생각한다. (중략-편역자)

제6 도의 부(部)·과(課) 및 군의 계(係) 조직 변경에 관한 건

도에 내무부(서무, 지방, 학무, 토목, 회계, 심사), 식산부(농무, 임무, 상공, 수산), 재무부(세무, 이재) 및 경찰부의 4부를 둘 것.

이유: 현재 제1부 사무 분장은 서무, 지방, 학무, 권업, 심사 등의 7과를 포유(包有)하고 사무의 분량이 과대하다. 게다가 권업, 토목 등 조장행정의 사무는 해마다 늘어나 도·부·군 모두 번망(繁忙)이 심하다. 그런데 그 시설의 진부(振否)는 바로 지방의 발달에 크게 영향을 주므로 한층 더 힘써야 하며, 따라서 그 사무도 팽창될 것이다. 다음으로 지방 및 학무의 사무는 또 부·면 행정의 발달, 사회 개량의 시설 증가와 병치(駢馳)하여 교화사업의 보급과 개선을 요하는 등 시세(時勢)의 요구에 수반하여 사무의 복잡과 번극(繁劇)을 더하여 순차 조직의 확장을 요하는 시운을 맞이할 것이다. 또 회계는 관제 개정 후 경찰에 속하는 회계를 통괄 경리하기 때문에, 종전에 비해 사무가 배가 되었다. 이렇게 제1부의 소관 사무는 팽대하고 또 번극하므로 그 사무 중 현재의 권업과를 제1부에서 분할하여 식산부를 신설하는 것은 가장 시기에 적절할 뿐만 아니라 이를 농무(農務)·임무(林務)·상공·수산의 4과(課)로 나누면 넉넉하게 제1부를 구성할 여유가 있다고 믿는다. 또 각 부의 명칭을 내무부·식산부·재무부·경찰부라 개칭하는 것은 명실공히 서로 적합하게 하려는 데에서 연유한다. (중략-편역자)

제7 도의 선인(鮮人) 군서기강습회를 폐지하여 총독부의 강습회에 참가시키고자 하는 건

이유: 종래 도·부·군 서기강습회를 개최할 때, 내지인에 대해서는 총독부에서, 조선인에 대해서는 도에서 시행해 왔으나 도 강습회는 도 직원 중 해당 사무 담당자가 격무 중에 짬을 내어 담당하므로 충분히 연구할 수 없다. 그뿐만 아니라 강습회 개시 후 6, 7년을 경과한 현재 군 직원의 다수는 수 회의 강습을 반복하여 이제는 한층 진전된 강습을 받고싶어한다. 동일 강습회에 동일 직원을 구분할 필요가 없으니 내선인 직원을 동시에 소집하여 총독부에

서 직접 개최하는 것이 적당하다고 생각한다. 또 강습은 가급적 전문가가 담당하여, 상시적으로 연구할 수 없는 과목을 선택하고, 또 내용 충실을 도모하여, 그 가치를 귀하게 여기도록 마음써주길 바란다. (중략-편역자)

전라남도

(중략-편역자)

제2 여수면(麗水面)을 지정면(指定面)으로 함과 동시에 여수군에 내지인 군수를 임용시키고자 하는 건

이유: 여수군 여수면은 중요한 시가지로서 호수 2,409호, 인구 1만 2561인 중 일본인, 내지인 468호, 2,068인이다. 민지(民智)가 발달하여 개정지방제도에 따른 선거제 시행이 가능하다고 생각한다. 또 이 상세한 이유는 7월 10일 자 지제(地第)1825호 품청과 같이, 이제 여수면을 속히 면제 제4조에 의해 지정할 것을 바란다. 또 일본인 다수가 집단적으로 거주하는 지정면을 포함한 군에서는 대개 일본인 군수를 배치하는 것이 적당하다고 생각하므로, 여수군에 일본인 군수를 임용하길 바란다. (중략-편역자)

경상북도

(중략-편역자)

제7 지정면 이외의 면에도 기채능력을 인정하기를 바라는 건

이유: 지정면 이외의 면에 있어서 면민의 복리증진을 위해 때로 다액의 경비를 요하는 시급한 사업이 있으므로, 차입(借入) 목적, 금액 상환 기한 등에 일정의 제한을 두어 기채를 할 수 있는 방도를 강구할 것을 바란다. (중략-편역자)

황해도

(중략-편역자)

제5 면(面) 이하 하달기관(下達機關) 개선에 관한 건

이유: 면 이하의 주지(周知) 하달의 기관은 현재 오로지 구장(區長)이다. 구장이 명예직인 제도는 이상적이라 할 수 있으나 현황에 적절하지 않다. 이를 유급(有給)으로 하거나 또는 그 사용할 수 있는 하인(下人) 급료를 보조하는 등 이의 활동을 촉진할 개정을 바란다. (중략-편역자)

평안남도

(중략-편역자)

제31 조선총독부지방관관제(朝鮮總督府地方官官制) 중 개정되어야 할 건

이유: 작년 경찰제도가 혁신되어 몇몇 도(道)에서는 제1부장보다 관등이 높은 제3부장이 임명되기에 이르렀다. 그런데 조선총독부지방관관제 제9조에는 지사의 사고(事故)가 있을 경우 직무 대리자를 제1부장으로 한정하고 있어서 순서상 맞지 않을 뿐만 아니라, 사무집행상 여러 점에 있어서 불편을 느끼므로 일본 지방관관제와 같이 부장 중 관등의 순서에 따라 지사의 직무를 대리시키는 것으로 개정하고자 한다. (중략-편역자)

평안북도

(중략-편역자)

제18 간접국세범칙자처분령(間接國稅犯則者處分令)에 의한 세무관리(稅務官吏)의 직무는 도서기(道書記)도 집행할 수 있게 개정할 것

이유: 도서기(부·군 서기가 같이 가는 경우를 제외함)에게 간접 국세의 실지 감독을 시키는 경우 때때로 세령위반사건을 발견해도 현재 법규상 도서기는 세무관리 직무를 집행할 수 없다. 그런데 본도(本道)와 같이 광활하고 교통이 불편한 지역에서는 곧장 통보해도 며칠 후에야 해당 군에서 접수받는 경우가 왕왕 있으므로 위반사건 조사 시기를 놓치게 되어 유감이다. (중략-편역자)

강원도

(중략-편역자)

제3 지사 관방(官房) 및 내지인 도서기를 증배(增配)시켰으면 하는 건

이유: 도(道) 사무는 여러 정무가 진보함에 따라 각 과(課) 모두 해가 갈수록 현저하게 증가한다. 특히 신제도 실시 이후 새로이 경찰 관련 인사와 회계사무가 증가하여 현재 인원으로는 처리가 곤란하다. 그러나 앞서 말한 것과 같이 다른 과도 인원 변통이 도저히 불가능하므로, 적당한 인원을 특별히 증배하길 바란다. (중략-편역자)

함경남도

제1 경찰인사 위임 건

이유: 경찰관 이외의 인사는 이미 위임되어 있으므로 마찬가지로 위임할 것을 바란다.

제2 군서기 정원 증가에 관한 건

이유: 일반 지방행정 사무는 매년 증가 추세이고 특히 재무행정에 속하는 사무는 세무 사무 외에 국비, 지방비, 보통학교 등에 속하는 회계 사무가 있다. 특히 토지대장 실시 후 토지대장, 지적도(地籍圖), 기타 관계 서류의 이동은 가장 정확해야 한다. 또 토지의 이동도 실제 지역을 측량하는 것이 필요하다. 현재 정원으로 완전한 정리를 수행하기가 매우 곤란하다. 그런데 본도에는 재무계 3명이 사무를 맡아 완전한 처리를 거의 할 수 없는 다섯 군이 있다. 앞으로 적당히 증가해 주길 바란다. (중략-편역자)

함경북도

(중략-편역자)

제1 지사(知事)의 다음 권한의 확장을 바람

의생(醫生)의 면허

국유 임야 및 국유 미간지(未墾地) 처분의 범위를 백정보(百町步)로 함.

삼림산물(森林産物) 삼천척체(尺締)[17] 가액(價額) 오백 원을 넘지않는 것의 처분

수출금제품(輸出禁製品)의 특허

관유재산관리규정(官有財産管理規程) 제5조의 수의계약(隨意契約) 및 제9조의 처분(토지매각를 제외함)

면부과금 제한 외(外) 및 제(諸) 수수료 사용료 인가

이유: 사무를 간단히 하고자 함에 있다. 본건에 대해서는 위에 나열한 것 외에 통첩에 의해 품청이 필요한 사항, 예를 들면 자동차의 영업허가, 총포·화약류 취체규칙 중 허가에 대해서도 마찬가지로 이를 폐지할 것을 바란다.

제2 지방비에 기채능력을 인정할 것

이유: 조선의 지방비에도 일본 부현제와 비슷하게, 부채를 상환하거나 지방의 영구적 이익이 될 지출을 필요로 하거나, 또는 천재지변 등이 있을 때 기채를 허락하길 바란다. 시세의 진운에 따라 지방에서는 각종 사업 경영이 많아지지만 항상 재원 부족으로 고통받고 있다. 1919년부터 지방비는 국고 보조를 대신하여 국세의 이관을 받았으나, 예산 편성상 어느 정도 편의를 얻은 데 불과하고 재원 증가는 아니었다. 그런데 물가가 올라 점점 지방비 재정 긴축이 여의치 않고 또 지방 시설이 많아짐에 따라 고식적 계획으로써 문제를 얼버무리는 데 불과하다. 따라서 이제 지방비에 기채능력을 부여하여 토목사업, 학교 설립 등 긴급한 시설을 완전히 수행하길 바란다. (하략-편역자)

---

17 목재의 길이를 포함한 체적(體積) 단위.

〈자료 169〉 1919~1921년 도지사회 제출 의견에 대한 처리 개요(自大正八年至同十年 道知事會議提出意見ニ對スル處理槪要)[조선총독부관방서무과(朝鮮總督府官房庶務課), 1921.10]

제4 내무(內務)

1. 도청(道廳)·군청(郡廳) 청사(廳舍) 신축 증축에 관한 건(1919년 황해, 1920년 전남·강원·평남, 1921년 강원·황해·충북).

 ; 완급을 고려하여 점차 신축할 방침임.

2. 도청 내 진영봉안소(眞影奉安所)를 설치하고자 하는 건(1920년 경북).

 ; 전의(詮議)하기 어려움.

3. 관사(官舍) 신축(新築)하였으면 함(1919년 함북·황해·전북, 1920년 충북·함북, 1921년 강원·함북·전북).

 ; 완급을 안배하여 점차 필요한 관사를 증가할 것임.

4. 지사(知事)를 신임하여 지방 정무(政務)를 일임(一任)하였으면 함(1921년 황해).

 ; 지사의 권한을 증대하는 것은 1920년 4월 이래 점차 이를 실행하고, 또 금후도 그 방침을 채택할 것임.

5. 획일 감독주의를 개정하여 지방 분임주의를 한층 철저하게 하였으면 함(1921년 충북).

 ; 취지(趣旨) 좋음.

6. 지사 전결(專決) 사항 범위를 확대하였으면 함(1919년 함남).

 ; 1920년 4월 크게 이를 확대함. 또 금후에도 가능한 이를 확대할 방침임.

7. 도(道) 각 부의 명칭을 내무부(內務部), 재무부(財務部), 경찰부(警察部) 등으로 고치고, 각 부장을 관명(官名)으로 하였으면 함(1919년 전남, 1920년 전남).

 ; 1921년 2월 총독부 지방관 관제 개정 실시. 단 각 부장을 관명으로 하는 것은 고려를 요함.

8. 제1·2·3부(部)의 명칭을 폐지하고, 다시 내무(內務)·재무(財務)·권업(勸業)·경무(警務)의 4부를 두었으면 함(1919년 경남, 1920년 전남·경남).

 ; 권업부를 두는 것은 시기상조라고 생각함. 기타는 1921년 2월 실시.

9. 참여관(參與官) 제도를 폐지하고, 대신 도사무관 정원을 증가하든지 또는 현재 정원 범

위 내에서 조선인을 사무관(事務官)으로 등용할 방도를 열어두었으면 함(1919년 전북).

; 1920년 이후 이사관을 신설하여 조선인도 이에 임용할 수 있게 됨. 참여관을 폐지하는 것은 불가(不可).

10. 도(道) 직원(職員) 증가의 건(1919년 경기·충북·충남·전북·전남·경북·황해·평남·강원·함남, 1920년 경기·충남·전북·전남·황해·평남·평북·강원, 1921년 경기·충남·전북·전남·경북·황해·평남·평북·강원).

; 도 직원 증가에 대해는 지방청(地方廳) 사무에 수반하여 그 필요를 인정하여 완급을 안배하여 누차 증원해 오고 있으나 또 금후 점차 필요한 직원을 증가할 것임.

11. 부(府)·군(郡) 직원 증가의 건(1919년 경기·충북·황해·평남·평북·함남·함북, 1920년 경기·충북·충남·전북·경북·평남·강원·함남·함북, 1921년 경기·전북·전남·경북·평남·강원).

; 위와 같음.

12. 도(道)에 촉탁(囑託)(1921년 황해).

; 전의(詮議)하기 어려움.

13. 군(郡)에 내지인(內地人) 사무관 설치 건(1920년 충북).

; 전의(詮議)하기 어려움.

14. 지방청에 넓은 의미로 사용할 수 있는 기밀비(機密費) 배부 건(1921년 황해).

; 전의(詮議)하기 어려움.

15. 고용인 급여 증액 배당에 관한 건(1920년 황해).

; 1920년 추가 예산에서 증액 배당함.

16. 군청(郡廳)에 전화(電話) 경비(經費)를 배부받고자 함(1920년 충북).

; 재정상 급격하게 실시하기 어려움.

17. 군수 봉급(俸給) 예산 증액하고자 하는 건(1920년 황해).

; 현재 이상의 증액 배당은 재정상 곤란함.

18. 지방 관리 대우 개선(改善)에 관한 건(1919년 경성·함남·강원·평북·함북·전북, 1920년 함북·평북·충북·전북·경북, 1921년 평북).

; 1919년 9월 선인관리봉급령(鮮人官吏俸給令)을 폐지하고, 일반의 문관봉급령(文官俸給令)에 의하는 것으로 하고, 1920년 8월 봉급령을 개정하여 봉급 증액과 함께

임시 수당(手當)은 폐지되고, 숙박료도 1920년 7월 증액함. 또 은급(恩給)은 1920년 8월부터 증가되어 연공가봉(年功加俸), 울릉도(鬱陵島) 재근가봉(在勤加俸) 벽추수당(僻陬手當) 증액 및 도청 직원에 임시특별수당 급여의 건은 전의하기 어려움.

19. 도(道)·부(府)·군(郡)·도(島) 판임관(判任官) 임면(任免)은 지사에게 권한을 옮겼으면 함(1919년 황해·함남).

    ; 1921년 2월 칙령(勅令) 제23호로 조선총독부 지방관 관제 중 개정되어 제5조에 '소부(所部)의 판임관 이하 진퇴(進退)는 지사(知事)가 이를 행함'의 1항을 더함.

20. 각 군(郡)·도(島)의 서기(書記) 정원 배치는 지사에게 위임시켰으면 함(1919년 충북, 1920년 전북·충북·강원, 1921년 경북·전남).

    ; 1921년 8월 내훈(內訓) 제16호로 실시함.

21. 도(道)·부(府)·군(郡) 판임관 봉급 평균액 증가에 관한 건(1919년 경기·황해·평북, 1920년 충남).

    ; 1920년부터 증액함.

22. 도 참여관 및 조선인 군수에게 숙사료(宿舍料)를 지급하든지 또는 관사를 설비하여 거주시켰으면 함(1919년 경남·전북·황해, 1920년 경남).

    ; 관사에 대해서는 1920년부터 일부 지급됨. 또 순차 이를 증가할 방침임. 숙사료는 전의하기 어려움.

23. 산업기술원(産業技術員)의 지위 향상 건(1920년 황해).

    ; 조선 지방대우직원령(地方待遇職員令).

24. 도사무분장규정(道事務分掌規程)을 개정하여 농업·토목 사무를 권업과(勸業課)로 옮겼으면 함(1919년 전북).

    ; 1920년 6월 1일 통첩함.

25. 이재과(理財課)를 권업과에 합병하여 제2부를 구성하는 것으로 전의(詮議)있기를 바람(1919년 전북).

    ; 시기상조라고 생각함.

26. 도사무분장규정 중 토목과에 속하는 영선(營繕)에 관한 사항은 회계과(會計課)로 옮기는 건(1919년 평남·전북, 1920년 평남·전북).

; 도사무분장은 일정의 표준을 가리킴. 지사에게 전행(專行)시킬 방침으로 현재 조사 중.

27. 군(郡)에 회계계(會計係) 설치 건(1920년 경남·평남, 1921년 평북)

; 군의 사무분장은 일정 표준을 가리킴. 도시사에게 전행시킬 방침으로 현재 조사 중.

28. 군에 권업계를 설치할 건(1920년 황해·전북, 1921년 황해)

; 위와 같음.

29. 군에 권업·회계 2계(係) 증설하였으면 함(1919년 황해)

; 위와 같음.

30. 군에 서무(庶務)·재무·내무의 각계를 설치하였으면 함(1921년 충남·강원)

; 위와 같음.

31. 지사(知事) 사고(事故) 있을 때 대리자(代理者)를 내무부장(內務部長)으로 한정하지 않는 것으로 개정의 건(1920년 평남).

; 연구할 것임.

32. 지방 관리의 여비(旅費) 증액에 관한 건(1919년 경기·황해·평북·강원·충북·충남·전북·전남·함북·경남, 1920년 충북·충남·평남·평북·황해).

; 1920년 6월 1일 분(分)부터 증액함.

33. 조선인 판임관 견습(見習)에 대해 장기 강습 시행 건(1920년 전북, 1921년 전남).

; 현재 조사 중.

34. 군(郡) 산업(産業)에 관한 공공조합(公共組合) 설치에 관한 규정을 설치하고자 하는 건(1919년 충남).

; 군을 구역으로 하는 현재 각종의 산업단체에 대해서는 고려가 필요하다고 생각하니 조사할 것임.

35. 면제 및 동(同) 시행규칙에 규정하는 도지사 직권(職權)의 일부를 군수 또는 도사(島司)에게 전결(專決) 처리시키고자 하는 건(1920년 경북).

; 일시차입금(一時借入金)의 인가, 회계원을 두지 않는 것의 결정 및 한 정동리(町洞里)에 2인 이상의 구장(區長)을 두거나 2개 이상의 정동리에 한 구장을 두는 것의 인가에 대해서는 연구할 것임. 불균일한 부과 또는 인원수(數) 혹은 면(面) 일부에 대

한 부과의 인가에 대해서는 전의하기 어려움.

36. 부윤(府尹) 군수가 공공사업 시설을 위해 기부금(寄附金) 모집의 경우 인가를 지사에게 위임시켰으면 함(1919년 평남).
   ; 추후에 곧 전의할 것임.

37. 도(道)·군(郡)·면(面) 직원의 사상 계발을 위해 인쇄물(印刷物)을 간행하거나 지방 감찰관(監察官)을 이용하는 건(1919년 전북)
   ; 1920년 이후 실시.

38. 중앙 및 지방을 통해서 정무(政務)의 자문기관을 설치시키고자 하는 건(1919년 전북)
   ; 1920년 지방제도 개정 실시.

39. 도평의회(道評議會) 공개에 관한 건(1921년 경북·황해)
   ; 조사할 것임.

40. 도평의회 의사규정준칙(議事規程準則) 제정 건(1921년 경남)
   ; 제정 필요를 인정하지 않음.

41. 도지방비 예산은 도평의회의 수정 의견이 있을 때 원안(原案)을 집행하고자 하는 경우를 제외한 외 본부(本府)의 인가를 받는 것을 폐하였으면 함(1921년 경기·전남).
   ; 현재 조사 입안(立案) 중 1922년부터 실시 예상.

42. 도(道)·부(府)·군(郡) 참사(參事)의 정원을 증가하거나 이를 선거로 하는 건(1919년 전남·경북).
   ; 1920년 지방제도 개정으로 인해 자연 소멸.

43. 도·부·군 참사의 임기를 정하는 건(1919년 평남)
   ; 위와 같음.

44. 도·부·군 참사의 여행 수당 증액 건(1920년 경남·평북)
   ; 위와 같음.

45. 각종 산업단체의 조합비(組合費)를 지방비(地方費)에 포함시켜 징수하는 건(1920년 전북)
   ; 연구할 것임.

46. 지방비에 기채(起債) 능력을 인정하고자 하는 건(1919년 경기·황해·함북·평북, 1920년 함북·강원).

; 1920년 제령 제15호 도지방비령 제8조에 의해 실시.

47. 지방세(地方稅)(지방비부과금) 부과율(賦課率) 제한 확장 건.

    ; 지방세 부과율은 1920년 1월 한 번 이를 확장함. 현재 이상의 확장은 고려가 필요하다고 생각함.

48. 지방세 가옥세(家屋稅) 부과 방법 및 호세(戶稅) 부과율 개정에 의해 수입 증가를 도모하였으면 함(1919년 평북).

    ; 호세 부과율 증가는 1920년 1월 실시한 가옥세 부과 방법, 개정은 동년(同年) 2월 내(內) 제225호로 통첩함.

49. 지방세 지세(地稅) 부가세(附加稅) 증가를 인정하였으면 함(1919년 평북).

    ; 1920년 1월 훈령 제1호로 '100분의 10'를 '100분의 30'으로 개정함.

50. 지세부가세, 시가지세부가세(市街地稅附加稅), 가옥세 및 호세는 그 전액을 부(府)·면(面)에 분할·부과하고, 또 호별할(戶別割)을 연 4기(期)로 분납(分納)시켰으면 함(1921년 함남).

    ; 전의하기 어려움.

51. 지방비 재원(財源)으로 역둔토(驛屯土)를 지방비로 옮겼으면 함(1919년 평북).

    ; 전의하기 어려움.

52. 시장세(市場稅)를 폐지하고, 영업세(營業稅)를 부과하는 것을 인가받고자 하는 건(1920년 평북·함남, 1919년 평북, 1921년 함남).

    ; 조사 중.

53. 지방세 호세 및 호별세의 과율(課率)을 예산으로 정하는 건(1919년 경북).

    ; 전의하기 어려움.

54. 지방비 및 학교비(學校費) 예산에 접대비(接待費)를 인정받고자 하는 건.

    ; 지방비에 대해서는 어쩔 수 없다고 인정하여 현재 연구 중. 학교비에 대해서는 불가.

55. 지방비 및 학교비 예산 부기(附記) 내선인 구별 철폐 건(1921년 황해)

    ; 현재 전의 중.

56. 호별할을 부과해야 하는 호수(戶數) 조정기일(調定期日) 일정(一定) 건(1920년 평남).

    ; 조사할 것임.

57. 지방세 부과·징수를 위해 지방비 지변(支辨)[18] 직원 배치를 인정받고자 하는 건 (1921년 경기·전남).

   ; 전의 중.

58. 시장세를 폐지하고, 개인 소득세(所得稅)와 부가세로 그 재원을 충당하고자 하는 건 (1919년 전북).

   ; 현재 조사 중.

59. 관행에 의한 부역 제한에 대신할 재원 부여 건.

   ; 조사할 것임.

60. 지방 부역 부과에 인가를 요구하지 않는 것으로 하는 건(1919년 황해·평남)

   ; 전의하기 어려움.

61. 부역에 관한 건(1921년 황해).

   ; 고구(考究) 중.

62. 지방비와 임시은사금(臨時恩賜金)은 공통 경리로 하는 규정 개정 건(1919년 함남, 1920년 함남).

   ; 1916년 12월 관통첩(官通牒) 제224호 제4항의 취지에 따라 취급할 것임. 완전히 공통 경리(經理)로 하는 것은 어려움.

63. 임시은사금 용도 및 경리 방법 등 개정 건(1919년 경성, 1920년 충북).

   ; 이장 사용 표준 및 수산비(授産費)와 권업비의 구별 철폐 및 공채(公債) 매각은 불가.

64. 지방비 지불 직원에 고등관 대우 또는 판임관 대우를 할 수 있는 방도를 열어두었으면 함(1919년 경남·전북·황해·강원, 1920년 경북·평남·전북).

   ; 1920년 11월 조선지방대우직원령 공포 실시.

65. 지방비 이원에게 퇴은료(退隱料), 퇴직급여금, 사망사금(死亡賜金) 및 유족부조료(遺族扶助料) 지급 건(1919년 경기·경북, 1920년 평북).

   ; 1920년 제령 제15호 조선도지방비령 제10조에 의해 실시.

66. 지방대우직원, 도지방비 이원(吏員) 및 부리원(각 기술원을 제외함)을 판임관으로 임용

---

18 지변(支辨): 지불.

할 수 있는 길을 열어두었으면 함(1919년 황해·전남, 1920년 전북·전남, 1921년 전남).

　　; 전의하기 어려움.

67. 개성(開城)에 부제(府制) 시행 건(1919년 경기).
68. 여수(麗水)를 지정면으로 하는 건(1920년 전남).
69. 도청 소재지에 부제 시행 건(1921년 전북).
70. 함흥(咸興)에 부제 시행 건(1921년 함남).
71. 혜산군(惠山郡) 신설 건(1921년 함남).

　　; 이상 5건 모두 조사할 것임.

72. 부제시행규칙 중 기채(起債)의 경우에 '전염병 예방을 위해'의 1항을 추가하였으면 함(1919년 평남).

　　; 현행대로 전염병 예방비 지출을 위해 기채를 할 수 있음.

73. 부협의회원 임명권을 지사(知事)로 옮겼으면 함(1991년 평북).

　　; 1920년 제령 제12호로 부제 중 일부 개정되어 부협의회원은 선거하는 것으로 되었으므로 자연 소멸.

74. 부의 고원(雇員)을 폐하고, 부리원을 증치(增置)하는 건(1919년 평남).

　　; 부리원은 일부 증치를 인정함. 기타는 조사할 것임.

75. 면(面)에 일반 기채능력을 인정받고자 하는 건(1919년 경기·황해·평북, 1920년 경북·황해·평북·함북, 1921년 충남).

　　; 연구할 것임.

76. 지정면 이외에도 상담역(相談役) 설치되었으면 함(1919년 전북·경남·강원·함남).

　　; 1920년 제령 제13호 면제 중 개정에 의해 실시.

77. 모든 면에 상담역을 두고, 특히 지정면에 기채능력을 인정하는 건(1919년 전남).

　　; 1920년 제령 제13호 면제 중 개정에 의해 실시.

78. 면부과금 제한율 확장 건(1919년 경기·함북·함남, 1921년 충남·강원).

　　; 현행 규정 이상으로 확장하는 것은 재원 및 담세력(擔稅力) 조사 후 상당한 고려가 필요하다고 생각함.

79. 면에 관한 규정 및 면제 시행규칙 중 면장·면리원 수당, 급료액, 여비액 이외 기타 급

여액 및 그 지급 방법도 지사가 정하는 것으로 개정하는 건(1920년 평북).

; 해석상 신청과 같은 취급은 지장 없음.

80. 면 특별부과금, 사용료 및 수수료에 관한 권한을 지사로 옮겼으면 함(1919년 평북·함북, 1920년 충남·함북).

; 부과금은 불가, 기타는 현재 조사 중.

81. 도장(屠場) 사용료 신설·변경을 도지사에게 위임하였으면 함(1920년 평남).

; 현재 조사 중.

82. 면리원에게 부과 징수에 관한 임검(臨檢) 검사(檢査)의 권한을 부여하였으면 함(1920년 함북).

; 연구할 것임.

83. 면 출납 폐쇄기(閉鎖機) 및 결산기(決算期)를 개정하는 건(1920년 전북).

; 개정의 필요를 인정하지 않음.

84. 면의 예금은 금융조합으로도 할 수 있게 규칙 개정하고자 하는 건(1920년 평북).

; 추후에 곧 전의할 것임. 단 현행법하에서도 군수의 인가를 받을 때는 지장 없음.

85. 면제 시행규칙 제38조 제2항에 조체불(繰替拂)[19]을 추가시키고자 하는 건(1920년 평북).

; 전의할 것임.

86. 면에 계속비(繼續費)를 설치할 능력을 인정하는 건(1920년 평북).

; 연구할 것임.

87. 면비(面費) 호별할(戶別割) 제한 철폐 건(1919년 경북).

; 연구할 것임.

88. 면부과금 제한 외 부과의 인가를 지사에게 위임의 건(1920년 황해, 1921년 평북·황해).

; 조사 중.

89. 면장은 상담역이 추천하도록 하는 건(1919년 전북).

; 제도로는 시기상조라 생각함.

90. 구장(區長)에게 수당 급여를 하였으면 함(1919년 함남·함북, 1920년 전북·경북·황해·함북,

---

19 지변(支辨): 대체 지불.

1921년 경북·전남).

; 전의하기 어려움. 단 실비(實費) 변상(辨償)은 가능.

91. 면리원 연공가봉(年功加俸) 및 일시급여금 제도를 설치하였으면 함(1919년 평남).

; 면제 시행규칙 제9조의 해석상 적당히 지사가 정하고 있음.

92. 내지인(內地人) 면장 임용의 승인을 철폐하였으면 함(1919년 함북).

; 1919년 10월 6일 내훈 제25호로 실시.

93. 한해(旱害)[20] 면에 국고보조금 교부 건(1919년 경기).

; 1920년에 실시함.

94. 구장의 선임에는 민의(民意)를 참작하였으면 함(1919년 전북, 경북).

; 가능한 동리(洞里) 내 선각자를 채용할 방침이라면 시기상조라 생각함.

95. 면에 산업기술원 설치의 건(1920년 충남).

; 1920년 지방제도 개정 이래 이를 인정함.

96. 각 면에 기수(技手) 설치 방침을 채택하였으면 함(1921년 전북).

; 면제 시행규칙 제2조의 3에 이를 인정함.

97. 국고 출납 단수(端數) 계산법을 면에 적용하는 건(1920년 평북).

; 1920년 칙령(勅令) 제36호로 실시.

98. 공립보통학교비용령 또는 학교비령에 의한 부담금 또는 부과금 제한율을 확장시키고자 하는 건(1919년 경기, 1920년 경남, 1921년 경기·충남·전북·강원·함남).

; 조사할 것임.

99. 기설 공립보통학교 확장비 증가 방도를 강구하고자 하는 건(1921년 경남).

; 국고보조의 증가는 전의하기 어려움. 기부금 모집은 고려를 요함. 오히려 제한 외 부과를 가능한 것으로 함.

100. 향교(鄕校) 재산 중 문묘(文廟) 유지에 사용할 토지를 분할하는 것으로 전의하였으면 함(1919년 경남).

; 문묘 유지에 필요한 경비를 지출하는 것으로 1920년 6월 향교재산관리규칙을 개

---

20 한해(旱害): 가뭄.

정한다면 토지를 분할할 필요를 인정하지 않음.

101. 공립보통학교 기본재산 처분 허가 승인 건(1919년 경북).

 ; 1920년 제정 조선학교비령시행규칙 제44조에 의하면 도지사의 권한에 속함.

102. 청년회(靑年會) 지도감독 방침을 확립하였으면 함(1920년 전남).

 ; 현재 연구 중.

103. 지방 개량에 관한 건(1920년 전북).

 ; 점차 실시할 것임.

104. 조선 청년에 대한 사회 교육 건(1920년 경남).

 ; 점차 실시할 것임.

105. 행려병자 및 행려사망인 취급법을 시행하고, 또 동반자(同伴者) 구호 및 취급 방법 규정 건(1920년 평남).

 ; 현재 조사 중.

106. 수리조합령 제5조의 말항(末項)을 폐지하고, 또 동령(同令) 시행규칙 제68조 제1항에 '단, 수선(修繕) 공사는 이 한정에 있지 않음'이라는 단서를 붙였으면 함(1919년 전북).

 ; 수리조합령 제5조 말항에 대해서는 전의하기 어려움. 기타는 1920년 2월 부령 개정 실시.

107. 소규모(예를 들면 2백 정보 이내)의 수리조합 설치 인가는 지사에게 위임하였으면 함(1919년 전북).

 ; 전의하기 어려움.

108. 지방 개량 시설으로 교풍(矯風) 단체의 흥기(興起)를 촉구하여 민풍작흥(民風作興)상에 관한 시설을 하는 건(1919년 전북).

 ; 종래에도 본부에서 상당 고려해 옴. 또 1920년 이후 예산을 작흥하여 시설을 게을리하지 않음.

109. 군(郡) 계주임(係主任)으로 조선인 군속(郡屬)을 담당시킬 수 있도록 하는 건(1921년 충남).

 ; 1921년 8월 내비(內祕) 제52호 통첩함.

110. 도(道) 내무부(內務部)에 사회과(社會課)를 설치하고자 하는 건(1921년 강원).

 ; 제26호 참조.

〈자료 170〉 지방재정에 대하여(地方財政に就いて)[조선총독부 재무국장 고치야마 라쿠조(河內山 樂三),《조선》제80호, 1921.10]

지방재정이 요즈음 현저하게 팽창한 것은 지방사업의 진전과 민력의 충실을 증명하니 매우 훌륭한 일이다. 그러나 자세히 그 내용을 보면, 사정은 이해할 수 있으나 너무 급격한 팽창 아닌가 하고 생각되는 점이 없지는 않다. 당사자들은 매년 한없이 증가하는 소요액을 충당하려고 골머리를 앓으면서 힘든 경험을 반복하고 있는 모양이다. 그렇다면 지방제도 개정의 초기를 맞이하여 깊이 이 점을 고려하고, 지방재정의 견실한 기초를 확립하는 것은 매우 중요하다고 생각되므로 이 기회에 약간 소감을 이야기하겠다. (중략-편역자)

앞으로 지방재정 운용상 특히 고려를 필요한 사항에 대해 나의 견해를 말해 보고자 한다.

제1 사무소비의 긴축을 도모하는 것

각 지방단체의 세출에서 특히 주목되는 것은 인건비와 기타 사무소 비용의 팽창이다. 특히 면에서는 총 세출의 약 7할(割) 5보(步)를 사무소 비용으로 사용하고 있다. 이를 일본의 1할 8보와 비교하는 것은 간단하지 않다. 이는 단순히 물가(物價) 등귀에 근원적인 이유가 있을 뿐이라고 단언할 수 없고, 사무소 조직 및 사무의 안배에 결점이 있는 것이라 생각한다. 장래 지방재정은 해마다 당연히 팽창할 것이므로, 한정된 재원으로 1년의 세입세출의 수요에 맞추려면 먼저 가능한 한 이러한 종류의 경비를 절약하는 것이 가장 필요하다고 생각한다. 원래 사무소의 분과(分科)는 각 사무의 본질에 따라서 집무자의 능력을 가장 유효하게 이용할 수 있는 것을 이상으로 한다. 그 정원은 각 사무를 신속하고 정확하게 처리하는 데 필요한 최소한의 수를 표준으로 해야 함은 물론이다. 따라서 분과 결정과 정원 배치는 반드시 사무의 종류, 분량, 관할 구역의 광협(廣狹), 호구(戶口)의 다과(多寡), 사무의 번거로운 정도와 처리의 난이도 등 여러 가지 사정을 참작해야 한다. 그런데 현재 지방 단체 중 면사무소의 분과와 정원 결정에 이 점을 충분히 고려하고 있는가. 특히 지방단체는 나라의 행정기관처럼, 가령 동일한 종류의 단체 사이에서도, 반드시 형식적으로 그 기관 조직의 세목(細目)까지 통일할 필요는 없다. 아니 그 조직의 세목이 각각 다른 것이 오히려 당연하다고 생각한다. 이러한 견지에서 말하면, 사무의 번거로운 정도와 처리의 난이도를 단순히 관할 구역의 광협, 호구의 다과만으로 추정하여 사무소의 분과와 정원을 형식적으로 통일하는 방법은 개정할 필요가 있다.

제2 국가 및 각 지방단체의 사업 구분을 명확히 하는 것

공공행무(公共行務)는 그 사업의 성격에 따라서 사업 주체를 결정해야 함은 당연하다. 조선의 상황은 아직 이 구분이 명확하지 않아 유감이다. 원래 국가와 각 지방단체의 사업이 정연하고 질서있게 발달해 왔다면, 종래 국가 사업으로 경영한 것 중에서 지방적인 것은 점차 지방단체로 이관하고, 지방단체의 사업으로 경영했던 것도 다른 지방에 관계가 있는 것은 그 관계 범위의 광협에 따라서 각각 국가나 상급 지방단체로 이관하는 방식으로 사업의 소속을 정리하고 각 주체 간에 확연하게 구분을 짓는 것은 여러 나라에서 볼 수 있다. 그리고 소요 경비는 원래 국가 또는 상급 지방단체는 보조금(補助金), 하급 지방단체는 분담금(分擔金) 또는 상납금(上納金)의 형식에 따라 서로 원조하지만, 가능한 속히 각자의 부담에 의해 완전히 경영하는 데 힘써야 한다. 그런데 조선에는 명확하게 지방단체의 소속 사업이라고 인정될 만한 것이나, 또는 그렇게 인정되어도 국가 또는 상급 지방단체의 보조를 바라는 것이 적지 않다. 가까운 장래에는 지방단체의 사업으로 해야 하는 것, 또는 이를 이관하는 것이 지방단체의 발달을 위해 필요하니 지방단체에서 부담을 전혀 맡지 않는 것도 두세 개 있다고 생각한다. 이는 필경 각 지방단체의 재원이 빈약해서 나라 또는 상급 지방단체의 보조를 받지 않으면 경영이 곤란하므로 자연히 소속이 불명확해진 것이라 생각된다. 그러나 보조금의 성과는 보조를 받는 자의 책임 관념이 얼마나 있느냐에 따라 현저하게 차이가 있다. 대체로 보조 사업은 그 성과에 대해 자기 계산으로 경영할 정도의 책임을 느끼지 않는다. 환언하면 보조금은 이를 낭비하는 폐해에 빠지기 쉽다. 따라서 이들 사업에 대해서는 마땅히 재원의 융통을 단행하여 완전하게 사업 주체로서 경영의 전적인 책임을 부담하는 것이 필요하다. 나라와 각 지방단체 모두 재원이 빈약한 조선에서는 재정 정리의 관점에서도 이 사업 주체를 명확하게 구분하는 것이 현재의 급무라고 생각한다. 국가와 각 지방단체의 사업이 점차 발달하여 사업의 이관 정리를 주장해야 하는 시기가 하루라도 앞당겨지길 바란다.

제3 지방재정의 재원을 고정적 수익에서 구하고, 부동적(浮動的) 재원은 단순히 보완용으로 제공하는 데 그치는 것

현재 지방재정은 일본과 조선 모두 모두 부동적 재원에 지나치게 중점을 두고 있다. 원래 어떠한 재정 주체라도, 계획을 수립한 후 세입 중 확실한 재원을 상당 포착해 두는 것이 필요하다. 이는 작은 지방단체에서 한층 절실한 상황이 있다고 생각한다. 국가와 같은 큰 범위에서는 한 지방의 경제적 불황의 영향이 다른 지방의 담세력(擔稅力)에 의해 보완되는 편의도 있고 또 기채(起債) 능력도 비교적 충실하지만, 지방단체는 그 지역이 협소한 만큼 인위적이지 않은 사유로 위협받는 경우가 많기 때문이다. 또 토지·영업 등에서 생기는 수익의 많고 적음은, 지방단체의 행정 시설의 성쇠에 따르는 것이 많다. 따라서 장래에는 지세나 영업세 등 고정적 수익에 의한 수입을 조세 체계의 중추로 하고, 부동적 재원은 단순히 보완용으로 쓰는 것에 그쳐야 한다고 생각한다. 이 정리는 한편으로는 지방 재정의 자위(自衛)를 촉구하는 방도이기도 하다.

제4 기본 재산 조성을 촉구하는 것

지방 재정을 공고히 하려면 상당한 기본재산 조성이 필요하다. 현재 각 지방단체 모두 대개 재산이 적다는 점을 가장 주목해야 한다. 조선은 조림(造林)의 여지가 있으니 우선 이 방면에 상당히 연구를 해서 백년의 기초를 확립하는 길을 찾을 필요가 있다.

제5 기채권(起債權)을 이용하는 것

종래 각 지방단체는 거의 기채를 인정하고 있지 않다. 조선 상황은 사회 경제의 발달이 아직 유치하므로 각 지방단체가 각종 창업적 시설을 해야 하는 것이 매우 많다. 그런데 이렇게 시설하는 데 필요한 경비를 모두 현대의 공민(公民)이 부담하는 것은 결국 목적 달성을 저해하고 부담을 무의미하게 한다. 그러므로 각 지방단체의 경제적 발달과 재정적 부담력의 진보에 필요한 시설을 위해 필요한 재원은 적당히 기채권을 이용해서 민력의 충실을 기다려 서서히 상환을 도모하는 게 시의적절하다고 생각한다. 임시 수용(需用)에 보통 재원의 대부분을 지출하거나, 제한 외 부과를 하고, 임시변통하는 것 등은 도리어 재원의 기초를 위태롭게 할 뿐만 아니라 민력의 피폐를 초래하므로 경계해야 한다.

요컨대 지방 재정이 채택할 방침을 정하는 것은 현재의 급무이고 중요한 문제이므로 충분히 연구하고 적절히 해결함으로써 기초를 수립하기를 절실히 희망한다.

〈자료 171〉 지방제도 개정과 교육시설에 대해서(地方制度の改正と教育施設に付て)[조선총독부 학무국장 시바다 젠사부로(柴田善三郎),《조선》제80호, 1921.10]

1919년 9월 사이토(齋藤) 총독이 부임하고 지금까지 2년간, 각 방면에 걸쳐 많은 시설이 개선되었는데, 그중 지방제도 개정과 교육 시설 등은 가장 중요합니다.

교육 시설 중 중요한 사항을 들면
- 학교비령(學校費令) 개정
- 공립보통학교(公立普通學校)와 관립고등보통학교(官立高等普通學校) 증설
- 관립여자고등보통학교의 수용력 증가
- 보통학교의 수업연한 연장과 교과 과정 개정
- 고등보통학교 보습과(補習科) 설치
- 고등보통학교와 여자고등보통학교의 교과과정 개정
- 사립학교규칙(私立學校規則) 개정
- 실업학교(實業學校) 수업연한 연장 실시
- 관립전문학교(官立師範學校) 설치
- 재외연구원(在外硏究員) 파견
- 중등교원 위탁생(委託生) 일본 파견
- 교원양성강습회(敎員養成講習會) 개설
- 조선인 시학관(視學官)
- 시학 및 도서편수관(圖書編修官) 임용
- 선인공립보통학교장 임용
- 공립보통학교 국고보조금 증액
- 사립고등보통학교 경비 보조
- 재외선인교육 시설

- 임시교육조사위원회(臨時敎育調査委員會)

- 교과서조사위원회와 언문(諺文) 철자법(綴字法) 조사원 설치

- 사회교육 조사

등입니다. 그중 가장 중요한 사항은 교육기관 확장과 제도 개정입니다. 여기서는 이 두 가지에 대해서 말씀드리겠습니다.

교육기관(敎育機關) 확장

우선 기관 확장을 말씀드리면, 1919년부터 1922년까지 4년간, 공립보통학교를 400교(校) 정도 증설하는 계획을 세웠습니다. 제가 부임한 1919년 현재 전 조선에서 공립보통학교 수는 476교였습니다. 4년간 400교를 증설하여 900에 가까운 학교 수를 달성하는 것이 초등교육의 증설 계획이었습니다. 아시는 바와 같이 병합 당시의 공립보통학교는 대체로 100교였습니다. 이 100교가 약 10년간에 거의 500에 가깝게 되었습니다. 그런데 이번 계획은 4년간 다시 이를 대략 두 배로 증가시키는 것입니다. 이 방침으로써 이미 착착 실행에 힘써, 1920년도에 증설한 학교 수가 120교에 달합니다. 또 1921년도와 1922년도에 100여교씩 증설하여, 결국 400교 증설을 완료할 예정입니다.

400교 증가는 원래 만족할 만한 수는 아니지만, 경비 관계, 즉 부담 관계와 교원 보충의 관계 등이 있어서, 아무리 노력해도 4년 동안 그 이상의 실행 계획은 수립할 수 없고 최대의 노력을 다하여 비로소 400교를 증설할 수 있는 것입니다.

다음으로 경비의 점을 말씀드리면, 400교 증가를 위해서 약 1,500만 원이 필요합니다. 그런데 이 중 약 700만 원, 즉 약 반액은 국고에서 보조할 계획이었습니다. 이번 증설 계획은 4년간 실행을 마치는 것으로 하고 있습니다. 그러나 경비의 급격한 증가를 피하기 위해 5년간 경리를 하기로 했습니다. 그래서 1년에 약 150만 원씩 국고 및 민간에서 지출합니다. 이 1,500만 원이라는 숫자는 그다지 놀랄 만한 것은 아니지만, 조선의 종래의 교육에 대한 부담 관계에서 말하면 실로 현저하게 증가하여 오히려 뜻밖이라는 말을 듣지 않을까 생각되는 숫자입니다.

교육비 부담은 1918년도에는 조선인 1호당 세금에 의해 부담하는 액수는 6전(錢) 3리

(厘)였지만, 1919년도에는 증가하여 16전 8리에 달하여 약 3배 증가했습니다. 400교 설치 계획이 완성되면, 그 부담은 갑자기 증가하여 1호 평균 1원 39전이 되고, 1919년에 비해 약 800의 증가가 됩니다. 만약 국고에서 보조하지 않고 전부 지방에서 부담하면 약 2원 80전이라는 부담이 되고, 1919년도에 비교하면 거의 16배 증가가 됩니다. 왜 이 같은 결과가 되었는가 하면 지금까지 공립보통학교 경비의 재원(財源)은 첫째, 병합 때 천황폐하의 하사금(下賜金)이 있어서 그 하사금의 이자가 가장 주요한 것이었습니다. 둘째, 지방마다 학교 기본재산이 있어서 그 기본재산으로부터 수입, 셋째, 향교(鄕校) 재산에서의 수입입니다. 아시는 바와 같이 한국시대에는 각 군에 향교가 있고 재산이 갖고 있었습니다. 넷째 수업료, 다섯째 기부금, 여섯째 부담금(負擔金)인데, 이 부담금은 총경비의 약 1할(割)에 그칩니다. 그런데 장래 학교를 경영하려면 주로 세금에 의하지 않으면 안 됩니다. 왜냐하면 세금 이외의 수입은 모두 한정적이고, 일정 금액 이상으로 증가하지 않기 때문에, 장래의 증가액은 세금에 의하지 않는다면 재원은 없습니다.

400교 증설 계획은 매우 고식적이라고 생각하는 사람도 있을지 모릅니다. 즉 일본처럼 속히 의무 교육를 시행해야 한다, 또 400교를 증설해도 겨우 3면(面) 1교(校)에 불과하다, 적어도 2면 1교 배치를 속히 실현해야 한다는 이상적 의론이 있을지도 모릅니다. 사실 그 의론은 저도 완전히 동감합니다. 당국자도 하루라도 빨리 1면 1교를 실현하고 나아가 의무교육을 실시하길 간절히 바라고 있습니다. 그러나 실행 책임자로서는 부담 관계과 교원 보충계획 등 여러 고려를 해야 합니다. 만약 1면 1교를 실현하게 되면 지금은 1호 평균 1원 39전이지만 6원을 경상적(經常的)으로 부담해야 합니다. 실수(實數)로 말하자면 2,000만 원입니다. 게다가 이는 경상적인 비용이므로 학교의 신영비(新營費)는 이 계산 밖에 있습니다. 즉 학교 건축을 위해 요구되는 임시비(臨時費)는 조선 전체에서 1호 평균 약 20원을 필요합니다. 지금 이를 실수(實數)로 말하면 임시비로서 약 7,800만 원이 필요합니다. 그런데 현재에는 어느 정도의 비용을 지출하고 있는가 하면, 1919년도 220~230만 원에서 1920년도는 500만 원에 달하고 있는데, 1면 1교를 실현하려면 다시 약 7,800만 원의 임시비와 2,000만 원의 경상비를 지출해야 합니다. 가령 4년간을 기해서 이를 실현하려면, 이 기간은 임시비 약 2,000만 원, 경상비 2,000만 원, 합계 4,000만 원, 곧 1호 평균 매년 약 12원을 지출해야 합니다. 나아가 의무교육을 실시하게 되면 지금 숫자의 2배, 즉 적어도 경상비가 4,000만 원, 임시비가 약 2억 원 이상입니다. 1호당 평균을 내면 경상비 13원, 임시비 40원을 부담하게 됩니다. 그 부담을 과연 조선 상황에서 감당할 수 있는지 없는지가 의무교육 시행을 결정하는 조건이 됩니다.

이 비약적 시설은 책임 있는 자가 도저히 기할 수 없으므로, 당국은 온건한 계획을 세워서 점진적인 방침을 가지고 착착 견실한 진보를 기하는 것입니다. 즉 이 방침하에 우선 4년간 400교 증설 계획을 실행하고, 그 결과를 보아 그 후 계획을 연구하는 것이 당국의 방침입니다. 이는 견실한 방침으로서 식자의 찬동을 얻을 수 있으리라 믿습니다.

요즘 교육열의 발흥은 진실로 경하(慶賀)해 마지않는 바인데, 아무리 교육열이 발흥해도 부담력이 이에 수반하지 못하거나 또 일반인이 필요로 하는 사업에 쓸 비용 부담을 피하지 않는 사상을 기르지 않으면, 완전한 교육시설은 실현하기 어렵습니다. 어느 정도의 부담이 필요한지를 연구하지 않은 무책임한 논의도 듣고 있습니다. 현재의 급무는 부담력을 늘리는 것, 실제로 경비를 부담하는 일반민으로서 부담 증가를 피하지 않을 각오를 기르는 것입니다.

지방민의 교육에 대한 사상을 향상하고, 교육은 정부 사업이니 일반민이 알 필요 없다는 듯한 태도를 고쳐서, 교육은 국가 사업임과 동시에 자기 일이고 따라서 그 경비는 전적으로 자기 부담이라는 점을 자각시키려면, 지방민으로 하여금 교육시설에 관여시킬 필요가 있다고 생각합니다. 그리고 초등교육에 대한 이미 결정된 계획을 수행하고, 나아가 제2차 계획을 수립하려면 지방민으로 하여금 현재 이상의 부담을 피하지 않을 각오를 갖게 해야 합니다. 이것이 1920년 7월 조선학교비령(朝鮮學校費令)을 발포한 이유입니다.

학교비령 규정에 의하면, 보통학교 등 조선인 교육에 관한 비용을 지변(支辨)하기 위해서 부(府), 군(郡), 도(島)에 학교비를 설치하고, 학교비는 부과금, 사용료, 보조금, 재산수입, 기타의 학교비에 관한 수입으로써 이를 지변합니다. 앞에 서술한 것처럼 하사금의 이자와 재산 수입 등은 일정 액수 이상으로 증가하지 않고, 또 보조금 등도 계속해서 종전 비율로 교부할 수는 없습니다. 앞으로는 주로 부과금에 의해서 지방 교육 시설을 경리할 필요가 생기므로, 토지나 가옥을 소유한 조선인은 법령이 명하는 바에 의해 교육 시설을 위한 부담을 피하지 않을 각오가 필요합니다.

이번에 발포한 비용령은, 학교비에 관해 부윤(府尹), 군수(郡守) 또는 도사(島司)의 자문에 응하기 위해, 부윤, 군수, 도사 및 학교평의회원(學校評議會員)으로써 조직한 학교평의회를 두구, 이 평의회원은 부에서는 선거하고 군, 도(島)에서는 군수나 도사가 임명하는 것으로 했습니다. 그리고 부윤, 군수, 도사는 (1) 학교비 세입세출 예산을 정하는 경우, (2) 부과금, 사용료 또는 부역(夫役) 현품(現品)의 부과 징수에 관한 일, (3) 기채에 관한 일, (4) 세입출 예산으로써 정하는 것을 제외하고 새롭게 의무 부담을 하고, 또는 권리를 포기할 때 학교평의회에 자문하라고 규정했습니다.

이는 조선 최초의 시설입니다. 한편으로는 조선 현하의 민도(民度)에 적응하는 제도를 수립하고, 이후 계획 진행에 지장없도록 하는 동시에, 한편으로는 지방민을 교육 시설에 참여시켜서 학교의 경비는 자신이 해야 하는 일이고 비용도 또한 자신이 부담해야 함을 충분히 양해시켜야 합니다. 나아가 교육에 관한 자치적 관념을 길러, 장래 시설의 토대를 만드려는 가장 유의미한 제도입니다. 지방의 관헌과 유식자는 이 취지를 잘 이해해서 운용상 유감이 없도록 기하길 바랍니다.

다음으로 중등교육에 대해서는, 지금은 초등교육에 진력해야 하는 상황이라 아직 충분한 계획을 세우지 못하고 있습니다. 그래도 본년도에 고등보통학교를 2교 증설했습니다. 또 여자고등보통학교는 증설을 못했지만 경성·평양에서 그 수용력이 증가했습니다. 즉 지금까지는 1학년 1학급밖에 두지 않았던 것을 1학년 2학급으로 하여, 학교가 2배가 되는 것과 마찬가지의 결과가 되었습니다. 내년도부터 또 관립고등보통학교를 1교 개설합니다.

전문학교는 현재 아직 내용이 불충분하므로 당분간 내용을 충실히 하는 쪽에 힘을 다하려고 합니다. 즉 각 학교의 설비를 완성하고, 점차 전임 교수를 늘이려고 합니다. 사범교육도 학교 증설에 수반하여 확장이 필요하다고 생각하여 경성에 새로 사범학교를 설치했습니다. 교육령에서 현재는 법령상 조선인을 수용할 수 없지만 실제로는 내선인을 함께 입학시킬 예정이고, 현재도 조선인을 약간 수용하고 있습니다. 그 밖에 대구와 함흥의 고등보통학교에는 새로 사범과를 신설했습니다. 이러한 많은 사업을 위해, 1919년도에는 국고의 지출이 300만 원이었던 것이, 1920년에는 625만 원, 1921년도에는 730만 원에 달하여 배 이상이 되었습니다. (하략-편역자)

〈자료 172〉지방재정의 견지에서(地方財政の見地より)[조선총독부 사무관 도미나가 후미카즈(富永文一),《조선》제80호, 1921.10]

1. 조선의 지방단체는 지방 재단이라는 관념에서 발달했다

조선의 지방제도 중에서 지방단체에 관한 제도의 발달은 극히 최근의 일이다. 대체로 이를 말하면, 관이 지방행정을 집행할 때 지방에 특별한 경비의 존립을 인정하고, 이 경비에 의해서 국비로 행하는 시설이 부족한 것을 보조하는 관념, 즉 관이 지방 사무를 위해 운용하는 재단이라는 관념에서 출발하고 있다. 우리 조선의 지방단체의 남상(濫觴)[21]이라고도 할 융희 3년 법률 제12호 지방비법은 한성부 및 각 도에 지방비를 두고 이 지방비로 청사 건축 수선, 토목, 위생, 권업, 교육, 구휼, 자선 등의 공공 사업을 행한 것인데, 당시 정부에서도 지방비는 국비의 변형이고, 일종의 재단이라고 해석하여 관리인 도장관은 당연한 직무로서 지방비 사무를 집행했던 것이다. 이 제도는 병합 후에도 그대로 답습되어 작년 제도 개정까지 실시되었다. 또 오늘날의 학교비 전신은 병합 다음 해, 즉 1911년에 제정된 공립보통학교비용령 제도로 이것도 역시 각 부·군·도(島)에서 공립보통학교의 재산과 경비를 일종의 재단적으로 보고, 이것으로 공립보통학교 유지·관리에 충당한 것이다. 그리고 최하급 행정구획인 면에서는 국가기관인 면장이 이를 통할하고, 면장 급료 기타 필요한 비용은 1913년 총독부령 제16호 면 경비 부담방법에 의해서 면민에게 부담시키는 것으로 정하고, 이 역시 면 경비라는 하나의 재단적 경비의 존재를 인정한 것이었다. 그 후 재류 일본인 관계에서 부와 학교조합 제도가 시작되어 일본인 관계에 있어서 비교적 정돈된 지방단체가 생겼는데, 앞에 말한 지방비·공립보통학교비 및 면 경비 같은 것은 모두 지방민을 대상으로 이를 통할하는 소위 지방공공단체라는 성질을 충분히 구비하고 있지 않았다. 따라서 1917년 현행 면제 제정 때에는 조선의 일반 지방제도로 지방민을 한 덩어리로 한 지방공공단체 제도를 창설하는 것의 가부에 대해서는 꽤 논의가 있었다. 오로지 시세는 이를 요구했

---

21 남상(濫觴): 큰 강물도 그 근원은 술잔이 넘칠 정도의 작은 물에서 시작한다는 뜻으로, 모든 사물이나 일의 시초, 근원을 일컬음.

다. 제도는 매우 불완전했지만, 여하튼 면이라는 하나의 지방공공단체가 생겼다고 할 수 있다. 그런데 지방비와 공립보통학교 비용은 모두 작년 제도 개정까지 존속했을 뿐 아니라, 작년 개정 때에도 역시 제도상으로 도지방비는 종래의 지방비 관념을 답습하고, 학교비는 도지방비 제도에 준거해서 만들어졌으므로 현재의 도지방비와 학교비는 모두 원래 제도와는 다소 변경되었지만 역시 그 본질은 이를 일종의 공공적 단체로 봐야 하고, 사단적(社團的) 지방공공단체가 아니라는 논의가 있다. 그러나 이들 제도의 대체적인 체재는 주로 일반 사단적 지방공공단체 제도에 준거해서 만들어졌기 때문에 현재 법제상으로는 이 두 가지 관념이 착종하여 중간적 성격의 공공단체가 되어 있는 것이다. 이와 같이 조선의 현재 지방제도는 그 본질상으로 논해도 아직 단체로 발달하고 있는 중간에 있는 것이고, 금후 시세의 진운에 따라서 점차 완전한 지방단체가 되기까지는 또 많은 법제상의 개혁이 필요함은 물론이다.

2. 각 단체는 당초부터 독립된 재정 주체이다

단체의 발달은 이상과 같은 경로를 밟았고, 또 단체의 현상이 전술한 바와 같다고 해도 사실 공적으로 일종의 재산 경비의 집합체를 만들고, 이에 의해서 재정 작용을 행한 이상은 그 발달의 당초에 있어서도 이미 이 단체는 하나의 재정 주체로서 훌륭하게 독립해서 존재하고 있는 것은 부정할 수 없다고 생각한다. 또 금일의 도지방비·학교비·부면(府面) 및 학교조합에 대해서도, 가령 그 본질적 논의가 어떻다 할지라도 재정상 입장에서 보면 다 같이 독립된 재정 주체라는 점에서 구별은 아닌 것이다. 무릇 그 단체가 국가로부터 부여받은 임무로써 그 존립의 목적을 갖고, 그 목적을 달성하기 위해 여러 활동을 할 때는 우선 그 단체의 의사를 구성하고, 그 의사를 집행할 사람과 이 사람에 의해서 실시되는 각종 시설 경영에 이용되는 물자가 필요하다. 이 사람과 물자가 없으면 단체 활동은 있을 수 없다. 따라서 단체가 있으려면 반드시 이 사람과 물자를 얻지 않으면 안 된다. 이를 얻으려면 그 사람을 양성하고, 또 그 물자를 구할 자원이 필요하다. 단체는 이 자원을 어떻게 해서 조달하고, 어떻게 관리하고, 또 어떻게 이를 소비할지, 단체의 이 작용, 즉 단체의 재정은 실로 단체 활동의 근원이다. 이 방면에서 보면 단체의 모든 활동은 단체 재정의 발동 외에 다름 아니다. 단체가 도로를 만드는 것도, 권업을 장려하는 것도, 위생 시설을 하는 것도, 모두 이 단체 재정 계획의 실행이다. 재정을 떠나 단체 활동은 없고, 단체 존재의 의의는 없게 된다.

3. 개정 제도의 자문기관 요무(要務)는 단체 재정을 그 주요한 대상으로 한다

완전한 자치단체는 단체원 스스로, 적어도 단체원 대표자 스스로가 이 단체의 재정 계획을 정하고, 또 이를 실행하는 것인데, 개정 지방제도는 조선의 실정에 비추어 지금 곧장 단체원에게 이를 일임하기에는 아직 그 시기가 아니고, 그 주요한 사항에 대해 대표자의 의견을 듣는다고 하는 제도이다. 즉 도평의회·학교평의회 및 부·면 협의회 직무의 중요한 사항을 들면 대체로 세입출 예산을 정하는 것, 단체의 조세·사용료·수수료 및 부역 현품의 부과 징수에 관한 것, 기채에 관한 것, 세입출 예산으로 정한 것 외에 새롭게 의무를 부담지거나 또는 권리를 포기하는 것 등이다.

위에 대해 의견을 답신하는 것을 주안으로 하고 있다. 따라서 이들 자문기관의 직무는 단체 활동의 원동력인 단체 재정의 주요 사항에 대해서 적정하게 판단하고, 의견을 진술하여 집행자가 참고하도록 이바지하는 데 있다. 단지 현재의 자문기관에서뿐만 아니라 가까운 장래에 발달할 지방자치 기관에서도 물론 단체의 재정 문제가 가장 중요한 대상임은 말할 것도 없다. 따라서 진실로 이들 공의(公議)의 기관에 참여하여 공공사무에 종사하는 자는 단체 재정에 관한 충분한 이해와 이를 적정하게 운용하는 지능이 가장 필요한 조건이다. 이 의미에서 단체 재정 문제를 항상 지방 인사가 연구하는 것이 우선 지방제도 운용의 효과를 거두는 제일 중대한 사항이라 생각한다.

4. 지방재정은 국가의 재정보다도 그 팽창력이 크다

무릇 국가 및 공공단체의 재정이 매년 팽창하는 것은 동서고금을 통한 재정상의 원칙이고, 인류 경제 생활의 향상과 발달에 따르는 당연한 귀결이라고 생각한다. 그러나 그 팽창의 방법은 단체에 따라, 또 특별한 사정에 따라 동일하지 않은 것이다. 우리 일본의 재화가 메이지 초년에 3,300만여 원에서 청일전쟁 후 1896년에는 1억 8,700만 원, 즉 약 5.7배가 되고, 러일전쟁 후 1906년에는 5억 3,000만 원, 즉 약 16배가 되고, 1921년도 금월에는 15억 6,000여만 원을 산하기에 이르러 메이지 초년에 비하면 약 47배 팽창을 했다는 것은 잘 알려져 있다. 이는 과거 반세기 동안 우리나라의 발달을 이야기하는 것인데, 이와 함께 지방단체 재정도 역시 매년 늘어나는 경향이 있다. 즉 일본에서 지방단체 발달 초기인 1890년에는 지방단체 경비 총계는 4,300여만 원이었지만, 1920년도 예산은 8억 3,000여만 원이라는 거액으로 상승하여 19.1배 증가율을 보이고 있고, 같은 기간 국비 팽창 비율은 12.9배에 비교해도 역시 지방비 쪽이 더 팽창률이 크다는 결과가 나타났다. 이를 조선에서 보면 병합 당시 세입 총예산은 2,000만 원에 달하지 못했지만, 1921년도에는 1억 5,700만 원을 초과하여 약 8배로 증가했다. 도지방비는 병합 당시 100만 원을 넘은 지 얼마 되지 않았던 것이, 1921년도에는 1,600만 원을 넘어 약 12배의 팽창을 보였다. 기타 부비, 면비 같은 것도 단기간에 대단히 팽창률을 보이고 있을 뿐 아니라, 금후 더욱 팽창하려는 추세에 있다. (중략-편역자)

1912년부터 1920년 사이에 일본과 조선의 국비 지방비 팽창률은 다음과 같다.

	국비		지방단체비	
	일본	조선	일본	조선
비율	2.25	2.35	2.47	4.81

일본에서도 조선에서도 지방단체의 경비 총액은 모두 국비보다 적지만, 그 팽창력은 국비보다도 크고, 지방 경비는 빠른 속도로 총액이 증가하여 점차 국비액에 근접하고 있는 기세가 보인다. 그리고 이 지방 경비가 국비에 근접해 가는 속도는 일본보다도 조선에서 더 큰 것이 발견된다.

5. 지방재정 팽창, 특히 조선의 지방재정 팽창의 원인은 무엇인가

어쩌면 국가행정은 사회의 발달과 인지(人智)의 진보에 따라서 점차 그 사무를 지방에 분임하는 것에 의해서 실제로 적절한 행정을 할 수 있는 것이라서, 일본에서도 점차 중앙의 권능이 지방으로 분임하는 경향이 있는 것은 원래 당연한 것이고, 이렇게 하지 않으면 안 되는 것이다. 따라서 지방단체는 점차 그 권능이 증가함과 동시에 그 사무는 더욱 증가하고, 이에 필요한 경비는 더욱 증대해 갈 것은 불가피한 것이고, 지방단체의 경비가 근래 급속도로 증가하는 것은 이 때문이다. 특히 조선에서는 병합 당초 분란(紛亂)한 구제(舊制)를 개조하고, 문명의 제도를 실시하기 위해 우선 전도(全道)의 행정을 통일하고, 획일적 경론을 행할 필요가 있었기 때문에 정치는 강력한 중앙집권제를 채용하고, 주로 관치행정을 실행한 결과 앞에 서술한 바와 같이 거의 지방단체의 존립을 인정하지 않았던 것인데, 그 후 민도의 향상과 지방 개발에 수반하여 점차 지방단체의 실체가 인정되는 모습으로 되었지만, 중앙집권적 정치의 색채는 이들 재정상에 영향을 주고 그 단체의 경비는 최소한도로 국한되어, 사실 단체의 경비로 필요한 것도 그 단체의 재정권에 맡기지 않고 대부분은 국가가 스스로 국비로 징수하고, 각 단체에 보조금으로 하달하는 형태로 되어서 재정상 중앙집권주의를 실행하고 있었다. 이러한 부자연스러운 재정상의 변태는 과도기적 시대에 어쩔 수 없는 제도이고, 문화의 진보와 함께 계속 존속할 것은 아닌 것이다. 따라서 이들 보조금은 그 후 필요에 따라 차제에 정리되어 이를 대신할 재원을 단체에 옮기는 경향이 근래 나타나고 있고, 점차 지방단체로서 순조로운 발달을 도모할 단서를 얻었다. 그러나 역시 이 보조금은 이를 단체 종류별로 보면 1920년에도 단체 경비의 1할 4푼 내지 3할 3푼에 해당하고, 단체별로 볼 때 다수는 총경비의 약 반을 국고보조금에서 구하는 정도이므로 아직 단체행정 발달의 앞길은 멀다고 하지 않을 수 없다. 결국 병합 이후 성장한 민심은 근래 더욱 향상하고 있고, 특히 근년 경제계의 호황에 맞춰 지방 개발은 놀랄 만한 것이다. 이러한 상황에서 국가행정의 근기라 할 만한 지방단체가 도저히 종래와 같이 소극적 방침하에 존립하는 것은 불가능하게 되었다. 현 총독 부임 이후 이 추세에 비추어 제반 제도의 쇄신을 도모함과 동시에 크게 지방분권의 실현에 노력한 결과, 지금까지 소극적으로 국한되어 있던 지방재정은 자연적인 추세에 의해 갑자기 팽창해 왔던 것이다. 그러나 또 현재 실상에서는 지방경비의 총액은 이를 국비에 비하면 그 약 3할 5푼에 불과하다. 원래 대단히 적었으므로 그 팽창 속도는 상당히 크다. 국비와 비교해 차이가 큰 만큼 이후 팽창할 여지와 그 속도도 큰 것이다.

국비와 지방 경비의 비율표(1920년 예산)

일본	국비	도·부·현	군	시구	정촌		수리조합	지방 경비 합계
	1000	160	23	186	241		10	620
조선	국비	도지방비	학교비	부	면	학교조합	수리조합	지방 경비 합계
	1000	112	65	29	95	34	11	346

6. 조선의 지방행정은 탄탄한가

우리 조선의 지방재정은 이렇게 필연적으로 대단한 힘으로 팽창해 가고 있는데, 이 경비는 무엇에 의해 충족될까. 환언하면 재원을 어디에서 구할까, 실로 금후 중대한 문제다. 그리고 또 곤란한 문제다. 지방행정을 담당하는 자가 크게 머리를 싸매지 않으면 안 되는 문제다. 지금까지 지방단체는 그 범위도 작고 각 단체마다 볼 때는 그 경비도 별로 거액이 아니었으므로 단체의 재원 보충 순서는 원칙적으로 우선 재산 수입과 같은 단체의 사적 수입으로 이를 충당하고, 다음으로 수수료·사용료 같은 특별 보상적인 수입으로 하고, 부족할 때는 단체원에 대한 강제 부담, 즉 단체의 조세와 비슷한 방법을 이상(理想)으로 하는 것이다. 그런데 조선의 지방단체의 현상은 그 기본재산도 매우 빈약하고, 기업이라고 볼 만한 것도 거의 없다. 또 사용료·수수료 같은 것도 상당히 미미한 것이므로 그 대부분은 이를 단체의 조세에 기대지 않으면 안 되는 현상이다. 즉 다음 표와 같이 도지방비에서는 총세입의 약 6할은 지방세에 의하고, 학교비에서는 5할 3푼, 부에서는 4할 4푼, 면에서는 7할 8푼, 학교조합에서는 4할 1푼이라는 비율이고, 더구나 기타는 보조금과 기부금 등 임시수입이 대부분을 점하고 있는 건실하지 못한 상태이다. (중략-편역자)

그리고 세출 쪽을 보면, 1920년도에도 사무비는 그 경비의 최대 부분을 점하고, 토목비·권업비 및 교육비가 그다음이며, 단체 재정으로는 매우 유치한 상황을 벗어나지 못하고 있다. (중략-편역자)

더구나 단체 재정은 앞에서 쓴 것처럼 끝없이 팽창하려 하는 추세이므로 이 끝없는 요구에 응해서 조세를 증징하려고 하는 것은 잘 생각하지 않으면 안 된다. 인민의 부담력에 대해서도 충분한 고려가 필요하다. 특히 지방단체의 시설은 국가행정의 일부라는 점을 망각해서는 안 된다. 사람들은 걸핏하면 단체의 시설 사업에만 착목하고 인민 부담력은 역시 여유가 있으니, 크게 사업을 확장하자고 논한다. 근래 지방 향학심의 발흥에 따라서, 특히 학교비에 대해 이 경향이 많다. 사실 학교 증설은 필요하고, 이를 위해서는 상당한 부담을 이겨내는 것도 당연하겠지만, 학교를 논하는 사람은 눈앞에 학교만 있고 다른 여러 행정은 돌아보지 않는다. 인민의 부담력을 학교 건설에 다 써버리자고 하는 결론이 되는 것처럼 논의하는데, 이는 잘못이다. 국가의 행정은 여러 시설이 보조를 맞춰 나아가지 않으면 안 된다. 어느 사항만 진보하고 다른 것이 그에 따르지 못하면 기형적인 사회가 된다. 그렇게 해서는 사회의 원만한 발달은 기대하기 힘들다. 지방의 건전한 진보는 얻을 수 없다. 하나의 단체 시설 외에 다른 단체의 시설이 있고, 특히 또 그 위에는 국가의 중요한 시설도 있음을 고려에 넣어두지 않으면 안 된다. 국가 및 각 단체가 상호 제휴하고 원만한 진보를 하는 것이 필요하므로, 어느 단체의 필요에만 착안해서 다른 단체의 필요를 고려하지 않는 것은 단체 존립의 의의를 모르는 것이다. 특히 각 지방단체의 존립은 국가 권력을 전제로 하고, 그 목적은 국가의 목적에 포용된다. 따라서 지방단체의 재정 역시 항상 국가 재정에 종속하지 않으면 안 된다는 것이고, 국가는 여러 행정의 건전한 발달을 기하기 위해 각 지방단체의 사업 범위를 정하고, 그 재정 한도를 제한하는 것은 어쩔 수 없는 것이다. 그리고 국가 및 각 단체의 부담은 이를 총괄해서 고려해야 한다. 이 전체의 부담이 과연 금일 지방민의 힘에 적당한지 아닌지를 연구해야 한다고 생각한다. 그런데 현재는 최근 현저한 지방사업 발전에 따라서 상당히 부담도 증가해 가고 있다.

1920년의 총세액과 1호당 부담액은 다음과 같다.

	총세액(예산, 단위: 원)	1호당 부담(단위: 원)
지방비	8,331,720	2.573
부	1,619,078	11.674
면	9,552,525	3.085
학교조합	1,819,072	21.156
학교비	4,377,223	1.394
국비	25,806,704	7.827

그러므로 부 주민은 일본인 1호당 43,602원, 조선인은 1호당 23,910원이고, 면 주민은 일본인 1호당 34,543원, 조선인은 1호당 14,850원이 된다. 이를 일본의 1호당 조세 공과부담액 97.06에 비교하면 조선에서의 일본인은 일본에서의 일본인의 약 반액이고, 조선에서의 조선인은 일본에서의 일본인보다는 크게 부담이 적은데, 부 주민은 약 4분의 1, 면 주민은 약 2분의 1 이하에 불과하게 된다.

그러나 이 부담 비교는 한편으로 부력(富力)의 비례와 함께 비교해야 하는데, 일본과 조선의 부력의 정밀한 비교는 곤란하다. 가령 생산액에 대해서 보면, 일본의 총생산액은 78억여 원(1917년)이고, 조선은 15억 9천만 원(1920년)이라서 일본의 생산액은 그 후의 통계를 보지 않으면 알 수 없는데, 크게 팽창하고 있다고 보아지므로 조선의 부력은 일본의 5분의 1보다는 적은 비율이 될 것이라 생각한다. 이 비교로 보면 현재 조선인의 부담은 결코 가볍다고 말할 수 없는 것이다. 여기에서 조선의 지방재정은 그 재원이 매우 탄탄하지 않다는 점을 생각해야 한다. 그래서 지방재원 문제는 금후 계속 곤란해져서 중대한 문제가 되는 것이다. 어떻게 이 지방재정을 탄탄히 하고, 지방 발전을 계획할 것인가를 연구해야 한다.

7. 지방재정에 대해 금후 어떠한 것을 노력할 것인가

혹은 기본재산의 구성도 생각하지 않으면 안 된다. 수익적 사업의 경영도 필요할 것이고, 단체의 행위 시설에 대해 상당한 보상을 주는 길도 연구해 봐야 한다. 이렇게 해서 가능한 한 강제적 부담의 경감을 꾀해야 하는데, 그러나 무엇보다도 역시 단체 경비의 대부분은 단체의 조세에서 구해야 하므로 단체의 조세 문제는 금후 가장 중요한 문제이다. 어떤 조세를 국세로 하고, 어떤 조세를 지방세로 할지, 국세와 지방세 분배 문제 및 부가세 과율 문제, 그리고 각 단체에서 각 세금의 배합 문제에 대해서 공정하고 적절한 합리적인 지방세 제도를 확립해야 한다. 들은 바에 의하면 최근 일본에서는 정부의 재정경제조사회에서 지방세 정리에 관한 구체적 연구를 거듭하여 조선에 대한 여러 논의가 있는 모양이다. 조선에 있어서도 이 문제는 결코 내버려 둘 문제가 아니다. 조선에서는 아직 다행히 일본처럼 지방 세제의 착종을 가져오고 있지 않은 만큼 지금 속히 그 근본적 연구를 하는 것이 득책이라 믿는다. 내가 여기서 감히 이 큰 문제에 대해서 우견(愚見)을 발표하려는 것은 아니다. 단지 이 문제를 제창하여 공인(公人)의 명료한 연구를 촉진하고 싶다는 생각이다. 다음에서는 현재 지방세제의 체재 개황을 적어 독지가의 참고에 제공하고자 한다.

8. 조선 지방세제의 대요

원래 지방단체의 조세는 대체적으로 말하면 부가세와 독립세의 두 큰 계통으로 이루어지는 것이 원칙이다. 국가의 조세와 단체의 조세는 모두 동등하게 그 일원된 인민의 소득에서 추출하는 것이고, 동일인의 소득에 대해 서로 중복하여 부과하는 성질을 갖고 있으므로 국가는 우선 자기의 경비에 필요한 조세를 선취하고, 지방단체에는 그에 대한 부가세를 인정하며, 또는 그 이외의 조세를 여기에 위양(委讓)하는 결과이다. 조선의 지방단체에서도 이 두 종류의 조세가 인정되고 있다. 그리고 부가세의 주요한 것은 지세 및 시가세의 부가세, 호구세 부가세, 가옥세 부가세, 소득세 부가세 등의 국세 또는 지방세이고, 독립세로는 호세, 가옥세, 시장세, 도장세(屠場稅), 도축세, 어업세, 선세(船稅), 호별세, 호별할, 영업세, 영업할, 전주세, 잡종세, 조흥세, 광업할, 어업할 등이 그 주요한 것이다. 그러나 조선의 지방재정은 처음에는 극히 소극적으로 취급되어 조세제도에서도 원칙으로서 국세의 부가세 주의를 채용하여, 특별한 필요에 의해 어쩔 수 없는 예외적 경우 외에는 독립세를 인정하지 않는 방침이었는데, 근래 점차 지방에 재원을 옮기는 경향이 생기고 있고, 또 한편으로는 각 단체가 특별한 사정에 의해 특별 조세를 일으키는 어쩔 수 없는 경우가 왕왕 생기고 있음에 의해, 독립세가 점차 증가하는 식으로 되어 왔다. 그러나 현재도 대체로 부가세 쪽이 단체 조세의 기초가 되어 있다고 말할 수 있다. 원래 부가세는 정확·단순하고, 징수 비용이 가장 적고, 과세제도를 통일하는 장점을 갖고 있지만, 한편으로는 본 세인 국세의 성쇠에 좌우되어 지방단체의 수요에 따르는 유연성이 적다는 단점을 갖고 있다. 그리고 지방세 제도를 대부분 부가세주의를 채택하는 것은 재정상 중앙집권주의의 그림자이고, 지방단체로 하여금 중앙의 일거수일투족의 영향을 받게 하는 불안이 있다. 근래 자치 관념의 발달과 함께 지방행정은 점차 지방분권주의를 향하고 있다. 하나의 표준에 의해 전국을 모두 설정한 국세로 지방 조세의 유일한 표준으로 하는 것이 불가능한 것은 물론이다. 오히려 각 지방의 사정에 적응하는 독립세 제정에 의해서 그 경비의 일부를 지탱하는 것이 극히 합리적이라 말할 수 있다. 그리고 부가세의 장점이라 하는 것은 특별세의 단점이고, 부가세의 단점은 독립세의 장점이므로, 지방단체는 항상 이를 병용함에 의해 피차 장단점이 서로 보완되도록 함으로써 지방재정의 원만한 운용을 기할 수 있다. 지금 아래에 1920년 단체별 조세를 들어보자.

	도지방비	부	면	학교비	학교조합
주요 조세	지세부가세, 시가지세부가세, 호세, 가옥세	시가지세부가세, 호별세, 가옥세 부가세	지세할, 시가지세할, 호별할	지세 부가금, 시가지세 부가금, 호별세 부가금, 가옥세 부가금	호별할
보족적 조세	시장세, 도장세, 도축세	특별호별세, 영업세, 특별영업세, 소득세, 전주세, 조흥세, 잡종세, 부동산 소득세	영업할, 어업할, 광업할, 임야할, 잡종할		영업할, 잡종세

위 중 학교조합에서는 구일본인회 시대부터 인계된 영업세 또는 잡종세가 지금 약간 남아 있는 것 외에는 거의 호별할의 단일세를 채용하고 있다. 기타 단체에서는 단일세 제도를 채용하는 것은 물론 아니지만, 그 여러 세금 중에서 지세·시가지세부가세와 호세·가옥세 또는 그 부가세, 그리고 호별할이 항상 단체 조세의 근간이 된다. 여기에 영업세라든가 잡종세라든가 기타 소액의 여러 세금이 각 단체의 사정에 따라 보족적으로 결합해 있다. 이들 단체의 각종 조세에 대해 이를 일반 수익에 대한 것, 토지 수익에 대한 것, 가옥 수익에 대한 것, 영업 수익에 대한 것 및 잡종의 조세로 크게 나누어 해설을 해보겠다.

(1) 일반 수익에 대한 조세

현재 지방단체의 조세 중 일반 수익세를 설명하기에 앞서서 원래 국세였던 호세와 이에 연원하여 생긴 지방 제세의 연혁에 대해서 한마디 해둘 필요가 있다. 조선에서는 호세는 예부터 국세로 징수되어 왔다. 병합 후에도 이 재래의 세제를 답습하고, 1919년까지 호세는 국세로 존재했다. 이 시대의 호세는 인두세(人頭稅) 성질을 띠고 있었기 때문에 1호 30전을 국내 전반에 균일하게 부과하는 것을 원칙으로 했다. 그리고 공립보통학교비에 대해서는 이 국세 호세의 부가세로서 호세 부가라고 칭하는 부과금을 두어 국세인 호세의 10분의 1을 징수했다. 1917년 제정된 면제에서는 면의 호별할을 인정하고, 면 내에서 독립된 생계를 영위하는 자에 대해 그 자산·소득 및 생계 정도에 따라 차등을 두어 부과·징수하는 것으로 되었는데, 이 호별할은 원래 호세와는 전연 별개의 성질을 갖는 조세이고, 결코 호세의 부가세라는 성질을 갖지 않았다. 그러나 호세도 당시는 반드시 전부가 균일 부과된 것은 아니고, 지방에 따라 구관에 기초하여 위와 마찬가지로 등급을 부과하기도 했기 때문에 대체적 관념으로는 별도의 세금으로 말할 수 있는데, 실제는 이 방면의 호세에 연원하여 생긴 것이라 할 수 있다. 부에서도 이 같은 종류의 호별세라 칭하는 독립세가 있고, 또 지방비에서도 1918년에 토목협의비 정리의 의미에서 호별세를 설치하고, 1호 평균 20전에 상당하는 금액을 각 부와 면에서 등급 부과 방법으로 징수했다. 그런데 1919년 국세인 호세는 폐지되고, 이를 지방비의 재원으로 옮긴 결과, 지방비에서는 그 전의 호별세 외에 또 이 호세를 신설할 필요가 생겨서 양자를 합병하여 호세를 설치한 것이다. 단, 종래 국세의 호세는 시가지에서는 이를 부과하지 않았으므로(시가지에서는 이를 대신하여 가옥세가 있었다) 시가지에서 종래의 호별세는 그대로 존치되고, 농촌의 호별세만 호세와 합병한 결과가 되었다. 그리고 1920년 지방 재원 확장 때 시가지에 잔존해 있던 호별세는 전부 가옥세로 합체하는 것으로 정리되었다. 이렇게 호세의 유일한 부가세인 공립보통학교비 호세 부가는 국세 부가세에서 변하여 지방비 호세의 부가세로 되었을 뿐 종래의 모습을 바꾸지 않았다. 1920년 10월 시행된 개정 지방제도에서도 이들 여러 세금, 즉 도지방비의 호세, 학교비의 호세 부가금, 부의 호별세, 면의 호별할 등은 그대로 존치되고, 부의 호별할 외에는 어느 것이나 각 단체 공통의 주된 조세의 지위를 점하고 있다. 이들 호세의 계통에 속하는 각종 여러 세금은 그 발달의 연원인 국세 호세가 인두세적인 것이었지만, 현재에는 오히려 각 사람의 포괄적 수익을 표준으로 한 일반 수익세의 성질로 진화한 것이다. 그 등급 과율로는 누진율을 적용한 것이 많으므로 그 운용의 적실함을 얻는다면 일반 세원에 대한 공평한 조세가 되고, 이것이 지방 조세의 기본이 되거나 혹은 조절할 수 있는 꽤 좋은 제도가 되는 것이다. 단, 그 등급 결정의 근거가 이사자의 어림짐작에 연유하는 것이므로, 소위 견립할(見立割) 등으로 칭하는 것처럼 때로는 정확하지 않은 경우도 생기고, 수리적으로는 상당히 불완전하다는 비난을 면치 못한다. 그러나 일반적인 민도가 아직 낮은 조선에서는 문명적이고, 정밀하며, 미세한 세제를 두어서 오히려 사무가 껄끄러워지고 다액의 징수 비용이 들기보다는 차라리 이 간편함을 존중해야 할 것이다. 특히 구역이 협소한 작은 단체에서는 단체원의 수입 등은 대체로 어림잡는 것이 잘못되지 않는 것이 가능할 뿐만 아니라 개정 제도의 결과, 단체의 사정에 정통한 자문기관의 엄밀한 조사에 부치는 것이므로 그 운용에 주의한다면 지방 조세로서 적절한 세목이리라 생각한다. 그러나 도지방비 같은 구역이 넓은 단체에서는 도 전체를 일관한 등급 과세를 하는 것은 곤란하므로, 현재 도지방비의 호세는 각 면의 호수에 의해서 각 면의 부과액을 결정하고, 각 면 내에서 등급 과율을 정해서 이 부과액을 안분하는 제도로 되어 있음은 어쩔 수 없는 것이지만, 이 때문에 면민의 부력이 큰 면과 그렇지 않은 면을 비교할 때는 동일한 수익을 가진 자가 전자에 있으면 부담이 가볍고, 후자에 있으면 무거워지는 결과가 된다. 동일 단체 내에서 동일한 조세에 대해 장소에 의해서 부담이 달라지는 불공평이 있으므로 도지방비 같은 큰 단체의 조세는 제도상 결함이 있는 것을 부정할 수 없다고 생각한다. 또 경성이라든가 부산이라든가 평양·대구라든가 하는 대도회지에서는 호구가 많고 경제관계가 복잡해서, 가령 다수의 협의회원이 모여서 정해도 다수의 주민 개개인의 사정을 통찰하는 것은 도저히 불가능하다고 말할 수밖에 없다. 따라서 이들 큰 부에서는 위와 같이 호별세의 부과는 적절하지 않다. 이에 대해 최근 1921년부터 경성 기타 많은 부에서는 위와 같은 견립할(見立割)식의 등급 과세에 의하지 않고, 각 사람의 소득을 정확히 조사해서 그 소득액에 따라 과세하는 일종의 개인 소득세 성질을 갖는 호별세를 시행하게 되었다. 이에 호별세는 전환해서 소득세가 되었다. 이는 사실 시세에 따른 당연한 길이었고, 불완전한 일반 수익세가 좀 완전한 일반 수익세로 되어 가는 것이라 볼 만하다. 단지 한마디 해둘 것은 원래 소득세라는 것은 그 성질이 극히 일반적인 것이라 지방의 소구역 내에서는 조사가 곤란하고, 또 징수상 불편도 있어서 오히려 불공평에 빠지기 쉽고, 차라리 국세로서 발달할 것이어서 지방세로서 최선의 것은 아니라고 생각된다.

[호세 관계 지방 조세표(1920년)](생략-편역자)

(2) 토지의 수익에 대한 조세

토지의 수익에 대한 조세로는 국세인 지세 및 시가지세가 있다. 지세와 시가지세는 원칙적으로 수익지의 소유자에 대해 토지대장에 등록되어 있는 지가의 1,000분의 13(시가지세는 1,000분의 7)을 징수하는 것으로 조선에서 국세의 대종을 이룬다. 그리고 조선의 지방단체에서는 모두 다 이 지세 시가지세의 부가세로 단체 조세의 근저를 삼고 있다. 원래 지세(시가지세 포함)는 그 과세 표준이 고정되어 있고, 대장에 게재된 사실에 의해서 부과하는 것이므로 부과 방법이 간명하고, 징수도 쉽고, 상당히 소득에도 비례한다. 특히 토지는 지방의 이해와 밀접한 관계가 있으므로 지세는 지방단체의 조세로는 가장 적절한 것이다. 근세의 진보한 지방단체에서는 그 단체의 행위 시설은 직접 지방의 문화적 개발에 이바지하는 것이 항상 국가보다도 크고, 지방의 개발에 기초하여 가장 많은 이익을 얻는 것은 그 지방 내의 물건, 특히 부동산이므로 그 소유자에게 단체 조세의 주된 부담을 지우는 것은 공평을 기하는 것이다. 따라서 여러 나라에서는 토지세를 지방의 재원에 맡기는 것이 많다. 이론상 이는 적당한 것이라 믿는다. 근래 일본에서도 경제재정조사회 등에서는 장래 지조를 지방단체에 위양하는 것을 연구하고 있다고 전해지고 있다. 현재 조선에서도 지세는 지방단체에 위양하자고 주장하는 사람도 있는 것 같다. 이론상 옳은 것이지만, 조선에서는 또 연구의 여지가 크게 있는 문제다. 토지수익세의 지방 위양은 국가에 완전한 일반 수익세의 큰 기둥이 서 있고 나서의 문제다. 환언하면 완전한 소득세가 실시되고, 더구나 그 소득세가 국세 제도의 중추가 되고 나서의 이야기다. 조선의 조세제도에 언제 이 큰 기둥이 설지는 예상 불가능하다. 역시 상당한 시일이 필요할 것이다. 특히 조선의 실상은 지금 농업을 본위로 하는 시대이다. 토지 수익이 지방민의 소득의 거의 전부인 시대이다. 개인에 대한 소득세는 대체로 지세와 떨어져 있는 것이 아니다. 더구나 단순명확한 지세 제도를 완전히 버리고, 복잡한 소득세 제도로 이를 대신하는 것은 지금 조선에서는 고려할 문제다. 구세(舊稅)는 양세(良稅)라는 진리는 음미해 볼 만한 것이라 생각한다. 이론만으로는 세상에 해결되지 않는 것이 있다. 개인소득세 제도가 가령 신설된다 할지라도 이 구세는 당분간 버리는 것은 안 된다고 생각한다. 토지수익세의 지방 위양은 당분간은 단순히 이상론으로 그칠 것이다. 그렇다면 지세는 국세로서 이를 보류할 필요가 있다. 또 한편 지방 조세로서 지방재정의 팽창에 따라 부가세 증징을 생각해야 할 필요가 있다고 한다면, 국세인 지세와 지방세인 지세부가세의 과세 분량은 어떻게 이를 정해야 할지의 문제가 생긴다. 즉 부가세의 과율을 어떻게 정할지의 문제다. 이 문제는 국가가 지세에 얼만큼의 재원을 기대하는지의 근본 방침을 알지 않으면 해결이 곤란하다. 이 근본 방침에 의해서 국세인 지세의 과세 분량이 정해진다. 그래서 토지 수익에 기초한 부담력의 관계를 고려하여 지방단체의 부가세 과율을 정하고, 각 단체 수요의 한도를 제한해야 하는 것이다. 더구나 지방단체는 다양하고 수가 많으므로 동일한 토지에 대한 지세와 각 단체의 부가세는 이를 합일해서 고려해야 한다. 현재 각 단체 지세부가세 과율 제한은 다음과 같다.

    도 지방비 지세부가세(시가지세부가세 포함): 본 세 1원에 대하여 30전
    부 지세부가세(시가지세부가세 포함): 본 세 1원에 대해 60전
    면 지세부가세(시가지세부가세 포함): 본 세 1원에 대해 60전
    학교비 지세부가세(시가지세부가세 포함): 본 세 1원에 대해 30전

따라서 부와 면 내의 동일 토지에 대한 각 단체의 지세부가세는 제한율까지 징수하는 것으로 하면 총계에서 본세의 15할이 되는 계산이다. 그러나 단체에 따라서는 제한 내 부과하는 것도 다소 있으므로 부가세 총계는 국세의 약 10할 3리 6모에 해당한다. (중략-편역자)

(3) 가옥의 수익에 대한 조세

가옥의 수익에 대한 조세는 조세 제한 중 지세와 함께 중요한 성질을 갖고 있다. 과세 목적인 가옥은 토지 다음으로 고정성을 갖고, 또 가장 명확하여 은폐하거나 포탈할 길이 없을 뿐 아니라, 수익 재산으로도 토지 다음으로 중요하므로 그 징수도 비교적 용이하기 때문에 지세와 나란히 가옥세는 수익세로서, 또 지방조세로서 적당한 것이다. 조선에서는 가옥세는 병합 이전부터 존재했고, 가옥의 종류 및 건평을 표준으로 하여 세액을 정했다. 1919년 국세인 가옥세는 폐지되고, 이를 지방비의 재원으로 옮겼다. 지방비는 국세였을 때와 완전히 동일한 규정으로 가옥세를 신설했다. 그런데 이 규정에 의하면 가옥세 세액을 산출하는 기초는 다음과 같았다. (갑종은 석조 및 기와 가옥, 을종은 기타 가옥)

  30간 이상: 갑종 8원, 을종 5원
  10간 이상: 갑종 2원, 을종 1원 30전
  4간 이상: 갑종 80전, 을종 50전
  4간 미만: 갑종 40전, 을종 30전

따라서 30간[간은 대략 평(坪)과 같다] 이상의 가옥은 아무리 커도 세액 8원을 넘지 않을 뿐 아니라, 가옥 위치라든가 사용 방법 등은 조금도 참작하지 않기 때문에, 예를 들면 경성 한복판에 있는 조선은행 본점 같은 큰 건물과 남산 중턱에 있는 조악한 기와주택이 같은 8원의 세액을 부담한다는 기현상이 일어난다. 과세 표준이 부적당하기 때문에 가옥세의 본의인 수익 과세의 목적을 달성하지 못하게 된다. 원래 가옥세의 과세 표준은 가옥의 가치에서 구해야 한다. 그리고 가옥의 가치는 그 위치, 건물의 종류, 사용 방법 및 크고 작음, 넓고 협소함 등에 의해서 정하는 것이므로 이러한 점을 정밀히 조사해서 그 진정한 가치를 판정하는 것이 필요하다. 그리고 단체 내에서 모든 가옥에 대해 정확한 가치를 판정하는 것은 상당히 곤란한 사업이고, 가옥세의 과세 표준의 조사는 상당히 정밀한 수수료를 필요로 하는 것이다. 이에 1920년 지방비 가옥세 규칙을 개정하여 그 과세 표준 기초를 고치고, 대체로 가옥세는 가옥의 평수를 표준으로 할 것, 부지의 등급 및 가옥의 종별에 의해 차등을 둘 것, 등급, 종별 및 과율의 차등은 도(道) 내(內)에서 통일적으로 정하는 것은 곤란하므로 부와 면마다 도지사의 인가를 받아 적당히 이를 정할 것, 가옥세 부과액은 대체로 호세 시행지에서 호세 부과액과 균형을 얻기 위해 호세 평균 1호당 금액을 가옥세 시행지에서 현재 호수에 곱한 금액을 각 부와 면에 배당 부과할 것. 이러한 원칙하에 각 부와 면에서 비교적 정밀한 부과 표준을 정하여 배당된 가옥세 총액을 이 표준에 안분해서 가옥세액을 산정하는 것으로 되었다. 여기서 주의할 점은 조선의 지방에서는 가옥은 극히 작고, 차등이 극히 적고, 도저히 시가지와 같게 일률적으로 하는 것은 불가능하다는 점이다. 만약 여기에 시가지와 동일한 가옥세를 시행한다면, 결국 한 가옥당 평균 몇 전으로 될 것이 틀림없고, 균일 과세 시대의 호세와 큰 차이가 없게 된다. 그런데 조선에서는 상당히 부유한 농가에서도 별로 가옥이 훌륭하지 않은 풍습이 있으므로 지방에서는 가옥의 수익에 과세하는 것은 농민의 담세력에 비례하지 않는다는 결점도 있다. 따라서 가옥세는 그것이 국세였던 시대부터, 또 지방비로 옮겨간 후에도 이를 시가지에만 시행하고 농촌에는 시행하지 않았던 것이다. 그리고 농촌과의 균형을 맞추기 위해 가옥세를 시행하는 시가지에는 호세를 징수하지 않는 것으로 하고 있다. 이와 같이 호세와 가옥세는 서로 동일 단체 내에서 그 부과 구역을 분점하는 것이 된다. 사실에 있어서는, 가옥세는 그 지역의 총 호수에 호세의 1호 평균액을 곱한 금액을 그 징수 총액으로 하여 이를 앞에 게시한 표준으로 안분하는 것으로 하고 있으므로, 가옥세는 호세의 변형이라고도 보는 상황이다. 그러나 현재 호세는 원래의 성질을 변경하여 일반 수익세의 소질을 가지기에 이르렀으므로, 특별수익세인 가옥세와는 성질상 전연 다른 조세가 된다. 두 가지가 서로 상대할 수 있는 것은 아닌 것이다. 호세는 오히려 지세, 가옥세, 영업세 등의 특별수익세의 총체와 대립하고 이들과 상대할 만한 것이다. 또 이들 특별수익세의 계통에 대한 조절로 이와 병립할 수 있는 것이라 말할 수 있는 것은 아니다. 호세와 가옥세를 동일 단체 내에서 서로 부과 구역을 분점시키는 현행 제도는 조세의 본질상에서 이를 논할 때는 적당하다고 말할 수 없다. 이론상으로 말하면, 농촌에서 호세를 부과하는 것으로 하면 시가지에서도 이를 부과하는 것이 공평하다. 가옥세도 역시 조세제도의 상황에 의해 이를 부과할 필요가 있다면 시가지인지 아닌지를 묻지 않는 것이 맞다. 그러나 실제상에서 이를 말하면, 시가지는 호수가 많을 뿐 아니라 그 이동도 빈번하고, 각호의 자산, 소득, 생계 정도 등을 측정하는 것은 호구가 적은 농촌보다 쉽지 않다. 징수 역시 곤란할 수밖에 없어서 호세를 시가지에 부과하는 것은 곤란하다. 또 한편으로 가옥세 쪽에서 보아도 시가지와 농촌은 가옥의 가치가 현저히 차이가 난다. 일률적으로 가옥세를 부과한다면 그 규정이 상당히 복잡해지고, 적당한 표준을 세우기가 힘들 우려가 있다. 이러한 실제 상의 곤란에서 호세는 농촌만, 가옥세는 시가지에만 부과하는 현행 제도가 생긴 것은 어쩔 수 없는 것이라 말할 수밖에 없다. 따라서 현행 제도에서 이를 설명한다면, 가옥세는 순수한 가옥세인 본질을 벗어나고, 시가지에서는 호세를 부과하는 곤란이 있고, 호세의 납세 의무자를 가옥의 소유자로 옮기고, 그 지역에서 징수할 호세의 총액을 가옥에 나누어 부과한 것이라 볼 수 있다. 즉 호세 징수의 변태이다. 이상은 주로 도지방비의 호세 및 가옥세에 대해서 말한 것이다. 만약 부와 면 같은 작은 단체에서 어떤 부와 면에는 가옥세를 두고, 어떤 면에는 호세를 두고 하는 것은 부와 면의 세제로는 이론상으로도 불가한 것은 아니다. 그러나 현재 부와 면, 학교비의 세제에서는 호세 가옥세의 독립세를 만드는 것이 아니라 도지방비의 호세 가옥세의 부가세이므로 전술한 가옥세의 성질은 부가세에 붙여도 동일하다. 그런데 근래 이 가옥세 부가세를 채용하는 단체에서 다시 호별할 같은 것을 신설하는 경향이 있다. 재원을 만들기 위한 궁여지책인데, 관념의 혼효, 착종에 기반한 것이라 생각된다. 장래 지방세 정리의 하나의 문제가 될 것이다. (중략-편역자)

(4) 영업 수익에 대한 조세

영업 수익에 대한 조세는 겨우 부 및 일부 면에서 그 존재를 볼 뿐이고, 국가 및 도지방비에서는 이 제도는 없다. 도지방비에서는 시장세가 있어서 영업세라는 관점이 있지만 매우 불완전하고, 오히려 일종의 행위세에 가깝다.

무릇 영업이라는 것은 영리를 목적으로 개인이 일하는 경제적 행위를 말한다. 현재 영업에 관한 입법 예는 이러한 의의로 해석하고 있는 것 같다. 그러나 영업을 이같이 광의로 해석하고, 영리적 경제 행위에서 생기는 수익에 부과하는 것으로 할 때는 영업세는 일종의 소득세의 성질을 띠었다. 호세와 같이 일반수익세가 있는 경우에는 중복될 혐의가 있는 영업세가 지세·가옥세와 병립해서 특별수익세의 성질을 취득함에는 그 범위를 협소하게 하고, 자본(토지 가옥을 제외) 수익에 대한 조세의 형태를 채용하는 것이 가장 합리적이라고 생각한다. 우리 조선의 부(府)의 영업세 및 면(面)의 영업할을 보면 모습이 다르지만, 대체로 그 모범을 일본의 영업세에서 취하고, 영업의 의의를 정의하는 것 없이 영업세를 부과할 업태(業態)를 열거하고, 그 매상고, 자본금액, 청부금액, 수입금액 등을 표준으로 하여 과세하는 복잡한 제도이다. 게다가 부와 면에 의해서 그 업태의 종류와 표준 등이 다양하다. 극히 복잡해서 과연 공평하게 영업세의 목적을 달성할 수 있는지 의심할 수밖에 없다. 장래 반드시 이것의 정리가 필요하다고 생각한다.

영업세는 예부터 주로 상공 자본에 대한 수익세였고, 그 적용은 시가지에 많고 농촌에는 적다. 또 그 내용도 천태만상이며, 부과하는 수속도 번잡하므로 농촌의 면에서 이를 부과하기에는 적절치 않은 사정이 있기 때문에 현재는 부 및 지정면 같은 시가지에만 시행된다. 그리고 그 적용 범위가 극히 협소하고 특수한 종류의 것이기 때문에 왕왕 경시되는 경향이 있었던 점이, 결국 현재 상태를 가져온 것이라 생각한다. 영업세는 수익세 중 매우 중요한 것으로 지방 개발과 함께 장래 더욱 연구가 필요한 것이다. 지세와 함께 유망한 지방 재원이다.

현재 도지방비의 시장세는 시장에서의 영업에 대한 과세로 볼 수 있는 것도 있고, 또는 시장에서의 매매 행위에 대한 과세로 보아야 할 것도 있다. 경성부에서의 시장세는 상설 점포의 방매 가격을 표준으로 한 등급 과세로 되어 있으므로 이는 전자에 속하고, 기타는 다수가 장날마다 방매인에 대해 방매 가격의 100분의 1을 징수하는 것이라서 이는 후자에 속한다. 시장세는 현상적으로 그 과세 물건의 조사가 불충분하고, 징수 비용 같은 것도 사실상 꽤 다액에 달하고 있는 불완전한 조세이므로 그 개선에 대해서는 일찍이 논의가 있고, 금후 중요한 문제의 하나이다. 이를 영업세로 할지에 대해서도 조선의 실상에 비추어 신중히 연구해야 한다. 이에 대해서는 또 따로 논할 기회가 있을 것이다. (중략-편역자)

(5) 잡종의 조세

이상은 지방단체의 세액 중 가장 중요한 것에 대해 설명한 것인데, 기타 또 각종 조세가 있다. 예를 들면 도지방비의 도장세·도축세, 부의 전주세·조흥세·잡종세, 면의 광업할·어업할·임야할·잡종할 등과 같이, 혹은 그 성질상 특별수익세인 것도 있고, 혹은 행위세나 증부세(增富稅), 또 혹은 사용세, 사치소비세인 것도 있다. 그중에는 또 사용료의 변형이라고도 할 만한 것도 있다. 특히 잡종세 또는 잡종할이라 칭하는 것의 내용은 상당히 다양하게 걸쳐 있고, 각종 세금의 집합이다. 그 금액은 소액이므로 그다지 문제는 아니지만, 그 이름과 같이 잡다하고 혼돈스러운 것이다. 이를 적정하게 정리·종합하는 것도 장래 연구를 기대해야 한다.

이상은 현행 지방세제의 극히 개략적인 것을 서술한 것이다. 지방제도 운용은 지방재정 문제가 주된 대상이다. 지방재정 문제는 세제 문제를 그 골자로 하므로 매우 무미건조한 이야기이겠지만, 감히 이 글을 쓴 이유이다.

〈자료 173〉 공공단체의 운용(公共團體の運用) [내무국장 오쓰카 쓰네사브로(大塚常三郞), 『지방개량강습회강연집』 제1집, 1922]

저는 오늘부터 2, 3회에 걸쳐서 제가 주관하고 있는 지방제도의 운용에 대해서 이야기하고자 합니다. 지난번 지방제도를 개정하고 제군은 이미 그 실제적 운용을 담당하고 있어서 규칙의 의미라든가 혹은 이를 어떻게 운용할 것인가에 대해서는 충분히 연구와 경험을 쌓아가고 있다고 믿으므로 법제(法制)에 관해서는 가능한 말하지 않겠습니다. 단지 이 법제를 운용할 때 제군이 가져야 하는 정신 등 기초적인 이야기를 하고자 합니다. 본격적인 강연에 들어가기에 앞서서 조선의 현 제도가 어떠한 사정으로 현재 가능하게 되었는지를 간단하게 이야기하면 제군의 기억을 환기하고 제 강연의 취지를 양해하기 쉬울 것이라고 믿으니, 아주 간단하게 연혁적인 이야기를 하겠습니다.

조선의 지방제도는 구 한국정부의 시대에는 오로지 관치(官治) 제도였습니다. 정부가 직접적으로 모든 행정을 행한다는 취지였습니다. 관치이면서도 극단적인 전제가 행해지고 있었다고 나는 생각합니다. 제가 아는 한 최하급의 동리(洞里)라고 하는 부락에서만 어느 정도 자치적 움직임이 있었다고 생각합니다. 나라의 행정 전체가 극히 소극적이어서, 적극적으로 민중 복리를 증진하는 움직임은 극히 적었을 뿐만 아니라, 비정(秕政)이 오래 계속되었기 때문에 일반의 인민은 오히려 자기의 안전이나 이익을 보호하는 데 전념했습니다. 따라서 공공(公共)을 위한 움직임이라는 관념이 발달할 여지는 극히 결핍되어 있었다고 판단됩니다. 물론 동리 구역에서 다소 자치적 형태가 없지 않았습니다. 적어도 자치의 맹아(萌芽)라고 할 만한 것이 보이고 있었습니다. 즉 군(郡)에는 향청(鄕廳)이 있어서 민선(民選)의 역인(役人)으로서 행정 사무를 집행했고, 또 향약(鄕約)이라는 것에 의해서 군의 풍교(風敎)를 유지하고 민풍(民風)을 개선하는 움직임도 없지 않았다고 생각합니다. 그러나 이들은 법문(法文), 전장(典章)이 잘 정리된 것에 비해 실제는 공문(空文)으로 끝났던 것이 많았다고 판단됩니다.

대체로 조선의 구 시대에 자치는 극히 발달하지 않았다고 말할 수 있습니다. 그 후 조선이 널리 외국과 교제를 시작하게 되면서 몇 개소에 개항장(開港場)을 설치하는 시대가 되어, 개항장에 거주하는 외국인의 공공단체(公共團體)가 발생했습니다. 즉 각국거류지(各局居留地)의 제정입니다. 개항장 이외에도 외국인의 잡거(雜居)를 인정하는 지방에는 거류민단(居留民團)이라는 자치체가 생겼습니다. 외국인이 많이 들어오면서 조선인과 외국인의 공동 생활이 시작되었습니다. 도로를 만들고 혹은 위생 문제 해결 등도 공동으로 해야 하는 상황이 되었습니다. 특히 위생 사무는 생명에 직접적 영향을 미치므로 이를 방치해 둘 수 없어, 경성에는 한성위생회(漢城衛生會), 기타 지방에도 위생조합(衛生組合)이 만들어졌습니다. 이렇게 당장 필요한 공공의 행정을 했지만, 각종 단체가 하나의 지역에 섞여 있으면서 행정 계통도 조직되지 않아 매우 혼잡했습니다. 법규도 불완전했던 것은 당연합니다. 그래서 행정 집행상 상황이 좋지 않으므로, 병합 때 이들 각종 단체는 바로 정리해야 한다고 생각했습니다. 단체 행정에 대한 연구를 진행하여, 병합 후 4년이 지난 1914년에 이르러 비로소 현재 행해지고 있는 부제(府制)를 만들었습니다. 지방에서도 장래 면제(面制)를 실시하기 위해서 군 및 면 구역을 정리했습니다. 그리고 1917년에 이르러 면제를 제정했습니다.

이렇게 조선의 지방행정과 공공단체의 연혁을 천천히 살펴보았습니다. 교육에 대해서는, 내선인(內鮮人) 간에 언어, 풍속, 습관, 부담력 등의 차이가 있으므로 완전히 이를 통일할 수는 없었습니다. 교육제도를 구별하면서 이를 유지 경영하는 공공단체도 구별하게 되었습니다. 즉 일본인에 대해서는 학교조합령(學校組合令), 조선인에 대해서는 보통학교비용령(普通學校費用令)이 나왔입니다. 그리고 한국정부 때(1909년) 지방비법(地方費法)이 제정되었는데, 극히 불완전하였던 것이었지만, 도(道)를 단위로 공공사무를 경영하는 것을 인정했습니다. 이 제도는 대체로 조선의 지방재정이 극히 빈약했기 때문에 불완전했지만 그대로 운용하여 작년까지 옛날 법규를 그대로 존치하여 왔습니다. 지금 말한 여러 가지의 제도 중 학교조합만이 약간 자치체의 면목을 갖고 있지만. 부면(府面) 지방비(地方費) 학교비(學校費) 등은 자치체라 할 수 없는 형태입니다. 특히 지방비와 보통학교비는 완전히 국가 관리가 자신의 의지로 운용하도록 되어 있어서, 민의(民意)가 가미된 조직은 거의 가능하지 않았습니다. 부(府) 혹은 면(面) 나아가 지정면(指定面) 등에서는 어떤 종류의 회의체가 있기도 했지만 극히 적은 수였고, 관선(官選)의 사람으로 조직하므로 소위 민의창달이라 하기에는 불충분한 것이었습니다. 그런데 병합 후 이미 10년이나 되어 지방의 재력도 상당히 나아졌고, 또 최근 구주대전(歐洲大戰)의 영향을 받아 세계의 사조(思潮)가 크게 변했습니다. 그 영향을 받아서 조선의 일본인도 조선인도 모두 상당히 사상의 변화를 가져온 것은 누구라도 인정하지 않을 수 없는 사실입니다. 그러므로 현 총독 각하 취임 때 시정(施政)의 요강(要綱)에서는, 제반 행정에 쇄신을 가해 국민생활의 안정을 도모하여 일반의 복리를 증진하기 위해 새로운 국면을 열고, 특히 지방 민풍(民風) 개선, 민력의 작흥은 지방단체의 힘에 기대는 것을 방편으로 하여 장래는 시기를 보아 지방자치제도를 시행할 목적으로 속히 조사 연구에 착수한다고 말했습니다. 그 후 우리가 명령을 받아서 약 반년간 이 연구에 종사하여 성안(成案)을 만든 것이 작년 10월에 개정된 지방제도입니다.

여기서 주의해야 할 점은, 작년의 지방제도는 여러분이 아시다시피 자치제도(自治制度) 자체가 아닙니다. 단지 조선 상황에서 우선 대체로 이 정도의 제도가 적당하다고 생각한 방법을 채택했습니다. 민의를 창달하여 지방의 실상에 적절하게 일하는 것, 동시에 조선의 지방자치의 장래의 토대를 만든다는 두 가지의 취지와 목적으로 제정되었습니다. 장래의 자치제를 위해 훈련하는 기관이라는 취지로 제도가 정해졌습니다. 따라서 개정 제도 운용에 참가하는 사람은 어디까지나 이는 자치체를 움직이게 하기 위한 것이라는 생각을 가지고 운용해야 합니다. 자치체의 운용에 대한 근본 관념이 없으면 이 지방제도를 운용할 수 없다는 점은 당연합니다. 그럼 지방자치체 운용의 근본 관념이 무엇인가인데, 국민 전반이 지방의 공공을 돕는다는 자각을 일으키는 것입니다. 즉 사회에 대한 봉사의 마음을 함양한다는 것으로 귀착합니다. 이것이 제가 강연하고자 하는 근본입니다.

조금 새로운 이야기로 들어가려고 하는 지금, 지방제도 시행 당시 일어났던 각종의 비난에 대해서 한마디 해두고자 합니다. 비난의 첫째는 이번에 시행된 지방제도는 자치체가 아니라 단순한 자문기관을 만든 것에 지나지 않으니 의미가 없다는 의론이 있었습니다. 이 의론은 어느 정도까지 자치체의 행정을 이해하고 나온 의론인지 알 수 없습니다. 우리는 조선의 현상에 비추어 아직 진짜 자치체의 활동을 바라는 것은 가능하지 않다고 생각하는데, 이렇게 의론하는 사람의 대부분은 가장 진보된 문명국과 마찬가지의 제도를 조선에서도 시행해야 한다는 근본적 오류를 갖고 있지 않나 생각합니다. 사회의 발달에는 순서와 질서가 있습니다. 제도 같은 것도 민도의 발달에 따라 순차적으로 개선하는 것이 가장 확실한 효과를 거두고 민중의 복리를 증진시킬 것이라 생각합니다. 거의 자치체의 사무라 할 만한 것도 없는 동리장(洞里長) 직책조차도 명예직이 가능하지 않은 현재로서는, 한층 더 복잡하고 어려운 사무를 명예직으로 하려는 제도를 집행한다면 과연 정치가 가능할 것인가, 제군은 행정의 실제를 담당하고 있으니 그 판단은 나보다 더 정확하리라 생각합니다.

둘째는 제한선거를 하면 안 된다는 주장입니다. 개인의 관계는 계급, 종족 등에 의거하지 않고 모두 평등해야 할 세상에서, 최하급 단체에서조차 권리의 차등을 부과할 수 없다는 비난이 있습니다. 만약 일국의 민중이 대체로 평균적 지식을 갖고 공공을 수행하는 데 대한 자각이 있다면, 그 논자의 의견은 확실한 것이지만, 현재로는 이 민중의 복리를 판단하는 것을 최하급 노동자까지 하겠다는 것은 무리한 주문입니다. 어느 정도까지는 항산(恒産)이 있고 항심(恒心)이 있는 사람의 의견으로써 정치를 해야 하는 게 당연합니다. 가장 민권(民權)이 발달하여 있는 미국에서도 모두 선거권을 가지고 있는 것은 아닙니다. 특히 공공단체에서의 조세(租稅)와 공채모집(公債募集) 제한은, 특별히 재산상의 제한을 부과한 선거민이 선출하는 사람만 의결하고 있는 것은 많이 있습니다. 또 재산에 대해서 권리를 부여하지 말고 사람에 대해서 권리를 부여해야 한다는 것은 정치의 종국적 목적으로서는 그러하다는 것이나의 생각이지만, 현재 사회조직에서 보아도 재산을 무시할 수는 없습니다. 조선에서 선거권은 일본의 그것으로 간주하고 있습니다. 영국에서는 재산의 소유지에서 선거권을 가지므로, 동일한 사람이 몇 개나 선거권을 가지는 경우도 있습니다. 사유재산제도를 인정하는 사회에서는 그 제도의 가부 여하는 별문제로서 이 현재의 사실을 무시할 수는 없습니다. 결국 인민의 발달 정도 여하에 따라서 점차 그 권리를 확장할 수밖에 없다고 생각합니다.

세 번째 비난은 제한선거의 제한액이 너무 높다는 것입니다. 어떤 사람은 일본인 수를 많게 하기 위해서 이렇게 했다고 우리를 비난했습니다. 그리고 그 제한을 일본의 제한과 비교하여 논하는 사람도 있었지만, 일본과 비교하여 논하면 큰 차이가 있습니다. 일본은 국세(國稅), 조선은 부단체세(府團體稅)를 표준으로 하고 있어서 비교의 근본에 차이가 있습니다. 또 법정의 제한이 비상하게 높다는 것은, 부면(府面)의 상황을 보면 거의 공공사업을 행하고 있지 않습니다. 면(面)이 지출하는 비용은 역인(役人)의 급료가 거의 그 7, 8할을 차지하는 상태입니다. 따라서 공공단체로서 할 만한 사업은 거의 없다고 해도 좋은 상태입니다. 장래 면(面)이 발달하면 사업에 요구되는 비용을 부담하게 될 것이라 생각하는데, 이 비용을 개인으로 나누어 보면 적어도 5원 정도가 됩니다. 그러나 아무 일도 없는 면에서는 부담도 가벼우므로, 이 현황에 비추어 당분간 5원의 제한은 저감할 수 있도록 했습니다. 일본인을 많게 한다는 비난은 실제 결과를 보면 극히 명료합니다. 어떤 지방에 가도, 실제로 경제력이 있는 지방에서 일본인이 우세한 지위를 점하고 있습니다. 내선 차별을 철폐하려는 총독정치가 그런 인색한 생각을 가지고 제도를 만들지는 않았다는 점을 제군은 충분히 양해하고 있으리라 생각합니다. 제도의 취지는 극히 현재의 상황에 적절합니다. 현재의 상황에서 온건한 의견을 이 사회에 반영시키기 위해 만들었다는 점을 알기 바랍니다.

앞서 말했던 것처럼 조선의 지방제도는, 현재의 사정에 적절한 행정을 실시하고 온건한 민의를 반영시킨다는 목적으로 제도를 편성했습니다. 한편으로는 자치의 첫걸음, 자치의 훈련을 위해 개정했다고 말했습니다. 자치의 훈련이란, 민중으로 하여금 공공을 받드는 신념을 함양시키는 것을 말합니다. 왜 공공에 봉사하는 마음을 함양하는 것이 필요한가, 왜 공공을 위해 봉사해야 하는가, 제군이 이러한 부분에 대해 신념을 가지고 실행하길 바랍니다. 세간에서는 공공에 대해 우려한다고 누구나 말하고 있지만, 진실로 철저하게 자신의 마음속에서 자각하여 신념하에 행동하는 사람이 조선에 과연 얼마나 있을지를 생각해 보면, 자치단체 운용의 앞길이 요원합니다.

현재 문명국들은 모두 국민의 힘을 하나로 모아서 다른 협동의 힘에 상대하고 있는 것이 세계의 실상이고 현재의 대세입니다. 그래서 세계 속에서 우세한 지위를 점하여 국가의 진운을 왕성히 하려면 나라의 협동의 힘을 견고하게 모아서 실력을 양성해야 합니다. 일촌(一村) 일향(一鄕)의 사람들이 협동하여 그 일촌 일향의 공익을 위해서 힘쓰고 국민 전반이 협동 일치하여 국가를 위해서 힘쓰는 것은 단지 국가를 융성하게 하는 것일 뿐만 아니라 세계의 인문(人文)에 공헌하는 길이라고 믿습니다. 세계의 인문 발달에 힘쓰고 한 나라의 인문을 위해 힘쓰고 일향 일촌의 복리를 위해서 힘쓰는 것이, 즉 공공심(公共心)입니다. 환언하면 자치심(自治心)입니다. 관점에 따라서는 소위 사회 봉사의 책무라고도 말할 수 있을 것입니다. 법률 면에서 보면 국민의 국가에 대한 기초적인 의무는 병역과 납세입니다. 공공단체에 대해서는 비용을 부담할 의무를 가지고 있습니다. 이는 공동의 이익을 위해, 자신의 이익을 제공하는 것이므로 공공심 혹은 자치심의 주요한 부분이고 사회 봉사의 기초적인 의무라고도 볼 수 있습니다. 그리고 진실된 사회봉사 의무, 공공심, 자치체라는 것은, 이러한 한두 가지의 특별한 의무에 한정되지 않습니다. 우리가 상주(常住)하는 사회의 개선을 위해서 도모하는 모든 행위, 사회 전체의 이익 증진을 목도하고자 하는 것이 소위 자치심입니다. 그 정도까지 달성하지 않는다면 진실된 자치심의 함양은 불가능합니다. 제 생각에는 동양의 나라에서는 단체에 대한 의무, 사회 봉사의 의무라든가, 공공심이라든가, 자치심이라든가 하는 관념의 발달이 어느 정도 지연된 것이 아닌가 합니다.

우리가 일본의 실상을 보면 국가라는 관념은 크게 발달하고 있습니다. 완급은 있지만 공공을 받든다는 관념으로 국가를 위해서 생명을 거는 것을 꺼리지 않는 관념은 비상하게 발달하고 있습니다. 또 이웃이 서로 도와 향당(鄕黨) 간에 서로 부양하는 관념도 상당히 발달하고 있지만 시(市)에 대한 애호(愛護)의 념(念), 정촌(町村)에 대해서 받드는 관념 등은 다소 적은 것 같습니다. 이는 여러 가지 원인이 있다고 생각하는데 대체적으로 동양에서는 가족제도를 기본으로 하고 있습니다. 가족제도를 기초로 한 사회이므로 경제적 진보가 유치했기 때문에 다수의 사람들이 협동하여 큰 작용을 할 필요가 비교적 없었던 것이 하나의 원인일 것이라 생각합니다. 또 가족제도가 발달하여 있었으므로 서양과 같은 개인주의가 강렬하지 않았습니다. 서양의 개인주의는 극단적입니다. 아이가 성장하여 독립이 가능해지면

집을 나가 별도로 하숙을 해야 한다는 극단의 정도까지에 이르고 있습니다. (중략-편역자) 극단적인 개인주의의 결함을 갖고 있으므로 이를 조절하기 위해서 단체주의를 고조해야 하는 필요가 생겼습니다. 그런데 일본이나 조선은 가족제도에 편중되어 있으므로 개인주의는 별로 강하지 않고 따라서 단체주의를 강조할 필요는 다소 적었다고 생각합니다.

19세기 이후 근세의 산업조직 발달이 또 단체적 생활을 촉구해 왔습니다. 전에는 현재의 조선처럼 각자 모두 자신이 필요한 것은 자신이 만든다는 경제조직을 가지고 있어서 별로 큰 단체를 필요로 하지 않았는데, 산업조직이 커지자 비상하게 큰 규모의 동업(同業)이 가능하고 또 분업이 가능해졌습니다. 근세의 도시의 발흥은 산업조직이 커져 온 것의 결과입니다. 많은 사람이 한 곳에 와서 공동으로 생활하려면 그 위생과 건강을 지키는 견지에서 보아도 단체의 단결이 상당히 강해야 한다는 결과가 되었습니다. 각자의 경제나 생활이 서로 밀접하게 이어지면서 공공단체 조직에 대해 정치가와 행정가가 고민해 왔던 것입니다. 그런데 동양에는 이러한 현상이 없습니다. 동양인에게 사회적 정신이나 공공심이 없다는 것이 아니라, 단지 그럴 필요가 촉구되지 않아서 발달하지 않은 것에 불과하다고 저는 믿습니다.

이것도 여담이지만 서양에도 아주 오래된 것은 아닙니다. 자치체 제도는 아주 새로운 것입니다. 영국의 시(市)는 옛날 15세기경부터 법인격(法人格)을 가지고 있었습니다. 그러나 군(郡)이라든가 정촌(町村) 등이 정촌단체(町村團體)로서 인정된 것은 1888년, 지금으로부터 약 40년 정도 전입니다. 게다가 그것은 일본에서 1880 몇년인가에 나왔던 정촌제(町村制)보다 상당히 불완전했습니다. 미국의 경우, 시(市)의 발달은 아주 오래되었지만 법률적으로 이를 법인(法人)으로 한 것은 그다지 오래되지 않았습니다. 뉴욕시도 개괄적으로 갖는 권능을 가지고 있지 않습니다. 하나하나 권한을 부여할 때 주(州)의 입법(立法)이 이를 부여하고 있습니다. 유럽의 공공단체도 아주 오래된 것은 아닙니다. 산업조직이 유치하고 공동생활이 밀접하지 않았을 때에는 법률적으로나 정치적으로 자치제가 인정되지 않았습니다.

(중략-편역자)

결국 사회조직의 진보, 사회경제의 진보에 수반하여 공동심, 자치심, 사회 봉사의 의무도 또한 진보하여 함양해야 합니다. 조선의 현황을 보면 사람들의 생활에 자족경제적 색채가 아직 상당히 강합니다. 경성과 같은 시(市)에도 각자가 스스로 술, 된장, 장아찌를 만들어서, 이사할 때는 이를 가지고 갔습니다. 조선 제일의 도회지인 경성에서 자족경제(自足經濟)가 아직 남아 있으니 하물며 지방민의 다수는 모두 이와 같은 자족경제로, 실제로는 각자의 경제생활이 아직 상당히 밀접하지 않은 지방이 많다고 생각합니다. 따라서 공동단체 관념이 적은 것도 무리가 아니라고 생각합니다. (중략-편역자)

면장(面長), 면 서기(面書記) 등의 공금(公金) 횡령에 대해 거의 매일 재판소와 경찰의 보고가 들어오고 있습니다. 여러 가지 사정으로 각종 범죄가 일어나는데, 공직에 종사하고 있는 자에게 공공심이라는 사회봉사 정신이 없기 때문이라고 생각됩니다. 사회봉사의 마음과 공공심에 대한 자각이 철저하지 않은 결과라고 생각합니다. (중략-편역자) 공공단체의 사무를 처리할 때 당국자와 협의회의 의견이 다를 때가 있습니다. 성의(誠意)로써 어떻게 하면 단체의 복리를 도모할지를 연구하는 것이라면 용인되지만, 입만 열면 공직을 그만두겠다거나 협의회원을 그만두겠다고 말하면서 위협합니다. 저급한 감정에 휩쓸려 파업하고 반항적인 태도를 취하는 일도 누차 일어났습니다. 이 제도는 자문기관이지만 그 운용 정신은 자치단체에 대한 정신과 마찬가지입니다. 공공을 받드는 마음으로써 성의로 이를 대해야 한다는 성의, 공공심, 사회봉사의 마음이 철저하지 않은 결과입니다. 제군은 여러 번 이러한 경우를 만났을 것입니다. 각각 다양한 사람이 있으므로 하루아침에 공공심을 양성하기는 어렵지만, 부단하게 마음의 준비를 하지 않는다면 이러한 사건이 일어난 경우 그 소요나 사건을 해결할 수 없습니다.

다음으로 동리장(洞里長) 문제인데, 동리장을 명예직으로 한 것에 대해 지금이라도 동리장에게 봉급을 주어야 한다는 주장이 있습니다. (중략-편역자) 구장을 명예직으로 한 것은 정부의 잘못이라고 강하게 말하는 사람들도 있습니다. 이는 지방 제도, 자치단체 제도의 정신을 이해하지 못한 자가 말하는 것이라 생각합니다. 본론과는 좀 동떨어진 이야기일지도 모르나, 제군이 이 점에 대해서 항상 관계하는 바가 많을 것이라 생각하므로 조금 상세하게 이야기하겠습니다. 면제(面制)를 만들 때 동리장(洞里長)을 명예직으로 한 것은 상당히 깊이 생각했습니다. 당분간 운용상 곤란한 점이 있을지도 모르지만 어디까지나 이를 강행하면 장래에 자치체의 발달을 기할 수 없으므로 제군도 이러한 견지에서 이 제도를 잘 운용하였으면 좋겠다고 생각합니다. 면제를 실시하기 이전의 면 행정은 아시다시피 거의 공사(公私)가 혼란하여 공공 사무와 면장(面長) 개인의 청부(請負)가 좀 구분되지 않았습니다. 사무소를 면장의 자택으로 하고 공적인 돈과 사적인 돈을 함께 쓰고 있는 상태여서 거의 사무의 체재를 이루지 않았습니다. 또 면장도 아무것도 알지 못하고, 면 행정 사무도 나눠지 않았습니다. 자치체의 복리를 증진하는 일 등은 없이, 오직 세금 청부기관에 그치고 있었습니다. 이따금 뭔가 공공사업 같은 것이 있었지만 그것은 면이 하지 않았습니다. 여러 계(契), 즉 식림계(植林契)라든가 도로계(道路契) 등이 있었지만 완전하지 않고 맥락과 통일도 없는 사업 방식이었습니다. 그래서 면제를 만들 때 가장 먼저 생각한 것은, 무엇보다 이 면제를 만든 이상 면장의 편에서 면의 사무를 이해해야 한다는 점입다. 지금까지의 동리장 본위의 행정을 폐지하고 면민과 면장을 밀접하게 하는 것이 필요하다고 생각했습니다. 그래서 동리장에게는 별로 일을 부여하지 않고 면이 주로 일하려고 했던 것이 그 하나입니다.

둘째로는, 면을 단위로 해서 점차 공공사업을 일으키려고 생각했습니다. 공공사업을 하려면 돈이 필요합니다. 그 돈을 어디에서 가져올 것인가인데, 면의 힘이 심히 빈약하므로 경비상에서 절약이 가능한 것을 절약하여 이를 충당하지 않으면 안 됩니다. 부담력이 견딜 수 있는 한 부담하는 것이 맞지만, 한편으로는 쓸데없는 비용을 줄여야 합니다. 동리장은 그 수가 아주 많고 적은 수당이라도 전체 도(道)의 입장에서 보면 매우 큰 액수이므로, 이것도 폐지하여 사업비 쪽으로 하려는 생각을 했습니다. (중략-편역자) 이러한 의미에서 동리장을 정리했던 것입니다. 그러면 동리장을 폐지하는 게 맞지 않나 하는 의론도 때때로 일어났는데, 나는 이것이 자치제의 골자라고 생각합니다. 사무를 하는 자는 면장 이하 면리원이지만 각 동리의 장로(長老), 즉 인망과 덕망이 있는 사람을 명예직으로 했던 종래의 제도가 있었으므로, 이 사람을 통해서 면민의 단체 생활에 감화를 부여하고 법령을 주지시키고, 단체에서 제반 형편에 맞게 시설하는 취지를 잘 이해시켜서, 사람들이 좋다고 하면 그에 따라서 시행한다는 생각을 가지고 점차 인민을 지도하여 가야 합니다. 큰 기관이라면 명예직으로 하는 것이 사실 불가능하지만, 하급 단체에서는 가능한 한 명예직으로 하는 것이 자치단체의 발달을 위해 필요합니다. (중략-편역자) 적어도 동리장이 하는 일 정도는 지방의 인격자가 수당의 유무라든가 무언가에 의해서 하는 것이 아니라 의무적, 즉 사회에 대한 봉사의 마음으로 하는 것이 필요합니다. 이 정신을 이해하지 않는다면 자치는 가능하지 않다고 생각합니다.

다음으로 청부계약 문제입니다. 대개 관청의 일은, 관청에서 직접 하든가 청부를 한다든가 물건을 구매한다든가 하는 세 가지 외는 없습니다. 그런데 청부계약의 경우 공공심을 결여했던 실례가 많습니다. 일반 시민이 공공 관념을 결핍하고 있는 점은 청부계약에서 잘 보입니다. 즉 청부계약이 일어나면 반드시 거기에 어두운 그림자가 있습니다. 반드시 뭔가 부당한 이익을 얻으려는 움직임이 나타났습니다. 관청 공공단체와 청부계약을 할 때 정당한 이익을 거두는 것은 맞지만, 부당한 이익을 얻는 것은 공공단체나 국가의 손실입니다. 점차 공공사업이 발달하자 이것이 큰 문제가 되어서 몇천만 원, 몇백만 원이라 하는 거액이 되었습니다. 수도(水道)를 하나 부설해도 몇백만 원이고 그 몇 할이 부당하게 청부자(請負者)의 손에 들어가면 공공단체는 그만큼 손해를 입게 됩니다. 이러한 움직임이 빈번하게 나타나는 것은 청부자든 일반 시민이든 공공심이 결핍한 결과이고 사회에 대한 봉사의 생각이 희박한 결과입니다. (중략-편역자)

원래 이 공공심이라든가 사회봉사의 관념은 자치단체에 대해서만 논해진 것이 아닙니다. 국가에 대해서도, 국가 간의 관념에서도, 인류 생활상에서 보아 모든 단체 생활에 필요합니다. 단 이 관념을 양성하려면 처음에는 가장 작은 단체부터 양성하지 않으면 안 됩니다. 오늘날의 문명 생활에서는 이 관념의 발달이 위협받거나 저해되면, 문명국 국민으로서는 결국 낙오된다는 것을 생각해야 합니다. (중략-편역자) 그런데 인간의 공동생활이 성립하려면 인간 사이에 서로 이해하고 동정하며 유사한 점을 공유하는 것이 필요합니다. 갑(甲)이 가지고 있지 않은 것을 을(乙)에게 부여하고, 서로 협력하여 각자 자기 재능을 발휘하면서 공동생활이 필요하게 되었습니다. 각인의 다른 성정이 극도까지 발달하고 각자의 행복을 증진하고자 하면서 공동생활이 필요하게 되었다고 생각합니다. (중략-편역자)

또 하나 주의해야 하는 점은, 요즘 조선 쪽에서 많이 듣는 것이 있는데, 개성의 자유와 발전을 빈번하게 고창(高昌)하여 터무니없이 정부의 간섭을 헐뜯는 사람이 있습니다. 그러나 터무니없이 개인의 발달에 간섭하는 것은 아니고 정부는 가능한 한 국민이 향상할 수 있는 기회를 부여하고자 힘쓰고 있습니다. 인간 사회를 조직하고 공동생활을 하는 이상, 향상 발전을 위해서 사회 질서를 유지하지 않으면 안 됩니다. 사회생활에 협조하지 않는 사람을 배척하려면 이 압력을 도외시할 수는 없습니다. 그것이 사회에 대한 우리의 봉사의 하나라고 생각합니다. 질서 유지를 위해서 사용하는 압력은 단순히 무력이나 경찰력을 말하는 것이 아닙니다. 각인이 책임을 느껴야 한다는 것을 의미합니다. 인간의 성정에 기초한 사회봉사의 자각이, 이후 영속해야 할 사회생활에서는 복리를 증진하는 데 반드시 필요한 것이라고 단언합니다. 이러한 의미에서 사회가 자각을 요구한다는 점을 이해하기 바랍니다.

그럼 이 같은 자각, 공공을 받드는 관념을 양성하려면 어떻게 할 것인가의 문제가 마지막으로 남아 있습니다. 사회적으로 보면, 먼저 작은 단체로부터 단체원(團體員)이 서로 노력하여 어울린다는 생각을 양성하는 것이 가장 적당하다고 생각합니다. 가장 작은 것은, 즉 가족입니다. 다음으로 정촌(町村) 등인데, 지금 말한 것들이 행해지면 이것이 군(郡), 도(道), 국가에까지 이를 수 있다고 생각합니다. 나는 이러한 의미에서 주로 자치단체에 대한 공공심을 논하고자 합니다. 현대 정치는 자치체가 아니지만, 그 운용 방법으로서는 어디까지나 자치체라는 생각을 가지고 행하지 않으면 안 됩니다. 운용할 때 사회봉사의 마음으로써 종사해야 합니다. 어떻게 하면 될 것인가에 대해 제군이 이후 실제 임무를 할 때 적절한 방법을 찾아야 합니다. 갑(甲)의 장소에 행한 방법이 을(乙)의 장소에 반드시 적절하지는 않습니다. 제군이 지방의 국민을 감독하고 있는 이상 이점에 주의하는 것이 가장 필요합니다. 산업 장려와 교육 발달의 근본에서부터 이러한 관념을 양성하지 못하면 일은 모두 표면적인 것입니다. 일본에서도 서양에서도 이 자치의 마음, 공공심, 사회봉사의 마음을 양성하는 것에 대해 비상하게 연구하고 있습니다. 그것을 일일이 말할 수는 없지만, 한두 가지를 말하자면 첫째로는 당국자를 훈련하는 것이 유행하고 있습니다. 이들이 공공을 받드는 마음으로 일을 담당하도록 하는 것입니다. 강습회(講習會), 시찰단(視察團) 등 여러 방법으로 하고 있습니다. 둘째로는 감독 관청에 적재(適材)를 두어서 적절히 지도하는 것입니다. 위와 같은 두 가지라도 필요하다고 생각합니다. 특히 자치체의 당국자를 훈련하는 것은 자치제를 운용하는 처음부터 시작해야 한다고 생각합니다. 조선에서는 빈번하게 면장 강습회를 열었고, 면 사무원 강습회를 하였으며 혹은 시찰단을 행하고 혹은 제군을 이곳에 모아서 군수의 강습회를 하고 있는 것도 이 취지에서입니다. 이 방법에 의해 단체나 단체원을 향상시킨다는 계획인데, 이 방법이 결코 완전하다고는 생각하지 않습니다. 사람이 바뀌면 자치체의 운용이 더디어집니다. 훌륭한 당국자를 얻는다면 자치체가 좋아지겠지만, 당국자가 바뀌면 효과 없이 끝날 것입니다. 모범촌(模範村)을 보면, 촌장이 훌륭해서 모범촌이 되어 있습니다. 촌장이 퇴직하거나 죽으면 그 모범촌은 완전히 효과가 사라진 채 끝납니다. 이는 진짜 모범촌이 아닙니다.

감독관청의 적당한 재원을 얻는 것도 필요합니다. 자치의 진보와 자치체의 훈련에는 극히 필요한 조건이 있지만 이는 어쨌든 타동적(他動的)입니다. 자치라는 것은 자신이 다스린다는 것이므로, 감독자가 좋아졌다고 해도 그것은 자치체 그것의 향상이 아닙니다. 그렇다면 어떻게 해야 하느냐, 나는 결국 자치단체에 대해서 교육을 실시하는 것 외에 방법이 없다고 생각합니다. 자치심, 공공심, 사회봉사의 마음이라 하는 것을 양성하기 위해서는 결국은 교육 외에는 없습니다. 내가 말하는 교육이라 하는 것은 학교 교육만이 아닙니다. 가정의 교육도 있고 사회의 교육도 있습니다. 이 세 가지 방법이 필요하다고 생각합니다.

지금까지 일본의 교육은 사회 봉사의 생각을 기르는 의미에서의 교재는 적습니다. 이는 사회의 결함이라고 생각합니다. 개인 간의 도덕은 상당히 발달하고 있고, 또 국가를 받드는 관념을 양성하는 기관도 있지만, 그 중간에 위치한 공공심 양성에 대한 교재는 아주 적습니다. 이후 이 점에 대해서 특히 주의를 기울여야 한다고 생각합니다. 요즈음은 중학교·사범학교에 법제(法制) 경제(經濟)라는 과목도 있고, 또 단체에 대한 교양도 대부분 있는 것 같은데 역시 만족스럽지는 않습니다. 농업학교에서는 농작 등 과학적 학문을 가르치고는 있는데, 단체원으로서 단체에 대해서 어떠한 것을 힘써야 하는가에 대한 교육은 비상하게 결핍되어 있습니다. 나는 이들에 대해서 개선의 여지가 있다고 믿습니다.

다음으로 가정 교육인데 나는 조선의 가정을 잘 모르므로 깊은 이야기는 할 수 없지만, 우리가 경험했던 일본의 가정에서도 단체 생활에 대한 교육은 매우 적었습니다. 조선의 가정 제도, 종래의 사회조직에서 생각했을 때 인민의 향상을 도모하기 위해 이제 조선은 어떻게 해야 할까를 고민해야 합니다.

마지막으로 사회교육 문제입니다. 요즈음 사회 교육의 필요성이 역설되고 있습니다. 전차를 타거나 공중(公衆) 집회를 열 때, 사회원 서로의 관계에 대해 무관심한 행동이 있기도 합니다. 이는 사회교육이 충분하지 않은 결과입니다. (중략-편역자) 그 결과 단체 생활에 대한 교육을 부여하는 것이 극히 필요하다는 자각이 요즘 왕성합니다. 사회 교화 방법은 실로 여러 가지입니다. 내무성이 발행한 각종 인쇄물을 보면 각 정촌에서 노력하고 있는 여러 일이라든가 외국의 사례들이 많이 있는데 기회가 되면 이러한 것을 연구하는 것이 마땅하다고 생각합니다. 단체생활에 대한 교육을 실시할 때, 가능한 한 단체원이 서로 밀접할 수 있는 기회를 부여하는 설비가 가장 필요합니다. 둘째는 단체원 사이에 의견 교환을 시킵니다. 셋째로는 서로 의사 소통을 도모하고, 진정을 토로하여 서로 이해함으로써 실제로 공동의 이익을 감지하도록 하는 것입니다. 첫째의 단체원을 밀접하게 하는 것에 대해서는 여러 설비를 가지고 있습니다. 예를 들면 여러 곳에 있는 공회당(公會堂) 시설입니다. 경성에도 공회당은 있는데 충분히 이용되지 않고 있습니다. 단순히 연설회 개최 정도에 그치고 있는데 이를 인민이 서로 모여서 여러 가지 일을 하는 기관으로 사용하고자 생각합니다. 가능한 한 다수의 사람이 모여서 공부하는 것이 좋다고 생각합니다. 또 촌락에서는 가능한 한 학교 건물 등을 이용하는 것이 필요합니다. 또 소학교 운동장, 교회당을 이용해서 강연회나 연설회를 열고, 또 도서실을 건축하여 일반 사람에게 대출한다든가, 개방하여 독서하게 하는 것 등도 좋습니다. 또 사원(寺院)이나 교회(教會)를 이용하는 것도 좋다고 생각합니다. (중략-편역자) 둘째로는 단체원 상호의 의견교환도 매우 필요하다고 생각합니다. 때때로 토론하고, 혹은 강연회를 열고, 혹은 함께 여행하여 실제로 견물하면서 의견을 교환하는 기회를 만드는 것도 필요하다고 생각합니다.

셋째로, 단체의 공동 이익을 실제적으로 깨닫는 것은 일본의 정촌(町村)에서는 여러 가지를 실시하고 있습니다. 청년회원이 정촌의 사무를 보면서 정촌이라는 단체 생활의 요체를 알고, 또 도로 수리 때 청년회원들이 부역하는 등입니다. 혹은 산업조합 조직 같은 것도 정촌의 이해를 알게 하는 좋은 설비입니다. (중략-편역자)

자치에 대한 생각을 함양하는 것은 사회에 대한 봉사의 책임을 자각하고 그 신념으로 이를 이행하는 생각과 연결됩니다. 이 관념의 발달에 따라서 소위 자치체 제도를 점차로 끌어올려야 합니다. 자치심, 공공심이 발달하지 않은 사이에 제도만 완전하게 하는 것은 민을 위해서 결코 좋지 않다고 믿습니다. 자치심, 공공심을 양성하는 방법을 이 정도로 말씀드렸고, 자치심의 발달에 유해한 사상을 조금 이야기해 보고 싶은데 시간이 없으므로 별도의 기회에 이야기하겠습니다. 공공단체의 운용 방침 등에 대해서는 이 정도로 말해 두겠습니다.

이제 조선에서 공공단체를 운영할 때 필요한 재정에 대해 말씀드리겠습니다. 이 문제는 단시간에 도저히 다 말씀드릴 수 없습니다. 그래서 저는 공공단체의 재정에 대한 개념 특히 수입, 세입 쪽을 조금 이야기해 보고자 합니다. 공공단체의 세출에 대해 이야기한다면 거의 공공단체의 사업 전부에 걸쳐서 이야기하지 않으면 안 됩니다. 공공단체도 나라의 정치와 마찬가지로 역시 그 사업 내용은 시대의 진보에 수반하여 진행되었습니다. 처음에는 행정 사무가 극히 간단하여 그야말로 사무만 해왔습니다. 정확히 현재의 조선 공공단체의 상태입니다. 세상이 진보함에 따라서 인민의 문화를 향상하고 복리를 증진하기 위해 적극적인 사업이 크게 번성해 왔습니다. 단지 도로, 구거(溝渠), 하수, 수도, 토목, 위생에 관계하는 사항뿐만 아니라 교육과 관련된 사항도 아주 복잡하고 다종다양(多種多樣)하고 또 그 규모도 큽니다. 또 사회 교화 시설이 점차 늘어서, 노동문제 등도 공공단체의 문제로서 해결하는 나라도 있습니다. 이는 그 지방의 실상에 따라서 제군이 적절하다고 생각하는 시설을 하는 것이 마땅하므로 이후 제군 자신이 연구를 진행하길 바랍니다. 공공단체는 각종 사무만 처리하는 것이 아니라 여러 사업을 경영하는 것이므로 단체 경비가 해마다 비상하게 늘어나고 있습니다. 경비가 늘어남에 따라서 어떻게 이 경비를 지불할 것인지가 중대한 문제가 되어 있습니다. 아무리 좋은 안(案)을 내어도 경비가 없으면 그 안은 수행될 수 없습니다. 사람의 욕망, 사람의 희망은 지식의 진보에 따라 커질 수밖에 없지만 이에 수반하는 경제력이 없으면 그 희망은 달성할 수 없습니다. 이 경비를 만들어 내는 수완이 있는 사람이 소위 민정가, 행정가, 정치가로서 훌륭한 자격이 있습니다. 제군은 금후 지방 단체의 행정을 맡을 때 각종 시설을 안출(案出)하여 공부함과 동시에, 어떻게 하면 그 재원을 얻을지를 생각해야 합니다.

재원에 관한 각종의 사항을 서술해 보고자 생각합니다. 공공단체의 세입부(歲入部)의 주요한 것을 분류해 보면 제1은 알고 있는 대로 조세(租稅), 제2는 사용료 및 수수료, 제3은 나라의 보조, 제4는 기부, 제5는 재산의 수입, 제6은 사업의 수입, 제7은 공채(公債), 즉 차금(借金)입니다. 이 차금이라는 것은 편리하지만 수입, 즉 제6의 재원(財源)에서 다시 되돌려보내지 않으면 안 되는 성격의 세입으로서, 진짜 세입이 아니라 예산상의 세입에 해당합니다.

우선 국고보조금을 이야기하고자 합니다. 자치단체는 자신의 힘으로 사업을 경영하는 것이 원칙입니다. 자기의 세입으로써 자기의 사업을 영위하는 것이 자치단체의 본법(本法)입니다. 환언하면 단체에 속하는 사람들의 부담에 의해서 사업을 경영하는 것이 본체(本體)입니다. 그런데 조선을 보면 단체 쪽의 재원이 너무나 부족합니다. 반면 국고 보조액이 대단히 많습니다. 1920년도의 지방비(地方費)를 보면 지방비 세액 830만 원은 국고 보조입니다. 임시은사금(臨時恩賜金) 수입도 일종의 보조적인 것이므로 이를 더하면 400만 원은 국고의 보조입니다. 결국 전(全) 세입의 전(全) 경비의 약 반분은 국고의 보조에서 성립해 온 상태입니다. 이를 도별(道別)로 보면, 도민(道民)의 부담하는 액보다도 국고 보조가 크게 초과하고 있는 곳도 있습니다. 학교비(學校費)도 마찬가지로, 1919년도에는 전체 경비가 250만 원인데 그중 150만 원이 국고 보조입니다. 1920년도에는 학교비의 경비가 크게 증가하여 800만 원 정도가 됩니다. 그중 국고 보조는 200만 원, 즉 약 4분의 1은 국고 보조 및 지방비 보조를 받는 상태가 되어 있습니다. 면(面)은 재정 방면에서 보면 조선의 지방단체라 하기엔 아직 빈약한 정도입니다. 가능한 한 속히 경비에 대한 보조금 비율을 줄이도록 힘써야 합니다.

조선에서 단체에 대한 국고보조는 법률로 보조 비율이 정해져 있지는 않습니다. 일본에서는 전염병에 관해서는 얼마, 이재(罹災) 구조기금에 대해서는 얼마, 하천에 대해서는 얼마라는 보조의 비율이 대체로 일정합니다. 조선에서는 각 도(各道) 각 학교비 혹은 면(面)의 재정 기초가 확립되어 있지 않으므로 보조의 비율을 법으로 정할 수 없고 적당한 계산에 의해서 해왔습니다. 좀 성격이 다른 것으로서 교부금(交付金)이 있는데, 나라의 사무를 공공단체에 시키는 경우 일정한 비율을 교부하는 것만 정해져 있었습니다.

다음으로 기부금(寄附金)이 있습니다. 개인이나 혹은 하급 단체에서 받는 것도 세입인데 이를 기부금이라 합니다. 기부는 조선의 공공단체에서는 그다지 많지 않습니다. 단 학교비(學校費)에 대해서는 작년부터 기부가 종종 있었는데, 공공심이 발달한 지방에서는 액수가 커서 주요한 재원으로 하는 경우도 있습니다. (중략-편역자)

재산을 만들기 위해 무리하게 과세하는 것은 좀 생각해 봐야 합니다. 재산의 증식에 대해서 위정자(爲政者)는 부단한 주의를 기울일 필요가 있습니다. 총독부도 공공단체에게 산림의 무상대부(無償貸付) 등의 방법을 열어서 가능한 한 토지를 소유하고 식림하게 하여 장래 재원을 만들게 할 생각으로써 진행하고 있습니다. 부제(府制)와 면제(面制)를 보면 부제 제17조에 수익의 재산은 기본재산으로서 유지할 의무를 단체에 부담하고 있습니다. 장래의 경비 팽창에 대응을 위해 가능한 한 재산을 증식한다는 취지가 나타나 있습니다. 사실 조선에는 공공단체의 재산이 보잘 것 없습니다. 종래 부락(部落)이 갖는 재산 등도 있었지만 이 역시 극히 사소한 것이었습니다. 가능한 한 잉여금을 축적하는 수밖에 다른 방법이 없다고 생각합니다. 일본의 정촌 중에는 연도 결산의 잉여금의 몇 분의 1은 기본 재산으로서 축적한다는 조령(條令)을 만들어서 그 예산으로 1년의 경리를 합니다. 경리를 잘 운용하면 잉여가 가능하니 그 잉여의 몇 분의 1 혹은 전액을 축적하는 지방도 있습니다. (중략-편역자)

시가지의 토지는 해마다 비상하게 등귀(騰貴)합니다. 등귀하는 것은 그 시가가 발달하면서부터입니다. 시가의 발달이란 그 단체, 공동의 힘에 의해서 발달합니다. 즉 시민이 활동하면 시가 왕성히 발달하고 토지 가격이 폭등합니다. 즉 시민 공동의 힘에 의해서 얻은 가치의 증가이므로 이를 시민 전체가 거두게 된다고 하는 것이 토지 시유론(市有論)의 근거입니다. 한편으로는 이 토지의 국유, 즉 겸병(兼倂) 독점으로 토지를 점유하는 것은 소위 토지의 겸병이므로 불가하지 않은가 라는 의론이 나왔습니다. 나는 이 의론은 농작지, 즉 전전(田畑)에서는 적용 가능하다고 생각합니다. 즉 경작지에서는 개인 경영이 아니면 수익을 증진하기는 어렵습니다. 이를 겸병하여 소작인(小作人)의 손에 건넨다 해도 토지가 황폐하여 힘들다고 할 수 있습니다. 그렇지만 시가지에서도 그러하다는 의론은 다소 맞지 않습니다. 즉 토지의 황폐라는 문제가 일어나지 않기 때문입니다. 만약 새로운 시가지가 만들어지면 개인이 이익을 농단하지 않도록 도시가 이를 매수하여, 장래 시의 발전에 의한 토지의 증가 및 토지의 수입을 공공단체의 소득으로 하는 것은 극히 현명한 방책입니다. 이를 적당하게 경영하면 경상비의 훌륭한 재원이 될 것입니다. (하략-편역자)

〈자료 174〉 면 행정에 관한 최근의 문제에 대하여(面行政に關する近時の問題に就て) [조선총독부 사무관 와타나베 도요히코(渡邊豊日子), 『지방개량강습회강연집』 제1집, 1922]

내무국 주관에 속하는 사항에 대해서는 21일부터 내무국장이 모두 말씀하셨으므로 나는 면에 대한 감독에 대해서, 평소 우리 내무국이 지방에 가서 본 사실에 기초하여 두세 가지를 말씀드리겠습니다.

아시는 것처럼 작년 10월부터 개정 지방제도가 실시되어 본년의 3월경 제1회의 협의회를 마쳤습니다. 그리고 이 개정 지방제도가 발포된 전후에 여러 비평이 있었습니다. 그 비평 내용은 내가 말하지 않아도 모두 잘 알고 있으리라 생각합니다. 그렇지만 실시 결과를 보면 대체적으로 예상 이상의 성적을 거두었습니다. 그만큼 조선 통치에 자산이 될 수 있을 것입니다. 단지 관리들만의 생각이 아니라 일반인들도 역시 이번 개정 지방제도 실시가 현재 조선 실상에 비추어서 대체로 적당한 제도이고 성공적인 효과를 거두었다는 것에 대해 이론은 없는 것 같습니다. 그렇지만 다시 그 안을 들여다보면 역시 연구해야 하는 점이 있습니다. 제도 자체에 대해서도 많이 연구해야 하지만, 실시할 때 참작해야 할 점이 많습니다. 두세 가지 점에 대해 내가 본 바를 말하여 모두와 함께 연구해 보고자 합니다.

아시는 것처럼 면(面)의 협의회원(協議會員)은 지정면(指定面)에서는 직접 선거를 하였습니다. 지정면 이외의 면은 일정한 사람들이 자격 있는 사람들 중에서 추천하여 그 피추천자 중에서 군수(郡守)가 임명하는 것으로 되어 있습니다. 그런데 지정면이건 지정면 이외이건, 일정한 조세를 납부하는 자가 아니면 자격이 없는 것으로 하고 있습니다. 조선의 현재 상황은 재산을 가지고 있는 자는 모두 노인(老人)입니다. 요즘 교육을 받은 젊은이는 지식은 상당하지만 재산은 거의 없습니다. 따라서 현대에 대한 이해가 있는 사람은 피선거권 혹은 추천되어지는 자격이 없습니다. 그 결과 면협의회원에 선거되거나, 추천 결과 임명된 사람들 다수는 노인들뿐인데, 이는 시대에 부합하지 않는다는 비난이 있었습니다. 그러나 통계에 비추어 보면 면협의회원 총 인원이 조선 전체에서 2만 3,418인이고, 그중 50세 이상이 8,383인이고 50세 이하의 사람은 1만 4,928인이므로, 50세 이하의 수가 50세 이상보다 약 2배에 달합니다. 이 50세 전후의 사람들은 가장 사상이 견실한 사람들입니다. 이 통계가 과연 틀림이 없는 것이라면 일부 사람들이 말하는 것처럼 이번의 면협의회원이 노인뿐이고 시대를 모르는 사람이 많았다는 비난은 다소 틀리지 않았나, 혹은 사실을 추상적으로만 본 비난이 아닌가 생각합니다.

이와 같은 비난은 단순히 지방제도만이 아니라 여러 사항에 대해서 가끔 들었습니다. 이러한 비난을 듣고 실제 통계를 조사해 보면 실로 의외의 결과를 가져왔습니다. 그런데 도청(道廳)이나 군청(郡廳) 사람들 말을 들어 보면, 때때로 통계에 근거하지 않은 비평을 함부로 하는 경향이 지금도 적지 않습니다. 단순히 지방제도뿐만 아니라 모든 사정에 대해서 세간에 어떤 종류의 비평이 있을 때, 그 사실을 확인해서 후에 자신의 의견을 진술하는 것은 적어도 우리 관직에 있는 자가 항상 크게 주의하지 않으면 안 됩니다. 이 면협의회원의 연령도 지금 말한 바의 통계 숫자를 보이고 설명하면, 염려했던 모든 사람들이 자기 이야기가 틀렸다는 것을 깨닫지 않을까 생각합니다.

지방에서는 비교적 연령이 높은 사람이 많이 선거 또는 추천되고, 그들 중에는 일자무식한 사람이 있는 지방도 있었지만, 이에 반해 어느 다른 지방에는 비교적 현대를 이해하는 훌륭한 사람들이 많이 선거 또는 추천된 곳도 적지 않습니다. 같은 제도 아래에서 왜 이렇게 다른 결과를 보게 되었는가를 우선 생각해 봐야 합니다. 여러분과 가장 관계가 깊은 지정면 이외의 면에 대해 우선 이야기하면, 아시는 바와 같이 지정면 이외의 면에서는 추천받은 사람들의 자격은 일정의 납세 자격이 있는 자에 한하고 있습니다. 게다가 일정의 납세 자격이란 5원 이상의 연액을 납부하는 자이지만, 조선의 작년까지 상황을 보면 5원 이상 납세 자격이 있는 자는 극히 소수였으므로, 지방에 따라서 면협의회원의 수의 약 서너 배에 달하는 수까지는 그 피선거 자격 혹은 피추천 자격을 저하할 수 있다고 인정했습니다. 즉 어떤 면(面)에서 협의회원의 수를 12인이라 가정한다면 그 12인의 사람들을 면내의 각 동리에 배당하여, 그 동리에 배당받았던 협의회원의 약 10배 정도의 사람들을 모아서, 저하한 납세 자격자 중에서 추천하였습니다. 그런데 추천한 사람들의 범위가 지방에 따라서 크게 달랐는데, 어떤 군에서는 추천하는 사람, 즉 면내 혹은 그 동리 내의 유력자(有力者) 수를 아주 적게 한정하고, 게다가 면내의 유력자 혹은 동리 내의 유력자를 노인들만 지명한 지방이 적지 않았으므로, 이렇게 나이먹은 유력자만 모아서 추천했던 지방에서는 추천받은 후보자가 또한 모두 노인들이었습니다. 나이먹은 사람은 역시 나이먹은 자가 아니면 세상 일을 이해하지 못하는 것처럼 생각하는 버릇이 있습니다. 그러므로 추천하는 사람들이 비교적 적고 게다가 나이를 먹었던 경우, 추천받은 사람도 역시 연령이 높거나 현대에 대해 이해가 적은 사람이 적지 않았습니다. 이에 반해 추천하는 자에 현대를 이해하는 4, 50세 정도 연배의 사람들도 추가한 지방에서는 추천받은 후보자들도 비교적 현대를 양해하며 별로 나이가 많지 않은 훌륭한 후보자를 낼 수 있었습니다. (중략-편역자) 추천된 사람들의 범위는 일정한 납세 자격이 있고 이는 정해져 있습니다. 그럼에도 불구하고 추천하는 사람들의 무엇에 의해서 위의 상황이 발생했는가는, 금후 제2회 선거까지 앞으로 약 3년이나 기간이 있으니 제군들도 충분히 연구하고 또 우리들도 충분히 연구해야 합니다.

또 선거 혹은 추천을 끝낸 후의 상황, 즉 면협의회가 성립하거나 혹은 학교비의 평의회원의 후보자를 추천하고, 혹은 도평의회원의 후보자를 추천하거나 혹은 그 후 제1회 면예산의 자문에 응할 때, 노인이 많은 면협의회에서는 대체로 이해를 못하여 성적이 좋지 않았습니다. 이에 반해서 비교적 나이가 어린 사람들을 망라하는 면협의회에서는, 학교평의회원 추천 혹은 도평의회원의 추천 등에서, 좋은 회합을 이끌어 내고 그 성적도 훌륭했습니다. 또 면 예산에 대한 자문 상황 등을 보아도 다소 연세가 많은 사람들이 많은 곳은 자문기관 본연의 성적을 거두는 것이 거의 어려웠던 것 같습니다. 그러나 연령이 비교적 어린 사람들이 많았던 면협의회는 대체로 성적이 양호합니다. 이상은 지정면 이외의 면에 대해서 말한 것입니다.

지정면(指定面)은 선거권을 가지고 있는 자에게 피선거 자격을 주는 방침이므로 선거권을 갖는 자와 피선거권을 갖는 자가 같습니다. 선거권자 수는 지정면의 면협의회원 정원의 약 10배 정도가 적당하다고 총독부가 말해서, 그 표준에 의해서 납세 자격을 저하(低下)했습니다. 그리고 그 정원의 약 10배 범위까지 저하한다고 했는데 실제로는 10배에 달하지 않는 지방이 대부분인 상황이었습니다. 규칙상으로 이후는 반드시 5원의 납세 자격이 있는 자에 한해야겠지만, 이 점에 대해서는 여러분과 함께 본부에서도 강구할 예정인데 여러분도 지정면의 관계가 있는 분은 지정면의 선거자격을 정원의 약 몇 배까지 확장하면 적당할지에 대한 연구에 힘써 주시길 바랍니다. 또 앞서 말했던 것처럼 지정면 외의 면에 대해서는, 추천하는 동리의 유력자 수를 장래 어느 범위까지 할 것인가에 대해 지금부터 미리 충분히 연구해 두는 것이 좋을 것이라 생각합니다.

요즘 새로운 사상이 유행하고 있는 바 사람들은 곧장 보통선거(普通選擧)를 행하는 것이 마땅하지 않은가, 현대는 이미 보통선거의 시대라고 주장하기도 합니다. 또 순연한 보통선거가 아니라도 납세자격 제한이라 하는 것을 크게 인하(引下)해서 거의 보통선거에 가깝게 하면 어떤가 하는 의론하는 사람도 있습니다. 그렇지만 이와 같이 갑자기 보통선거를 실시하거나 거의 보통선거에 가까운 정도까지 납세 자격을 저하하는 것은 조선의 현재 민도(民度)에서 극단적인 의론입니다. 좀 시세를 아는 사람들은 당연히 이해할 것이라 생각합니다. 일본에서조차도 제군이 알고 있는 것처럼 이 점에 대해서 다소 의론이 비등했는데 선거권 확장은 극단적으로 갈 것이 아니라 점차로 확장하고 훈련을 거쳐 가야합니다. 보통선거는 이상론(理想論)으로서는 찬성입니다. 입헌국(立憲國)으로서 지방자치제도를 펴는 나라의 종국적인 이상은 거기에 있지만, 시세와 민도를 참작하여 가야 하므로, 갑자기 실행하는 것은 불가능합니다. 일본에서도 최하급의 자치단체부터 서서히 선거를 확장하고 그리하여 중의원의 선거권에 이르게 되었습니다. 하물며 조선과 일본은 민도도 서로 차이가 있으므로 요즘 일부 청년이 말하는 극단적인 선거권 확장은 당분간 바랄 수 없습니다. 하지만 제1회 선거처럼 다소 크게 제한한 것도 어떠한 것인지를 생각해야 하니, 어느 정도까지 이를 관대하게 할 것인가에 대해 지금부터 연구해둘 필요가 있습니다.

다음으로 말하고자 하는 것은 면협의회에 대한 면당국자의 태도입니다. 제한 외 과세의 신청이 올해는 다소 많이 나왔는데 그 서류에 첨부된 면협의회의 회의록을 보고 또 협의회의 상황을 듣고 우리가 판단하는 바에 의하면, 면협의회원의 질문에 대한 면당국의 설명이 심히 불친절하다는 느낌이 있습니다. 예를 들면 면협의회원이 어떤 예산에 대해 질문하면 면당국의 사람들은 그것은 도(道)의 방침이므로 어쩔 수 없다, 그것은 군(郡)의 방침이므로 어쩔 수 없다, 그 한마디로 협의회원의 질문을 격퇴해버립니다. 도(道)가 왜 이러한 방침이고 왜 그 반대를 허락하지 않는지에 대해 설명이 없습니다. 회의록이 너무 간단하기 때문에 실제로는 충분한 설명이 있었을지도 모르지만, 적어도 회의록 상에서 보면 대단히 불친절하고 형식적인 답변이 많습니다. 개정 지방제도의 취지는 민의(民意)를 존중하여 민의의 창달을 도모하고, 인민(人民)의 양해를 구하여 정치하는 것이 그 주안점입니다. 그런데 애써 인민의 대표가 된 면협의회원이라는 사람들이 의문점에 대해서 질문할 때 그 사람이 진실로 긍정할 만한 설명을 하지 않고, 이는 도의 방침이므로 이유를 말할 수 없고 이는 군의 방침이므로 이것도 말할 수 없다고 하여 격퇴해버리는 것은 개정 지방제도의 취지에 부합하지 않는 것입니다. (중략-편역자)

그다음으로 면협의회의 기일(期日) 문제입니다. 이것도 총독부에서 제안한 제한 외 과세에 붙어 있는 예산을 보고 이야기하는 것이라 조선 전체의 상황을 말하기는 어려울지 모르지만, 어느 면에서는 면협의회의 기일을 20일이고, 어느 면에서는 겨우 3, 4일의 기일입니다. 이러한 것이 같은 군 내에 있습니다. 이는 면내의 교통 등으로 인해서 사정이 물론 다른 것인데 다소 극단적인 차이가 아닌가 생각합니다. 면내의 교통이 불량하기 때문에 모임에 일수(日數)가 필요한 지방에서는, 교통이 발달한 지방에 비하면 비교적 시일을 요구하는 것도 무리는 아니겠지만, 대체로 제 생각은 1년에 약 10일 정도면 적당하지 않은가 생각합니다. 아무쪼록 여러분도 임지(任地)로 돌아가면 그 지역에 마땅하게 연구하여 자신의 군(郡) 내의 각 면협의회의 일자는 대체로 10일으로 정하고, 특별한 이유가 있으면 연장하거나 축소하는 것으로 하여, 군(郡) 전체의 면에 대해 정한다면 지금 말한 것과 같은 불통일(不統一)한 일은 없을 것이라 생각합니다.

다음은 면(面)의 재정(財政)에 대해서입니다. 면의 재정은 요즘 비상하게 팽창하여 1914년에는 면의 예산 총액은 전체 285만 9,288원이었습니다. 그런데 1920년, 즉 작년은 1,191만 6,583원이라는 다액에 달하여 6년간 약 5배가 되었습니다. 시세의 진운에 수반하여 제반 시설을 하기 위해 어쩔 수 없는 결과입니다. 요즘 여러 공공단체가 시설하는 그 관성을 좇아가므로 해마다 예산은 팽대합니다. 자칫하면 급하지 않은 사업을 일으킬 수 있고 혹은 필요하지 않은 쓸데없는 비용을 계상(計上)하는 경향이 있습니다. 면에서만 그러한 것이 아니라 학교비(學校費)에서도 그러하고 혹은 지방비(地方費)에서도, 또 국고의 회계에서도 모두 그 폐해가 있습니다. 어쨌든 이는 조만간 일대 정리의 시기가 확실히 올 것이라 생각하는데 우리는 지금부터 방침을 정해 두는 것이 필요합니다.

면비(面費)에 대해서 말하면 가장 증가하는 것은 거의 면리원(面吏員)의 급료(給料)와 잡지출(雜支出)입니다. (중략-편역자) 지정면은 별도이나 지정면 이외의 면은 1년 예산 대개 평균 4~5000원인데 그중 면장 기타 면리원의 급료가 대부분을 점하고 그 외 권업, 위생, 토목 등에 대한 비용은 거의 미미합니다. 왜 이렇게 인건비가 늘어났는가 하면 세간에서 일반적으로 급료가 오른 관계상 면리원의 급료가 오른 것과 함께, 사람이 점차 증가한 결과입니다. 그렇지만 이 점은 상당히 우리가 생각하지 않으면 안 되는 점이 있습니다. 겨우 1면(面) 정도의 일을 하는데 면장 1인에 면 서기 5인, 즉 합계 6인의 사람이 거기에 관계되어 있는데 이는 조금 지나친 것이라 생각됩니다. 사정이 다르겠지만 일본과 조선을 비교해 보면 면비의 총액에 대한 인건비의 비율이라 하는 것이 조선이 너무 과다한 것처럼 생각됩니다. (중략-편역자) 예전 지정면을 보면 종래는 면장 아래에 면 서기만 있었습니다. 그런데 이번 개정제도에서는 면에 부장(副長)을 두는 것이 가능해졌습니다. 면장이 만약 사무에 다소 능통하지 않은 사람이라면 그 면의 부장으로 사무에 밝은 사람을 투입한다면 기타의 면리원은 증원하지 않거나 종래의 사람을 한두 명 정도 감원해도 지장없을 것이라 생각하는데, 실제 상황을 보면 종래 없었던 면부장이라는 것을 설치하였는데도 면 서기를 증원한다는 지방이 적지 않습니다. 이는 상당히 생각해야 하는 것입니다. 면장, 면부장 모두 비상하게 사무에 밝거나 사무에 재능이 있는 자를 획득하는 것이 곤란할지도 모르지만, 지정면처럼 예산이 2만 내지 4, 5만처럼 다액(多額)인 면에서는 어찌 되었던 유급직의 면장을 두는 것이므로, 이는 어떻게 해서라도 사무에 재간이 있는 사람을 선택하지 않으면 안 됩니다. 또 면장을 단순히 지방의 인망가(人望家)에 그치고 사무가 가능하지 않은 사람이라면, 면부장으로 사무에 능력이 있는 사람을 선택한다면 면장을 보조하여 일의 능률을 비상하게 오를 것이라 생각합니다. (중략-편역자)

다음으로 지정면 이외의 면에 대해서 말하자면 먼저 월봉 30원 내지 25원 정도 받는 면장이 1인, 기타로 호수 1천호 이하의 면이라면 종래는 면 서기가 4인, 그리하여 그 봉급이 매달 25원이나 30원을 가정하였습니다. 그런데 요즈음은 유행에 따라 어쨌든 점차 사무가 늘었으므로 인원을 증가해야 한다고 하여, 종래 면장 외에 4인의 면 서기가 있었으나 면 서기를 1명씩 증원하기로 하고, 그 면 서기의 월급을 25원으로 하면 면 재정은 해마다 300원 정도 증가하게 됩니다. 금일의 빈약한 면 재정에서 300원이나 갑자기 증가하는 것은 곤란합니다. (중략-편역자)

서 급료(給料) 이외의 일에 대해서 말하자면 관리의 여비(旅費)가 증액한 것과 마찬가지로 면도 점차 여비가 증가했습니다. 면의 일의 대부분은 거의 세금을 거두는 것입니다. 세금 징수 시기에는 각 동리를 다니며 세금을 거두지 않으면 안 됩니다. 그래서 여비가 주요한 것이라 알고 있습니다. 그런데 조선의 면은 일본에 비교하면 상당히 면적이 넓은 것이 있습니다. 그곳을 일일이 발로 걸어가서 독촉하여 거두어 오려면 상당한 일수를 소비합니다. 면리원이 세금을 독촉하러 갈 때에 자전거를 사용한다고 궁리하면, 많은 여비를 지급하지 않거나 혹은 도시락 대금을 조금 주면 충분하지 않은가 생각합니다. (중략-편역자)

다음으로 말하고자 하는 것은 일시차입금(一時借入金)입니다. 요즈음 어떠한 원인인지 면(面)의 일시차입금이 비상한 증가율이 되고 있습니다. 지금 1919년도의 면의 일시차입금의 총액을 보면 조선 전체 26만 7,456원이라는 거액에 달하고 있습니다. 그 내역을 보면 임시비로 인한 일시차입금이 15만 7,306원, 경상비의 지불을 위한 일시차입금이 11만 150원입니다. 그리고 이를 각 도별로 말해 보면 차입금이 가장 많은 것은 충청남도인데 1919년도에 8만 4316원을 차입하고 있습니다. 그다음은 황해도 6만 2,809원, 다음은 전라남도 2만 7,550원, 다음은 경기도 2만 5,380원의 순위입니다. (중략-편역자) 왜 이렇게 되었는가를 생각해 보면, 제1기 호별할(戶別割)의 증징(增徵)을 대개 5월에 하고, 지세할(地稅割)의 증징은 12월입니다. 그때까지는 면에 거의 수입이 없고 즉 면의 수입이라는 것은 이월금 외에 다른 것은 없습니다. 따라서 면리원의 봉급, 기타의 지출이 가능하지 않으므로 어쩔 수 없이 일시차입금을 일으킨다고 생각되는데 일시차입금을 하면 그에 대해서 역시 상당의 이자를 지불하지 않으면 안 됩니다. (중략-편역자)

다음은 구장(區長) 문제입니다. 우리가 지방에 가서 가장 많이 여러분으로부터 이야기를 듣는 것은 지금의 구장을 그대로 두는 것은 곤란하고, 좀 더 구장의 대우를 향상시켜서 유급직으로 해야 한다는 것입니다. 1917년에 면제가 발포된 이래 조선의 행정 단위는 면입니다. 즉 면이 최하급의 자치단체이고 면장과 면 서기가 모든 일을 하는 것이 원칙이 되어 있고 구장은 면장과 면리원이 하는 일의 보조기관에 지니지 않습니다. 이리하여 구장이라 하는 것은 명예직으로 하게 되었습니다. 이는 일본도 마찬가지입니다. 지방행정이 점차 발달해 가면 너무 작은 단위, 즉 한 동리(洞里) 20호(戶) 내지 30호 정도를 행정 단위로 하는 것을 허락하지 않습니다. 일본이라면 정촌(町村), 조선이라면 면(面) 정도를 행정 단위로 하는 것은 필요합니다. 이러한 것이 단위가 되면 면장 혹은 면 직원을 일을 담당하고 그 이외의 사람은 보조기관으로서 활동합니다. 그런데 조선에서는 동리장(洞里長)이 크고 작은 일을 대개 하고 면장은 거의 실제 일하지 않는다는 종래의 연혁이 있었습니다. 그렇지만 이는 옛날부터의 관성이므로 하루라도 빨리 타파하여 면의 일은 역시 면장과 면 서기를 중심으로 해가고 구장은 보조기관으로 활동함에 지나지 않게 개선해야 합니다. 물론 구장도 보조기관으로서는 필요합니다. 특히 조선처럼 면이 비교적 큰 경우에는 구장은 매우 필요합니다. 이를 종래의 관성에 의해서 남용하면 안 되지만 상당히 활동하는 것은 어쩔 수 없고 여기에 또한 구장의 가치가 있습니다. 여하튼 지방에 가서 물으면 구장을 유급직으로 하든지 혹은 비용변상을 해야 한다는 요구가 있습니다. (중략-편역자)

다음은 면의 공금(公金)의 취급에 대해 말하고자 합니다. 요즘 면리원이 공금횡령 같은 범죄에 의해서 처벌된 자가 대단히 많습니다. 그 대체의 통계도 본부에서 작성했는데 원래 이는 점차 감소해야 할 것임에 불구하고 오히려 요즘 증가하는 경향이 있습니다. 그 원인이 어디에 있는가를 생각해 보면, 이는 경제계의 호황에 수반하여 종래부터 면에 근무해 왔던 면리원이 다른 곳으로 전직(轉職)하는 자가 많이 나왔습니다. 그래서 새롭게 들어온 면리원은 면의 사무에 숙달하지 않거나 사상이 그다지 견실하지 않은 자를 채용하기 때문에 면리원으로 착실한 적임자를 얻기 어렵다는 것이 하나의 원인인데, 여하튼 이 공금횡령 현상이 점차 해를 거듭할수록 증가하는 것은 지방행정 상에서 실로 한심한 것입니다. 이에 대해서는 감독을 엄중하게 하여 하루라도 빨리 정리하지 않으면 안 됩니다. 그리고 이를 막으려면 어떻게 하는 것이 마땅한지에 대해서도 충분히 고려해야 할 것입니다. (중략-편역자)

다음으로 주의를 기울이고자 하는 것은 면리원을 채용하는 경우 그 인물, 성질(性質)에 대해 아주 충분한 주의를 기울였으면 합니다. 신원을 알 수 없는 사람을 선발하는 것은 없겠지만 가능한 한 채용하지 않도록 주의하였으면 합니다. 나아가 회계원(會計員)은 가능한 신원을 엄중하게, 즉 가정 등의 상태를 충분히 조사하여 두는 것과 함께, 만일의 경우에 대비하기 위해서 그 보증인(保證人)으로 세운 사람 등도 엄중하게 조사하여서 임명 초기에 본인과 보증인의 품행, 혹은 재산 상태, 신용 상태 등을 조사하는 것은 물론입니다. 임명된 후에도 그 본인에 대해 엄중한 감독이 물론 필요한데 보증인의 재산 상황 등에도 주의하여, 회계원의 보증인 등이 재산을 잃은 경우는 바로 변경하여 만일에 대비하도록 지도하는 것이 필요하다고 생각하고 있습니다. (중략-편역자)

면의 공금은 모두 금고(金庫), 은행(銀行), 우편국(郵便局) 등에 맡기는 것으로 규정하고 있는데 지방에 따라서는 사유, 인연 혹은 적은 이자에 미혹하여 개인에게 맡기거나 개인에 대출하여서 회수가 불가능해진 면도 적지 않습니다. (중략-편역자) 면비(面費)의 수입에 속하는 것은 면비로, 축산조합의 쪽에 속하는 것은 축산조합의 쪽에 별도로 예금해두어야 합니다. 그렇게 명료하게 해둔다면 돈을 지출할 때 결코 착오를 초래하지 않을 것입니다. 또 면의 재정 문란을 막는데 유효한 수단이 될 것이라 생각합니다. (중략-편역자)

요컨대 조선의 면(面) 사무는 세금 징수가 가장 중요하고 권업(勸業), 위생(衛生), 토목(土木) 같은 것은 실로 적습니다. 세금 징수와 관리는 조선의 면의 사무 중 가장 중대한 것이므로 충분히 주의를 바라며, 훌륭한 성적을 거둘 수 있도록 연구하고, 그 연구 결과를 면장, 면서기에게 시달해서 이후 계속 좋은 성적을 거둘 수 있길 바랍니다.

〈자료 175〉 조선의 지방제도 사회사업과 교육의 현상(朝鮮의 地方制度社會事業竝教育의 現狀) [조선총독부 내무국장 오쓰카 쓰네사브로(大塚常三郞), 《조선문조선》 제69호, 1923.6]

1. 정당한 조선의 이해

금회 경성과 다롄(大連) 두 곳에서 신문협회의 대회를 개최하게 되어 전국 각 신문을 대표한 기자단이 경성에 참집한 것은 조선에서 미증유의 일이오, 우리 조선 재주자들이 마음속으로 환영하는 동시에 큰 기대로 바라는 바이로다. 종래 조선에 대해서는 일본의 일반 인사가 약간 경시한 경향이 있어서 조선에 대한 주의 및 이해가 충분치 못한 것으로 생각하나니, 이로 인하여 일본에서는 왕왕 일시의 풍평(風評)과 한 조각의 보도에 의하여 조선을 판단하며, 편견에 기초한 의론에 공명됨과 같은 사례가 많아 조선에 대한 오해가 적지 않았다고 생각하노라.

금일의 조선은 나의 논변을 기다릴 필요도 없이 제국의 일부인바, 조선 문제는 제국의 존립 및 동양의 평화상 실로 중대한 국가적 대문제니, 제국 조야의 인사가 조선을 정당히 이해한다 함은 실로 현하의 급무라 믿노라. 이때를 당하여 사회의 목탁이오, 선각자인 신문의 전국 각 사 대표자가 친히 이곳에 임하여 조선의 실상을 시찰하게 된 것은 장차 전국 일반 인사의 정당한 이해를 얻는 도화선이라고 하게 될 줄로 믿으니, 오인은 이 의미에 있어서 기자단이 충분히 시찰을 행한 후 금후 조선의 진상을 전국에 전파해 주기를 희망하는 바이로다. 이미 어제 이후 총독부 내의 사정에 관해서는 실지에 대하여 각각 시찰하였을 줄로 생각하나, 나는 극히 간단히 조선의 지방에서의 내무행정 개요에 대하여 말하고자 하노라.

2. 병합 이래 제반 시설의 진보와 종래의 결함

병합 이후 금일에 이르기까지 이미 13년이 되었는데, 이 기간의 역대 총독은 성지(聖旨)를 봉대하여 폐정(弊政)의 혁신과 민인(民人)의 안녕, 행복 증진에 용의하여, 여러 제도가 정연하게 산업·교통·교육의 보급, 위생의 진보 등 거의 격세의 감이 있음에 이르게 한 것은 누구든지 이를 부정하기 어려운 사실이라. 그러나 이 병합 이래로 약 10년간의 통치상 신중한 고려를 했음에도 불구하고, 시정상 어떤 장해가 완전히 제거되지 못한 듯이 생각하나니, 통치상 가장 곤란한 사태를 낳는 원동력은 오해와 편견이로다. 신부(新附) 인민은 신정에 대하여 항상 의구(疑懼)의 안(眼)을 열어서 그 동기를 각종으로 상상하여 위정자의 염두에도 없는 오해를 낳음이 왕왕 있으며, 또 위정자로 논하더라도 인민의 심정이 완전히 이해되지 못한 까닭에 그 성의성심으로 시설한 사항이라도 혹시 예상한 효과를 거두기 어려운 듯한 일도 있도다. 이렇게 쌍방에 있는 불충분한 이해가 시정의 양호한 결과를 낳는 데 비상한 장해가 되는 것이므로, 시정에 대한 인민의 이해와 민정에 대한 위정자의 이해에 대하여 크게 고려하지 않으면 안 되며, 종래도 이 점에는 상당히 고려를 했으나 충분히 실효가 없었다고 생각하노라. 특히 최근 문화의 진보와 함께 정치는 모두 이해에 기초를 두어야 할 것임은 물론이므로, 현 총독 부임 이후 가장 이 점에 용의하여 시정의 철저한 주지와 민의의 창달을 기하여 오로지 지방 실정에 적당한 정치의 실현을 도모하기로 하였도다.

3. 지방제도

이 결과로 지방제도상에서도 일대 혁신을 가하게 되었으니, 종래 조선의 지방제도는 병합 때에 주로 옛 제도를 답습하여 제정된 것으로 그 후 다소의 변경은 있었으나, 대체로 전 조선을 13도로 나누어 도에는 도장관을 두고, 도 아래에 12부, 218군, 2도(島)가 있어서 부윤·군수·도사가 이를 관할했다. 또 지방 경찰의 권한은 각 도에 경무부가 있어서 헌병대의 장인 군인이 이를 관장하고 중앙경무총감부에서 이를 통할하는 제도였으나, 1919년 관제 개정의 결과, 도장관을 도지사로 바꾸고, 경무총감부 및 도경무부를 폐지하여 지방 경찰의 권한을 도지사의 관할로 옮기며, 일반 행정에 대하여도 역시 도지사의 권한을 확장하여 지방 분임주의의 실현에 노력하고, 지방단체의 제도에 대개혁을 가하여 장래 지방자치제도를 실시할 준비로 각 단체에 민의에 기초하여 자문기관의 설치를 보기에 이르렀도다. 즉 각 도의 지방비(일본의 부현비와 같음)에 관하여는 도평의회란 것이 있어서 그 회원은 18명 내지 37명을 정원으로 하여 그 3분의 1은 관선, 3분의 2는 부·면 협의회원을 선거인으로 하는 간접선거식 방법에 의하여 임명되며, 부(일본의 시와 같음) 및 면(일본의 정촌과 같음)에는 협의회란 것이 있어서 각 부·면 인구의 다과에 의하여 8명 내지 30명을 정원으로 하고, 부 및 조선총독이 지정하는 면에서는 이를 민선으로 하며, 기타의 면에서는 관에서 임명하게 되었도다. 또 조선에서는 일본과 다르게 일본인과 조선인과의 보통교육에 대하여 국어 등의 관계상 그 제도를 동일하게 할 수 없으므로, 학교경비에 대하여는 일반행정비와 분리하여 따로 단체를 만들었으니, 즉 조선인 측에는 각 부·군·도에 학교비란 것이 있어서 주로 보통교육에 관한 사무를 관장하되 부윤·군수·도사가 이를 관리하나니. 이에는 학교평의회라는 자문기관을 두고, 각 부의 학교평의회원은 부 내의 조선인 인구수에 의하여 5명 내지 20명, 군과 도(島)의 학교평의회원은 군과 도 내의 면의 수와 동수로 정원으로 하되, 전자는 민선, 후자는 면협의회원을 선거인으로 한 간접선거의 방법에 의하여 임명하기로 되었다. 또 일본인 측에는 학교조합이란 것이 있어서 신청에 의하여 설립을 허가하게 되었으니, 이것만은 순연한 자치적 제도를 인정하며, 이들 각 단체의 재정은 근년에 대단히 발달되었도다.

구별	총액(원)	1단체 평균액(원)
도	19,293,656	1,484,127
부	7,377,899	614,824
면	16,654,547	6,643
학교비	13,309,071	57,366
학교조합	5,580,526	13,916
계	62,215,699	

지방 경비의 총계가 6,200만여 원으로 국비 재정의 1억 5,800만 원에 비교하면 약 4할에 해당하며, 1920년의 지방 경비 총계에 비교하여 약 7배 대팽창이 된 터이라. 그러나 단체 하나의 평균 경비를 일람하면 도에서 약 150만 원, 부에서 약 60만 원, 면에서 약 6,600원, 학교비에서 약 57,000원, 학교조합에서 약 14,000원이니, 이를 일본의 부·현 각 평균액 600만 원, 군(郡) 65,000원, 시(市)·구(區) 약 400만 원, 정촌 약 3만 원에 비교하면 역시 매우 낮도다. 이는 필경 조선의 민력 정도가 일본에 비하여 열등인 결과인즉, 지방 개발을 위하여 금후에 행할 시설은 많으나 이들에 의하여 점차 민력을 함양하여 이에 따르는 각반의 시설을 확장·충실하지 않으면 불가하도다. 금일 조선에서 1호당 공과(公課)의 부담은 평균 약 21원이 되는바, 이를 일본의 1호당 부담액 114원에 비하면 심히 경미한 듯하되, 조선 현재의 민도에서 1호 평균 21원이라는 부담은 대단히 용이치 않은 부담인즉, 금후 각반의 시설은 산업, 토목 등의 발달에 따라서 민력의 향상과 책응(策應)하여 이를 점차 진전케 함에 깊은 유의를 요하는 바이로다.

또 조선에서는 특종 공공조합으로 수리조합이 있는데, 조선의 각지는 산야가 황폐하므로 매년 한수해(旱水害)에 고뇌하여, 치수의 사업은 조선에서 정치상 중대한 요목이므로 고래로 유지(溜池) 또는 보(洑)의 설비도 많으며, 수리조합의 제도도 구한국 시대로부터 이미 이를 인(認)하였도다. 현재 수리조합령은 1917년에 제정된 것으로 관개 배수 또는 수해 예방을 위하여 이를 설립함을 인정하였는데, 그 조직은 대체로 일본의 수리조합과 같다. 기설 수리조합의 수는 53개소로, 그 몽리 면적 73,500여 정보이오, 사업비의 총계 3,657만 원이니, 즉 평균 1반 보당 약 50원에 달하는데, 사업 성적은 모두 양호하여 사업 전의 1반 보당 수확은 벼(밭이나 기타의 수확은 이를 벼로 환산함) 1석이오, 사업 후의 수확은 1921년에 2석 7두가 되어 평균 17할의 증수율이 되었도다.

총독부에서는 이 사업의 성적 보조를 위하여 사업 지점의 답사, 측량, 설계 등을 총독부에서 시행하는 길을 열고, 또 사업비에 대하여는 100분의 15에 상당한 보조금을 교부하기로 하였도다. (하략-편역자)

2) 지방제도 운용에 대한 견해

〈자료 176〉 면 행정 쇄신에 대하여(面行政ノ刷新ニ就テ) [후루쇼 이쓰오(古庄逸夫), 『조선지방제도 강의(朝鮮地方制度講義)』, 제국지방행정학회 조선본부, 1926]

면 행정의 쇄신에 대하여

제1절 최근 면 행정의 추세

1917년 면제 발포에 의해 면은 지방공공사무를 처리하는 지방단체임이 인정되어 기관의 충실과 능력의 확충을 서로 연계하여 실현함으로써 조선의 지방 개발은 첫째로 면의 발전, 면 행정 쇄신에 기대지 않으면 안 되게 되었다. 따라서 총독부와 지방 당국은 적극적으로 면 직원의 교양 훈련과 면 사무의 주도면밀한 지도·감독에 노력함으로써 면 행정의 면목을 일신하려고 노력했다. 그런데 1919년 소요사건 후 민심의 동요와 물가 등귀의 영향에 의해 면 직원은 자칫하면 그 지위가 불안정하고 기강이 해이해져 봉사적 정신이 결핍하고 면 사무의 진전에 중대한 지장을 초래할 수도 있다는 느낌을 지울 수 없었다. 따라서 냉정·공평하게 면 사무의 현황을 통찰하면 결코 낙관할 수 없고, 오히려 일모도원(日暮途遠)[22]의 한숨을 쉴 수밖에 없는 것이다. 지금 면 사무 부진의 예를 두세 가지 들면 다음과 같다.

첫째, 면 사무 처리가 밀리는 것이 심하다. 예를 들면 해가 시작되기 전에 확정이 필요한

---

22 일모도원(日暮途遠): 날은 저물고 갈 길은 멀다는 뜻으로, 할 일은 많지만 시간이 없음을 비유하는 말.

예산인데도 그 연도가 경과한 후에 수개월이나 지나도 인가 수속이 끝나지 않는 것이 있다. 면 부과금의 제한 외 부과, 특별부과금 신설, 차입금 인가 등에서 연도 경과 후 수개월이 지나 겨우 총독부에 신청되는 것도 적지 않다. 내가 실제로 본 바에 의하면 군청 소재지의 어느 면에서 면의 부동산 처분 인가신청서가 겨우 이삼백 미터 떨어진 군청과 면사무소 사이에 몇 번이나 조회와 회답을 거듭하여 그동안 몇 개월이 경과한 적도 있었다.

둘째, 법규 위반 처리가 많다. 만약 감독관청에서 유능한 관리를 파견하여 면 사무 감독을 행하면 몇 시간 안 가 법규를 위반한 10건을 발견함은 결코 곤란한 일이 아니다. 오히려 면 직원 다수는 면제가 무엇인지 이해하지 못하고, 관계 법규 통첩의 규정을 고려하지 않고 암중모색의 상태가 만연해 있으며, 단지 선례에 따라 일상적 업무를 처리하는 데 불과하다 해도 과언이 아니다. 이는 하나의 면에서 처리해야 할 사무가 극히 광범위하여 복잡하고 광범한 관계법규를 이해하지 못한 데 기인하는 점도 물론 적지 않지만, 한편으로는 면 직원의 교양 훈련에 대한 시설이 철저하지 못한 점도 많다.

셋째, 회계의 문란이 심하다. 면 직원의 공금횡령은 거의 매일 본부의 관계 방면에 보고가 온다고 해도 과언이 아니다. 도와 군에서 좀 철저하게 면 사무를 감독하면 탈세를 발견하는 일이 빈번하게 나오는 상황이다. 본부의 조사에 의하면 면 직원의 횡령사건은 1921년 면장 25건, 면 서기 84건, 1922년 면장 37건, 면 서기 82건인데, 이는 단지 발견 보고가 된 것에 그친다. 군에서 불문에 부치거나 깔아뭉갠 것을 합산하면 막대한 수에 이를 것이다. 이들 횡령사건 중에는 수천 원의 공금을 수년에 걸쳐 계속 소비했는데도 불구하고 교묘히 표면적으로 미봉책을 써서 결국 수년간 발견되지 않은 것도 있다. 또 징세기간에 수백 원의 세금을 일시에 손안에 넣은 것을 기회로 하여 이를 갖고 도망간 사례도 있다. 혹은 면장 및 부하인 면 서기가 공모하여 어떤 공사에 관계한 유령 인부를 사용하여 인부의 임금을 착복한 것도 있다. 실로 면의 회계사무는 심히 문란하다 해도 과언이 아니다. 즉 나는 적극적 시설을 계획하기보다도 오히려 소극적으로 면 회계의 문란을 방지하는 것이 금일의 폐해를 구하는 급무라고 믿는다.

넷째, 시설 사업의 실패가 많다. 지정면 등에서 지방공공을 위해 각종 사업을 계획하는 것은 참으로 좋은 것이나 그중에는 사업 계획을 잘못하여 면의 재정에 중대한 지장을 낳기 때문에 면민의 부담을 과중시키는 예도 적지 않다. 그러므로 지정면에서 수도, 주택, 병원, 공설욕장 등의 시설에 대해서는 주도면밀한 재정 계획을 수립하여 신중한 조사를 한 후 계획을 할 필요가 있다.

제2절 면 행정 쇄신의 방법

면 행정의 실정은 상술한 것처럼 부진한 상태이다. 그 쇄신과 개선을 도모함은 실로 면 행정의 운용을 적절하게 하여 능률을 향상시키는 데 있다. 나는 지금 면 행정의 쇄신을 도모할 여러 방법에 관해 비견(卑見)을 서술하고자 한다.

제1. 직원 선임

법은 사물이지만 활용은 인간이 한다. 면 행정의 쇄신을 도모할 원동력은 실로 면 직원이다. 면 직원 소질의 향상을 기하는 것은 면 행정 개선의 근본이다. 즉 면 직원 선정을 신중히 하고 유능하고 적합한 인재를 채용하는 데 노력하는 것이 첫째여야 한다. 그를 위해서는 면장 선임을 엄중히 해야 한다. 면장으로 수완이 있고, 신망을 겸비한 인물을 내세우는 것은 가장 긴요한 것이다. 그런데 면장의 임면은 법규상 도지사의 직권에 속하나(주임대우를 제외) 실제는 도 내 각 면의 인물을 도청에서 확실히 아는 것은 어려우므로 군수의 내신(內申)에 의해 임명하고 있다. 즉 면장 임면권은 사실상 군수의 손안에 있다고 해도 지장없다. 따라서 면장의 선임이 적합한지의 책임은 사실 군수에게 있는 것이다. 그런데 지방에서는 면장의 지위는 지방 유력자의 쟁탈로 되어 있다. 이 때문에 맹렬한 운동을 개시하는 자도 적지 않다. 따라서 단호하게 이들의 추한 운동을 배제하고 공평하게 적합한 인재를 채용하는 것은 경우에 따라 상당히 곤란한 사정이 있다. 내가 경험한 바에 의해서도 모 군에서 도청에 대해 어떤 면장의 임명을 내신해 왔는데, 그 인물을 비난하는 투서가 있었다. 나는 이 투서를 중요시하지는 않았으나 일단 임명을 막고 사정을 군수에게 조회시킨바, 투서의 사실을 시인하고 임명 내신을 취소해 온 사례가 있었다. 이와 같은 것은 군수가 면장 인선에 대해 신중한 주의를 심히 결여한 것이라 하지 않을 수 없다. 이러한 면장의 정실 채용이 면의 비행사건의 원인이 되는 예가 적지 않다. 따라서 면장의 사실상 임면권을 가진 군수는 신중히 인선한 후 적임자를 천거하는 데 노력할 필요가 있다고 생각한다.

면 서기 채용을 신중히 해야 한다. 면 서기 채용 때 인물, 성행, 수완, 능력 등을 충분히 조사하여 임명할 필요가 있음은 말할 나위도 없으나, 지방 실정에 비추어 혹은 면장의 내신에 따라 군에서는 하등의 조사를 행하지 않은 채 임명한 사례도 있다. 혹은 공문을 독해할 능력을 결여한 자를 지방 유력자의 청탁을 수용하여 그대로 임명한 사례가 있다. 심하게는 한 면의 면 서기가 모두 면장과 같은 성의 한 가문에서 나온 것도 있다. 이와 같이 정실 채용의 결과는 면 사무의 지체가 되고, 면 회계의 문란이 되는 것이다. 따라서 나는 면 서기 임용 때 시험제도를 채용하는 것이 가장 적당하다고 생각한다. 즉 면장 내신 또는 다른 곳으로부터 추천이 온 면 서기 후보자를 군청에 출두시켜 군수 또는 주임이 법규 공문 독해의 정도, 산수 숙달의 정도, 국어의 이해 여부, 공문 작성의 능력 및 인물 성행 등에 대해 필기 및 구두 시험을 행하여 면 사무 처리의 능력이 있다고 인정될 때 그를 임명하는 식으로 하면 반드시 적합한 인재를 얻는 데 과오가 없게 되리라 생각한다.

 기수의 남설(濫設)을 신중히 해야 한다. 면 기수는 지방제도 개정 때 전등, 수도 등 특수 사업을 경영하는 면에 한해 극히 예외적으로 설치를 인정하는 취지에서 도지사의 인가를 받아 이를 설치할 수 있는 길을 연 바, 어떤 지방에서는 군 내 거의 각 면에 농업 기수를 설치하기에 이르렀다. 물론 지방 농촌에서는 면 기수의 지도 여하에 의해서 농사 성적을 얻기도 하나, 그 진실한 효과에 대해서는 의문점이 있을 뿐 아니라, 기수 설치의 인가를 얻어도 적당한 인물을 얻지 못하기 때문에 기수를 임용하지 않는 지방도 있다. 따라서 면의 재정 상태를 고려하고, 또 기수 설치의 진실한 필요와 그 효과에 관해 충분한 연구를 거듭하여 그 남설을 피해야 한다. 그러나 일단 설치를 인가한 이상은 상당히 기술상의 소양과 경험이 있는 자를 채용하는 식으로 주의하지 않으면 안 된다.

 구장의 임용을 신중히 해야 한다. 조선의 지방제도 중 구장 명예직제가 힘든 사정이 많은 것은 아니다. 대개 명예직제는 이상에 치우쳐 지방의 실정과 먼 제도이다. 이를 유급제로 고치지 않으면 구장의 활동을 촉진하는 것이 불가능한 것이다. 이러한 논지는 지방 당국자로서는 현상에 가까운 의론으로 지극히 옳다고 생각한다. 그러나 일단 명예직제를 채용하여 가급적 동리 내의 선각자로 하여금 사회봉사를 위해, 나아가 공공을 위해 노력시킨다는 주의 방침을 채용한 이상 그를 유급제로 고쳐 동리 내의 소사와 같은 지위로 저하시키는 것은 본부로서는 도저히 용인할 수 없는 바이다. 따라서 당분간 이상적으로 흐를 혐의가 있으나 지방 당국으로서는 힘써 이 이상 실현의 목표를 향해 점차 나아가서, 지방 민중의 사회봉사

관념을 함양시키고, 또 한편 구장에게 번거로운 용무를 명령하지 않을지 걱정되는 점을 전망하는 것이다.

제2. 직원의 훈련

면 직원을 훈련하여 면 사무에 숙련케 하는 것은 면 행정 쇄신의 방법으로 가장 중요한 것이다. 이 점에 관해서는 각 도 어디서나 적응 시설을 강의하고, 면 직원 집무 능률 향상에 노력해 가고 있다. 나는 지금 면 직원 훈련 방법에 대해 각 도의 시설을 참조하여 좀 상세히 설명하고자 한다.

1. 면 직원 강습회 개최

면 직원을 군청에 모아 며칠간 단기 강습을 행하는 것은 각지에서 실시되고 있는 바인데, 충청북도, 충청남도, 전라남도 등에서는 2년 전부터 2~3주간 장기에 걸쳐 면 직원을 도청에 소집하여 도 직원 기타의 명사를 강사로 하여 면에서 처리할 사무의 거의 전반에 걸쳐 강습함과 함께, 혹은 실무의 견학, 또는 시험을 치는 등 여러 부대 시설을 강의하고, 면 직원 교양에 힘쓴 바가 있었다. 나는 이 같은 장기의 실무 본위의 강습은 가장 효과있는 시설이라고 생각한다.

2. 사무 연구회 개최

각지에서 면사무소의 실무에 대해 혹은 군청에 관계 장부를 지참케 하는 등의 방법에 의해 면 직원에 대해 사무 처리의 결함을 지적하고 그 질의에 답하거나 혹은 문제를 주어 이에 응답시킴으로써 사무 연구회를 개최시키는 예도 적지 않다.

3. 면장 협의회 개최

어떤 군에서는 매월 정기적으로 면장협의회를 군청에서 개최하여 전월부터 그 개최 기일까지 1개월간에 발포된 법령 및 통첩 등에 관해 반복해서 설명함과 함께, 면에서의 취급 방법을 지시하고 충분히 양해시키는 것에 힘쓰고 있다. 이와 같이 형식에 빠지지 않고 실효를 거두는 것을 본뜻으로 하는 면장협의회의 정기 소집은 유효한 시설이라 생각한다.

4. 선진지 시찰

면 직원의 일본 시찰단은 근래 유행의 하나라고도 칭한다. 각 도에서 도지방비 또는 면비에서 약간의 여비를 보급하여 일본의 도시와 농촌의 상황을 시찰시키는 것은 거의 경쟁적인 모습이 되어 있다. 일본의 문화를 조선의 공직자에게 소개하는 것은 중요한 것이지만, 면 직원의 시찰지에 관해서는 일본의 우량 정촌, 모범 농촌 등을 힘써 시찰시키는 것으로 하고, 도회 시찰만에 그치지 않도록 유의할 필요가 있다.

5. 일본 정촌에 위탁생 파견

경기, 충북, 전북, 함남 등지의 각 도에서는 관 내의 우량 면 서기를 발탁하여 그를 일본의 정촌 사무소에 수개월간 파견하여 그 사무를 습득시키는 방법을 채택하고 있다. 위탁을 받은 일본의 정촌 사무소에서 지도가 주도면밀하여 면 서기에게 상당한 효과가 있다고 생각한다.

6. 모범면 설정

면 사무와 여러 시설 성적이 양호한 어떤 면을 선정하여 도와 군에서 이에 대해 극력 지도·감독을 행하고 모범 면의 실적을 들어 인접한 각 면으로 하여금 이 모범 면을 본받도록 하는 방법을 채용하는 지방도 있다.

이상 여러 시설은 그 실시의 구체적 방법이 적절할 때 모두 상당한 성적을 거둘 수 있을 것이다. 단 면 직원의 훈련상 가장 중요한 것은 각 면의 보편적·균일적인 발달을 기함에 있다. 군 내의 한두 개 면만 성적이 양호하나 대다수 면이 불량하면 전반적인 성적 향상이라 말하기 어렵다. 또 역시 군 내 한두 개의 모범 면 직원이 있어도 대다수는 집무 능력이 결핍된 모습이라면 각 면이 균일한 발달을 했다고 할 수 없다. 조선의 면은 대략 동일한 상태에 있으므로 이들 각 면의 보편적 발달, 균일적 향상을 기하는 것, 환언하면 면 직원 소질의 수평선을 높이도록 노력하는 것이 가장 중요하다.

제3. 대우 개선

면 직원의 대우는 좋지 않다. 그러나 궁핍한 면 재정 중에서 그 7할 정도를 급여비에 충당하고 있는 현상으로는 그 이상의 대우도 사실 곤란할 수밖에 없다. 지금 1924년의 면 예산에 의하면 면장 수당은 지정면의 일본인 면장은 최고 연액 3,000원에 달하는 자도 있고, 보통면의 조선인 면장은 최고 연액 780원, 최저 연액 234원, 평균 연액 437원이다. 즉 평균급여는 월 40원이 채 되지 못한다. 또 보통면의 면 서기는 최고 연액 일본인 1,160원, 조선인 540원, 최저 연액 일본인 252원, 조선인 82원, 평균 연액 일본인 561원, 조선인 306원이다. 즉 면 서기의 대부분을 점하는 보통면의 조선인 면 서기의 평균 급여는 월액 약 25원이다. 결국 조선인 면장 월액 40원, 면 서기 월액 25원이 보통의 대우라 할 수밖에 없다. 물론 면장은 명예직이라서 고액의 수당 지급을 받을 성질이 아니다. 면 서기는 가급적 면 내의 토착자를 채용하게 되는데 이 정도의 대우로는 계속 면 사무에 힘쓰기는 불충분한 점이 적지 않다. 그러나 현재 면의 재정으로는 평균 급여를 이 이상 증액하는 것도 실제로 지난할 것이다. 이에 대해서는 장래 면 직원 전부를 조합원으로서 강제 가입시키는 공제조합을 조직하고, 혹은 국가가 약간의 보조를 지출하여 면 직원의 퇴은료 지급의 길을 열지 않으면 안 된다. 여하튼 면 직원의 물질적 우대의 구체적 해결은 조선 지방행정 장래의 현안의 하나일 것이다.

면 직원의 물질적 대우 개선이 사정상 곤란하지만, 그 정신적 우대의 길을 개척할 필요가 있다. 면장에 대해서는 50인 한도로 주임 대우를 부여하는 것으로 되었는데, 이것이 면장에 대한 우우(優遇)로 조선 사정에 적응하는 조치였다면, 지방청에서는 계속 근속하고 성적이 우수한 면 직원에 대해서는 이를 표창하는 등 적절한 조치를 강구하고, 또 일층 정신적 우우를 도모할 필요가 있다고 생각한다.

제4. 협의회의 훈련

민의창달 기관으로서 설치된 면협의회로 하여금 충분히 그 기능을 발휘케 함은 자문기관 신설의 목적을 달성할 뿐 아니라 면 행정 개선을 도모하는 데 중대한 관계가 있다. 대개 면 협의회는 면의 중요한 재정 계획에 참여하는 것이므로, 면협의회원이 극히 면 내의 사정에 정통하고 공평적정한 의견을 안고 면 발전을 기도하지 않으면 면 행정은 원만히 운용될 수 없다. 그런데 지방의 면에서는 이 점에서 이사자 측에서 협의회원의 훈련이 아직 충분치 않은 점이 적지 않다. 협의회에 자문하는 의안을 잘 유의해서 작성함과 함께 협의회의 의사는 충분히 협의회원으로 하여금 온건타당하게 의론하게 하며, 그 회의록은 의사의 경과를 충분히 알 수 있도록 적당히 기재하는 등 한층 주의를 기울일 필요가 있다. (부록 1, 지방 자문기관의 운용에 대해서 참조)

제5. 예산의 작성

면의 수지는 매년 예산을 작성하여 이에 기초하여 집행한다. 따라서 면의 재정 계획은 모두 예산으로 정하는 것이다. 예산의 작성을 적확하고 타당하게 하는 것은 면의 행정 쇄신상 극히 중요한 것이다. 지금 예산 작성에 대해 특히 중요한 두세 가지 사항에 관해 설명하고자 한다.

1. 작성 시기

면장은 매 회계연도(면의 회계연도는 정부의 회계연도에 의한다) 부과금, 기타 모든 수입을 세입으로 하고, 모든 경비를 세출로 한다. 세입·세출 예산을 작성하여 연도 개시 1개월 전에 군수 또는 도사에게 인가를 신청해야 한다. (면제 제10조, 면제시행규칙 제24조) 즉, 예산은 매년 2월 말까지 작성을 끝내고, 군수에게 인가를 신청할 필요가 있다. 군수의 인가 기한은 명기하지 않아도 회계연도는 4월 1일부터 시작하므로 3월 말일까지 인가를 요하는 것으로 이해해야 한다. 그런데 면의 실정은 연도 개시 후 인가 수속이 완료되지 않아서 일층 주의를 요한다.

2. 작성 형식

예산은 일정한 양식에 따라 작성해야 한다. 그 양식은 1922년 11월 총훈(總訓) 제62호의 개정 양식에 의해야 한다. 그리고 예산표에 대한 설명서는 상세한 사정을 밝힐 필요가 있다.

3. 작성의 수속

예산 작성의 수속은 다음 순서에 의해야 한다.

  (1) 자료를 모집하고, 예산안을 작성한다.
  (2) 예산안을 협의회에 자문한다(면제 제4조의 2).
  (3) 군수의 인가를 받는다(면제 제10조, 면제시행규칙 제24조. 단, 예산 중 차입금, 제한 외 부과 등이 있으면 이것들은 총독의 인가를 받아야 한다).

(4) 면장은 예산의 인가를 받을 때 곧장 그 요점을 공시해야 한다(면제시행규칙 제17조).

4. 작성 내용

예산 작성은 세입을 적확하게 견적냄과 함께 세출은 유효 적절한 경비만을 계상하며, 또 세입·세출의 균형에 유의해야 한다.

- (1) 세입의 견적을 적확하게 해야 한다. 재정의 안정을 기하기 위해서는 세입은 가급적 안쪽으로 견적낼 필요가 있다. 특히 기부금, 보조금 등 확정적이지 않은 수입을 확정 재원으로 사업을 계획하는 것은 엄히 이를 경계해야 한다.
- (2) 세출은 효과가 확실한 사업에 투자해야 하고, 사업의 남설은 피하여 쓸데없는 비용을 절약해야 한다.
- (3) 세입·세출의 균형을 지키는 데 주의해야 한다. 소위 '계입제출(計入制出)'[23]의 원칙은 면과 같이 작은 단체에 대해서는 이론대로 행해지지 않는 사정이므로 재원의 확실성 및 면민의 부담력을 고찰하여 사업계획을 수립하는 게 필요하다. 특히 경상비를 임시 수입으로 하여 지변하는 등 위험한 예산을 작성하지 않도록 주의해야 한다. (수도공사 등의 경우 기부금으로 기술원 급여에 충당하거나 혹은 1년 한도의 보조를 경상 경비의 부족에 충당하는 등의 사례가 적지 않은데 재정계획으로 매우 위험하니 이를 피해야 함은 물론이다.)

면의 예산 작성은 면 직원이 형식 내용 공히 결함 없이 예산을 작성함은 사실상 곤란한 점도 적지 않기 때문에 군에서 작성 전 승인을 받아 정정하는 경우도 있다. 특히 도에서는 매년 면의 예산 작성 방침을 상세히 지시하고 이에 준거하여 작성해 가는 것도 있다. 그러나 특별한 사정이 없는 한 면 예산은 그 내용이 매년 대동소이할 뿐 아니라 그 형식은 일정한 양식에 의한 것이므로 면 직원을 훈련하여 가급적 면 자체에서 예산을 작성할 수 있도록 노력시키는 것이 필요하다. 이것이 면의 자치적 훈련의 제1보이기 때문이다.

---

23 계입제출(計入制出): 수입을 따지고 그 안에서 지출한다는 뜻.

제6. 예산 집행

1. 세입과 세출의 관계

세출예산은 세입예산에 구속되지 않으므로 세입과 관계없이 세출을 집행할 수 있지만 면과 같이 작은 단체에서 이 예산의 원칙에 얽매여 세입을 완전히 고려하지 않고 세출을 집행하는 것은 대로 자못 위험한 경우가 있다. 특히 보조금이나 기부금을 재원으로 하는 사업에서 세입 없이 세출을 집행하는 것은 가장 난폭하다. 차입금을 재원으로 하는 계획인데 그 인가를 얻지 못하고 사업에 착수하는 것도 역시 동일하다. 이들 경우에 만약 기부금 예정과 같은 수납이 없거나 또는 차입금의 인가를 얻지 못하는 등의 일이 있으면 면의 재정은 완전히 위태해질 우려가 있으므로 가장 주의가 필요하다. 그러므로 면의 기정 예산을 집행할 때는 항상 수지의 균형에 유의하여 연도 말에 이르러 수입 부족 때문에 익년 세입의 조상(繰上) 충용(充用)을 하고(면제시행규칙 제30조) 또는 과년 지출을 하는 등 실패하지 않도록 유의해야 한다.

2. 예산 유용

기정 예산의 지출을 함부로 유용하지 않도록 주의해야 한다. 그리고 예산으로 정한 각 관의 금액은 유용을 허용하지 않으므로(면제시행규칙 제31조) 어쩔 수 없는 경우에는 예산 각항의 금액에 한해 군수 또는 도사의 인가를 받아 이를 유용할 수 있다. 따라서 각 관을 넘어 유용할 필요가 생긴 경우에는 예산 경정의 수속에 의해야 한다.

3. 예비비 지출

면의 예비비는 예산 초과의 지출에 충당하기 위해 만든 것으로 국가 예산에서처럼 예산 외 지출에 충당하기 위해 만든 것이 아니다. (면제시행규칙 제25조) 예비비 지출은 군수나 도사의 인가를 받아야 한다. (면제시행규칙 제31조) 예비비는 직접 지출 과목이 아니라 다른 지출 과목에 대해 지출하는 것이다.

4. 일시차입금

면은 예산 내에서 지출하기 위해 필요한 때는 도지사의 인가를 받아 그 회계연도 내의 수입으로서 상환해야 하고, 일시적인 차입금을 할 수 있다. (면제 제9조) 즉 일시차입금이 차입금과 다른 점은 예산 내 지출하기 위해 현금이 부족한 경우에 차입하는 것이고, 예산의 수입과 지출에 관계없이 단지 그 이자만 예산에 계상하는 것이며, 그 연도 내의 수입으로 상환해야 하는 것이다. 일시차입금은 무용한 이자를 지불하지 않으면 안 되므로 가급적 이를 피해야 한다.

5. 예산 불집행

면 예산으로 계상한 어떤 과목이 거의 전액 불집행으로 끝난 예도 적지 않다. 예산 불집행의 원인은 세출의 견적 과대에 있고, 도저히 1년 사이에 지출할 수 없는 다액의 경비를 견적낸 데 의한 것이다. 혹은 계획을 잘못 세워서 결국 실행 불가능에 빠졌거나, 혹은 집행이 현저하게 지체되었기 때문에 경비에 잉여가 생겨서이다. 모두 적절한 예산을 계상하지 않았거나 또는 집행이 타당하지 않음에 의한 것이다. 따라서 예산 불집행은 결코 기뻐할 만한 것이 아니다. 가급적 이를 피해야 한다.

6. 결산 조제

면장은 출납 폐쇄 후 1개월 내에 결산을 조제하여 군수 또는 도사의 승인을 받고 또 그 요점을 공고해야 한다. (면제시행규칙 제39조) 결산 양식은 1922년 11월 총훈(總訓) 제62호로 정해져 있고, 대체로 예산과 동일한 구분으로 조제하며, 예산에 대한 과부족의 설명을 첨부해야 한다.

전년의 결산과 금년의 예산은 뗄 수 없는 관계가 있는 것은 아니다. 즉 예를 들면 1924년 결산 작성이 끝나지 않았다고 1925년 예산 작성이 불가능하다는 식으로 생각하는 것은 완전히 오해이다. 1925년 예산은 동년 2월 말일까지 작성을 요하고, 1924년의 결산은 출납 폐쇄기인 5월 31일 이후가 아니면 작성이 불가능한 것이다. 단, 1925년 예산 작성 때 대체로 1924년 결산의 결과 1925년에 조월할 수 있는 금액을 넣어 이를 1925년 예산의 세입 조월금으로 계상하는 게 필요할 뿐이다. (하략-편역자)

〈자료 177〉 지방제도와 토목사업의 발달(地方制度及土木事業の發達) [조선총독부 내무국장 이쿠타 교사부로(生田淸三郞), 《조선》 제173호, 1929.10]

시정 20년간의 실적은 조선박람회에 의해서 전시되고, 이에 의해 반도 각반의 상태가 어떠한 추이로 변천하였는가를 일목요연하게, 옛날의 조선을 알고 있는 인사들은 지금과 예전에 대해 무한의 감개를 느낄 것이다. 나는 이 기회에 소관 사무에 관해 기왕 추이의 일단을 서술하여 참고에 도움이 되고자 생각한다.

조선의 지방행정으로는 한국 정부 시대에는 조선인에 대해서는 관치(官治)만으로 자치행정이 없음은 물론, 조장(助長) 행정도 볼 수 있는 것이 없고, 1909년 도(道)에 지방비제도를 설치했으나, 병합 전은 겨우 제도 시행의 단초를 열었던 것에 불과했다. 또 면(面)에는 면장(面長), 동리장(洞里長) 등의 수당 및 사무비를 협의비로써 지불하여, 토목공사 등을 부역에 의해 시행하는 관행이 있었을 뿐이다. 이에 반해 개항지에는 각국의 거류지(居留地)가 있고, 치외법권하에 거류지회(居留地會)란 단체를 두어서 거류민에 대해 행정하였다. 또 이와 병립(倂立)하여 재류 내지인(內地人)은 제국의 법령에 의해 거류지, 잡거지(雜居地)에 거류민단(居留民團)을 설치하여 자치행정을 행하였다. 또 거류민단 설치지 이외의 내지인의 집단지에는 학교조합(學校組合)을 설치하여 교육행정을 행하고 있었던 것이다. 학교조합은 별도로 하여 각국 거류지회 및 거류민단과 같은 제도는 병합과 동시에 당연 폐지되어야 할 성질의 것인데 당시 이에 대신할 일반적 지방제도가 없었으므로 병합 후 어쩔 수 없이 당분간 이 제도를 존치했다. 이로 인해 시가지에는 각종의 단체가 병립하고, 행정상 각종의 불편과 장애를 느꼈다. 그래서 1914년 부제(府制)를 시행하고, 동시에 거류지회 및 거류민단을 폐지하고 이에 비로서 시가지 행정의 통일을 보기에 이르렀던 것인데 부제는 당시의 사정으로 바로 이를 자치제도로 하지 않고 관치(官治)하에 임명에 의한 협의회원을 두고, 그 의견을 들어서 행정을 행하는 제도로 했던 것이다. 따라서 내지인으로서는 종래의 자치행정이 관치행정으로 역전하는 것이 되었던 것이므로 당시 다소 불평의 소리가 발생했지만, 생각건대 어쩔 수 없는 것이었다. 아울러 내지인의 교육사무에 대해서는 동시에 부(府)에도 학교조합을 설치하여서 이에 자치적 제도를 인정했던 것이다.

기타의 지방제도로써는 종전부터 행해지고 있었던 것은 도(道)지방비 제도뿐이었지만, 1912년 보통학교비용령(普通學校費用令)을 설치하고 보통학교 설치구역마다 그 비용의 징수를 공인하고, 또 종래 단순한 행정구역에 지나지 않았던 면(面)에 1917년부터 면제(面制)를 시행하고, 일정 범위의 사업 능력을 인정하여 이에 일단 도부면(道府面)에 대한 제도의 형식이 정비되고, 또 지방제도의 기초도 대체 정해졌던 것이다. 1920년 부(府)의 협의회 제도를 개정하고, 이에 선거제도를 설치하였던 외, 도지방비령(道地方費令) 및 학교비령(學校費令)을 제정하여 종래의 지방비법 및 보통학교비용령을 개정함과 함께 도지방비에 도평의회(道評議會), 부군도(府郡島) 학교비에 학교평의회(學校評議會)를 설치하고 또 게다가 면협의회(面協議會)를 두고, 나아가 부의 학교평의회원 및 지정면의 협의회원에는 선거제도를 인정하였다. 이들의 협의회, 평의원회는 모두 자문기관으로 이 제도를 인정했던 것은 지방제도의 일대 진보라 하지 않을 수 없다. 이래 제도의 운용에 힘써, 각 단체는 대저 그 지방의 필요한 사업의 시설을 진행시켜 모두 상당의 실적을 올리고 있다. (중략-편역자)

금일 지방의 산업, 교육, 토목, 위생, 기타 각반의 상태가 현저하게 진보, 발달을 한 것은 관민 협력하여 그 시설에 힘썼던 공인데 지방단체의 시설 또한 크게 이에 기여하고 있는 것은 물론이다.

다음으로 토목사업에 대해서는 병합 당시는 교통기관의 발달이 심히 유치해서 도로와 같은 것이 개수된 것 1, 2, 3등 도로를 통해 연장 3백여 리에 지나지 않고 각지(各地)에 거의 도로 같은 도로는 없고, 인마(人馬)는 가파르고 험한 험로(險路)로 고생하고, 가교(架橋)가 희소하여서 강우가 한 번 내리면 하천이 갑자기 넘쳐서 교통이 두절되고, 화물 운반은 겨우 사람의 어깨와 말의 등에 의해서 함으로써 자연 운임이 비상하게 높아지고, 때문에 곡류 기타 산물의 가치는 산지와 시장과의 사이에 현저한 차이를 낳고, 따라서 농업 기타 산업의 발달을 저해하고, 부원(富源)을 헛되게 하는 것 같은 상태였으므로 이후 정부가 지방단체력을 합하여 도로의 개수를 도모했다. 지금 개수도로의 연장 1, 2, 3등 도로를 통해 4,500여 리에 이르고, 주요한 도읍, 시장 등으로써 자동차가 통하지 않는 땅이 없기에 이르고 있다. 항만의 설비는 1907년경부터 국비(國費)로 다소 착수하였지만, 그것도 해륙연락설비(海陸聯絡設備)에 응급 수당을 베푸는 정도에 지나지 않았다. 무역상 주요한 항만에도 대개 천연(天然)의 지형을 이용하여 겨우 화물을 쌓고 푸는 것에 지나지 않았다. 때문에 하역(荷役)에 많은 시간과 비용을 필요로 하는 상태에 있었던 것으로 병합 이래 점차 각지의 항만에 개수공사를 행했다. 항만설비는 아직 충분하지 않지만 종전에 비하면 아주 현저하게 개량되어져 있는 것이다. 각지의 음료수는 원래 정수(井水)에서 구했던 것인데 조선의 도읍은 대개 낮은 지대에 있음에도 불구하고 하수설비가 없고, 토지는 옛날부터 불결한 대로 내버려 두어, 정수는 자연 오염되어서 대개 음료로 적용할 수 없는데 음료수는 이것밖에 없었기 때문에 위생상 걱정스러워 견딜 수 없는 것이었다. 병합 당시 상수도 설비가 있는 것은 경성, 평양, 부산, 목포의 4개소에 지나지 않아 다른 도읍은 어떻게 해서라도 상수설비의 급속한 설치를 필요로 했던 것으로, 이후 국고에서 특히 보조하여 그 시설을 하였다. 금일에는 상수도를 부설한 것 30 몇 개소에 이르고 주요한 도읍에는 대개 보급하기에 이르렀다.

이외 시가지의 시구(市區)와 하수(下水) 등도 점차 정리 개정 또는 개수를 실시하여 이 또한 종전에 비해 현저하게 면목을 달리하고 있다. 또 다년간 현안으로 조선의 대사업의 하나인 치수사업(治水事業)에 대해서도 이미 구체적인 계획을 세워서 실행에 착수하고 주요의 하천 중 황폐한 부분부터 점차 개수(改修)를 행하는 것으로 되어 있다. 현재 공사는 착착 진보를 보고 있는데 본 사업은 치산사업과 함께 국토의 보전을 도모함과 함께 경지(耕地) 및 인가(人家)에 대한 옛날의 수해의 우환을 제거한 산업 발달상에서도 다대의 효과를 거두기에 이르를 것을 믿는 것이다. 그리고 이러한 토목사업에 투작하여 1928년도까지의 경비액은 국비에서 지출한 것만으로도 치도비(治道費) 3천만 원, 해관(海關) 공사비 3천 3백만 원, 수도공사비 8백만 원, 시구(市區) 개정(改正) 시가도로비 5백만 원, 치수공사비 1,300만 원 계 8,900만 원에 달하고, 여기에 지방단체가 지출한 것 약 8,600만 원(국고보조를 포함)을 더하면 합계 약 1억(億) 7,500만 원을 상회하고 있다. 조선의 빈약한 재정으로 이러한 거액을 지출함은 조선의 개발상 이 시설이 시급을 요구해서 어쩔 수 없음에 기인하는 것이다.

〈자료 178〉 면장의 주임 대우 임명 발표와 그 씨명(面長의 奏任待遇任命發表와 其氏名)[《조선문조선》 제66호, 1923.3]

조선에 있는 면장은 지방관관제상 최하급 행정기관으로, 군수 및 도사의 지휘명령을 받아 면 내에서 나라의 행정사무를 보조 집행하며, 한편으로 면제에 의하여 지방공공단체인 면의 사무를 통할 담임하는 중요한 직무를 가진 자이니, 따라서 그 면장 된 자의 인물 수완에 의하여 지방행정상 다대한 영향을 가질 뿐 아니라, 이와 항상 접촉하는 일반 면민의 복리

증진에 관하는 바가 적지 않은 터이라. 그러나 조선에서 현재 면장의 대우는 단지 판임관 대우를 줌에 불과하는 상태로, 면민 및 대외관계상 그 대우가 적당치 못한 감이 없지 않다. 또 특히 지정면과 같은 각 지방의 발전에 따라서 더욱 인재를 요할 것이 있고, 어떤 지방에서는 역시 격별한 우우(優遇)를 부여할 필요가 있으나, 현재 실제로는 위와 같은 목적을 달성할 만한 적합한 인재를 얻기 어려운 제도이므로 총독부 당국에서는 이 면장 우우의 의미로, 그 지위의 개선을 실현하여 유능의 인재를 수용하려 하는 취지하에 작년 가을 지방관관제 개정 발표 당시에 특히 면장 중 50명에 한하여 주임관 대우로 할 수 있도록 규정하고, 이후 내무국에서 그 후보자의 인선에 대하여 신중 전형을 행하고 내각에 상신 중이더니, 드디어 지난 2월 11일 기원절의 당일로써 경기도 개성군 송도면장 마쓰모토 쓰루쿠마(松元鶴熊), 고양군 숭인면장 김기택(金基宅) 외 내선인 면장 46인에게, 주임대우 임명 발표를 보기에 이르렀다. 이 임명 발표로써 조선에서 금후 면장 우우의 길이 열려서 일반으로 면장의 지위를 존중하며, 이어서 지방에 있는 일류의 인물로 적합한 인재를 얻어서 면장에 취임케 할 수 있으므로, 이것이 지방행정상 지대한 좋은 영향을 미치게 된 것은 오인이 가장 경하는 바이라. 또 금회에 우우로 임명 발표된 면장은 지정면과 기타의 면을 물론하고, 모두 인물 본위로 전형한 것으로서 지정면장 중에도 선정되지 않은 자가 많으며, 기타 면의 면장 중에도 영년근속자(永年勤續者)로 그 성적이 현저한 자는 선임된 터로, 이들 우우 광영을 얻은 면장 제군을 위해서는 실로 경하할 바이라. 그러나 금회의 우우로 인하여 그의 직책은 더욱 중대해진 바이니, 이후 이를 생각하여 더 그 직무에 정려각근(精勵恪勤)하여서 지방행정에 공헌하는 바가 많기를 기할 바이다. 그리고 금회 주임 대우 면장에 임용된 자는 일본인 15명, 조선인 31명, 합계 46명인데, 그중에 원(元) 고등관 또는 주임 대우의 직에 있던 사람이 17인이오, 5년 이상 판임관으로 5급봉 이상이던 자가 6인이며, 10년 이상 면장직에 있어서 공적이 현저한 자가 8인이오, 지방사정에 정통하며 학식 명망이 있는 자가 15인이라. 이를 도별로 보면, 경기, 전북, 경북, 평북은 각 4인, 충남, 경남은 각 5인, 전남, 황해, 평남, 강원, 함남, 함북은 각 3인, 충북 2인이며, 이를 군면 별로 그 씨명을 보면 다음과 같다. (하략-편역자)

〈자료 179〉 면제 발포 이래의 감상과 장래에 대한 희망의 요지(面制發布以來의 感想과 將來에 對한 希望의 要旨) [해남(海南) 김정태(金正台), 《조선문조선》 제72호, 1923.9]

면이라 하는 것은 1917년에야 비로소 출생신고가 되었다. 그러면 원래는 면이 없는 것인지 반문이 있을지 모르나, 면이라 함은 있었지만 법률이 특히 이를 인(認)치 아니하였음이라. 그러므로 권리 능력이 결(缺)하였음이라. 1917년 6월 9일 면제가 발포되어 동년 10월 1일부터 시행됨에 따라서 차차 광범한 면이 되어 면 수입도 완전한 수입이라 칭하게 되고, 사업 경영 능력이 점점 열리며 면에서 봉직하는 자들도 이원(吏員)으로 공인케 되었음은 일시동인의 성은이 비침이니 우리의 일대 행복이라 하겠도다.

사이토 총독각하의 부임 이래로 지방개량에 힘을 다하여 우선 지방관제를 개정하고 도지방비령 학교비령을 새로 제정 발포하며, 부면제에 대개정을 가하여 면에도 협의회를 두어서 지정면에는 선거, 보통면에는 임명의 제도로 하여 시의에 모두 적합한 제도를 설하여, 면에 기수를 두고 일반 기술적 사업에 종사케 하고 또 기타에도 개정 또는 신설하여 시세에 적절 적합케 하여 일시동인의 성은을 도회로부터 심산유곡까지 동일하게 입게 한 것은 지방 주민 된 우리의 황구감읍(惶懼感泣)할 바이라.

다음 한두 가지 의견을 들어서 한편으로는 면 당무자된 제씨 의견을 묻고, 한편으로는 감독관서에 고하여 금후 개혁의 기회에 참고해 일시동인의 문화가 하루라도 속히 진화될까 하노라.

1. 면: 지정면은 명문(明文) 법인으로 하고, 보통면에는 현 지정면 제도를 습용하면 어떨지?
2. 지정면: 지정면이라 하면 좀 기이한 느낌이 드니 일본의 시, 정, 촌과 같이 적당한 명칭을 붙이면 어떨까?
3. 자문사항: 부과금, 사용료 또는 수수료에 증감 변경이 없는 예산 추가 경정에 대하여는 협의회에 자문하지 않고 감독관청의 인가뿐으로 그치면 어떨지?
4. 이원(吏員): 부장(副長)은 지정면만 한하여 두는 제도이나, 일본의 조역제도(助役制度)와 같이 보통면에도 이를 두는 제도로 개정하여 면장은 외교적 사무에 전력케 하고 부장은 내무 감독을 맡게 하면 면 행정이 일신 개혁될지니, 이를 보통면에도 두면 어떨지?
5. 회계원: 현 제도는 서기 중에서 회계원을 임명하는 제도이나 지방이 발전하면서 면에도 출납 사무가 더욱 복잡함을 가져옴에 따라서 그 책임도 역시 더욱 무거워지니, 일본

의 정촌의 수입역 제도와 같이 전임자(專任者)(현 서기 중 회계원 임명을 폐하고 전임회계원을 두는 것; 원문)를 두어서 이에 수반한 대우도 개선하여 책임도 중대하게 하면 면 출납 사무도 새로운 면목이 될지니 어떨지?

6. 일반 면리원의 대우: 상부에서 어떠한 선정(善政)을 행하여도 직접 인민과 인연이 깊은 면리원이 오해하여 오정(誤政)하면 그 효과가 적을지니 이를 예방하려면 우량한 면리원을 얻어야 하고 우량한 면리원을 얻으려면 대우 개선이 필요하다. 그러므로 어느 곳이나 불문하고 적당한 자를 채용함이 어떨지?

7. 퇴은료, 퇴직 급여금, 사망 급여금, 유족 부조료: 현재 면에서는 퇴직 급여금이라 하여 5개년 이상 근속 후 자기의 편의 및 징계 이외의 퇴직자에 한하여 지급하는 규정이 있으나, 이는 면리원에 대하여는 냉대가 아닐까. 사람이 봄에 밭을 갈고 여름에 김매는 것은 추수를 목적함이오, 청년 시대에 분발 노력함은 노년에 안일을 목적함이며, 천신만고 끝에 초지를 관철함은 낙(樂)을 보고자 목적함이니, 모든 일이 이에 의하지 않으리오. 공공사업에 진력함은 국가에 대한 국민의 의무나, 이 취지를 대개 몰각하는데, 왜냐하면 그 태반은 생활난이라, 단지 면리원이라 하면 진전의 여망도 별로 없을뿐더러, 영구히 재직해도 위로의 대우가 없기에 상당한 자는 다른 곳으로 전직 또는 다른 직업에 종사하여 면에 봉직함은 일시의 심심소일로 알고 근무하는 자가 없다고 생각하기 어려우니, 이는 어찌 가증(可憎)치 아니하며, 어찌 한심할 바가 아니리오. 면리원의 평시 대우를 개선하는 동시에 퇴은료, 퇴직급여금, 사망급여금, 유족부조료 지급의 길을 열어서 일차 봉직자에 대하여는 영구히 봉직하리라는 생각을 갖게 하면, 면 사무가 면목을 일신할 터인즉, 현재 도 지방비 이원과 동일한 규정을 면에도 시행하면 어떨지?

〈자료 180〉 면치 개선은 면리원 우우(優遇)의 길을 여는 것이 필요(面治改善은 面吏員優遇의 途를 開함이 必要)[철원군(鐵原郡) 갈말면(葛末面) 서기 임백영(任百永), 《조선문조선》 제75호, 1923.12]

나는 면리원의 한 사람이올시다. 학식과 식견이 모자라서 감히 면치에 대한 비견(卑見)을 말하고자 하니 부끄럽지만, 집무 여음(餘蔭)을 이용하여 실제 목격한 예를 말하여 당국자의 참고에 제공하고자 합니다. 대저 현재 면 제도를 볼진대, 모두 감독관서의 지휘명령에 의거할 뿐이오, 면 자신이 자치하는 행동은 조금도 없습니다. 이것은 당연합니다. 왜냐하면 면치를 집행하는 기관이 된 면리원의 자격이 결여한 연고이올시다. 혹 동직자의 악평을 살는지 모르거니와, 일부 자격이 상당한 사람이 있다 할지라도 이것은 적은 부분이므로 별문제로 하고 어찌하여 자격이 결여하냐 하면 한 원인이 있습니다. 즉 면리원의 대우올시다. 면리원의 대우라 함은, 즉 승진의 길이 없다는 것을 의미함이올시다. 어떠한 관청이나 회사 은행 재직자를 물론하고 모두 승진의 길이 있는데, 단지 면에서는 승진의 길이 없어서 허다한 근속 년 수를 쌓을지라도 승진의 여망이 없는 까닭에 자격이 상당한 자는 이를 비관하여 겨우 1년 혹은 몇 개월을 봉직하다가 결국 사직하고 다른 관청 혹은 은행, 회사로 전직해 버리고, 그중 자격이 결여한 자만 겨우 담임 사무나 미봉(彌縫)하여 가며 봉직하니, 어찌 면치의 개선을 기망(期望)하리오. 생각건대 면리원 우우(優遇)의 길을 열어서, 가령 면 서기로 성적이 우수하면 군속(郡屬)으로 승서(昇叙) 한다든지, 혹은 어떠한 방법으로든지 승진의 길을 열지 않으면, 면리원은 상당한 자격자를 얻지 못할 것이오, 면 사무를 집행하는 면리원의 자격이 결여함에 따라서, 면치의 개선도 도모하기 어려움은 당연할 바이라. 생각건대 면치를 개선하려면 요(要)는 면리원 우우의 길을 열어서 적재(適才)를 적소(適所)에 배치함에 있다 합니다.

〈자료 181〉 면의 연혁에 대하여(面의 沿革에 就하야)[김종락(金鍾洛),《조선문조선》제99호, 1926.1]

면에 관한 고대의 제도는 묘연하여 깊이 살필 수가 없으나, 조선시대 초에는 5가(家)로 작통(作統)하고 몇 개의 통을 리(里)라 하며, 몇 개의 리를 방향(方鄕) 또는 면이라 하여 이웃이 상부상조한 일종의 자치적 단체로서, 한편으로 이들의 장(長)인 통수(統首), 이정(里正), 관령(管領) 등으로 국가행정의 보조기관이 되어 정령(政令)의 전달과 조세 징수와 호적 정리 등 행정사무를 집행하게 함과 동시에, 각기 단체를 대표하여 공동사무를 처리하고 쟁송을 재단하며 풍교의 보지(保持)에 임하였으며, 그 후에는 도존위(都尊位), 도천헌(都仟憲), 별과헌(別科憲), 상유사(上有司), 면간(面看) 등을 면 행정의 집행자로 하고, 집강(執綱), 풍헌(風憲), 면임(面任), 도윤(都尹), 약정(約正), 검독(檢督), 방장(坊長), 사장(社長) 등을 두어서 중대한 사항에 관한 협의기관으로 하며, 장로, 직원, 지사 등을 두었으나, 정강의 번폐(煩弊)함과 동시에 그 운용이 불완전하였다. 그 후 1895년 향회조규, 향약판무규정(鄕約辦務規程)을 발포한 결과, 리(里)에는 존위, 면에는 집강을 둔바, 임용 자격은 연령 30세 이상으로 반상(班常) 구별이 없었고, 존위는 리 민회에서 권선(圈選)으로, 집강은 각 리 존위 및 공선인 공동회에서 권선으로 하였고, 이외 리회(里會), 소회(小會)가 있어서 군수 또는 각 면 집강 및 각 면 공거인(公擧人) 각 2인으로 조직하여, 교육, 호적, 지적(地籍), 위생, 사창(社倉), 도로, 교량, 식산, 흥업, 공공, 산림 및 제언(堤堰), 보(洑), 도선(渡船), 구황구휼(救荒救恤), 공공 복역, 제반 계(稧) 등에 관한 사항을 부의하여 다수의 의견을 따라서 결정 집정(執定)하는 제도가 있어서 질서가 자못 정연하였으나, 당시 중앙정부의 변전무상(變轉無常)에 따라 결국 실행에 이르지 못하였다.

대저 국가행정 단위의 치적의 성쇠는 국운의 소장(消長)에 관계됨이 심대하거늘, 당시 면행정은 부진하여, 겨우 면장은 군수를 보조하여 지방행정은 특히 수세(收稅)에 간여(1905년 재정고문부 설치 후는 국세 징수 사무를 장리하기 위하여 면에 공전영수원을 둠; 원문)하고, 기타는 민적 및 토지 건물 증명 사무를 정리할 뿐이오, 조장(助長) 행정으로는 하등의 볼 것이 없는 상태였다. 한일병합에 이르러 1910년 9월에 발포된 지방관제 중에는 면장에 관한 규정을 설하고, 부군(府郡) 아래에 면장을 두어 면장은 판임관 대우를 주고, 부윤 또는 군수의 지휘 감독을 받아 면 내 일반의 행정사무를 보조 집행하는 최하급의 행정기관이 되었으며, 동년 11월 부령(府令)으로써 면에 관한 규정을 발포하여 면장은 도장관이 이를 임명하며, 면장의 수당과 사무 집행에 관한 비용은 면의 부담으로 하고, 따로 국세 징수법의 규정에 의하여 설치한 공전영수원과 동리장 외에 필요에 응하여 다소의 부속원을 둘 수 있게 하며, 면사무소는 종래 사무소를 특별히 두지 않고 면장의 주택에서 이 사무를 처리한 결과 왕왕 공사 혼효할 폐가 있으므로, 가급적 사무실과 거주실(居住室)을 구별하여 면 내 적당한 장소에 사무소를 설치하였으며, 매년 세입출 예산을 조제하여 군수의 인가를 받게 하였으나, 당시의 상태로는 그 수지 실제를 보고하기가 지극히 어려우므로, 항상 군청원이 출장하여 그 실정을 조사한 후 가렴주구하는 폐가 없게 하였었다. 그 후 1913년 3월에 부령으로써 면부과금 징수규정을 설한바, 부과금의 종목은 호별할 및 지세 부가금이며, 또 면 주인, 면 하인의 급료에 충당하기 위하여 필요할 경우에는 현품을 부과할 수 있게 함과 동시에 면 재무 취급 심득(心

得), 면처무규정, 면사무지휘감독규정을 만들어 처무 준승(準繩)을 명확히 하였으며, 익년 (1914년) 2월에 면 경비 지출 표준을 보여서 면리원의 급여 등에 관한 지급 표준과 정원 표준을 보이고, 동리장은 단순히 보조자로 하며, 면리원으로 하여금 지방민에 접촉하여 최하급 행정기관 된 기능을 발휘케 하였다.

　면의 구역 여하는 단체의 자력(資力)과 단체의 발달상 지대한 관계가 있는 것인바, 병합 당시에는 면의 넓이 및 호구의 심한 차이가 있어서, 갑(甲)면은 며칠간 왕복할 넓이이고, 을(乙)면은 겨우 주먹만한 크기에 불과하며, 병(丙)면은 일본의 시(市)에 가까운 인구가 있으며, 정(丁)면은 겨우 수십 호를 산(算)함에 불과하므로, 적당한 표준에 의하여 이를 안배 정리함이 필요하다 생각하여 1면의 면적 5방리, 호수 1,200호의 표준으로써 토지조사의 진행에 따라서 이 정리를 행할 방침을 수립하고, 1914년 3월 부군폐합의 동시에 종래의 면 수 4,356면을 2,520면으로 변개하였으나, 그 후 여러 사정에 응하여 면의 구역을 약간 변경한 결과 현재 총 면수 2,503면이 되었다. 면은 위에 서술한 변동을 거쳐서 최하급의 지방행정기관인 모습을 구비하기에 이르렀으니, 본시 과도시대의 조처로서 잠시 고식(姑息)한 제도를 답습함에 불과하여 조만간 이를 개폐함을 요할 바는 물론이라. 그러나 제도의 여하는 통치의 대국에 영향하는 바 적지 않으므로, 병합 이후 근본제도에 관하여 수회 연구하는 동시에 혹은 한편으로 면 사무의 정리, 면 경비의 절약, 면리원의 훈련에 노력하여 장래의 법제에 대비함을 기한지라. 그러나 최근 지방은 제반 사물이 점점 진보 개선하는 기운에 향하여, 산업, 토목, 위생 등에 관하여 공익적 시설을 요할 것이 점점 많아짐에 이르렀으나 법규상 면에서 이를 처리하지 못하므로 혹은 조합, 계, 또는 회(會) 등을 만들며, 혹은 면민이 공동의 협의적 사업으로 이를 경영함과 같은 고식적인 방법을 채택하는 것이 있었을 뿐 아니라, 총독부에서도 각개의 예규로써 시장, 도장(屠場) 및 모범림 등을 경영하게 하는 부득이함에 이르러 지방 사무의 통일을 결(缺)하여 완급함이 득의(得宜)치 못하며, 지방민의 부담이 과중하지 않게 될 경향을 보여서 도저히 단순한 재정의 주체로 사업을 경영할 능력이 없는 것 같은 법제로는, 지방 발달을 기하지 못함에 이르렀다. 그러나 조선의 민도는 겨우 치산의 도(途)를 얻음에 불과하고, 생계의 여유에 이르러서는 오히려 이를 장래에 기하지 아니치 못하겠으며, 지방민은 아직 이들 법제를 운용함에 습숙(習熟)치 못한 상황인즉, 그 제도의 대성(大成)을 다시 후일에 양(讓)하고 시세 민도의 구관 고례를 참작하여 그 정도의 사업 경영 능력을 인정하여서 전술한 각종 사업을 면에 통합 경영하게 함과 이에 필요할 비용은 그 면민으로 하여금 부담케 하는 취지로 1917년 6월에 면제를 공포하여, 면장으로 하여금 사무를 통할하게 하여 토목, 권업, 위생, 경비에 관한 사무의 경영의 길을 열며 면 서기를 공인하고, 동리장을 폐하고 새로 구장을 두며, 총독이 지정한 면에는 면장 자문기관으로 상담역을 두고, 부과금 기타 재무 수속을 상세 명확히 규칙을 정하여 호별할, 시가지세할, 지세할 외에 특별부과금 및 사용료 수수료 등 징수의 길을 얻게 하며, 일부의 사무를 공동 경영하기 위해 면 조합을 설치할 길을 열어서 법제상 지방단체의 근기(根基)가 적확하여 지방자치단체 될 단서를 열었다.

  그러나 면제 시행 후 계속 면 경영 사업이 증가되어 대부분의 면에서는 도로, 교량, 도선, 모범림, 시장, 묘포, 도장, 묘지, 화장장, 격리병사, 청결법 시행, 소방조 등에 관한 사무를 처리하고, 지정면에서는 위 외에 제방, 배수, 하양장(荷揚場),[24] 수도, 전등 등에 관한 사무도 처리함에 이르러 지방 발달에 기여한바, 위에 서술한 것처럼 계속 면 사무가 증가함에 따라서 1920년 7월에 지방제도 개정에 이르렀다. 대체로 면제는 조선의 시세 민도와 구관 고례를 참작하여 면민의 복리를 증진하고 지방의 계발을 도모하기 위해 제정된 것이라 할지요, 지방제도라 함은 이를 2종으로 나누었으니 첫째는 지방에 있는 국가의 행정구역 및 이를 관할하는 지방행정관청 조직에 관한 것이요, 둘째는 지방공공단체의 조직에 관한 것이다. 이 제도는 그 연원이 심원하여 시세와 함께 허다한 변천의 역사를 거쳤다. 부와 면은 모두 최하급의 행정조직으로서 일반행정사무를 처리하는 것이라, 전부의 부 및 일부의 면에서는 관선 자문기관을 설치하였으나 아직 민의를 반영케 하는 기관으로는 유감의 점이 적지 않을 뿐 아니라, 지방단체로는 자못 유치한 상태를 벗어나지 못하고, 특히 면은 옛 시대부터 명칭이 있어서 국가 하급의 행정 기관으로 존재하여 온 듯하니 이 지방행정구역의 일부분으로 그 이사자는 그 구역 내 국가행정을 보조 집행하여 사실상 국가의 징수기관에 불과하였다. 단, 그 이사자의 급여와 기타 징수비용 등의 경비를 관습에 의하여 그 구역 내에서 징수함을 인정한 점은 약간 단체의 색채가 있다 할 수 있으나, 이 역시 명칭에 지나지 않고 따로 단체의 활동은 없으므로 성질상 역시 순연한 행정구역에 불과하다 할지라. 이 상태는 병합 후에

---

24 하양장(荷揚場): 뱃짐을 부리는 곳

도 의연히 존속하여 1913년 3월 부령 제16호 면 경비 부담방법의 제정에 의해 면이 재정권의 주체가 된 것이 약간 있었으나, 이 역시 면 경비의 성질은 지방비 이상의 단체적 색채가 희박하여 이를 지방단체로 해석함이 도저히 불가능했다. 그러나 1917년에 면제 제정이 있어서 약간 이 점이 명백하여 지방비를 공공단체라 해석할 정도에서 면도 역시 공공단체로 해석할 수 있게 되었다. 시세의 진운과 민도의 향상을 따라서 점차 개정될 것은 물론 당연한 일이요, 특히 국운의 발전과 사회의 진보는 자연히 지방민의 자각에 기인하고 지방개발에 의하여야 하는 동시에 국가행정의 일부도 역시 지방민의 성실한 협익(協翼)에 기대어 비로소 원만한 운용을 볼지니, 지방행정의 중요 문제는 실로 지방단체의 계발 여하에 있으므로 장래 자치제의 시행을 필요로 생각하여 1920년에 면제 개정을 행하였는바, 면에 협의회원을 두고 면 세입세출예산 및 기타 중요 사항을 자문하여 가급적 민의 창달을 보이며, 지정면에서는 그 사무가 매년 증가하여 점점 번망(繁忙)하므로 부장(副長) 1인 및 기수를 두게 되었으며, 일반 각 면에도 각종 사업의 발흥과 산업 장려 사무의 증가에 따라서 기수를 두게 되었으며, 이 기회에 면 서기의 명칭을 서기로 개정하였고, 1922년 8월에 면장의 대우를 확장하여 주임 대우 면장이 전 조선에 50명이나 된다. 이를 보면 금일의 자치제의 훈련을 끝내고 장래의 근본적 자치제를 시행할 서일(瑞日)이 멀지 않아 우리 반도에 도달하겠도다.

〈자료 182〉 면치 쇄신은 민지 발달에 있음(面治刷新은 民智發達에 在함) [이완규(李完珪), 《조선문조선》 제100호, 1926.2]

면에서는 무엇보다도 자치제 실시를 희망하는 것이다. 그러므로 식자 명사 간에서 문제를 제창한 지 다년에 이르러 절실한 요구와 진정한 언론이 오인에게 적지 않은 감각을 주어온 금일에도 오히려 시기에 적응치 못한 결함이 있는 이유로 해결의 기운이 전개되지 않고, 따라서 한 점의 효과도 없지 못하니 실로 유감을 금치 못하는 바이다. 그러나 이는 민중 전반의 단결적 운동 조건이 될 것이어늘, 어찌 일부 식자 간에서만 창도할 것이냐. 또한 무의미한 문제에 대하여 말하는 길을 폐지할 것도 아니다. 국가행정상 심중한 관련이 있는 이유로 동기(動機)됨이니, 마땅히 해결의 서광을 보도록 단합심을 배양하여 예의정력(銳意精力)으로써 분투 노력함을 요한다. 그리고 진정한 운동을 계속 진행코자 할진대, 우선 민지 발달 여하를 고찰하여 결함을 보충치 아니하면 안 된다. 결함이 보충됨을 따라서 조건이 하나씩 해결되는 것이다. 백옥의 미려함을 누구나 다 중보(重寶)라고 칭하나, 이것도 실질의 하자(瑕疵)를 갈고 다듬어 색채를 선명히 한 후가 아니면 사람이 애상(愛賞)치 아니함과 같다. 현재 민도에 비추면 자치제의 결함이 각종으로 발견된다. 이를 구체적으로 적발코자 하면 시간과 지면이 허하지 않으므로 논술치 못하거니와, 일례를 들면 노유완고배(老儒頑固輩)가 시대 풍조에 순응함보다 구래 관습에 역전함이 많다든지, 청년자제가 보통교육에도 수양이 부실하여 사회의 사물을 판단할 지식이 충분치 못하므로 외래 사상에 감염된다든지, 또한 분수에 넘치는 일에 몰두하거나 제멋대로 난봉이나 부리면서 술과 기생에 빠진다거나, 이기적 욕망에만 몰두하여 상호 쟁탈하거나, 교육, 산업, 위생, 교통, 도로, 납세 등을 등한시하여 자기의 의무를 다하지 않고 당국의 지도 장려만 기대하거나, 또는 기대하지도 않는 등 다양하여 스스로 분발하고 자발적인 관념이 결여하고, 면이 자기의 면이며 면무(面務)는 자기의 업무인 줄을 깨닫지 못하면 어찌 문명의 교화를 두뇌에 깊게 새겨 자치의 정신이 순조로히 진행될 것이냐. 이상으로 말한 바가 자치제의 실지에 장애물이라 할 것은 아니지만, 그것도 결점이 되지 않을 수 없다. 현재 조선의 면을 일본의 정촌 그것에 비교하면 생존 경쟁에 열패자요, 문명 사조에 낙오자로 제일선을 점유한 우리 조선 민족으로는 정도의 차이가 현격하여 비록 급진적으로 그 지식이 향상된다 할지라도 십몇 년의 차이가 있고, 그렇지 아니면 40~50년을 경과하지 않으면 소기의 목적을 달성치 못할 줄로 추측된다. 이 점에 대하여는 면치 당사자가 충분한 고구(考究)와 상당한 시설에 일층 예의(銳意)하여 무엇보다도 급무인 산업 장려에 혼신 노력하는 동시에, 1면 1교의 교육기관을 건설함은 거듭 말할 필요가 없거니와, 기타 강습회, 야학회 등을 각반으로 시설하고 청년 남녀를 옳게 지도하여 진실한 자각이 생김에 따라서 신성한 면이 되기를 요망한다. 그런데 이에 반하여 제도를 우선 개혁하고 자치제의 의의를 공중의 뇌리에 주입하여 그 정신을 그 방면으로 지도함이 속진적 방책이 되지 않을까 하는 생각도 없지 아니하다. 또한 면이란 면자(面字)를 제외(題外)[25]에 붙여서 이하에 논술코자 한다.

    대저 면이라 하면 문자의 의의부터 심중하지 않은가. 어찌 생각하면 국(國)이나 도(道), 군

---

25 제외(題外): 관아에서 백성의 소장(訴狀)·청원서(請願書) 등에 써 준 제사(題辭) 이외의 문서

(郡) 아래에 있는 면(面)이니까 위치가 낮다고 타락(打落)할는지 모르나, 만일 이러한 의미로 해석한다면 실로 오해가 아니라고 말하지 못하겠다. 왜냐하면 나라의 면[國之面], 도의 면[道之面], 군의 면[郡之面] 그 어느 것을 물론하고 범연히 간과하며 소홀히 여길 것이냐, 다시 말하면 나라의 체면[國之體面], 도의 체면[道之體面], 군의 체면[郡之體面]이란 면자(面字)란 말이다. 그런즉 국가로 하여금 내정을 충실케 하고 외해(外海)를 방어하여, 그 체면을 숙정케 할 것은 누구이라 할까. 이는 자체(自體)를 자중함에 다름 아니다 할지나, 자체는 어떻게 구성된 것인가. 자연적이 아니오 물질적이며, 천공적(天工的)이 아니요 인위적이다. 그러므로 국가 사회는 민중의 집합적 조직에서 구성된 하나의 큰 건물로서, 그 보존에 관한 일체의 권리 행위를 천직자(天職者)에게 허여한 것이니, 민력은 이에 집중하였다. 또한 민중으로 된 이상에는 반드시 그 지배명령을 복종케 된 것이니 순응치 않으면 불가하다. 소위 지배 명령이라 함은, 즉 인민의 복리를 증진하고 생명 재산을 보호하여 국민이 공존공영하자는 권리 행사에 불과하는 것이다. 이러한 이유로 치자를 국(國)이라 칭하고 피치자를 민(民)이라 칭한 것이다. 고서에 말한바, 하늘에 민에게 내려와 군(君)과 민을 만들고 세상 만물은 그에 마땅한 법칙과 원리가 있다 함이 이것일까 하노라. 그런데 민은 곧 면치에서 국치를 경험하게 되므로, 면이 체면을 보존하여야 국가의 체면이 존중케 될 것이라 한다. 그러나 미약한 면으로서 막대한 국가의 체면을 좌우한다 하면, 실로 외람하고 두려운 일이지만 국가 밑에 도가 있고 그 밑에 군이 있어서 그 시설 방침이 아무리 주도면밀하다 할지라도 면이 자체의 면을 손실하여 한 점의 결함을 낳을진대, 그 결함이 단지 면에만 귀결되고 말 것인가. 면으로부터 군에, 군으로부터 도에, 도로부터 국가 사회에 이르기까지 적지 않은 영향을 미쳐서 큰 국면을 가져올 것이라고 생각한다. 이것은 면이 최하위 단체일망정 집행 사무는 중대한 이유이니 면 자체는 반드시 자중치 않으면 안 된다. 옛사람들은 소위 사람은 반드시 스스로 업신여긴 이후에 남들로부터 업신여김 당하며, 집안은 반드시 스스로 무너진 뒤에야 남이 그를 무너뜨린다고 함은, 즉 잘못을 자신에게서 찾고 다른 사람에게서 찾지 말라는 것이 아닌가. 면 직원 제군이여, 오등이 국리민복 증진에 막대한 임무를 양 어깨에 진 이상 비록 정신적 방면이나 물질적 방면이나 어느 방면에든지 대우가 박약하다 할지라도 심기일전하여 그 임무를 등한시할 것이 아니다. 열혈성심을 가일층 발휘하여 분투노력할진대, 면이 유치하고 비루한 상태를 벗어나 일신한 면목을 드러내면 오등의 만족은 이보다 더한 것이 없을 줄로 생각하노라.

〈자료 183〉 농촌 노인의 행정관(農村父老의 行政觀) [각종당(覺踵堂), 《조선문조선》 제102호, 1926.4]

나는 농가의 자제로서 어릴 때부터 오늘날까지 주위가 모두 농촌 환경으로 되어 나의 과거 경험은 오직 농촌의 경운학(耕耘學)이며 농가의 속반미(粟飯味)이며 농인(農人)의 한혈위(汗血慰)이었다. 그리하여 나는 농촌의 노인을 대할 적마다 어디까지든지 경모하며 동정하며 위로하고자 한다. 아니 실지로 그렇게 한다. 내가 언제인가 우연히 농촌 노인들이 회담하는 장소에서 그네의 가식 없고 진정으로 하는 말을 듣고 무한한 감개를 금치 못하여 그의 양해가 있도록 반복 설파하였으나, 그들은 오랫동안 마음에 명각(銘刻)되었던 결과 쉽게 이해하지 않고 도리어 그 말을 반대하는 듯이 나의 말을 오히려 비난하던 사실이 있었다. 어느 시대 어떠한 성치(聖治) 아래라도 이러한 일부 완고벽(頑固癖)이 잠복지 아니할 리는 없으나, 금일 우리 농촌의 반 이상은 거의 이러한 편이 있는 듯하다. 그 담화는 비록 무감각, 무진화한 부패담이라 하겠으나, 그의 유전(遺傳)은 실로 그칠 날이 없는 줄을 나는 안다. 그네는 항상 회합이 있을 때마다 이러한 담화뿐이다. 그리하니 아직 보통교육도 받지 못한 유년의 뇌에는 오직 이러한 것만 잔존할 뿐으로 이 유년이 노년이 되기까지 제2, 제3의 장래 유년에게 또 이러한 완고만 가르칠 뿐일 것 같다. 여기에 그의 가치를 떠들썩하게 말할 필요가 없이 다만 하의상달을 주로 하여 이제 그 구체담을 그대로 써서 당국의 일고(一考)에 제공하고자 하는 이유다. 만일 이것이 너무 과격하다 할지 모르겠으나, 우리 농촌의 진짜 내막 일절(一節)을 소개함에는 과연 면절적(面折的)[26]이나마 사실은 그 서기(庶幾)[27]인가 할 뿐!

김(金) 도유사(都有司): 여보게. 근래 주연초세(酒煙草稅)라는 것이 생겨가지고 지세 외에 다액의 세금을 받아가면서도, 그나마 자유로 못하게 하여 주조량(酒造量)도 1년에 [자가용(自家用)] 얼마씩 제한이 있다지. 그리고 연초는 30평이 경작 제한이라지. 그게 무슨 행정이야. 기왕 세금을 받아가면서 그것도 좀 넉넉히 못하게 한단 말인가. 연초 30평 수확으로는 1인 1년분 흡량(吸量)도 부족하며, 모두 다 자기네 정부 경영하는 전매연초를

---

26 면절(面折): 면대하여 몹시 꾸짖음.
27 서기(庶幾): 간절히 바람.

사서 먹으라는 셈인 게야.

박(朴) 좌수(座首): 그것은 여보게 관계가 좀 그럴 듯하네. 내가 연전(年前)에 면의 최서기 말을 들어서 양해하였네. 첫째 근래 행정으로 심히 억원(抑寃)[28]한 것은, 우리 조선 습속으로 가장 중대하던 묘지를 일단 법의 범위 내에 넣어서 공동묘지를 설치하여 일반에 큰 고통을 주는 것이 그중 통절하고 분하네. 연전에 묘지규칙이 개정되어 조금 원만하다 하여도, 그 역시 수속이 너무 번거롭고 까다롭고 복잡해서, 그의 개정은 역시 유야무야이던걸.

서(徐) 집강(執綱): 그렇지요. 그거야말로 무엇이라고 말할 수 없지만은, 그중에도 순사가 백정(白丁)을 데리고 다니며 남의 집 사견(飼犬)을 찍어가는 거-참 목불인견이야! 어서 이 천지가 개벽을 했으면 좋겠습디다.

배(裵) 훈장(訓長): 그렇습니다. 저도 근일 행정에 대하여 조금 불만이 있었습니다. 내가 연전에 어느 곳에서 훈장질할 때 어떤 학동의 집에서 우연히 실화(失火)하여, 그 집 전부를 소실하여서 당장의 의식주를 의탁할 곳이 없이 방황하는 것을 경찰서에서는 부주의하여 실화하였다고 벌금 20원에 처벌하였답니다. 그야말로 참 설상가상이던 걸요. 누가 자기 집 조심 아니하겠습니까. 그저 훈계 방면이나 했으면 좋겠더군요.

조(趙) 첨지(僉知): 그렇지. 자네 말이 옳아. 작년에 우리 순돌이가 너무 화전(火田)에다 불을 놓으려고 하다가, 순사에게 단단히 힐문을 받았다네. 그 담에 들으니까 화전은 아주 물론이라네. 그러니 산촌 빈민이 화전을 맘대로 못하여 호구(糊口)를 어떻게 하나. 경작전에 화입(火入) 허가를 받으면 관계 없다더니만 그렇기는커녕, 그러니 어떻게 허가를 일일이 받나. 이에, 응!

최(崔) 생원(生員): 이 세상 일이 다 그렇지. 자기네들은 자기네만 다 잘한다 하지만은, 요새 권업이란 너무 세목(細目)에 들어가며 간섭하기 때문에 인민이 도리어 도탄(塗炭)이야. 자기 소유 토지로서 평지라고는 부뚜막밖에 없는 인민에게 뽕나무 묘목을 강제로 배부하여 대금을 받아가지. 누에 종류는 소위 잠업개량이라 하여 28아충(蚜蟲)만 먹이라 하고, 조선 재래로 사육 방법에 익은 조선 잠(蠶)은 절대 금지에 부쳐서, 만일에 이

---

28 억원(抑寃): 억울하고 원통한 일

것이 발견되면 곧장 벌금 문제이지. 그러니 세민이 돈푼이나 벌어 쓰려다가, 적지 않은 벌금을 어찌 해?

현(玄) 풍헌(風憲): 나도 한 가지 불미한 게 있네. 첫째 세금 감독? 납기 경과 후 미납하는 자 때문에 관공리가 출장하여 징수하니, 그자 때문에 관계관청 여비는 얼마나 손해이겠나. 그것을 깊이 사고하면 모두가 납기 내 완납자는 부지중(不知中) 손해가 아닌가. 그거는 그렇게 하지 말고, 피출장 징수자에게서 그 공리(公吏)의 여비를 내게 하고, 최후 체납 수속에 있는 독촉 수수료는 상당히 체납액의 배액만은 하였으면 좋겠어. 그렇게 하면 납세 관념이 좀 개량될 듯하지 않은가?

〈자료 184〉 호적사무 취급상 소감(戶籍事務取扱上所感) [함흥군(咸興郡) 상조양면 서기(上朝陽面書記) 박선균(朴選均),《조선문조선》제116호, 1927.6]

나는 1925년 3월 17일, 본 면 서기로 피명되어 재무 사무에 종사하다가 1926년 1월 20일부터 인민의 재산 및 신분상 중차대한 호적 사무를 담당하게 되어 미련하고 둔한 재질로는 미력한 자가 중요한 임무를 맡은 것과 같아 몹시 두려운 바이라. 나의 소감을 약술코자 함은 부끄러우나 다만 취급상 소회를 말하고자 함에 불과하노라.

대저 호적이라 함은 인민 신분상 제일 중대한 요건이니, 이를 취급하는 오등은 무엇보다 우선 자기의 책임이 얼마나 중대함을 명심 각오하여 사무 취급상 주의하지 아니치 못할지라, 예규를 눈앞에서 놓치지 말아야 할 것이며 숙독하기를 일상에서 태만하지 않아야 할지니, 이는 한 자 한 획이라도 착오가 생기면 법규에 의하여 임의로는 정정하지 못하고, 감독법원의 허가를 요하는 호적 사무이기 때문이라. 회고하건대 만일의 경우가 생기면 인민의 이해관계와 본 임무 취급에 끼치는 영향이 어떠할까, 그런즉 감독법원에서는 사무 분배상 취급자에게 법규 해석과 예규 숙독할 만한 충분한 여유를 주어서 취급상 만전을 도모하여야 할 것이라 한다. 그러나 현재는 시대의 진보를 따라서 제반 사무의 복잡이 나날이 심해지는 때라, 그러나 당국의 재무 축소 방침과 빈약한 현재의 정도로는 증원은 도저히 불가능할 줄 생각하나, 경제상 여하를 고찰하여 가급적 증원 실시의 길을 강구해 달라는 요구이다. 취급자는 책임이 중대한 그만큼 학식과 상식을 요할 것인바, 독학으로 예규 숙독이니, 법규 해석이니 하는 것보다 같은 계원된 자를 다수 집합하여 서로 의의(疑義)를 진술하며, 선각자의 의견을 청취함이 제일 유효할 줄로 생각하노라. 그런즉 하나의 군(郡)을 통하여 연구회를 조직하여 적어도 해마다 몇 번씩 감독법원 호적 주임의 입회를 청하여 서로 의견을 논의하면 그 영향이 막대할까 하노라. 면 행정은 군에서 감독하고 호적 사무는 지방법원의 감독인 바, 호적 사무 취급은 불완전하되 기타 사무 취급이 양호하면 우량면이니, 모범면이니 하여, 도와 군으로부터 포상을 받으나, 호적 사무 취급은 우량하고도 기타 사무가 불량으로 하등 표창의 성적을 얻지 못하는 실례가 자못 많으니, 이는 유감이라 아니할 수 없는바 당국자는 반드시 법원과 연락을 취하여 이의 선후책을 강구해 주길 바라노라.

〈자료 185〉 지방제도에 대한 요망(地方制度に就ての要望)[경상남도 상주군(尙州郡) 서면(西面) 종평리(宗坪里) 정송남(鄭松南), 1928, 『조선지방행정공론(朝鮮地方行政公論)』, 제국지방행정학회조선본부(帝國地方行政學會朝鮮本部)]

지난번 개정된 지방행정제도는 실로 시대의 요구이며 합리적인 제도이다. 시대의 추세와 풍조의 변화에 따라 어느 정도 사회적 요구에 적응하고자 한 당국의 마음이 이해되고, 이상(理想)의 단계를 향해서 점차 걸음을 나아가고 있는 것은 실로 기쁘며, 점점 필연의 현상이라 할 수 있을 것이다. 고로 나는 지방행정제도에 대한 사회적 요망이라고 생각되는 한 두 가지를 들어, 사회 여론에 도움이 되고 위정자(爲政者)의 고려에 제공하고자 둔필(鈍筆)을 잡고서 졸문(拙文)하는 것이다.

1. 보통학교(普通學校)를 면(面)의 경영으로 옮겨야 한다

보통학교는 모든 도와 군에서 1면(面) 1교(校)의 제도로 하고, 현재 시행하는 학교비(學校費)는 면비(面費)에 속하게 하고, 학교유지비 및 필요비 또한 이를 면의 부담으로 하여 1면 1교를 보급하고, 아울러 의무교육령을 발포하여 일반의 교육의 진보를 도모하길 바란다.

2. 산업의 개량(改良) 발달을 도모해야 한다

조선의 산업은 외국에 비해 아무 색채도, 볼만한 물품도 없다. 단순히 농업 외 부업으로서 양잠, 축산 등 사소한 것을 부(府), 군(郡), 도(島)에 있는 농회(農會) 기타의 산업단체가 약간 개량 발달시키고 있는 미미하고 부진한 상태이다.

각 면에서 농회 지소(支所) 또는 기타 산업 단체의 지부를 설치하고 2, 3명의 직원을 배치하여 철저하게 지도, 장려에 힘을 기울인다면 몇 년이 지나지 않아서 괄목할 만한 업적이 있을 것이라 믿는다.

3. 면마다 금융 기관을 설치해야 한다

지금의 조선으로서 산업의 발달을 도모하려면 위의 2항에서 서술한 방법과 함께 산업자금 융통을 꾀해야 한다. 우선 면 하나에 금융조합 하나를 설치하여, 자금 융통을 원활하게 하고 근검저축의 미풍을 함양해야 한다.

4. 면 자문기관(諮問機關)을 혁신해야 한다

현재 면 자문기관인 협의회원의 선임(選任)에 대해서는 종래 누차 논평된 바가 있는데, 이 점에 대해 특히 혁신을 요하는 것은 면제시행규칙(面制施行規則) 제6조의 조문(條文) 중 "면 부과금(面賦課金) 5원 이상 납입" 운운의 조문이 있는데 이와 같은 불합리한 조문을 개정하여 널리 인재를 선발하여 면장의 자문기관을 충실하게 해야 할 것이다.

5. 면장(面長)의 후보를 선거제(選擧制)에 의거할 것

면장 임기에 대해서는 종래 군수의 추천에 의해 임명하는 제도인데, 면장은 적어도 면의 사무를 대표 처리하고, 나라의 사무를 보조, 집행하는 것이므로 명망(名望), 신용(信用), 식견(識見)이 있는 자를 면장으로 하지 않는다면 면민(面民)의 복리를 증진하는 것은 어려운 것

뿐만 아니라, 일반 행정을 쇠퇴시킬 우려가 있다. 그러므로 면장 임용은 협의회원 및 구장(區長)에게 투표시켜 고점자(高點者) 2인을 후보자로 하고 그중에서 1명을 군수가 추천하여 임명함을 가장 적의(適宜)한 방법이라 생각한다.

[비판(批判)]

단순한 이상론(理想論)으로서는 이렇게 생각할 수도 있겠지만, 현재의 실상에서 바로 채용 가능하지 않은 문제라고 생각되지 않는가. 나도 젊은이의 기분은 잘 이해하지만, 자칫하면 이상에만 갇힐 우려가 있다. 그래서 이를 세론(世論)에 호소하고, 바라는 바가 있다면, 조금 더 현실적으로 생각해볼 필요가 있다.

지방제도에 대해 요망하면서 제창된 5개의 문제도 이러한 경향이 있는 것은 아닌가.

보통학교를 면(面)의 경영으로 해라, 면마다 금융조합을 설치해라, 모두 아주 훌륭하다. 우리는 면이 발달하여 조속히 그렇게 학교나 금융조합 등을 지지해나가길 바라고, 진실로 그렇게 되도록 노력하지 않으면 안 된다. 장래는 물론 거기까지 도달하겠지만, 유감스럽게도 현재 그러한 면이 몇 개인가. 금융조합은 1면(面)을 1구역(區域)으로 하는 곳이 다소 있기는 한데, 이는 상당히 상황이 좋은 면이고, 전체적으로 보면 면 하나만으로 조합을 지탱하는 면(面)은 많지 않다. 원래 금융조합과 같은 것은 그 지방의 소액인 자금을 모집하여 이를 산업화하고, 조합원의 생활 상태를 개선하는 것이 본래의 목적이므로, 이들의 자금을 그 목적에 부합하게 운용해야 한다. 따라서 진실로 조합의 의의를 이해한 농민을 조합원으로 해야 한다. 또 한편 조합을 유지 경영할 만큼의 경비를 얻는 것도 고려해야 하므로, 이 두 가지 요건을 구비하는 면이라면 면 단위의 금융조합도 가능하다. 그러나 현재의 실황에서는 아직 논자의 의견을 실현하기에는 상당히 시일이 필요할 것이다.

농회 지소를 면에 두고 두세 명의 직원을 배치하자는 주장은 일단 훌륭하지만 역시 시기상조라고 생각한다. 이런 종류의 일은 왕왕 형식적이고 실효가 없는 폐단에 빠지기 쉽다. 면 자체가 충실하면 이런 기관을 설치해도 효과는 거둘 수 없을 것이다. 우선 여기에 들일 경비가 없다. 지금으로서는 산업 지도 장려를 위해 일부에서 시행하고 있는 면 기수 설치를 확대하고, 한편으로는 모범 리동(里洞), 독농가(篤農家)를 중심으로 직접 지도하면서 점진적으로 진행하는 편이 낫다.

다음으로 면제시행규칙 제6조의 「독립의 생계를 영위한다」와 「면부과금 5원 이상 납입」 운운(云云)을 지적하여 불합리한 조문이고, 널리 인재를 선발하여 면장의 자문기관을 충실히 해야 한다고 논하고, 면자문기관의 혁신을 제기하였다. 이것도 이상론으로서는 일리가 있는데, 진옥(眞玉)을 잡고자 할 때는 먼저 손이 더럽혀지는 것을 보라고 말하고 싶다. 현재의 조선 민도(民度)도 향상되고 있다고는 생각하지만, 무릇 30년의 역사를 갖는 내지인 정촌회(町村會) 의원의 선거제도조차 최근에 이르러서 점차 납세 자격이 철폐된 정도이므로 조선의 현상에서 보아 시기상조라 말하지 않을 수 없다.

면장 임명의 경로에 대해서도 나는 군수가 후보자를 추천할 때 주의깊고 신중하게 한다면 걱정할 필요가 없고, 따라서 후보자를 선거제로 할 필요는 없다고 생각한다.

[경기도 내무부장 이노우에 기요시(井上淸) 씨]

4. 자치제와 중앙참정제도 논의

〈자료 186〉 조선 및 대만에 지방자치제 시행에 관한 건의안(朝鮮及臺灣に地方自治制施行に關する建議案)(1925.3.6), 『제50회 제국의회 중의원 청국 및 조선재류 제국신민 취체법 폐지 법률안(淸國及朝鮮在留帝國臣民取締法廢止法律案)(가시와다 다다카즈(柏田忠一) 외 1명 제출) 위원회의록』제3호, 1925.3.8]

○ 다나카 만이쓰(田中萬逸) 위원장: 그러면 질문은 종료하는 것으로 하고 다음으로 넘어가겠습니다. 다음은 조선 및 대만에 지방자치제 시행에 관한 건의안 제안자 간다 마사오(神田正雄) 씨가 설명하시겠습니다.

○ 간다 마사오(神田正雄) 위원: 극히 간단히 말씀드리겠습니다. 본 건의안은 위원 분들은 모두 양해하시리라 생각하는데, 깊게 말씀드리지 않고, 지금 송산 씨가 말한 것처럼 일본의 장래의 사명이 대륙 발전에 있다고 한다면 무엇이 가장 필요한가 하면, 이 가교가 되어 있는 조선과 대만 양자 관계가 일본의 대륙 발전의 근본을 삼을 수 있는 것이라 생각합니다. 그래서 지금 말씀으로는, 함경선도 만들어지지 않았고 대만에도 충분한 철도가 만들어지지 않다는 말씀이신데, 비교적 이 물질적으로는 일본이 조선을 합병하고 대만을 영유하고나서 뒤의 발전은 단순히 조선 대만에 있는 일본인만이 생각하는 게 아니라 여행자도 생각하고 외국인들도 놀란 눈으로 일본의 조선 및 대만에 대한 시설을 보고 있는 것입니다. 이 점은 물론 만족하고 비교적 유감이 적습니다. 그러나 조선의 1,700만 명의 조선인, 대만의 370여만 명의 대만인에 대해, 마음으로부터의 통치가 되고 있는가 하는 점을 생각하면, 조선인들은 일본의 정치에는 대체로 만족을 표하지만, 참정권, 자신들의 자유 자주의 권리가 없다는 점에서, 이번 건백서를 모두 4회에 걸쳐 매년 대표자가 와서 일본 정부에 조선 쪽의 의원 선거법, 참정권을 바란다는 청원이 있었습니다. 대만은 올해까지 6회입니다만, 대만의회 설치 청원이 있었고, 매년 상당한 비용을 지불하여 일본의 유신 당시 이래 일본인이 자유를 얻기 위해 일본인들이 분투 노력하여 가산을 탕진한 정치가가 많은 것처럼, 대만 및 조선에서도 결코 선동정치가만이 아니라, 마음으로부터 이 대만인, 조선인이 중개가 되어-장래 일본의 대

류 발전상 중개자가 되려면 우선 정신적 융화도 하고 싶다는 견지에서, 매번 청원이 나타났던 것을 보아도 명확한 사실입니다. 더구나 대륙 발전의 근본책에 대해 단순히 물질적으로 가지 않는다는 것은, 좀 길겠지만, 예를 들어보면, 일본이 일러전쟁 때 이겼을 때 죽을 상태에 있는 손문 씨는 뭐라고 했냐면, 중국의 유명한 사람들이 모여서-특히 진보적인 사람이 모여서, 일본인들은 러시아를 이기고 동양의 정책을… 만약 일본이 진짜로 인도적 정치를 베풀어 준다면 우리 중국은 국가로서 인도적 정치를 선포한다면 누구라도 취하는 것이므로 우리는 동맹해서 일본과 융합하면 안될까, 하는 이야기가 나와서, 특히 런던 유학생, 미국 유학생들이 일치된 결의를 손문 씨에게 보낸 예가 있었습니다. 이런 정신적 결합까지 된다면 대륙 발전상 큰 효과를 거둘 수 있다고 생각합니다. 이런 점에서 생각하면 단순히 지금 조선 및 대만에서 정치가가, 나는 근본적으로 나쁘다는 것은 아닌데, 이러한 정신적 방면의 완화가 나오면 그동안 저는 비상한 연합, 우선 조선 및 대만 사정을 생각해도, 한걸음 도약하여 참정권을 준다든가, 의원을 나오게 하면 어떨까, 그리고 대만의회 같은 것도 점차 추진해서-현재 언명하는 것은 아니지만-나아가도 하등 계제도 주지 않고, 자치의 훈련도 주지 않는 것으로는 장래 어떻게 참정권 요구가 나와도 비상한 불편을 가져오지 않을까, 그에 대해서는 우선 첫째로 조선 및 대만 특히 풍속관습을 달리하는 합계 2천여만 명에 대해 지방자치를 선포하고, 현재는 반쪽의 지방자치 관계로 되어 있지만, 이를 실제적 자치에 임하여 훈련하고, 자신들의 재정, 자신들의 마을, 자신들의 정, 자신들의 수부를 관리시키는 것에 있어서, 자기가 선거한 대표자가 이를 해나가는 방식으로 나아가는 것이 가능하다면, 비로소 조선인들도 전부 1,700만 명을 감복시킬 수 있지 않을까, 대체적인 사람들이 일본 제도는- 일본 정치가는 이렇게 관대하게 처치해 주고 우리도 동등한 대우를 받는다는 것으로 된다면, 장래 중국문제도 대단히 효과가 있을 거라 믿습니다. 이러한 견지에서 지금까지의 정부에 이미 의사를 표시한 것이라 믿습니다. 여기서 한 걸음 나아가 이를 시행하는 것은 비상히 급박한 필요가 있다고 생각합니다. 특히 일부의 얘기이지만 조선인이 어떻게 청원을 내어도 조금도 채택되지 않고, 몇 번이나 건백서를 내도 일본인들은 동정해 주지 않는 것이, 조선 및 대만의 원망의 목소리가 되고 있고, 완화상 큰 관계가 있으므로, 이 점에 대해 지방자치 건의안은 정부에서 충분한 호의로써 채택되기를 바랍니다. 동시에 이에 대한 의견을 말씀드리니 우리 위원의 결정상 참고하시기를 바랍니다.

○ 시모오카 추지(下岡忠治) 정부위원: 지금은 식민지 전체를 통할하는 방면의 정부위원이 출석해 있지 않으므로 저는 제 직무상 관계있는 조선에 대해 답변드립니다. 조선에 대해 한편 물질상의 개발을 도모할 필요가 있고 또 시설을 착착 진행해 감과 동시에 정치적으로 어떻게 취급해야 할까 하는 점에 대해서 고려가 필요하고, 적당한 방법을 집행해야 한다는 제안자의 말씀은 잘 알겠습니다. 물론 정치적으로 조선을 어떻게 해나갈까 하는 점에 대해서는 언제까지나 이를 방임해서는 안 되고 또 일정한 방침을 가져야 한다는 것을 역대 당국자는 신중하게 고려해 온 것입니다. 그리고 지방자치에 대해 어떻게 해갈까, 참정권 문제 같은 것은 어떻게 취급할까 하는 점에 대해 당국이 생각하는 대요를 말씀드리겠습니다. 원래 정치상 조선을 취급함에는 물질적으로는 상당한 순서가 있고, 국정상으로 조선민으로 하여금 참가시키는 것은 우선 지방자치에 참여시켜 훈련을 쌓아서, 나아가 국정상으로 발의권을 얻는 것이 순서라 생각합니다. 이 의미에서 조선에서는 아래에서 준비를 실행해 가고 있습니다. 1920년 자치제도에 가까운 것을 만들고, 도·부·면에서 이와 유사한 것을 하고 있습니다. 그리고 그 성적은 나쁘지 않고, 점진적으로 나아간다면 예기한 효과를 거둘 수 있으리라 믿습니다. 즉 도에는 도평의회가 있고 평의원의 3분의 2는 공선, 3분의 1은 관선입니다. 도평의회에서 도의 예산을 의논합니다. 결의기관이 아닌 자문기관이지만, 그 의결은 대체로 당국자가 용인하여 실행하고 있습니다. 그리고 그 아래에 부 및 면의 협의원회가 있고, 이는 부 또는 지정면에서 41개 면과 12개 부입니다만, 이 41개 면의 협의원은 공선입니다. 면의 총수는 2,500여 개인데, 대부분 면은 정도가 낮아서 협의원은 모두 관선이고 지사가 선임하고 있습니다. 관선 협의원회에서도 정도는 낮지만, 자치체의 형태를 갖추고 있습니다. 그러나 훈련하면 장래 부 및 면에서는 자치체로서 상당한 움직임을 할 수 있을 예정입니다. 그러한 상태이므로, 진보한 방면에서는 훌륭한 자치단체라 할 것이 가능하므로, 더 나아가 적당한 방법으로 참정권을 부여할 수 있는 시기가 멀지 않은 장래에 올 것이라 생각합니다. 그러나 훈련에 상당한 시일을 쌓지 않으면 한걸음 비약하는 것은 오히려 통치에 이득이 되지 않고 해가 되리라 생각합니다. 대체로 위와

같은 차제입니다.

○ 고토 후미오(後藤文夫) 정부위원: 지금 말씀에 관해, 대만에 관한 소견을 말씀드리겠습니다. 대만에서도 지난 1921년 지방제도 개정이 행해져서, 지방자치 제도의 기초가 만들어졌습니다. 그 후까지 긴 세월을 거치고 있진 않습니다. 그 실적에 대해 다양한 비평도 있지만, 점차 진보해 가고 있습니다. 문화 보급 자치 훈련의 진행에 수반하여 자치 제도를 점차 발달시켜야 한다고 생각합니다. 그 순서 방법은 극히 실정에 적절한 사항을 신중히 고려하에 실시해야 합니다. 건의안의 취지에 대해 현재 진행해 가는 것이라 생각합니다. 대체로 건의안이 희망하고 있는 것은 지금까지의 실제 경로의 중요한 점을 담고 있습니다. 그 순서 방법에 대해서는 실정에 적합한 신중한 고려하에 실시해야 한다고 생각합니다.

○ 간다 마사오(神田正雄) 위원: 설명하신 취지에 찬성하고 영광으로 생각합니다. 질문하고 싶은 것은 이 경로를 나아가고 있는 것이 예정하신 바로는 언제쯤부터 완전한 자치체가 선포될까 하는 점을 첫째로 묻습니다. 하나는 대만 쪽이지만, 조선은 공선의 도평의회이고, 또 부 및 면협의회도 1면에서 공선된 사람을 채택하고 있습니다. 대만은 관선입니다. 더욱이 조선 민족과 대만과 중국 민족과의 교육 정도와 기타를 비교하면, 오히려 어느 점에서는 대만 쪽이 진보해 있다고 믿습니다. 더구나 일본에 귀속한 연한도 대만 쪽이 배가 됩니다. 그런데도 대만에서는 현재 여전히 조금도 공선 의원을 선출하지 않고, 자치가 일보 전진하면 - 1921년인 거 같은데, 양쪽 다 1920년 자치제도를 선포했습니다. 자치의 근거는 선포했습니다. - 한쪽은 후하고 한쪽에는 박하고, 더욱이 민족성을 정말 당국이 생각했다면 조선과 대만 사이는 오히려 전도되어 있습니다. 아시는 것처럼 중국 자치체는 어느 의미에서 대단히 발달해 있습니다. 현재도 중국의 내부에 가면 정부의 감독 등이 닿지 않는 곳의 결과는 촌의 민, 정의 민이 스스로 정을 지배하고, 촌을 지배하고 있습니다. 특히 이는 2천 년래의 관습으로 되어 있습니다. 그 관습을 대만에 갖고 와있습니다. 대만인에게 왜 조선과 같은 반분의 공선도 실시하지 않는 것인지, 이 점도 좀 묻고 싶습니다.

○ 시모오카 추지(下岡忠治) 정부위원: 앞의 질문에 답변하겠습니다. 언제쯤이 되면 완전한 자치제도를 실시할 예정이냐는 질문은 시기를 명언할 수 없습니다. 자치에 관한 훈

련이 충분히 행해지고 완전한 자치제도를 선포하기에 적당한 시대가 온다면 시행하려는 것이므로, 그 자치를 인정하는 데 대한 것은 언제쯤일까 하는 것은 조금도 조급해서는 안 됩니다. 이 점은 더 이상 답하기 불가능한 점을 양해해 주시기 바랍니다.

○ 고토 후미오(後藤文夫) 정부위원: 완전한 자치를 언제쯤 실시할 수 있는가라는 질문에 대해서는, 지금 조선의 정무총감이 답한 것과 같은 답 외에는 없습니다. 대만의 현재 자치 제도가 조선 자치 제도와 다른 것, 그리고 주민의 자치제도에 관한 능력에 대해서는 상당한 진보발달을 하고 있다고 봐도 좋지 않으냐, 왜 조선과 같은 제도가 공포되지 않고 있느냐는 질문입니다. 조선의 사정을 저는 잘 모르고, 조선에 비교해서 말씀드리기가 불가능합니다. 또 현재 자치제도의 제정 당시는, 지금 제도를 적당하다고 보아 이를 시행한 것에 대해서는, 당시의 당국인 대만의 실상에 비추어 가장 적절한 것을 실행한 것이라 생각합니다. 현재 대만의 자치제 시행 후 상황을 보고 다시 이를 개정할 필요가 있는지 없는지, 고칠 필요가 있다면, 금후 어떠한 방식으로 고쳐 갈지는, 신중한 고려가 필요하다고 생각합니다. 제가 지금 구체적으로 답변하는 것으로 결론에 도달하는 것이 아닙니다만, 아까 말씀드린 것처럼, 문화 보급과 자치 훈련에 수반하여 점차 발달시켜 적당한 시설을 진행하려고 생각합니다. 이 정도로 답변드립니다.

○ 간다 마사오(神田正雄) 위원: 대만에 대해서 지금 질문하고 싶은 것은, 근래 대만인이 가장 불평하는 것은 협의회가 가(街), 그리고 장(庄)에 설치되어 있지 않다는 것입니다. 가장과 장장은 모두 지사가 임명하고 그 결과 가장과 장장은 자유 자치의 이름을 빌어 협의회에 자문하면 모든 것이 자유롭게 행해져서 이름은 협의회의 자문을 거친다는 것으로 되어, 종래 자치를 선포하기 전보다는 많은 곤란이 생긴다고 불평하는 이야기가 있습니다. 부임한 지 얼마 안 되셔서 그런 상세한 것까지 조사가 불가능했을지도 모르지만, 이런 것이 완전한 자치를 선포하고자 하는 근본이라고 생각하므로, 그런 것을 들으신 게 있다면 듣고 싶습니다. 또 그런 일을 모르고 계신다면 모른다고 답변해 주시기 바랍니다.

○ 고토 후미오(後藤文夫) 정부위원: 지금 말씀하신 것처럼 부임일이 얼마 안 되어서 그런 것은 듣지 못했습니다만, 협의회가 있기 때문에 민의의 소통이 협의회가 없었던 전보다 가능하다는 사실은 듣고 있습니다. 그러나 그것은 모두 이상과 같이 행하고 있는 것

인가 아닌가는 지금 제가 여기서 확실히 말씀드리기 힘듭니다. 잘 조사해서 그런 점에 대한 실정을 명확히 하고자 합니다.
○ 다나카 만이쓰(田中萬逸) 위원장: 다른 질문이 없습니까. 그러면 본안은 이걸로 질문을 끝내겠습니다. 오늘은 이것으로 산회합니다. 다음 회는 공보로 통지하겠습니다.

(오후 4시 42분 산회)

〈자료 187〉 조선재주자의 국정과 지방행정 참여에 관한 의견(朝鮮在住者の國政竝地方行政参與に關する意見)[조선총독부 편, 『齋藤實文書』 2, 고려서림, 1999]

제국의회와 조선

조선에서 귀족원의원 및 중의원의원을 선출하는 제도를 신설할지의 여부는 조선통치상에서 보아도, 제국 전체에서 보아도 극히 중대한 문제다. 한국병합 이래 몇 차례 정부가 성명한 내선동치(內鮮同治)의 이상(理想), 즉 장래 조선인의 문화 발달과 민력 충실에 따라 조선인의 정치상·사회상 대우를 일본인과 동일하게 한다는 이상에서 보면, 본 문제에 관한 정부의 방침은 확실히 정해져 있는 듯하고 남은 문제는 실현 시기의 문제에 불과하다. 그러나 일본과 동일한 제도 아래에서 귀족원의원과 중의원의원을 낼 수 있을지의 문제는 역시 앞길이 요원하다. 일본의 경우와 비교하여 이들 의원의 정원과 선임 방법에 적당한 제한을 가하고 소수의 의원을 내는 데 그치는 것은 현재 곧장 실행해도 하등 무방할 뿐 아니라 오히려 조선통치상 좋은 결과를 가져다줄 것이라 믿는다. 그 이유는 다음과 같다.

(1) 현재 일본과 조선 사이의 경제와 교통 등의 관계가 점차 긴밀해져 조선이 제국 판도의 한 개의 지방으로서 일본과 분리할 수 없는 관계에 있는 것은 일본인과 조선인 모두 인정하기에 이르렀다.
(2) 조선인이 점차 조선 통치의 실적을 인정하여 모국에 대한 조선인의 신뢰가 더해짐으로써, 이 시기에 조선에서 제국의회에 의원을 보내어 국정에 참여시키는 길을 열면,

조선인으로 하여금 국정에 대해서 책임을 느끼게 하고 모국에 대한 신뢰를 한층 두텁게 할 수 있을 것이다.

(3) 내선동치, 내지연장주의는 병합 이래 정부가 수차 성명한 바이며 조만간 조선에서도 제국의회에 의원을 보내는 길을 열기를 조선인이 크게 기대하고 있다. 지금 그 실시를 보게 되면 조선인이 정부의 성명을 믿고 국정 참여의 기대가 만족되어 한층 자중(自重)하는 생각을 더할 수 있을 것이다.

(4) 교통과 통신기관 발달, 신문 등 출판물 보급, 학교와 사회교육 진보 등으로 인해 조선인의 지식이 향상하고 정치적 대표자의 인물, 식견 등에 대해 상당한 판단력을 가지기에 이르렀다.

애초에 조선에서 제국의회에 의원을 내는 것에 대해서는 다음과 같은 반대의견이 있다.

(1) 조선에서 내는 의원 수는 처음에는 일정한 기간 동안 이를 제한하여 소수가 되겠지만 점차 일본과 동일한 표준에 따라 내지 않으면 안 된다. 그렇게 되면 그 기세를 피할 수 없을 뿐 아니라, 가령 한 걸음 양보하여 소수로 한정한 기간을 늘린다 해도 조선에서 나오는 의원의 향배가 국정을 좌우할 우려가 있다.

(2) 조선인은 아직 병역 의무를 부담하고 있지 않으므로 제국의회의 참정권을 인정받을 수 없다.

(3) 조선인은 아직 교육이 덜 보급되어 있고 민도 역시 낮으며 정치적 대표자를 선출할 능력이 없다.

(4) 조선인은 일본인과 국민적 의식이 같지 않으므로 그 대표자를 제국의회에 보내는 것은 제국으로 하여금 위험을 느끼게 한다.

이상의 여러 의견은 모두 상당한 이유를 갖고 있으나 (1) 의원을 소수로 한정하는 기간을 늘리는 것은 실제로 반드시 불가능한 것은 아니다. 더욱이 조선인은 원래 내분을 좋아하여 일치단결을 보는 일이 거의 없으므로 조선인 참정 실현의 초기에 그 의원들을 적절히 통제할 수 있다. 또 일본인 의원이 자중한다면 소수의 조선인 의원에 의해서 국정이 좌우되는 등의 일은 없을 것이라 사료된다. (2) 병역 의무와 제국의회 참정권은 본질적으로 병행해야 하는 것은 아니다. (3) 조선인의 교육 및 민력의 정도가 일본인에 비해서 크게 뒤떨어진 것은 물론이나 일정한 납세액에 의해 선거자격을 정하면 이 자격을 가진 자는 대체로 의원 후보자의 인물을 판단할 수 있다. 또 적어도 언문을 쓰는 능력이 있으므로 선거권을 행사하는 데 큰 지장이 없다. (4) 조선인 다수는 일본인과 국민적 의식이 같지 않지만 소수의 의원을 내는 것으로 하면 국정을 혼란시키는 등의 우려는 없을 뿐만 아니라 조선인 의원을 제국의회에 보냄으로써 점차 내선인의 국민적 의식을 접근시킬 수 있다.

그러나 조선에서 각 지방의 주민은 소수의 부(府)를 제외하고 거의 조선인이므로 선거에 관한 제도를 설치할 때는 조선인 본위로 하지 않으면 안 된다. 그리고 조선인은 지금 일본인과 국민적 의식이 같지 않고 또 교육과 민력의 정도가 일본인에 미치지 않으니, 앞으로 조선에서 의원을 제국의회에 진출시키는 제도를 만들 때에 의원 수 같은 것도 일본에 비해 그 비율을 줄이고 선임 방법도 상당한 제한을 둘 필요가 있다. 지금 조선 및 조선인의 현황에 비추어, 또 제국 전체에 미치는 영향을 고려하여, 조선에서 의원을 제국의회에 진출시키는 제도를 만든다면 다음과 같은 요항을 두는 것이 적당하다.

1. 중의원의원의 선거

선거구 및 의원의 정수: 경기도(경성부 제외) 2인, 충청북도 2인, 충청남도 2인, 전라북도 2인, 전라남도 2인, 경상북도(대구부 제외) 2인, 경상남도(부산부 제외) 2인(중략-편역자)

위와 같은 제도는 현행 중의원의원선거법이 정한 바와 현저한 차이가 있다. 이를 동법 중에 포함하여 규정하는 것은 일본에 시행할 법규로서 제정된 동법의 통일성과 조화를 저해할 우려기 있으므로, 조선에 시행할 중의원의원 선거에 관한 법규는 동법의 특별법으로서 따로 이를 정하는 것이 필요하다. 그리고 선거에 관한 수속과 선거취체에 관한 규정은 조선의 현황에 비추어 간명하게 해야 한다는 점은 말할 필요도 없다.

2. 귀족원의원의 선임(選任)

조선에서 귀족원의원으로서 제국의회에 나아갈 사람을 다음과 같이 한다.

(1) 성년에 도달한 왕공족(왕 1, 공 3)
(2) 30세에 도달한 조선귀족 중 칙임된 자. 그 수는 각 작위 모두에서 8인(후작 2인, 백작 1인, 자작 2인, 남작 3인)으로 하고 임기는 7년으로 한다.
(3) 국가에 공로가 있거나 또는 학식 있는 자로서 30세에 도달한 조선인에서 특별히 칙임된 자. 그 수는 8인 이내로 하고 임기는 종신으로 한다.
(4) 조선 각 도에서 토지, 공업 또는 상업에서 다액의 직접국세를 납부하고 연령 30세에 달한 자 10인 중에서 1인을 칙임으로 한 자. 그 수는 각 도 1인, 합계 13인으로 하고 임기는 7년으로 한다.

조선지방의회

조선을 구역으로 하여 북해도나 각 부현처럼 지방단체를 조직하고 광범하지 않은 범위 내에서 자치를 인정하여 조선지방의회를 설치한다. 그 이유는 다음과 같다.

(1) 민의에 기초하여 조선의 실정에 적절한 시정을 할 수 있음.
(2) 사무의 민속을 기할 수 있음(종래 예산은 모두 이를 대장성 소관으로 하고 제국의회에 제출하여 그 협찬을 거치는 것이 필요했는데 조선지방의회를 설치하면 여기에 부의할 예산을 그 의결에 의해 확정할 수 있음).
(3) 참정에 대한 기대를 만족시켜 민심을 완화할 수 있음.
(4) 조선인으로 하여금 시정에 대한 책임을 자각시켜 자중향상(自重向上)의 생각을 일으킬 수 있음.
(5) 현재 조선인의 교육 및 민력의 정도는 광범하지 않은 범위 내에서 자치의 운용을 해도 지장없다고 생각됨.

조선지방의회 설치에 관해서도 역시 약간 반대의견이 있는데 다음과 같다.

(1) 조선이 제국으로부터 분리되는 경향을 야기시키고 독립적 기운을 양성할 우려가 있음.

(2) 조선 인구의 약 100분의 98은 조선인이므로 의원 선임에 대해 큰 제한을 가하지 않으면 조선지방의회 의원의 대다수를 조선인이 점하게 될 수밖에 없고, 따라서 조선 재주 일본인은 의원이 되기가 곤란하여 일본인의 이익이 의회에 대표되는 것이 적어지고, 이 때문에 조선 재주 일본인의 발전을 저해하여 그 인구 증가를 억누르기에 이를 것임.

이러한 의견은 일단 상당한 이유가 있다고 생각되나 (1) 자치의 범위가 광범하지 않은 한 결코 분리 경향을 야기하지 않을 뿐 아니라 조선인의 참정상의 기대를 만족시켜 민심을 완화하고 조선 통치에 대한 불평을 감소시켜 나아가 제국에 대한 반항적 기운을 억제할 수 있음, (2) 조선지방의회 의원의 다수를 조선인이 점하게 되는 결과 만약 부당하게 일본인의 이익을 무시하는 의결을 보게 될 경우 감독권 발동에 의해서 이를 시정할 수 있고, 또 가령 일본인이 조선에서 정치적으로 우월한 지위를 쟁취하지 못해도 경제적 이익에서 손상받는 바가 없는 한 조선 재주 일본인의 발전을 저해하여 그 인구 증가를 억제하는 일 등은 없을 것임.

상술한 이유에 따라 조선을 구역으로 하는 자치단체를 인정하여 조선지방의회를 설치한다 해도 조선인의 교육 및 민력의 정도는 이를 일본인에 비해서 일반적으로 낮고 공공관념 역시 결핍되어 있어서, 조선지방의회에 광범한 권한을 인정하면 그 운용이 곤란할 뿐 아니라 국정의 기초를 무너뜨릴 우려가 있으므로, 그 권한에 일정한 제한을 가하고 제국 전반의 이해(利害)와 관련된 사항이나 제국 전체적으로 통일이 필요한 사항에 대해서는 조선지방의회가 관여하지 못하게 하는 것이 필요하다는 방침하에 인정하는 것으로 한다.

조선지방의회의 대략적인 모습을 제시하면 다음과 같다.

1. 조직

총독이 임명한 의원 및 민선 의원으로써 조직한다. 총독이 임명하는 의원 수는 40인으로 하고, 민선 의원은 79인으로 한다. 민선 의원은 인민의 직접 선거에 의한 자와 간접 선거에 의한 자 등 두 가지 종류로 한다. 직접선거는 부협의회원 선거의 예에 준거하여 당분간 경성부, 평양부, 부산부 및 대구부에서만 시행하고, 간접선거는 도평의회원 선거의 예에 준거하여 각 도(위 4부의 구역을 제외함)에서 시행한다.

의원의 임기는 3년으로 한다.

민선 의원의 선거구 및 의원 정수는 다음과 같다.

경기도(경성부 제외) 7인, 충청북도 3인, 충청남도 4인, 전라북도 5인, 전라남도 8인, 경상북도(대구부 제외) 9인, 경상남도(부산부 제외) 8인, 황해도 6인, 평안남도(평양부 제외) 4인, 평안북도 6인, 강원도 5인, 함경남도 6인, 함경북도 2인, 경성부 3인, 대구부 1인, 부산부 1인, 평양부 1인, 합계 79인.

2. 권한

조선지방의회에 부의할 사항은 토목, 산업, 교육, 위생, 구제에 관한 것이고 그 주된 것은 다음과 같다.

(1) 예산

(2) 결산

(3) 조세 사용료 및 수수료 부과 징수

(4) 기채

(5) 예산 외 의무 부담

(6) 계속비 설치

(7) 특별회계 설치

(8) 건의

(9) 청원

(10) 예산에 정한 사업 수행에 필요한 법령(제령에 한함)

(11) 의회 내부에 관한 사항

조선지방의회에 부의할 예산을 1927년도 조선총독부특별회계 예산을 기준으로 해서 개산(概算)하면 다음과 같다. (중략-편역자)

3. 소집, 개회 및 폐회

통상회는 매년 1회 열고 개회기를 30일 이내로 한다. 임시회는 필요한 경우 그 사건에 한해 열고 회기는 7일 이내로 한다.

4. 감독

조선지방의회에 대한 감독은 조선총독이 하고 그 권한은 다음과 같다.

(1) 의결 취소 및 재의 명령
(2) 원안 집행
(3) 정회(停會)
(4) 해산

조선지방의회와 조선총독부 중추원과의 관계

조선지방의회를 설치하여 조선인으로 하여금 조선통치에 참여케 하고 또 조선에서 제국의회에 의원을 보내 국정에 참여시키는 길을 열게 되면 이미 중추원을 존치할 필요가 없다. 만약 이를 존치해서 조선지방의회의 권한에 속하는 사항을 중추원에 자문한다든가 하면 중추원은 마치 조선지방의회의 상원인 것처럼 되고 나아가 의회를 이원제로 하자는 요구를 불러일으킬 우려가 있다. 그리고 조선인으로서 국가에 훈로(勳勞)가 있는 자 또는 학식이 있는 자는 대개 제국의회 또는 조선지방의회 의원에 임명되므로 이들의 우우(優遇)를 위해 특별히 중추원을 존치할 필요는 거의 인정되지 않는다. 현재 중추원의 부속사업으로서 하고 있는 조선 구관 제도 조사는 역시 계속 속행할 필요가 있으니 이를 위해 특별히 이 조사를 전담할 위원회를 설치함이 옳다.

도지방비 이하 각종 지방단체의 자치

조선의 지방단체 중 범위가 광범한 자치를 인정하는 것은 학교조합이며 기타의 것으로는 장래 자치제를 시행할 계제로서 1920년 민의를 존중한 자문기관 제도를 설치했다. 이후 7년간 이 제도하에 자치의 훈련을 한 효과 역시 적지 않으므로, 다음과 같은 정도로 각 지방단체 제도를 개정하면 그 운용상 지장이 없을 뿐 아니라 민의에 기초하여 시설하는 지방단체의 발전에 대한 단체원의 책임을 자각시킬 수 있을 것이다.

1. 면제(面制)

면의 현황은 지정면을 제외하면 민도가 낮고 공공관념이 박약하므로 면협의회원 선임 방법을 선거제로 고치는(선거 자격 및 피선거 자격을 정할 때 일정 이상의 납세를 요건으로 함은 물론이다) 데 그치고 당분간 지정면에 한해 자문기관인 협의회를 의결기관인 면회로 고치며 면장은 그대로 관선으로 한다.

2. 부제(府制)

부는 면에 비하면 민도가 높으므로 자문기관인 부협의회를 의결기관인 부회로 고치고 부윤을 의장으로 한다. 그리고 부의 구역에 있는 학교조합 및 학교비를 폐하고 이를 부에 통일함으로써 종래 부의 구역에 있던 세 가지의 행정조직을 단일화하면 사무가 민첩해지고 경비 절약상 유효하리라 생각한다. 그 방법은 부회 내에 부현제(府縣制)에서 인정하는 시부회(市部會) 및 군부회(郡部會)의 예를 준거하여 제1부회(部會)(조선인 의원만으로 조직함)와 제2부회(일본인의원만으로 조직함)를 설치하여 교육에 관한 수입 및 지출은 이를 일반 부비(府費)와 구별하여, 조선인 교육에 관한 것과 일본인 교육에 관한 것으로 나누어 전자는 제1부회에서, 후자는 제2부회에서 의결하는 것으로 한다.

일본인과 조선인이 각자 독립된 부회를 조직하면 상호 융화를 막고 반목을 가져올 요인이 될 것이라는 우려가 없진 않으나, 현재 도지방비 중에는 동일한 재원으로써 일본인 중등교육 시설비와 조선인 중등교육 시설비를 포함하여 처리하고 있고 내선인이 각각 이해(利害)를 달리하는 사항에 대해 내선인 의원이 동시에 논의하는 것을 인정하는 데 비하면 오히려 양호한 결과를 가져올 것이다.

부의 구역에 있는 학교조합 및 학교비를 폐지하고 이를 부에 통일하는 결과로서 부회의원 정원이 종래의 부협의회원 정원에 비해 증가함과 함께, 양 부회(部會)를 성립시키기 위해 부회의원의 내선인별 정원의 최소한도를 정하는 것이 필요하다.

3. 학교조합

보통교육에서 내선공학을 실행하기는 당분간 곤란한 사정이 있으므로 학교비 제도는 어쩔 수 없이 존치하기로 하고, 학교비령 중 부(府)의 학교비에 관한 규정을 삭제하고 자문기관인 학교평의회를 의결기관인 학교회로 고치고 학교비의 담당자인 군수 또는 도사(島司)가 의장을 맡는다.

4. 학교조합령

학교조합은 조합원으로 될 자가 발동하여 설립하는 것이므로 이를 존치하고 학교조합령은 현행대로 하며 개폐를 행하지 않는다. 단 부(府)의 구역에 있는 학교조합은 이를 폐지한다.

5. 도지방비령

도지방비령을 개정하여 자문기관인 도평의회를 의결기관인 도회로 하고 도지사가 의장을 한다.

지정면, 부, 학교비, 학교조합 및 도지방비에 각각 의결기관을 설치하고 이들 단체에 대한 감독권을 상당히 광범하게 하고 관청은 위법 또는 부당한 의결의 취소 및 재의를 명령할 수 있음은 물론 원안을 집행하고 정회를 명할 수 있도록 한다. (하략-편역자)

IV

관련 법령

〈해제〉

1910년 한일병탄 이후 일제는 지방민의 저항을 막고, 안정적이고 효율적인 지방 지배를 위해 지방제도를 정책적으로 활용하고자 하였다. 이를 위해 전통적 질서를 파괴하고, 조선총독부를 중심으로 지방제도를 재편하는 것을 목표로 하였다. 이에 병탄 직후 1910년 9월 30일 칙령 제357호 「조선총독부지방관관제(朝鮮總督府地方官官制)」로 조선의 지방행정구획과 지방행정관청을 식민지 지배를 위한 수직적 질서체계로 재편하였다. 1913년 10월 30일 제령 제7호 「부제(府制)」, 1917년 6월 9일 제령 제1호 「면제(面制)」를 통해 면동리 통폐합을 단행하였고, 일본인 자치기구인 거류민단을 해체하고 부(府)로 단일화하였으며, 기존의 지방행정의 중심이었던 군의 기능을 약화시키고 새로운 지방행정의 기초단위로 면(面)을 부각시키면서 이의 기능 강화를 통해 식민통치의 실질적 지방행정기구를 제도화하려고 하였다.

1919년 3·1운동으로 기존의 식민지 정책에 일대 변화가 모색되었다. 이른바 '문화정치'가 실시되면서 이에 따라 지방제도도 개정되는데 그 중심이 되는 법령들은 1920년 7월 29일에 발표된 일련의 제령들이다. 이 법령들은 1920년대 일제의 지방 지배의 근간이 되었다고 할 수 있다. 먼저 제령 제12~15호가 이에 해당되며, 총독부령 제102~105호로 각 시행규칙 중 그 개정 내용이 반포되었다. 제령으로 발표된 각 지방제도 개정과 총독부령으로 발표된 그 시행규칙의 개정을 순서대로 수록하였다.

1920년대 지방제도 개정의 가장 핵심적인 내용은 관선(官選)이었던 부협의회원을 민선으로 바꾸고, 부에만 두었던 협의회 제도를 도(道), 면(面)까지 확대하여 도평의회, 면협의회 등 자문기관을 신설, 재편한 것에 있었다.

「부제(府制) 중 개정의 건」(제령 제12호), 「면제(面制) 중 개정의 건」(제령 제13호), 「조선도지방비령」(제령 제15호)에는 각각 개정된 부(府), 면(面), 도(道)의 주요 사항을 담고 있는데 앞서 말한 바와 같이 자문기관을 확대 설치한 사실은 물론, 자문이 요구되는 사항, 자문기관의 구성원의 선출 방식 등을 확인할 수 있다. 이들에 대한 각 시행규칙, 즉 「부제시행규칙 중 다음과 같이 개정함」(조선총독부령 제102호), 「면제시행규칙 중 다음과 같이 개정함」(조선총독부령 제103호), 「조선도지방비령시행규칙 중 다음과 같이 개정함」(조선총독부령 제105호)은 변경된 지방제도의 주요 사항인 자문기관의 구성원의 정원, 선출, 임명, 운영 등과 관련된 내용을 상세하게 담고 있어 이시기 지방제도 개정의 기본 방향을 이해하는 데 크게 도움이 된다.

위 법령들의 내용을 살펴보면, 일제가 각 지방에 자문기관을 설치하여 완전하지는 않지만 자치를 허용하고자 했다는 것이 얼마나 기만적인 것인지 확인할 수 있다. 일제 측에서 인정하는 것처럼 의결권이 주어지지 않고 보통선거를 하지 않는다는 자치의 기본적인 요소가 행해지지 않은 것은 차치하고서라도 그 기본 사항에 대한 부분도 의도적으로 차별적인 요소를 두고 지방제도 개정 법령이 제정되었다는 것을 알 수 있다. 즉 일본인들이 많이 거주하고 있던 부와 지정면의 자문기관 협의회원과 일반 면협의회의 선출방식에 차이를 두었다. 부와 지정면은 선거방식을 취했지만, 일반 면협의회는 지방관의 임명 방식이었다. 이와 관련 부와 지정면의 조선인들도 피선거, 선거권자로 참여하는 길이 열렸지만 선거자격, 특히 세금과 관련하여 일본인들에게 주도권이 주어졌던 것은 부정할 수 없다.

1920년대 지방제도 개정의 핵심은 위와 같이 일제의 부분 '자치' 허용이라는 선전을 위해 각 지방에 자문기관을 두는 것이었으며, 이와 함께 또 한 가지 시행된 것이 '학교비(學校費)'였다. 1911년 「공립보통학교비용령(公立普通學校費用令)」(제령 제12호)을 공포해 시행하고 있었는데, 여기에는 지출에 관한 내용이 없었기 때문에 1920년 지방제도 개정 당시 조선인의 교육에 관한 비용의 지출을 위한 '학교비(學校費)'를 두고, 그 자문을 위한 학교평의회를 두는 것으로 하였다. 앞서 소개한 「조선도지방비령」, 「조선도지방비령시행규칙」과 함께 국세(國稅) 외에도 지방에서 지방의 사업, 재정 등을 위해 과세를 할 수 있는 길을 열어 두고 있음을 알 수 있다.

이후 1930년대 지방제도의 근간인 「읍면제(邑面制)」(제령 제12호)가 시행되기까지 큰 틀에서의 지방제도 개정은 없었다. 1920년 7월 직후 선거규칙의 개정, 참사(參事)의 폐지, 지방관 인원의 조정 등 지방관 관제 개정 등과 관련된 법령이 확인되어 이를 수록하였다.

〈자료 188〉 부제 중 개정 건(府制中改正ノ件) 제령 제12호(制令第十二號)[《조선총독부관보(朝鮮總督府官報)》호외(號外), 1920.7.29]

〈자료 189〉 부제시행규칙 중 다음과 같이 개정함(府制施行規則中左ノ通改正ス) 조선총독부령 제102호(朝鮮總督府令第百二號)[《조선총독부관보》호외, 1920.7.29]

〈자료 190〉 면제 중 개정의 건(面制中改正ノ件) 칙령 제13호(制令第十三號)[《조선총독부관보》호외, 1920.7.29]

〈자료 191〉 면제시행규칙 중 다음과 같이 개정함(面制施行規則中左ノ通改正ス) 조선총독부령 제103호(朝鮮總督府令第百三號)[《조선총독부관보》호외, 1920.7.29]

〈자료 192〉 조선학교비령(朝鮮學校費令) 제령 제14호(制令第十四號)[《조선총독부관보》호외, 1920.7.29]

〈자료 193〉 조선학교비령시행규칙을 다음과 같이 정함(朝鮮學校費令施行規則左ノ通正ス) 조선총독부령 제104호(朝鮮總督府令第百四號)[《조선총독부관보》호외, 1920.7.29]

〈자료 194〉 조선도지방비령(朝鮮道地方費令) 제령 제15호(制令第十五號)」[《조선총독부관보》호외, 1920.7.29]

〈자료 195〉 조선도지방비령시행규칙은 다음과 같이 정함(朝鮮道地方費令施行規則左ノ通正ス) 조선총독부령 제105호(朝鮮總督府令第百五號)[《조선총독부관보》호외, 1920.7.29]

〈자료 196〉 부면협의회원 및 학교평의회원의 선거인명부 및 투표용지 양식 및 선거록 서식을 다음과 같이 정함(府面協議會員及學校評議會員ノ選擧人名簿及投票用紙樣式竝選擧錄書式左ノ通定ム) 조선총독부 훈령 제40호(朝鮮總督府訓令第40號)[《조선총독부관보》 2421, 1920.9.4]

〈자료 197〉 부제시행규칙 제2조의 2 및 면제시행규칙 제6조의 3에 의한 부세 및 면부과금 지정은 다음과 같음(府制施行規則第2條ノ2及面制施行規則第6條ノ3ニ依リ府稅及面賦課金ヲ指定スルコト左ノ如シ) 조선총독부 고시 제242호(朝鮮總督府告示第242號)[《조선총독부관보》호외, 1920.10.1]

〈자료 198〉 조선총독부지방관관제 중 개정(朝鮮總督府地方官官制中改正) 칙령 제450호(勅令第四百五十號)[《조선총독부관보》 2446, 1920.10.6]

〈자료 199〉 조선총독부지방관관제 중 개정(朝鮮總督府地方官官制中改正) 칙령 제23호(勅令第二三號)[《조선총독부관보》 2552, 1921.2.16]

〈자료 200〉 조선총독부지방관관제 중 개정의 건(朝鮮總督府地方官官制中改正ノ件) 칙령 제372호(勅令第三百七十二號)[《조선총독부관보》 3003, 1922.8.15]

〈자료 201〉 조선지방선거취체규칙(朝鮮地方選擧取締規則) 조선총독부령 제83호(朝鮮總督府令第八三號)[《조선총독부관보》 825, 1929.9.30]

<자료 188> 부제 중 개정 건(府制中改正ノ件) 제령 제12호(制令第十二號)[《조선총독부관보(朝鮮總督府官報)》호외(號外), 1920.7.29]

부제(府制) 중 개정의 건

1911년 법률 제30호 제1조 및 제2조에 의해 칙재(勅裁)를 받아 이에 그것을 공포함.
1920년 7월 29일 조선총독 남작(男爵) 사이토 마코토(齊藤實)
제령 제12호
부제 중 다음과 같이 개정함.

제2조[1] 및 제14조[2] 중 「도장관(道長官)」을 「도지사(道知事)」로 개정함.
제11조 부윤(府尹)의 자문(諮問)에 응하게 하기 위하여 부(府)에 협의회(協議會)를 설치함.
  협의회는 부윤 및 협의회원으로서 이를 조직함.
  협의회원의 정원(定員)은 12인 이상 30인 이하 범위 내에서 조선총독이 이를 정함.
  협의회는 부윤을 의장(議長)으로 함.
제12조 제1항 및 제2항 제7호를 삭제하고 동조(同條) 중 「협의회에 자문(諮問)할 사건(事件) 다음과 같음」을 「부윤은 부(府)에 관한 다음의 사건을 협의회에 자문해야 한다. 단 급시(急施)를 요구하여 협의회에 자문할 겨를이 없다고 인정될 때는 이에 해당하지 않음」으로 개정하고 동조(同條)에 다음의 1항을 더함.
  부윤은 필요하다고 인정될 때는 전항(前項) 각호(各號)에 게재한 사건 외, 부(府)에 관한 사건을 협의회에 자문할 수 있음.
제13조 협의회원은 이를 선거함.
  협의회원은 명예직(名譽職)으로 함.

---

1 부의 폐치(廢置) 및 부의 구역은 조선총독이 이를 정함. 부의 폐치 또는 경계 변경의 경우에 재산처분을 필요로 하는 때 도장관은 부윤의 의견을 들어 조선총독의 허가를 받아 그 처분 방법을 정함.
2 협의회원이 그 직무를 태만히 하거나 체면을 오손(汚損)한 행위가 있다고 인정된 때에는 조선총독의 인가를 받아 도장관이 그를 해임할 수 있음.

협의회원의 임기(任期)는 3년으로 함. 단 보궐(補闕)의 협의회원의 임기는 그 전 임자(前任者)의 잔여 임기 기간으로 함.

제14조 2 앞 4조[3]에 규정한 것 외 협의회 및 협의회원의 선거 기타 협의회원에 관하여 필요한 사항은 조선총독(朝鮮總督)이 이를 정함.

제15조[4] 중 '협의회원 및'을 삭제함.

제26조[5] 중 「지방비(地方費)」를 도지방비(道地方費)로 개정함.

부칙(附則)

본령(本令) 시행의 기일(期日)은 조선총독이 이를 정함.

본령 시행의 때 현재 협의회원의 직(職)에 있는 자는 본령에 의해 처음 그 부(府)의 협의회원이 선거되기까지 재임(在任)함.

---

[3] 제11조 부에 협의회(協議會)를 두고, 부윤 및 협의회원으로 이를 조직함.
협의회는 부윤을 의장(議長)으로 함.
협의회원의 정원은 조선총독이 정함.
제12조 협의회는 부의 사무에 관하여 부윤의 자문(諮問)에 응함.
협의회에 자문하여야 하는 사항은 다음과 같음.
    1) 부조례를 설치 또는 개폐하는 일
    2) 세입출 예산을 정하는 일
    3) 부채(府債)에 관한 일
    4) 세입출 예산에서 정하는 것을 제외한 새로운 의무의 부담 또는 권리를 포기하는 일
    5) 기본재산·특별기본재산 및 적립금곡(積立金穀) 등의 설치 또는 처분에 관한 일
    6) 제2조 제2항의 재산처분에 관한 사항
    7) 전(前) 각호 외에 부윤이 필요하다고 인정하는 일
제13조 협의회원은 부의 주민 중에서 조선총독의 인가를 받아 도장관이 이를 임명함.
    협의회원은 명예직으로 하고 그 임기는 2년으로 함.
제14조 협의회원이 직무를 태만하거나 체면을 오손(汚損)한 행위가 있다고 인정되는 경우에는 조선총독의 인가를 받아 도장관이 이를 해임할 수 있음.

[4] 협의회원 및 명예직 부리원은 직무에 필요한 비용을 받을 수 있음.

[5] 부세, 기타 부에 속하는 징수금은 지방비(地方費) 징수금에 이어 선취특권(先取特權)을 가진다. 그에 대한 추징, 환부(還付) 및 시효에 대하여서는 국세의 예에 의함.

⟨자료 189⟩ 부제시행규칙 중 다음과 같이 개정함(府制施行規則中左ノ通改正ス) 조선총독부령 제102호(朝鮮總督府令第百二號)[《조선총독부관보》호외, 1920.7.29]

조선총독부령 제102호

부제시행규칙 중 다음과 같이 개정함.
1920년 7월 29일 조선총독 남작(男爵) 사이토 마코토(齊藤實)

제2조 협의회원(協議會員)의 정원(定員) 다음과 같음.
    1. 인구(人口) 20,000 미만의 부(府) 12인
    2. 인구 20,000 이상 30,000 미만의 부(府) 14인
    3. 인구 30,000 이상 50,000 미만의 부(府) 16인
    4. 인구 50,000 이상 100,000 미만의 부(府) 20인
    5. 인구 100,000 이상의 부(府) 30인
    전항(前項)의 인구는 도지사(道知事)의 인정에 의함.
    협의회원의 정원은 총선거(總選擧)를 행하는 경우가 아니면 이를 증감(增減)하지 않음.

제2조 2 제국신민(帝國臣民)으로 독립(獨立)의 생계(生計)를 영위하고 연령 25년(年) 이상의 남자가 1년 이래 부(府)의 주민(住民)이 되고, 그 부(府)에서 조선총독이 지정한 부세(府稅) 연액(年額) 5원(圓) 이상을 납부한 때는 그 부(府)의 협의회원의 선거권(選擧權)을 갖음. 단 금치산자(禁治産者), 준금치산자(準禁治産者) 및 6년의 징역 또는 금고(禁錮) 이상의 형(刑)에 처해진 자는 이에 해당하지 않음.
    선거권(選擧權)을 가진 자가 부세(府稅) 체납(滯納) 처분 중은 선거권을 행사할 수 없음. 가자분산(家資分散)[6] 혹은 파산(破産)의 선고를 받고 그 확정한 때부터 복권

---

6 가자분산(家資分散): 채무자가 빚을 전부 갚을 능력이 없을 때, 법원에서 강제 집행 처분으로 전 재산을 채권자에게 적절히 분배하는 일

(復權)의 결정이 확정함에 이르기까지 또는 금고(禁錮) 이상의 형(刑) 선고를 받은 때부터 그 집행(執行)을 마치기까지 혹은 그 집행을 받지 않게 되기까지 역시 동일함.

육해군(陸海軍)의 현역(現役)에 복무하는 자는 선거에 참여할 수 없음. 기타의 병역(兵役)에 있는 자로서 전시(戰時) 또는 사변(事變)에 때하여 초집(召集)된 때 또한 마찬가지임.

제2조 3 협의회원의 선거권을 가진 자 그 부(府)의 협의회원의 피선거권을 가짐. 단 다음에 게재한 자 및 전조(前條) 제2항 또는 제3항에 해당하는 자는 이에 해당하지 않음.

   1. 소속(所屬) 도(道) 아울러 그 부(府)의 관리(官吏) 및 유급(有給) 이원(吏員)

   2. 검사(檢事) 및 경찰관리(警察官吏)

   3. 신직(神職), 승려(僧侶), 기타 여러 종교사(宗敎師)

   4. 소학교(小學校) 및 보통학교(普通學校)의 교원(敎員)

제2조 4 협의회원 중 궐원(闕員)[7]이 발생하여 그 궐원이 협의회원 정원(定員)의 1/3 이상에 이른 때는 보궐선거(補闕選擧)를 행해야 함.

제2조 5 부윤(府尹)은 선거기일(選擧期日) 전 50일을 기일로 하여 그날로부터 선거인명부(選擧人名簿)를 조제(調製)해야 함.

부윤(府尹)은 선거기일 전 30일을 기일로 하여 그날로부터 7일간 매일 오전 9시부터 오후 4시까지 부청(府廳)에서 선거인명부를 관계자의 종람(縱覽)[8]에 제공해야 함. 관계자가 이의(異議)가 있을 때는 종람기간(縱覽期間) 내에 이를 부윤에게 신청할 수 있음. 이 경우에 있어서는 부윤은 3일 이내에 이를 결정해야 함.

전항(前項)의 결정에 대하여 불복하는 자는 그 결정이 있는 날로부터 3일 안에 이를 도지사(道知事)에게 신청할 수 있음.

앞 2항의 경우에 부윤의 결정이 확정되거나 도지사의 결정이 있음에 따라 선거인명부의 수정(修正)을 필요로 하는 때는 부윤은 그 확정기일(確定期日) 전에 수정

---

7 궐원(闕員): 결원(缺員)

8 종람(縱覽): 마음대로 봄

을 해야 함.

선거인명부는 선거기일 전 3일로써 확정함.

확정명부(確定名簿)는 도지사가 지정한 경우를 제외한 외 그 확정한 날로부터 1년 내에 행해지는 선거에 이를 사용함. 단 명부 확정 후 도지사의 결정이 있음에 의해 명부에 수정을 필요로 하는 때는 선거를 마친 후에 있어서 바로 이를 수정해야 함.

선거인명부를 수정한 때는 부윤은 바로 그 요령(要領)을 고시(告示)해야 함.

확정명부에 등록되지 아니한 자는 선거에 참여할 수 없음. 단 선거인명부에 등록하라는 도지사의 결정서(決定書)를 소지하고 선거 당일 선거회장(選擧會場)에 이른 자는 이에 해당하지 않음.

확정명부에 등록된 자가 선거권을 갖지 아니한 때 또는 제2조의 2 제2항 제3항에 해당하는 때는 선거에 참여할 수 없음. 단 명부는 이를 수정치 아니함.

제2항 또는 제3항의 경우에 있어서 결정이 있음에 의해 명부 무효로 된 때는 다시 명부를 조제(調製)해야 함. 그 명부의 조제(調製), 종람(縱覽), 수정, 확정 및 이의(異議)의 결정에 관한 기일(期日), 기한(期限) 및 기간(期間)은 도지사가 정하는 바에 의함. 명부 상실(喪失)한 때 또한 마찬가지임.

선거인명부 조제(調製) 후에 있어서 선거기일을 변경하는 일도 있으나 그 명부를 사용하여 종람(縱覽), 수정, 확정 및 이의(異議)의 결정에 관한 기일, 기한 및 기간은 이전 선거기일에 의하여 이를 산정함.

제2항 또는 제3항의 신청은 문서로 이를 해야 함.

제2조 6 부윤은 선거기일 전 적어도 7일간 선거회장(選擧會場), 투표의 일시 및 선거할 협의회원 수(數)를 고시(告示)해야 함.

제2조 7 부윤은 선거회(選擧會)를 개폐(開閉)하고 그 취체(取締)를 맡음.

부윤은 선거인 중에서 2인 내지 4인의 선거입회인(選擧立會人)을 선임(選任)해야 함.

선거입회인은 명예직(名譽職)으로 함.

제2조 8 선거는 무기명(無記名) 투표로 이를 행함.

선거인은 선거회장(選擧會場)에서 투표용지에 직접 피선거인(被選擧人) 1인의 씨명(氏名)을 기재가여 투함(投函)해야 함.

투표용지는 부윤이 정하는 바에 따라 일정한 양식을 사용해야 함.

제2조 9 다음의 투표는 무효로 함.
1. 성규(成規)⁹의 용지(用紙)를 사용하지 아니한 것.
2. 현재 협의회원의 직(職)에 있는 자의 씨명(氏名)을 기재(記載)한 것.
3. 1표(票) 중 2인 이상의 피선거인(被選擧人)의 씨명을 기재한 것
4. 피선거인이 누구인지를 확인하기 어려운 것.
5. 피선거권이 없는 자의 씨명을 기재한 것.
6. 피선거인의 씨명 외에 다른 사항을 기입(記入)한 것. 단 작위(爵位), 직업(職業), 신분(身分), 주소(住所) 또는 경칭(敬稱)의 종류를 기입한 것은 이에 해당하지 아니함.

제2조 10 투표의 거부 및 효력은 선거입회인의 의견을 듣고 부윤이 이를 결정함.

제2조 11 협의회원의 선거는 유효(有效) 투표의 최다수(最多數)를 얻은 자로 당선자(當選者)로 함.

당선자를 정하는 데 있어 득표(得票)의 수(數)가 같은 때는 연장자(年長者)를 취하고 연령이 같은 때는 부윤이 추첨하여 이를 정함.

제2조 12 부윤은 선거록(選擧錄)을 조제(調製)하여 선거의 전말(顛末)을 기재하고 선거를 마친 후 이를 낭독하여 선거입회인과 함께 이에 서명해야 함.

선거록은 투표, 기타 관계서류(關係書類)와 함께 선거 및 당선의 효력이 확정됨에 이르기까지 이를 보존해야 함.

제2조 13 당선자가 정해진 때는 부윤은 바로 당선자에게 그 취지를 고지해야 함. 당선자가 당선을 사절하고자 하는 때는 당선의 고지를 받은 날로부터 5일 이내로 이를 부윤에게 신청해야 함.

제2조 14 협의회원의 당선을 사절한 자가 있는 때는 부윤은 바로 이를 보완할 당선자를 정해야 함.

---

9   성규(成規): 성문화된 규칙

이 경우에 있어서는 제2조의 11의 규정(規定)을 준용(準用)함.

제2조 15 선거를 마친 때 부윤은 바로 선거록(選擧錄)의 등본(謄本)을 첨부하여 이를 도지사에게 보고해야 함.

제2조 13 제2항의 기간을 경과한 때는 부윤은 당선자의 주소, 씨명(氏名)을 고시하고 아울러 이를 도지사에게 보고해야 함.

제2조 16 선거의 규정에 위반(違反)한 사실이 있는 때는 선거의 결과에 이동(異動)을 발생할 우려가 있는 경우에 한해 도지사는 선거 또는 당선을 취소해야 함.

선거의 규정에 위반한 사실이 있다고 인정한 때는 선거인은 당선자가 정한 날로부터 5일 이내로 그 사유를 도지사에게 상신하여 전항(前項)의 처분을 요구할 수 있음.

제2조 17 도지사가 선거 또는 당선을 취소한 때는 바로 이를 고시(告示)해야 함.

제2조 18 선거의 취소가 있은 때는 다시 선거를 행해야 함.

당선의 취소가 있는 경우에 있어서는 부윤은 제2조의 11의 예(例)에 의하여 다시 당선자를 정해야 함.

제2조 19 협의회원의 정원(定員)에 충족하는 당선자를 얻기 불가능한 때는 그 불족의 원수(員數)에 대하여 다시 선거를 행해야 함.

제2조 20 협의회원이 피선거권(被選擧權)을 갖지 않기에 이른 때는 그 직책 상실함. 그 피선거권의 유무(有無)는 부윤이 이를 결정함.

전항의 결정에 불복(不服)하는 자는 결정이 있는 날로부터 5일 내에 이를 도지사에게 상신할 수 있음.

전항의 상신은 문서로써 이를 해야 함.

제2조 21 협의회원은 선거 혹은 당선의 취소가 있기까지 또는 전조(前條) 제1항의 결정이 확정되며 혹은 전조(前條) 제2항의 상신에 대하여 결정이 있기까지는 회의에 열석할 수 있음.

제2조 22 협의회는 부윤이 이를 초집(招集)함. 단 경이(輕易)한 사건에 대하여는 회의를 개최하지 아니하고 서면(書面)으로써 협의회원의 의견을 들어 그 2/3 이상의 동의가 있는 때는 이를 협의회의 의견으로 간주할 수 있음.

초집(招集) 및 자문(諮問)할 사건은 개회일(開會日)로부터 적어도 3일 전에 협의회원에게 이를 통지해야 함. 단 급시(急施)를 요구하는 경우는 이에 해당하지 않음.

협의회는 부윤이 이를 개폐(開閉)함.

제2조 23 협의회는 협의회원이 정원(定員)의 반수(半數) 이상 출석하지 않으면 회의를 개최할 수 없음. 단 동일한 사건에 대하여 초집(招集)이 재회(再回)에 이르러도 거듭 반수에 미만한 때는 이에 해당하지 아니 함.

제2조 24 협의회의 의사(議事)는 과반수로써 결정함. 가부동수(可否同數)인 때는 의장(議長)의 결정하는 바에 의함.

제2조 25 의장은 회의를 총리(總理)하고 회의의 순서를 정하며 그날의 회의를 개폐(開閉)하고 의장(議場)의 질서를 보지(保持)함.

의장(議長)은 필요하다고 인정될 때는 협의회원에 대하여 발언을 금지하며 이를 취소하게 하거나 또는 의장(議場) 밖으로 퇴거(退去)를 명령할 수 있음.

제2조 26 의장(議長)은 회의록(會議錄)을 조제(調製)하여 회의의 전말(顚末) 및 출석 협의회원의 씨명(氏名)을 기재해야 함.

회의록은 의장(議長) 및 출석 협의회원 2인 이상이 이에 서명함을 필요로 함.

제2조 27 협의회원은 직무를 위해 필요한 비용의 변상(辨償)을 받을 수 있음.

제3조, 제6조 및 제7조 중 「지방비부과금(地方費賦課金)」을 「지방세(地方稅)」로 개정함.

제8조, 제13조 내지 제15조, 제21조, 제22조, 제29조, 제36조, 제38조 및 제41조 중 「도장관(道長官)」을 도지사(道知事)로 개정함.

부칙(附則)

본령(本令)은 1920년 제령(制令) 제12호 시행일로부터 이를 시행함.

1920년 제령 제12호 부칙 제2항에 의한 협의회원의 재임기간(在任期間) 중에는 종래의 규정에 의한 협의회원의 정원(定員)을 협의회원의 정원으로 간주함.

⟨자료 190⟩ 면제 중 개정의 건(面制中改正ノ件) 칙령 제13호(制令第十三號)[《조선총독부관보》 호외, 1920.7.29]

면제(面制) 중 개정의 건

1911년 법률 제30호 제1조 및 제2조에 의해 칙재(勅裁)를 받아 이에 그것을 공포함.

1920년 7월 29일 조선총독 남작(男爵) 사이토 마코토(齊藤實)

제령 제13호

면제 중 다음과 같이 개정함.

제4조[10] 면장(面長)의 자문(諮問)에 응하게 하기 위해 면(面)에 협의회를 둠.

  협의회는 면장 및 협의회원으로서 그것을 조직함.

  협의회원의 정원은 8인 이상 14인 이하의 범위 내에서 조선총독이 그것을 정함.

  협의회는 면장으로서 의장(議長)으로 함.

제4조 2 면장은 면에 관한 다음의 사건을 협의회에 자문해야 한다. 단 급시(急施)를 필요로 하여 협의회에 자문할 겨를이 없다고 인정될 때에는 이에 해당하지 않음.

  1. 세입출 예산(歲入出豫算)을 정하는 일.

  2. 법령에서 정하는 것을 제외한 외 사용료, 수수료, 부과금(賦課金) 또는 부역(夫役) 현품(現品)의 부과징수(賦課徵收)에 관한 일.

  3. 차입금(借入金)에 관한 일. 단 제9조 제2항의 일시의 차입금을 제외함.

  4. 세입출 예산 정하는 것을 제외한 외 새로 의무를 부담하고 또는 권리를 포기하는 일.

  5. 제14조의 재산의 처분에 관한 일.

  면장은 필요하다고 인정될 때는 전항 각호(各號)에 게재한 사건의 외 면에 관한

---

10 1917년 6월 제령 제1호 면제 제4조 조선총독은 면을 지정하여 면장의 자문에 응하는 상담역(相談役)을 둘 수 있다.

사건을 협의회에 자문할 수 있음.

제4조 3 협의회원은 조선총독이 지정한 면에 있어서는 그것을 선거하고 기타의 면에 있어서는 군수(郡守) 또는 도사(島司)가 이를 명함.

협의회원은 명예직(名譽職)으로 함.

협의회원의 임기는 3년으로 함. 단 보궐(補闕)의 협의회원의 임기는 전임자(前任者)의 잔임(殘任) 기간으로 함.

제4조 4 협의회원이 직무를 게을리하거나 체면(體面)을 오손(汚損)하는 행위를 했을 때는 군수(郡守) 또는 도사(島司)는 도지사(道知事)의 인가를 받아 이를 해임(解任)할 수 있음.

제5조 전(前) 4조(條)에 규정한 것의 외 협의회 및 협의회원의 선거, 기타 협의회원에 관해 필요한 사항은 조선총독이 이를 정함.

제9조[11]중 「제4조의 규정에 의해 지정한 면(面)」을 「제4조의 3의 조선총독이 지정한 면」으로, 「도장관(道長官)」을 「도지사(道知事)」로 개정함.

제13조[12] 및 제14조[13]중 「도장관」을 「도지사」로 개정함.

제15조 면장(面長), 면리원(面吏員)의 배상(賠償) 책임, 신원보증(身元保證), 사무인계(事務引繼), 기타 면장, 면리원에 관해 필요한 사항은 조선총독이 이를 정함.

부칙(附則)

본령(本令) 시행의 기일(期日)은 조선총독이 이를 정함.

---

11 제9조 제4조에 의해 지정한 면은 천재지변 혹은 구채상환(舊債償還)을 위해 필요한 때에는 조선총독의 인가를 받아 차입금(借入金)을 할 수 있음. 영구한 이익이 될 만한 사업을 위해 필요한 상황에서, 20년 내에 차입금의 원금과 이자를 확실히 상환할 수 있는 경우에도 이와 같음. 면은 예산 내에서 지출하기 위해 필요할 때에는 도장관의 인가를 받아 회계연도 내의 수입으로써 상환할 일시의 차입금을 할 수 있음.

12 제13조 면 사무의 일부를 공동 처리시키기 위해 필요한 때에 도장관은 조선총독의 인가를 받아 면 조합(面組合)을 설치할 수 있음. 면 조합에는 본령 중 '면에 관한 규정'을 준용한다. 준용이 어려운 사항에 대해서는 조선총독이 별도로 정할 수 있음. 전항(前項)의 외 면조합에 관해 필요한 사항은 조선총독이 이를 정함

13 제14조 면의 구역 변경에 의해 필요하다고 생각될 때에는 도장관은 관계 면장의 의견을 들어 조선 총독의 인가를 받아 면에 속한 재산을 처분할 수 있음.

〈자료 191〉 면제시행규칙 중 다음과 같이 개정함(面制施行規則中左ノ通改正ス) 조선총독부령 제103호(朝鮮總督府令第百三號) [《조선총독부관보》호외, 1920.7.29]

조선총독부령 제103호

면제시행규칙 중 다음과 같이 개정함.
1920년 7월 29일 조선총독 남작(男爵) 사이토 마코토(齊藤實)
면제시행규칙 중 다음과 같이 개정함.

「도장관(道長官)」을 「도지사(道知事)」로 개정함.
제2장(章) 「면 직원(面職員)」을 「면리원(面吏員) 및 협의회(協議會)」로 개정함.
제2조 면제(面制) 제4조의 3[14] 규정에 의하여 지정한 면(面)에 부장(副長) 1인을 설치함.
    부장은 면장(面長)의 사무를 보좌하며 면장이 사고(事故)가 있을 때는 그 직무(職務)를 대리(代理)함.
제2조 2 면(面)에 서기(書記)를 설치함. 그 정원은 도지사(道知事)가 이를 정함.
    부장(副長)을 설치하지 않는 면의 면장(面長)이 사고(事故)가 있을 때는 상석서기(上席書記)가 그 직무를 대리함. 부장을 설치한 면(面)은 면장, 부장이 함께 사고가 있을 때 또한 마찬가지임.
제2조 3 면(面)은 도지사의 인가를 받아 기수(技手)를 설치할 수 있음.
제2조 4 부장, 서기 및 기수는 유급(有給)으로 함.
제3조 중 「면 서기(面書記)」를 「서기(書記)」로 개정함.
제6조 협의회원(協議會員)의 정원은 다음과 같음.
    1. 인구(人口) 5,000 미만의 면(面) 8인.

---

14 제4조의 3 협의회원은 조선총독이 지정한 면에 있어서는 그것을 선거하고 기타의 면에 있어서는 군수(郡守) 또는 도사(島司)가 이를 명함. 협의회원은 명예직(名譽職)으로 함. 협의회원의 임기는 3년으로 함. 단 보궐(補闕)의 협의회원의 임기는 전임자(前任者)의 잔임(殘任) 기간으로 함.

2. 인구 5,000 이상 10,000 미만의 면 10인.

3. 인구 10,000 이상 20,000 미만의 면 12인.

4. 인구 20,000 이상의 면 14인.

전항(前項)의 인구는 도지사(道知事)의 인정에 의함. 협의회원의 정원은 총선거(總選擧) 또는 총개임(總改任)을 행하는 경우가 아니면 이를 증감치 아니함.

제6조 2 협의회원(協議會員)의 선거를 행하는 면(面)은 다음과 같음.

경기도(京畿道)	수원군(水原郡)	수원면(水原面)
동(同)	개성군(開城郡)	송도면(松都面)
동(同)	시흥군(始興郡)	영등포면(永登浦面)
충청북도(忠淸北道)	청주군(淸州郡)	청주면(淸州面)
동(同)	공주군(公州郡)	공주면(公州面)
동(同)	대전군(大田郡)	대전면(大田面)
충청남도(忠淸南道)	논산군(論山郡)	강경면(江景面)
동(同)	연기군(燕岐郡)	조치원면(鳥致院面)
전라북도(全羅北道)	전주군(全州郡)	전주면(全州面)
동(同)	익산군(益山郡)	익산면(益山面)
전라남도(全羅南道)	광주군(光州郡)	광주면(光州面)
경상북도(慶尙北道)	김천군(金泉郡)	김천면(金泉面)
동(同)	영일군(迎日郡)	포항면(浦項面)
경상남도(慶尙南道)	진주군(晋州郡)	진주면(晋州面)
동(同)	창원군(昌原郡)	진해면(鎭海面)
동(同)	통영군(統營郡)	통영면(統營面)
황해도(黃海道)	해주군(海州郡)	해주면(海州面)
동(同)	황주군(黃州郡)	겸이포면(兼二浦面)
평안북도(平安北道)	의주군(義州郡)	의주면(義州面)
강원도(江原道)	춘천군(春川郡)	춘천면(春川面)
함경남도(咸鏡南道)	함흥군(咸興郡)	함흥면(咸興面)

함경북도(咸鏡北道)	경성군(鏡城郡)	나남면(羅南面)
동(同)	성진군(城津郡)	성진면(城津面)
동(同)	회령군(會寧郡)	회령면(會寧面)

제6조 3 제국신민(帝國臣民)으로 독립의 생계(生計)를 영위하는 연령 25년 이상의 남자 1년 이래 면내(面內)에 주소를 갖고 그 면에서 조선총독이 지정한 면부과금(面賦課金) 연액(年額) 5원(圓) 이상을 납부한 때는 그 면의 협의회원의 선거권을 가짐. 단 금치산자(禁治産者), 준금치산자(準禁治産者) 및 6년의 징역 또는 금고(禁錮) 이상의 형(刑)에 처해진 자는 이에 해당하지 않음.

선거권을 가진 자가 면부과금 체납처분(滯納處分) 중에는 선거권을 행사할 수 없음. 가자분산(家資分散) 혹은 파산(破産)의 선고를 받고 그 확정한 때부터 복권(復權)의 결정이 확정되기에 이르기까지 또 금고 이상의 형(刑)의 선고를 받은 때부터 그 집행을 마치거나 그 집행을 받는 것이 없기에 이르기까지 또한 마찬가지임.

육해군(陸海軍)의 현역(現役)에 복무하는 자는 선거에 참여할 수 없음. 기타의 병역(兵役)에 있는 자로서 전시(戰時) 또는 사변(事變)에 때하여 소집된 때에도 또한 마찬가지임.

제1항의 요건(要件) 중 그 연한(年限)에 관한 것은 면(面)의 구역변경(區域變更)으로 중단되지 않음.

제6조 4 협의회원의 선거권을 갖는 자는 그 면(面)의 협의회원의 피선거권(被選擧權)을 가짐. 단, 다음에 게재한 자 및 전조(前條) 제2항 또는 제3항에 해당하는 자는 이에 해당하지 않음.

1. 소속 도군도(道郡島)의 관리 및 유급이원(有給吏員)
2. 그 면(面)의 면장(面長) 및 유급이원
3. 검사(檢事) 및 경찰관리(警察官吏)
4. 신직(神職), 승려(僧侶) 기타 제종교사(諸宗敎師)
5. 소학교(小學校) 및 보통학교(普通學校)의 교원(敎員)

제6조 5 협의회원 중 궐원(闕員)이 발생하여 그 궐원이 정원의 1/3 이상에 이른 때는 보궐선거(補闕選擧)를 행해야 함.

제6조 6 면장(面長)은 선거기일(期日) 전(前) 50일을 기일로 하여 그날을 현재로 하여 선거인명부(選擧人名簿)를 조제(調製)해야 함.

면장은 선거기일 전 30일을 기일로 하여 그날로부터 7일간 매일 오전 9시부터 오후 4시까지 면사무소(面事務所)에서 선거인명부를 관계자의 종람(縱覽)에 제공해야 함. 관계자의 이의(異議)가 있을 때는 종람 기간 내에 이를 면장에게 신청할 수 있음. 이 경우에 면장은 3일 이내에 그것을 결정해야 함.

전항의 결정에 대해 불복(不服)이 있는 자는 그 결정이 있는 날로부터 3일 이내에 그것을 군수(郡守) 또는 도사(島司)에게 상신할 수 있음.

전(前) 2항의 경우에 면장의 결정이 확정되고 또는 군수 혹은 도사의 결정이 있음에 의해 선거인명부의 수정을 필요로 할 때는 면장은 그 확정기일 전에 수정을 가해야 함.

선거인명부는 선거기일 전 3일로써 확정함.

확정명부(確定名簿)는 도지사(道知事)가 지정한 경우를 제외한 외, 그 확정한 날로부터 1년 내에 행하는 선거에 그것을 가용함. 단 명부 확정 후 군수 또는 도사의 결정이 있음에 따라 명부의 수정을 필요로 할 때는 선거를 마친 후에 바로 그것을 수정해야 함.

선거인 명부를 수정한 때는 면장은 바로 그 요령(要領)을 공고(公告)해야 함.

확정명부에 등록되어지지 않은 자는 선거에 참여할 수 없음. 단 선거인명부에 등록되어질 것이라는 군수 혹은 도사의 결정서를 소지하고 선거의 당일 선거회장(選擧會場)에 이른 자는 이에 해당하지 않음.

확정명부에 등록된 자가 선거권을 갖지 않을 때 또는 제6조의 3 제2항, 제3항에 해당할 때는 선거에 참여할 수 없음. 단 명부는 그것을 수정하지 않음.

제2항, 제3항의 경우에 결정이 있음에 의해 명부가 무효가 된 때는 다시 명부를 조제(調製)해야 함. 그 명부의 조제, 종람, 수정, 확정 및 이의(異議)의 결정에 관한 기일, 기한 및 기간은 군수 또는 도사가 정하는 바에 의한 명부의 상실한 때 또한 마찬가지임.

선거인명부 조제 후에 선거기일을 변경하는 일이 있어도 그 명부를 사용하고 종람, 수정, 확정 및 이의의 결정에 관한 기일, 기한 및 기간은 전 선거기일에 따라 그것을 산정함.

제2항 또는 제3항의 상신은 문서로써 그것을 해야 함.

제6조 7 면장은 선거기일 전 적어도 7일간 선거회장(選擧會場), 투표의 일시 및 선거해야 할 협의회원수를 공고해야 함.

제6조 8 면장은 선거회(選擧會)를 개폐(開閉)하고 그 취체(取締)를 담임함.

면장은 선거인 중에서 2인 내지 4인의 선거입회인(選擧立會人)을 선임(選任)해야 함.

선거입회인은 명예직(名譽職)으로 함.

제6조 9 선거는 무기명(無記名) 투표로써 그것을 행함.

선거인은 선거회장에서 투표용지에 스스로 피선거인 1인의 씨명(氏名)을 기재하여 투함(投函)해야 함.

투표용지는 면장이 정하는 바에 의해 일정의 양식을 사용해야 함.

제6조 10 다음의 투표는 무효로 함.

　　1. 성규(成規)의 용지를 사용하지 않은 것.

　　2. 현재 협의회원의 직책에 있는 자의 씨명을 기재한 것.

　　3. 1투표 중 2인 이상의 피선거인의 씨명을 기재한 것.

　　4. 피선거인의 누구인지를 확인하기 어려운 것.

　　5. 피선거권이 없는 자의 씨명을 기재한 것.

　　6. 피선거인의 씨명의 외 다른 것을 기입한 것. 단 작위, 직업, 신분(身分), 주소 또는 경칭(敬稱)의 류를 기입한 것은 이에 해당하지 않음.

제6조 11 투표의 거부 및 효력은 선거입회인의 의견을 듣고 면장이 그것을 결정함.

제6조 12 협의회원의 선거는 유효 투표의 최다수(最多數)를 얻은 자로서 당선자로 함.

당선자를 정하기에 이르러 득표의 수가 같을 때는 연장자를 채택하고, 연령이 같을 때는 면장이 추첨하여 그것을 정함.

제6조 13 면장은 선거록(選擧錄)을 조제(調製)하고 선거의 전말(顚末)을 기재함. 선거를 마친 후 그것을 낭독하고 선거입회인과 함께 그것에 서명해야 함.

선거록은 투표 기타의 관계 서류와 함께 선거 및 당선의 효력이 확정하기에 이

제6조 14 당선자가 정해진 때는 면장은 바로 당선자에게 그 취지를 고지해야 함.

당선자가 당선을 사절하고자 할 때는 당선의 고지를 받은 날로부터 5일 내에 그것을 면장에게 신청해야 함.

제6조 15 협의회원의 당선을 사절할 자가 있을 때는 면장은 바로 그것을 보완할 당선자를 정해야 함. 이 경우에는 제6조의 12의 규정을 준용함.

제6조 16 선거를 마친 때는 면장은 바로 선거록의 등본(謄本)을 첨부하여 그것을 군수 또는 도사에게 보고해야 함.

제6조 14 제2항의 기간을 경과한 때는 면장은 당선자의 주소, 씨명을 공고하고 아울러 그것을 군수 또는 도사에게 보고해야 함.

제6조 17 선거 규정에 위반한 사실이 있을 때는 선거 결과에 이동을 발생할 우려가 있는 경우에 한해 도지사는 선거 또는 당선을 취소해야 함.

선거의 규정에 위반한 사실이 있다고 인정한 때는 선거인은 당선자가 정해진 날로부터 5일 내에 그 사유를 도지사에게 상신하여 전항의 처분을 구할 수 있음.

전항의 상신은 군수 또는 도사를 경유해야 함.

제6조 18 도지사가 선거 또는 당선을 취소한 때는 바로 그것을 고시(告示)해야 함.

제6조 19 선거의 취소가 있을 때는 다시 선거를 해야 함.

당선의 취소가 있을 때는 면장은 제6조의 12의 예에 의해 다시 당선자를 정해야 함.

제6조 20 협의회원의 정원에 충족하는 당선자를 얻는 것이 가능하지 않은 때는 그 부족의 원수(員數)에 대해 다시 선거를 행해야 함.

제6조 21 제6조의 2의 면(面) 이외의 면의 협의회원은 제6조의 4에 규정한 자격을 갖는 자 중에서 그것을 임명해야 함.

제6조 22 협의회원으로서 제6조의 4에 규정한 자격을 결여하기에 이른 때는 그 직책을 잃음. 그 자격의 유무는 군수 또는 도사가 그것을 결정함.

제6조 23 협의회원은 선거 혹은 당선 취소가 있기까지 또는 전조의 결정이 있기까지는 회의에 열석할 수 있음.

제7조 협의회는 면장이 그것을 초집(招集)함. 단, 경이(輕易)한 사건에 대해서는 회의를 열

지 않고 서면으로 협의회원의 의견을 듣고 그 2/3 이상의 동의가 있을 때 그것을 협의회의 의견으로 간주할 수 있음.

초집 및 자문(諮問)해야 할 사건은 개회(開會) 날로부터 적어도 3일 전에 협의회원에게 그것을 통지해야 함. 단, 급시를 요하는 경우는 이에 해당하지 않음.

협의회는 면장이 그것을 개폐(開閉)함.

제7조 2 협의회는 협의회원 정원의 반수(半數) 이상이 출석하지 않으면 회의를 열 수 없음. 단 동일의 사건에 대해 초집 재회(再回)에 이르렀으나 또 과반수를 채우지 않았을 때는 이에 해당하지 않음.

제7조 3 협의회의 의사(議事)는 과반수로써 결정함. 가부동수(可否同數)일 때는 의장(議長)이 결정하는 바에 의함.

제7조 4 의장(議長)은 회의를 총리(總理)하고, 회의의 순서를 정하며 그날의 회의를 개폐(開閉)하고 의장(議場)의 질서를 보지(保持)함. 의장은 필요하다고 인정될 때는 협의회원에 대해 발언을 금지하고 그것을 취소시키고 또는 의장(議場) 밖으로 퇴거를 명령할 수 있음.

제7조 5 의장은 회의록을 조제(調製)하고 회의의 전말 및 출석협의회원의 씨명을 기재해야 함.

회의록은 의장 및 출석협의회원 2인 이상 그것에 서명하는 것을 필요로 함.

제8조 중 「상담역(相談役) 및 무급(無給)의 면리원(面吏員)」을 「협의회원 및 구장(區長)」으로 개정함.

제51조 중 「조합(組合)의 공동사무」의 아래에 「조합협의회(組合協議會)의 조직」을 더함.

부칙(附則)

본령은 1920년 제령 제13호 시행의 날로부터 그것을 시행함.

본령 시행 후 1년 내에 행하는 협의회원의 선거에 대해서는 도지사가 필요하다고 인정할 때는 조선총독의 인가를 받아 제6조의 3의 요건 중 면부과금 연액(年額)을 저하(低下)할 수 있음.

협의회원의 임명에 대해 도지사가 필요하다고 인정한 때는 당분간 조선총독의 인가를 받아 제6조의 21의 요건 중 면부과금 연액을 저하할 수 있음.

〈자료 192〉 조선학교비령(朝鮮學校費令) 제령 제14호(制令第十四號)[《조선총독부관보》 호외, 1920.7.29]

제령 제14호

조선학교비령 1911년 법률 제30호 제1조 및 제2조에 의해 칙재를 받아 이에 그것을 공포함.
1920년 7월 29일 조선총독 남작(男爵) 사이토 마코토(齊藤實)

조선학교비령

제1조 보통학교 기타 조선인 교육에 관한 비용을 지불하기 위해 부군도(府郡島)에 학교비(學校費)를 설치함.
　　　학교비에 관한 사무는 부윤, 군수 또는 도사(島司)가 그것을 담임함.
제2조 학교비는 부과금, 사용료, 보조금, 재산수입, 기타의 학교비에 속하는 수입으로써 이를 지불함.
제3조 부과금은 부군도 내에 주소를 갖거나 또는 토지 혹은 가옥을 소유하는 조선인에게 그것을 부과함.
제4조 학교비에 속하는 영조물(營造物)의 사용에 대해서는 사용료를 징수할 수 있음.
제5조 학교비로써 지불하는 사업을 위해 특별한 필요가 있을 때는 부과금을 부과할 수 있는 자(者)에게 부역(夫役) 또는 현품(現品)을 부과할 수 있음.
제6조 학교비에 속하는 징수금에 대해서는 도지방비(道地方費)에 속하는 징수금에 이어 선취특권을 갖고, 그 추징(追徵) 및 환부(還付)에 대해서는 국세(國稅)의 예에 의함.
제7조 부과금, 사용료 및 부역현품 아울러 그 부과징수에 속하는 사항은 조선총독이 그것을 정함.
제8조 학교비는 영구의 이익으로 해야 할 사업, 구채상환(舊債償還) 또는 천재사변으로 필요한 경우에 한해 기채를 할 수 있음.
　　　학교비는 예산 내에서 지출하기 위해 일시의 차입금(借入金)을 할 수 있음.

전항(前項)의 차입금은 그 회계연도 내의 수입으로 이를 상환해야 함.

제9조 학교비에 관해 부윤, 군수 또는 도사의 자문에 응하게 하기 위해 학교평의회를 설치함.

학교평의회는 부윤, 군수 또는 도사 및 학교평의회원으로써 그것을 조직함.

학교평의회원의 정원은 부에 있어서는 6인 이상 20인 이하의 범위 내에서 조선총독이 그것을 정하고 군도(郡島)에 있어서는 도사(島司)로써 의장(議長)으로 함.

제10조 부윤, 군수 또는 도사는 다음의 사건을 학교평의회에 자문해야 함. 단 급시(急施)를 필요로 하여 학교평의회에 자문할 겨를이 없다고 인정될 때는 이에 해당하지 않음.

1. 학교비 세입출 예산을 정하는 일. 단 예산의 추가경정으로서 부과금 또는 사용료에 증감(增減) 변경이 없는 것을 제외함.
2. 부과금, 사용료 또는 부역현품의 부과 징수에 관한 일.
3. 기채에 관한 일.
4. 세입출 예산으로 정하는 것을 제외한 외 새로 의무를 부담하거나 권리를 포기하는 일.

제11조 학교평의회원은 부(府)에 있어서는 그것을 선거하고 군도(郡島)에 있어서는 군수 또는 도사(島司)가 그것을 명함.

학교평의회원은 명예직으로 함.

학교평의회원의 임기는 3년으로 함. 단 보궐의 학교평의회원의 임기는 그 전임자의 잔임(殘任) 기간으로 함.

제12조 학교평의회원의 직무를 게을리하거나 체면을 오손하는 행위가 있을 때는 부윤, 군수 또는 도사는 도지사의 인가를 받아 그것을 해임(解任)할 수 있음.

제13조 전(前) 4조에 규정하는 것 외, 학교평의회 및 학교평의회원의 선거 기타 학교평의회원에 관해 필요한 사항은 조선총독이 그것을 정함.

제14조 부윤, 군수 또는 도사는 매 회계연도 학교비의 세입출 예산을 조제(調製)해야 함.

학교비의 회계연도는 정부의 회계연도에 의함.

제15조 학교비로써 지불하는 사건으로써 몇 년에 걸쳐 그 비용을 지출해야 하는 것은 학교평의회의 자문을 거쳐 그해 기간 각 연도의 지출액을 정해 계속비로 할 수 있음.

제16조 학교비의 수입금 및 지불금에 관한 시효(時效)에 대해서는 정부의 수입금 및 지불금의 예에 의함.

제17조 학교비의 재산에 관한 사항은 조선총독이 그것을 정함.

부칙(附則)

본령(本令) 시행의 기일은 조선총독이 그것을 정함.

공립보통학교비용령(公立普通學校費用令)은 그것을 폐지함.

본령 시행의 때 현재 공립보통학교에 속하는 권리 의무는 그 학교 소재의 부군도(府郡島)의 학교비로 이속(移屬)함.

⟨자료 193⟩ 조선학교비령시행규칙을 다음과 같이 정함(朝鮮學校費令施行規則左ノ通正ス) 조선총독부령 제104호(朝鮮總督府令第百四號)[《조선총독부관보》호외, 1920.7.29]

조선총독부령 제104호

조선학교비령시행규칙을 다음과 같이 정함.

1920년 7월 29일 조선총독 남작(男爵) 사이토 마코토(齊藤實)

조선학교비령시행규칙

제1장 학교평의회

제1조 부의 학교평의회원의 정원은 다음과 같음.

    1. 인구(人口) 5,000 미만 6인

    2. 인구 5,000 이상 10,000 미만 8인

    3. 인구 10,000 이상 20,000 미만 10인

    4. 인구 20,000 이상 50,000 미만 12인

5. 인구 50,000 이상 100,000 미만 16인

6. 인구 100,000 이상 20인

전항(前項) 인구는 부내(府內)에 주소를 갖는 조선인(朝鮮人)의 인구로 하여 도지사의 인정에 의한 학교평의회원의 정원은 총선거(總選擧) 또는 총개임(總改任)을 행하는 경우가 아니라면 그것을 증감하지 않음.

군도(郡島)의 학교평의회원의 정원은 그것을 각 면(各面)에 배당함.

제2조 제국신민(帝國臣民)으로써 독립의 생계를 영위하는 연령 25년 이상의 남자가 1년 이래 부내(府內)에 주소를 갖고 학교비 부과금 연액 5원(圓) 이상을 납부하는 때는 그 부(府)의 학교평의회원의 선거권을 갖음. 단 6년의 징역 또는 금고(禁錮) 이상의 형(刑)에 처해진 자는 이에 해당하지 않음.

도지사가 필요하다고 인정한 때는 조선총독의 인가를 받아 전항(前項)의 요건 중 학교비부과금 연액을 저하(低下)할 수 있음.

선거권을 갖는 자가 학교비부과금 체납 처분 중이면 선거권을 행사할 수 없음.

가자분산(家資分散) 혹은 파산의 선고를 받아 그 확정한 때로부터 복권(復權)의 결정이 확정하기에 이르기까지 또는 금고 이상의 형의 선고를 받았을 때로부터 그 집행을 마치거나 혹은 그 집행을 받는 것이 없기에 이르기까지 또한 마찬가지임.

제3조 학교평의회원의 선거권을 갖는 자는 그 부(府)의 학교평의회원의 피선거권을 가짐. 단, 다음에 게재한 자 아울러 전조(前條) 제3항 또는 제4항에 해당하는 자는 이에 해당하지 않음.

1. 소속 도(道) 및 그 부(府)의 관리 및 유급(有給) 이원(吏員)

2. 검사(檢事) 및 경찰관리

3. 승려 기타 제종교사(諸宗敎師)

4. 보통학교교원

제4조 부(府)의 학교평의회원의 선거에 대해서는 부제시행규칙 제2조의 4 내지 제2조의 19의 규정을 준용함.

제5조 군도(郡島)의 학교평의회원은 조선인인 면협의회원이 선거한 후보자 중에서 그것을 명함.

군도(郡島)의 학교평의회원의 후보자를 선거해야 하는 면협의회원 3인 이하의 면(面)에 있어서 도지사는 조선총독의 인가를 받아 특별 방법에 의해서 학교평의회원 후보자의 선거를 하게 할 수 있음.

제6조 군도(郡島)의 학교평의회원의 후보자는 독립의 생계를 영위하는 연령 25년(年) 이상의 남자로서 1년 이래 그 군도(郡島) 내에서 주소를 갖고 그 군도에서 학교비부담금 연액(年額) 5원(圓) 이상을 납부하고 제2조 제2항 단서 제3항 제4항 또는 제3조 각호에 해당하지 않는 제국신민 중에서 그것을 선거해야 함.

도지사가 필요하다고 인정할 때는 조선총독의 인가를 받아 전항(前項)의 요건 중 학교비부과금 연액을 저하(低下)할 수 있음.

제7조 학교평의회원의 후보자의 선거는 각 면(各面)에서 군수 또는 도사(島司)의 고시(告示)에 의해서 그것을 행하고, 그 고시에서는 선거를 행해야 하는 면(面), 선거의 기일 및 선거해야 할 후보자의 원수(員數)를 기재하고 선거 날로부터 적어도 10일 전에 이를 발표해야 함.

제8조 학교평의회원의 후보자의 선거는 면장(面長)이 면협의회원으로써 투표에 의해 그것을 행하게 해야 함. 단, 제4조 제2항에 의해 조선총독의 인가를 받은 경우는 이에 해당하지 않음.

투표는 무기명(無記名)으로 하고 선거해야 할 후보자의 원수(員數)에 상당하는 피선거인(被選擧人)의 씨명(氏名)을 기재해야 함.

제9조 면장은 득표수 최다인 자를 후보자로 정하고 그것을 군수 또는 도사(島司)에게 보고해야 함.

후보자를 정함에 이르러 득표수가 같을 때는 연장자(年長者)를 채택하고 연령이 같을 때는 면장이 추첨하여 이를 정해야 함.

제10조 학교평의회원으로써 제3조 또는 제6조에 규정한 자격을 결여하기에 이른 때는 그 직책을 잃고 그 자격의 유무(有無)는 군수 또는 도사(島司)가 이를 결정함.

제11조 학교평의회는 부윤, 군수 또는 도사(島司)가 그것을 개폐(開閉)함.

제12조 학교평의회는 학교평의회원의 정원의 반수(半數) 이상 출석하지 않으면 회의를 열 수 없음.

제13조 학교평의회의 의사(議事)는 과반수로써 결정함. 가부동수(可否同數)일 때는 의장(議長)이 결정하는 바에 의함.

제14조 의장(議長)은 회의를 총리(總理)하고 회의의 순서를 정하고 그날의 회의를 개폐(開閉)하고 의장(議場)의 질서를 보지(保持)함.

의장은 필요하다고 인정될 때는 학교평의회원에 대해 발언을 금지하고 그것을 취소시키고 또는 의장(議場) 밖으로 퇴거를 명령할 수 있음.

제15조 의장(議長)은 회의록(會議錄)을 조제(調製)하고 회의의 전말(顚末) 및 출석학교평의회원의 씨명(氏名)을 기재해야 함.

회의록은 의장 및 출석학교평의회원 2인 이상 이에 서명하는 것을 필요로 함.

제16조 학교평의회원은 직무를 위해 필요한 비용의 변상(辨償)을 받을 수 있음.

비용변상액 및 그 지급 방법은 도시자의 인가를 받아 부윤, 군수 또는 도사(島司)가 그것을 정함.

제2장 학교비부과금(學校費賦課金) 및 부역현품(夫役現品)

제17조 부과금(賦課金)으로써 부과할 수 있는 것은 다음과 같음.

1. 지세(地稅)또는 시가지세의 부가금(附加金)

2. 호세(戶稅) 또는 가옥세(家屋稅)의 부가금(附加金)

3. 특별부과금(特別賦課金)

부가금(附加金)은 균일한 과율로 그것을 부과해야 함. 단, 제22조에 의해 인가를 받은 경우는 이에 해당하지 않음.

특별부과금은 별도로 과목(課目)을 설정하여 부과할 필요가 있을 때 그것을 부과함.

제18조 부가금은 다음의 제한(制限)을 초과할 수 없음.

1. 지세 및 시가지세(市街地稅)의 부가금 본세(本稅) 30/100

2. 호세의 부가금 납입의무자 평균 1인에 대해 40전(錢)

3. 가옥세의 부가금 가옥세 시행지(施行地)의 조선인 호수 평균 1호에 대해 40전

특별한 필요가 있는 경우에는 조선총독의 인가를 받아 전항(前項)의 제한을 초과하여 부과할 수 있음.

제19조 지세, 시가지세, 호세 및 가옥세의 부가금은 본세(本稅)와 동시에 그것을 징수해야 함. 단 특별한 사정이 있을 때는 부윤, 군수 또는 도사(島司)는 도지사의 인가를 받아 별도로 징수 기일을 정할 수 있음.

제20조 부역현품은 그것을 금액으로 산출하여 부과해야 함.

부역을 부과(賦課)받은 자는 적당한 대인(代人)을 내보낼 수 있음.

부역현품은 금전으로써 이에 대신할 수 있음.

제21조 부윤, 군수 또는 도사(島司)는 특별한 사정이 있는 자에 대해 부과금을 감면하거나 부과금의 납입 연기를 허락할 수 있음.

제22조 군도(郡島)의 일부에 대해 특히 이익이 있는 사건에 관해서는 도지사의 인가를 받아 불균일한 부과를 하거나 그 일부에 대해 부과할 수 있음.

제23조 부(府) 또는 면(面)은 그 부면(府面) 내의 부과금을 징수하여 이를 학교비로 납입할 의부를 부담함.

학교비 징수 비용은 부면(府面)의 부담으로 하고 학교비에 납입한 부과금의 2/100에 상당하는 금액을 부 부면(府面)에 교부함.

제24조 부과금의 징수에 관해서는 군세 징수법 제4조의 1, 제4조의 3 내지 제4조의 8 및 제6조 내지 제8조 아울러 국세징수령 시행규칙 제7조, 제8조, 제10조, 제11조 및 제12조 제1항의 규정을 준용함.

제3장 학교비의 재무

제25조 부윤, 군수 또는 도사(島司)는 매 회계연도 부과금 기타 일정의 수입을 세입으로 하고 일절의 경비를 세출로 하여 세입출 예산을 조제(調製)하고 연도 개시 전 도지사의 인가를 받아야 함.

제26조 예산 초과의 주출을 충당하기 위해 예비비를 설치해야 함.

제27조 예산의 추가 또는 경정은 도지사의 인가를 받아야 함.

예산은 연도 경과 후에 추가 또는 경정(更正)을 할 수 있음.

제28조 부윤, 군수 또는 도사는 예산의 인가를 받은 후 바로 그 요령을 고시해야 함.

제29조 세입의 연도, 소속은 다음의 구분에 의함.

1. 납기의 일정한 수입은 그 납기의 말일이 속하는 연도.
2. 수시(隨時)의 수입으로써 고지서를 발행하는 것은 그것을 발행한 날이 속하는 연도.
3. 수시의 수입으로써 고지서를 발행하지 않는 것은 영수를 한 날이 속하는 연도. 단 보조금, 기부금 및 기채수입(起債收入)은 연도 경과 후라도 출납폐쇄기(出納閉鎖期)까지는 이를 예정한 연도의 세입으로 할 수 있음.

제30조 세출의 소속 연도는 다음의 구분에 의함.
1. 비용변상(費用辨償) 급료(給料) 기타의 제 급여(給與) 및 용인료(傭人料)의 종류는 그 지급해야 할 사실이 발생한 날이 속하는 연도. 단 지불 기일을 정하는 것은 그 지불기일이 속하는 연도.
2. 통신운반비(通信運搬費), 토목건축비(土木建築費), 물건의 구입 대가(代價), 기타 계약에 의한 지불금은 계약을 한 날이 속하는 연도. 단, 계약에 의해 정해진 지불 기일이 있을 때는 그 지불기일이 속하는 연도
3. 앞 2호에 게재한 것을 제외한 외는 모두 지불을 결정한 날이 속하는 연도. 단 보조금 및 결손(缺損) 보전(補塡)은 그 결정이 있는 날이 속하는 연도의 세출로 할 수 있음.

제31조 각 연도의 경비는 그 연도의 수입으로써 그것을 지불해야 함.

각 연도의 세계(歲計)에 잉여가 있을 때는 다음 연도의 세입으로 편입해야 함.

연도 경과 후에 이르러 세입으로써 세출을 충당하기에 충분하지 않을 때는 도지사의 인가를 받아 다음 연도의 세입을 앞당겨서 이에 충용(充用)할 수 있음.

제32조 예산에서 정하는 각 관(款)의 금액은 피차(彼此) 유용(流用)할 수 있음. 예산 각항의 금액은 도지사의 인가를 받아 그것을 유용할 수 있음.

제33조 지불은 채주(債主) 또는 그 대리인에 대한 것이 아니라면 이를 할 수 없음.

제34조 부윤, 군수 또는 도사가 필요하다고 인정할 때는 학교장에게 현금(現金) 전도(前渡)[15]를 하고 경비를 지불하게 할 수 있음.

---

15 전도(前渡): 정해진 날짜보다 먼저 돈을 치름

제35조 다음의 경비는 개산불(概算拂)[16]을 할 수 있음.

    1. 여비(旅費)

    2. 소송비용(訴訟費用)

제36조 전금(前金)[17] 지불이 아니라면 구입 또는 차입 계약을 하기 어려운 것에 한해 전금불(前金拂)을 할 수 있음.

제37조 세입의 오납(誤納) 과납(過納)이 된 금액의 불려(拂戾)[18]는 각 이를 수입한 세입에서 지불해야 함.

    세출의 오불(誤拂) 과도(過渡)가 된 금액, 현금 전도(前渡), 개산불(概算拂) 및 전금불(前金拂)의 반납은 각 이를 지불한 경비의 정액(定額)으로 여입(戾入)[19]해야 함.

제38조 학교비의 출납은 다음 연도 6월 30일로써 이를 폐쇄함.

    부윤, 군수 또는 도사는 출납 폐쇄 후 1월 내에 결산을 조제(調製)하여 이를 도지사에게 보고하고 또 그 요령(要領)을 고시(告示)해야 함.

    결산은 예산과 동일의 구분에 의해 이를 조제하여 예산에 대한 과부족(過不足)의 설명을 부가해야 함.

제39조 출납 폐쇄 후의 수입, 지출은 이를 현 연도의 세입 세출로 해야 함. 제37조의 불려금(拂戾金) 및 여입금(戾入金)의 출납 폐쇄 후에 의한 것 또한 마찬가지임.

제40조 계속비(繼續費)는 매년의 지불 잔액을 계속 연도가 마치기까지 체차(遞次)[20] 조월(繰越)[21] 사용할 수 있음.

제41조 1건 5백 원 이상의 공사의 청부(請負), 물건의 매매, 대차(貸借) 및 노력의 공급은 경쟁 입찰에 부쳐야 함. 단 특별한 사정이 있을 때는 도지사의 인가를 받아 경쟁 입찰에 부치지 않을 수 있음.

---

16 개산불(概算拂): 금액이 확정되지 않은 채무에 대해 그 확정 이전에 그 금액을 대강 계산하여 사전에 치르는 것
17 전금(前金): 선금(先金)
18 불려(拂戾): 정산한 나머지를 되돌려 줌
19 여입(戾入): 되돌려 놓음
20 체차(遞次): 순차
21 조월(繰越): 이월

제42조 현금(現今)은 우편국소(郵便局所), 확실한 은행 또는 금융조합(金融組合)에 예입(預入)해야 함. 단 50원 이하의 현금은 이에 해당하지 않음.

제4장 감독(監督)

제43조 다음에 게재한 사건은 조선총독의 인가를 받아야 함.
1. 특별부과금을 신설, 증액하거나 변경하는 일.
2. 기채를 하고 아울러 기채의 방법, 이율 및 상환 방법을 정하거나 그것을 변경하는 일.

제44조 다음에 게재한 사건은 도지사의 인가를 받아야 함.
1. 부역현품을 부과하는 일.
2. 기본재산의 설치, 관리 및 처분에 관한 일.
3. 부동산의 처분에 관한 일.
4. 일시(一時)의 차입금을 하는 일.
5. 계속비를 정하거나 변경하는 일.
6. 세입출 예산으로써 정한 것을 제외한 외 새로 의무를 부담하거나 권리를 포기하는 일.

부칙(附則)

본령(本令)은 조선학교비령 시행의 날로부터 그것을 시행함.
공립보통학교비용령시행규칙(公立普通學校費用令施行規則)은 그것을 폐지함.
1920년의 학교비부과금의 부과징수 및 세입세출의 경리(經理)에 관해서는 종전의 예에 의함.

〈자료 194〉 조선도지방비령(朝鮮道地方費令) 제령 제15호(制令第十五號) [《조선총독부관보》호외, 1920.7.29]

제령 제15호

조선도지방비령 1911년 법률 제30호 제1조 및 제2조에 의해 칙재를 받아 이에 그것을 공포함.
1920년 7월 29일 조선총독 남작(男爵) 사이토 마코토(齊藤實)

조선지방비령

제1조 각 도(各道)의 지방비(地方費)는 도의 지방세(地方稅) 기타의 도지방비에 속하는 수입으로써 그것을 지불함.
　　　도지방비에 관한 사무는 도지사(道知事)가 그것을 담임함.
제2조 법률(法律), 칙령(勅令) 또는 제령(制令)에 규정이 있는 것의 외 도지방비로써 지분할 수 있는 비목(費目)은 다음과 같음.
　　　1. 토목비(土木費)
　　　2. 권업비(勸業費)
　　　3. 교육비(敎育費)
　　　4. 위생비(衛生費)
　　　5. 구제비(救濟費)
　　　6. 보조비(補助費)
　　　7. 도평의회비(道平議會費)
　　　8. 도지방비취급비(道地方費取扱費)
제3조 지방세로써 부과할 수 있는 것은 다음과 같음.
　　　1. 국세부가세(國稅附加稅)
　　　2. 특별세(特別稅)
제4조 도지방비에 속하는 영조물(營造物)의 사용에 대해서는 사용료를 징수할 수 있음.

특히 1개인을 위해서 하는 사무에 대해서는 수수료를 징수할 수 있음.

제5조 도지방비로 지불하는 사업을 위해 특별히 필요가 있을 때는 부역(夫役) 또는 현품(現品)을 부과할 수 있음.

제6조 도지방비에 속하는 징수금에 대해서는 나라의 징수금에 이어 선취(先取) 특권을 가짐. 그 추징(追徵) 및 환부에 대해서는 국세의 예에 의함.

제7조 지방세, 사용료, 수수료 및 부역현품 아울러 그 부과징수에 관한 사항은 조선총독이 그것을 정함.

도지방비는 조선총독이 정하는 바에 의해 부면(府面)에 그것을 분부(分賦)할 수 있음.

제8조 도지방비는 영구(永久)의 이익이 될 사업, 구채상환(舊債償還) 또는 천재사변(天災事變)으로 필요하다고 인정되는 경우에 한해 기채(起債)할 수 있음.

도지방비는 예산 내에서 지출하기 위해 일시의 차입금(借入金)을 할 수 있음.

전항의 차입금은 그 회계연도 내의 수입으로써 그것을 상환해야 함.

제9조 도지방비로써 유급(有給)의 이원을 설치할 수 있음.

이원(吏員)은 도지사의 명을 받아 사무에 종사함.

도지사는 이원을 감독하고 징계 처분을 행할 수 있음. 그 징계 처분은 견책(譴責), 25원 이하의 과태금(過怠金) 및 해직으로 함.

이원에게는 퇴은료(退隱料), 퇴직급여금(退職給與金), 사망급여금(死亡給與金) 또는 유족부조료(遺族扶助料)를 지급할 수 있음.

제10조 도지방비에 관해 도지사의 자문에 응하도록 도평의회(道平議會)를 설치함.

도평의회는 도지사 및 도평의회원으로서 그것을 조직함.

도평의회원의 정원은 조선총독이 그것을 정함.

도평의회는 도지사로서 의장(議長)으로 함.

제11조 도지사는 다음의 사건을 도평의회에 자문해야 함. 단 급시(急施)를 요구하여 도평의회에 자문할 겨를이 없다고 인정될 때는 이에 해당하지 않음.

  1. 세입출 예산을 정하는 일. 단 예산의 추가경정(追加更正)으로 지방세, 사용료 또는 수수료에 증감, 변경이 없는 것을 제외함.

  2. 지방세, 사용료, 수수료 또는 부역현품의 부과징수에 관한 일.

  3. 기채에 관한 일.

  4. 세입출 예산으로써 정하는 것을 제외한 이외 새로 의무를 부담하고 권리를 포기한 일.

제12조 도평의회는 도의 공익(公益)에 관한 사건에 대해 의견서를 도지사에게 제출할 수 있음.

제13조 도평의회원은 도지사가 그것을 명령함.

  도평의회원은 명예직으로 함.

  도평의회원의 임기는 3년으로 함. 단 보궐의 도평의회원의 임기는 그 전임자(前任者)의 잔임(殘任) 기간으로 함.

제14조 도평의회원이 직무를 게을리하거나 체면(體面)을 오손(汚損)하는 행위가 있을 때는 도지사는 조선총독의 인가를 받아 그것을 해임할 수 있음.

제15조 전(前) 5조에 규정하는 것의 외 도평의회 및 도평의회원에 관해 필요한 사항은 조선총독이 그것을 정함.

제16조 도지사는 매 회계연도 지방비의 세입출 예산을 조제(調製)해야 함.

  도지방비의 회계연도는 정부의 회계연도에 의함.

제17조 도지방비로써 지불하는 사건으로써 몇 년을 기약하여 그 비용을 지출해야 하는 것은 도평의회의 자문을 거쳐서 그 해 기간 각 연도의 지출액을 정하고 계속비로 할 수 있음.

제18조 도지방비에 특별회계를 설치할 수 있음.

제19조 도지방비의 수입금 및 지불금(支拂金)에 관한 시효(時效)에 대해서는 정부의 수입금 및 지불금의 예에 의함.

제20조 도지방비의 재무에 관한 사항 아울러 이원(吏員)의 배상(賠償) 책임, 신원보증 및 사무인계에 관한 사항은 조선총독이 그것을 정함.

부칙

본령 시행의 기일은 조선총독이 그것을 정함.

1998년 법률 제12호 지방비법 및 1919년 제령 제3호는 그것을 폐지함.

〈자료 195〉 조선도지방비령시행규칙을 다음과 같이 정함(朝鮮道地方費令施行規則左ノ通正ス) 조선총독부령 제105호(朝鮮總督府令第百五號)[《조선총독부관보》호외, 1920.7.29]

조선총독부령 제105호

조선도지방비령시행규칙(朝鮮道地方費令施行規則)을 다음과 같이 정함.
1920년 7월 29일 조선총독 남작(男爵) 사이토 마코토(齊藤實)

조선도지방비령시행규칙

제1장 도평의회(道平議會)

제1조 도평의회원의 정원은 다음과 같음

경기도(京畿道)	37인(人)
충청북도(忠淸北道)	18인
충청남도(忠淸南道)	24인
전라북도(全羅北道)	24인
전라남도(全羅南道)	34인
경상북도(慶尙北道)	37인
경상남도(慶尙南道)	33인
황해도(黃海道)	27인
평안남도(平安南道)	24인
평안북도(平安北道)	30인
강원도(江原道)	31인
함경남도(咸鏡南道)	25인
함경북도(咸鏡北道)	18인

제2조 도평의회원의 정원의 2/3는 이를 부군도(府郡島)에 배당함. 정원은 3분(分)하기 어

려울 때는 그 단수(端數)²²에 상당하는 원수(員數) 또한 마찬가지임.

전항(前項)에 의해 부군도에 배당한 도평의원은 부군도(府郡島)마다 부면협의회원이 선거한 후보자 중에서 이를 임명함.

제3조 전조(前條)에 의해 선거한 자 외, 도평의회원은 학식(學識), 명망이 있는 자로서 제7조에 규정한 자격을 갖는 자 중에서 이를 임명함.

제4조 도평의회원 후보자의 선거는 각 부군도(府郡島)에서 도지사의 고시에 의해 이를 행하고 그 고시에는 선거를 행해야 하는 부군도, 선거기일 및 선거해야 할 후보자의 원수(員數)를 기재하고 선거 날로부터 적어도 20일 전에 이를 발송해야 함.

제5조 도평의회원 후보자의 선거는 부윤, 면장이 부면협의회원으로써 투표에 의해 이를 행하게 해야 함.

거인의 씨명(氏名)을 기재해야 함.

투표를 마쳤을 때는 면장은 바로 투표를 군수, 도사(島司)에게 송치해야 함.

제6조 부윤, 군수 또는 도사(島司)는 득표수가 가장 많은 자를 채택하고 연력이 같을 때는 부윤, 군수 또는 도사가 추첨하여 이를 정해야 함.

제7조 도평의회원 후보자는 1년 이래 도내(道內)에 주소를 갖는 제국신민으로써 독립의 생계를 영위하는 연령 25년(年) 이상의 남자 중에서 이를 선거해야 함.

다음에 게재한 자 및 금치산자, 준금치산자 및 6년의 징역 또는 금고(禁錮) 이상의 형(刑)에 처해진 자, 가자분산(家資分散) 혹은 파산의 선고를 받아 그 확정한 때로부터 복권의 결정, 확정하기에 이르기까지의 자는 도평의회원 후보자로 선거할 수 없음.

금고 이상의 형의 선고를 받은 자는 그 집행을 마치거나 그 집행을 받지 않기에 이르기까지 또한 마찬가지임.

1. 그 도(道)의 관리 및 유급(有給) 이원(吏員)
2. 그 도내 부군도의 관리 및 유급 이원
3. 검사 및 경찰관리
4. 신직, 승려 기타 제종교사(諸宗敎師)

---

22 단수(端數): 끝수. 소수점 이하의 수.

5. 소학교 및 보통학교의 교원

6. 현역 중 또는 전시 혹은 사변에 때하여 소집 중의 육해군(陸海軍) 군인

제8조 도평의회원으로서 전조(前條)에 규정한 자격을 결여하기에 이른 때는 그 직책을 상실함. 그 자격의 유무는 도지사가 그것을 결정함.

제9조 도평의회는 도지사가 이를 초집(招集)함.

도평의회는 도지사가 이를 개폐(開閉)함.

제10조 도평의회는 도평의회원 정원의 반수 이상 출석하지 않으면 회의를 개최할 수 없음.

제11조 도평의회의 의사(議事)는 과반수로써 결정함. 가부동수(可否同數)일 때는 의장(議長)이 결정하는 바에 의함.

제12조 의장(議長)은 회의를 총리(總理)하고 회의의 순서를 정하고 그날의 회의를 개폐하고 의장(議場)의 질서를 보지(保持)함.

의장(議長)은 필요하다고 인정될 때는 도평의회원에 대해 발언을 폐지하고, 이를 취소시키거나 의장(議場) 밖으로 퇴거를 명령할 수 있음.

제13조 의장은 회의록을 조제(調製)하고 회의의 전말 및 출석 도평의회원의 시명을 기재해야 함.

회의록은 의장 및 출석 도평의회원 2인 이상 이에 서명하는 것을 필요로 함.

제14조 도평의회원은 직무를 위해 요구되는 비용의 변상(辨償)을 받을 수 있음.

비용변상액 및 그 지급 방법은 조선총독의 인가를 받아 도지사가 이를 정함.

제2장 지방세(地方稅) 및 부역현품(夫役現品)

제15조 지방세는 도내(道內)에 주소를 갖는 자에 대해 이를 부과함.

3개월 이상 도내에 체재(滯在)한 자에 대해서는 그 체재의 시작 시점으로 소급하여 지방세를 부과할 수 있음.

제16조 도내에 주소를 갖지 않거나 3월 이상 체재하지 않았더라도 도내에 토지(土地) 가옥(家屋) 물건을 소유하고 사용하거나 혹은 점유하고, 도내에서 영업소(營業所)를 설치하여 영업하고 도내에서 특정 행위를 하는 자에 대해서는 그 토지, 가옥, 물건, 영업 혹은 그 수입에 대해 또는 그 행위에 대해 지방세를 부과할 수 있음.

제17조 납세자(納稅者)가 도외(道外)에서 소유, 사용하고 점유한 토지, 가옥, 물건 혹은 그 수입 또는 도외에서 영업소를 설치한 영업 혹은 그 수입에 대해서는 지방세를 부과할 수 있음.

제18조 국(國) 또는 공공단체(公共團體)에서 공용(公用)에 제공한 토지, 가옥, 물건 및 영조물에 대해서는 지방세를 부과할 수 없음. 단 유료(有料)로써 이를 사용하게 된 자 및 사용 수익자(受益者)에 대해서는 이에 해당하지 않음.

묘지 아울러 외국 정부의 소유에 속하는 영사관 및 그 부지에 대해서는 지방세를 부고할 수 없음.

제19조 영대차지(永代借地)[23] 및 그 위에 있는 건물에 대해서는 그 차지료(借地料)에서 국세를 공제한 금액이 지방세액과 같을 때 또는 이를 초과한 때 지방세를 부과할 수 없음.

차지료에서 국세를 공제한 금액이 지방세액보다 적을 때는 그 차액(差額)을 지방세로 부과할 수 있음.

제20조 역현품은 도내(道內) 일부의 부면(府面) 또는 일부의 지방세 납세의무자에게 이를 부과함.

부역현품은 이를 금액으로 산출하여 부과해야 함.

부역을 부과받은 자는 적당한 대인(代人)을 내보낼 수 있음.

부역현품은 금전(金錢)으로 이에 대신할 수 있음.

제21조 지방세의 과목(課目), 과율 및 부과 방법은 조선총독의 인가를 받아 도지사가 이를 정함.

제22조 지방세 및 부역현품 부과의 세목에 관한 사항은 관계 부면(府面)으로써 이를 정하게 할 수 있음.

제23조 도지사는 특별한 사정이 있는 자에 대해 지방세를 감면(減免)하고 또는 납세 연기(延期)를 허가할 수 있음.

제24조 부면(府面)은 도지사가 지정한 지방세를 제외한 외 그 부면 내의 지방세를 징수하고 이를 도지방비로 납입할 의무를 부담함.

23　영구 임대권을 설정한 토지

전항(前項) 지방세 징수의 비용은 부면의 부담으로 하고 도지방비에 납입한 세금의 2/100에 상당하는 금액을 그 부면에 교부함.

지방세의 징수에 관해서는 국세징수법 제4조의 1, 제4조의 3 내지 제4조의 8 및 제6조 내지 제8조의 규정을 준용함.

제25조 도지사는 조선총독의 인가를 받아 지방세로써 부과해야 할 금액의 일부를 부면(府面)에 분부(分賦)할 수 있음.

제3장 도지방비(道地方費)의 재무(財務)

제26조 도지사는 매 회계연도 지방세 기타 일절의 수입을 세입으로 하여 일절의 경비를 세출로 하고 세입출 예산을 조제하여 연도 개시 전 조선총독의 인가를 받아야 함.

특별회계에 속한 세입세출은 별도로 그 예산을 조제해야 함.

제27조 예산 초과 지출에 충당하기 위해 예비비(豫備費)를 설치해야 함.

제28조 예산의 추가 또는 경정(更正)은 조선총독의 인가를 받아야 함

예산은 연도 경과 후에 추가 또는 경정할 수 있음.

제29조 도지사는 예산의 인가를 받은 후 바로 그 요령(要領)을 고시해야 함.

제30조 세입의 연도 소속은 다음의 구분에 의함.

1. 납기의 일정한 수입은 그 납기의 말일(末日)이 속하는 연도.
2. 수시(隨時)의 수입으로써 고지서를 발송하는 것은 이를 발송한 날이 속하는 연도.
3. 임시의 수입으로써 고지서를 발송하지 않는 것은 영수를 한 날이 속하는 연도. 단 보조금, 기부금 및 기채수입(起債收入)은 연도 경과 후라도 출납 폐쇄기까지는 이를 예정한 연도의 세입으로 할 수 있음.

제31조 세출의 소속 연도는 다음의 구분에 의함.

1. 비용변상, 급료 기타 여러 급여 및 용인료(傭人料) 종류는 지급해야 할 사실이 발생한 날이 속하는 연도. 단, 지불 기일을 정하는 것은 그 지불 기일이 속하는 연도.
2. 통신운반비, 토목건축비, 물건의 구입 대가, 기타 계약에 의한 지불금은 계약을 한 날이 속하는 연도. 단 계약에 의해 정해진 지불 기일이 있을 때는 그 지불 기일이 속하는 연도.

3. 앞 2호에 게재한 것을 제외한 외는 모두 지불 명령을 발송한 날이 속하는 연도. 단 보조금 및 결손 보전은 그 결정이 있던 날이 속하는 연도의 세출로 할 수 있음.

제32조 각 연도의 경비는 그 연도의 수입으로 이를 지불해야 함.

각 연도에서 세계(歲計)에 잉여가 있을 때는 다음 연도의 세입으로 편입해야 함.

연도 경과 후에 이르러 세입으로 세출에 출당하기에 충족하지 않을 때는 다음 연도의 세입을 조상(繰上)하여 이를 충용할 수 있음.

제33조 예산에서 정한 각 관의 금액은 피차(彼此) 유용할 수 없음. 예산 각항의 금액은 조선총독의 인가를 받아 이를 유용할 수 있음.

제34조 도지방비의 세입은 도지사 또는 그 위임을 받은 관리 이원이 이를 징수함.

도지사는 부면(府面)으로써 지방세 이외의 수입을 징수하도록 할 수 있음. 그 징수에 관해서는 제24조 제2항의 규정을 준용함.

제35조 지출하고자 할 때는 도금고(道金庫)에 대해 지불 명령을 발행해야 함.

지불 명령은 도지사 또는 그 위임을 받은 관리, 이원이 이를 발행함.

제36조 지불 명령은 채주(債主) 또는 그 대리인으로 하는 것이 아니라면 이를 발행할 수 없음.

제37조 인부채(人夫債) 및 도금고(道金庫) 소재지 외에 지불을 필요로 하는 경비는 현금 전도(前渡)를 할 수 있음.

제38조 다음의 경비는 개산불(槪算拂)을 할 수 있음.

1. 여비(旅費)

2. 소송비용(訴訟費用)

제39조 전금(前金) 지불이 아니라면 구입 또는 차입의 계약을 할 수 없는 것에 한해 전금불(前金拂)을 할 수 있음.

제40조 세입의 오납(誤納), 과납(過納)이 된 금액의 불려(拂戾)는 각 이를 수입한 세입에서 지불해야 함.

세출의 오불(誤拂) 과도(過渡)된 금액, 현금 전도(前渡), 전금불(前金拂), 개산불(槪算拂) 또는 조체불(繰替拂)[24]의 반납은 각 이를 지불한 경비의 정책으로 여입(戾入)해야 함.

---

24 조체불(繰替拂): 다른 것과 바꾸거나 전용

제41조 도지방비의 출납은 다음 연도 6월 30일 이를 폐쇄함.

 도지사는 출납폐쇄 후 3개월 이내에 결산을 조제(調製)하여 이를 조선총독에게 보고하고 또 그 요령을 고시해야 함.

 결산은 예산과 동일한 구분에 의해 이를 조제하고 예산에 대한 과부족의 설명을 첨부해야 함.

제42조 출납폐쇄 후의 수입, 지출은 이를 현 연도의 세입 세출로 해야 함. 제40조의 불려금(拂戾金) 및 여입금(戾入金)의 출납폐쇄 후에 관계한 것도 또한 마찬가지임.

제43조 계속비(繼續費)는 매 연도의 지불 잔액을 계속 연도가 끝날 때까지 순차 이월 사용할 수 있음.

제44조 도지방비에 출납리(出納吏)를 두고 관리 이원 중에서 도지사가 이를 임명함.

제45조 도지방비에 속하는 현금 출납 및 보관을 위해 도금고를 설치함.

 금고사무를 취급해야 하는 은행은 조선총독의 인가를 받아 도지사가 이를 정함.

제46조 금고사무를 취급하는 은행이 보관하는 현금은 도지방비의 세입세출에 속하는 것에 한함. 지출에 방해되지 않는 한도에서 도지사는 그 운용을 허락할 수 있음.

 전항(前項)의 경우에 금고사부를 취급하는 은행은 도지사가 정하는 바에 의해 이자를 납부해야 함.

제47조 도지사는 정기(定期) 및 임시로 금고의 현금 및 장부를 검사해야 함.

제48조 본령이 정하는 것을 제외한 외 재무에 관해 필요한 규정은 도지사가 이를 정함.

제4장 감독(監督)

제49조 다음에 게재한 사건은 조선총독의 인가를 받아야 함.

 1. 부역현품을 부과하는 일.

 2. 사용료, 수수료를 신설하고 증액 또는 변경하는 일.

 3. 기채(起債)를 하고 아울러 기채의 방법, 이율 및 상환 방법을 정하고 또는 이를 변경하는 일.

 4. 계속비를 정하거나 변경하는 일.

 5. 특별회계를 설치하는 일.

6. 부동산의 처분에 관한 일.

7. 유급이원의 퇴은료(退隱料), 퇴직급여금(退職給與金), 사망급여금(死亡給與金), 유족부조료(遺族扶助料) 및 그 지급 방법을 정하는 일.

8. 세입세출예산으로써 정한 것을 제외한 외 새로 의무를 부담하거나 또는 권리를 포기하는 일.

부칙(附則)

본령(本令)은 조선도지방비령(朝鮮道地方費令) 시행일로부터 이를 시행함.

1916년 부령(府令) 제83호 및 지방비제수입징수규칙(地方費諸收入徵收規則)은 이를 폐지함.

지방비부과금, 사용료 및 수수료 부과 징수에 관한 종전의 규정은 지방비제수입징수규칙을 제외한 외, 당분간 본령에 의해 정한 지방세, 사용료, 수수료에 관한 규정으로써 이에 그 효력을 가짐.

1920년 세입세출의 경리(經理)에 관해서는 종전의 예에 의함.

⟨자료 196⟩ 부면협의회원 및 학교평의회원의 선거인명부 및 투표용지 양식 및 선거록 서식을 다음과 같이 정함(府面協議會員及學校評議會員ノ選擧人名簿及投票用紙樣式竝選擧錄書式左ノ通定ム) 조선총독부 훈령 제40호(朝鮮總督府訓令第40號)[《조선총독부관보》2421, 1920.9.4]

조선총독부 훈령 제40호

도지사(道知事)
부윤(府尹), 군수(郡守), 도사(島司)
부면(府面)협의회원 및 학교평의회원의 선거인명부 및 투표용지 양식, 아울러 선거록(選擧錄) 서식은 다음과 같이 개정함.
1920년 9월 4일 조선총독 남작(男爵) 사이토 마코토(齊藤實)

선거인명부 양식

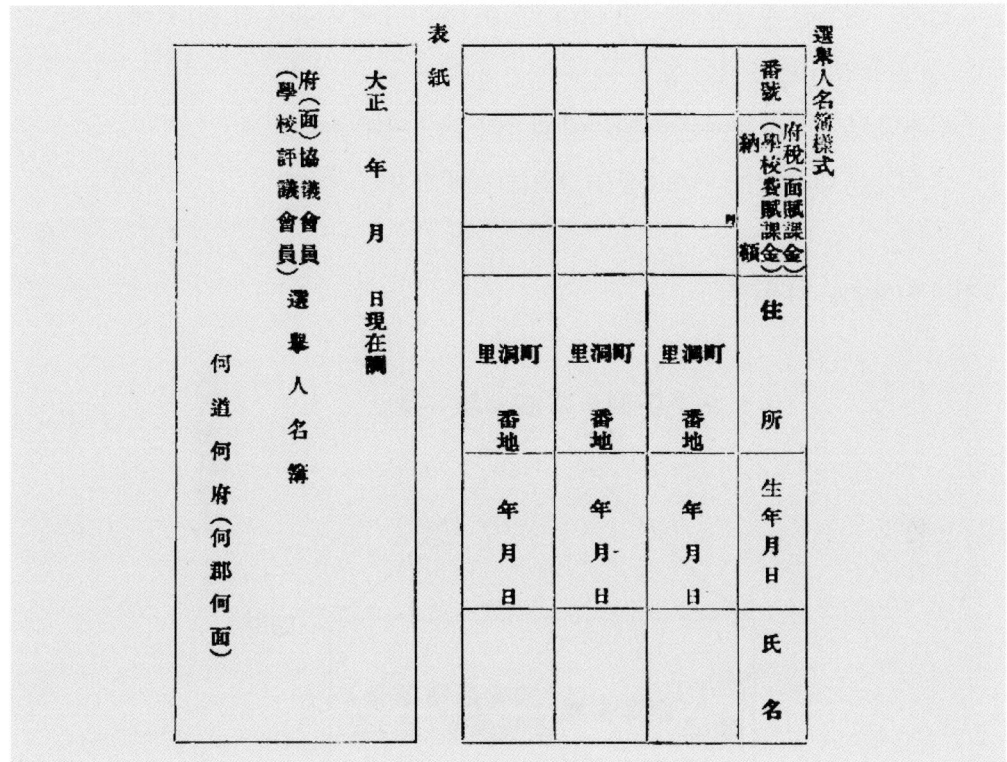

비고

1. 본부(本簿)는 ①, ②, ③별(別)로 구좌(口座)를 설치하여 번호는 각 구좌를 통해서 이를 기입해야 함.

2. 본부는 이를 분철(分綴)해도 무방함. 이 경우에는 각 표지에 "무슨 책(冊)의 내(內) 무슨 호(號)"라고 기재해야 함.

3. 부세(면부과금)(학교비부과금) 납액(納額)은 명부(名簿) 조제(調製) 기일이 속하는 연도의 전년의 부과액을 기재해야 함.

4. 선거인 명부를 조제할 때는 명부의 말미에 다음과 같이 기재해야 함.

   본 명부는 대정(大正) 년(年) 월(月) 일(日)의 현재에 의해 이를 조제(調製)함(중략)

5. 선거인 명부를 종람(縱覽)에 제공할 때는 그 말미에 다음과 같이 기재해야 함.

   본 명부는 대정(大正) 년(年) 월(月) 일(日)부터 7일간 부청(면사무소)에서 이를 관계자에

게 종람에 제공함. (중략)

6. 선거인 명부를 수정할 때는 그 년(年) 월(月) 일(日) 및 사유를 란(欄) 외에 기재하고 부윤(면장) 검인(檢印)해야 함.

7. 선거인 명부 확정한 때는 그 말미에 다음과 같이 기재해야 함.
   본 명부는 대정(大正) 년(年) 월(月) 일(日)로써 확정함. (중략)

선거록(選擧錄) 서식(書式)

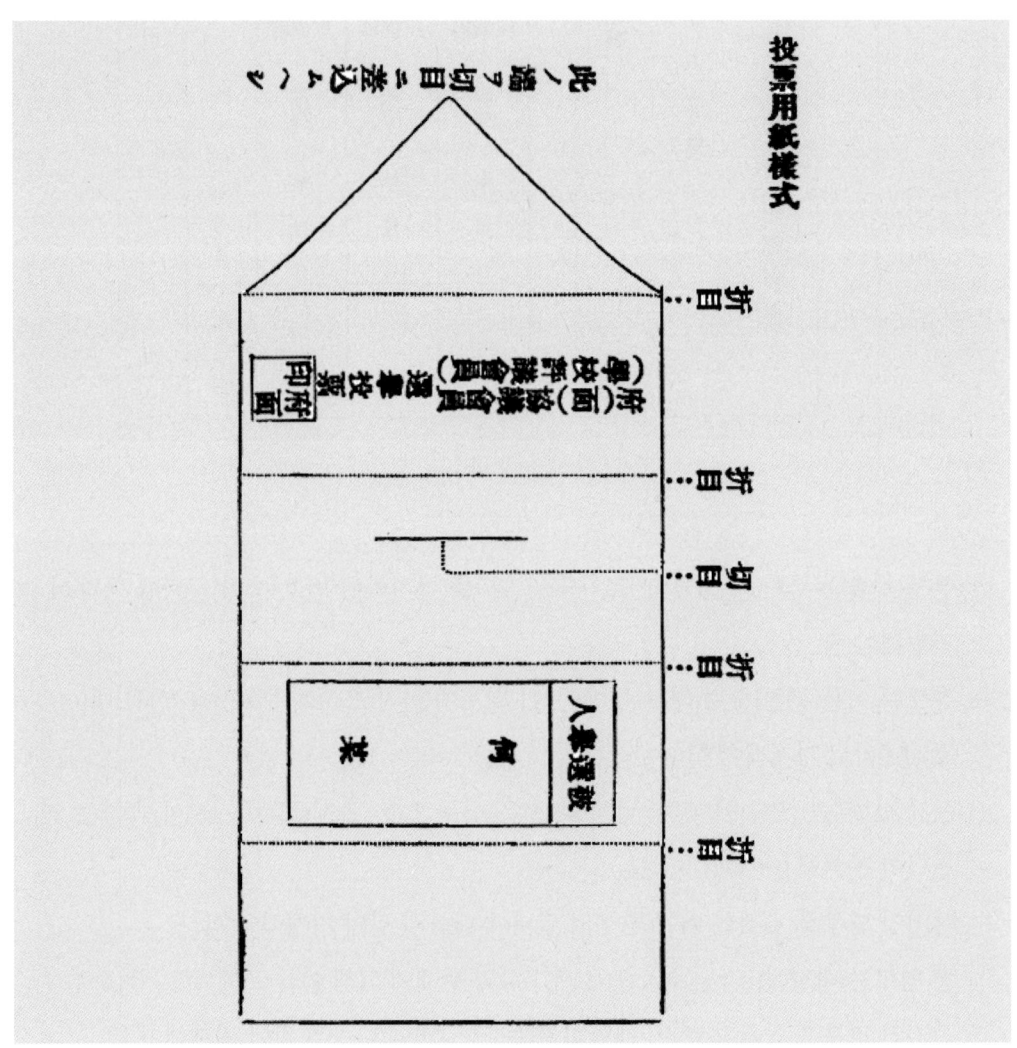

무슨 부(면)협의회원(학교평의회원) 총선거(보궐선거)회 선거록

1. 무슨 부(면)협의회원(학교평의회원) 총선거(보궐선거)에 대해 협의회원(학교평의회원) 하인(何人) 선거를 위해 본 부청(면사무소 또는 어떤 장소)에 선거회장을 설치함.
2. 다음의 선거입회인은 모두 투표 시기까지 선거회장에 참회(參會)함. (중략)
   투표 시각에 이르러 선거입회인 중 누가 참회(參會)하지 않았으므로 부윤(면장)은 임시로 선거인 중에서 다음의 자를 선거의 입회인으로 선임(選任)함. (중략)
3. 선거회(選擧會)는 대정(大正) 년(年) 월(月) 일(日) 오전(오후) 몇 시에 이를 열 것임.
4. 부윤(면장)은 선거입회인과 함께 투표에 앞서 선거회장(選擧會場)에 참집한 선거인의 면전에서 투표함을 열고 그 비어 있는 것을 보여준 후 뚜껑을 닫고 부윤(면장) 및 선거입회인이 열석한 면전에서 이를 설치함.
5. 부윤(면장) 및 선거입회인의 면전에서 선거인으로써 차례차례 그 씨명을 자창(自唱)시키고 선거인명부에 대조한 후 투표용지를 교부함.
6. 선거입회인 중 누구는 일단 참회(參會)하였으나 오전(오후) 몇 시 어떤 어떤 사고로 그 직책을 사임하여 그 정수(定數)를 결여함에 의해 부윤(면장)은 임시로 선거인 중에서 오전(오후) 몇 시 다음의 자를 선거입회인으로 선임함(중략)
   선거입회인 중 누구는 일단 참회(參會)하였으나 오전(오후) 몇 시 어떤 사고로 그 직책을 사임하였으나 또 선거입회인은 2인(또는 3인) 있고, 더욱이 부윤(면장)이 그 궐원(闕員)을 보완할 필요가 없기에 이른 것을 인정하여 특히 그 보궐을 하지 않는다는 취지를 선언함.
7. 다음의 선거인은 선거인 명부에 등록이 없으나 이에 등록되어질 결정서를 소지함에 의해 이로써 투표시키고자 함. (중략)
8. 다음의 선거인은 어떤 사유에 의해 부윤(면장)이 선거입회인의 의견을 듣고 투표를 거부함(중략)
9. 다음의 선거인은 실수로 투표용지를 오손(汚損)하였다는 취지로 다시 그것을 청구함에 의해 그 틀림없음을 인정하여 이와 교환하여 투표용지를 교부함. (중략)
10. 오전(오후) 몇 시에 이르러 부윤(면장)은 투표시간을 마쳤다는 것을 고하고 선거회장

(選擧會場)의 입구를 폐쇄함.

11. 오전(오후) 몇 시 선거회장에 있는 선거인의 투표를 결료(結了)함으로써 부윤(면장)은 선거입회인과 함께 투표함의 투표구를 폐쇄함.

12. 부윤(면장)은 선거입회인 입회 후 투표함을 열고 그 투표를 점검함에 다음과 같음.

    투표총수 몇 표

    유효투표 몇 표

    무효투표 몇 표

    > 내(內)
    >
    > 1. 성규(成規)의 용지를 사용하지 않은 것 몇 표
    > 2. 1 투표 중 2인 이상의 피선거인을 기재한 것 몇 표
    > 3. 피선거인이 누구인지를 확인하기 어려운 것 몇 표(중략)

13. 유효표수 중 득표자의 씨명 및 그 득표수는 다음과 같음.

    몇 표 씨명(중략)

    위 중 유효투표의 최다수를 얻은 다음의 몇 인을 당선자로 함. 단, 득표 수가 같으면 그 출생년월일을 조사함에 누구는 몇 년 몇 월 몇 일생, 누구는 몇 년 몇 월 몇 일생이므로 연장자 누구를 당선자로 정함[동년 동월 동일이므로 부윤(면장)이 추첨함에 누가 당첨되어서 구구로 당선자로 정함](중략).

14. 부윤(면장)은 투표의 유효 무효를 구별하여 각별(各別)로 이를 괄속(括束)[25]하고 다시 이를 봉통(封筒)[26]에 넣고 선거입회인과 함께 이를 봉인(捧印)함.

15. 다음의 자는 선거회장(選擧會場)의 사무에 종사함. (중략)

16. 선거회장에 임감(臨監)한 관리는 다음과 같음. (중략)

17. 선거인 명부에 기재한 자 몇 인

    투표한 선거인 몇 인

    투표를 거절한 자 몇 인

---

25 괄속(括束): 묶음
26 봉통(封筒): 봉투

18. 오전(오후) 몇 시 선거사무를 마치고 선거회장을 폐쇄함.

　　부윤(면장)은 이 선거록을 만들고 이를 낭고한 후 선거입회인과 함께 이에 서명함(중략).

비고

서식에 게재한 사항 외, 부윤(면장)이 선거에 관해 소요(騷擾)라 인정하는 사항이 있을 때는 이를 기재해야 함.

〈자료 197〉 부제시행규칙 제2조의 2 및 면제시행규칙 제6조의 3에 의한 부세 및 면부과금 지정은 다음과 같음(府制施行規則第2條ノ2及面制施行規則第6條ノ3ニ依リ府稅及面賦課金ヲ指定スルコト左ノ如シ) 조선총독부 고시 제242호(朝鮮總督府告示第242號)[《조선총독부관보》호외, 1920.10.1]

조선총독부 고시(告示) 제242호

부제시행규칙 제2조의 2[27] 및 면제시행규칙 제6조의 3[28]에 의해 부세 및 면부과금을 지정하는 것은 다음과 같음.

　　1920년 10월 1일 조선총독 남작(男爵) 사이토 마코토(齊藤實)

27　제2조의 2 제국신민(帝國臣民)으로 독립(獨立)의 생계(生計)를 영위하고 연령 25년(年) 이상의 남자가 1년 이래 부(府)의 주민(住民)이 되고, 그 부(府)에서 조선총독이 지정한 부세(府稅) 연액(年額) 5원(圓) 이상을 납부한 때는 그 부(府)의 협의회원의 선거권(選擧權)을 갖음. 단 금치산자(禁治産者), 준금치산자(準禁治産者) 및 6년의 징역 또는 금고(禁錮) 이상의 형(刑)에 처해진 자는 이에 해당하지 않음.(후략)

28　제6조의 3 제국신민(帝國臣民)으로 독립의 생계(생계)를 영위하는 연령 25년 이상의 남자 1년 이래 면내(面內)에 주소를 갖고 그 면에서 조선총독이 지정한 면부과금(面賦課金) 연액(年額) 5원(圓) 이상을 납부한 때는 그 면의 협의회원의 선거권을 가짐. 단 금치산자(禁治産者), 준금치산자(準禁治産者) 및 6년의 징역 또는 금고(禁錮) 이상의 형(刑)에 처해진 자는 이에 해당하지 않음.
　　선거권을 가진 자가 면부과금 체납처분(滯納處分) 중에는 선거권을 행사할 수 없음. 가자분산(家資分散) 혹은 파산(破産)의 선고를 받고 그 확정 때부터 복권(復權)의 결정이 확정하기에 이르기까지 또 금고 이상의 형(刑)의 선고를 받은 때부터 그 집행을 마치거나 그 집행을 받는 것이 없기에 이르기까지 또한 마찬가지임. (후략)

부세(府稅)

　시가지세부가세(市街地稅附加稅)

　가옥세부가세(家屋稅附加稅)

　건물세(建物稅)

　호별세(戶別稅)

　특별호별세(特別戶別稅)

　소득세(所得稅)

　영업세(營業稅)

면부과금(面賦課金)

　지세할(地稅割)

　시가지세할(市街地稅割)

　호별할(戶別割)

　영업할(營業割)

〈자료 198〉 조선총독부지방관관제 중 개정(朝鮮總督府地方官官制中改正) 칙령 제450호(勅令第四百五十號)[《조선총독부관보》2446, 1920.10.6]

칙령 제450호

조선총독부지방관관제 중 다음과 같이 개정함.

제23조[29] 삭제

29　1910년 9월 30일 공포 칙령 제357호 조선총독부지방관관제.
　　제23조 각 도 및 각 부군에 참사(參事)를 둘 수 있다.
　　참사의 정원은 조선총독이 이를 정한다.
　　참사는 도, 부군 관할 내에 거주하고 학식, 명망이 있는 자에서 취하며 조선총독의 인가를 받아 도장관이 이를 명한다.

제24조[30] 삭제

부칙(附則)

본령(本令)은 공포(公布)일로부터 이를 시행함.

〈자료 199〉 조선총독부지방관관제 중 개정(朝鮮總督府地方官官制中改正) 칙령 제23호(勅令 第二三號) [《조선총독부관보》 2552, 1921.2.16]

칙령 제23호

(상략)

조선총독부지방관관제(朝鮮總督府地方官官制) 중 다음과 같이 개정함.

제2조[31] 도(道)에는 다음의 직원을 둠.

---

30 1910년 9월 30일 공포 칙령 제357호 조선총독부지방관관제
    제24조 참사는 명예직으로 한다. 도장관 또는 부윤, 군수의 자문에 응하는 것으로 한다.
    참사에는 조선총독이 정하는 바에 따라 수당을 줄 수 있다.

31 『朝鮮總督府官報』제2446호(1920.10.6)의 참조에는 1910년 9월 30일 공포 칙령 제357호 조선총독부지방관관제라고 되고 있으나 해당 내용은 1919년 8월 19일 공포 칙령 제391호 조선총독부지방관관제임.
    제2조 각 도에 다음의 직원을 둠.

지사(知事)	칙임(勅任)
참여관(參與官) 1인	칙임 또는 주임(奏任)
사무관(事務官)	주임
통역관(通譯官)	주임
경시(警視)	주임
항무관(港務官)	주임
항무의관(港務醫官)	주임
수의관(獸醫官)	주임
기사(技師)	주임
서기(書記)	판임(判任)
시학(視學)	판임
경부(警部)	판임
항리(港吏)	판임

지사(知事)	13인(人)	칙임(勅任)
참여관(參與官)	전임(傳任) 13인	칙임 또는 주임(奏任)
사무관(事務官)	39인	주임
이사관(理事官)	전임 39인	주임
경시(警視)	전임 51인	주임
항무관(港務官)	전임 1인	주임
항무의관(港務醫官)	전임 2인	주임
수의관(獸醫官)	전임 1인	주임
기사(技師)	전임 41인	주임
속(屬)	전임 457인	판임(判任)
시학(視學)	전임 26인	판임
경부(警部)	전임 509인	판임
항리(港吏)	전임 4인	판임
항무의관보(港務醫官補)	전임 6인	판임
수의관보(獸醫官補)	전임 3인	판임
기수(技手)	전임 291인	판임
삼림주사(森林主事)	전임 45인	판임
통역생(通譯生)	전임 6인	판임
경부보(警部補)	전임 986인	판임

전항 직원 외, 조선총독은 도(道)의 필요에 응하여 통역관(通譯官)을 설치할 수 있음. 통역관은 주임(奏任)으로 함. 총독부 부내(部內)의 문관(文官)으로써 이를 겸임시킴.

항무의관보(港務醫官補)	판임
수의관보(獸醫官補)	판임
기수(技手)	판임
삼림주사(森林主事)	판임
통역생(通譯生)	판임
경부보(警部補)	판임

제3조[32] 참여관(參與官)은 각 도(各道) 전임 1인, 사무관(事務官)은 각 도 3인, 이사관(理事官)은 각 도 전임 1인을 정원으로 함.

항무관(港務官)은 경상남도에 전임 1인, 항무의관(港務醫官)은 경기도 및 경상남도에 각 전임 1인, 수의관(獸醫官)은 경상남도에 전임 1인을 둠.

경시(警視), 기사(技師) 및 전조(前條)에 게재한 판임관의 각 도의 정원은 조선총독부가 그것을 정함.

제4조[33] 1920년 칙령 제262호 제1조[34]의 규정에 의해 봉급 최저액보다 낮은 봉급을 받는 기사 및 기수로서 다른 직무에 종사하는 자의 원수(員數)는 주로 종사하는 직무의 직원의 정원 내(內)로 하고 기타 직원의 정원 외(外)로 함.

제5조에 다음의 1항을 더함.

소부(所部)의 판임관(判任官) 이하의 진퇴(進退)는 지사(知事)가 이를 행함.

제9조 중「제1부장(部長)」을「내무부장(內務部長)」으로 개정함.

제12조 중「제1부(部), 제2부 및 제3부」를「내무부(內務部), 재무부(財務部) 및 경찰부(警察部)」로 개정함.

제13조 중「제3부장(部長)」을「경찰부장(警察部長)」으로 개정함.

제14조 중「부장(部長)이 아닌 사무관(事務官)」을「이사관(理事官)」으로 개정함.

제16조, 제22조 및 제22조의 2 중「서기(書記)」를「속(屬)」으로 개정함.

제16조의 2 중「각 부군(府郡)」을「각 부군도(各 府郡島)」로 개정함.

---

32 1919년 8월 19일 공포 칙령 제391호 조선총독부지방관관제
제3조 각 도를 통틀어 사무관은 전임 42인, 경시는 전임 48인, 항무관은 전임 1인, 항무의관은 전임 1인, 수의관은 전임 1인, 서기, 항리, 항무의관보, 수의관보 및 통역생은 전임 441인으로 함.
기사, 통역관, 시학, 경부, 기수, 산림주사(森林主事) 및 경부보는 도(道)의 수요에 의해 봉급예산 정액 내에서 이를 설치함.

33 1919년 8월 19일 공포 칙령 제391호 조선총독부지방관관제
제4조 각 도에 사무관, 통역관, 경시, 항무관, 항무의관, 수의관, 기사, 서기, 시학, 경부, 항리, 항무의관보, 수의관보, 기수, 삼림주사, 통역생 및 경부보의 정원은 조선총독이 이를 정함.

34 1920년 8월 17일(참조사항의 18일은 오기임) 공포 칙령 제262호 교관 및 기술관의 봉급에 관한 건
제1조 교관의 봉급은 그 학과목의 종류 또는 수업시간의 다소(多少)에 의해, 기술관의 봉급은 각 청(廳) 사무의 번한(繁閑)에 따라 그 최저액 이하를 급여할 수 있음.

제18조[35] 부군도에는 통틀어 다음의 직원을 둠.

부윤(府尹)	12인(人)	주임(奏任)
군수(郡守)	281인	주임
도사(島司)	2인	주임
속(屬)	전임(專任) 2,419인	판임
기수(技手)	전임 160인	판임
통역생(通譯生)	전임 3인	판임

전항(前項) 직원의 외 경성부(京城府)에 이사관(理事官) 전임(專任) 2인 및 기사(技師) 전임 1인, 부산부(釜山府)에 이사관 전임 1명을 둔다. 이사관 및 기사는 주임(奏任)으로 한다.

제19조[36] 각 부군도의 속(屬), 기수(技手) 및 통역생(通譯生)의 정원은 조선총독이 이를 정함.

---

35 1910년 9월 30일 공포 칙령 제357호 조선총독부지방관관제
　　제18조 각 부군에 다음의 직원을 둠.
　　부윤 또는 군수주임
　　서기, 통역생 판임
　　부에 사무관 및 통역관을 둘 수 있음.
　　부(府)사무관 및 부(府)통역관은 주임으로 함.
　　1914년 6월 27일 공포 칙령 제133호 조선총독부지방관관제 중 개정
　　제18조에 다음의 2항을 더함.
　　부(府)에 부사무관(府事務官)을 설치할 수 있음.
　　부사무관은 주임(奏任)으로 함.
　　1915년 4월 30일 공포 칙령 제66호 조선총독부지방관관제개정
　　제18조 「부군(府郡)」을 「부군도(府郡島)」로, 「부윤(府尹) 혹은 군수(郡守)」를 「부윤, 군수 혹은 도사(島司)」로 개정하고, 다음의 2항을 더함.
　　수요(須要)에 의해 도(島)에 기수(技手)를 설치할 수 있음.
　　기수는 판임(判任)으로 함.
　　1918년 4월 25일 공포 칙령 제97호 조선총독부지방관관제 중 개정
　　제18조 제2항에서 제5항을 다음과 같이 개정함.
　　부에 부사무관을 설치할 수 있음. 부사무관은 주임으로 함.
　　경성부(京城府)에 기사(技師)를 설치할 수 있음. 기사는 주임으로 함.
　　부군도(府郡島)에 기수를 설치할 수 있음. 기사는 판임으로 함.

36 1918년 4월 25일 공포 조선총독 칙령 제97호 조선총독부지방관관제 중 개정
　　제19조 부사무관은 각 부를 통해서 전임 3인, 기사는 전임 1인, 서기 및 통역생은 각 부군도를 통해서 전임 2420인으로 함.

제20조 제4조의 규정은 부군도의 기사 및 기수의 정원에 대해 이를 준용(準用)함.

제21조 중「서기(書記)」를「속(屬)」으로,「부(府)사무관」을「이사관(理事官)」으로 개정함.

제21조 2 중「부사무관」을「이사관」으로 개정함.

제26조 제3항에서 제5항[37]을 다음과 같이 개정함.

    의원(醫院)에는 통틀어 다음의 직원을 둠.

    원장(院長)

의관(醫官)	전임(傳任) 51인	주임(奏任)
사무관(事務官)	전임 2인	주임
약제관(藥劑官)	전임 2인	주임
의원(醫員)	전임 62인	판임
서기(書記)	전임 23인	판임
약제수(藥劑手)	전임 22인	판임

    원장(院長)인 의관(醫官)은 2인으로 한정하고, 이를 칙임(勅任)으로 할 수 있음.

    기수는 부군도의 수요(須要)에 의해 봉급예산 정액 내에서 이를 설치함.

37 1913년 4월 10일 공포 칙령 제55호 조선총독부지방관관제중 개정
    제26조 제3항 내지 제5항
    각 의원에 다음의 직원을 설치함.

원장(院長)	주임(奏任)
의관(醫官)	주임
의원(醫員)	판임(判任)
서기(書記)	판임
약제수(藥劑手)	판임
조수(助手)	판임

    각 의원을 통틀어 의관은 전임 40인, 의원, 서기, 약제수 및 조수는 전임 75인으로 함.
    각 의원의 의관, 의원, 서기, 약제수 및 조수의 정원은 조선총독이 이를 정함.
    1914년 6월 27일 칙령 제133호 조선총독부지방관제중개정
    제26조 중「40인」을「41인」으로,「75인」을「77인」으로 개정함.
    1917년 5월 31일 공포 칙령 제55호 조선총독부지방관제 중 개정
    제26조 중「원장(院長)」의 다음에「의장(醫長) 주임(奏任)」을 더하고,「의관(醫官)은 전임 41인」을「의장은 전임 23인, 의관은 전임 18인」으로「의관, 의원(醫員)」을「의장, 의관, 의원」으로 개정함.
    1918년 4월 25일 공포 칙령 제97호 조선총독부지방관제 중 개정
    제26조 중「23인」을「24인」으로「77인」을「98인」으로 개정함.

각 의원의 의관, 사무관, 약제관, 의원, 서기 및 약제수 정원은 조선총독이 이를 정함.

제27조 중 「의장(醫長)」을 「의관(醫官)」으로, 「도장관(道長官)」을 「지사(知事)」로 개정함.

제28조[38] 중 「원장이 아닌 의장 및」 및 제5항을 삭제하고, 동조(同條) 제1항의 다음에 다음의 2항을 더함.

사무관은 원장의 명을 받아 서무(庶務)를 관장함.

약제관은 원장의 명을 받아 약품, 의료기계 및 치료 재료에 관한 사무를 관장함.

부칙(附則)

본령(本令)은 공포일로부터 이를 시행함.

본령 시행의 때 현재 조선총독부의 부장(部長)이 아닌 도(道) 사무관, 부(府) 사무관, 도 자혜의원(慈惠醫院) 의장(醫長), 도서기 또는 부군도(府郡島) 서기 직책에 있는 자가 별도로 사령서(辭令書)를 교부받지 않았을 때는 각 조선총독부의 도 이사관, 부(府) 이사관, 도 자혜의원 의관(醫官), 도속(道屬) 또는 부군도속(府郡島屬)에 같은 관등(官等) 봉급(俸給)으로 임명된 것으로 함.

⟨자료 200⟩　조선총독부지방관관제 중 개정의 건(朝鮮總督府地方官官制中改正ノ件) 칙령 제372호(勅令第三百七十二號) [《조선총독부관보》 3003, 1922. 8. 15]

칙령 제372호

(상략)

조선총독부지방관관제(朝鮮總督府地方官官制) 중 다음과 같이 개정함.

38　1913년 4월 10일 공포 칙령 제55호 조선총독부지방관관제중 개정
　　제28조 의관(醫官)은 원장(院長)의 명을 받아 의무 및 조산부(助産婦), 간호부(看護婦)의 양성에 관한 일을 관장한다. (중략)
　　조수는 상관의 지휘를 받아 의무(醫務) 및 약제의 사무를 돕는다.
　　1917년 5월 31일 공포 칙령 제55호 조선총독부지방관관제 중 개정
　　제28조 중 「의관(醫官)」을 「원장이 아닌 의장(醫長) 및 의관(醫官)」으로 개정함.

제2조 중 전임(傳任) 39인(人)을 전임 52인으로, 54인을 55인으로, 항무관(港務官)을 통역관(通譯官)으로, 41인을 48인으로, 470인을 480인으로, 509인을 517인으로, 294인을 303인으로, 135인을 180인으로, 통역생(通譯生) 전임 6인을 통역생 전임 5인으로, 986인을 996인으로, 통역관을 항무관으로, 총독부(總督府) 부내(部內)의 문관(文官)을 수상(水上) 경찰서(警察署)의 장(長)인 경시(警視)로 개정함.

제9조 중 내무부장(內務部長)인 사무관(事務官)을 관등(官等)의 순서에 따라 사무관(事務官)으로 개정함.

제13조 2 각 도(道)에 시학관(侍學官)을 설치하고, 이사관(理事官)으로 이에 충당함.

　　　　시학관은 상관의 명을 받아 학사(學事) 시찰, 기타 교육에 관한 사무를 관장함.

제18조 중 2,545인을 2,637인으로, 79인을 101인으로, 3인을 2인으로, 전임 2인을 전임 3인으로, 부산부(釜山府)에 이사관 전임 1인을 부산부 및 평양부(平壤府)에 이사관 각 전임 1인으로 개정함.

제25조[39] 제2항을 다음과 같이 개정함.

　　　　면(面)에 면장(面長)을 설치함. 판임관(判任官) 대우로 함. 단, 50명에 한해 이를 주임관(奏任官) 대우로 할 수 있음.

　　　　면장은 군수(郡守) 또는 도사(島司)의 지휘를 받아 면내(面內)의 행정사무를 보조, 집행함.

제26조 중 61인을 67인으로, 72인을 87인으로, 37인을 40인으로, 25인을 28인으로 개정함.

부칙(附則)

본령(本令)은 공포일로부터 이를 시행함.

---

[39] 1910년 9월 30일 공포 칙령 제357호 조선총독부지방관관제
　　제25조 각 부군(府郡)에 면(面)을 설치함.
　　　면에 면장(面長)을 설치하고 판임관(判任官) 대우로 함. 부윤(府尹) 또는 군수(郡守)의 지휘, 감독을 받고 면내의 행정사무를 보조, 집행함.
　　　면 및 면장에 관한 규정은 조선총독이 이를 정함.
　　1914년 6월 27일 공포 칙령 제133호 조선총독부지방관관제 중 개정
　　　제25조 「부군(府郡)」을 「군(郡)」으로 개정하고, 「부윤(府尹) 또는」을 삭제함.
　　1915년 4월 30일 공포 칙령 제66호 조선총독부지방관관제개정
　　　제25조 「군(郡)」을 「군도(郡島)」로, 「군수(郡守)」를 「군수 혹은 도사(島司)」로 개정함.

⟨자료 201⟩ 조선지방선거취체규칙(朝鮮地方選擧取締規則) 조선총독부령 제83호(朝鮮總督府令第八三號) [《조선총독부관보》 825, 1929. 9. 30)]

조선총독부령 제83호

조선지방선거취체규칙(朝鮮地方選擧取締規則)을 다음과 같이 정함.

조선지방선거취체규칙

제1조 본령(本令)은 부협의회원, 면협의회원, 학교평의회원 및 학교조합의원의 선거(이하 단지 선거라 칭함)에 대해 이를 적용함.

제2조 선거를 관리하는 부윤, 면장 또는 학교조합 관리자(이하 단지 선거관리자라 총칭함)는 선거회장(이하 단지 회장(會場)이라 칭함)의 취체를 위해 필요하다고 인정될 때는 경찰관리의 처분을 청구할 수 있음.

제3조 선거인이 아닌 자는 회장(會場)에 들어갈 수 없음. 단 회장(會場)의 사무에 종사하는 자, 회장(會場)을 감시하는 직권을 갖는 자, 경찰관리 또는 선거관리자가 필요하다고 인정한 자는 이에 해당하지 않음.

제4조 회장(會場)에서 연설, 토론하거나 혹은 훤요(喧擾)[40]하거나 투표에 관해 협의 혹은 권유하고, 기타 회장(會場)의 질서를 문란하게 하는 자가 있을 때는 선거관리자는 이를 제지하고 명령에 따르지 않을 때는 이를 회장 밖으로 퇴출할 수 있음.

전항(前項)의 규정에 의해 회장 밖으로 퇴출된 자는 최후에 이르러 투표할 수 있음. 단 선거관리자는 회장의 질서를 문란하게 할 우려가 없다고 인정되는 경우에 있어서 투표하는 것을 막을 수 없음.

제5조 선거사무에 관계있는 관리 및 이원은 그 관계 구역 내에서 선거운동을 할 수 없음.

제6조 선거운동을 하는 자는 선거운동을 하는 데 필요한 음식물, 선차마(船車馬) 등의 공급 또는 그 실비(實費)의 변상을 받을 수 있음.

---

40 훤요(喧擾): 시끄럽게 떠들어 댐.

제7조 사위(詐僞)의 방법으로 선거인명부에 등록된 자 또는 허위로 신청하여 회장에 들어온 자는 50원(圓) 이하의 벌금에 처함.

씨명을 사칭하고 기타 사위의 방법으로 투표를 한 자는 6월 이하의 금고(禁錮) 또는 백 원 이하의 벌금에 처함.

제8조 다음의 각호(各號)에 게재한 행위를 한 자는 1년 이하의 징역 혹은 금고 또는 2백 원 이하의 벌금에 처함.

1. 투표를 얻거나 혹은 얻게 하거나 얻게 하지 않을 목적으로 선거인 또는 선거운동자에 대해 금전, 물품, 기타 재산상의 이익 혹은 공사(公私)의 직무 공여(供與), 그 공여의 신청자는 약속을 하거나 향응 접대, 그 신청 혹은 약속을 했을 때.

2. 투표하거나 하지 않는 것 또는 선거운동을 하거나 혹은 멈추게 하는 것의 보수(報酬)로 할 목적으로 선거인 또는 선거운동자에 대해 전호(前號)에 게재한 행위를 했을 때.

3. 회원 또는 의원후보자(이하 단지 후보자라 칭함)인 것을 그만두게 할 목적으로 후보자에 대해 또는 당선을 사퇴시킬 목적으로 당선인에 대해 제1호에 게재한 해위를 했을 때.

4. 후보자인 것을 그만두게 하는 것 또는 당선은 사퇴시키는 것의 보수(報酬)로 할 목적으로 후보자인 자 또는 당선인인 자에 대해 제1호에 게재한 행위를 했을 때.

5. 전(前) 각호의 공여, 향응 접대를 받거나 혹은 요구하고 또는 그 신청을 승낙했을 때.

전항(前項)의 경우에 수수(收受)한 이익은 그것을 몰수함.

제9조 선거에 관해 다음의 각호에 게재한 행위를 하는 자는 1년 이하의 징역 혹은 금고 또는 2백 원 이하의 벌금에 처함.

1. 선거인, 후보자(候補者), 선거운동자(選擧運動者) 또는 당선인(當選人)에 대해 폭행 혹은 위력을 가해 이를 괴인(拐引)[41]했을 때.

2. 교통 혹은 집회 우편을 방해하거나 연설을 방해하고 기타 위계(爲計), 작술(作述)

---

[41] 괴인(拐引): 꾀를 쓰거나 유혹(誘惑)하여 남을 나오게 함.

등 부정한 방법으로 선거의 자유를 방해했을 때.

제10조 선거에 관해 관리 또는 이원(吏員)은 고의로 그 직무의 집행을 게을리하거나 직권을 남용하여 선거의 자유를 방해했을 때는 6월 이하의 징역 또는 금고에 처함.

관리 또는 이원이 선거인에 대해 그 투표하고자 하거나 투표한 피선거인의 씨명을 표시했을 때는 1월 이하의 금고 또는 50원(圓) 이하의 벌금에 처함.

제11조 선거사무에 관계가 있는 권리, 이원, 입회인(立會人) 또는 감시자가 선거인이 투표한 피선거인의 씨명을 표시했을 때는 6월 이하의 금고 또는 백 원 이하의 벌금에 처함. 그 표시한 사실이 허위일 때 또한 같음.

제12조 회의장에서 정당한 이유 없이 선거인의 투표에 간섭하고 또는 피선인의 씨명을 인지하는 방법을 행하는 자는 3월 이하의 금고 또는 50원 이하의 벌금에 처함.

멋대로 투표용기(投票容器)를 열거나 투표용기 중의 투표를 꺼낸 자는 6월 이하의 징역 혹은 금고 또는 백 원 이하의 벌금에 처함.

제13조 투표를 위조하거나 그 수를 증감한 자는 1년 이하의 징역 혹은 금고 또는 2백 원 이하의 벌금에 처함.

제14조 제5조의 규정에 위반한 자는 백 원 이하의 벌금에 처함.

제15조 당선인이 그 선거에 관해 죄를 범하고 형에 처해진 때는 그 당선을 무효로 함.

제16조 본령(本令)에 게재한 죄의 시효는 1년을 경과한 후에 완성함.

제17조 당선인이 그 선거에 관해 죄를 범하고 형에 처해진 때는 검사국(檢事局) 또는 즉결관서(卽決官署)의 장(長)은 그 취지를 관계 도지사 및 선거관리자에게 통지해야 함.

제18조 제6조, 제8조 내지 제13조, 제16조 및 제17조의 규정은 도평의회원 및 군도(郡島) 학교평의회원의 후보자의 선거에 대해 이를 준용함.

부칙

본령(本令)은 1929년 10월 1일부터 이를 시행함.

V

실행 결과

<해제>

　이 장에서는 1920년대 개정 지방제도의 결과와 관련하여 『개정 지방제도 실시개요(改正地方制度實施槪要)』(1922.3), 『면제제요(面制提要)』(1926), 『중추원(中樞院) 관제개정(官制改正)에 관한 참고자료(參考資料)』(1933), 『조선통치비화(朝鮮統治秘話)』[경성(서울): 제국지방행정학회 조선본부(帝國地方行政學會朝鮮本部), 1937]를 수록하였다.

　『개정 지방제도 실시개요(改正地方制度實施槪要)』는 지방제도 개정을 담당한 조선총독부 내무국에서 1922년 시점에서 지방제도 개정의 결과를 확인하기 위해 발행한 서적이다. 개정을 담당한 당국에서 발간한 서적으로 개정 지방제도의 내용과 조선총독부 당국의 제도에 대한 평가를 확인할 수 있는 가장 기본적인 자료라 할 수 있다. 이 책에는 지방제도 개정의 경과 외에도 각 지역의 선거 상황을 자문기관별로 나누어 상세하게 확인, 평가하고 있어 당시의 지역상을 확인할 수 있으며, 각 자문기관의 의안 중 주요 안건들을 채집하여 정리해 놓아 당시 지역의 현안을 확인할 수 있는 자료로서도 의의가 있다.

　『면제제요(面制提要)』는 평안남도대동군연구회(平安南道大同郡硏究會)에서 1926년에 간행한 도서로 1917년 면제도 실시 이후 20년이 지난 시점에서 면제도의 운용과 지방 민중의 지도 개발에 도움이 되고자 간행하는 것이라고 밝히고 있다.[1] 이 책은 범례(凡例)에 따르면, 해당 군(郡)의 각 면 직원의 일상 집무에 참고하기 위하여 간행하는 것으로, 대동군 개최의 면 서기 강습회(面書記講習會)의 면제(面制) 강의안(講義案)에 기초하여 작성한 것이라고 한다.[2] 평안남도대동군연구회(平安南道大同郡硏究會) 회장 다카하시 다다시(高橋正)는 당시 대동군수로 연구회를 표방하고 있지만, 범례에서의 설명도 그렇고 이 책은 대동군에서 출간한 것이라고 보아도 무방할 것 같다. 면 직원의 사무에 도움을 주기 위해서 편찬한 만큼 개

---

[1] 「序」 『면제제요(面制提要)』, 1926
[2] 「凡例」, 『면제제요(面制提要)』, 1926

정 내용을 등을 포함하여 지방제도와 관련된 전반적인 사항을 쉽고 상세하게 기록해 둔 자료이다. 면제의 개정 과정에서 나타나는 개정 내용을 해당 법조항의 제시와 함께 일목요연하게 정리해 놓았으며, 면과 일본의 정촌(町村)을 비교한 내용 등도 주목할 만하다. 면의 성격, 사무, 면협의회의 조직 및 권한 등 지방제도 개정 후 면과 관련된 변경 내용을 상세하게 기재하고 있어 개정 지방제도가 실제 면의 운용에 미친 영향을 확인할 수 있다.

『중추원 관제 개정에 관한 참고자료』는 1932년 이후 중추원에서 작성한 것으로 추정되고 있다. 중추원이 설치된 이유와 중추원 관제 개정의 연혁, 구성원인 부의장·고문·참의 선임의 내규와 관례, 중추원 제도에 대한 조선인 측의 여론, 참정권 문제에 대한 조선인의 의향, 지방자치 연혁과 실적 등의 내용으로 이루어져 있다. 이 자료집에는 마지막 부분, 즉 '지방자치의 연혁과 그 실적' 부분을 실었다. 내용은 첫째, 1910년대 초반부터 1932년까지의 도지방비·부(府)·읍면·학교비·학교조합의 세입출 예산 비교표이다. 둘째, 도평의회(1920~1929), 부협의회(1920~1931), 지정면협의회와 읍회(1920~1931), 보통면협의회(1920~1929)의 지역별 선거 실시 상황과 당선자의 수를 조선인·일본인으로 나눈 통계이다.

『조선통치비화(朝鮮統治秘話)』는 3·1운동 후 사이토 마코토 신임 총독과 함께 조선에 정무총감으로 부임한 미즈노 렌타로(水野鍊太郞)가 이후 도쿄에서 동양협회가 주최한 좌담회에 참석하여 1920년대 전반 조선 시정 경험을 이야기한 내용을 책으로 묶은 것이다. 협회 측에서는 사이토 전 총독도 출석하길 바랐으나 참여하지 못한 채 곧 1936년 2·26사건으로 사망하였다. 좌담회 출석자는 귀족원의원이자 법학박사 미즈노 렌타로, 귀족원의원 아카이케 아쓰시(赤池濃)·시바다 젠사부로(柴田善三郞)·마루야마 쓰루키치(丸山鶴吉)·모리야 에이후(守屋榮夫), 전 니가타현(新潟縣) 지사 지바 료(千葉了), 전 조선총독부 식산국장 마쓰무라 마쓰모리(松村松盛), 동양협회 편집부 야마가미 도루(山上昶) 등이다. 책의 목차는 '관제 개정과 신간부(新幹部), 조직, 총독 총감, 임명에서 부임까지, 치안유지와 경무당국의 고심, 신정(新政)의 취지 선전과 제시설(諸施設), 통치방침 확립과 제1차 예산편성, 대외 관계와 언론 결사 취체문제, 폭탄범인과 학생소요사건, 이강공(李堈公) 탈출사건의 진상, 조선어 보급과 미술전람회, 지방제도의 획기적 개정, 학제 개혁을 목표로 하여, 교육 제도 개정의 기초 공작, 소요 와중의 조선산업' 등이다. 이 자료집에서는 1920년 조선 지방제도 개정 당시 찬반론과 개정 후의 상황에 대해 회고하는 참석자들의 담화 일부를 실었다.

〈자료 202〉 개정 지방제도 실시개요(改正地方制度實施槪要)[조선총독부내무국(朝鮮總督府內務局), 1922.3]

〈자료 203〉『면제제요(面制提要)』[평안남도대동군연구회(平安南道大同郡硏究會), 1926]

〈자료 204〉 중추원 관제 개정에 관한 참고자료(中樞院官制改正に關する參考資料)[조선총독부중추원(朝鮮總督府中樞院), 1933]

〈자료 205〉『조선통치비화(朝鮮統治秘話)』[조선행정편집총국(朝鮮行政編輯總局) 편(編), 경성(京城 서울): 제국지방행정학회조선본부(帝國地方行政學會朝鮮本部), 1937]

〈자료 202〉 개정 지방제도 실시개요(改正地方制度實施槪要)[조선총독부내무국(朝鮮總督府內務局), 1922.3]

○ 개정 지방제도 실시개요(改正地方制度實施槪要)

1. 총설(總說)

저번 개정 이전의 조선 지방제도는 최하급의 행정청(行政廳)으로써 부(府) 및 면(面)이 있고, 부는 시가지(市街地), 면은 촌락지(村落地) 방면의 행정청으로써 그 일반 행정사무를 처리하고 별도로 교육사무를 처리하기 위해 내지인 측에 학교조합(學校組合)이 있고, 조선인 측에 공립보통학교비(公立普通學校費)가 있다. 그 외 수리관개(水利灌漑) 사무를 처리하기 위해 수리조합(水利組合)이 있고, 이 중 점점 자치체의 모양을 구비함은 학교조합 및 수리조합뿐이다. 기타에 있어서는 종래 민의(民意)를 참작해야 할 기관을 구비하지 않고, 겨우 부(府)에 협의회(協議會), 지정면(指定面)에 상담역(相談役)이 있어서 부윤(府尹), 면장(面長)에 대한 자문기관(諮問機關)의 용도로 하고자 했지만, 협의회원 또는 상담역은 그 원수(員數)가 적고 게다가 정부(政府)의 임명에 관계한 것이었으므로 민의를 창달하는 기관으로서 결코 충분하다라 할 수 없다. 또 부(府)의 부윤은 관리로서, 면의 면장은 정부의 임명에 관계하고, 공립보통학교비는 관리인 부윤, 군수, 도사(島司)가 관리하고 군도(郡島) 및 도(道)는 모두 하나의 행정구획에 지나지 않아서 각 도의 공공사업 처리를 위해서 설치된 도지방비(道地方費) 또한 오로지 도지사의 관리에 속한다. 오직 도(道)에 3명, 부(府), 군(郡), 도(島)에 2명의 도, 부, 군, 도 참사(參事)를 설치하여 도지사, 부윤, 군수, 도사의 자문에 응하게 하는 제도를 채용하고 있었다. 그러나 이 또한 정부의 임명에 관계하여 소수 지방 명망가의 영예직임에 그치지 않고 종래의 실적에 비추어도 민의를 반영한 후에 유감이 적지 않은 것으로 곧 지방행정으로써 민의를 참작하고 그 실상에 적절하게 할 긴요함을 인정하였다. 약 1년에 걸쳐 신중 심의를 거듭하여 작년 1920년(大正 9년) 7월 29일로써 이에 관한 여러 법령을 발포하고, 동년 10월 1일부터 이를 시행하였다. 본 제도는 도(道), 부(府), 군(郡), 면(面) 등에 자문기관을 설치하는 것으로써 물론 지방자치기관으로써 안전한 것이 아니라, 다만 조선의 현 정세는 완전한 지방자치단체를 설치할 시기에 도달시킨다고 하는 것은 가능하지 않고, 먼저 이에 도달할 단계로써 민의 창달의 길을 열어 민중이 지방공공(公共)의 사무를 배워 익히게 할 필요가 있으며, 개정 요지는 다음과 같다.

(1) 부제(府制) 및 면제(面制), 부의 자문기관(諮問機關)인 부협의회(府協議會)의 조직에 변경을 가함과 동시에 면(面) 재정(財政), 기타 중요사항에 관한 자문기관으로 면협의회를 설치하였다. 부면협의회원의 선임에 대해서는 종래 조선인이 경험하지 않은 선거 방법을 일률적으로 지방 각 면(各面)에 이르게 하는 것은 도리어 당쟁(黨爭)을 양성하고, 혼란을 야기할 우려가 있으므로, 부 및 지정면의 협의회원에 한해, 민선(民選)으로 하였다. 기타 면의 협의회원은 지방 유지(有志)의 의견을 참작하고 적의 군수, 도사로 임명하는 것으로 하였다.

(2) 학교비령(學校費令) 종래 조선인의 보통교육에 관한 사항만을 처리하기 위해 공립보통학교비령(公立普通學校費用令)을 설치하고, 부윤, 군수, 도사로 그 사무를 관리시켰으나 이번에 새로 학교비령(學校費令)을 제정하고 각 부(各府), 군(郡), 도(島)에 학교비(學校費)를 설치하고 부, 군, 도내의 조선인 교육에 관한 사무를 처리하는 것으로 하였다. 부과금(賦課金), 부역(夫役), 현품(現品) 부과, 사용료 징수, 기채(起債) 및 계속비를 설정할 수 있게 하는 것 외, 새로 학교비에 관한 자문기관으로써 학교평의회(學校評議會)를 설치하였다. 평의회원은 부(府)에 있어서는 부주민(府住民) 중에서 이를 선거하고, 군도(郡島)에 있어서는 면협의회원이 선거한 후보자 중에서 군수, 도사가 이를 임명하는 방법을 채택하였다.

(3) 도지방비령(道地方費令) 종래 한정되었던 부과금 외, 새로 지방에 적절한 세원(稅源)을 구할 수 있는 방도를 열고, 사용료, 수수료 징수, 기채 아울러 계속비 설정 및 사회사업의 경영을 인정하여 지방비 이원(吏員)의 신분에 관한 규정을 설정하였다. 그리하여 그 대우의 개선을 도모하고, 지방비 예산 등의 자문기관으로 도평의회를 설치하고, 그 회원은 부면협의회원의 선거에 관계한 후보자 및 학식, 명망 있는 자 중에서 도지사가 이를 임명하는 방법을 채택하였다.

2. 신법령(新法令)에 의해 인가한 사항

신설 자문기관은 일의 창시(創始)에 속하고 그 시행의 처음에 이르러서는 이를 조직해야 할 의원의 자격 등 모두 한 가지로 규율하기 어려운 것이 있으므로 총독의 인가를 얻어서 지방의 실정에 적응시키는 방도를 열었다. 그 인가 사항은 다음과 같다.

(1) 면협의회원의 선거권(選擧權) 또는 피임명(被任命) 자격요건인 부과금액의 저하

면협의회원의 선거권 또는 그 피임명 자격의 하나의 요건으로 할 납세액(納稅額)은 면부과금(面賦課金) 연액(年額) 5원(圓) 이상을 납부하는 자임을 필요로 하였다. 그러나 1919년 이전의 면부과금은 대개 그 액수가 매우 적어 지정면(指定面)에서는 새 법령 시행 후 1년 내에 행하는 선거에 한해, 기타 면에서는 당분간 도지사가 총독의 인가를 받아 이를 낮출 수 있는 방법을 열었다. 그 저하(低下)를 인가한 것은 다음과 같다.

총면수(總面數) 24개 중 광주(光州), 의주(義州), 회령(會寧)의 각 면(各面)은 2원으로, 수원(水原), 영등포면(永登浦面)은 3원으로, 함흥(咸興), 부산(釜山), 전주면(全州面)은 4원으로 낮추고 모두 선거권을 갖는 자의 수는 협의회원 정원의 8배 내지 12배여에 달하였다.

지정면 이외의 면(面)

4원(圓)으로 저하	379면
3원으로 저하	948면
2원으로 저하	451면
1원으로 저하	127면
70전으로 저하	1면
40전으로 저하	1면
저하하지 않는 것	576면(중략)

(2) 면조합협의회(面組合協議會)의 조직

면조합협의회 조직은 조합규약(組合規約)으로 이를 규정하고, 조합협의회원은 모두 조합을 조직한 면의 협의회원 및 면장 중에서 이를 임명하는 것으로 하고 이에 관한 조합규약 변경의 인가를 부여한다.

(3) 학교평의회원의 선거권 또는 피임명 자격요건인 부과금액 저하

학교평의회원의 선거권 또는 피임명 자격요건의 하나인 납세액은 부과금 연액 5원 이상을 납부하는 자임을 요하나 현시(現時)에 있어서 학교비 부과금은 또 매우 적으므로 당분간 도지사가 총독의 인가를 받아 이를 저하할 수 있는 방도를 열고 그 저하를 인가한 것은 다음과 같다.

부(府)의 학교비
2원으로 저하	평양부(平壤府)
1원으로 저하	인천(仁川), 군산(群山), 목포(木浦), 대구(大邱), 진남포(鎭南浦)의 각 부(各府)
80전으로 저하	부산부(釜山府)
70전으로 저하	원산부(元山府)
50전으로 저하	마산(馬山), 청진부(淸津府)
15전으로 저하	신의주부(新義州府)
저하되지 않은 것	경성부(京城府)

로 이로 인해 선거권을 갖는 자의 수는 대개 평의회원 정원의 10배 이상에 달한다.

군도(郡島)의 학교비
4원으로 저하	5군(郡)
3원으로 저하	17군
2원 50전으로 저하	1군
2원으로 저하	40군
1원 50전으로 저하	5군
1원으로 저하	81군 1도(島)

90전으로 저하	2군
80전으로 저하	4군
70전으로 저하	8군
60전으로 저하	5군
50전으로 저하	15군 1도
40전으로 저하	9군
30전으로 저하	11군
20전으로 저하	2군
저하되지 않은 것	13군

으로 이로 인해 각 면 모두 적어도 23명 이상의 유자격자를 갖기에 이르렀다. (중략)

(4) 1919년 학교비를 부과하지 않는 것에 대한 특별규정

학교비평의회원의 선거권 또는 그 피임명 자격의 요건으로 1년 이상 부군도(府郡島) 내에 거주하고 1년 이상 계속해서 학교비 부과금을 납부한 자인 것을 필요로 하나 학교비 소속 재산 수입 및 향교(鄕校) 재산권 이월금이 다액(多額)으로 1919년(大正 8년)도에는 부과금을 징수할 필요가 없어 부과하지 않은 것이 있다. 그러므로 이들의 부군에 있어서는 앞서 기록한 납세요건에 대해 특별한 규정을 설치할 수 있는 방도를 열고 위에 의해 특별규정의 인가를 한 것은 군산부(郡山府), 목포부(木浦府) 및 울릉도(鬱陵島)로 모두 1년 이상을 6개월 이상 계속하여 부과금을 납부한 자인 것의 특별규정을 설치하였다.

(5) 조선인 면협의회원 3인 이하의 경우에 학교평의회원후보자 선거 방법

군도(郡島) 학교평의회원은 각 면(各面)의 조선인 면협의회원으로서 그 후보자 2인을 선거시키는 것으로 하나 그 내지인(內地人)이 다수 거주하는 지정면과 같은 것에 있어서는 조선인 면협의회원 3인 이하가 되는 경우가 발생할 수 있다. 만약 이러한 경우에는 선거인수를 아주 소수로 하여 대표선거의 취지에 버금갈 우려가 있음에 따라 이들 면의 선거 방법은 도지사가 총독의 인가를 받아 특별한 방법을 정할 수 있는 방도를 열어 두었다. 위 특별규정의 인가를 받은 것은 충북(忠北), 충남(忠南), 황해(黃海), 함북(咸北)의 4도(道)로 모두 면협의 회원의 선거권을 갖는 자로서 학교평의회원 후보자의 선거를 할 수 있게 하고 이에 의해 선거를 행하는 것은 청주(淸州), 대전(大田), 조치원(鳥致院), 공주(公州), 겸이포(兼二浦), 나남(羅南)의 6면(面)이다.

3. 부(府) 및 지정면(指定面) 협의회원 선거 상황

부 및 지정면의 협의회원 선거는 11월 20일 12부(府) 24면(面) 일제히 이를 행하여 극히 평온, 무사(無事)히 종료하고 예상 기대 이상의 좋은 성적을 거둘 수 있었다. 지금 그 경과 개요를 서술하면 아래와 같다.

(1) 선거 전(前)의 형세

내선인(內鮮人) 모두 개정 제도 발표의 처음에는 그 민의(民意) 창달 기관이 단순히 자문회(諮問會)에 지나지 않음을 유감이라 하여 총독 취임 때에 한 성명과 다르다고 비방하는 기세가 없지 않았다. 그러나 제도의 정신에 관한 당국의 설명을 듣고 그 운용 여하에 따라 지방행정상 민의를 반영시킬 수 있고 그 의원은 투표선출에 의한 것이므로 상당한 흥미로 이를 맞이하기에 이르고 선거기일의 절박과 함께 점차 경쟁운동의 개시(開始)를 보기에 이르렀다.

특히 조선인 측의 감상은 당초 무관심한 것 같았으나 선거기일의 절박에 수반하여 일부의 극단적인 배일파(排日派)에 있어서는 선거를 거부하고 법제의 실시를 방해하고 일본의 통치에 대한 불신임을 표명해야 한다는 뜻으로 경성(京城), 평양(平壤), 대구(大邱)에서는 비밀인쇄물의 배포 및 유언(流言)의 날조[3]를 보았으나 어떠한 반향을 일으키지 못하였다. 다만 평양부에서는 일부 기독교도(基督敎徒)가 투표 거부를 결속하자고 수군거리는 것 외, 그러한 사실을 인정하지 못하고 또 일면으로는 조선인으로서 선거 운동에 착수하여 협의회원에 당선하기에 이른 것은 불령단(不逞團)에게 협박을 받을 것이라는 감상을 품은 방관의 태도를 가진 것이 있다. 평안남북도 지방에 이 기분이 아주 농후한 느낌이 없지 않았으나 점차

---

3 원문의 담조(擔造)는 날조(捏造)의 오기로 보임. 捏을 担으로 오판하여 擔으로 기재.

내지인의 행동에 재촉되어 「선거에 대해 방관적 태도를 채택함은 장래 내지인으로서 부면 행정을 독점시키는 것이다」라는 표어로 움직이게 되었다. 시일의 절박함에 수반하여 점차 자연적으로 되어 경성과 같은 것은 자동차를 달려서 유권자를 역방(歷訪)하는 자도 있고 개성(開城)에서는 78세의 노인을 투표소에 수반하고, 익산(益山)에서는 무필자(無筆者)에 대해 습자(習字)를 시켜서 투표에 응하게 하는 사실이 있는 등 일반 이상한 흥미와 열심히 선거에 대하였다. 내지인에 있어서는 조선에 있었던 고로 금일까지 지방행정에 대해서도 선거권을 부여하지 않았던 것을 유감이라 하고 있었으므로 개정제도는 종래의 제도에서 여러 걸음을 나아간 것이다. 그리하여 선거권을 행사하고 협의회원으로서 부면(府面)의 행정에 참여할 수 있다는 희망을 품고 각지에서 입후보자가 속출하고 그 수가 내선인을 통해 부에 있어서는 308인(내지인 122인, 조선인 86인), 면에 있어서는 313인(내지인 158인, 조선인 155인)으로써 모두 정원보다 이상의 후보자를 보기에 이르렀다.

(2) 선거의 실황

선거는 11월 20일 일제히 행해져 어떠한 유감, 장애 없이 극히 평온 속에서 마쳤다. 부(府)에 있어서는 유권자 총수 1만 964인(내지인 6,251인, 조선인 4,713인)으로 투표 총수 8608(내지인 5,486, 조선인 3,122)에 달하고 그 투표율은 내지인 8할(割) 8푼(分), 조선인 6할 6푼을 보이고 당선자는 내지인 133인, 조선인 57인이다. 그런데 위 투표 중 무효투표 104표로 투표 총수의 1/8이나 달한 것은 그 성적의 양효함을 증명하는 것이다. 면(面)에 있어서는 유권자 총수 3,032인(내지인 1,399인, 조선인 1,633인)으로 투표 총수 2,422(내지인 1,324인, 조선인 1,190인)에 달하고 그 투표율은 내지인 8할 8분 조선인 7할 3분의 좋은 성적을 보이고 당선자는 내지인 130인, 조선인은 126인으로 무효투표 겨우 45표에 지나지 않았고 언문(諺文)으로 기재한 투표는 대략 부 400표, 면 130표로 의외로 소수였다. (중략)

(3) 당선자(當選者)의 인물

당선자의 인물 여하는 법제(法制)의 운용상 극히 중요한 문제에 속하며 그 개황은 다음과 같다.

내지인(內地人)

부(府)에 있어서는 부산(釜山), 인천(仁川), 목포(木浦) 등은 일류(一流)의 인물만을 망라하고 기타 부에 있어서도 평양(平壤)에서 신인(新人)이 나왔던 외, 다수는 일류 혹은 지방 지명(知名)의 인사로서 전부터 지방의 공사(公事)에 전력을 다하고 부의 행정에 이해를 갖는 자이다. 그러므로 그 식견(識見), 기량(伎倆), 중망(衆望)을 부담하기에 충분하고, 지정면(指定面)에 있어서는 내지인, 비교적 소수로 지방에서 중망 있는 자가 스스로 정하여서 대개 일류의 인물을 들 수 있었다.

조선인(朝鮮人)

부면(府面)을 통해 조선에서 보통 일류라 칭해지는 고로(古老)[4]로 덕조(德操)[5]가 높고 성망(盛望)이 높은 장자(長者)의 선출이 많았으나 대개 시세(時世)를 이해하고 식견, 기량이 둘 다 우수하고 그 사상이 온순하여 현시(現時)의 부면(府面) 행정에 이해를 갖는 인물을 높이 받들어 얻었다. (중략)

(4) 선거에 나타난 사실

① 내선융화(內鮮融和)의 사례로는 내선인(內鮮人) 후보자의 원만한 협정(協定)을 들어서 말한다. 즉 부산부(釜山府) 및 대전면(大田面)에서는 조선인 유권자의 수가 극히 소수이므로 어떤 조선인의 당선도 볼 수 없는 형세다. 이와 같음은 부면 행정의 운용, 아울러 내선인 융화상 유감이라 하여, 내지인 간의 협정, 호양(互讓)에 의해 입후보수를 제한하는 것 외, 내지인으로서 조선인에게 투표시키기 위해 조선인 유권자의 실력에 배가하여 부산부는 4명을 대전면은 2명을 당선시켰다. 대구부(大丘府)에서는 조선인은 선거에 능숙하지 않으므로 내지인에 비해 당선율이 적을 것이라 예상하고 내지인 유권자에 있어서 조선인 측을 위해 노력할 것을 약속하여 조선인 6명을 입후보시켰다. 또 군산부(郡山府)에서는 그 유권자수로 보아 내지인 8명 조선인 4명이 당선할 것이라 예상하였으나 선거 결과 조선인 당선자가 1인뿐이라 내지

---

4 고로(古老): 옛일을 아는 노인
5 덕조(德操): 변함없는 굳은 절조

인 당선자가 사임하여 조선인 차점자를 입선(入選)시켰다. 회령면(會寧面)에서는 내선인 협정 후 각 6명을 올릴 것을 예정하였으나 내지인 7명, 조선인 5명이 당선됨으로써 내지인 당선자 차점자 모두 사임하여 조선인을 당선시킨 사실과 같은 것은 더욱 현저한 것이다.

② 내선인 상호(相互) 투표에 대해서는 평양부(平壤府)와 같이 조선인으로서 내지인에게 투표한 것이 70표에 달하고 경성부에서는 40표, 기타의 부에서도 또한 약간의 투표가 있다. 면(面)에 있어서는 앞서 게재하여 표시한 것과 같이 겸이포면(兼二浦面)에서 32표, 포항면(浦港面), 김천면(金泉面)에서 17, 8표, 해주면(海州面), 강경면(江景面)에서 11, 2표, 송도(松都) 외 10면에서 모두 약간의 투표가 있었다. 그 원인은 주로 상업의 취인(取人), 자본의 융통에 있고, 드물게는 사교(私交)에서 온 것 같다. 그중에는 조선인만의 투표로 당선한 자도 있는 것 같아 내지인이 조선인에게 세력과 인망을 가진 것의 한 증거라고 볼 수 있고, 또 내지인으로서 조선인에게 투표시키는 것이 전기(前記) 추양(推讓)[6]의 결과 부산부에서 13표, 청주(淸州), 대전면에서 여러 표가 있다.

③ 조선인의 대선거책(對選擧策)은 일반적으로 유치하여 각인(各人)의 뜻에 맡겨서 몰래 입후보를 하고, 또 그 운동은 표면적이지 않았으므로 적지 않은 산표(散票)[7]가 발생하여 마침내 낙선자가 비교적 많은 결과를 발생하였다. 즉 투표자수(投票者數)에서 타산(打算)하면 부(府)에서는 내지인 121명, 조선이 69명을 선출할 수 있었는데, 내지인 133명, 조선인 57명이 당선하였다. 면(面)에서는 24면 중 12면은 조선인의 당선이 다수일 수 있었음에 내선인(內鮮人) 동수(同數)인 곳 6면, 내지인이 다수인 곳 11면, 조선인이 다수인 곳이 7면에 그쳤지만, 대체로는 내선인 간의 배분이 적당하므로 부면 행정의 운용상 극히 양호할 수 있었다.

4. 지정면(指定面) 이외의 면협의회원(面協議會員) 임명(任命) 상황

(1) 협의회원 후보자의 추천(推薦)

지정면 이외의 면에서 협의회원은 법제상 군수, 도사(島司)가 이를 임명하는 것으로 하였

---

6 추양(推讓): 남을 추천(推薦)하고 본인은 사양(辭讓)함
7 산표(散票): 투표에서, 어떤 후보자(候補者)에게 몰린 지지표(支持票) 이외 다른 여러 사람에게 흩어진 표(票).

지만 협의회의 설치는 민의(民意) 창달을 목적으로 하고 면민이 신뢰하는 유능한 인사를 거용(擧用)하고자 하는 취지이므로 각 지방의 실정에 응하여 미리 추거할 만한 후보자의 원수를 부락 등에 배당하고 부락민 등으로서 적의의 방법으로 그 후보자를 선출시키고 이에 의해 어려운 사정이 있는 자에 있어서는 면내(面內) 유식자(有識者)의 의견을 구해서 이를 임명할 방침을 내고 각 도(各道)에서 그 실시 세목(細目)을 정한 바이다. 각 도에서 실시한 추천(推薦) 방법, 아울러 이를 위해 참집(參集)한 인원은 다음과 같으므로 모두 11월 중순 무사히 추천을 마치고 당초 다소 걱정했던 평북 지방에서도 어떠한 사고가 없었다. 특히 각지(各地) 모두 내선인 간의 협조가 극히 원활하여서 그 재주(在住)가 오래된 다소의 자산, 신용을 갖는 내지인의 다수는 조선인 측의 추천에 의한 자였다. 그뿐만 아니라 황해도(黃海道) 황주면(黃州面)의 내지인은 그 추천을 조선인에게 양여하고 경북(慶北) 고아면(高牙面)의 내지인은 항상 조선인의 본보기가 되기 위해 동민들이 이를 추천하고 같은 도(道) 경산군(慶山郡) 경산(慶山) 외 3면(面), 경기도(京畿道) 양동면(陽東面)에서는 조선 측에서 제도의 운용상 내지인을 더해야 할 것이라는 주장과 같은 것은 수처에서 내지인 협조융화의 사례로 생각된다.

협의회원의 추천방법 아울러 추천을 위해 참집(參集)한 인원조(人員調)

경기도(京畿道)

추천의 방법

  1. 간담적(懇談的)으로 협정한 것 14군(郡)

  2. 권점법(圈點法)[8]에 의한 것 2군

  3. 투표에 의한 것 1군

  4. 유자격자(有資格者)의 씨명(氏名)을 호창하고 그 가부를 물어 다수결에 의한 것 1군

  5. 유자격자의 씨명을 연기(連記)한 용지를 배포하고 추천자로서 그 의중의 인물 이외의 자를 말소(抹消)시킨 것 1군

참집인원[참집인원은 추천을 위해 면(面) 또는 부락 등에 집합한 인원을 말하며 이하 모두 같음]

---

8 권점법(圈點法): 조선시대 관리 전형제도. 추천권자들이 한자리에 모여 추천대상자들의 명단 위에 각기 권점(○표)을 하고, 그 수를 집계하여 소정의 점수에 이른 사람을 이조에 추천하여 임명하게 하던 예비선거제도.

최다(最多) 1,271　　최소(最小) 17　　평균 208

충청북도(忠淸北道)

추천의 방법

　1. 무기명 투표의 방법에 의한 것 1군

　2. 각리(各里)의 구장(區長) 아울러 유력자(有力者)를 초집(招集)하여 추천하게 한 것 9군

참집인원수

　최다 160　　최소 2　　평균 24

충청남도(忠淸南道)

추천의 방법

　1. 구장 및 유력자의 투표에 의해 후보자를 정하고 면장(面長)으로써 추천시킨 것 7군

　2. 구장 및 유력자에게 유자격자 시명표를 교부하고 씨명의 아래에 타점(打點)시켜 최다 수를 얻은 자를 면장에게 추천하게 한 것 3군

　3. 구장 및 유력자가 간담으로 결정한 자를 면장에게 추천하게 한 것 4군

참집인원수

　최다 126　　최소 10　　평균 32

전라북도(全羅北道)

추천의 방법

　1. 유식자를 초집하고 미리 면장이 예선(豫選)한 씨명에 대해 투표 또는 타점, 회람(回覽)의 방법을 취하고 혹은 구두(口頭)로 추천한 자를 일일이 진술시켜 점수가 많은 자부터 선정한 것 12군

　2. 무기명(無記名) 투표에 의한 것 2군

참집인원

　최다 250　　최소 19　　평균 128

전라남도(全羅南道)

추천의 방법

   1. 배당(配當) 동리(洞里)의 주민을 모아 후보자를 선정하고 이를 면장에게 추천하게 한 것 13군 1도(島)

   2. 유력자의 의견을 청취하여 면장에게 추천하게 한 것 5군

   3. 군수가 각 면(各面) 유력자의 의견을 청취하여 임명한 것 2군

   4. 면(面)에 부락민을 모아서 권점법에 의한 것 1군

참집인원

   최다 201   최소 7   평균 31

경상북도(慶尙北道)

추천의 방법

   1. 배당 부락 내 유자격자의 씨명을 표시하고 호주(戶主)로서 투표하게 한 것 2군

   2. 배당 부락 내 유자격자의 씨명을 표시하고 권점 방법을 사용한 것 20군 1도

참집인원

   최다 170   최소 7   평균 25

경상남도(慶尙南道)

추천의 방법

   1. 각 부락마다 부민을 참집하여 그 합의에 의해 추천한 것 [군수(郡數) 불명(不明) 이하 같음]

   2. 면장 또는 구장으로써 배당 각 부락을 순회시켜 각호(各戶)의 의견을 구한 것

   3. 면내 혹은 각 부락 내의 유력자의 의견을 구해 면장이 추천하게 한 것

   4. 각 부락 내의 유력자로서 추천하게 한 것

   5. 각 부락 내의 유력자로서 자격자 명부에 대해 각자 바라는 자를 지칭하게 한 것

   6. 협의하여 추천서(推薦書)를 작성하고 이를 면(面)에 송치(送致)하게 한 것

참집인원

   최다 359   최소 10   평균(不明)

평안남도(平安南道)

추천의 방법

  1. 면내(面內) 유력자의 의견을 구한 것 3군

  2. 협의적으로 추천시킨 것 11군

참집인원

  최다 203   최소 20   평균 74

평안북도(平安北道)

추천의 방법

  1. 투표에 의한 것 12군

  2. 협의적으로 추천시킨 것 7군

참집인원

  최다 741   최소 10   평균 104

강원도(江原道)

추천의 방법

  각 부락으로서 부락회(部落會), 동회(同會), 호주회(戶主會)를 개최하여 권점법을 사용하여 최고점수를 얻은 자를 면장에게 보고하게 함.

참집인원

  최다 70   최소 30   평균 50

함경남도(咸鏡南道)

추천의 방법

  내선인(內鮮人) 유지자 및 국장 집합 협의의 후 추천하게 함. 각 군(各郡)

참집인원

  최다 65   최소 3   평균 15

함경북도(咸鏡北道)

추천의 방법

　유자격자 아울러 면내 유력자의 협의적 추천에 의함 각 군(各郡)

참집인원

　　최다 58　　　최소 수명(數名)　　　평균 25

(황해도 없음)

(2) 협의회원의 임명

전항(前項)의 추선(推選)에 기초하여 각 면협의회원 모두 11월 20일 일제히 그 임명을 마쳤다. 총인원 23,904명, 내지인 535명, 조선인 23,372명 (중략-편역자)

(3) 협의회원의 인물(人物)

전항(前項)의 방법으로 임명한 면협의회원 중 내지인(內地人)은 대개 상당 자산을 갖고 지방에서 내선인 간에 덕망을 가진 자가 많고 조선인도 대개 항산(恒産)을 가진 중류 이상의 자로 사려(思慮) 건실(健實)로써 덕망을 가진 자가 많다. 양반(兩班), 유생(儒生)이 약 6할(割)을 점하고 대체로 미리 기대한 것 이상의 인물을 망라할 수 있었지만 납세 자격의 관계상 비교적 연장자가 다수로 소위 신인(新人)을 얻을 수 없었다. 그렇지만 부락 배당 등의 관계상 지방에 따라 다소의 무학자(無學者)가 존재하고 이는 아마도 일반 민지(民智)의 상황에서 어쩔 수 없는 일이다. 협의회원의 연령 등은 다음 표와 같다. (중략-편역자)

5. 부의 학교평의회원 선거 상황

(1) 선거 상황

부(府)에 있어서 학교평의회원(學校評議會員)의 선거는 12월 20일로 각 부(各府) 일제히 이를 행하고, 선거 전(前)의 형세(形勢)는 각지 모두 대개 무관심한 것 같은 상태를 보인 것은 학교평의회원의 책무(責務)가 아직 일반에게 양해되지 않았기 때문이다. 유권자(有權者)

는 납세(納稅) 자격의 관계상 지방 유수(有數)의 자뿐이었으므로 스스로 나아가 운동을 시도함을 떳떳하게 하지 않는 풍이 있다. 또 조선인만의 선거이므로 내지인 측의 자극, 충동을 받는 것이 없었던 이유도 있는 것 같고, 그런 추이로는 혹 정원을 충족하는 당선자를 얻을 수 없다는 걱정이 있어서 이 사이 부당국(府當局)에서 여러 종류의 방법으로 법제의 본뜻을 선전하는 바가 있었으므로, 각지 모두 2, 3의 입후보자를 내기에 이르렀다. 그러나 다수는 자타(自他) 모두 형세를 관망하여 선거 당일을 맞이하였고, 상황이 이러하므로 각 부(各府) 투표자수는 소수(小數)로 유권자에 대한 투표자의 비율이 각 부를 통해 4할 5푼(分)에 그치고, 대구부에 있어서는 정원 12인에 대해 10인의 당선자를 얻었을 뿐이다. 그 부족 정원에 대해 다시 12월 27일 선거를 행하고 기타의 각 부에 있어서도 점차로 정원을 충족해 가는 결과를 보았다. (중략-편역자)

(2) 당선자(當選者)의 인물

학교평의원 선거권자는 납세 자격요건의 관계상 대개 지방 유수의 자였으므로 이에 의해 선출된 평의회원은 모두 지방 유식(有識)의 유산(有産) 계급에 속하고 사려(思慮) 온건(穩健)하고 상당의 견식을 가졌다. (중략)

6. 특별한 방법에 의해 학교평의회원을 선거한 것의 상황

학교평의회원 후보자를 선거할 만한 조선인 면협의회원이 3인 이하인 경우는 특별 선거방법이 이미 기술된 바와 같고, 위에 의해 조선인 중 면협의회원의 선거권을 갖는 자로서 학교평의회원 후보자를 선거하였다. (중략)

7. 도평의회원(道平議會員) 및 학교평의회원 후보자의 선거와 임명 상황

도평의회원은 부령(府令)으로 각 도별 정원을 규정하고 도별 정원 중 2/3를 도내(道內) 부군도(府郡島)에 배당(경성부 4인, 청주, 공주, 충주, 서산, 경주, 창원, 해주의 여러 군은 각 2인, 기타는 전부 1인씩을 배당함)하고 부군도마다 부면협의회원으로서 그 후보자를 선거시켜 그 당선자 중에서 도지사가 이를 임명하고 다른 1/3에 상당하는 도평의회원은 도내에 거주하고 학식, 명망이 있는 자에 대해 도지사가 자유를 임명할 수 있는 것으로 하였다.

군도(郡島) 학교평의회원은 각 면(各面)에서 1인씩을 배당하고 조선인 면협의회원으로서 그 후보자를 선거시켜 그 당선자 중에서 군수 또는 도사가 이를 임명하는 것으로 하였다.

(1) 후보자 선거의 상황

선거 이전의 형세는 도평의회원에 있어서는 내지인 측에서 운동을 행하는 조선인 측에서도 이에 의해 왕성하게 운동을 시도하였으나 선거인이 소수인 부면(府面)협의회원이므로 대부분 표면으로 눈에 띄게 운동을 행하지 않았고 또 학교평의회원에 있어서는 어떠한 운동을 하지 않았다.

도평의회원 및 학교평의회원후보자의 선거는 그 부군도(府郡道) 또는 면(面)에 배당된 정원의 2배에 상당하는 후보자를 선거시켜 도평의회원의 투표 중 부에 있어서는 부에서 개표하고 면의 것은 그 투표를 군도로 송치시켜 군도에서 이를 개표하고 학교평의원의 투표는 부면으로서 이를 개표하는 것으로 하여 양자 모두 12월 10일 각 부면협의회원으로서 일제히 이 선거를 행했다. 그러나 황해도 일부에서 당일 강우(降雨)로 교통이 두절되었고 또 같은 도 평산군(平山郡) 및 송화군(松禾郡)의 여러 면(面), 경상북도(慶尙北道) 칠곡군(漆谷郡)의 1면 및 충청남도 대전군(大田郡)의 1면에서는 면협의회원에 대해 주지 사항을 빠트려서 당일 선거를 하지 못하기에 이름으로써 모두 수일 후 다시 이를 행하게 되었다. 그 외 기타는 전 조선 12부 2,500 유여(有餘)면 모두 무사히 그 선거를 행하였고, 오직 충청남도 대전, 경상북도 안동(安東), 경주(慶州), 칠곡, 평안남도 대동(大同)의 여러 군의 일부 및 함경남도 원산부(元山府)에서 제도의 취지 불철저 또는 후보자에 대한 반감 등으로 기권자가 과반수 또는 그 이상의 다수를 상회하였다. 그러나 이를 전체에서 관찰하면 부면협의회원 총수에 대한 투표자수의 비율은 7할 8푼 7리(厘)를 보이고, 그 투표 총수에 대한 유효 투표의 비율은 9할 8푼 6리를 점하는 좋은 성적을 거두었다. (중략-편역자)

도평의회원 후보자의 선거는 아무래도 첫 회의 것으로 운동이 왕성하지 않은 것이 많았고, 지방에는 중심인물이 적었으므로 다수의 산표(散票)가 발생하기에 이르렀다. 그 득표자가 가장 많은 것은 전라남도 내지인 26인, 조선인 76인, 경상북도 내지인 47인, 조선인 771인에 달하고 적게는 함경북도 내지인 6인, 조선인 91인에 달하고, 각 도 그 내지인(2인 내지 47인)의 득표자를 보면 후보자 1인의 득표자수는 최다 136표 최소 1표였다.

(2) 평의회원 임명의 상황

도평의회원 중 그 후보자를 선거하게 한 것에 대해서는 부군도마다 득표자가 다수인 것부터 순차로 그 부군도의 정원의 2배가 되는 인원을 후보자로 하고 가능한 민의를 존중하는 취지에서 최다 득표자에 대해 임명하는 것으로 하였으나 범죄 혐의를 받고 그 열력(閱歷)[9] 차점자에게 이르지 않았다. 성행 아울러 소행(素行)이 불량하였으므로 충청북도 단양군(丹陽郡), 황해도 연백군(延白郡), 함경남도 안변군(安邊郡)에서는 모두 차점자를 임명하였고, 또 동일 득표자 중 자산(資産) 경력 등 동일 득표자인 연소자에게 이르지 않으므로 황해도 김천군(金川郡) 및 경성부에서는 동일 득표자 중의 연소자를 임명한 것이 3명이다.

도지사가 자유로 임명한 도평의회원은 도내에서 그 경력, 성망(盛望)이 가장 우수하고 사려 건실하여서 그 인물 기능(技能) 기타의 도평의원의 모범이 되는 것을 필요로 하였으므로 그 선서(選叙)[10]를 가장 신중하게 하기 위해 미리 본부(本府)의 승인을 얻어 임명하는 것으로 하였다. 각 도(各道) 모두 내지인에 있어서는 지방의 호족(豪族) 또는 식자로써 지방민의 신뢰를 받는 자를 임명하고 양자 모두 도내 일류(一流)의 인물에 속하여 진실로 지방의 선량(選良)을 얻은 감이 있다.

선거에 의한 후보자는 소요(騷擾) 후 많은 세월을 거치지 않은 금일이므로 혹은 다소 그 사상이 불건전하여 헛되이 관부(官府)에 반항하고 지방민을 현혹하는 것 같은 자가 선출될 수도 있을 것 같다는 걱정이 없지 않은데 실지(實地)의 결과에서 보면 선출된 각 후보자는 그 지방 유수의 식자(識者)로서 항산(恒産)을 갖고 사려 건실하여 민의를 대표하기에 충분하다. 앞서의 걱정이 완전 기우(杞憂)로 돌아간 것은 진실로 기쁘고 행복한 바이다. (중략-편역자)

(3) 평의회원의 인물

도평의회원의 인물은 이미 서술한 바와 같고 학교평의회원 또한 상당의 경력, 자산을 갖고 인물 온량(穩良)으로써 모두 그 군도(郡島) 내에서 중류(中流) 이상의 계급에 속하고 그 지방에서 우수 인물이고, 오직 위정자(爲政者)가 뽑은 인물로 어쩌면 시세를 이해하지 못하고

---

9 열력(閱歷): 이력
10 선서(選叙): 선정하여 관직에 임명

따라서 고루한 견해를 가지고 있는 자가 한 소부분을 차지하는 듯한 감도 없지 않다. (중략)

8. 평의회(評議會) 및 협의회(協議會)의 상황

(1) 부협의회(府協議會)

종래의 부협의회는 그 의원을 관선(官選)으로 하여 소수(小數)였지만 1914년(大正3년) 이후 존재하였으므로 상당한 훈련을 받았을 뿐만 아니라 부주민(府住民)의 다수는 유식(有識) 계급에 속하는 자가 많으므로, 극히 그 제안을 양해하고, 논의를 적정으로 하여 당국자가 참고할 만한 뛰어난 의견이 적지 않고 또 내선인 간 능히 협조를 담보하고 게다가 민선(民選) 제1차의 당선자인 영예를 부담하여 그 태도, 진격(進擊)으로 열성으로 심의를 다하고 그 출석 비율과 같은 것이 종래에 비해 양호하다는 것은 특필할 만한 진보라 한다. (중략)

(2) 면협의회

지정면(指定面)은 1917년 이후 구(舊) 상담역(相談役)이 있어서 조금 협의회(協議會)의 실시를 대비하였으나, 기타의 면은 일이 완전 창시에 속하고 다수의 면협의회원은 세운(世運)의 진보에 눈을 뜰 기회가 결핍하여 시세에 어두운 감이 있어서 어쩌면 그 논의가 상궤(常軌)[11]를 잃고 혹은 그 의견이 무이해(無理解)에 기초한 것이 없지 않다는 기우가 없지 않으나 그 실시 상황에 비추어 보면 모두 그 태도가 진격, 열심으로 예상 이상으로 면 사무를 이해하고 원만, 무사하게 의사를 마치고 기대 이상의 좋은 성적을 거둘 수 있었다.

지정면의 협의회원은 그 식견이 대개 보통면에 앞서고 또한 부와 마찬가지로 민선 제1차의 당선자이므로 열심히 심의를 거듭하고 태도를 공정하게 하여 참고할 만한 언론이 적지 않고 이미 그 제1보에서 제도 개정의 본지(本旨)가 실현된 감이 있다. 지금 참고할 만한 질문 및 수정 의견 중 주요한 것 및 협의회원 출석 상황은 다음과 같다.

---

11 상궤(常軌): 떳떳하고 바른 길

의안(議案)에 대한 질문

(1) 호별할(戶別割)[12] 부과등급(賦課等級) 사정(査定) 방법

(2) 물가가 하락함에도 불구 면 경비(面經費)가 팽창하고 또 면 직원 급료를 감액하지 않은 이유

(3) 면장 및 면리원(面吏員)의 여비액(旅費額) 및 지급 방법 여하

(4) 제한 외, 부과를 호별할만으로 부과하고 또 호별할의 과율(課率)이 지세할(地稅割)보다 고율(高率)인 이유

(5) 세금의 징수에 관해 면민(面民)의 직접 납부를 장려하여 징세의 노력을 줄이고 서기를 감원할 수 없는가.

(6) 면기수(面技手) 설치의 이유

(7) 면 묘포(苗圃)[13] 생산 묘목(苗木)의 처분 방법

(8) 묘지비(墓地費)의 내용 여하(如何)

(9) 구장(區長)에게 보수를 급여할 방도는 없는가

(10) 면의 일부 만에 관계가 있는 소방비(消防費)를 면비(面費)로 지불하는 이유

(11) 공동정호(共同井戶) 수선비, 진개[14]사장(塵芥[15]捨場) 설치비 등을 계산하지 않은 이유

(12) 시장비(市場費), 사용료 수입액을 초과 지출한 것은 면(面)의 불이익이 아닌가.

(13) 조월금(繰越金),[16] 조체불금(繰替拂金),[17] 여입금(戾入金),[18] 상수관리비(上水管理費), 일시차입금(一時借入金), 비용변상(費用辨償), 일시차입금 이자, 잡수입(雜收入), 과년도(過年度) 수입 등의 의의(意義) 여하

(14) 기본재산 관리방법 여하

(15) 면협의회원과 구장(區長)과의 차별이 있는 이유

---

12 호별할(戶別割): 호별 할당 세금
13 묘포(苗圃): 묘종을 기르는 밭
14 진개: 쓰레기
15 원문 介는 오기로 판단됨.
16 조월금(繰越金): 이월금
17 조체불금(繰替拂金): 대체 지불금
18 여입금(戾入金): 회수금

(16) 내선인 서기의 급료에 차별이 있는 이유

(17) 구장의 비용변상은 실비에도 족하지 않으므로 월액(月額)으로 하여 다소 증가할 수 없는가.

(18) 도로(道路) 교량비(橋梁費) 소액(少額)으로 부족하지 않은가.

(19) 모범림(模範林) 및 채종답(採種畓)[19] 경영 방법 여하

(20) 도선비(渡船費)를 면에서 지출하는 이유 여하

(21) 시장세(市場稅)는 면의 수입에 있지 않으나 이것의 징수 보조원(補助員)의 비용을 면에서 지출하는 이유

(22) 인감증명 이외의 여러 증명 사건에 대해서도 수수료를 징수함은 여하

(23) 면교육비를 설치하여 학교를 건축할 수 없는가.

(24) 오물소제사업을 청부(請負)에 부치는데 있어서는 경비를 절감할 수 있다로 인정하는지 당국의 소견 여하

(25) 면내 일부의 자가 통행하는 교량의 가설 비용을 면민 전체에게 부담시킴은 부당하지 않은가.

(26) 쓰레기 매각의 방법 여하

(27) 피병사(避病舍)[20]의 개폐(開閉), 환자의 수용 등 취급의 상황

(28) 피병사의 촉탁의(囑託醫) 수당은 환자의 유무에 불구하고 지급의 뜻이 있는가.

(29) 면 채종답 감독의 방법 아울러 생산품의 처분 방법 여하

(30) 영업할(營業割)을 변호사에게 부과하지 않는 사유 여하

(31) 행려병인(行旅病人) 사망취급비(死亡取扱費) 대체지불금이란 무엇인가.

(32) 토목비(土木費)를 증액하여 교통이 빈번한 하천에 교량(橋梁)을 가설하는 것은 여하

주요한 수정(修正) 의견

(1) 재계 불황으로 일반 인민이 곤궁할 때에 대해 호별할(戶別割)을 가능한 한 감액하고

19　채종답(採種畓): 씨앗을 받기 위하여 특별히 마련한 밭
20　피병사(避病舍): 전염병 환자를 격리 수용하는 병사

면사무소 건축비와 같은 임시비(臨時費)를 삭제할 것.

(2) 면장 수당 및 서기 급료는 미가(米價)가 하락한 현재에 있어서 다소 높으므로 인민(人民)의 부담을 경감하기 위해 상당 부분 감액(減額)하였으면 함.

(3) 조선인 서기(書記)의 정원(定員)을 줄이고, 내지인을 채용할 것.

(4) 서기의 증원(增員)을 보류할 것.

(5) 일시차입금을 폐지하고 지세할(地稅割) 이월금을 징수할 것.

(6) 세금 징수 여비를 납세의무자에게 부담시킬 것.

(7) 묘포(苗圃) 및 채종전의 면적을 축소하여 경비의 절약을 도모할 것.

(8) 도로교량비가 다소 소액인 것에 대해 묘포비를 감소하여 이를 증액할 것.

(9) 면기수의 설치를 보류할 것.

(10) 상묘[21]포(桑苗圃)의 종자(種子) 구입비를 폐지하여 접목묘(接木苗)를 구입할 것.

(11) 묘포비를 줄여서 다른 종자 개량비에 충용할 것.

(12) 면장 수당 및 서기 급료를 증액할 것.

(13) 협의회원의 비용변상을 폐지하고 비품비(備品費)를 증액할 것.

(14) 마령서(馬鈴薯[22])[23] 채종전비를 폐지할 것.

(15) 도장(屠場)의 수지상상(收支相償)[24]은 불가하므로 이 수선(修繕)을 폐지할 것.

(16) 면소유 종목우(種牧牛)는 1두(頭) 이상을 설치할 필요가 없으므로 이것의 구입비를 폐지할 것.

(17) 면의 수입을 도모하기 위해 영업할(營業割)을 증액할 것.

(18) 공동정호비(共同井戶費)를 신설할 것.

(19) 송점사(松蛅蟖)[25]는 인력(人力)으로 도저히 구제(驅除)가 불가능한 것이므로 이 구제

---

21 상묘: 뽕나무 묘목
22 마령서(馬鈴薯): 감자
23 원문의 저(藷)는 서(薯)의 오기로 판단됨. 뜻은 참마로 동일함.
24 수지상상(收支相償): 공익법인이 행하는 공익목적 사업에 대해서 수지가 그 실시에 필요로 하는 적정한 비용을 초월해서는 안 된다는 공익법인 인정법의 규정
25 송점사(松蛅蟖): 송충이

비(驅除費)는 차라리 삭제할 것.

(20) 면협의회원은 면내에서 상당한 자력을 갖는 자이므로 비용변상(辨償)은 지급하지 않을 것.

(21) 시장세(市場稅) 징수원을 폐지하고 면리원이 이를 징수하는 임무를 담당하여 그 비용을 절약할 것.

(22) 회계원에게는 다른 서기보다 급료를 후하게 할 것.

(23) 구장의 비용변상을 월액 3원으로 증액할 것.

(24) 소방수의 출동 수당은 내선인의 차별을 철폐할 것.

(25) 등외(等外) 도로의 교량(橋梁) 암거(暗渠)[26]는 완전한 목재로 가설하여 해마다 파손수리를 하지 않도록 할 것.

(26) 구장을 유급(有給)으로 하고 그 대신 서기의 정원을 줄일 것.

(27) 서당(書堂) 아동 중 성적이 우수한 자에 대해서는 면에서 포상할 것.

(28) 참새의 매수비를 계상(計上)하고 이것의 포획을 장려할 것.

(29) 정호(井戶) 굴착을 면민(面民)의 부역(夫役)에 의하는 것으로 하고 그 비용은 사제할 것.

(30) 학교의 설치가 없으므로 학술연구회(學術研究會)를 설치하는 것으로 하여 그 비용을 계상할 것.

(31) 면(面) 채종답은 수당이 소액임에 반해 감독이 엄중하여 담당자가 좋아하지 않는 풍(風)이 있으므로 수당액을 증가할 것.

(32) 수답(水畓)의 우량종(優良種)은 이미 보급되었으므로 채종답은 필요 없고 이를 폐지할 것.

(33) 채종답은 의탁의 방법에 의하지 않고 면의 직영(直營)으로 할 것.

(34) 감저(甘藷)[27] 장려는 무효하니 전폐할 것.

(35) 소방부(消防夫)의 출초식(出初式)의 연회비를 폐지할 것.

---

26 암거(暗渠): 지하에 매설 혹은 복개를 해서 수면이 보이지 않도록 한 통수로
27 감저(甘藷): 고구마

(36) 차량세(車輛稅)의 전폐(全廢)를 중지하고 부가금(附加金)으로 할 것.

(37) 예기세(藝妓稅)를 내선인 같은 액수로 할 것.

(38) 영업할(營業割)을 감액하고 소득할(所得割)을 설치하여 이를 보충할 것.

(39) 면의 폐합을 행하여 면민의 부담을 감소할 것.

(40) 호별할(戶別割) 부가 등급을 많이 나누어 부과의 공평을 기할 것.

(41) 면(面)의 생산에 관계한 상묘(桑苗)는 잠업(蠶業) 장려상 무상으로 배부할 것.

(42) 권업비 중 각종 품평회비는 쓸모가 없는 것이라 인정되므로 계상하는 것을 보류할 것.

(43) 창기(娼妓)에 대한 과세가 저렴하니 증액의 후 일반의 부담을 저감할 것.

(44) 시장세 사무 촉탁은 상당의 수당(手當)은 폐지할 것.

(45) 면경비(面經費)는 금융조합(金融組合)에 저축하는 것보다 개인에게 대부하여 이식(利息)의 증식을 도모할 것.

(46) 면비(面費) 중에서 지출하는 구장의 강습, 신문지 대금을 폐지하고 그 경비로 매년 면 내 유력자 약간 명을 선발하여 내지 시찰을 시키고 그 여비 중에서 얼마를 보조하는 것이 적당할 것.

(47) 묘포에서 육성한 묘목은 성장이 불량하므로 천연 식목을 이식(移植)하는 것으로 하고 묘포의 경영을 폐지할 것.

(48) 토목비, 전염병 예방비, 면장 여비를 증액하고 면 행정의 쇄신을 기약할 것.

(49) 수용비(需用費), 소모품비는 명세서(明細書)에 의한 때는 시가(時價)보다 고가(高價)인 것 같으므로 상당 시가로 정정할 것.

(50) 시장비에서 인부임금(人夫賃金) 1인 일당 2원(圓)은 현재 임은(賃銀)에 비해 고가로 정당하게 정정할 것(중략).

(3) 도평의회 상황

도평의회는 황해도, 함경남도의 2월 21일 개회를 가장 선두로 하고 경기도 3월 24일 종료를 최후로 하여, 회기는 길게는 10일간 짧게는 5일간, 모두 기대 이상의 좋은 성적으로 마쳤다. 이번 회의에서 도평의회원의 출석 상황은 별표대로 조선인평의회원의 출석 비율은 경남 80을 최소로 하고, 90 이상인 곳이 6도, 모두 출석한 곳이 황해, 평남, 함남의 3도이다. 내지인평의회원의 출석 비율은 평안남도가 36을 최소로 하고, 80 이상도 5도, 90 이상이 3도, 모두 출석한 곳이 전남, 함북의 2도로, 내선인을 통해서 평균 91에 해당한다. 선인회원의 출석 비율이 양호하다. 그리고 자문(諮問)한 사항의 주요한 것은 1921년(大正 10년)도 지방비(地方費) 세입출 예산, 지방세부과규칙(地方稅賦課規則) 중 개정안, 지방비 지불, 직원 퇴은료(退隱料) 급여규정 등이다. 의사의 정리에 대해서는 도 당국자가 고심한 바로 의사규칙과 같이 가능한 간이하게 하고, 헛되이 규칙에 갇혀서 자유로운 의견을 저지하는 것 같은 방침하에, 어떤 도지사는 미리 이를 결정하여 회원에게 통지하는 방법을 채택하고,(충남, 경북, 강원, 함북, 함남) 어떤 의장(議長)은 초안(草案)하여 이를 평의회의 결정에 붙이고(경기, 전남, 경남, 황해, 평남, 평북) 또 혹 회의규칙을 정하지 않고 합의에 의해서 적당히 의사를 진행하려는 방법을 채택하였다(전북, 충북).

회원의 대다수는 이러한 종류의 회의에 익숙하지 않으므로 종종 의사규칙 또는 합의에 의거하지 않은 언행이 있었으나, 이는 첫 번째 회의에서 면할 수 없는 바로써 회를 거듭함과 함께 점차 배워 능숙해지기에 이를 것이다. 또 이번에도 내지인 회원 중에는 내지에서 이러한 종류의 회의에 경험이 있는 자가 있고, 의사(議事)에 대해서는 이들 회원의 사실상 지도에 의해 다수가 이에 따르고, 비교적 양호하게 정리될 수 있을 것이다. 회의에서 각원(各員)의 태도는 자못 열심이고 또 연구적으로 게다가 극히 협조적 태도를 잃지 않았다. 질문, 토의 등 대체로 적정하여, 각 도 이사자(理事者) 또한 성의를 피력하여 설명, 응답에 힘썼으므로 의사가 원만하게 종결되고, 경기도에서 세입예산 및 지방세부과규칙에 대해 일부의 수정 의견을 결의하고, 강원도에서 세출예산의 일부를 수정한 것 외에는 각 도 모두 전부 원안을 찬성 가결하였다. 또 각 도에서는 여가(餘暇)를 활용하여 도지방비의 시설사업 상황을 시찰하고, 실시에 이르러 시설 상황을 설명하고, 또 심의하여 현재의 시설 상황 및 장래의 방침 등을 자세히 설명함으로써, 종래에는 관부(官府)의 시설을 이해하지 못했던 사람들도 실제 시설의 내용을 모두 알게 되어 당국에 신뢰하는 마음이 생기고, 이에 대한 인정도 받게 되었다. 이러한 의미에서 이번 회의의 효과가 특히 현저함을 확신한다. 또 본회의에서 각 평의회원으로부터 널리 일반에 지방의 실황과 아울러 의견 진술을 구하고 다수 회의, 그것의 의의(意義)에서 보면 다소 범위 외에 이를 우려가 없지 않으나 장래 도(道)의 정치상에 도움을 주는 바가 있는 것이라 인정되었다. 그리고 이들 언론의 색채를 통찰함에, 일부 소장 회원은 일절 문제를 이상적으로 취급하고자 하고, 교육 진흥을 논해서 바로 본년 예산을 수정하여 1면(面) 1교(校) 혹은 1면 여러 교로 확장하고자 한다. 또한 각종 산업단체비의 징수, 폐지에 대해서는 특수산업자의 자치적 경향은 이를 조장하고, 사업의 계획 등에 대한 미래 지원을 촉진하고자 하지만, 도리어 이에 역행하고 조합비를 완전 폐지하고자 하는 것은 단체의 자치적 기초를 파괴하고자 하는 것같이, 실제 문제에서 멀어지게 된 것이다. 또 종래 도군(道郡) 참사(參事) 또는 면장 등을 거쳐 상당히 경력 있는 자의 언론(言論)은 이사자의 제안을 감수하고자 하는 경향이 있고 평의회원의 연령은 30~40세 사이에 있는 자가 소수로 40세 이상 60세 이하의 자가 대다수라면 이상론은 항상 실패로 돌아갔다. 그렇지만 단지 교육 문제에 이르러서는 회의원의 주장과 동일하게 도출해서 속히 확장 보급을 기하는 것으로 일치하고, 13도 중 이것을 건의(建議) 또는 논의하지 않은 것이 없고, 함경남도와 같은 지역에서는 지방비의 1/3 또는 2/3를 교육비에 충당하여 1면 여러 교를 설치하기에 이르러야 한다고 논하는 자도 있었다. 일반적으로 보통학교의 보급, 고등보통학교의 신설, 농상실업학교(農商實業學校)의 확장, 신설을 요망할 수밖에 없는 모양이다. 기타 금일과 같은 곡가(穀價) 폭락의 시대에 반대로 지방세를 증징(增徵)하고 지방비 사업을 팽창하고자 하는 것은 마땅하지 않다는 의론이 있다. (주로 전남) 또 지방비 세입이 빈약하다고 하여 지금 과세액을 조금 높여 사업을 진행시키는 방침을 낼 것을 희망하는 경향이 많음을 인정하고, 일반의 언론은 각자의 의지를 솔직하게 토로하고, 다른 의원과의 연락 없이 의견의 일치점이 적은 것은 각 도 공통으로 회의장에서 경험이 부족함을 보였다. (중략)

(4) 학교평의회의 상황

요즘 향학심(向學心)의 발흥이 현저한 시절로 학교평의회는 특히 긴장의 태도를 갖고 통상 1일 내지 2일, 많게는 5, 6일에 걸쳐서 신중하게 심의를 거듭 힘써서 지방민의 여망(輿望)에 부응할 것을 기약하고자 하는 기세를 보였다. 따라서 그 논하는 바 대개 이상의 학교의 증설을 기망(冀望)하고 종종 이사자로서 그 취사(取捨)에 미혹되는 것이 있는 것같이 열성으로 극히 그 직책(職責)을 완전하게 하였다. 제안에 대한 주요한 질문, 수정 의견, 평의회원 출석 상황표는 다음과 같다.

의안에 대한 질문

(1) 재산수입 중 답(畓)의 반별(反別)²⁸ 및 소재지의 대체를 알고자 함.

(2) 각 학교비(學校費)의 수용비(需用費) 내용을 알고자 함.

(3) 군청(郡廳) 소재지의 학교만 수업연한(年限)을 연장하는 이유

(4) 학교부지는 가능한 이 지방 인민에게 기부시키고 부지(敷地) 대금은 다른 비용으로 충당하는 것이 가능하지 않은가.

(5) 학교의 구역(區域) 여하(如何)

(6) 학교를 일단 가능하게 한 후 설비비(設備費)는 소재면(所在面)의 부담으로 해야 하지 않는가.

(7) 제한 외 부과(賦課)로 증축(增築) 설비 등을 하는 것보다도 증설에 노력해야 하지 않는가.

(8) 공립보통학교에 입학이 불허가(不許可)가 되어야 할 자의 처리 여하

(9) 부과금은 군(郡) 전체에 부과함에 불구하고 면에 의해서 학교의 유무(有無)가 있음에 따라 학교 소재면(所在面)에는 다액(多額)을 부과하고 소재하지 않는 면에는 소액(少額)을 부과해야 하지 않는가.

(10) 비용변상을 감액하고 부과금 과율을 저감(低減)하는 것의 여하

(11) 기부금 모집의 방법 여하

(12) 소작료(小作料)의 증액은 불가능한가.

(13) 적립금의 성질 및 현상 여하

(14) 교사(校舍) 건축에 대해 기부금은 모집하지 않는가.

(15) 면교부금(面交付金)은 이를 사제하고 보통학교 경비로 충당하면 안 되는가.

(16) 학교비 부과금을 내지인 토지소유자로부터 징수하지 않는 이유 여하

(17) 향학심의 발달에 비추어 수업료는 증액을 필요로 한다고 인정함.

(18) 수업료를 급격하게 증가할 때는 그것을 위해 중도 퇴학하는 것 같은 일은 없겠는가.

(19) 기본재산을 갖는 학교의 수익은 일반 경비로 충당되는 것인가.

---

28 반별(反別): 1단보씩 나눔

(20) 신설학교의 생도는 국어(國語)[29]를 이해하지 못하는데 내지인 교장을 두는 이유

(21) 학교건축비에 대해 기부금 모집을 폐지하고 일부 부과 방법을 채택하는 것의 여하

(22) 국유 임야의 양여(讓與)를 받아 기본재산을 조성하는 것의 여하

(23) 향교(鄕校) 재산의 수입은 종래대로 학교비(學校費)에 충용할 수 없는가.

(24) 종래 학교 신설의 경우는 관계 부락민으로부터 다액의 기부가 있었음에 이번에 한해 기부금을 계상하지 않은 이유

(25) 내지인 훈도(訓導)에 대해 다액의 가봉(加俸) 및 사택료(舍宅料)를 계상한 사유. 아울러 조선인 훈도에 대해서도 이를 지급할 필요가 없는가.

(26) 아동(兒童) 수용(收容)에 관한 당국의 의견 여하

(27) 여교원(女敎員)을 배치하는 이유

(28) 학교비 사무원 설치의 이유

(29) 수업료의 성질 및 차등을 설치하지 않은 사유

주요한 수정(修正) - 의견

(1) 누차 부형회(父兄會)를 개최할 필요가 있으므로 신설학교비 중 부형회비를 증액해야 함.

(2) 평의회원의 비용변상을 삭제해야 함.

(3) 학교의 신설 또는 학급의 증설을 도모하여 그 소요 경비는 부과금을 증설하고 또는 기채에서 구할 것.

(4) 향학심을 향상함으로써 수업료 20전(錢)을 50전으로 수정하고자 함.

(5) 공립보통학교를 속히 증설할 수 없음에 있어서는 사립학교(私立學校)를 설치하여 학교비에서 상당을 보조할 것.

(6) 학교비의 재원을 함양할 필요가 있음에 대해 기본재산 조성비를 설치할 것.

(7) 조선인 교장을 채용하여 경비 절약을 도모할 것.

(8) 조선인 교원에게도 숙사료(宿舍料)를 지급할 것.

(9) 보통학교 생도에 대해 농업(農業)의 실제 소용이 되는 교과를 수업하기 위해 노무(勞

---

29 국어(國語): 일본어

務)에 복무시키는 것은 온당하지 않음에 따라서 농구(農具) 구입비 및 종자(種子) 대금과 같은 것은 완전 폐지되어야 함.

(10) 기설(旣設) 학교의 증축은 당분간 이를 보류하고 그 경비로 신설학교를 설치해야 함.

(11) 부과금을 현재의 배액(倍額) 정도로 증액하고 이로써 학교를 신설하고자 함.

(12) 학교비 부과금을 전년과 동일한 비율로 징수함은 온당하지 않고 마침 물가(物價) 하락의 때 인민의 부담력을 고안(考案)하여 경감하고자 함.

(13) 공립보통학교 1교(校)에 필요로 하는 경비에 의해 사립학교는 3교를 유지할 수 있고 향학심 발흥의 때에 이르러 사립학교를 여러 곳 설치하는 것으로 하였으면 함.

(14) 교사(校舍) 및 사택(舍宅) 등의 건축에 관해 부역(夫役)을 부과하는 것으로 하고 경비를 절감하고자 함.

(15) 입학 아동이 격증함에 수반하여 현재의 학급수로는 수용이 불가능함에 따라서 제한 외 부과 또는 기채(起債)에 의해 학급수를 증가하고 입학 희망자를 전부 수용할 방법을 강구하고자 함.

(16) 학교비에서 개량(改良) 서당에 상당한 보조를 부여하고자 함.

(17) 지세부가금(地稅附加金) 제1기 징수 기일(期日)을 6월 1일로 이월 징수함은 온당하지 않음. 본세(本稅)와 동시에 징수하고자 함.

(18) 부(府)에 있어서는 도회(都會)의 발전에 수반하여 상공업이 날로 번성하고 있는 때인 만큼 간이상업학교에서도 또 한층 완전한 중학교 정도의 상업학교를 설립하고자 함.

(19) 보통학교의 농업 실습 시간이 많음이 과하므로 가능한 농업실습 시간을 줄이고 동시에 예산에서 생산물 매각대를 감소시키고자 함.

(20) 학교 예산 중 기부금의 항목이 있으나 이것의 모집에 대해서는 참으로 곤란함에 대해 제한 외 부과를 함과 함께 이 기부금 모집제(募集制)는 폐지되어야 함.(중략)

9. 제도 개정의 효과

개정(改正) 지방제도(地方制度)는 실시 이후 아직 1년을 지나지 않았다. 그간 부(府) 및 면(面)은 여러 차례 협의회(協議會)를 개최하였으나 지방비 및 학교비에 있어서는 총예산안 등 자문을 위해 제1회의 평의회(評議會)를 개최하는 데 그쳤을 뿐이다. 각종 회의가 과연 완전하게 예상하는 기대 효과를 거둘 수 있느냐 아니냐는 이후 얼마간의 세월을 기다려야 하나 그 초창기에 해당하는 협의회 및 평의회의 상황을 전체를 통해 내다봄에 본년 총예산 자문회에 출석비율이 도평의회는 9할(割) 1보(步), 학교평의회 7할 1보, 부협의회 7할 7보, 면협의회 7할 4보를 점하였다. 나아가 가장 유력한 지식 계급을 망라한 도평의회는 각원이 시종 열성으로 또 연구적으로 심지어 협조적 태도를 잃지 않고 질문 토의(討議), 대체에 있어서 적정하였다. 각 도 이사자(理事者) 또한 성의를 피력하여 설명, 응답에 힘썼으므로 의사가 원만하게 종결됐을 뿐만 아니라 이 기회에 도치(道治)에 관한 회원 각자의 의견을 구함으로써 도를 다스리는 데 이바지한 바가 적지 않은 것 같다.

부 및 지정면(指定面)의 협의회는 그 협의회원을 완전 민선으로 하므로 종래의 부협의회원 및 면 상담역에 비해 출석 비율이 양호하였을 뿐만 아니라 항상 긴장된 기분을 가지고 부면의 행정에 대한 책임을 분임함의 피로함을 표하고 있다. 학교평의회 및 지정면 이외의 면 협의회도 상당한 의견을 개진하였으며, 당국 또한 적극적으로 설명하고 응답하여 원만하게 그 의사를 마쳤다.

상황이 이러하므로 각 평의회, 협의회원은 모두 시정(施政)의 내용을 깨닫고 이어서 관부(官府)의 시설을 신뢰하는 생각을 발생하는 한편 또한 충분히 그 소회(所懷)를 개진하여 민의를 반영시키고 민정을 토로하는 바가 있었던 것이다. 따라서 개정 지방제도는 이미 그 첫번에 제도 개정의 높은 뜻을 분별하는 민의(民意)를 창달하고 지방에 적절한 행정을 행하고자 함의 대정신(大精神)을 몸소 나타낼 수 있었다. 이러한 기세로 회(回)를 거듭함에 있어서는 그 성실한 노력에 의해 장래에 자치제의 운용을 바랄 수 있다. 특히 각 자문기관과 내선인 의원은 서로 협조하고 융합하여, 내지인 회원 중에는 이러한 종류의 회의에 경험이 있는 자도 있어서 의사에 대해서는 이들 회원의 사실상의 지도에 따라 다수가 이에 따르는 경향이 있었고, 그간 심히 원만하게 완전 내선인 별(別)의 논쟁은 없었다. 일반 내선인의 융화상 이바지한 바가 적지 않다. 또 각 회원 모두 시정에 대해 충분히 이해했기 때문에 일반 민중에 대한 시정(施政) 선전(宣傳)의 기회를 얻은 것은 지방행정의 진흥뿐만 아니라 조선 통치상에도 상당한 기여를 한 것으로 나타났다. 이는 제1회 회의에서 예상 이상의 효과를 거둘 수 있었다는 것을 의미한다. 시도컨대 서설(叙說)의 사항을 종합하여 제도 개정의 효과를 열거하면 다음과 같다.

1. 충분히 민의(民意)를 창달시키고 지방에 적절한 행정을 시행할 수 있는 것.
2. 회의에서 각종 시설에 대해 설명하는 것 외, 그 시설의 실상을 목도한 바 있어서 각 회원 모두 실제의 시설 내용을 모두 알고 당국을 신뢰하는 생각을 깊이 하게 된 것.
3. 각 회원이 대개 열성으로 그 의결을 토로하므로 지방 당국자에게 수많은 참고자료를 부여하고 그 긴장을 촉진하는 것.
4. 부(府) 및 지정면 협의회원은 민선(民選)이므로 종래에 비해 열성으로 의사(議事)에 참여하는 경향이 있는 것.
5. 각 자문기관의 내선인 간 협조가 극히 원만하므로 일반 내선인의 융화에 기여하는 바가 적지 않은 것.
6. 지방행정에 참여하여 당당히 그 소견을 피력할 기회를 부여하므로 정치적 욕망에 대한 만족을 얻고 이어서 일반 민심을 도와서 보충하여 민중으로써 통치를 신뢰하게 하는 생각을 후하게 했던 것. (하략-편역자)

〈자료 203〉『면제제요(面制提要)』[평안남도대동군연구회(平安南道大同郡研究會),[30] 1926]

면(面)은 이상 서술한 것같이 점차 발달해 왔던 것인데, 시세의 진운에 수반하여 1917년 6월 제령 제1호로써 면제(面制)가 발포되어 동년 10월 1일부터 시행되었다. 생각컨대 면제는 조선의 시세, 민도(民度)와 구관(舊慣), 고례(古例)를 참작하여 면민(面民)의 행복을 증진하고 지방의 개발을 도모하기 위해서 제정되었던 것이다. 다만 지방 주민의 행복을 증진하기 위해서는 국비(國費), 지방비(地方費), 학교비(學校費) 등으로써 도로교량(道路橋梁), 항만(港灣)의 축조, 농사, 양잠(養蠶), 축산(畜産), 수산(水産), 임업(林業), 공업(工業) 장려, 위생, 교육 보급, 개선에 힘쓰고 있음은 논할 것도 없으나, 이들의 경비(經費)는 한정되어 있고, 또 그 사업의 관계는 자못 광범하므로 한 지방(地方), 한 국부(局部)만에 관계 있는 극히 미세한 점까지 행하지 않을 수 없는 상태이다. 그리고 사업 경영에 의해 이익을 향수(享受)하는 자에게 그 비용을 부담시키는 것은 당연함으로써 새로 면내 주민의 이해증진에 관계 있는 사업

---

30 연구회장 다카하시 다다시(高橋正)

을 경영할 수 있는 것을 인정함과 함께 이에 필요한 비용은 그 면민에게 부담시키는 것으로 하고, 이로써 국비, 지방비 등에 의해 경영되었던 사업이 미치치 않는 바를 보완하여 날로 지방민의 행복을 증진시키는 것을 기약할 수 있다.

고래(古來) 조선에서는 지방적 이해관계의 사무는 각 지방민들이 계(契), 협의비(協議費), 조합(組合) 등을 설치하여 그 필요에 따라 경영하였다. 예를 들면 도로계(道路契)나 도로협의비(道路協議費)를 설치하여 도로나 교량을 건설하고, 도선계(渡船契)를 설치하여 도선(渡船)을 운영하거나, 위생조합(衛生組合)을 설치하여 위생 개선을 추진하거나, 소방조(消防組)를 설치하고, 농사, 양잠, 임업 등의 시설을 조합비에 의해 지원했다. 이러한 계나 조합은 임의로 합의되어 있어서 권력이 없으므로 과세권(課稅權)과 강제징수권(强制徵收權)을 행하기 어려웠고, 금전의 출납, 보관에 위험이 따랐다. 또 지방민의 부담 경중(輕重)과 사업의 완급에 대해서도 충분하게 연구하여 적절한 시설을 하는 것이 심히 곤란하다.

그런데 면으로 통일하여 경영하려고 하면 면민의 부담의 경중과 사업의 완급을 충분히 참작하여 이를 경영할 수 있는 것이므로 면민의 부담을 과중시킬 우려가 없고, 사업 경영상에서 보아도 지방민의 부담상에서 보아도 극히 적당한 것이라 인정된다.

면제는 앞서 말한 바와 같이 지방민의 행복 증진을 주안점으로 하여 제정된 것이므로 면에서 점차 공적인 시설의 확충을 도모하고, 면민의 복리 증진에 노력해야 하는 것은 크게 희망하는 바이다. 그렇지만 현재의 상태를 보면, 병합 이래 관의 시설과 지방민의 노력에 의해 제반의 사무가 현저하게 개선, 진보를 보기에 이름과 함께 생활의 상태도 점차 개선되어 이미 옛날 같은 피폐한 상태가 아니다. 하지만 도로 개선, 산업 장려, 위생 개량 등 하나로 현재의 시설로써 만족할 수 있는 것이 아니다. 장래 그 개선, 충실에 관해 시설해야 할 사항이 심히 많으나 한편 주민의 생활 정도는 아직 재산을 관리할 방도를 얻기에 이르지 않아서 생계상의 여유에 있어서는 또 이를 장래에 기약하지 않으면 안 되는 상태이다. 고로 면사업의 경영에 있어서는 힘써 면민의 부담을 증가시켜 지방의 개선, 진보에 도움이 되도록 할 것을 기약한다. 가령 공익(公益)상 필요에 기초하더라도 갑자기 면민의 부담을 증가시키는 것 같은 것은 크게 신중하고, 점차 착실한 발달을 도모하지 않으면 안 된다.

면제에서 종래의 제도에 비해 새롭게 인정한 주용한 점을 들면 다음과 같다.

1. 사업 능력을 인정할 것.
2. 내선인(內鮮人) 다수 집단인 면으로서 조선 총독의 지정을 받는 것에는 상담역(相談役)을 설치하고 또 기채(起債)를 할 수 있도록 할 것.
3. 동리장(洞里長)을 폐지하고 새로 구장(區長)을 설치할 것.
4. 호별할(戶別割), 지세할(地稅割) 외 특별부과금 및 사용료 수수료를 징수하도록 할 것.
5. 재무 수속(手續)을 상세하게 규정할 것.
6. 면조합(面組合)을 설치할 것.

제5절 면제의 개정(改正)

1920년 7월 제령 제13호로 면제가 개정되었는데 그 요점은 다음과 같다.

1. 면장(面長)의 자문(諮問)에 응하기 위해서 면에 협의회(協議會)를 설치할 것. 협의회원은 조선총독이 지정하는 면에는 이를 선거하고 기타의 면에는 군수(郡守) 또는 도사(島司)가 이를 임명한다. (면제 4, 5조)
2. 면리원(面吏員)의 일종으로 지정면에 부장(副長), 모든 면에 도지사의 인가를 받아 기수(技手)를 두는 것을 인정할 것. (면제시행규칙 2조 및 2조의 3)

자문기관을 설치하는 것은 장래 자치제도에 이르는 첫걸음으로써 그 취지는

제1 민의(民意) 창달을 도모하기에 이르고, '의지하게 하는 것이 가능하면 알게 하는 것이 가능하지 않다(可使依不可使知)'라는 정치사상은 금일에 있어서는 이를 수용하는 것을 허락하지 않는다. 지방행정의 운용은 관민일치(官民一致)로, 서로 의지하고 서로 보조하여 자치의 기초를 확립하고자 하는 것이다.

제2 민도의 발달에 상응하여 의결기관(議決機關)으로 하지 않고 자문기관에 머물렀다. 이 민도는 일반의 유치한 영역을 탈피하지 않음에 이른다.

제2장 내지(內地) 정촌(町村)과의 비교

면과 내지 정촌과 비교하여 그 현저한 차이의 점을 들면 다음과 같다. (정촌제 참조)

① 면은 정촌과 달리 고유 사무를 갖지 않고 위임사무를 처리할 뿐.

② 면은 정촌과 같은 조례제정권(條例制定權)을 갖지 않는다.

③ 면은 정촌과 달리 그 주민(住民)이란 것을 갖지 않는다. 따라서 또 공민(公民)이란 것을 갖지 않는다.

④ 정촌의 의지기관(意志機關)인 정촌회(町村會)는 의결기관으로서 정촌회 의원은 이를 공선(公選)함에 반하여 면협의회는 자문기관에 지나지 않는다. 또 지정면의 협의회원만 공선하고 다른 것은 임명제도이다.

⑤ 정촌장(町村長)은 정촌회에서 선거한 정촌 공민임에 반하여, 면장은 관이 임명하는 것으로 신분은 대우 관리이다.

제2편 본론(本論)

제1장 면(面)의 본질(本質)

제1절 면은 나라의 행정구획(行政區劃)이다

조선총독부지방관관제(地方官官制) 제25조 제1항에 '군도(郡島)에 면을 둔다'라고 있다. 즉 면은 조선의 최하급 행정구획이다. 이 행정구획인 면은 한편으로는 지방단체인 것을 전술한 것과 같으나 조선에서는 나라의 행정구획인 것을 그 기본으로 하는 것으로, 나라의 행정구획으로써 변경될 때는 면이란 단체의 구역은 이에 따라 당연히 변경되는 것으로 한다. 1910년 10월 총독부령 제8호 '면에 관한 규정' 제1조에 '면의 명칭 및 구역은 종전의 예에 의한다. 면의 명칭 및 구역의 변경은 조선총독의 인가를 받아 도장관이 이를 정한다'라 하여 조선의 면구역 변경은 정촌제의 정촌의 폐치분합(廢置分合)과 그 관념을 달리 하고, 내지 정촌의 소위 분합에 해당하는 경우도 면에서는 이를 면의 구역의 변경으로써 처리하지 않으면 안 된다. 즉 내지의 정촌은 지방단체인 정촌을 그 기초로 하고, 나라의 행정구획은 이에 수반하는 것임에 반하여, 조선의 면은 나라의 행정구획을 우선 정하고, 그런 후 지방단체인 면의 구역은 이에 수반하여 당연하게 정해지는 것으로 한다. (중략-편역자)

제2절 면은 지방단체(地方團體)이다

면이 지방단체의 일종이란 것은 면제 발포로 명료해졌지만, 면의 법률상의 성질에 이르러서는 명료하지 않다. 즉 면이 공법인(公法人)이냐 아니냐는 의론이 존재하는 것으로 부(府), 학교조합(學校組合), 수리조합(水利組合) 등은 '법인으로 한다'라 규정하고 있음에 반하여 면제에는 이러한 명문이 없으므로 공법인이 아니라 함에 있다. 그런데

① 면이 사무 처리의 능력을 갖는 것.
② 재산을 소유할 수 있는 것.
③ 차입급(借入金)을 할 수 있는 것.
④ 부과금(賦課金)을 부과하여 이를 강제 징수할 있는 것.
⑤ 사용료, 수수료를 징수할 수 있는 것.

등 재산권(財産權)의 주체가 되고 일정 범위에서 행위 능력을 갖는다. 또 과세권(課稅權)을 갖는 등 공법적 권능을 가짐으로써, 이를 엄격한 의미에서는 공법인이 아니라 하는 것을 정당하다고 하나, 실무의 취급 실시상의 입장에서 공법인에 준하여 취급되고 있다. 그렇지만 더욱이 완전한 자치 능력을 갖지 않음은 명백하므로, 공법인이라 해석할 수는 있으나, 자치단체라고 해석할 수는 없다.

제3절 면의 종별(種別)

면에는 지정면(指定面)과 그렇지 않은 면 2종이 있다. 그 차이는 다음의 여러 가지 점으로 한다.

① 지정면의 협의회원은 이를 선거함에 반하여 기타의 면은 군수, 도사가 이를 임명한다.
　(중략-편역자)
② 지정면은 기채(起債) 능력을 가지나 기타의 면은 그렇지 않다. (면제 9조)
③ 지정면에는 부장(副長) 1인을 둔다. (면제시행규칙 2조)
④ 지정면에 한해 1개년 3백 원 이하의 접대비(接待費)를 예산으로 계상(計上)할 수 있는

것. (1921년 11월 352호 내무국장 통첩)

⑤ 지정면은 호별할의 제한 과율(課率) 납입 의무자(義務者) 평균 1인에 대해 4원임에 비해 기타의 면은 1원 80전인 것. (면제시행규칙 17조)

지정면은 호구(戶口) 다수로써 내지인(內地人)이 거주하는 것 또한 많은 주요 시가지를 선정하였다. 그 구비해야 할 자격, 표준은 다음과 같다. (1921년 11월 지 352호 내무국장 통첩)

① 주로 상공업지(商工業地)로써 공공적 시설을 필요로 하는 것이 많은 곳.
② 호수(戶數) 1,500 이상으로, 그중 1/2 이상 집단하는 곳.
③ 협의회원 선거권을 갖는 자의 수가 100인 이상인 곳.
④ 면부과금 1호(戶) 평균 7원(圓) 이상의 부담을 감당할 수 있는 곳. (중략-편역자)

제2장 면의 사무(事務)

면은 면제에 의해 사업을 경영할 수 있는 것이나, 그 처리할 수 있는 사무의 범위는 면제 제1조에 '면은 법령에 의해 면에 속하게 한 사무를 처리한다'라고 규정되어 있으므로 법령에 의해 면에 속하게 하지 않은 사무는 가령 공익상 필요하다 인정한 것이라도 자유로 그것을 처리할 수 없는 것으로 한다. 즉 부제(府制)의 '부(府)는 법인(法人)으로 한다. 관의 감독을 받아 그 공공사무 및 법령에 의해 부에 속하는 사무를 처리한다'라 함에 비하면 현격한 차이가 있음을 알 수 있다. 즉 이와 같이 면의 사무의 범위를 제한한 것은 다만 면의 발달이 아직 유치하여서 광범한 사무를 처리할 수 있는 재정상의 여유가 없고 또 가능한 면민의 부담을 증가시키지 않기 위함이다. 이에 법령이란 조선에 효력을 갖는 법률 명령[칙령(勅令), 제령(制令), 총독부령(總督府令)으로 도령(道令)은 포함한다라 해석하지 않는다]을 뜻한다.

면제 제1조에 의해 면에 속하게 한 사무는 대저 다음의 2종으로 크게 구별할 수 있다.

1. 면제시행규칙(面制施行規則) 제1조의 사무(事務)
2. 특별법령(特別法令)에 의한 사무

제1절 면제시행규칙 제1조의 사무

면제시행규칙 제1조에 의해 면에 속하게 한 사무의 범위는 다음과 같다.

① 도로교량, 도선, 하천제방(下川堤坊), 관개배수(灌漑排水)

② 시장, 조림(造林), 농사, 잠업, 축산, 기타 산업의 개량, 보급 및 해조충(害鳥蟲) 구제(驅除)

③ 묘지(墓地), 화장장(火葬場), 도장(屠場), 하수(下水), 전염병 예방, 오물(汚物)의 처치

④ 소방(消防), 수방(水防)

⑤ 제증명(諸證明) 공부(公簿) 도면(圖面)의 열람(1922년, 3府令 24호 추가)

이상 열기한 사항은 원래부터 면에서 경영할 수 있는 것을 인정한 것에 그치고, 보통 각 면에서 이들 사무를 경영시키고자 하는 취지가 아닌 것은 논할 것이 없다. 고로 마땅히 면의 실상과 사무의 정도에 응하여 이를 취사 채택하는 것으로 한다.

이상 면의 사무는 제한되어지고 있으나 면의 상황에 의해서는 전기 이외의 사무를 처리할 필요가 발생하는 일이 없지 않으므로 이 경우는 조선총독의 인가를 받아 그 사무를 처리할 수 있는 것으로 한다. (면제시행규칙 1조 2항) 이렇게 면 사무의 종류를 한정시킨 것은 앞서 서술한 대로 민도가 아직 유치하여서 자력(資力)이 빈약함에 따르고 또 지방의 사무를 통일, 정리할 목적으로 제정된 것임에 의한다. (중략-편역자)

제2절 특별법령(特別法令)에 의한 사무

면제시행규칙 이외의 법령에 의해서 면에 속하게 된 사무는 시행규칙 제1조의 '별단(別段)에 정해져 있는 것'에 해당하고, 각개의 법령의 의해 판단하지 않으면 안 된다. 그리고 '별단의 정해져 있는 것'이란 종래 법령의 규정에 의해 면에 속하게 된 것은 물론 장래에도 또한 법령으로 이를 속하게 할 수 있는 것이 예상되는 것이다.

지금 특별법령에 의해 국가 또는 다른 단체의 사무를 면(面)에 위임시키는 것의 예를 들면 다음과 같다.

1. 국세징수(國稅徵收) 사무(1911년 11월 제령14호 국세징수령 5조)

2. 지방세(地方稅) 부역(夫役) 현품(現品)의 부과사무[1920년 7월 부령(府令) 105호 도지방비령 시행규칙 22조]

3. 지방세 징수사무[동상(同上) 25조]

4. 역둔토(驛屯土) 매불대금(賣拂代金) 대부료(貸付料) 및 보(洑) 사용료의 수납 사무(1920년 11월 부령 166호 역둔토의 매불대금 대부료 및 보의 사용료 수납에 관한 건)

5. 학교비(學校費) 부과금 징수사무(1920년 7월 부령 104호 학교비령시행규칙 23조)

6. 수리조합비(水利組合費)의 징수사무(1917년 10월 제령 2호 수리조합령 23호)

7. 부군도(府郡島) 농회(農會)의 경비 또는 과태금 징수 사무(1926년 3월 제령 4호 조선농회령 10조)

8. 수산회(水産會) 경비 또는 과태금 징수 사무(1923년 1월 제령 1호 조선수산회령 5조)

9. 호적부(戶籍簿)를 준비하는 사무(1922년 11월 부령 114호 조선호적령 5조)

10. 인감(印鑑) 증명 사무(1914년 7월 부령 110호 인감증명규칙)

11. 종두(種痘) 사무(1923년 4월 제령 9호 조선종두령 3조 동 부칙 4항)

12. 거주등록부(居住登錄簿)를 준비하는 사무(1911년 6월 부령 75호 숙박 및 거주규칙 8조)

13. 행려병인(行旅病人) 사망인(死亡人)의 취급 비용 입체[31](立替)[1919년 12월 부령 203호 행려병인 행려사망인 및 그 동반자의 구호 또는 취급에 관한 비용 조체(繰替) 지변(支辨)에 관한 건]

이상은 면제 제1조의 소위 법령에 의해 면에 속하게 한 사무인데, 이 외 면의 기관인 면장에 속하게 한 사무가 있어서 이를 구별할 것을 요한다. 생각컨대 면장은 면의 사무담임자임과 동시에 나라의 사무에 관해 군수, 도사를 보조해야 하는 책임은 조선총독부지방관관제 제25조 제2항에 규정한 바로, 이 규정에 기초하여 면장에 속하게 한 사무 또한 적지 않다. 2, 3을 들면 다음과 같다.

① 호적(戶籍)에 관한 사무(1922년 11월 부령 154 조선호적령)
② 징발령(徵發令)에 의한 공급 사무(1920년 11월 제령 25호 조선징발령 4조)

---

31 입체(立替): 대신 지불

③ 전염병 예방령에 의한 사무(1915년 7월 부령 69호 전염병예방시행규칙 2조)

④ 토지 수용(收用)에 관한 대집행(代執行)의 사무(토지수용령 22조)

⑤ 매장(埋葬) 개장(改葬) 화장(火葬) 인허증(認許證)에 관한 사무(1912년 6월 부령 123호 묘지 화장장매장 및 화장취체규칙 12조)

⑥ 수난(水難) 구호사무 보조(補助)(1914년 4월 제령 12호 조선수난구호령 2조)(중략-편역자)

제3절 면협의회(面協議會)

제1목(目) 협의회의 조직

협의회는 면장 및 협의회원으로서 이를 조직하고, 면장으로서 의장에 충당한다. (면제 4조) 면장이 협의회의 일원이 되고 또 그 의장임은 협의회의 자문기관인 특수한 사정에서 연유하는 것이다.

협의회원의 정원은 8명 이상 14인 이하의 범위 내에서 조선 총독이 이를 정한다는 것을 면제 제4조에 규정하고, 이 규정에 기초하여 면제시행규칙 제6조로써 인구수에 따라 정원을 다음과 같이 정한다.

① 인구 5천 미만의 면 8인
② 인구 5천 이상 1만 미만의 면 10인
③ 인구 1만 이상 2만 미만의 면 12인
④ 인구 2만 이상의 면 14인

그리고 앞서 기술한 인구는 항상 이동하고 있으므로 그 수는 도지사(道知事)가 인정한 바에 의해 고시(告示)하고, 이 인정에 의해서 정원을 결정하는 것으로 한다.

그런데 인구이동에 의해 임시협의회원의 정원을 변경하고, 선거 또는 개임을 누차 행하는 것은 그 번잡함을 감당할 수 없으므로, 협의회원의 정원은 가령 인구의 이동이 있다 해도, 총선거 또는 총개임(總改任)을 행하는 경우가 아니라면 이를 증감하지 않는 것으로 규정하여 이로써 그 번잡함을 피한다. (면제시행규칙 6조)(중략)

제2목 협의회의 직무권한(職務權限)

협의회는 면장의 자문기관이다. 즉 면장의 제안에 대해 가부(可否)의 답신을 하는 데 그친다. 제안권(提案權) 및 수정권(修正權)을 갖지 않는다. 그렇지만 민의 창달의 기관으로서 협의회를 설치한 이상, 면의 경영사업, 면민의 부담 등에 관해서는 반드시 이를 자문할 것을 요한다. 이로써 면제 제4조의 2, 제1항에 열거하는 사항은 반드시 면장이 이를 자문할 것을 요한다. (단 급속한 실시가 필요한 경우를 제외함) 자문하느냐 아니냐에 대해 면장의 자유 재량의 여지를 남기는 것으로 한다. 그 사항은 다음과 같다.

① 세입세출예산을 정하는 것. (추가경정예산을 포함)
② 법령에 정하는 것을 제외한 것 외, 사용료, 수수료, 부과금 또는 부역현품의 부과징수에 관한 것.
③ 차입금에 관한 것. (단 일시차입금을 포함하지 않으므로 지정면에 한함)
④ 세입출 예산으로써 정하는 것을 제한한 것 외, 새로 의무를 부담하고, 또는 권리를 포기하는 것. 즉 예산에서 정해지지 않은 수년간에 관계하는 고용임(雇傭賃) 대차보조(貸借補助) 등의 계약과 같은 것은 앞부분의 예로써, 예산에서 정하지 않는 면이 갖는 채권(債權)을 면제하는 것 같은 것은 뒷부분의 예로 한다. 단 면부과금의 감면과 같은 것은 포함하지 않는 것으로 한다.
⑤ 면제 제14조에 규정한 면의 구역 변경에 의해, 면에 속하는 재산을 처분하는 것.

이상 각호의 사항은 만약 급격한 실시를 필요로 하고, 협의회에 자문할 겨를이 없을 때는 면장은 이를 자문하지 않고 전행(專行)할 수 있을 뿐만 아니라, 면장이 필요하다고 인정할 때는 이상 각호에 해당하지 않는 사항이라도 면에 관한 사건임에 한해 이를 협의회에 자문할 수 있다. (면제 4조의 2의 1항 단서 및 2항)

그렇지만 면세입출 결산(決算)과 같이 사후(死後)에 속하는 것은 자문할 필요가 없음은 사전(事前)에 불가(不可)의 의견을 거둔다는 취지로 보아 확실하다.

협의회는 이상 나열하여 기록한 사항에 관해 면장의 자문에 응하는 권한을 갖는 데 그친다는 것은 앞서 서술한 바와 같다. 그 권한은 소극적으로 수동적이다. 이에 더해 그 의견은 면장에 대해서 법률상의 구속력을 갖지 않는다. 단순히 면장의 참고로 그 의견을 청취함에 지나지 않는다. 실제 민의 존중의 견지에서 협의회의 의견을 채택하는 것이 많더라도 이 정치 도덕상의 문제로 법률상의 문제가 아니므로 면협의회는 정촌회와 같이 정촌사무검열권, 정촌의 공익에 관한 의견서 제출권(정촌제 42, 43조) 등을 갖지 않는다. (하략-편역자)

〈자료 204〉 중추원 관제 개정에 관한 참고자료(中樞院官制改正に關する參考資料) [조선총독부중추원(朝鮮總督府中樞院), 1933]

(상략-편역자)

6. 지방자치(地方自治)의 연혁 및 그 실적(實績)

(5) 지방자치(地方自治)의 실적(實跡)
① 지방단체(地方團體) 재정의 추이

병합 당시의 지방제도는 전술한 바와 같이 극히 유치한 상황이었기 때문에 각 단체의 재정도 빈약했었지만 문화의 발달, 민력(民力)의 증진에 따라 매년 확장되었다. 그 추이는 다음과 같다.

■ 도지방비(道地方費) 세입출 예산(歲入出豫算) 누년(累年) 비교(比較)

세입(歲入)

과목	1911년 (明治 44)	1914년 (大正 3)	1919년 (大正 8)	1924년 (大正 13)	1929년 (昭和 4)	1932년 (昭和 7)
재산수입	2,494	3,650		55,071	291,454	281,509
세수입	614,593	998,671	3,442,903	2,354,545	17,820,895	17,854,221
사용료수수료		32,803		951,204	3,151,275	3,893,809
보조금	537,163	1,252,076	1,805,616	2,890,773	7,838,095	6,983,856
기채				286,700	115,000	19,471,773

과목						
기타 수입	402,966	168,139	2,299,294	4,385,148	4,258,040	5,692,453
합계	1,557,216	2,455,339	7,547,813	19,923,441	33,474,759	54,177,621

비고: 1919년(大正 8년)의 잡수입 중에는 사용료 및 수수료와 재산수입이 포함됨.

세출(歲出)

과목	1911년 (明治 44)	1914년 (大正 3)	1919년 (大正 8)	1924년 (大正 13)	1929년 (昭和 4)	1932년 (昭和 7)
토목비	726,116	813,836	1,846,244	4,848,121	6,480,077	23,494,445
권업비	192,766	626,630	1,581,734	5,131,104	7,106,563	9,315,113
수산비			962,580	1,017,489	1,378,079	1,165,030
교육비	354,292	677,210	2,113,713	5,229,664	12,378,158	11,613,643
위생비	66,884	92,786	77,964	332,105	2,739,958	3,331,914
사회사업비	8,123	9,423	107,033	485,303	496,841	625,723
기타의 지출	209,035	129,055	858,545	2,879,655	2,895,083	4,631,753
세출합계	1,557,216	2,348,940	7,547,813	19,923,441	33,474,759	54,177,621

■ 부(府) 세입출 예산(歲入出豫算) 누년(累年) 비교표(比較表)

세입(歲入)

과목	1914년(大正 3)	1919년 (大正 8)	1924년(大正 13)	1929년(昭和 4)	1932년(昭和 7)
재산수입			48,148	52,059	130,916
세수입	536,518	889,875	2,258,528	2,777,744	2,650,369
사용료 및 수수료	193,518	426,287	2,155,495	3,796,252	4,470,794
보조금	572,192	306,165	411,500	1,169,795	1,248,615
起債	260,574	259,789	1,629,391	5,610,500	2,527,228
기타 수입	592,029	506,005	1,962,405	2,843,886	2,329,861
第一部, 第二部 특별경제수입					4,790,519
세입 합계	1,562,805	1,882,124	6,503,075	13,406,354	13,357,790

비고: 1914년(大正 3), 1919년(大正 8)의 재산수입액은 자세한 통계가 없기 때문에 기타 수입에 산입됨.

세출(歲出)

과목	1914년(大正 3)	1919년(大正 8)	1924년(大正 13)	1929년(昭和 4)	1932년(昭和 7)
토목비	185,512	432,610	2,039,628	3,361,380	3,634,626
권업비			47,056	34,769	37,345
교육비					4,790,519
위생비	780,682	891,098	1,868,454	3,819,934	3,035,423
사회사업비			1,579,091	686,839	570,370
기타 지출	1,187,637	964,413	2,931,238	8,347,314	608,019
세출합계	2,153,831	2,288,121	8,465,467	16,250,236	12,676,302

비고: 1. 기타 지출 중에는 자동차, 전차사업비, 경비비(警備費), 부채비(府債費) 등이 포함됨.
    2. 1914년(大正 3), 1919년(大正 8)의 권업비, 사회사업비, 위생비 중 오물소제비와 상수도비를 제외한 금액은 자세한 통계가 없기 때문에 기타 지출에 산입됨.

■ 읍면(邑面) 세입출 예산(歲入出豫算) 누계(累年) 비교표(比較表)

세입(歲入)

과목	1912년 (大正 원)	1914년 (大正 3)	1919년 (大正 8)	1924년 (大正 13)	1929년 (昭和 4)	1932년 (昭和 7)
재산수입	7,528	21,698	137,661	567,119	1,095,458	1,193,526
세수입	2,316,519	2,331,833	4,311,585	12,039,104	13,386,985	13,616,540
교부금	180,882	258,222	337,820	1,125,657	1,188,440	1,133,567
사용료수수료			494,529	1,120,830	1,462,719	1,497,420
보조금			48,616	1,169,600	1,285,043	1,148,874
기채			13,800	226,919	421,957	1,853,142
기타 수입	51,409	247,536	749,805	3,222,621	2,894,487	2,955,411
세입합계	2,556,338	2,859,289	6,093,816	19,471,850	21,735,089	23,398,480

세출(歲出)

과목	1912년 (大正 원)	1914년 (大正 3)	1919년 (大正 8)	1924년 (大正 13)	1929년 (昭和 4)	1932년 (昭和 7)
토목비			172,905	1,693,020	1,518,459	2,080,348
권업비			281,613	1,293,329	1,643,373	1,558,129
수산비						
급여	1,966,450	2,071,246	3,302,232	10,010,086	10,541,486	10,386,425
위생비			477,766	1,412,644	1,536,363	1,817,517
사회사업비				5,748	17,060	82,639
기타 지출	589,888	788,043	1,859,300	5,057,023	6,478,348	7,473,422
세출합계	2,556,338	2,859,289	6,093,816	19,471,850	21,735,089	23,398,480

비고: 1. 기타 지출에는 사무소비(事務所費), 기본재산조성읍면채비(基本財産造成邑面債費) 등이 포함됨.
   2. 1932년(昭和 7년) 예산에는 읍예산(邑豫算)이 포함됨.

■ 학교비(學校費) 세입출 예산(歲入出豫算) 누계(累年) 비교표(比較表)

세입(歲入)

과목	1912년 (大正 원)	1914년 (大正 3)	1919년 (大正 8)	1924년 (大正 13)	1929년 (昭和 4)	1932년 (昭和 7)
재산수입	407,935	74,386	114,477	160,239	236,885	203,550
세수입	13,254	43,521	527,716	7,005,502	3,269,390	3,202,157
사용료 및 수수료	2,113	35,788	118,978	2,499,666	3,080,213	2,810,807
보조금	385,341	475,940	1,151,995	1,938,624	6,315,972	6,394,703
기채					186,500	86,700
기타 수입	103,314	481,815	604,128	2,408,957	1,744,735	1,437,253
세입 합계	911,957	1,111,450	2,517,294	14,012,988	14,833,695	14,135,170

세출(歲出)

과목	1911년 (明治 44)	1914년 (大正 3)	1919년 (大正 8)	1924년 (大正 13)	1929년 (昭和 4)	1932년 (昭和 7)
보통학교비	843,225	1,026,743	2,052,784	8,918,196	12,831,997	12,272,229
실업보습학교비				78,046	301,562	308,603
학교비취급비		84,707	464,510	443,102	395,981	402,918
기타 지출	68,731	698,425	1,304,119	1,151,420		
세출합계	911,956	1,111,450	2,517,294	10,137,769	14,833,659	14,135,170

■ 학교조합(學校組合) 세입출 예산(歲入出豫算) 누계(累年) 비교표(比較表)

세입(歲入)

과목	1911년 (明治 44)	1914년 (大正 3)	1919년 (大正 8)	1924년 (大正 13)	1929년 (昭和 4)	1932년 (昭和 7)
재산수입				79,232	128,175	54,521
세수입	82,193	601,364	1,006,268	2,462,971	2,628,310	1,182,729
사용료 및 수수료			277,434	572,552	792,497	312,313
보조금	48,192	167,702	388,350	1,369,949	1,630,498	1,069,378
起債				181,028	216,500	131,700
기타 수입	44,744	426,863	719,193	783,795	666,901	329,905
세입 합계	175,129	1,195,929	2,391,245	5,449,527	6,062,881	3,080,546

비고: 1911년(明治 44년) 및 1914년(大正 3년)의 재산수입과 사용료 및 수수료는 기타 수입에 포함됨.

세출(歲出)

과목	1911년 (明治 44)	1914년 (大正 3)	1919년 (大正 8)	1924년 (大正 13)	1929년 (昭和 4)	1932년 (昭和 7)
사무비	31,954	28,160	157,403	353,213	354,376	263,541
교육비	101,043	810,988	1,809,454	4,335,774	4,788,443	2,377,059
기타 지출	42,132	266,781	424,388	760,540	920,062	439,946
세출 합계	175,129	1,195,929	2,391,245	5,449,527	6,062,881	3,080,546

② 지방단체(地方團體) 선거 상황조(選擧狀況調)

a. 도지방비(道地方費)

도지방비(道地方費)에 자문기관을 설치했던 1920년(大正 9년) 이래 후보자 선거를 4차례 행했는데, 그 선거 결과 임명된 평의회원 및 도지사가 자유 임명한 평의회원을 일본인과 조선인별로 나타내 보면 별표와 같다.

b. 부(府)

부협의회원의 선거제도를 창시했던 제1차 지방제도 개정 때인 1920년(大正 9년)부터 제2차 지방제도 개정(1931) 이후 제1회 선거에 이르기까지의 선거 성적은 별표와 같다.

c. 읍면(邑面)

읍(邑)의 제도는 1931년(昭和 6년) 제2차 지방제도 개정에 의해 창시되었으며, 종전에는 모두 면(面)으로 불렸다. 그중 조선총독이 지정한 면(面)에서는 1920년(大正 9년) 이후 협의회원(協議會員)을 선거로 뽑았고, 다른 면에서는 군수(郡守)나 도사(島司)가 임명했다. 그 선거 또는 임명의 실적 및 제2차 지방제도 개정 후 제1회 선거실적은 별표와 같다.

d. 학교비(學校費) 및 학교조합(學校組合)

학교비 및 학교조합은 각각 조선인 및 일본인 별로 나누어진 단체로서, 학교평의회원은 부에서는 선거에 의해, 군도(郡島)에서는 군수나 도사의 임명에 의해, 학교조합회(學校組合會) 의원은 선거에 의해 선출 또는 임명했는데, 그 실적은 생략한다.

■ 도평의회원(道評議會員) 임명상황조(任命狀況調)

그 1 선거(選擧) 및 임명(任命)(전체)

도명	정원	1920년(大正 9)		1924년(大正 13)		1927년(昭和 2)		1929년(昭和 4)	
		일본인	조선인	일본인	조선인	일본인	조선인	일본인	조선인
경기	37	11	26	10	27	10	27	10	27
충북	18	6	12	6	12	5	13	6	12
충남	24	7	17	6	18	7	17	7	17
전북	24	7	17	8	16	7	17	7	17
전남	34	7	27	7	27	7	27	9	25

경북	37	9	28	13	24	12	25	12	25
경남	33	7	26	9	24	8	25	9	24
황해	27	6	21	7	20	6	21	7	20
평남	24	7	17	6	18	6	18	5	19
평북	30	5	25	5	25	5	25	6	24
강원	31	5	26	5	26	5	26	5	26
함남	25	5	20	5	20	5	20	5	19
함북	18	5	13	6	12	6	12	6	12
합계	362	87	275	93	269	89	273	94	267

비고: 1. 선거에 의해 선출된 사람과 직접 임명된 사람의 내역은 별지와 같음.
      2. 함경남도에서 1929년(昭和 4년) 정원에 비해 임명인원이 1명 적은 것은 선거를 취소한 군이 있었기 때문임.

■ 도평의회원(道評議會員) 임명상황조(任命狀況調)

그 2 후보자(候補者) 선거(選擧)에 의한 임명(任命)

도명	정원	1920년(大正 9)		1924년(大正 13)		1927년(昭和 2)		1929년(昭和 4)	
		일본인	조선인	일본인	조선인	일본인	조선인	일본인	조선인
경기	25	4	21	3	22	3	22	3	22
충북	12	2	10	3	9	2	10	3	9
충남	16	2	14	1	15	2	14	2	14
전북	16	2	14	3	13	2	14	2	14
전남	23	2	21	2	21	1	22	2	21
경북	25	3	22	7	18	4	21	4	21
경남	22	2	20	3	19	2	20	2	20
황해	18	2	16	2	16	1	17	2	16
평남	16	2	14	1	15	1	15		16
평북	20	1	19	1	19	1	19	1	19
강원	21		21		21		21		21

함남	17	1	16	1	16	1	16	1	15
함북	12	1	11	1	11	1	11	1	11
합계	243	24	219	28	215	21	222	22	219

비고: 1. 후보자는 정원의 2배를 선출했기 때문에, 실제 선출된 후보자 수는 대체로 본표 인원의 2배임.
2. 함경남도에서 1929년(昭和 4년) 정원에 비해 임명인원이 1명 적은 것은 선거를 취소한 군이 있었기 때문임.

■ 도평의회원(道評議會員) 임명상황조(任命狀況調)

그 3 직접(直接) 임명(任命)

도명	정원	1920년(大正 9)		1924년(大正 13)		1927년(昭和 2)		1929년(昭和 4)	
		일본인	조선인	일본인	조선인	일본인	조선인	일본인	조선인
경기	12	7	5	7	5	7	5	7	5
충북	6	4	2	3	3	3	3	3	3
충남	8	5	3	5	3	5	3	5	3
전북	8	5	3	5	3	5	3	5	3
전남	11	5	6	5	6	6	5	7	4
경북	12	6	6	6	6	8	4	8	4
경남	11	5	6	6	5	6	5	7	4
황해	9	4	5	5	4	5	4	5	4
평남	8	5	3	5	3	5	3	5	3
평북	10	4	6	4	6	4	6	5	5
강원	10	5	5	5	5	5	5	5	5
함남	8	4	4	4	4	4	4	4	4
함북	6	4	2	5	1	5	1	5	1
합계	119	63	56	65	54	68	51	71	48

■ **부협의회원(府協議會員)·부회의원(府會議員) 정원(定員) 및 당선자(當選者) 내선인별(內鮮人別) 비교표(比較表)**

구별	1920년(大正 9)			1923년(大正 12)			1926년(大正 15)			1929년(昭和 4)			1931년(昭和 6)		
	정원	일본인	조선인	정원	일본인	조선인	정원	일본인	조선인	정원	일본인	조선인	정원	일본인	조선인
경성(京城)	30	18	12	30	15	15	30	18	12	30	18	12	48	30	18
인천(仁川)	16	10	6	16	10	6	20	12	8	20	11	9	30	22	8
개성(開城)										16	4	12	27	7	20
군산(郡山)	12	10	2	12	10	2	14	10	4	14	10	4	24	18	6
목포(木浦)	12	9	3	14	9	5	14	9	5	14	9	5	27	19	8
대구(大邱)	16	10	6	20	12	8	20	12	8	20	13	7	33	23	10
부산(釜山)	20	16	4	20	17	3	30	27	3	30	28	2	33	24	9
마산(馬山)	12	8	4	12	9	3	14	10	4	14	8	6	24	14	10
평양(平壤)	20	13	7	20	10	10	30	11	19	30	13	17	33	19	14
진남포(鎭南浦)	14	10	4	14	8	6	14	8	6	16	9	7	27	15	12
신의주(新義州)	12	9	3	12	8	4	14	9	5	16	11	5	27	16	11
원산(元山)	14	12	2	14	9	5	16	10	6	16	11	5	27	15	12
함흥(咸興)										16	7	9	27	16	11
청진(清津)	12	8	4	12	9	3	14	10	4	14	11	3	27	19	8
계	190	133	57	196	126	70	230	146	84	266	163	103	414	257	157

비고: 1. 1929년(昭和 4년)까지는 부협의회원(府協議會員), 1931년(昭和 6년)분은 부회의원(府會議員)임.
     2. 개성(開城) 및 함흥(咸興)은 1930년(昭和 5년) 10월부터 부제(府制)를 시행하여 동년 11월 부협의회원 선거를 행했다. 따라서 이 두 부(府)의 1929년(昭和 4년)의 숫자는 전술한 1930년(昭和 4년)의 선거결과를 기록한 것임.

■ 부협의회원(府會議員) 선거권자(選擧權者) 및 인구 대 당선자(當選者) 조표(調表)

부명	일본인					조선인				
	인구	유권자수	유권자 1인 대 인구	입후보자수 및 당선자수	유권자 1인 대 인구	인구	유권자수	유권자 1인 대 인구	입후보자수 및 당선자수	당선자 1인 대 인구
경성	97,758	14,849	6.5	입 44당 30	3,258.6	251,228	7,907	31.7	입 29당 18	13,957.1
인천	11,238	1,904	5.9	입 22당 22	510.8	49,960	809	61.7	입 14당 8	6,245.5
개성	1,390	236	5.8	입 16당 7	198.5	47,007	1,562	30.0	입 22당 20	2,350.3
군산	8,781	1,177	7.4	입 19당 18	487.8	16,541	327	50.5	입 11당 6	2,756.8
목포	8,003	884	9.0	입 21당 19	421.2	23,488	437	53.7	입 13당 8	2,936.0
대구	19,633	2,853	10.3	입 23당 23	1,288.3	70,820	1,629	43.4	입 20당 10	7,082.0
부산	44,273	5,520	8.0	입 34당 24	1,844.7	85,585	1,678	51.0	입 15당 9	9,509.4
마산	5,559	798	6.9	입 14당 14	397.0	20,149	710	28.3	입 13당 10	2,014.9
평양	18,157	2,799	6.4	입 26당 19	955.6	116,650	2,765	42.1	입 16당 14	8,332.1
진남포	5,894	832	7.0	입 17당 15	392.9	30,415	596	51.0	입 15당 12	2,534.5
신의주	7,907	1,223	6.4	입 18당 16	494.1	29,003	846	34.2	입 12당 11	2,636.6
원산	9,334	1,398	6.6	입 16당 15	622.2	32,503	899	36.1	입 12당 12	2,708.5
함흥	7,096	957	7.4	입 18당 16	443.5	32,523	786	41.3	입 13당 11	2,956.5
청진	8,355	1,396	5.9	입 19당 19	439.7	24,003	722	33.2	입 10당 8	3,000.3
계	263,378	36,826	7.1	입 307당 257	1,024.8	829,875	21,673	38.2	입 225당 157	5,285.8

■ 지정면협의회원(指定面協議會員), 읍회의원(邑會議員) 정수(定數) 및 당선자 내선인별(內鮮人別) 비교표

도명	읍명	1920년(大正 9)			1923년(大正 12)			1926년(大正 15)			1929년(昭和 4)			1931년(昭和 6)		
		정원	일본인	조선인	정원	일본인	조선인	정원	일본인	조선인	정원	일본인	조선인	정원	일본인	조선인
경기	수원(水原)	10	2	8	12	5	7	12	5	7	12	5	7	12	6	6
	송도(松都)	14	3	11	14	3	11	14	4	10	14	4	10	1930년(昭和 5) 1월 府로 승격(開城府)		
	영등포(永登浦)	10	5	5	10	5	5	10	9	3	10	6	4	10	6	4
충북	청주(淸州)	8	5	3	10	7	3	12	8	4	12	7	5	12	7	5
	충주(忠州)				12	7	5	12	6	6	14	6	8			
충남	공주(公州)	10	7	3	10	8	2	12	9	3	12	8	4	12	7	5
	조치원(鳥致院)	8	6	2	10	7	3	10	8	2	10	7	3	10	6	4
	대전(大田)	10	8	2	10	9	1	12	10	2	12	11	1	14	11	3
	강경(江景)	10	6	4	10	6	4	10	6	4	12	7	5	12	7	5
	천안(天安)				12	7	5	12	7	5	12	8	4			
전북	전주(全州)	12	6	6	12	8	4	14	7	7	14	10	4	14	7	7
	익산(益山)	10	3	7	10	5	5	12	6	6	12	6	6	12	7	5
	정주(井州)				12	7	5	12	6	6	12	7	5			
전남	광주(光州)	12	7	5	12	7	5	14	8	6	14	9	5	14	10	4
	여수(麗水)				12	5	7	12	6	6	14	6	8			
	제주(濟州)				14	4	10	14	4	10						

경북	金泉 (김천)	10	6	4	12	7	5	12	7	5	12	8	4	12	7	5
	浦項 (포항)	10	6	4	10	7	3	12	6	6	12	7	5	12	8	4
	慶州 (경주)		12	3	9	12	3	9	12	4	8					
	安東 (안동)		12	5	7	12	6	6	12	5	7					
	尙州 (상주)		14	7	7	14	5	9	14	7	7					
경남	晋州 (진주)	12	4	8	12	6	6	12	6	6	12	6	6	14	7	7
	密陽 (밀양)		12	7	5	12	6	6	12	5	7					
	東萊 (동래)		12	3	9	12	3	9	12	2	10					
	鎭海 (진해)	12	6	6	12	7	5	12	8	4	12	8	4	12	8	4
	統營 (통영)	12	4	8	12	6	6	12	6	6	12	7	5	14	8	6
황해	海州 (해주)	12	6	6	12	6	6	12	6	6	12	7	5	14	8	6
	沙里院 (사리원)		12	7	5	12	7	5	14	5	9					
	兼二浦 (겸이포)	10	9	1	12	10	2	확인 안됨	12	8	4	12	9	3			
평남	安州 (안주)		12	3	9	12	3	9	12	2	10					
평북	義州 (의주)	12	6	6	10	7	3	12	4	8	10	4	6	12	4	8
	定州 (정주)		10	4	6	10	5	5	10	5	5					
	宣川 (선천)		12	3	9	12	3	9	12	3	9					
	江界 (강계)		10	3	7	12	4	8	10	4	6					

도	지역															
강원	春川(춘천)	8	4	4	10	5	5	10	7	3	10	6	4	10	6	4
강원	鐵原(철원)		12	6	6	12	4	8	12	5	7					
강원	江陵(강릉)		12	5	7	12	3	9	12	5	7					
함남	함흥(함흥)	12	3	9	14	5	9	14	6	8	14	6	8	1930(昭和 5) 10월 부(府)로 승격		
함남	北靑(북청)		12	2	10	12	3	9	12	2	10					
함북	羅南(나남)	10	8	2	12	10	2	12	8	4	12	9	3	12	9	3
함북	城津(성진)	10	3	7	10	4	6	10	5	5	12	6	6	12	5	7
함북	會寧(회령)	12	7	5	12	6	6	12	6	6	12	6	6	12	5	7
함북	雄基(웅기)		12	6	6	12	5	7	14	5	9					
계		43	256	130	126	270	156	114	488	243	245	518	258	260	506	247	259

비고: 1. 1929년(昭和 4년)까지는 지정면협의회원(指定面協議會員), 1931년(昭和 6년)은 읍회의원(邑會議員)임.
2. 공란은 선거 당시 지정면(指定面)이 아니었기 때문에 기재사항이 없음. (중략)

■ 면(지정면 제외) 협의회원(協議會員) 임명에 관한 조(調)(1920)

도명	면수	面協議會員 數			協議會員 총인원에 대한 비율	
		일본인	조선인	계	일본인	조선인
경기	246	40	2,262	2,302	0.017	0.983
충북	109	17	1,041	1,058	0.016	0.984
충남	171	64	1,586	1,650	0.039	0.961
전북	186	71	1,685	1,756	0.040	0.960
전남	268	66	2,556	2,622	0.025	0.975

도명	면수	일본인	조선인	계	일본인	조선인
경북	270	59	2,663	2,722	0.022	0.978
경남	254	105	2,321	2,426	0.043	0.957
황해	224	31	2,049	2,080	0.015	0.985
평남	167	13	1,557	1,570	0.008	0.992
평북	193	18	1,824	1,842	0.010	0.990
강원	177	25	1,677	1,702	0.015	0.985
함남	140	12	1,434	1,446	0.008	0.992
함북	78	5	725	730	0.007	0.993
합계	2,483	526	23,380	23,906	0.022	0.978

■ 면(지정면 제외) 협의회원(協議會員) 임명에 관한 조(調)(1923)

도명	면수	면협의회원(面協議會員) 수(數)			협의회원(協議會員) 총인원에 대한 비율	
		일본인	조선인	계	일본인	조선인
경기	246	47	2,263	2,310	0.020	.980
충북	108	23	1,045	1,068	0.022	0.978
충남	170	73	1,587	1,660	0.044	0.956
전북	185	87	1,687	1,774	0.049	0.951
전남	267	80	2,560	2,640	0.030	0.970
경북	267	68	2,618	2,686	0.025	0.975
경남	252	125	2,309	2,434	0.051	0.949
황해	223	42	2,028	2,070	0.020	0.980
평남	162	15	1,501	1,516	0.010	0.990
평북	188	18	1,776	1,794	0.010	0.990
강원	175	27	1,683	1,710	0.016	0.984
함남	139	19	1,415	1,434	0.013	0.987
함북	78	9	731	740	0.012	0.988
합계	2,460	633	23,203	23,836	0.027	0.973

■ 면(지정면 제외) 협의회원(協議會員) 임명에 관한 조(調)(1926)

도명	면수	면협의회원 수			협의회원 총인원에 대한 비율	
		일본인	조선인	계	일본인	조선인
경기	246	64	2,270	2,334	0.027	0.973
충북	108	23	1,067	1,090	0.021	0.979
충남	170	80	1,602	1,682	0.048	0.952
전북	185	98	1,724	1,822	0.054	0.946
전남	265	97	2,561	2,658	0.036	0.964
경북	267	78	2,638	2,716	0.029	0.971
경남	252	134	2,324	2,458	0.055	0.945
황해	223	42	2,028	2,070	0.020	0.980
평남	162	20	1,538	1,558	0.013	0.987
평북	188	20	1,833	1,853	0.011	0.989
강원	175	32	1,704	1,736	0.018	0.982
함남	139	24	1,430	1,454	0.017	0.983
함북	77	15	725	740	0.020	0.980
합계	2,457	727	23,444	24,171	0.030	0.970

■ 면(지정면 제외) 협의회원(協議會員) 임명에 관한 조(調)(1929)

도명	면수	면협의회원 수			협의회원 총인원에 대한 비율	
		일본인	조선인	계	일본인	조선인
경기	246	57	2,235	2,292	0.02	0.98
충북	104	24	1,028	1,052	0.02	0.98
충남	170	72	1,626	1,698	0.04	0.96
전북	185	105	1,721	1,826	0.06	0.94
전남	262	112	2,520	2,632	0.04	0.96

경북	267	85	2,631	2,716	0.03	0.97
경남	242	126	2,268	2,394	0.05	0.95
황해	208	44	1,920	1,964	0.02	0.98
평남	188	18	1,838	1,856	0.01	0.99
평북	137	19	1,341	1,360	0.01	0.99
강원	173	41	1,679	1,720	0.02	0.98
함남	139	32	1,426	1,458	0.02	0.98
함북	77	18	738	756	0.02	0.98
합계	2,398	753	22,971	23,724	0.03	0.97

(하략-편역자)

〈자료 205〉 『조선통치비화(朝鮮統治秘話)』 [조선행정편집총국(朝鮮行政編輯總局) 편, 1937, 제국지방행정학회조선본부(帝國地方行政學會朝鮮本部), 경성(京城 서울)]

(상략-편역자)

통치 방침의 결정

이러한 하라 다카시(原敬) 수상의 송별사가 있은 후 우리는[32] 1919년 9월 조선에 부임했다. 당시는 인심이 흉흉하여 조선 전체가 불온한 상태였기 때문에 이에 대한 대책에 관해서 대단히 고심했다. 이에 관해 사이토 총독은 착임 시초부터 관리에게 훈시하고 일반 인민에게는 유고를 발하여 통치 방침을 제시했다. 그러나 그것은 극히 대체적인 요지를 보인 것에 불과하므로, 그 구체적 방책을 정하지 않으면 안 되었다. 당시 조선 문제는 조선에서도 일본에서도 여러 의론이 있었다. 한일병합은 시기상조였다든가, 장래 조선에 자치를 허락해야

---

32 사이토 마코토 총독과 미즈노 렌타로 정무총감 일행을 말함.

한다든가, 정치가·학자 등 여러 방면에서 논의가 있었다. 그 때문에 조선인도 그 귀추를 주목하며 여러 분쟁을 가져오기도 하여, 조선 통치에 누를 끼칠 만한 상태였다. 그래서 우리는 그때 모든 논의를 배제하고 조선 통치 방침을 확립하여, 그것으로써 조선에 임할 필요가 있다고 생각했으므로, 여러 연구를 한 결과, 조선 통치 방침이라는 것을 정했다. 그 방침은 다음과 같다.

첫째는 조선의 독립을 허하지 않는 것이다. 당시 조선인은 맹렬하게 조선 독립을 주장하거나 표방했다. 상해에 임시정부를 만든다든가 혹은 미국, 하와이에 독립 단체를 둔다든가 하면서, 이들 단체가 조선과 일본에 여러 선전을 하여 조선인의 인심을 교란하고 또 무지한 조선인에게는 장래 조선이 독립할 것이라는 느낌을 주었던 것이다. 따라서 일본 정부의 방침은 어떠한 사정이 있어도 결코 조선 독립은 허하지 않는다는 것을 명확히 선언할 필요가 있었다. 원래 조선의 독립을 허하지 않는 것은 1910년 한일병합 당시부터 확립한 국책이라는 점은 말할 필요도 없지만, 때로는 한일병합은 시기상조라든가, 민족자결은 어쩔 수 없다고 논의하는 자가 있었으므로, 이러한 경우에 있어서 조선독립은 절대로 허락하지 않는다고 정확하게 선언하는 것이 필요했다. 때문에 조선 통치 방침의 첫째로서는 조선 독립을 허하지 않는다고 선언하고 조금도 애매한 태도를 보이지 않는 것을 명확히 한 것이었다.

둘째는 조선 자치를 허락하지 않는 것이다. 조선자치론은 당시 왕성히 제창되었던 것인데, 학자 중에서도 혹은 정치가 중에서도 조선 독립은 아니더라도 조선 자치를 허락하는 것이 지당하다는 의론이 상당히 많았다. 현재도 그러한 것을 주창하는 자가 없는 것은 아니지만, 이 점도 명확히 해둘 필요가 있어서, 조선 자치도 허락하지 않는다고 천명한 것이다. 원래 조선자치론이라는 것은 독립론에서 생긴 것이므로, 이 점도 명확히 해두지 않으면 결국 조선자치론에서 조선독립론으로 옮겨 갈 우려가 있는 것이므로, 조선 자치도 역시 불가하다는 것을 천명할 필요가 있었으므로 이 방침을 선언했다.

조선의 지방자치제

셋째는 조선에 지방자치를 인정하는 것이다. 조선의 자치, 즉 홈룰(home rule)은 인정하지 않는 것은 물론이지만, 지방단체의 자치는 그 상황을 봐서 점차 이를 인정하는 것이 필요하다고 생각했다. 당시 조선인의 참정권에 대한 욕구는 극히 맹렬했다. 조선인의 참정권이라는 것은, 조선인에게 제국의회 의원 자격을 주고 제국의회에 대의사를 보내자는 요구이다. 이는 한편으로는 도리이기도 하고 적당한 시기에는 고려하지 않으면 안 되는 것은 말할 것도 없지만, 현재 조선의 사정은 문화가 극히 저열하고 정치 사상도 발달되어 있지 않으므로, 갑자기 조선인에게 참정권을 주는 것은 조선인을 위해서뿐만 아니라 일본의 정치상에서도 상당히 연구해야 하는 것이므로, 이는 별개의 문제이다. 우선 그 전에 조선의 지방단체, 즉 부, 면, 도, 읍에 대한 자치를 허하여 정치상 욕구의 만족을 줌과 동시에, 조선인으로 하여금 지방정치에 참여시키는 길을 열어주는 것은 필요하다고 생각했다. 당시 조선의 지방단체, 즉 부, 면, 도의 지방행정을 보면 인민이 하등 참여할 권능이 없는, 완전히 관치였다. 그러므로 다소의 인민에게 지방정치에 참여할 권한을 주는 것은 필요하다고 생각했으므로, 우선 지방단체의 행정에 대해서 자문기관을 만들어 예산 및 과세 등에 관해 인민이 의견을 개진하는 길을 열어주고자 했다. 이 성명은 후에 실현되어, 도, 부, 면 등에 협의회나 평의회라는 것을 만들고, 지방정치에 대한 의회를 창설하게 되고, 어떤 지방에서는 민선 의원도 나오게 되었다. 그 후 1930년에 다시 이 자치권을 확장하게 되었는데 이는 모두 그 당시의 통치방침에 기반한 것이다. (중략-편역자)

11. 지방제도의 획기적 개정

보수 진보의 두 개정론

야마가미(山上租): 조선에서 지방제도 실시는 아주 획기적 시정이고 극히 중요한 치적이라고 말하지 않을 수 없습니다. 이는 미즈노 각하의 발의에 의해 단행된 것이라고 들었는데, 지장이 없는 범위에서 그 당시 사정과 실시 후의 상황, 그 효과 등에 대해서 말씀해 주십시오.

마쓰무라 마쓰모리(松村松盛): 새로운 시정이 단행된 것은 지방제도의 획기적 개정이었다. 1919년 8월 조선총독부 관제 개혁 때 당시 하라(原)내각 총리대신이, 조선에서 지방제도는 사정이 허하는 한 점차 시행해 달라는 희망을 말했다. 사이토 총독은 조선총독의 대명을 받들었을 때, 지방 민력의 함양과 민풍의 작흥은 지방단체의 힘에 기대는 것이 편리할 것이므로, 장래 시기를 봐서 지방자치제를 시행한다는 목적으로써 속히 이의 조사 연구에 착수할 뜻을 천명하고, 이후 지방제도의 권위자인 미즈노 정무총감이 주무국장을 독려하여 조사 입안시켜 그 결과 이듬해 7월 27일 발포하고 동년 10월 1일 시행하는 제령 제12호, 제13호 및 제15호로써 신 지방제도가 실현되었다.

옛 조선에는 지방 향청, 향약 등의 제도가 있어서 인보상조(隣保相助)의 사상이 배양되어 지방자치의 맹아라고도 볼 만한 것이 있었지만, 조선시대의 비정(秕政)이 그 육성을 방해하고 결국 대성하지 못했다. 총독정치가 시작될 때 이들 구한국의 제도를 참작하고 당시의 민도와 민정에 적합한 지방제도를 제정했는데, 중앙집권주의와 관치주의를 본체로 하여 민의 창달 기관의 구성과 그 기능에서는 극히 유치함을 면치 못했다. 즉 관리에 도지사, 부윤, 군수, 도사, 면장 등을 두고 자문기관으로서 도군도에 참사, 부에 협의회, 지정면에 상담역 등을 두었는데, 그 권한이 협소하고 또 이것들은 모두 임명에 의한 것이었다.

이후 10년의 세월이 경과하여 문화의 진전, 민도의 향상이 현저해졌고, 시세의 변화가 급격하여 당초에는 유효 적절했던 지방제도에도 많은 결함을 느끼기에 이르렀다. 말할 것도 없이 자치제는 피치자(被治者)로 하여금 치자(治者)의 사무를 행하도록 하는 것이므로, 국민 일반의 공공적 관념과 공사 담당의 훈련이 상당히 진전되어 있는 것을 요건으로 하지 않으면 안 된다. 따라서 여러 외국의 사례에 비추어도, 일본의 지방제도 진화의 실제를 보아도, 민지 민도 발달의 정도에 맞춰서 순차적으로 이상적인 완전한 자치의 성(城)에 도달해야 할 것이다.

신 지방제도를 실시할 때도 임명에 의한 자문기관이 맞다는 소극설(消極說), 선거에 의한 결의기관이 맞다는 적극설의 논의가 있었지만, 미즈노 정무총감은 형식적 획일주의를 배제하고 어디까지나 조선의 지역 현실에 가까운 중용을 얻는 제도를 채택했다. 즉 도에 평의회, 부, 면에 협의회를 두고, 도평의회는 일부는 선거에 의하고 일부는 임명에 의하는 것, 즉 부, 면협의회 선거에 의한 의원으로써 조직하는 것을 원칙으로 하고, 또 그 3분의 1은 지방에서 유력자 중 도지사가 임명하는 것으로써 배치했다. 비교적 인문이 발달한 지정면에서는 선거주의를 채택하고, 기타 면에는 임명주의를 채택하고, 군수와 도사로 하여금 임명시켰다. 의원 수는 대체로 인구 비례로써 정하고, 많게는 30명 적어도 8명을 넘는, 구제도보다는 현저히 그 수를 증가시켰다. 그리고 이들 기관은 도, 부, 면 등의 예산과 공공에 관한 사건에 대해, 도지사, 부윤, 면장 등의 자문에 응하는 것으로 했다.

본 제도 시행 초에는 민중의 다수가 과연 제도를 이해할 수 있을까 없을까, 또 과연 지방의 공직자로서 적당한 인물을 망라할 수 있을까 없을까, 또 이들 공직자가 과연 본 제도의 취지에 합치한 행동을 보일까 아닐까 하는 것에 대해서 약간 의구심을 갖고 있었다. 그런데 1920년 11월 20일 시행한 부 및 지정면의 협의회원 선거의 실제에 비추어 보면, 부에서는 투표 비율이 일본인 8.8%, 조선인 6.6%, 당선자 수는 일본인 134인, 조선인 56인이었다. 면에서는 투표 비율이 일본인 8.8%, 조선인 7.3%, 당선자 수는 일본인 130인, 조선인 120인이었다. 무효 투표수는 12부의 총 투표수 8,608표 중 108표, 45개 지정면 총 투표수 2,422표 중 45표에 그쳤다. 더구나 각 지방 모두 선거가 공정하게 행해진 것을 보면, 유권자가 극히 본 제도의 취지를 이해하고 그 책임의 중대함을 자각하고 진실한 태도로 선거에 임한 것을 증명하기에 충분하다고 생각한다. 그리고 민중의 사상이 극도로 악화하고 내선인 간 감정이 첨예화한 당시에, 누구나 의외로 느끼고 또 우리가 기뻐한 점은 도처에 나타난 선거 미담이다. 어느 지방에서는 일본인 유권자가 다수를 점하여 그냥 방임하면 일본인만 협의회를 독점하게 될 상황이 되자, 일본인 측이 입후보 제한 협정을 하여 조선인 측 후보자의 당선을 확실하게 하고, 어느 지방에서는 일본인 당선자가 당선을 그만두고 조선인을 당선시키고, 또 배일사상이 격렬한 중에도 조선인 유권자가 일본인 후보자에게 투표한 예는 허다하다.

그다음에 시행한 동년 12월 14일 도평의회원 후보자 선거, 군도(郡島)의 학교비평의회원 선거, 동월 24일 부(府)학교비평의회원 선거 등은 모두 양호한 성적을 보였다. 그리고 이들 공직자는 모두 지방 일류의 인물로, 연령은 40세 내지 50세가 가장 많고, 직업을 보면 농업, 상업이 대다수를 점하여, 착실 온건한 분자에 의해 구성되었다고 해도 좋다. 그리고 도평의회 제1회 회의 상황을 보면, 의원 출석 비율은 9할 1푼으로, 그 태도 역시 자못 온건하고 열성적이었다. 일본인 측은 지도적 입장이라기보다 조선인 측 의견을 경청하고, 조선인 측은 일본인 측의 말을 들으며 스스로 겸억(謙抑)하고, 극히 온건한 말을 진술하고, 이 기관에 의해서 서로 의사소통을 할 수 있었으며, 상의 하달, 하의 상달의 목적을 크게 달성할 수 있었다.

위 지방단체 외에, 일본인 교육을 위한 학교조합, 조선인 교육을 위한 학교비라는 특별단체가 있다. 종래 조선인 교육을 관리하는 재단이 있었지만, 부와 면의 구역과 일치하지 않아서, 신제도에서는 재래의 학교조합에 대립하여 학교비라는 특수단체를 만들어, 학교평의회로써 교육 경비에 관한 부윤, 군수, 도사 등의 자문기관으로 하고, 부에서는 선거, 군과 도(島)에서는 군수와 도사의 임명에 의해 조직하는 것으로 했다. 조선의 실정은 초등교육에서 내선공학을 하는 데 불편도 있고, 동일한 부와 면 내의 내선인의 수에 격차가 있으며, 또 그 부담력도 큰 차등이 있으므로, 어쩔 수 없이 경과적 조치로서 이러한 단체를 만든 것이다. 내선인이 동일한 상태로 나아가고 민도가 평등해지면 이러한 변태적 단체를 해소할 수 있음은 물론, 전체적으로 완전한 제도를 확립할 수 있다. 치안이 회복되고 일반의 분위기가 냉정함을 찾게 됨에 따라 신 지방제도에 의해 신정의 혜택을 입게 되었다.

나는 신정의 첫 번째 착수로서 험악한 민정과 반동적 비난 가운데에 단호하게 지방자치의 초석을 놓고 광망적(狂妄的) 공상을 바로잡고 정치의 길로 유도한 탁견과 그 선명한 행정적 수완에 경복하지 않을 수 없다. 그리고 이 제도의 입안과 운용에 침식을 잊고 구구한 사적 감정을 버리며 일치 협력하여 분투한 관리들의 공적을 찬양하지 않을 수 없다.

개정 실시 후의 효과

미즈노(水野): 지방제도의 실시에 대해서는 지금 마쓰무라(松村) 군이 대체적인 경과를 말씀하신 대로인데, 원래 이것은 1919년 조선 통치의 신시정(新施政)에 대해서 하라 수상이 주창한 것이다. 하라 수상은 당시 발표된 성명서에도 있는 것처럼, 내지연장주의를 주창하고, 조선의 지방제도도 가능한 일본과 같게 하고 싶어하는 의견으로, 수상은 특히 이것을 역설했다. 또 사이토 총독도 그 시정방침으로서 이 점을 명확히 말했다. 따라서 우리는 부임한 후 당시 만세 소요 후 인심이 흉흉함에도 불구하고 착착 이것을 조사하여 실시하고자 노력했다.

종래 조선의 지방제도는 완전히 관치주의였지만, 개정한 결과 점차 선거주의를 채용하고, 문화의 정도에 의해 임명주의를 병용한 것이다. 당시 부(部) 내에서도 크게 반대론이 있었다. 당시의 오쓰카(大塚) 내무국장 등도 극력 시기상조론을 주장하고, 또 예부터 조선에 살던 사람들 중에서도 같은 의견을 가진 사람이 다수였다. 그러나 한편으로는 또 완전히 선거주의를 채용하자고 주장하는 자도 있고, 부 및 지정면 같은 데서는 단순히 자문기관에 그치지 말고 나아가 의결기관으로 해야 한다고 제창한 사람도 있었다. 이같이 상조론과 진보주의의 양쪽 논의가 있었는데, 결국 대체로 양자를 절충하여, 문화의 정도에 비추어 지역 상황에 적합하게 하기 위해, 소위 획일주의를 깨고 절충주의 제도를 시행하기에 이르렀다. 또 시행 후 결과에 대해서는, 당초 다소의 걱정을 했지만, 실시 결과는 의외로 양호하고, 대체로 좋은 성적을 보였다.

　종래 조선의 지방민은 조세를 납부하면서 하등 발언 기회가 없었는데, 처음으로 민의 창달의 기회를 얻었다. 흡사 연기구멍이 없는 부엌에 연기가 꽉 차 있었던 것이 이번 개정에 의해서 연통이 부착됨으로써 부엌이 터지는 것을 피한 듯한 기분이라고 감사하다는 조선인 유력자가 있었다. 또 도평의회원 중에는, 지금까지 도의 예산에 대해 전혀 알지 못했는데 이번에 비로소 그 예산에 대해 의견을 진술할 기회를 허락받아, 예산, 결산에 의한 수입 지출의 실제를 알 수 있었다, 종래 우리는 관리가 제멋대로 우리의 조세를 걷어가고 사용하며, 그중에는 전국시대에나 보는 악정과 같이 관리가 사적으로 배만 불리는 것도 있었으리라고 의심하고 있었는데, 이번 예산 결산 심의에 관여하여 우리의 조세가 명확히 산업·도로·경비·위생 등 공공의 이익을 위해 사용되고 있는 것을 알 수 있었고, 우리의 오해를 풀고 정치의 공명한 점이 판명된 점에 대해 크게 만족한다고 기뻐하는 사람도 있었다.

　이러한 모습이므로, 일부에서는 시기상조론도 있고 실시 결과에 대한 다소의 불안도 있었지만, 이때의 지방제도 개정 단행에 의해서 조선의 지방민에 대해 조세 부담의 의의를 명확히 하고 지방 상황을 잘 알도록 하고, 아울러 민심의 완화를 기한 점에 있어서 다대한 효과가 있었다. 조선 통치상 크게 시의적절한 시정이었다고 믿는다. 그 후 10년이 흘러 자문기관은 의결기관으로 고치고 의원 수도 증가하여 지방제도는 점차 완성으로 나아가고 있는 점은 실로 조선 통치를 위해 기뻐할 만한 일이다. 금후 한층 더 내선인의 협력에 의해 지방자치의 성과를 거두기를 희망한다.

자료목록

연번	문건명(호수, 일자 등)	자료(책)명	발행처	발행일	비고	본문 쪽수
1	도부군자문기관 군참사회의 폐지(道府郡 諮問機關 郡參事會議廢止)	동아일보	동아일보사	1920.4.21	2면 5단	23
2	지방 자문기관 관선민선호(地方 諮問機關 官選民選乎)	동아일보	동아일보사	1920.5.16	1면 1단	23
3	조선지방제 개정 내용(朝鮮地方制 改正 內容)	동아일보	동아일보사	1920.7.11	3면 2단	27
4	재동경 일서생(在東京 一書生), 「지방제도의 개정에 취(就)하야」	동아일보	동아일보사	1920.8.7	2면 7단	27
5	재동경 일서생(在東京 一書生), 「지방제도의 개정에 취(就)하야(속)」	동아일보	동아일보사	1920.8.8	2면 6단	28
6	횡설수설(橫說竪說)	동아일보	동아일보사	1920.8.12	2면 8단	30
7	미즈노(水野) 총감 차중담(車中談)	동아일보	동아일보사	1920.8.17	2면 4단	31
8	기괴한 지방제도 입안의 본의(本意)가 나변(那邊)에 재(在)한가(1)	동아일보	동아일보사	1920.8.24	2면 5단	31
9	기괴한 지방제도 입안의 본의(本意)가 나변(那邊)에 재(在)한가(2)	동아일보	동아일보사	1920.8.25	2면	33
10	기괴한 지방제도 입안의 본의(本意)가 나변(那邊)에 재(在)한가(3)	동아일보	동아일보사	1920.8.26	2면 5단	35
11	기괴한 지방제도 입안의 본의(本意)가 나변(那邊)에 재(在)한가(4)	동아일보	동아일보사	1920.8.29	2면 6단	37
12	기괴한 지방제도 입안의 본의(本意)가 나변(那邊)에 재(在)한가(5)	동아일보	동아일보사	1920.8.30	2면 6단	38
13	기괴한 지방제도 입안의 본의(本意)가 나변(那邊)에 재(在)한가(6)	동아일보	동아일보사	1920.9.1	2면 4단	40
14	기괴한 지방제도 입안의 본의(本意)가 나변(那邊)에 재(在)한가(7)	동아일보	동아일보사	1920.9.3	2면 3단	42

연번	문건명(호수, 일자 등)	자료(책)명	발행처	발행일	비고	본문 쪽수
15	횡설수설(橫說竪說)	동아일보	동아일보사	1921.3.14	2면 9단	43
16	아리요시(有吉) 총감에게 지방제도의 개선을 희망	동아일보	동아일보사	1922.8.5	1면 1단	44
17	조선 12부 협의원의 결의권운동, 장래의 실현 여하	동아일보	동아일보사	1922.8.9	1면 1단	46
18	부협의회운동 결과 여하	동아일보	동아일보사	1922.8.11	2면 5단	48
19	일본 조례 인용 신지방선거법 부정선거를 철저히 취체, 11월 선거부터 실시	동아일보	동아일보사	1929.10.4	2면 6단	48
20	부의(府議) 선거규칙 벌칙(罰則) 요항 발표	동아일보	동아일보사	1929.10.31	2면 7단	49
21	물재(勿齋), 도참여관(道參與官) 활용과 지방제도 개신(改新)에 취(就)하여	매일신보	매일신보사	1920.6.30	1면 1단	50
22	사설: 지방제도 개정에 취(就)하여	매일신보	매일신보사	1920.8.2	1면 1단	52
23	벽하산인(碧霞山人), 지방자치의 전제(前提)가 되는 자문기관 해설(1) - 제도 유래와 기관 조직의 내용, 지방 공민(公民)이 특히 주의할 사항	매일신보	매일신보사	1920.8.7	1면 2단	54
24	지방자치의 전제(前提)되는 자문기관 해설(2) - 제도 유래와 기관 조직의 내용, 지방 공민(公民)의 특히 주의할 사항	매일신보	매일신보사	1920.8.8	1면 2단	56
25	지방제도 개정에 취(就)하여, 민지(民智)를 만사의 기준으로, 내무국 제1과장 담(談)	매일신보	매일신보사	1920.8.8	2면 5단	57
26	지방제도 개정에 취(就)하여, 사회연구소 이각종(李覺鍾) 씨 담(談)	매일신보	매일신보사	1920.8.9	2면 5단	59
27	지방자치의 전제(前提)되는 자문기관 해설 - 제도의 내용과 선거 피선(被選)의 의의(意義), 지방 공민(公民)의 특별히 주의할 사항	매일신보	매일신보사	1920.8.11	1면 2단	61
28	지방자치의 전제(前提)되는 자문기관 해설(4) - 제도의 내용과 선거 피선의 의의, 지방 공민(公民)의 특히 주의할 사항	매일신보	매일신보사	1920.8.12	1면 3단	63
29	지방자치제의 전제(前提)되는 자문기관의 해설(5) - 피선거권의 성질 요건, 지방 공민(公民)의 특히 주의할 사항	매일신보	매일신보사	1920.8.13	1면 2단	65

연번	문건명(호수, 일자 등)	자료(책)명	발행처	발행일	비고	본문 쪽수
30	지방자치의 전제(前提)되는 자문기관 해설(6) - 선거와 피선거권의 요의(要義), 지방 공민(公民)의 주의사항	매일신보	매일신보사	1920.8.15	1면 1단	67
31	재동경(在東京) 목춘학인(木春學人), 양심(良心)이 명(命)하는 대로 - 조선의 신지방제(상)	매일신보	매일신보사	1920.8.15	1면 2단	69
32	지방자치의 전제(前提)되는 자문기관 해설(7) - 선거와 피선거권의 요의, 지방 공민(公民)의 주의사항	매일신보	매일신보사	1920.8.16	1면 1단	71
33	재동경(在東京) 목춘학인(木春學人), 양심(良心)이 명(命)하는 대로 - 조선의 신지방제(하)	매일신보	매일신보사	1920.8.16	1면 2단	73
34	지방자치제의 전제되는 자문기관의 해설(8) - 투표에 관한 각종 설명, 지방 공민의 주의 요건	매일신보	매일신보사	1920.8.21	1면 2단	75
35	지방자치제도 자문기관의 해설(9) - 회의 방법에 관한 설명, 지방 공민의 주의 요항	매일신보	매일신보사	1920.8.22	1면 3단	76
36	개정 지방제도 자문기관의 해설(10) - 회의 방법에 관한 설명, 지방 공민의 주의 요	매일신보	매일신보사	1920.8.23	1면 2단	77
37	지방제도에 관한 지시사항	매일신보	매일신보사	1920.9.14	1면 4단	78
38	지방제도에 관한 지시사항	매일신보	매일신보사	1920.9.15	2면 4단	81
39	지방제도에 관한 지시사항 - (속) 도지사 회의에서	매일신보	매일신보사	1920.9.16	2면 5단	83
40	지방제도에 관한 지시사항 - (속) 도지사 회의에서	매일신보	매일신보사	1920.9.18	2면 4단	85
41	지방제도에 관한 지시사항 - (속) 도지사 회의에서	매일신보	매일신보사	1920.9.19	2면 5단	87
42	지방제도에 관한 지시사항 - (속) 도지사 회의에서	매일신보	매일신보사	1920.9.20	2면 4단	91
43	지방제도에 관한 지시사항 - (속) 도지사 회의에서	매일신보	매일신보사	1920.9.22	2면 5단	94
44	지방제도개정에 반(伴)한 선거제에 취(就)하야	매일신보	매일신보사	1920.11.8	2면 5단	97
45	사설: 유권자와 후보자에게 고(告)함	매일신보	매일신보사	1920.11.13	1면 1단	99

연번	문건명(호수, 일자 등)	자료(책)명	발행처	발행일	비고	본문 쪽수
46	개정 지방제도에 대한 소감(所感)	매일신보	매일신보사	1921.1.23	4면 2단	101
47	잡지(雜誌)《조선(朝鮮)》의 개정 지방제도 기념호를 독(讀)함	매일신보	매일신보사	1921.11.12	1면 7단	102
48	지방제도 및 경찰제도의 문화적 개혁(1)	매일신보	매일신보사	1922.2.25	1면 1단	104
49	지방제도 및 경찰제도의 문화적 개혁(4)	매일신보	매일신보사	1922.2.28	1면 4단	105
50	지방자치의 이상(理想), 현재 시행 제도의 요지(要旨)	매일신보	매일신보사	1922.3.17	1면 1단	107
51	부협의회 '결의권' 운동과 당국	매일신보	매일신보사	1922.8.10	2면 5단	109
52	제회의(諸會議) 공개(公開) 문제 시기상조론의 근거 여하	매일신보	매일신보사	1923.1.30	2면 4단	109
53	도지방비(道地方費) 개정 지방제도 운용상 극히 중대, 오쓰카(大塚) 내무국장 담(談)	매일신보	매일신보사	1923.11.10	2면 4단	111
54	지방제도의 법규상 대결함 폭로, 조선 지방행정상의 대문제(地方制度に對する法規上の大缺陷暴露, 朝鮮地方行政上の大問題)	부산일보	부산일보사	1926.11.26	2면 4단	113
55	조선 지방자치 실현, 총독부에서 지방제도 개정의 성안을 서두르다(朝鮮の地方自治實現, 總督府で地方制度改正の成案を急ぐ)	조선신문	조선신문사	1926.11.6	8면 8단	113
56	평양시화(平壤時話)	동아일보	동아일보사	1923.10.15	4면 3단	115
57	인천의원 선거기(仁川議員選擧期) 절박(切迫), 인증가(人增加)	동아일보	동아일보사	1923.10.21	4면 5단	116
58	평양부의(平壤府議) 선거와 유권자대회	동아일보	동아일보사	1923.10.26	3면 10단	116
59	평양부의(平壤府議)의 선거유권자대회	동아일보	동아일보사	1923.10.29	3면 6단	117
60	횡설수설	동아일보	동아일보사	1923.10.29	2면 8단	118
61	평양부협의원 선거에 대하여	동아일보	동아일보사	1923.10.30	4면 4단	118
62	원산부(元山府議) 선거 청년 측 궐기	동아일보	동아일보사	1923.11.2	4면 2단	119
63	평양시화(平壤時話)	동아일보	동아일보사	1923.11.5	4면 3단	120
64	마산시화(馬山時話) - 부협의원 선거에 대하야	동아일보	동아일보사	1923.11.7	4면 3단	121
65	부·면 협의원의 개선(改選)	동아일보	동아일보사	1923.11.9	1면 1단	122
66	횡설수설	동아일보	동아일보사	1923.11.14	2면 9단	124

연번	문건명(호수, 일자 등)	자료(책)명	발행처	발행일	비고	본문 쪽수
67	군산부의(郡山府議) 후보 부민대회(府民大會) 개최	동아일보	동아일보사	1923.11.15	4면 2단	125
68	부·면 협의원(府面協議員)의 선거 유권자에게 인격과 포부를 심사하라	동아일보	동아일보사	1923.11.16	1면 1단	126
69	통영만필(統營漫筆) - 면의원(面議員) 선거(選擧)에 취(就)하야	동아일보	동아일보사	1923.11.16	4면 3단	127
70	대구 유권자회 공인후보(公認候補) 선정	동아일보	동아일보사	1923.11.18	4면 3단	129
71	진남포만필(鎭南浦漫筆)	동아일보	동아일보사	1923.11.19	4면 6단	130
72	진남포시화(鎭南浦時話)	동아일보	동아일보사	1923.11.27	4면 4단	131
73	조선 지방자치제 건의안은 위원 부탁(委員附托)	동아일보	동아일보사	1925.2.28	1면 7단	132
74	경성부협의원 공인후보 운동	동아일보	동아일보사	1926.10.12	5면 1단	132
75	망중한인(忙中閑人) - 보는 대로 듯는 대로 생각나는 대로	동아일보	동아일보사	1926.10.13	2면 1단	133
76	유권자가 감소	동아일보	동아일보사	1926.10.13	2면 3단	134
77	춘천면의원(春川面議員) 유권자 수	동아일보	동아일보사	1926.10.17	4면 10단	135
78	다수 출마는 조선인에 불리, 평양부협의(平壤府協議) 후보	동아일보	동아일보사	1926.10.17	4면 9단	135
79	소위 공인후보자	동아일보	동아일보사	1926.10.19	4면 4단	135
80	망중한인(忙中閑人) - 보는 대로 듯는 대로 생각나는 대로	동아일보	동아일보사	1926.10.20	2면 1단	136
81	망중한인(忙中閑人) - 보는 대로 듯는 대로 생각나는 대로	동아일보	동아일보사	1926.10.30	2면 2단	137
82	공인후보 5인 마산부의원(馬山府議員) 선정	동아일보	동아일보사	1926.11.2	4면 8단	138
83	대구잡기(大邱雜記)	동아일보	동아일보사	1926.11.5	4면 5단	139
84	조선인은 현상 유지, 일본인은 천명 격증, 12월의 부의선거전(府議選擧戰) 압두고 3년간 유권자 변천	동아일보	동아일보사	1929.10.4	2면 1단	140
85	평양시화(平壤時話) - 부협의선거전(府協議選擧戰)	동아일보	동아일보사	1929.10.23	3면 6단	142

연번	문건명(호수, 일자 등)	자료(책)명	발행처	발행일	비고	본문 쪽수
86	경제생활은 쇠퇴, 세금액은 점차 증가, 소위 유권자 수는 차차로 늘어, 마산 백의동포의 정경 일본인과의 비교	동아일보	동아일보사	1929.10.28	3면 1단	143
87	목포시화(木浦時話) - 목포부협의원선거(木浦府協議員選擧)에 대하야	매일신보	매일신보사	1923.11.14	4면 2단	144
88	몰염치한 목포부협의원, 근본을 속이려고 이력서를 위조해	매일신보	매일신보사	1924.4.24	3면 4단	145
89	부의(府議) 선거운동으로 시내 요리점 대만원	매일신보	매일신보사	1926.11.12	3면 1단	145
90	논설: 부·면 협의원 선거(府面協議員選擧) 자치적 훈련의 부족	매일신보	매일신보사	1926.11.21	2면 1단	147
91	엄정(嚴正)과 과단(果斷)을 기대한다 - 선거취체규(選擧取締規)를 집행함에 당(當)하야	매일신보	매일신보사	1929.11.1	1면 1단	148
92	진남포부(鎭南浦府): 격전을 조절(調節)코져 선전문을 배포, 마씨(馬氏)의 은퇴와 이씨(李氏)의 출마, 후보들의 보조정연(步調整然)	매일신보	매일신보사	1929.11.10	3면 1단	150
93	안주만필(安州漫筆): 지정면이 된 안주면의 협의회원 선거에 대하여 조선인 유권자에게 고하노라	조선일보	조선일보사	1923.5.8	4면 2단	151
94	면협의원 선거 문제	조선일보	조선일보사	1923.5.20	4면 3단	153
95	평양에 시민대회 개최. 금번 부협의회 추천으로 평양부 제일관에서 개최	조선일보	조선일보사	1923.10.28	3면 3단	153
96	마산부민의 축록관(逐鹿觀) 부협의원 선거전	조선일보	조선일보사	1923.10.29	4면 8단	154
97	겸이포 면협의원 선거에 대하여	조선일보	조선일보사	1923.11.18	4면 4단	155
98	피선자(被選者)를 지정한 면협의원 투표법, 일반은 불평과 의심 중	조선일보	조선일보사	1923.11.19	3면 3단	156
99	사설: 피선된 부협의원들에게	조선일보	조선일보사	1923.11.23	1면 1단	157
100	소성기필(邵城奇筆) - 인천부협의원 선거	조선일보	조선일보사	1923.11.26	4면 4단	158
101	도평의원 임명과 문제, 도(道)의 처치를 힐책하는 부협의(府協議), 최고 점수를 얻은 원덕상 씨를 관선으로 함은 틀린 일이라고	조선일보	조선일보사	1924.4.5	3면 1단	159

연번	문건명(호수, 일자 등)	자료(책)명	발행처	발행일	비고	본문 쪽수
102	발표 기일 전에 유권자 명부 열람. 부협의 선거에 부정사건, 부청의 고원을 매수	조선일보	조선일보사	1926.11.9	2면 8단	160
103	요령부득의 변명, 경성부협의원 선거유권자명부에 대한 독직(瀆職)사건	조선일보	조선일보사	1926.11.10	2면 1단	161
104	부정선거 조사코저 황주 기자회의	조선일보	조선일보사	1926.11.11	2면 9단	162
105	유권자명부로 연출된 종종(種種) 추태, 뇌물 받아먹어도 부청 측에서는 덮어놓고 눈감아, 부청(府廳)에 대한 비난성(非難聲) 점고(漸高)	조선일보	조선일보사	1926.11.19	2면 3단	162
106	부협의원 선거의 결과	조선일보	조선일보사	1926.11.22	1면 1단	163
107	체납금 대납(代納)으로 불신임 문제 야기, 청주 사는 유권자들을 이용해 양방으로 투표, 조치원면의(鳥致院面議) 부정선거	조선일보	조선일보사	1926.11.24	3면 7단	165
108	지방만필(地方漫筆)-선거전의 종막을 보고	조선일보	조선일보사	1926.11.26	1면 11단	165
109	지방만필(地方漫筆)-면협의원의 사명을 논하야 신의원(新議員) 제군(諸君)에게 고함	조선일보	조선일보사	1926.11.27	1면 11단	167
110	지방시론(地方時論): 도의선거(道議選擧)에 대하야 유권자에게 경고함	중외일보	중외일보사	1927.3.11	4면 1단	169
111	부협의원 선거에 제(際)하야 공정을 기하라	동아일보	동아일보사	1926.10.15	1면 1단	171
112	인천부의(仁川府議) 개선(改選)에 제(際)하야	동아일보	동아일보사	1926.11.3	4면 5단	172
113	부의(府議)를 보고	동아일보	동아일보사	1928.3.18	3면 3단	174
114	마산 토지 불하 문제(馬山土地拂下問題)	동아일보	동아일보사	1929.1.21	1면 1단	175
115	시세(時勢)의 진운(進運)으로 도평의회를 결의기관으로 개정, 오는 총선거기(總選擧期)부터	매일신보	매일신보사	1925.12.16	1면 1단	177
116	도평의회의 결의기관	매일신보	매일신보사	1925.12.19	3면 1단	177
117	각 자문기관 의원의 선거자격 확장 문제 납세자격 5원을 2, 3원으로, 유권자 수는 약 3배로 증가, 구체 방침 고구(考究) 중	매일신보	매일신보사	1926.4.16	1면 1단	179
118	협의회관극-부협의원의 일당은 무엇하고 버는 돈, 알뜰한 회의에 참여하고 하루에 4원씩 또박또박 날자만 끌면 생기는 벌이	조선일보	조선일보사	1924.4.6	3면 1단	180

연번	문건명(호수, 일자 등)	자료(책)명	발행처	발행일	비고	본문 쪽수
119	물고, 차고, 뜻고, 치고, 수라장된 부협의(府協議)	조선일보	조선일보사	1927.2.20	3면 4단	181
120	점차로 확대되는 나남 부면장 문제(副面長題), 일인(日人)임명은 조선인 의사(意思) 무시	조선일보	조선일보사	1927.3.27	1면 7단	182
121	차별을 전제로 쌍방 의원 갈등, 조선인에게 받은 부가세로 학교조합을 살찌운다 하야, 마산부협의회의 풍파	조선일보	조선일보사	1928.4.3	5면 1단	182
122	면의(面議) 독단선거(獨斷選擧), 강화 모 면장의 실태	조선일보	조선일보사	1929.11.10	3면 5단	183
123	지방단평(地方短評)	조선일보	조선일보사	1929.11.12	3면 11단	184
124	무관심 불가(不可)한 공직자 선거 - 현실은 모두가 휴척관계(休戚關係)	조선일보	조선일보사	1929.11.19	1면 1단	185
125	개정 지방제도(改正地方制度)와 그 운용에 대하여: 부(附) 지방제도 개정에 관한 미즈노(水野) 정무총감(政務總監) 담화(談話) 대요(大要)	유도(儒道) 제1호		1921.2		195
126	개정 지방제도와 그 운용에 대하여	유도 제2호		1921.5		202
127	최근 20년간 조선 지방제도의 추이와 장래(最近二十年間に於ける朝鮮地方制度の推移と將來)	조선급만주 제233호		1927.4		207
128	개성의 이 얼골·저 얼골 - 개성(開城) 부제(府制) 실시(實施)에 대(對)하야	별건곤 34		1930.11.1		211
129	금일(今日)의 문제(問題), 지방자치제 이야기	별건곤 40		1931.5.1		212
130	면협의회원 선거 방법에 대하야	조선지방행정 제4권 제1호		1925.1		216
131	추태를 극한 조선의 선거운동(醜態を極める朝鮮の選擧運動)	호외 제1권 제3호		1927.9		217
132	면 및 면 직원(面及面職員)(1)	조선지방행정 제3권 제10호		1924.10		220
133	면 및 면 직원(面及面職員)(2)	조선지방행정 제3권 제11호		1924.11		221
134	면 및 면 직원(面及面職員)(3)	조선지방행정 제3권 제12호		1924.12		223

연번	문건명(호수, 일자 등)	자료(책)명	발행처	발행일	비고	본문 쪽수
135	면 및 면 직원(面及面職員)(4)	조선지방행정 제4권 제1호		1925.1		224
136	면 및 면 직원(面及面職員)(5)	조선지방행정 제4권 제2호		1925.2		224
137	면제의 개선 문제	조선지방행정 제4권 제2호		1925.2		225
138	지방제도의 연혁과 사회사업의 현황(地方制度の沿革と社會事業の現狀)	조선급만주 제214호		1925.9		227
139	지방행정혁신론(地方行政革新論)	조선지방행정 제5권 제9호		1926.9		232
140	면리원(面吏員) 양성기관을 설치하라	조선문조선 제116호		1927.6		238
141	일시동인의 성지를 명심하여 조선을 특별자치체로 하라(一視同仁の聖旨者を體し朝鮮を特別自治體とせよ)	식민 5권 1호	일본식민통신사	1926		241
142	조선·대만 자치제 건의안 제출 이유에 관하여(朝鮮臺灣自治制建議案提出の理由について)	해외	해외사	1928.6		244
143	신제도와 지방행정(新制度と地方行政)	조선총독부지방행정강습회강연집 제9회		1921		261
144	지방제도에 관한 지시사항(地方制度に關する指示事項)	조선 제79호		1921.9		272
145	개정 지방제도 시행 1주년에 즈음하여(改正地方制度施行一週年に際して)	조선 제80호		1921.10		287
146	머지않아 완전한 지방자치를 볼 것이다(不遠完全なる地方自治を見るであらう)	조선 제80호		1921.10		288
147	개정 지방제도의 효과(改正地方制度の效果)	조선 제80호		1921.10		289
148	지방행정상 긴요한 두 문제(地方行政上緊要なる二問題)	조선 제80호		1921.10		290
149	개정 지방제도 실시 1주년을 맞이하여(改正地方制度實施1周年を迎へて)	조선 제80호		1921.10		292
150	지방제도 개정과 단체의 사업(地方制度改正と團體の事業)	조선 제80호		1921.10		294

연번	문건명(호수, 일자 등)	자료(책)명	발행처	발행일	비고	본문 쪽수
151	지방제도 및 경찰제도의 문화적 개혁(地方制度及警察制度の文化的改革)	조선 제80호		1921.10		295
152	개정 지방제도의 실시 개황(改正地方制度の實施概況)	조선 제80호		1921.10		300
153	지방제도(地方制度) 개정(改正) 비판(批判)	조선 제80호		1921.10		303
154	지정면의 추가 실시와 그 증설된 면 이름(指定面의 追加實施와 其增設된 面名)	조선문조선 제66호		1923.3		304
155	지방제도의 대요(地方制度の大要)	제8회지방개량 강습회강연록		1927.8		306
156	지방 자문기관 운용에 대하여(地方諮問機關ノ運用ニ就テ)	조선지방제도 강의	제국지방행정학회 조선본부	1926		311
157	도평의회가 가져온 효과(道評議會が齎らせる效果)	조선 제80호		1921.10		316
158	지방 자문기관 설치는 통치의 한 경계선이다(地方諮問機關의 設置는 統治의 一界線である)	조선 제100호		1923.8		318
159	도평의회 회원 선거에 대하여(道評議會員選擧에 對하야)	조선문조선 제78호		1924.3		319
160	면협의회원 회의석상에서(面協議會員會議席上에서)	조선문조선 제79호		1924.4		320
161	도평의회원의 재임 사령을 배수하고(道評議會員의 再任辭令을 拜受하고)	조선문조선 제80호		1924.5		325
162	면협의회원 선거제도를 개정하라 (面協議會員選擧制度を改めよ)	조선지방행정 공론	제국지방행정학회 조선본부	1928		326
163	도평의회에 의결권을 부여하라	조선지방행정 공론		1928		327
164	지방제도를 개정하라	조선지방행정 공론		1928		327
165	국민 참정의 계제로서의 조선 지방자치(國民參政の階梯としての朝鮮地方自治)	조선통치문제 논문집 제1집		1929		330
166	조선지방선거취체규칙해설(朝鮮地方選擧取締規則解說)	조선총독부편	조선총독부	1929		334

연번	문건명(호수, 일자 등)	자료(책)명	발행처	발행일	비고	본문 쪽수
167	조선지방선거취체규칙 발포에 대하여(朝鮮地方選擧取締規則發布에 對하야)	조선문조선 제145호		1929.11		346
168	도지사 제출의견(道知事提出意見)		조선총독부	1920.9		348
169	1919~1921년 도지사회 제출 의견에 대한 처리 개요(自大正八年至同十年 道知事會議提出意見ニ對スル處理槪要)		조선총독부 관방서무과	1921.10		356
170	지방재정에 대하여(地方財政に就いて)	조선 제80호		1921.10		367
171	지방제도 개정과 교육시설에 대해서(地方制度の改正と敎育施設に付て)	조선 제80호		1921.10		370
172	지방재정의 견지에서(地方財政の見地より)	조선 제80호		1921.10		375
173	공공단체의 운용(公共團體の運用)	지방개량강습회 강연집제1집		1922		392
174	면 행정에 관한 최근의 문제에 대하여(面行政に關する近時の問題に就て)	지방개량강습회 강연집제1집		1922		407
175	조선의 지방제도 사회사업과 교육의 현상(朝鮮의 地方制度社會事業竝敎育의 現狀)	조선문조선 제69호		1923.6		415
176	면 행정 쇄신에 대하여(面行政ノ刷新ニ就テ)	조선지방제도 강의	제국지방 행정학회 조선본부	1926		419
177	지방제도와 토목사업의 발달(地方制度及土木事業の發達)	조선 제173호		1929.10		430
178	면장의 주임 대우 임명 발표와 그 씨명(面長의 奏任待遇任命發表와 其氏名)	조선문조선 제66호		1923.3		432
179	면제 발포 이래의 감상과 장래에 대한 희망의 요지(面制發布以來의 感想과 將來에 對한 希望의 要旨)	조선문조선 제72호		1923.9		434
180	면치 개선은 면리원 우우(優遇)의 길을 여는 것이 필요(面治改善은 面吏員優遇의 途를 開함이 必要)	조선문조선 제75호		1923.12		435
181	면의 연혁에 대하여(面의 沿革에 就하야)	조선문조선 제99호		1926.1		436
182	면치 쇄신은 민지 발달에 있음(面治刷新은 民智發達에 在함)	조선문조선 제100호		1926.2		440

연번	문건명(호수, 일자 등)	자료(책)명	발행처	발행일	비고	본문 쪽수
183	농촌 노인의 행정관(農村父老의 行政觀)	조선문조선 제102호		1926.4		443
184	호적사무 취급상 소감 (戶籍事務取扱上所感)	조선문조선 제116호		1927.6		445
185	지방제도에 대한 요망 (地方制度에 就て의 要望)	조선지방행정 공론	제국지방 행정학회 조선본부	1928		446
186	조선 및 대만에 지방자치제 시행에 관한 건의안(朝鮮及臺灣에 地方自治制施行에 關す る 建議案)	제50회 제국의회 중의원 청국 및 조선재류 제국 신민 취체법 폐 지 법률안 위원 회의록제3호		1925.3.8		450
187	조선재주자의 국정과 지방행정 참여에 관한 의견	齋藤實文書 2	고려서림	1999		455
188	부제 중 개정 건(府制中改正ノ件) 제령 제 12호(制令第十二號)	조선총독부관보 호외		1920.7.29		469
189	부제시행규칙 중 다음과 같이 개정함(府 制施行規則中左ノ通改正ス) 조선총독부령 제102호(朝鮮總督府令第百二號)	조선총독부관보 호외		1920.7.29		471
190	면제 중 개정의 건(面制中改正ノ件)(制令第 十三號) 칙령 제13호	조선총독부관보 호외		1920.7.29		477
191	면제시행규칙 중 다음과 같이 개정함(面 制施行規則中左ノ通改正ス) 조선총독부령 제103호(朝鮮總督府令第百三號)	조선총독부관보 호외		1920.7.29		479
192	조선학교비령(朝鮮學校費令) 제령 제14호 (制令第十四號)	조선총독부관보 호외		1920.7.29		486
193	조선학교비령시행규칙을 다음과 같이 정 함(朝鮮學校費令施行規則左ノ通正ス) 조선총 독부령 제104호(朝鮮總督府令第百四號)	조선총독부관보 호외		1920.7.29		488
194	조선도지방비령(朝鮮道地方費令) 제령 제 15호(制令第十五號)	조선총독부관보 호외		1920.7.29		496
195	조선도지방비령시행규칙을 다음과 같이 정함(朝鮮道地方費令施行規則左ノ通正ス) 조선총독부령 제105호(朝鮮總督府令第 百五號)	조선총독부관보 호외		1920.7.29		499

연번	문건명(호수, 일자 등)	자료(책)명	발행처	발행일	비고	본문 쪽수
196	부면협의회원 및 학교평의회원의 선거인명부 및 투표용지 양식 및 선거록 서식을 다음과 같이 정함(府面協議會員及學校評議會員ノ選擧人名簿及投票用紙樣式竝選擧錄書式左ノ通定ム) 조선총독부 훈령 제40호(朝鮮總督府訓令第40號)	조선총독부관보 2421		1920.9.4		506
197	부제시행규칙 제2조의 2 및 면제시행규칙 제6조의 3에 의한 부세 및 면부과금 지정은 다음과 같음(府制施行規則第2條ノ2及面制施行規則第6條ノ3ニ依リ府稅及面賦課金ヲ指定スルコト左ノ如シ) 조선총독부 고시 제242호(朝鮮總督府告示第242號)	조선총독부관보 호외		1920.10.1		511
198	조선총독부지방관관제 중 개정(朝鮮總督府地方官官制中改正) 칙령 제450호(勅令第四百五十號)	조선총독부관보 2446		1920.10.6		512
199	조선총독부지방관관제 중 개정(朝鮮總督府地方官官制中改正) 칙령 제23호(勅令第二三號)	조선총독부관보 2552		1921.2.16		513
200	조선총독부지방관관제 중 개정의 건(朝鮮總督府地方官官制中改正ノ件) 칙령 제372호(勅令第三百七十二號)	조선총독부관보 3003		1922.8.15		518
201	조선지방선거취체규칙(朝鮮地方選擧取締規則) 조선총독부령 제83호(朝鮮總督府令第八三號)	조선총독부관보 825		1929.9.30		520
202	개정 지방제도 실시개요(改正地方制度實施槪要)		조선총독부 내무국	1922.3		527
203	면제제요(面制提要)		평안남도 대동군연구회	1926		556
204	중추원 관제 개정에 관한 참고자료(中樞院官制改正に關する參考資料)		조선총독부 중추원	1933		566
205	조선통치비화(朝鮮統治秘話)		제국지방 행정학회 조선본부	1937		581

찾아보기

ㄱ

가옥세(家屋稅) 65, 116, 277, 361, 383~385, 388~391, 491, 492
가옥세부가세(家屋稅附加稅) 94, 512
각국거류지(各局居留地) 393
간다 마사오(神田正雄) 132, 192, 244, 256, 450, 453, 454
간도(間島) 231
간접국세범칙자처분령(間接國稅犯則者處分令) 353
갈말면(葛末面) 256, 435
감화원(感化院) 231
강경면(江景面) 480, 535
강병옥(康秉鈺) 117, 119
강완용(康完用) 150
강유문(康愈文) 117, 153
강화면 183
개성(開城) 37, 101, 102, 211, 212, 221, 363, 533, 574, 575
개성군(開城郡) 305, 433, 480
개항장(開港場) 393
거류민단(居留民團) 38, 208, 209, 306, 314, 393, 430, 466
거류지회(居留地會) 208, 209, 430
건물세(建物稅) 512
결의기관(決議機關) 17, 46, 48, 109, 142, 151, 176~179, 211, 289, 293, 319, 328, 329, 331, 332, 452, 584
겸이포(兼二浦) 62, 155, 532, 577
겸이포면(兼二浦面) 480, 535
경무총감부(警務總監部) 227, 417
경부(警部) 514
경부보(警部補) 514
경산(慶山) 536
경산군(慶山郡) 536
경성군(鏡城郡) 182, 481
경성부 48, 137, 141, 146, 160, 180, 218, 457 459, 460, 516, 530, 541
경시(警視) 514, 515, 519
경시총감(警視總監) 297
경주 541, 542, 577
경주·안동·상주 306
경주군(慶州郡) 327
경찰부(警察部) 227, 351, 356, 515
경찰부장(警察部長) 515
경찰제도 104, 105, 202, 249, 292, 295~299, 353
고마쓰 미도리(小松綠) 192, 241
고아면(高牙面) 536
고양군 433
고치야마 라쿠조(河內山樂三) 367
고토 후미오(後藤文夫) 453, 454

공공단체 205, 227, 229, 252~255, 287, 292, 294, 331, 375~377, 392, 399, 401, 404~407, 411, 440, 502
공공사업 211, 308, 360, 396, 400, 401, 435, 527
공공조합(公共組合) 332, 359, 418
공립보통학교 14, 53, 93, 109, 197, 198, 235, 286, 365, 366, 370~372, 375, 376, 384, 488, 552~554
공립보통학교비용령(公立普通學校費用令) 365, 375, 467, 488, 528
공립보통학교비용령시행규칙(公立普通學校費用令施行規則) 495
공법인(公法人) 28, 560
공선(公選) 48, 79, 125, 163, 151, 213, 272, 305, 309, 331, 332, 334, 452, 453
공설세탁소 231
공설욕장(公設浴場) 231
공설이발소 231
공주(公州) 62, 532, 541, 576
공주군(公州郡) 480
공주면(公州面) 480 공화제 68
공회당(公會堂) 151, 403
곽춘식(郭春植) 251, 320
관립고등보통학교(官立高等普通學校) 370, 374
관립여자고등보통학교 370
관립전문학교(官立師範學校) 370
관선(官選) 26, 127, 160, 171, 204, 213, 227, 295, 394, 417, 439, 452, 466, 544
관선제 32, 39
관유재산관리규정(官有財産管理規程) 355
광업할 383, 384, 392
광주(光州) 62, 529, 576

광주군(光州郡) 190, 216, 480
광주면(光州面) 480
교원양성강습회(敎員養成講習會) 370
구연철(具然哲) 327
구인욱(具麟旭) 138, 183
구장(區長) 27, 157, 162, 269, 353, 359, 365, 399, 413, 414, 422, 423, 439, 448, 485, 537, 538, 545, 546, 548, 549, 558
구정촌회법(區町村會法) 29, 57, 58, 197, 330
구창조 116
국세 68, 205, 383, 385, 387, 396, 437, 467, 486
국세부가세(國稅附加稅) 55, 322, 385, 496
군구정촌(郡區町村) 57, 201
군구정촌편성법(郡區町村編成法) 29, 58, 197, 201
군부회(郡部會) 462
군산(群山) 61, 164, 530, 574, 575
군산부 531, 534
군서기강습회 351
군수(郡守) 14, 53, 55, 56, 61, 62, 74, 77, 78, 88, 92, 107, 112, 197, 198, 209, 227, 236~239, 281, 285, 309, 310, 322~324, 349, 350, 357, 359, 373, 374, 408
군제(郡制) 29, 57, 197, 201, 328, 329
군참사 209
군회 23
권농관(勸農官) 308
귀족원 34, 257
금융조합 143, 349, 364, 447, 448, 495, 549
기수(技手) 89, 182, 282, 365, 422, 434, 440, 448, 479, 514~517, 558
기요세 이치로(淸瀨一郞) 132, 192, 244

기채(起債) 56, 198, 277, 294, 295, 305, 352, 363, 369, 460, 497, 505, 528, 554, 558, 560, 566

기채권(起債權) 369

길림(吉林) 232

김광빈(金光斌) 166, 167

김구현(金九炫) 138

김귀동(金貴東) 138

김규오(金奎五) 166

김능수(金能秀) 135

김능원(金能元) 118, 119

김도연(金道淵) 166

김동원(金東元) 117, 144

김봉광 116

김봉로(金鳳魯) 144

김사연 142

김상섭(金商燮) 144

김석진 162

김성현(金性鉉) 138

김연식(金演植) 144

김영(金穎) 150

김영근(金永根) 150

김영칠(金永七) 150

김예현(金禮顯) 225

김용호(金容浩) 120

김용환(金容煥) 138

김원희(金源喜) 144

김응배(金應培) 125

김의균(金宜均) 129

김정태(金正台) 256, 434

김종락(金鍾洛) 436

김종순(金鍾順) 138

김종운(金鍾運) 120

김천군(金泉郡) 480

김천군(金川郡) 543

김천면(金泉面) 480, 535

김치수(金致洙) 122, 138, 154

김태욱(金泰旭) 144

김태호(金泰鎬) 122, 138, 154

김필호(金弼鎬) 144

김한규(金漢奎) 159

김한영(金漢榮) 138

김형기(金炯基) 125

김형식(金瀅植) 150

김희경(金羲庚) 117, 119

ㄴ

나남(羅南) 62, 532, 578

나남면(羅南面) 182, 481

남충희(南忠熙) 120

내무부장(內務部長) 215, 300, 359, 449, 515, 519

내선동치(內鮮同治) 455, 456

내지연장주의 241, 330, 456, 586

네덜란드 244

노세타니 간료(野世溪閑了) 306

논산군(論山郡) 480

농회(農會) 328, 329, 447, 448, 563

ㄷ

다나카 만이쓰(田中萬逸) 450, 455

다나카 한시로(田中半四郞) 109

다롄(大連) 415
다카기 마스타로(高木益太郎)
단양군(丹陽郡) 543
대구(大邱) 62, 129, 130, 139, 140, 184, 189, 374, 386, 530, 532, 574, 575
대구부협의회 130, 181
대동군 524
대만 132, 192, 238, 244, 245, 256, 450, 451, 453, 454
대만의회 450, 451
대전(大田) 62, 532, 542, 576
대전군(大田郡) 480, 542
대전면(大田面) 312, 480, 534, 535
데라우치(寺內) 45, 267
도군도제(道郡島制) 28
도금고(道金庫) 277, 278, 504, 505
도금고규정 278
도로계(道路契) 400, 557
도로협의비(道路協議費) 557
도미나가 후미카즈(富永文一) 254, 375
도사(島司) 14, 25, 53, 55, 56, 61, 62, 77, 78, 88, 92, 107, 112, 197, 198, 227, 238, 239, 281, 285, 309, 310, 322~324, 359, 373, 374, 417, 426, 428, 429, 432, 463, 478, 482, 484, 486, 487, 490~494, 500, 506, 519, 527, 528, 535, 542, 558, 560, 563, 571, 584, 585
도사무분장규정(道事務分掌規程) 358
도서편수관(圖書編修官) 370
도선(渡船) 308, 343, 437, 439, 557, 562
도선계(渡船契) 557
도유사(都有司) 443

도장관(道長官) 227, 331, 348, 375, 417, 437, 469, 476, 478, 479, 518, 559
도장세(屠場稅) 383, 384, 392
도제(島制) 209, 306
도지방비(道地方費) 14, 53, 56, 81, 82, 111, 112, 177, 198, 213, 228, 257, 273, 275~278, 307, 313, 314, 332, 360, 362, 376, 378, 380, 384~386, 388, 390~392, 424, 431, 461~463, 470, 486, 496~498, 502~505, 525, 527, 550, 566, 571
도지방비령시행규칙(道地方費令施行規則) 80~82, 274, 275, 563
도지사(道知事) 45, 53, 77, 78, 91, 177, 198, 215, 227, 252, 253, 284, 298, 307, 314, 324, 327, 348, 359, 469, 471, 472, 476~480, 482, 496, 497, 504, 506, 522, 527, 564, 584
도참사(道參事) 107, 209
도참여관 50
도축세 383, 384, 392
도키자네(時實) 109
도평의회(道平議會) 11, 43, 52, 80, 178, 198, 210, 251, 273, 303, 307, 312, 313, 316, 319, 327, 328, 360, 377, 431, 466, 497~499, 525, 549, 585
도협의회 23, 110, 198, 303
독립세 383~385, 390
독일 71, 72, 106, 263, 291, 296, 297
동래·밀양 306

ㄹ

러시아 263, 265, 451
류쿠(琉球) 192, 242

ㅁ

마노 세이이치(馬野精一) 146

마루야마 쓰루키치(丸山鶴吉) 525

마산부 121, 143, 183

마쓰모토 마사미(松本正寬) 159

마쓰모토 쓰루쿠마(松元鶴熊) 433

마쓰무라 마쓰모리(松村松盛) 525, 583

마쓰오카 슈타로(松岡修太郎) 330

마재곤(馬載坤) 150

면 서기(面書記) 226, 234, 399, 412, 420~422, 425, 479, 524

면 이원(面吏員) 234

면 직원(面職員) 191, 192, 220, 221, 223, 224, 234, 238, 239, 420, 421, 423~425, 442, 479, 545

면기수(面技手) 545, 547

면부과금(面賦課面賦課) 94, 95, 190, 216, 355, 363, 364, 437, 447, 449, 481, 485, 507, 511, 512, 529, 561

면부장(面副長) 61, 412

면비 14, 30, 32, 34, 53, 55, 64~66, 165, 197, 322, 328, 364, 378, 412, 415, 424, 446, 545, 549

면장(面長) 25, 61, 66, 73, 74, 90, 96, 97, 182, 197, 209, 214, 219, 225, 233~235, 251, 283, 292, 298, 336, 363, 365, 375, 399, 400, 402, 412~415, 420~423, 425, 430, 432, 433, 439, 447~449, 477~479, 481, 482, 490, 508~511, 519, 520, 527, 529, 537, 538, 545, 547, 549, 551, 558, 564, 565, 584

면장협의회 423

면제(面制) 27, 87, 89, 101, 162, 203, 209, 225, 255, 256, 280, 283, 293, 305, 306, 334, 352, 359, 363~365, 375, 393, 399, 406, 419, 426, 429, 431, 434, 439, 440, 462, 466, 477, 479, 524, 528, 556, 558, 560, 561, 563~565

면제시행규칙 162, 336, 350, 426~429, 447, 449, 467, 479, 511, 558, 560~562, 564

면제실시규칙 238

면조합(面組合) 558

면조합협의회(面組合協議會) 89, 283, 529

면협의회 16, 23, 45, 86, 89, 152, 179, 251, 580, 583, 326, 431, 466, 544, 555, 564, 584

명도석(明道奭) 138

모리 센지(森尙治) 182

모리야 에이후(守屋榮夫) 15, 16, 108, 525

모범 면 424

모범림(模範林) 438, 439, 546

목포(木浦) 61, 144, 145, 164, 530, 534, 574, 575

목포부(木浦府) 145, 531

문관보통시험 239

문병호(文秉鎬) 166, 167

미국 24, 71, 72, 263, 395, 398, 451, 582

미노베 도시키치(美濃部俊吉) 290

미즈노 렌타로(水野錬太郎) 189, 525

미카미 아라타(三上新) 329

민선(民選) 16, 25, 26, 35, 39, 46, 61, 104, 105, 159, 160, 183, 211, 213, 214, 217, 225, 227, 228, 295, 296, 305, 307, 310, 330, 393, 417, 459, 460, 466, 528, 544, 555, 556, 583

ㅂ

박경석(朴經錫) 117, 135

박명극(朴明克) 138
박민용(朴敏龍) 120
박선균(朴選均) 256, 445
박승빈(朴勝彬) 59
박영철(朴榮喆) 319
박영효(朴泳孝) 249, 288
박용(朴湧) 125
박용수(朴容洙) 166
박지철(朴之喆) 125
방태영(方台榮) 133
배두용(裵斗容) 129
백윤식(白潤植) 117, 119
법인(法人) 177, 293, 398, 434, 560, 561
변광호(邊光鎬) 125
변용건(邊鏞鍵) 150
보궐선거(補闕選擧) 472, 481
보통면협의회 61, 62, 180, 525
보통선거 15, 34, 63, 67, 68, 70, 71, 166, 179, 205, 332, 410, 467
봉면리(鳳面里) 326
봉명면(鳳鳴面) 326
부가세 55, 65, 83, 322, 361, 382~384, 387, 388
부담금(負擔金) 152, 328, 365, 372
부면제(府面制) 28, 434
부비(府費) 55, 57, 86, 280, 322, 378, 462
부세(府稅) 14, 30, 37, 53, 64, 66, 94, 95, 115, 125, 141, 145, 197, 214, 308, 471, 507, 511, 512
부윤(府尹) 25, 26, 46, 53, 55~57, 67, 75~78, 92, 96, 97, 107, 110, 112, 129, 135, 146, 160, 161, 171, 174~176, 197, 198, 209, 211, 227, 285, 307, 309, 314, 322~324, 331, 336, 360, 373, 374, 417, 437, 462, 469, 472~476, 486, 487, 490~492, 494, 500, 506, 509, 510, 511, 520, 527, 528, 584, 585
부장(副長) 61, 88, 225, 226, 254, 282, 309, 356, 412, 434, 440, 479, 515, 518, 558, 560
부제(府制) 48, 55, 197, 203, 209, 211, 212, 293, 306, 334, 363, 393, 406, 430, 462, 466, 469, 528, 561
부제시행규칙 85, 86, 279, 336, 363, 471, 489, 511
부현정촌제(府縣町村制) 241
부현제 16, 57, 70, 192, 201, 242, 355, 462
부현회(府縣會) 178, 327
부현회규칙(府縣會規則) 57, 58, 197, 330
부협의원 15, 17, 42, 64, 66, 77, 99, 106, 115, 118, 120, 121, 123, 129, 131, 134~137, 139, 142~144, 153, 154, 157, 159, 162~164, 171, 172, 185, 217, 298
부협의회원(府協議會員) 48, 61, 75, 85, 86, 96, 97, 109, 138, 150, 151, 179, 180, 189, 209, 279, 280, 307, 322, 335, 346, 363, 459, 462, 466, 520, 555, 571, 574, 575
북청 306, 578
북해도구제(北海道區制) 201
북해도이급정촌제(北海道二級町村制) 201
북해도일급정촌제(北海道一級町村制) 201
북해도지방비법(北海道地方費法) 201
북해도회법(北海道會法) 201
블라디보스톡 232

ㅅ

사리원 306, 377

사립학교규칙(私立學校規則) 370
사무관(事務官) 250, 254, 257, 271, 349, 357, 375, 407, 513~515, 517~519
사사키 후지타로(佐佐木藤太郎) 251, 316
사용세 392
사이토 마코토(齋藤實) 249, 256, 287, 469, 471, 477, 479, 486, 488, 496, 499, 506, 511, 525
사치소비세 392
산업기술원(産業技術員) 350, 358, 365
삼림주사(森林主事) 514
상담역(相談役) 14, 53, 61, 79, 89, 107, 110, 197, 209, 225, 272, 283, 293, 363, 364, 439, 485, 527, 544, 555, 558, 584
상담역회 55
상업회의소 37, 185
상월면(上月面) 251, 321
상조양면 256, 445
상주군(尙州郡) 446
생원(生員) 216, 231, 444
서광원(徐光遠) 138
서기(書記) 74, 112, 138, 226, 234, 238, 256, 358, 399, 412, 420~422, 425, 434, 435, 443, 445, 479, 515, 517, 518, 524, 547
서기하(徐基夏) 129
서병조(徐丙朝) 129
서산 541
서상일(徐相日) 129
서인섭(徐寅燮) 145
서철규(徐喆圭) 129
서철주(徐喆柱) 129
선거 사무 심득 86, 87, 90

선거구 15, 71, 72, 213, 457, 460
선거권 33~35, 63, 66, 67, 86, 90, 96, 100, 147, 189, 214, 283, 340, 409, 410, 471, 529, 530, 531
선거록(選擧錄) 474, 475, 483, 484, 506, 508, 509, 511
선거인명부 71, 85~87, 94, 279, 280, 284, 472, 473, 482, 506
선거입회인(選擧立會人) 323, 473, 474, 483, 509~511
선거제 71, 352, 447
선거회(選擧會) 473, 483, 509
선세(船稅) 383
성진군(城津郡) 481
성진면(城津面) 481
소득세(所得稅) 94, 304, 362, 383, 384, 386, 387, 391512
속(屬) 191, 514~517
손덕우(孫德宇) 122, 138, 154
손수경(孫壽卿) 118, 119
손조봉(孫祚鳳) 120
송도(松都) 62, 189, 535, 576
송도면(松都面) 305, 480
송병준(宋秉畯) 250, 292
송재영 142
송정리(松汀里) 231
송화군(松禾郡) 542
수리조합(水利組合) 110, 228, 229, 366, 380, 418, 527, 560
수리조합령 366, 418, 563
수산회(水産會) 328, 329, 563
수원군(水原郡) 480
수원면(水原面) 480

수의관(獸醫官) 514, 515
수의관보(獸醫官補) 514
수익세 384~388, 390~392
순천군(順川郡) 326
시가지세(市街地稅) 65, 83, 116, 277, 386, 491, 492
시가지세부가세(市街地稅附加稅) 361, 384, 388, 512
시가지세할(市街地稅割) 94, 439, 512
시모오카 추지(下岡忠治) 452, 453
시바다 젠사부로(柴田善三郞) 370, 525
시부회(市部會) 462
시장세 361, 362, 383, 384, 391, 546, 548, 549
시제(市制) 29, 57, 197, 201, 297
시키 노부타로(志岐信太郞) 109
시학(視學) 370, 514
시흥군(始興郡) 480
식림계(植林契) 400
식산은행 277, 294
신의주 62, 164, 574, 575
신진이 142
실업학교(實業學校) 328, 370, 551

ㅇ

아리가 미쓰토요(有賀光豊) 294
아리마 준키치(有馬純吉) 250, 303
아리요시(有吉) 44, 46
아카이케 아쓰시(赤池濃) 104, 295, 525
아화리(阿火里) 327
안동(安東) 231, 306, 542, 577
안변군(安邊郡) 543
안주 151, 153, 306, 577
안주면 151, 153
야마가미(山上㫤) 525, 583
약제관(藥劑官) 517, 518
약제수(藥劑手) 518, 518
양규식(梁圭植) 129
양동면(陽東面) 536
양익순(梁翼淳) 129
양재창 142
양제겸(楊濟謙) 117, 119
양치중(楊致中) 150
어업세 383
어업할 383, 384, 392
여수(麗水) 306, 363, 576
여수군 352
여수면(麗水面) 352
여해(呂海) 138
연기군(燕岐郡) 165, 480
연백군(延白郡) 543
영국 23, 24, 27, 71, 72, 101, 106, 212, 244, 263, 291, 296, 297, 396, 398
영등포면(永登浦面) 480, 529
영업세(營業稅) 65, 94, 183, 304, 361, 369, 383, 384, 390~392, 512
영업할(營業割) 94, 383, 384, 391, 512, 546, 547, 549
영일군(迎日郡) 480
예종석(芮宗錫) 109, 142
오쓰카 쓰네사부로(大塚常三郞) 16, 111, 251, 253, 392, 415, 586
오원근(吳元根) 166
오정환 142
오중락(吳中洛) 150

오키나와현(沖繩縣) 57, 192, 201, 242
옥동규(玉東奎) 117, 119
와타나베 도요히코(渡邊豊日子) 248, 249, 254, 261, 407
와타누키 마사하루(綿貫正治) 326
우인원(禹麟源) 175
우태정 116
울릉도(鬱陵島) 358, 531
원덕상(元悳常) 159, 160
원산부(元山府) 119, 530, 542
위생조합(衛生組合) 393, 557
유병필(劉秉珌) 159
유중길(柳重吉) 144
윤기원(尹基元) 150
은급제 235
의결기관 16, 28, 42, 88, 92, 147, 202, 203, 213, 214, 282, 285, 307, 313, 327, 331, 332, 462, 463, 558, 559, 586, 587
의관(醫官) 157, 159, 517, 518
의사규정준칙(議事規程準則) 360
의사기관 38, 39
의원(醫員) 517
의주(義州) 62, 529, 577
의주군(義州郡) 480
의주면(義州面) 480
의지기관(意志機關) 559
의회제도 38, 330
이국호(李國鎬) 166, 167
이규복 142
이규현 142
이긍현(李兢鉉) 125
이기일(李基一) 138
이기찬(李基燦) 117, 119, 135
이노우에 기요시(井上清) 449
이덕환(李德煥) 117, 153
이동광 116
이동빈(李東彬) 166, 167
이사(理事)기관 27
이사관(理事官) 161, 250, 253, 357, 514~519
이사청(理事廳) 208, 306
이승우 142
이완규(李完珪) 440
이완용(李完用) 289, 249
이용재 122, 154
이윤원(李潤源) 144
이은용(李殷容) 118, 119
이인용 142
이정규(李定珪) 125
이제국(李濟國) 150
이종면(李宗勉) 129
이종섭(李鍾燮) 150
이종식(李種植) 330
이춘섭(李春燮) 118, 119
이쿠타 교사부로(生田淸三郞) 207, 346, 430
이현각(李鉉覺) 138
이형재(李瀅宰) 138
이홍종 142
익산군(益山郡) 480
익산면(益山面) 480
인두세(人頭稅) 384, 385
인천(仁川) 61, 116, 158, 164, 189, 218, 530, 534, 574, 575

찾아보기 **609**

인천부 116
일시차입금(一時借入金) 413, 429, 545, 547, 565
임명제도 45, 48, 107, 346, 559
임백영(任百永) 256, 435
임시교육조사위원회(臨時教育調査委員會) 371
임시은사금(臨時恩賜金) 362, 405
임양규(林陽奎) 144
임홍순(任洪淳) 101, 191, 192, 220, 221, 223, 224, 232
입헌정치 68, 245, 330

ㅈ

자문기관 14~16, 23, 38, 45, 54, 56, 57, 61, 63, 67, 71, 78, 103, 177, 179, 227, 248, 250, 251, 272, 294, 311, 314~316, 318, 322, 327, 377, 409, 425, 447, 461, 467, 527, 528
자문회의 77, 324
자순기관 25, 26
자치체(自治體) 99, 107, 110, 211, 242, 332, 333, 393~395, 397~400, 405, 404, 452, 527
자혜의원(慈惠醫院) 231, 518
잡거지(雜居地) 430
잡종세 383, 384, 392
장석순(張錫淳) 150
장석우 116, 159
장익진(張翼軫) 120
전관거류지(專管居留地) 208, 209
전낙홍(全洛鴻) 150
전성욱(全聖旭) 109
전주군(全州郡) 480

전주면(全州面) 480, 529
전주세 383, 384, 392
정규현(鄭奎鉉) 118
정도균(鄭道均) 181
정상전(鄭尙銓) 326
정세윤(鄭世胤) 117, 153
정송남(鄭松南) 446
정용기(鄭龍基) 129
정읍 306
정주(定州)·선천·강계 306
정촌단체(町村團體) 398
정촌장 39, 106, 225, 226, 234, 299, 559
정촌제(町村制) 16, 29, 197, 201, 225, 398, 558, 559, 566
정촌회 39, 449, 559, 566
정치국 116, 159
정태항 116
제1부회(部會) 351, 462
제2부회 462
제국의회 192, 245, 257, 319, 330, 450, 455~458, 461, 583
제국지방행정학회조선본부(帝國地方行政學會朝鮮本部) 311, 326, 446, 581
제생원(濟生院) 231
제한선거 63, 67, 71, 72, 190, 205, 254, 395, 396
조동운(趙東雲) 174
조병상 142
조선도지방비령(朝鮮道地方費令) 362, 466, 467, 496, 506
조선은행 290, 389
조선지방선거취체규칙(朝鮮地方選擧取締規則) 48,

346, 347, 520
조선지방의회 257, 458~461
조선총독부지방관관제(朝鮮總督府地方官官制) 353, 466, 512, 513, 518
조선학교비령(朝鮮學校費令) 92, 103, 285, 366, 373, 486, 495
조선학교비령시행규칙 336, 488
조역제도(助役制度) 434
조용관(趙容寬) 125
조용하(趙龍夏) 150
조정호(趙定鎬) 150
조치원(鳥致院) 62, 165, 532, 576
조치원면(鳥致院面) 165, 480
조흥세 64, 124, 383, 384, 392
종평리(宗坪里) 446
좌수(座首) 444
주명기 116, 159
주명서 116
주사(主事) 121, 157, 159, 226
주연초세(酒煙草稅) 443
주영환(朱榮煥) 327
주인옹(主人翁) 119
중국 241, 242, 266, 290, 451, 453
중의원(衆議院) 15, 49, 108, 132, 257, 326, 450
중의원의원선거법 68, 192, 241, 242, 335, 457
중추원 14, 26, 27, 159, 192, 461, 524, 525, 566
증부세(增富稅) 392
지바 료(千葉了) 525
지방관관제 308, 353, 433
지방관제 23, 434, 437
지방비령 23, 111, 112, 209, 293

지방비물품회계규칙 278
지방비부과금(地方費賦課金) 361, 476, 506
지방비회계규칙 278
지방세 56, 83, 85, 112, 276, 322, 361, 362, 382, 383, 390, 476, 496, 497, 501~504, 506, 563
지방세규칙(地方稅規則) 57, 58, 197
지방세부과규칙(地方稅賦課規則) 550
지방의회 34, 42, 54, 321, 330
지방자치단체 26, 107, 257, 596, 439, 527
지방자치제도 23, 25~28, 32, 43, 45, 46, 54, 57, 58, 76, 103~105, 107, 108, 178, 199, 210, 213, 227, 249, 272, 287~289, 295, 296, 298, 303, 311, 315, 316, 321, 330, 331, 384, 410, 417
지방재정 250, 252, 254~256, 348, 367, 369, 375, 377~380, 382~384, 387, 392, 394
지사(知事) 209, 354~356, 358, 359, 363, 437, 514, 515, 518, 525
지세 65, 233, 322, 349, 383, 384, 386, 387, 390, 391, 437, 443, 491, 492
지세부가세(地稅附加稅) 83, 361, 388, 277, 384, 387, 512
지세할(地稅割) 94, 95, 384, 416, 439, 512, 545, 547, 558
지정면(指定面) 25, 37, 58, 79, 87, 88, 108, 151, 152, 180, 189, 197, 209, 213, 226, 272, 280~282, 305, 309, 314, 352, 363, 391, 394, 407~410, 412, 420, 434, 463, 527, 529, 532, 534, 535, 544, 555, 556, 560, 578~580, 585, 586
지정면협의회 61, 77, 86, 180, 525, 575
진남포(鎭南浦) 62, 530, 574, 575
진영봉안소(眞影奉安所) 356

진주군(晋州郡) 480, 156
진주면(晋州面) 480, 156
진해면(鎭海面) 480
진흥회(振興會) 231
집강(執綱) 292, 436, 437, 444
징발령(徵發令) 563
징세기관 348

ㅊ

차입금(借入金) 61, 420, 426, 428, 429, 477, 486, 487, 495, 497, 565
차주원(車周遠) 118, 119
차지료(借地料) 83, 277, 502
참여관(參與官) 51, 319, 356~358, 514, 515
참여관제 51
참정권(參政權) 30, 31, 63, 64, 70, 113, 114, 204, 218, 244, 450~452, 456, 457, 525, 582, 583
창기세(娼妓稅) 174
창원 541
창원군(昌原郡) 480
천안 170, 306, 576
천재춘(千載春) 166
철원·강릉 306
철원군(鐵原郡) 256, 435
첨지(僉知) 444
청년단(靑年團) 230
청년회 269~271, 366
청주(淸州) 62, 165, 532, 535, 541, 576
청주군(淸州郡) 480
청주면(淸州面) 480

청진 62, 164, 174, 574, 575
청진부 174, 175, 329, 530
총독부 15, 16, 25, 31, 32, 35, 37, 43, 44, 103, 104, 110, 113, 170, 179, 180, 208, 231, 256, 257, 305, 306, 318, 356, 416, 433, 514, 519
최극용(崔克鎔) 129
최수악(崔秀嶽) 120
최철용(崔喆龍) 138
최한우 142
축산조합(畜産組合) 328, 415
춘천(春川) 62, 101, 578
춘천군(春川郡) 480, 135
춘천면(春川面) 480, 135
충주 305, 306, 541, 576
치수사업(治水事業) 432
칠곡군(漆谷郡) 542

ㅌ

통역생(通譯生) 514, 519, 516
통영 62, 127, 129, 186, 189, 577
통영군(統營郡) 480
통영면(統營面) 480
특별부과금(特別賦課金) 350, 364, 420, 439, 491, 495, 558
특별세(特別稅) 55, 322, 384, 496
특별수익세 390~392
특별호별세(特別戶別稅) 94, 384, 512

ㅍ

파리·마르세이유·리옹 297
평산군(平山郡) 251, 320, 542
평안무역회사 116
평양부(平壤府) 115, 135, 153, 164, 459, 460, 519, 530, 532, 535
평의원(評議員) 31, 32, 34, 35, 56, 59, 63, 64, 106, 111, 144, 160, 170, 185, 198, 317, 325, 452
평의회 27, 79, 92, 211, 272, 285, 313, 327, 544, 554, 555, 584
포항면(浦項面) 480, 535
풍헌(風憲) 292, 436, 446
프랑스 71, 101, 263, 296, 297
피병사(避病舍) 546
피선거권 15, 32, 34, 35, 37, 56, 65~67, 71, 75, 77, 162, 190, 214, 254, 323, 408, 410, 472, 474, 475, 481, 483, 489

ㅎ

하라 다카시(原敬) 16, 581
하상훈 116
하승필(河勝弼) 327
하양장(荷揚場) 309, 439
하얼빈 232
학교비 55, 56, 65, 66, 90, 93, 177, 180, 198, 211, 213, 227, 228, 236, 284, 285, 287, 309, 310, 332, 348, 361, 374~376, 380, 381, 384, 388, 394, 405, 406, 412, 418, 446, 462, 463, 467, 486, 487, 482, 525, 528, 530, 531, 552, 553, 556, 569, 571
학교비령 55, 60, 92, 93, 107, 203, 209, 285, 286, 307, 310, 322, 334, 365, 370, 373, 431, 434, 462, 528
학교비부과금(學校費賦課金) 56, 90, 93, 236, 283, 489~491, 495, 507, 530, 531, 552, 554
학교비평의회(學校費評議會) 179, 180, 213, 327, 531, 585
학교조합(學校組合) 182, 183, 208, 211, 228, 309, 310, 314, 318, 332, 376, 380, 381, 384, 394, 417, 418, 430, 461~463, 520, 525, 527, 560, 570, 571, 585
학교조합령(學校組合令) 209, 306, 310, 334~336, 346, 375, 394, 463
학교조합령시행규칙 336
학교조합평의회(學校組合評議會) 213
학교평의회 62, 79, 90, 198, 210, 227, 257, 272, 283, 307, 316, 373, 377, 431, 487, 488, 528, 555
학교평의회원(學校評議會員) 34, 48, 61, 77, 79, 90, 91, 103, 198, 204, 213, 228, 272, 283, 284, 311, 312, 315, 320, 323, 335, 346, 373, 409, 417, 431, 487~491, 506, 507, 520, 522, 530~532, 540~543, 571
학교협의회 23
한상룡(韓相龍) 133
한성위생회(漢城衛生會) 208, 393
한순영(韓淳榮) 238
한윤찬(韓允燦) 117, 119
한익동(韓翼東) 129
함흥(咸興) 62, 189, 363, 374, 529, 574, 575, 578
함흥군(咸興郡) 256, 445, 480
함흥면(咸興面) 480
항리(港吏) 514

항무관(港務官) 514, 515, 519
항무의관(港務醫官) 514, 515
항무의관보(港務醫官補) 514
해남(海南) 256, 434
해주군(海州郡) 480
해주면(海州面) 480, 535
행위세 391, 392
향교(鄉校) 188, 230, 365, 372, 553
향약(鄉約) 288, 393, 584
향약판무규정(鄉約辦務規程) 437
향정(鄉正) 308
향청(鄉廳) 288, 393, 584
향회조규 437
협의회원(協議會員) 47, 48, 86~88, 103, 110, 145, 147, 151, 190, 197, 198, 216, 280, 281, 293, 315, 335, 346, 407, 448, 470~473, 476, 479, 480, 481, 485, 506, 509, 527, 529, 532, 535, 544, 561, 571, 578~580, 585
혜산군(惠山郡) 363
호별세 94, 116, 361, 383~386, 512
호별할(戶別割) 30, 65, 94, 95, 305, 361, 364, 383~385, 390, 413, 437, 439, 512, 545, 549, 558, 561

호세 65, 162, 322, 361, 383~386, 389, 390, 491, 492
홋카이도(北海道) 57, 201, 331
홍필구 142
황갑주(黃甲周) 138, 183
황주군 162, 480
황주면(黃州面) 536
회령(會寧) 62, 578, 529
회령군(會寧郡) 481
회령면(會寧面) 481, 535
회양(淮陽) 327
후루쇼 이쓰오(古庄逸夫) 250, 311, 419
훈장(訓長) 444
흥풍회(興風會) 231
히라이 미츠오(平井三男) 300